Windows 11

Schritt für Schritt erklärt

von
Jörg Hähnle, Mareile Heiting

Vierfarben

Liebe Leserin, lieber Leser,

in der Kürze liegt bekanntlich die Würze, und so lässt sich auch am besten der Kerngedanke dieses kompakten und doch vollständigen Handbuchs zu Windows 11 beschreiben, in dem Sie zu jeder Aufgabe und Fragestellung auf maximal zwei Seiten die Lösung gezeigt bekommen. Dieses Buch berücksichtigt sämtliche Windows-11-Updates und bietet Ihnen damit genau die Informationen, die Sie für die tägliche Arbeit am Computer benötigen.

Sollten Sie noch über keinerlei Erfahrung mit Windows verfügen – mit dem detaillierten Inhalts- oder Stichwortverzeichnis finden Sie sicher schnell heraus, worauf es Ihnen ankommt: Windows 11 neu installieren oder von Windows 10 upgraden, E-Mails schreiben, im Internet surfen oder Fotos bearbeiten. Haben Sie eine Aufgabe gemeistert, können Sie mithilfe der vielen Zusatztipps nach und nach weiter in die Materie einsteigen, bis zur Einrichtung von Benutzerkonten, Geräten und Netzwerken.

Auch wenn Sie schon mit einer Vorgängerversion von Windows gearbeitet haben, finden Sie hier eine ganze Reihe von tollen neuen Möglichkeiten – wie etwa das runderneuerte Design der Oberfläche, den Browser Edge, aber auch Verbesserungen im Explorer, der Fotoanzeige-App, der Windows-Sicherheit und vieles andere mehr. Sie lernen, wie Sie die Windows-Apps optimal nutzen. Auch wenn es um die Lösung von Problemen geht, helfen Ihnen Mareile Heiting und Jörg Hähnle weiter. Lassen Sie sich also überraschen von dem geballten und hilfreichen Windows-Wissen, das Ihnen unser erfahrenes Autorenteam schrittweise vermittelt!

Dieses Buch wurde mit größter Sorgfalt geschrieben und hergestellt. Sollten Sie dennoch einmal einen Fehler finden oder inhaltliche Anregungen haben, freue ich mich, wenn Sie mit mir in Kontakt treten. Für Kritik bin ich dabei ebenso offen wie für lobende Worte. Doch nun halte ich Sie nicht länger auf – viel Spaß und Erfolg mit Windows 11 wünscht Ihnen

Ihr Erik Lipperts
Lektorat Vierfarben
erik.lipperts@rheinwerk-verlag.de

Wir hoffen, dass Sie Freude an diesem Buch haben und sich Ihre Erwartungen erfüllen. Falls Sie Anregungen, Wünsche und Kommentare haben, lassen Sie es uns wissen: **service@rheinwerk-verlag.de**.

Informationen zu unserem Verlag und Kontaktmöglichkeiten finden Sie auf unserer Verlagswebsite **www.rheinwerk-verlag.de**. Dort können Sie sich auch umfassend über unser aktuelles Programm informieren und unsere Bücher und E-Books bestellen.

Lektorat Erik Lipperts
Korrektorat Annette Lennartz, Bonn
Typografie & Layout Vera Brauner
Satz Lisa Reich, Heise Medienwerk GmbH & Co. KG, Rostock
Herstellung Vera Brauner
Covergestaltung Silke Braun
Druck Firmengruppe Appl, Wemding

FSC www.fsc.org MIX Papier | Fördert gute Waldnutzung FSC® C004592

Dieses Buch wurde mit mineralölfreien Farben auf FSC®-zertifiziertem Papier aus nachhaltiger Waldwirtschaft gedruckt. Der Umwelt zuliebe verzichten wir zusätzlich auf die Einschweißfolie. Hergestellt in Deutschland.

Bibliografische Information der Deutschen Nationalbibliothek:
Die Deutsche Nationalbibliothek verzeichnet diese Publikation in der Deutschen Nationalbibliografie; detaillierte bibliografische Daten sind im Internet über *http://dnb.dnb.de* abrufbar.

ISBN 978-3-8421-1100-4

7. Auflage 2025, 1. Nachdruck 2025

Vierfarben ist eine Marke des Rheinwerk Verlags.

Rheinwerk Verlag GmbH • Rheinwerkallee 4 • 53227 Bonn
service@rheinwerk-verlag.de

Inhalt

1 Herzlich willkommen! 11

Was ist neu in Windows 11? 12
Das ist nicht mehr mit von der Partie 16
Wo finde ich was? 17

2 Schnelleinstieg in Windows 11 21

Ist Ihr Computer bereit für Windows 11? 22
Welche Editionen von Windows 11 gibt es? 23
Windows 11 installieren und einrichten 24
Ein Microsoft-Konto erstellen 28
Das Startmenü auf einen Blick 30
Der Desktop in der Übersicht 32
Zwischen Desktop und Startmenü wechseln 34
Die Programmübersicht aufrufen 35
Verknüpfungen auf dem Desktop 36
Wichtige Bedienelemente von Apps 38
Den Computer starten 40
Den Computer ausschalten 42
Der Task-Manager im Überblick 44
Die Einstellungen-App 46

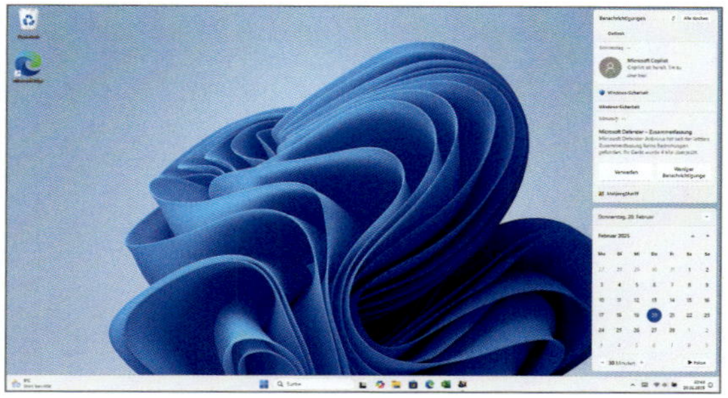

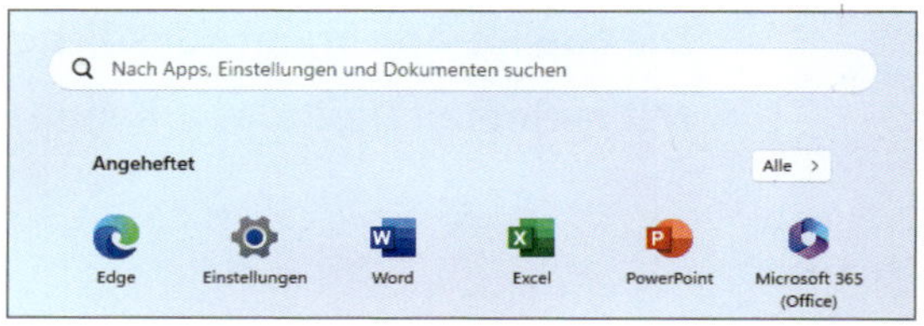

Das Benachrichtigungscenter 47
Die Schnelleinstellungen von Windows 11 48
So gehen Sie mit der Maus um 49
So bedienen Sie die Tastatur 52
Windows 11 auf einem Touchscreen bedienen 54
Hilfe erhalten 58

3 Programme und Apps 59

Hier finden und starten Sie Programme und Apps 60
Apps – die modernen Windows-Anwendungen 61
Eine App wieder deinstallieren 67
Der Microsoft Store – Marktplatz für neue Apps 68
Programme in der Desktop-Ansicht 73
Programme beenden 82
Programme entfernen 84
Nach Systemeinstellungen suchen 87
Ein Programm von DVD installieren 88
Die erweiterte Zwischenablage 90
Gut informiert mit Widgets 92
Die Copilot-App bringt künstliche Intelligenz auf den PC 94
Mit mehreren Desktops arbeiten 96

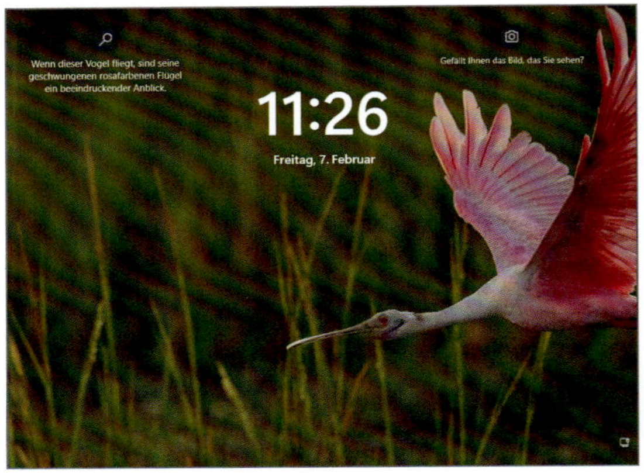

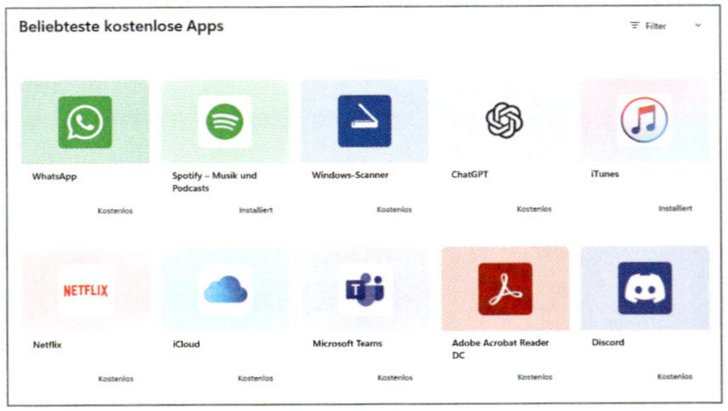

4 Dateien, Ordner, Bibliotheken 99

Dateien und Ordner 100
Verknüpfte Dateien und virtuelle Ordner 102
Den Explorer öffnen 103
So ist der Explorer aufgebaut 104
Der Navigationsbereich des Explorers 106
Dateien anzeigen und sortieren 108
Dateien und Ordner kopieren, umbenennen oder löschen 123
Mit komprimierten Dateien arbeiten 129
Mit Datenträgern und Wechselmedien arbeiten 133
Dateien und Ordner suchen 136
Ein Dokument ausdrucken 142
PDFs mit Windows 11 143
Bibliotheken 145

5 Internet 149

Ins Internet mit Windows 11 150
Surfen mit Microsoft Edge 152
Sicherheit im Internet 166

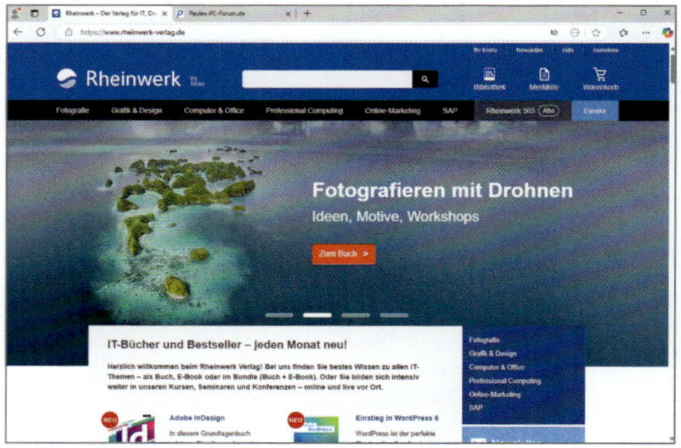

6 E-Mails, Adressen und Termine im Griff 181

Die Outlook-App nutzen 182
Kontakte speichern und verwalten 192
Alle Termine im Griff mit der Kalender-App 196
Mit OneDrive Daten in der »Wolke« sichern 200
Microsoft Teams 208

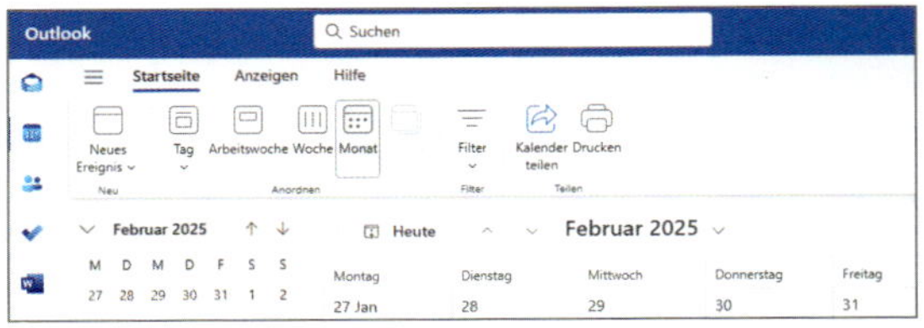

7 Windows 11 individuell anpassen 213

Startmenü und Sperrbildschirm einrichten 214
Die Bildschirmeinstellungen ändern 219
Startmenü und Taskleiste anpassen 221
PC-Einstellungen individuell anpassen 226
Den Desktop einrichten 231
Benutzerkonten erstellen, verwenden und verwalten 233
Erleichterte Bedienung 242

8 Geräte anschließen 245

Drucker 246
Bilder von einem Fotoapparat importieren 250
Lautsprecher 251

USB-Festplatte oder USB-Stick 253
Smartphones und andere mobile Geräte 254
Der Geräte-Manager im Überblick 258
Gerätetreiber installieren und aktualisieren – 1 259
Gerätetreiber installieren und aktualisieren – 2 260

9 Bilder, Musik und Videos 261

Die Windows-Fotoanzeige-App 262
Die Kamera-App 276
Musik mit Windows 11 279
Die App »Filme & TV« 282
Der Windows Media Player 286

10 Netzwerke und Umgebungsfreigaben 289

Einen Netzwerkspeicher mit der Fritz!Box nutzen 290
Dateien mit Computern in Ihrer Nähe teilen 294
Fernsteuerung und Fernwartung 296

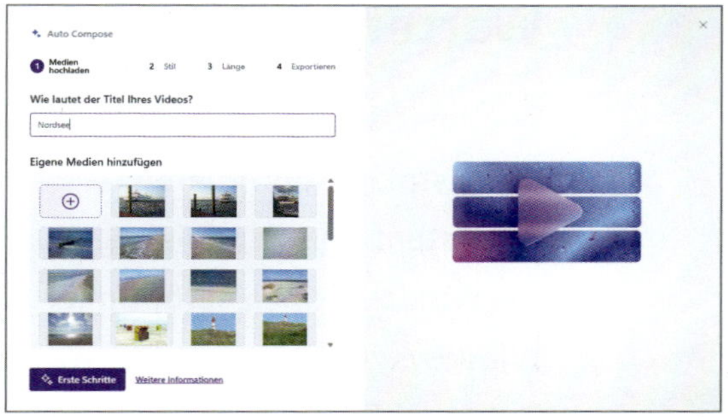

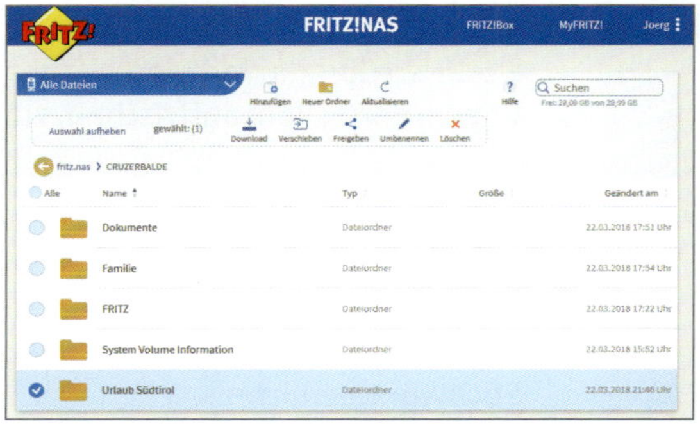

11 Warten, pflegen, absichern 301

Windows 11 regelmäßig aktualisieren 302
Die Festplatte optimieren 304
Die Datenträgerbereinigung 306
Die Windows-Speicheroptimierung 307
Windows zusätzlich schützen 308
Daten mithilfe eines Systemabbilds sichern 312
BitLocker – Laufwerke und Daten verschlüsseln 316
Das Windows-Gedächtnis – der Dateiversionsverlauf 318
App-Einstellungen für Datenschutz und Privatsphäre 320

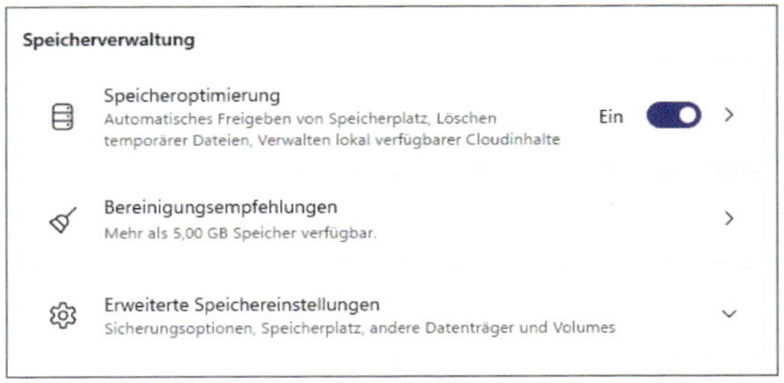

12 Probleme lösen 323

Schwierigkeiten beim Start oder mit der Leistung? 324
Wiederherstellen, auffrischen, zurücksetzen 330

Hilfreiche Tastenkombinationen 338
Glossar 343
Stichwortverzeichnis 351

1

Herzlich willkommen!

In diesem Kapitel

- Was ist neu in Windows 11?
- Das ist nicht mehr mit von der Partie
- Wo finde ich was?

Lange Zeit betonte Microsoft, dass Windows 10 die letzte große Version des Betriebssystems sei. Doch im Juni 2021 wurde für viele überraschend eine neue Windows-Version angekündigt. Am 5. Oktober 2021 war es so weit: Windows 11 wurde veröffentlicht. Die neue Version des Betriebssystems zeigt sich in einem frischen Design. Allen voran haben z. B. die Taskleiste und das Startmenü ein neues Aussehen erhalten, aber auch viele Apps zeigen sich in einem neuen Layout. Neue Funktionen und Apps, wie etwa Widgets und Microsoft Teams, sind hinzugekommen.

Manche Neuerungen mögen gewöhnungsdürftig sein. Dazu zählt beispielsweise der Explorer: Ihm wurde das praktische Menüband, das eine Vielzahl an Funktionen bereithielt, entzogen und durch eine simple Symbolleiste ersetzt. Das Verwalten von Dateien und Ordnern wird hierdurch nicht immer leichter, sondern erfordert an so mancher Stelle zusätzliche Mausklicks.

Windows 11 hält aber auch einige Neuerungen bereit, die das Arbeiten sehr viel komfortabler gestalten. So erleichtern z. B. die pfiffigen neuen Fenstertechniken das gleichzeitige Arbeiten mit mehreren Apps.

Das Novum schlechthin betrifft die Hardwareanforderungen, denn diese wurden von Microsoft im Vergleich zu den Vorgängerversionen stark erhöht. Viele ältere Computer werden aus diesem Grund gar nicht erst in den Genuss von Windows 11 kommen. Welche Systemvoraussetzungen erfüllt sein müssen und wie der Umstieg auf Windows 11 erfolgt, erfahren Sie im Verlauf dieses Buches. Schritt für Schritt lernen Sie dann das neue Windows 11 kennen. Los geht es zunächst aber mit einer kleinen Schnuppertour durch das neue Betriebssystem.

Was ist neu in Windows 11?

Windows 11 setzt »Windows als Dienstleistung« fort

Früher brachte Microsoft etwa alle zwei bis drei Jahre ein neues Betriebssystem auf den Markt und vergab hierfür stets eindeutige Namen oder Nummern wie etwa Windows 7, Windows 8 und ein Jahr nach diesem bereits Windows 8.1. Ein Windows 9 gab es nicht, stattdessen kam 2015 Windows 10 auf den Markt. Mit diesem Versionssprung teilte Microsoft der IT-Welt nicht nur mit, dass man ein vollkommen neues und viel besseres Windows erschaffen habe. Hinzu kam auch eine Änderung der Geschäftspolitik. Denn Microsoft bietet Windows seitdem als Dienstleistung an und stellt kontinuierlich kostenlose Updates bereit, mit denen das System verbessert und mit neuen Funktionen ausgerüstet wird. Das Marketing hat sich hierfür die Bezeichnung *Windows as a Service*, zu Deutsch »Windows als Dienstleistung« einfallen lassen.

Eine neue Version von Windows sollte es gar nicht mehr geben, sondern es sollte nur das bestehende Windows 10 regelmäßig aktualisiert werden. Die recht umfangreichen Änderungen an der Oberfläche des Betriebssystems haben Microsoft aber wohl zu einem Umdenken veranlasst, denn seit dem 5. Oktober 2021 gibt es nun doch ein Windows mit einer neuen Versionsbezeichnung: Windows 11. Die Aktualisierungspolitik hat Microsoft aber auch mit Windows 11 nicht geändert. Wie bereits unter Windows 10 wird Ihr Computer regelmäßig durch Updates auf den neuesten Stand gebracht. Microsoft unterteilt die Updates dabei in verschiedene Kategorien. Die beiden wichtigsten sind die *Qualitätsupdates* und die *Funktionsupdates*.

Die *Qualitätsupdates* sorgen dafür, dass vorhandene Probleme behoben und Sicherheitslücken geschlossen werden. Bei diesen Updates handelt es sich meist um sogenannte *kumulative Updates*, d. h., ein neues Update enthält alle bis dahin veröffentlichten Updates. Sollten Sie das eine oder andere Update einmal verpasst haben, weil Sie den Computer z. B. längere Zeit nicht eingeschaltet haben, erhalten Sie diese automatisch durch die Installation des nächsten kumulativen Updates.

Funktionsupdates erweitern das Betriebssystem um neue Funktionen. Für Windows 10 wurden zweimal im Jahr Funktionsupdates bereitgestellt. Für Windows 11 hielt Microsoft diesen Turnus nicht bei, Funktionsupdates erscheinen nur noch einmal jährlich. Bisher war es so, dass der Zeitpunkt, zu dem ein Funktionsupdate veröffentlicht wurde, auch als Versionsangabe diente. Windows 10 24H2 wurde etwa im ersten Halbjahr des Jahres 2021 veröffentlicht. Windows 11 ging im Oktober 2021 mit der Versionsangabe 21H2 an den Start. Um herauszufinden, welche Version von Windows 11 genau Sie nutzen, lesen Sie bitte die Anleitung »Welche Windows-Version habe ich?« auf Seite 308.

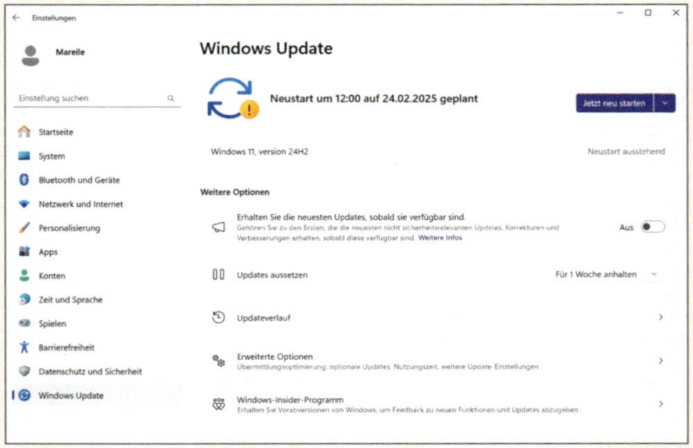

Funktionsupdates werden nur noch einmal im Jahr bereitgestellt.

Windows 11 in neuem Design

Unter Windows 10 spielte es noch eine wichtige Rolle, ob mit einem klassischen Desktop-PC bzw. Notebook oder einem Gerät mit Touchscreen (also Tablet oder 2-in-1-Gerät) gearbeitet wurde. Denn je nach Gerät bekamen Sie nach dem Start die Oberfläche im Desktop- oder im Tabletmodus zu sehen.

In Windows 11 gibt es diese Unterscheidung nicht mehr. Die Oberfläche zeigt sich auf jedem Gerät in gleichem Gewand. Lediglich die Abstände von Symbolen sind auf einem Gerät mit Touchscreen etwas größer, was die Bedienung per Fingergesten sehr erleichtert. Unter Windows 11 sind nun auch Fingergesten mit drei oder vier Fingern möglich. Welche dies im Detail sind, erfahren Sie im Abschnitt »Windows 11 auf einem Touchscreen bedienen« ab Seite 54.

Was beim Blick auf die Oberfläche sofort ins Auge sticht, ist die Taskleiste mit ihren nun mittig ausgerichteten Elementen ❶. Auch das Startmenü klappt bei einem Klick auf das Windows-Logo ❷ in der Mitte des Bildschirms auf. Wer in alter Gewohnheit mit dem Mauszeiger in die linke untere Bildschirmecke wandert, findet dort nun ein kleines Symbol mit Wetterinformationen ❸. Ein Klick hierauf öffnet die neu in Windows 11 hinzugekommenen Widgets, die wir Ihnen im Abschnitt »Gut informiert mit Widgets« ab Seite 92 vorstellen. Wer sich mit der zentrierten Anordnung so gar nicht anfreunden mag, kann die Ausrichtung auch wieder linksbündig festlegen. In diesem Fall wandert das Widget-Symbol auf die rechte Seite des Bildschirms an den linken Rand des Infobereichs der Taskleiste ❹.

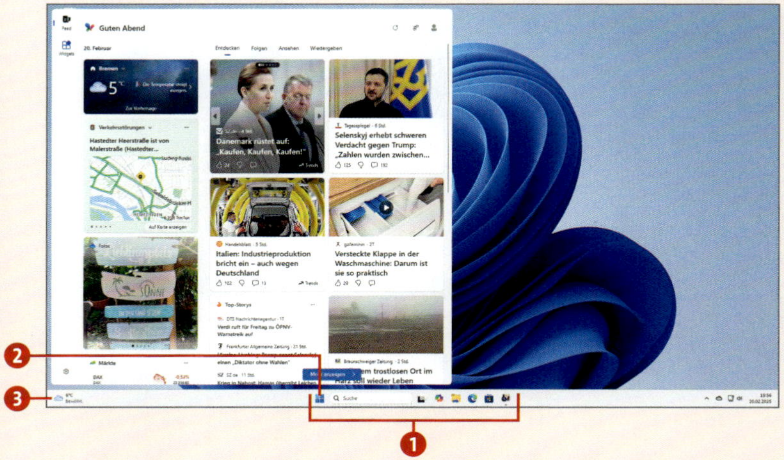

Die Windows 11-Oberfläche mit mittig ausgerichteter Taskleiste und eingeblendeten Widgets

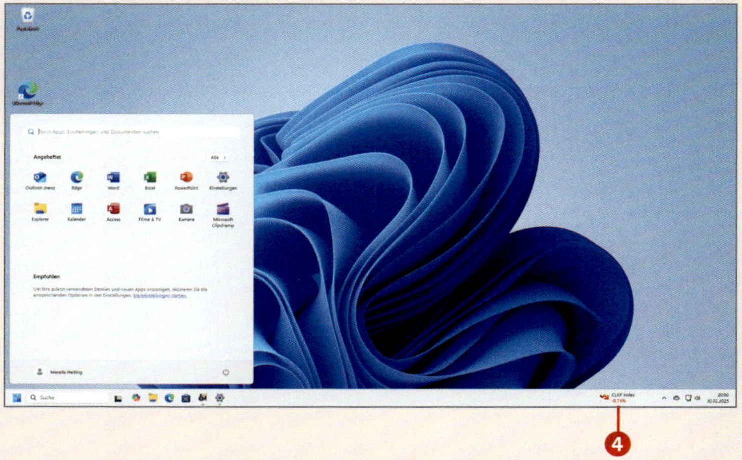

Die Windows 11-Oberfläche mit linksbündig ausgerichteter Taskleiste und einem geöffnetem Startmenü

Die neuen Taskleistenelemente in Windows 11

Windows 11 bringt per Standardeinstellung nicht nur eine neue, zentrierte Ausrichtung der Taskleistenelemente mit, sondern wartet auch mit neuen Symbolen auf:

1. Rechts vom Windows-Logo ist das Suchfeld zu sehen. Ein Klick hierauf öffnet das Suchmenü.
2. Das folgende Symbol **Aktive Anwendungen** hat zwar ein neues Design erhalten, es führt Sie aber weiterhin zu einer Übersicht über alle geöffneten Anwendungen und den virtuellen Desktops.
3. Positionieren Sie den Mauszeiger auf dem regenbogenfarbigen Symbol, erscheint die Quickinfo **Copilot**. Klicken Sie das Symbol an, öffnet sich die neu in Windows 11 hinzugekommene App *Copilot*. Weitere Informationen zu diesem KI-Assistenten erhalten Sie im Abschnitt »Die Copilot-App bringt künstliche Intelligenz auf den PC« ab Seite 94.
4. Sind die Taskleistenelemente mittig ausgerichtet, finden Sie am äußersten linken Taskleistenrand das Symbol zum Einblenden der Widgets, also kleiner Minianwendungen, die Sie mit den neuesten Nachrichten, Aktienkursen, Sport- und Wettermeldungen versorgen.

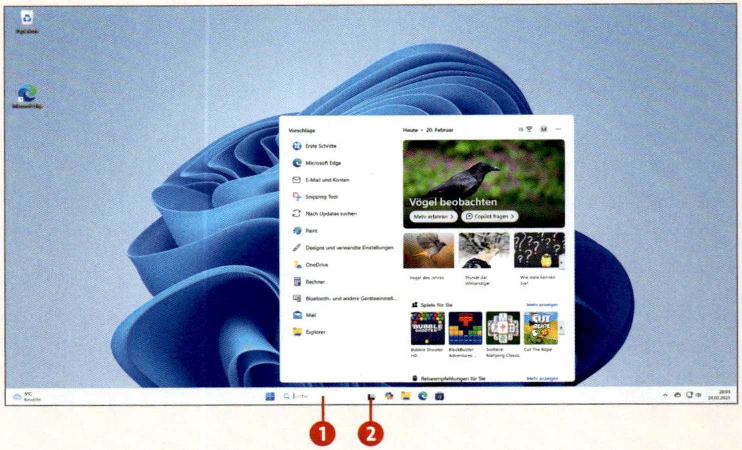

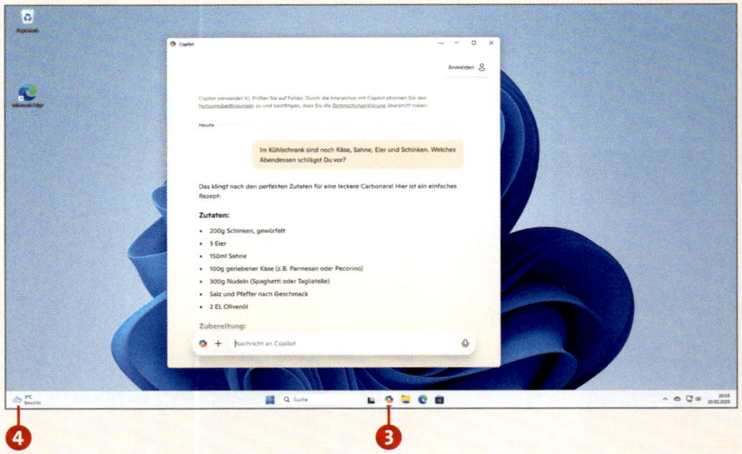

Neue Fenstertechniken

Sie warten auf eine wichtige E-Mail und werfen deshalb häufig einen Blick in das E-Mail-Programm. Parallel hierzu läuft eine Recherche im Internet, deren Ergebnisse Sie gleich im Tabellenkalkulationsprogramm Excel festhalten. Zu guter Letzt müssen Sie noch auf Daten zugreifen, die Sie in der Cloud OneDrive gespeichert haben, um sie bequem mit anderen Personen teilen zu können. Schnell hat man so mehrere Programmfenster zusammen, die zeitgleich angezeigt werden sollten. Unter Windows 11 lassen sich diese bequem in nur wenigen Schritten gleichmäßig auf dem Bildschirm anordnen. Das Zauberwort hierfür lautet *Snap-Layouts*. Diese Layouts werden Ihnen angeboten, sobald Sie den Mauszeiger auf das Symbol **Maximieren/Verkleinern** ❶ in der rechten oberen Ecke eines Programmfensters setzen. Wie leicht Sie dann den geöffneten Programmfenstern die gewünschte Position auf dem Bildschirm zuweisen, erfahren Sie im Detail im Abschnitt »Die neuen Snap-Layouts von Windows 11« ab Seite 80.

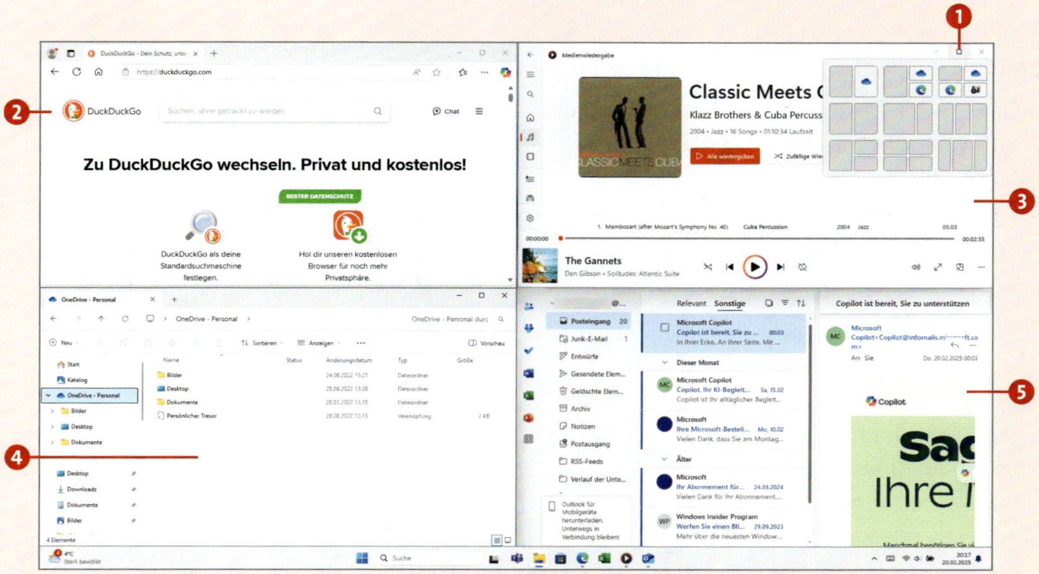

❷ Im Programmfenster des Browsers *Edge* ist die Webseite der sicheren Suchmaschine DuckDuckGo (*https://duckduckgo.com*) geöffnet.

❸ Die App *Medienwiedergabe* ersetzt die App *Groove-Musik* in Windows 11. Sie ermöglicht nicht nur das Abspielen Ihrer Lieblingsmusik, sondern auch die Wiedergabe Ihrer Videos.

❹ Im Inhaltsbereich des *Explorers* mit der recht minimalistisch wirkenden neuen Symbolleiste werden die in der Cloud *OneDrive* abgelegten Daten angezeigt.

❺ Die App *Outlook* zum Versenden und Empfangen von E-Mails löst die bereits aus Windows 10 bekannte App *Mail* ab. In der Outlook-App sind Kalender und Adressbuch integriert.

Das ist nicht mehr mit von der Partie

Windows 11 bringt einiges Neue mit, das eine oder andere ist aber auch nicht mehr mit an Bord. So gehört der Browser *Internet Explorer* beispielsweise endgültig der Vergangenheit an, ein Aufruf des Programms ist nicht mehr möglich. Stattdessen bietet Microsoft nun den Browser *Edge* an. Der auf Chromium (dem Unterbau des Browsers Google Chrome) basierende Browser wurde bereits im Januar 2020 unter Windows 10 veröffentlicht und schaffte nun auch den Sprung in Windows 11. Damit Webseiten, die speziell für den Internet Explorer entwickelt wurden, auch in Edge korrekt dargestellt werden, verfügt der neue Browser über einen speziellen Modus **Internet-Explorer-Kompatibilität**. Dieser ist standardmäßig aktiviert ❶.

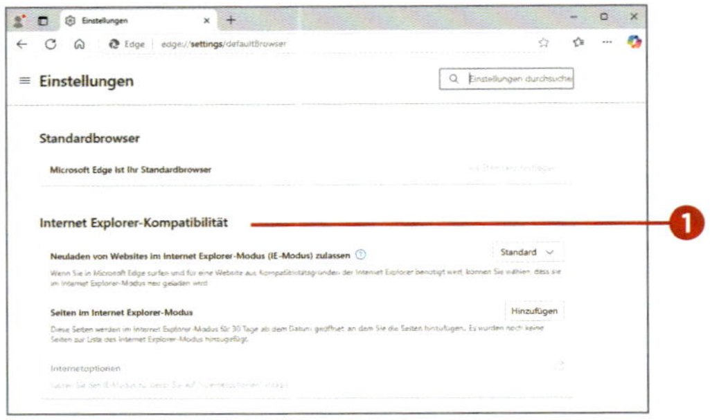

Installieren Sie Windows 11 auf einem Computer neu, werden die aus Windows 10 noch bekannten Apps *Skype*, *Paint 3D* sowie *OneNote für Windows* nicht mehr eingerichtet. Sie sind nur dann noch vorhanden, wenn ein Upgrade auf die neue Windows-Version stattfand ❷.

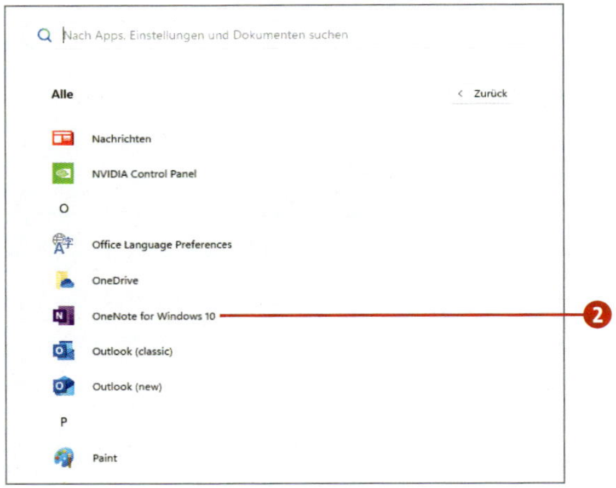

Apropos Neuinstallation: So manch einer ärgerte sich über die sehr eloquente Sprachassistentin *Cortana*, die sich unter Windows 10 bereits bei der Ersteinrichtung des Systems zu Wort meldete. Unter Windows 11 spielt sie keinerlei Rolle mehr. Dies gilt ebenso für das *WordPad*, das über viele Versionen hinweg Bestandteil von Windows war. Wer nun ein Textverarbeitungsprogramm benötigt, muss eine Anwendung wie Word verwenden.

In der Liste **Alle Apps**, die über das Startmenü eingeblendet wird, fehlt unter Windows 11 der Ordner *Windows Zubehör*. Die Programme, die sich über ihn erreichen ließen (z. B. *Windows Media Player Legacy*), finden Sie nun unter dem Eintrag *Windows-Tools*. Der folgende Dialog zeigt auch die Elemente an, die früher unter *Windows-Verwaltungsprogramme* angesiedelt waren, wie die *Aufgabenplanung* oder *Computerverwaltung* ❸.

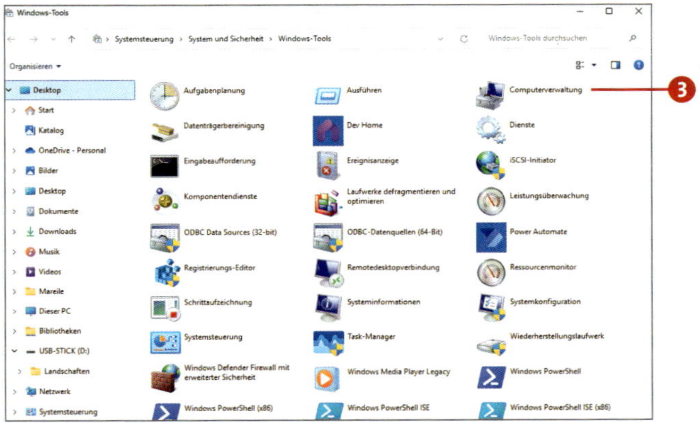

Wo finde ich was?

Der Desktop im Überblick

Auf den ersten Blick scheint sich beim Desktop nicht viel verändert zu haben. Er sieht aus, wie Sie ihn von früheren Windows-Versionen her kennen – hier mit einer Verknüpfung zum Papierkorb und zum Browser Edge. Die Taskleiste befindet sich wie gehabt am unteren Fensterrand, jetzt allerdings mit mittig angeordneten Elementen, wie etwa der **Start**-Schaltfläche (das Windows-Logo), über die Sie das Startmenü aufrufen können. Rechts davon befinden sich wie gewohnt weitere Schaltflächen zum Öffnen verschiedener Programme und Systemfunktionen. Der rechte Teil der Taskleiste wird als *Infobereich* bezeichnet. Hier werden neben Datum und Uhrzeit wichtige System- und Programminformationen angezeigt. Auch unter Windows 11 können Sie ein neues Hintergrundbild oder neue Designs festlegen (siehe den Abschnitt »Den Desktop einrichten« auf Seite 231).

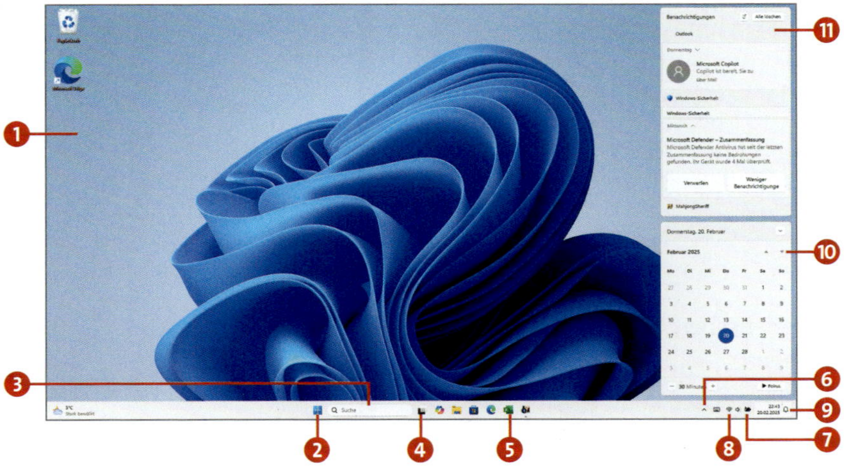

1 Der Desktop-Hintergrund ist frei wählbar.

2 **Start**-Schaltfläche zum Öffnen des Startmenüs

3 Windows und das Internet durchsuchen

4 aktive Anwendungen und virtuelle Desktops anzeigen

5 Programme lassen sich an die Taskleiste heften, damit Sie sie schneller aufrufen können.

6 Hier legen Sie fest, welche Symbole im Infobereich angezeigt werden.

7 Der Batteriestatus zeigt die verbleibende Akkukapazität an.

8 Der Netzwerkstatus zeigt an, ob eine Internetverbindung besteht.

9 Per Klick auf die Uhrzeit wird nicht nur der Kalender 10 angezeigt, sondern auch das neue Benachrichtigungscenter 11.

Das Startmenü

Dreh- und Angelpunkt des Betriebssystems ist das Startmenü. Möchten Sie ein Programm starten, eine neue Hardware installieren oder neu eingetroffene E-Mails lesen – der Weg führt Sie fast immer über das Startmenü. Ein Klick auf das Windows-Logo in der Taskleiste oder Drücken der ⊞-Taste öffnet das Menü. Mit nur einem Klick auf eines der App-Symbole im Bereich **Angeheftet** öffnen Sie ein Programm, eine Windows-App oder auch eine Systemeinstellung. Die Transparenz des Hintergrundes sowie die Farben des Startmenüs können Sie nach Ihren Wünschen anpassen (siehe dazu den Abschnitt »Die Oberfläche personalisieren« auf Seite 214).

Im unteren Bereich des Startmenüs werden häufig genutzte Dateien sowie zuletzt hinzugefügte Programme aufgelistet. Eine Übersicht über alle auf dem Computer installierten Anwendungen erreichen Sie per Klick auf **Alle**.

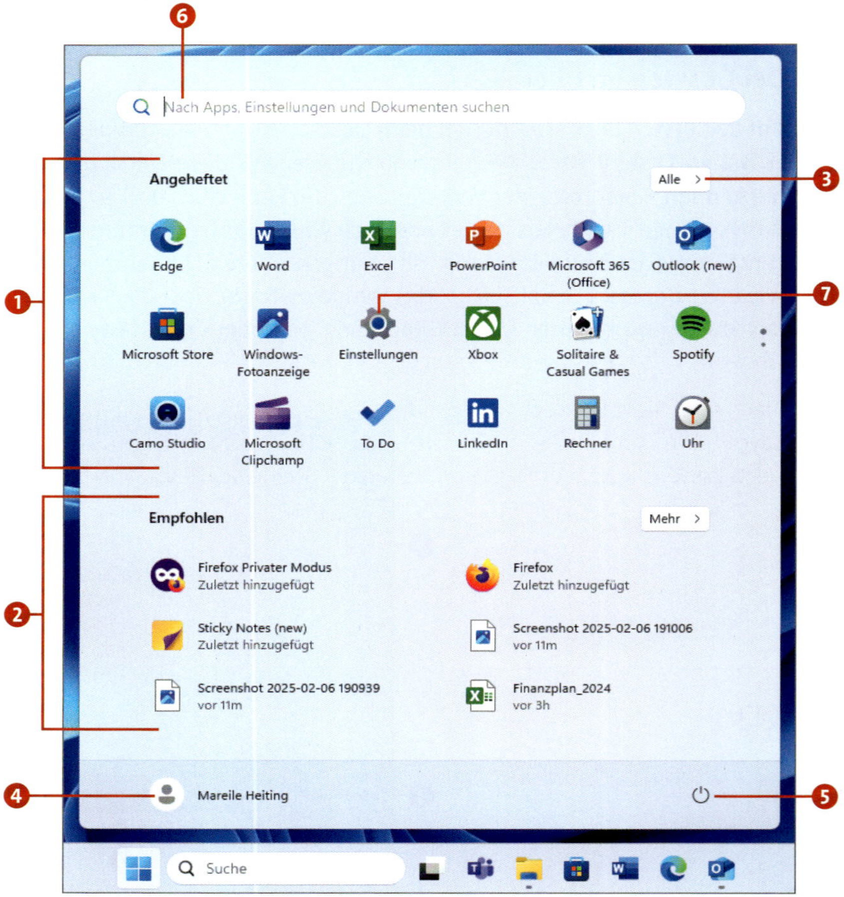

❶ der Bereich **Angeheftet** mit Verknüpfungen zu Apps, Programmen und Ordnern

❷ meistverwendete und zuletzt hinzugefügte Anwendungen oder Einstellungen

❸ Diese Schaltfläche führt zur alphabetischen Auflistung aller installierten Apps und Anwendungen.

❹ Profilbild, über das ein Benutzerwechsel und Kontoeinstellungen erreicht werden

❺ Schaltfläche zum Herunterfahren und Neustart des Computers

❻ Eingabefeld, um das Internet und Windows zu durchsuchen

❼ Symbol der App *Einstellungen*, über die Sie wichtige Konfigurationen vornehmen

Die überarbeitete Einstellungen-App

Über viele Windows-Versionen hinweg war die *Systemsteuerung* die einzige Anlaufstelle, wenn es um die Konfiguration des Computers ging. Bereits unter Windows 10 verlagerte Microsoft viele Einstellungsmöglichkeiten in die App *Einstellungen* (unter Windows 10 auch *Windows-Einstellungen* genannt). Diesen Weg setzt das Unternehmen auch für Windows 11 fort. Die Systemsteuerung ist zwar weiterhin vorhanden, einen Großteil der Konfigurationen nehmen Sie nun aber über die Einstellungen-App vor. Die App lässt sich schnell über die Tastenkombination [Windows] + [I] aufrufen oder über das Zahnradsymbol **Einstellungen** im Startmenü.

Nach dem Start begrüßt Sie die App nun in einem etwas anderem Layout. Die Kategorien wie **System**, **Bluetooth und Geräte** oder auch **Konten** sind jetzt immer in der linken Spalte sichtbar ❶, egal, in welcher Unterkategorie Sie sich gerade befinden. Die Unterkategorien ❷ wählen Sie nach einem Klick auf die gewünschte Kategorie in der rechten Fensterhälfte aus. Reicht die Größe des Programmfensters nicht aus, um alle Unterkategorien aufzulisten, nutzen Sie zum Blättern einfach die Bildlaufleiste am rechten Rand ❸. Sobald Sie eine Unterkategorie aufgerufen haben, wird ihr Name am oberen Rand der rechten Spalte eingeblendet ❹. Um zur vorherigen Seite zurückzukehren, nutzen Sie entweder den Pfeil oben links ❺ oder klicken auf den Kategorienamen links ❻ bzw. zu Beginn der rechten Spalte ❼.

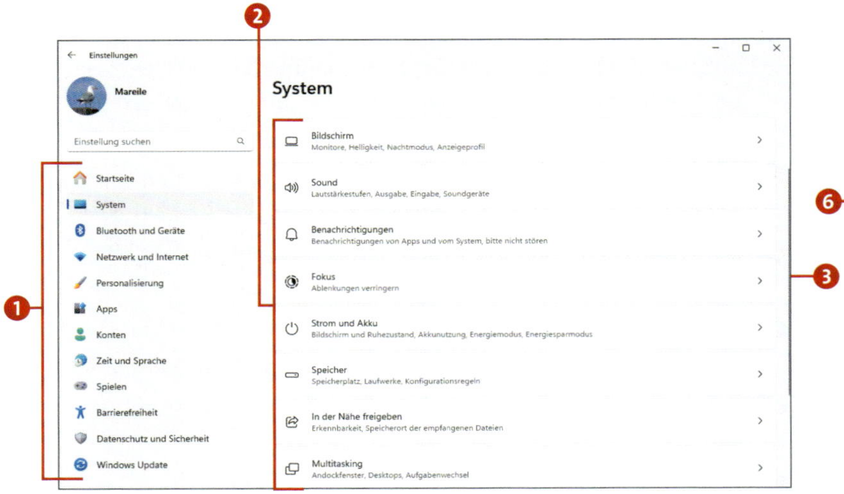

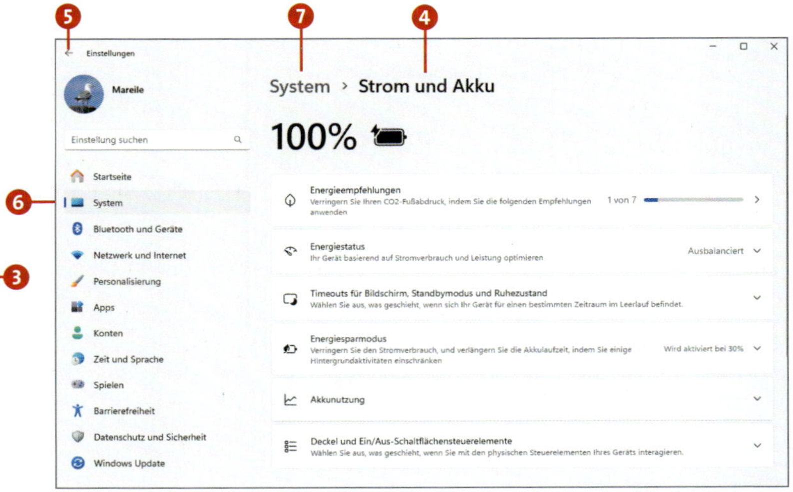

Der Explorer in neuem Gewand

Ob Sie Dateien nun umbenennen, kopieren, löschen oder gleich neue Ordner anlegen möchten – all dies erledigen Sie über den *Explorer*. Hier haben Sie außerdem Zugriff auf alle im Computer verbauten oder angeschlossenen Speichermedien wie Festplatten und USB-Sticks oder auch auf das DVD-Laufwerk.

Neu ist der Explorer nicht, Sie kennen ihn sicherlich schon aus früheren Windows-Versionen. Für Windows 11 wurde ihm allerdings ein neues Layout verschafft. So ist das praktische *Menüband*, das unterhalb der Menüleiste eingeblendet wurde und zahlreiche Optionen zur Dateiverwaltung enthielt, nun verschwunden. Stattdessen ziert eine kleine Symbolleiste den oberen Rand des Explorers, über die Sie aber lediglich Befehle zum Kopieren, Einfügen, Umbenennen oder auch Löschen von Dateien und Ordner erreichen. Auch das Anpassen der Anzeige und Sortieren von Dateien und Ordnern lässt sich über die Symbolleiste regeln. Ein paar weitere Befehle lassen sich per Klick auf das Symbol mit den drei Punkten einblenden. Selbst das Kontextmenü, das per rechtem Mausklick auf ein Element aufgerufen wird, zeigt sich zunächst recht übersichtlich. Mit einem Klick auf **Weitere Optionen anzeigen** gelangen Sie aber zum altbekannten Kontextmenü, unter Windows 11 auch erweitertes Kontextmenü genannt.

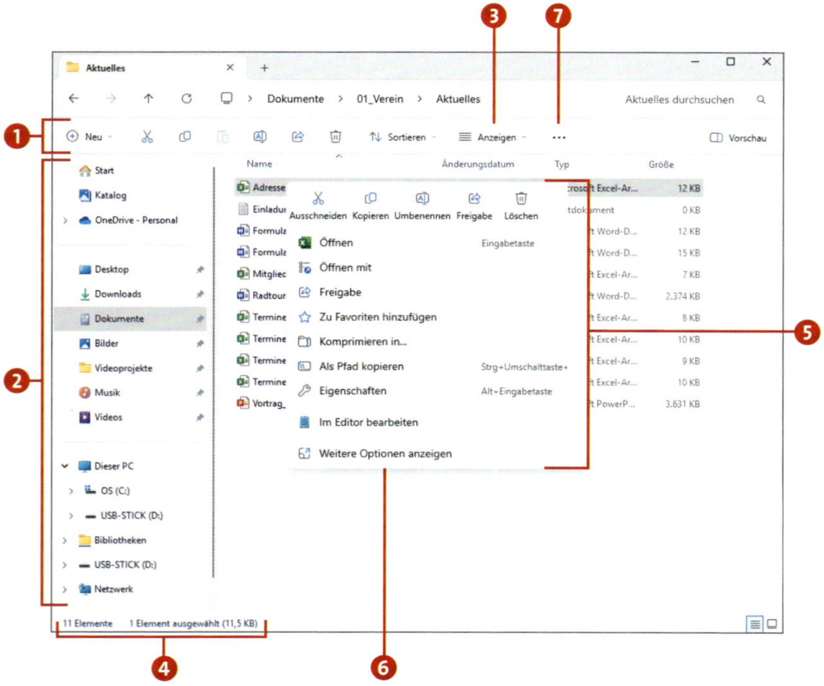

1. Symbolleiste mit den wichtigsten Befehlen zum Erzeugen neuer Ordner und Dateien, Umbenennen, Kopieren oder auch Löschen
2. Im Navigationsbereich finden Sie alle Laufwerke. Hier sind außerdem die Favoriten im **Start**, alle **OneDrive**-Verzeichnisse und **Bibliotheken** aufgelistet. Teilnehmer eines Netzwerkes werden im Abschnitt **Netzwerk** aufgeführt.
3. Die Anzeige der Dateien im Explorer lässt sich anpassen (hier sehen Sie die Ansicht **Details**).
4. Die Statusleiste zeigt Informationen zur Anzahl der ausgewählten Elemente und zu ihrer Größe an.
5. Das Kontextmenü, das als Erstes nach einem rechten Mausklick auf ein Element eingeblendet wird, bietet nur wenige Befehle.
6. Der Kontextmenübefehl **Weitere Optionen anzeigen** führt zum erweiterten Kontextmenü.
7. Über dieses Symbol erreichen Sie weitere Befehle.

2 Schnelleinstieg in Windows 11

Die Möglichkeit, kostenlos von Windows 10 zu Windows 11 wechseln zu können, klingt für viele verlockend. Der Umstieg verläuft allerdings nicht immer so einfach, wie erhofft. Denn bevor Sie loslegen können, ist eine wichtige Frage zu klären: Wird Ihr Computer den hohen Ansprüchen an die Hardware überhaupt gerecht? Welche Systemvoraussetzungen zu erfüllen sind und wie Sie diese ganz leicht für Ihren Computer prüfen können, erfahren Sie in diesem Kapitel. Hat der Test grünes Licht für den Umstieg ergeben, steht dem kostenlosen Upgrade auf Windows 11 nichts im Wege. Microsoft stellt hierfür wieder das *Media Creation Tool* zur Verfügung. Wie Sie beim Wechsel vorgehen und worauf Sie achten sollten, zeigen wir Ihnen auf den folgenden Seiten.

Weiter geht es mit der Einrichtung und Erstkonfiguration des Systems. Legen Sie ein Benutzerkonto an und verknüpfen Sie es mit einem neuen Microsoft-Konto. Und was ist eigentlich der Unterschied? Wo liegen die Vor- und Nachteile einer solchen Windows-Identität? So viel sei schon hier verraten: Ein Microsoft-Konto ist keinesfalls zwingend, und Sie können weiterhin auch ein lokales Benutzerkonto verwenden. Wie Sie hierzu vorgehen, wird allerdings erst Thema im Abschnitt »Benutzerkonten erstellen, verwenden und verwalten« ab Seite 233 sein.

Zu guter Letzt werfen Sie einen Blick auf das neue Betriebssystem, lernen Tastatur und Maus kennen und erfahren, wie Sie Windows 11 auf einem Tablet-PC bedienen können. Falls es doch mal an einer Stelle etwas klemmen sollte, zeigen wir Ihnen, wo Sie Hilfe bei PC-Problemen aller Art finden können.

In diesem Kapitel

- Ist Ihr Computer bereit für Windows 11?
- Welche Editionen von Windows 11 gibt es?
- Windows 11 installieren und einrichten
- Ein Microsoft-Konto erstellen
- Das Startmenü auf einen Blick
- Der Desktop in der Übersicht
- Zwischen Desktop und Startmenü wechseln
- Die Programmübersicht aufrufen
- Verknüpfungen auf dem Desktop
- Wichtige Bedienelemente von Apps
- Den Computer starten
- Den Computer ausschalten
- Der Task-Manager im Überblick
- Die Einstellungen-App
- Das Benachrichtigungscenter
- Die Schnelleinstellungen von Windows 11
- So gehen Sie mit der Maus um
- So bedienen Sie die Tastatur
- Windows 11 auf einem Touchscreen bedienen
- Hilfe erhalten

Ist Ihr Computer bereit für Windows 11?

Die Anforderungen, die Windows 11 an die Hardware stellt, sind hoch. Selbst Geräte, die erst wenige Monate alt sind, erfüllen die Voraussetzungen nicht immer. Falls Sie sich einen neuen Computer anschaffen möchten, sollten Sie daher unbedingt sicherstellen, dass auf diesem entweder bereits die neue Windows-Version vorinstalliert ist oder sich das Gerät auch wirklich hochrüsten lässt. Die folgenden Mindestanforderungen müssen natürlich auch dann erfüllt sein, wenn Sie auf einem bereits vorhandenen Computer mit Windows 10 oder einer älteren Windows-Version zu Windows 11 wechseln möchten:

- 1-GHz-(Gigahertz-)Prozessor oder schneller mit zwei oder mehr Kernen auf einem kompatiblen 64-Bit-Prozessor oder SoC (System on a Chip)
- mindestens 4 GB (Gigabyte) Arbeitsspeicher
- mindestens 64 GB freier Festplattenspeicher
- DirectX-12-kompatible Grafikkarte oder höher mit WDDM-2.0-Treiber
- ein hochauflösender Bildschirm (720p) mit einer Diagonale von mehr als 9 Zoll und 8 Bit pro Farbkanal
- das Trusted Platform Module (TPM) Version 2.0
- Für den BIOS-Modus ist UEFI vorgeschrieben mit aktiviertem Secure Boot.

Für die Installation von Windows 11 benötigen Sie außerdem eine Internetverbindung sowie ein Microsoft-Konto.

Wenn Sie sich nicht sicher sind, ob Ihr Computer die Hardwarevoraussetzungen erfüllt, können Sie dies schnell mithilfe der *App zur Integritätsprüfung* testen. Ist auf Ihrem PC mindestens die Windows 10-Version 2004 installiert, wurde die App automatisch im Rahmen eines Updates auf Ihrem System eingerichtet. Der Start der App erfolgt dann über den Eintrag **PC-Integritätsprüfung** ❶ in der Liste aller installierten Apps im Startmenü. Wurde die App noch nicht auf Ihrem PC installiert, laden Sie sie über die Webseite *www.microsoft.com/de-de/windows/windows-11* herunter. Falls Ihr Computer den Eignungstest für Windows 11 nicht bestanden hat, können Sie sich über die blauen Links ❷ Informationen zu den Gründen einholen. In manchen Fällen lässt sich das Problem, das eine Neuinstallation von Windows 11 verhindert, recht leicht lösen.

Windows komplett neu oder als Upgrade installieren?

Sind alle Voraussetzungen erfüllt, kann Windows 11 auf Ihrem Rechner installiert werden. Microsoft lässt Ihnen hierbei die Wahl: Sie können Windows 11 als Upgrade über Ihr bestehendes Windows 10-System installieren und Ihre Programme und persönlichen Daten behalten oder Sie nutzen die Möglichkeit einer sauberen Neuinstallation, bei der dann allerdings alle Daten auf Ihrem PC unwiderruflich gelöscht werden.

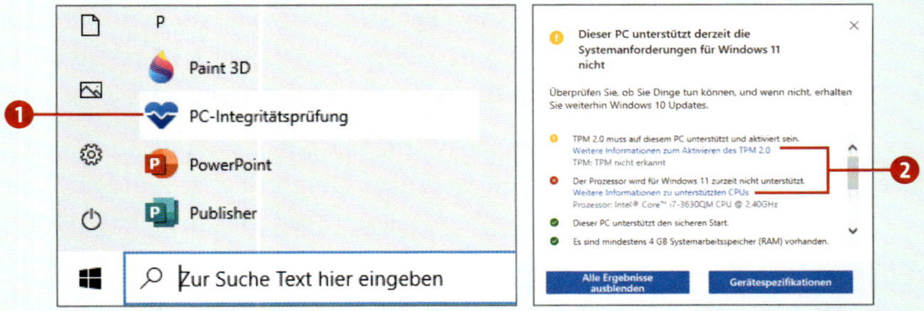

Welche Editionen von Windows 11 gibt es?

Microsoft hat die Zahl der verschiedenen Editionen auf drei reduziert. Für private Anwender*innen gibt es Windows 11 Home und Windows 11 Pro, für Unternehmen Windows 11 Enterprise. Der Vollständigkeit halber sei erwähnt, dass es auch noch sogenannte *N-Versionen* gibt, also z. B. Windows 11 Home N oder auch Windows 11 Pro N. Hierbei handelt es sich um Versionen, die ohne den Windows Media Player ausgeliefert werden, sich ansonsten aber nicht von den anderen Versionen unterscheiden. Das *N* im Namen steht für *Not with Media Player*. Der Hintergrund: Bereits 2005 sah eine EU-Kommission einen Wettbewerbsvorteil durch die Integration des Media Players in Windows und verlangte von Microsoft, sein Betriebssystem künftig auch ohne den Media Player anzubieten.

Windows 11 Pro verfügt gegenüber Windows 11 Home zusätzlich über erweiterte Netzwerk- und Datenverschlüsselungsfunktionen und ist für den Einsatz im Büro oder in kleinen Betrieben gedacht. Weitere Informationen zu den einzelnen Versionen finden Sie auch direkt bei Microsoft unter *www.microsoft.com/de-de/windows/compare-windows-11-home-vs-pro-versions*.

Einige Hersteller liefern ihre Computer im sogenannten *S-Modus* aus. Bei dieser speziellen Version können Sie nur Apps aus dem Microsoft Store installieren, nicht jedoch herkömmliche x86-/x64-Anwendungen. Ein Wechsel aus dem S-Modus heraus zu Windows 11 Home ist kostenlos möglich. Dieser Wechsel ist allerdings endgültig, eine erneute Aktivierung des Modus ist nicht möglich. Weitere Details zu Windows 11 im S-Modus finden Sie unter *www.microsoft.com/de-de/windows/s-mode*.

Die Tabelle rechts zeigt Ihnen die wichtigsten Funktionen und Unterschiede der für Sie relevanten Windows-Editionen.

Funktion	Windows 11 Home	Windows 11 Pro
anpassbares Startmenü	ja	ja
Microsoft Store	ja	ja
Jugendschutzeinstellungen	ja	ja
vorinstallierte Apps	ja	ja
Microsoft Edge (PDF-Reader)	ja	ja
Sprachassistentin Cortana	ja	ja
Installation und Ausführung von x86-/x64-Software	ja	ja
Windows-Sicherheit	ja	ja
Windows Media Player	ja	ja
Windows Media Center	nein	nein
PC zurücksetzen	ja	ja
mobile Geräteverwaltung	nein	ja
Spiele von Xbox One auf PC streamen	ja	ja
BitLocker-Laufwerksverschlüsselung	nein	ja
BitLocker to Go	nein	ja
Booten einer virtuellen Festplatte	nein	ja
Anmeldung an einer Domäne	nein	ja
Gruppenrichtlinien	nein	ja
Remotedesktop-Verbindung	nein	ja

Windows 11 installieren und einrichten

Ein Installationsmedium für Windows 11 erstellen

Die PC-Integritätsprüfung hat ergeben, dass Ihr Computer die Hardwareanforderungen erfüllt? Falls Sie das kostenlose Upgrade nicht wie im Kasten »Upgrade auf Windows 11 per Windows Update« beschrieben vornehmen möchten, nutzen Sie am besten das *Media Creation Tool*. Mit diesem erzeugen Sie ein Installationsmedium auf einem USB-Stick, den Sie dann ebenso zur Neuinstallation von Windows 11 wie zu einem Upgrade nutzen können. In beiden Fällen sollten Sie unbedingt eine Sicherung Ihrer wichtigsten Daten auf einer externen Festplatte vornehmen. Da Antivirenprogramme häufig den Upgrade-Vorgang stören, deinstallieren Sie besser Ihr Schutzprogramm vollständig. Nach dem erfolgreichen Systemwechsel können Sie es wieder installieren.

1. Um das *Media Creation Tool* herunterzuladen, öffnen Sie die Internetseite *www.microsoft.com/de-de/software-download/windows11* und klicken im Abschnitt **Windows 11-Installationsmedien erstellen** auf **Jetzt herunterladen** ❶.
2. Standardmäßig legt Windows 10 heruntergeladene Dateien im Ordner **Downloads** ab. Starten Sie das Programm mit einem Doppelklick auf **mediacreationtool.exe**.
3. Nachdem Sie die Abfrage der Benutzerkontensteuerung bestätigt und die Lizenzbestimmungen akzeptiert haben, übernehmen Sie die Sprache und Edition mit einem Klick auf **Weiter**.
4. Schließen Sie nun einen USB-Stick mit mindestens 8 GB freiem Speicherplatz an dem Computer an. Im Dialog **Windows 11 Setup** behalten Sie die Option **USB-Speicherstick** ❷ bei und klicken auf **Weiter**. Sobald Windows 11 erfolgreich auf den Stick heruntergeladen wurde, bestätigen Sie mit **Fertig stellen**. Den USB-Stick können Sie nun zur Neuinstallation oder für ein Upgrade nutzen.

Upgrade auf Windows 11 per Windows Update?

Der einfachste Weg, einen Windows 10-PC auf Windows 11 hochzurüsten, erfolgt über das Windows Update. Denn wird Ihr Computer als geeignet eingestuft, erscheint in der **Einstellungen**-App unter **Update & Sicherheit > Windows Update** ein entsprechender Hinweis. Ein Klick auf **Herunterladen und installieren** reicht, und schon wird Windows 11 auf dem Computer installiert. Ihre Dateien und Programme werden hierbei beibehalten.

Upgrade auf Windows 11 per Media Creation Tool

Haben Sie, wie im vorherigen Abschnitt gezeigt, mithilfe des Media Creation Tools ein Installationsmedium auf einem USB-Stick erzeugt, können Sie diesen nutzen, um einen Windows 10-Computer auf Windows 11 hochzurüsten. Dieser Computer muss allerdings die Hardwareanforderungen erfüllen. Ist dies nicht der Fall, ist eine Installation von Windows 11 nicht möglich.

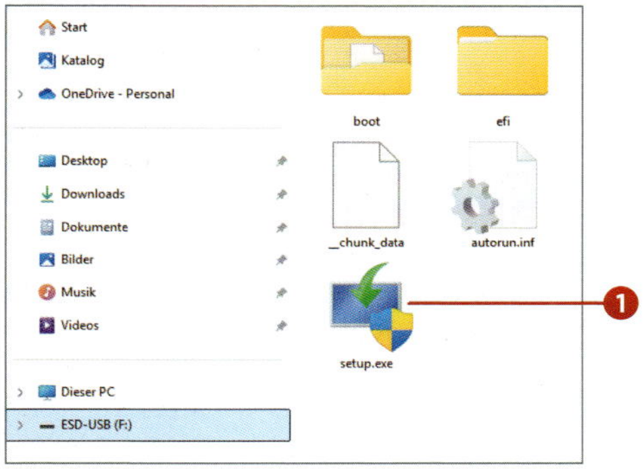

1. Schließen Sie den USB-Stick an dem Computer an. Starten Sie den Explorer, z. B. über die Tastenkombination [Windows] + [E], und markieren Sie im Navigationsbereich den USB-Stick. Doppelklicken Sie rechts auf **setup.exe** (1).
2. Bestätigen Sie die Benutzerkontensteuerung und klicken Sie auf **Weiter**. Nachdem erfolgreich Updates geladen wurden, stimmen Sie den Lizenzbestimmungen mit **Akzeptieren** zu.
3. Nach dem Abruf weiterer Updates erfahren Sie im Dialog **Bereit für die Installation**, was beim Upgrade geschehen soll. Nach einem Klick auf **Ändern der zu behaltenden Elemente** (2) legen Sie fest, was Sie beibehalten möchten (3). Fahren Sie dann mit **Weiter** fort.
4. Mit einem Klick auf **Installieren** starten Sie das Upgrade auf Windows 11 (4). Haben Sie Ihre persönlichen Dateien und Apps beibehalten, können Sie sich nach erfolgreicher Installation mit dem Konto (lokales Konto oder auch Microsoft-Konto) anmelden, das Sie auch zuvor unter Windows 10 genutzt haben.

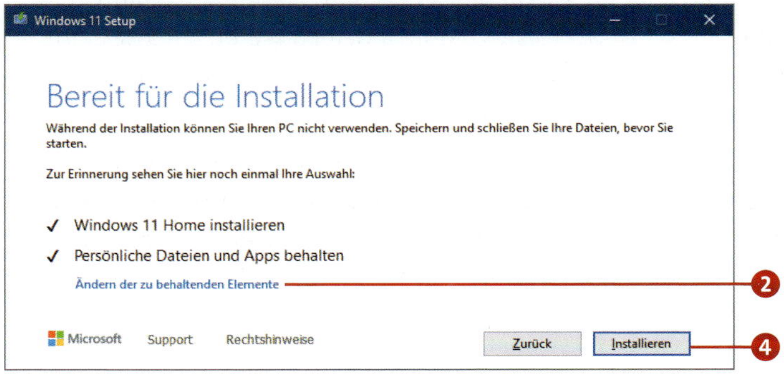

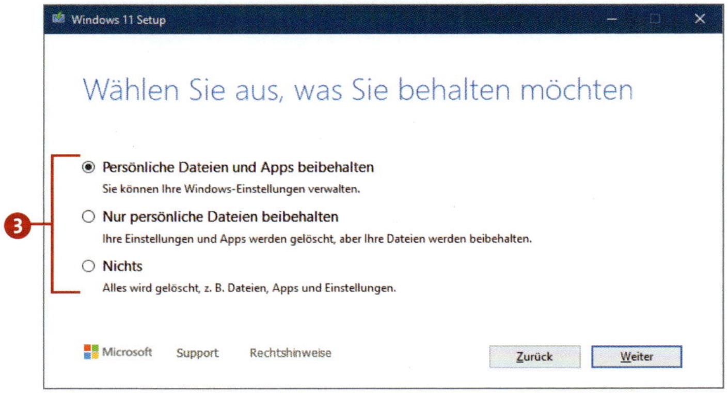

Lizenzschlüssel für die Neuinstallation

Für eine Neuinstallation von Windows 11 benötigen Sie einen gültigen Lizenzschlüssel. Zur Aktivierung lassen sich weiterhin auch Lizenzschlüssel von Windows 7, 8/8.1 und natürlich Windows 10 nutzen.

Windows einrichten

Nach der Installation steht die Erstkonfiguration an. Alle Einstellungen können Sie zwar auch später noch vornehmen, viele Optionen sind allerdings schwer zu finden.

1. Als Erstes werden Sie nach der Region gefragt, in der Sie sich befinden. Markieren Sie das korrekte Land ❶, und bestätigen Sie mit **Ja**. Anschließend wählen Sie das gewünschte Tastaturlayout. Die Frage nach dem zweiten Tastaturlayout können Sie überspringen.
2. Geben Sie dem Computer nun einen Namen ❷. Dies erleichtert später die Identifizierung des PCs, falls Sie z. B. von einem anderen Gerät darauf zugreifen möchten. Fahren Sie mit **Weiter** fort.
3. Nach einem Klick auf **Anmelden** geht es an die Einrichtung des Kontos. Ab Windows 11 24H2 müssen Sie zwingend ein Microsoft-Konto angeben. Haben Sie bereits ein Microsoft-Konto, geben Sie die E-Mail-Adresse in das dafür vorgesehene Feld ein ❸. Über den Link **erstellen Sie eines!** können Sie auch ein neues Konto erstellen ❹ (siehe den nächsten Abschnitt. Nach einem Klick auf **Weiter** geben Sie das Kennwort des Kontos an. Bestätigen Sie dies mit **Anmelden**. Entscheiden Sie dann, ob Sie das Microsoft-Konto mit Windows synchronisieren möchten.
4. Nach einem Klick auf **PIN erstellen** geben Sie eine vierstellige Zahlenkombination ein, die Sie in der Zeile darunter wiederholen. Diese PIN dient der schnelleren Anmeldung bei Windows oder auch Apps. Übernehmen Sie die Eingabe mit **OK**.
5. Einige Apps, z. B. die Wetter- oder die Karten-App, möchten gerne Ihren Standort wissen. Bei den meisten Apps ist es allerdings auch möglich, den Standort separat anzugeben, sodass eine pauschale Zustimmung an dieser Stelle nicht erforderlich ist. Über **Annehmen** geht es zur nächsten Einstellung.

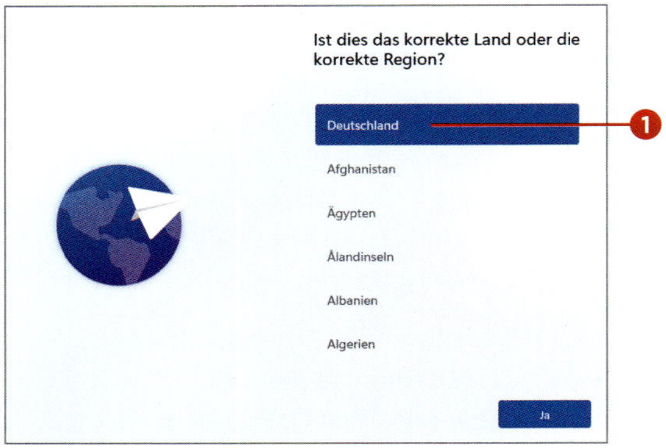

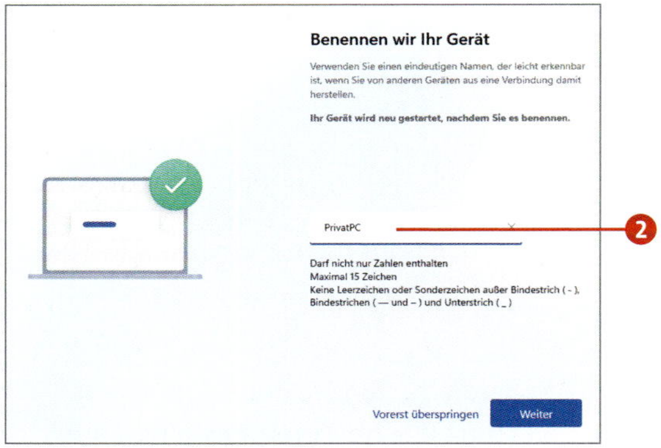

6. Die Erfassung der Diagnosedaten, die an Microsoft gesendet werden, können Sie nicht abstellen, sondern lediglich entscheiden, ob Sie einer vollständigen oder einer einfachen Erfassung zustimmen ❺. Auch hier schließen Sie Ihre Auswahl über **Annehmen** ❻ ab.
7. Möchten Sie Freihand- und Eingabedaten an Microsoft senden, um die Spracherkennung und die Vorschlagsfunktion von Apps zu verbessern? Übernehmen Sie Ihre Auswahl mit **Annehmen**.
8. Mithilfe weiterer Diagnosedaten unterbreitet Ihnen Microsoft Tipps und Anzeigen. Sie können hier zwar die Option **Nein** auswählen, die Informationen werden Ihnen jedoch trotzdem angezeigt, sind dann aber möglicherweise weniger relevant für Sie. Dennoch empfiehlt es sich, die Einstellung **Nein** ❼ zu wählen und über **Annehmen** ❽ zu bestätigen.
9. Microsoft möchte nun noch wissen, wofür Sie Ihr Gerät nutzen möchten. Diese Frage können Sie aber auch unbeantwortet überspringen. In den weiteren Abfragen wird Ihnen der Import von Browserdaten sowie einige kostenlose Testversionen von Microsoft-Produkten wie Microsoft 365 Family angeboten. Entscheiden Sie individuell, was Sie annehmen oder ablehnen möchten. Haben Sie alle Fragen beantwortet, startet Windows 11, und Sie sehen zum ersten Mal die neue Benutzeroberfläche mit dem geöffneten Startmenü. Einiges wird Ihnen vertraut vorkommen, einiges ist neu.

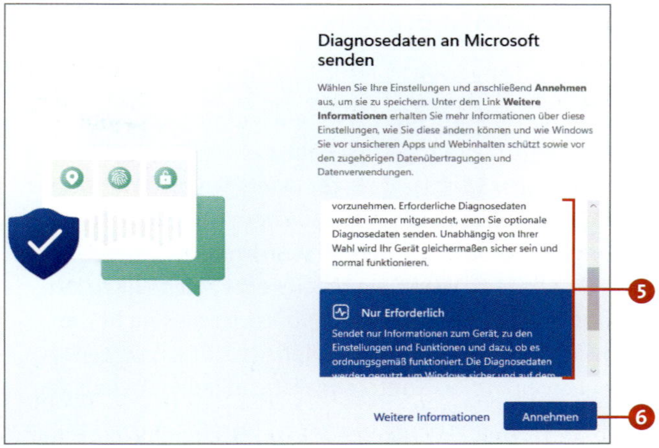

Einstellungen nachträglich ändern

Um Privatsphäreneinstellungen später zu ändern, lesen Sie die Anleitung »App-Einstellungen für Datenschutz und Privatsphäre« ab Seite 320.

Ein Microsoft-Konto erstellen

Bei der Ersteinrichtung von Windows 11 Home müssen Sie sich mit einem Microsoft-Konto anmelden. Aber auch dann, wenn Sie zu einem späteren Zeitpunkt ein lokales Konto verwenden sollten, ist für die Nutzung einiger Dienste (z. B. für OneDrive oder die geräteübergreifende Installation neuer Apps aus dem Microsoft Store) ein Microsoft-Konto Voraussetzung. Früher wurde das Microsoft-Konto *Windows Live ID* genannt. Wenn Sie bereits eine solche ID haben, besitzen Sie damit schon ein Microsoft-Konto. Ist dies nicht der Fall oder sind Sie sich nicht sicher, erstellen Sie einfach kostenlos und unverbindlich ein neues Konto. Dies ist von jedem beliebigen Browser aus möglich:

1. Starten Sie Ihren Browser und rufen Sie die Anmeldeseite unter *https://login.live.com* auf. Um ein neues Microsoft-Konto zu erstellen, klicken Sie dort auf den Link **Erstellen Sie eines!** ❶.
2. Als Benutzername für Ihr Konto werden Sie aufgefordert, Ihre favorisierte E-Mail-Adresse einzutragen. Stattdessen können Sie aber auch eine neue Adresse speziell für Ihr Microsoft-Konto festlegen. Klicken Sie hierfür auf den Link **Neue E-Mail-Adresse anfordern**.
3. Haben Sie sich für die Erstellung einer neuen E-Mail-Adresse entschieden, haben Sie nun die Wahl zwischen den Endungen **outlook.de**, **outlook.com** oder **hotmail.com** ❷. Über die Schaltfläche **Weiter** ❸ gelangen Sie zum nächsten Schritt.
4. Geben Sie nun ein starkes Kennwort ein. Dieses sollte möglichst aus Groß- und Kleinbuchstaben, Ziffern und Sonderzeichen bestehen. Klicken Sie anschließend auf **Weiter**.
5. Tragen Sie nun Ihren Vor- und Nachnamen und im folgenden Schritt die Region Ihres Wohnortes und Ihr Geburtsdatum ein.

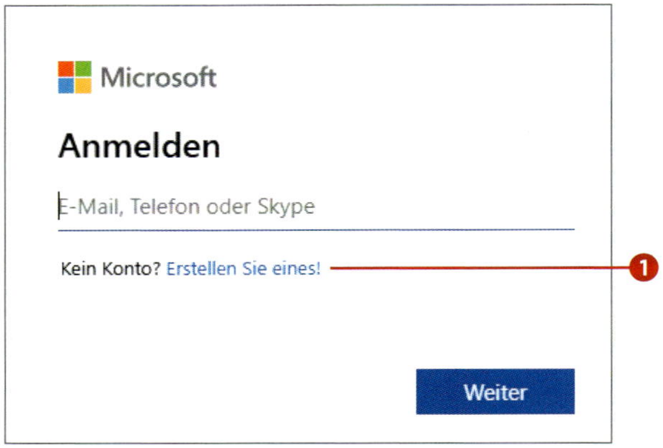

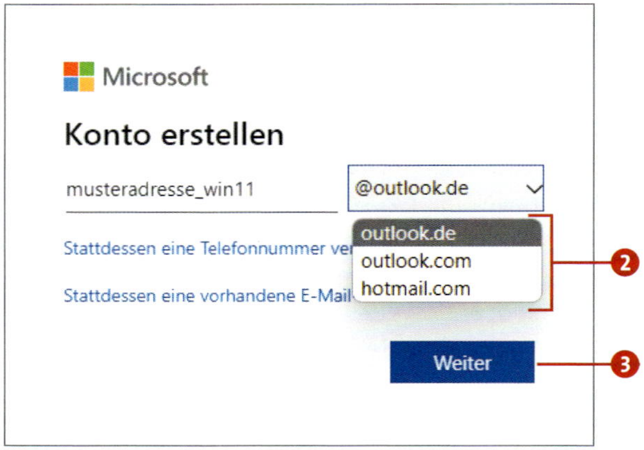

Kostenloses Outlook.com-Konto inklusive

Wenn Sie für die Anmeldung eine neue Adresse erstellen, erhalten Sie ein E-Mail-Konto, das Sie auch über Outlook.com nutzen können. Dies erlaubt eine einfache Trennung zwischen dem Microsoft-Konto und Ihren privaten E-Mail-Konten.

6. Nun folgt eine Sicherheitsabfrage. Lösen Sie die gestellte Aufgabe, und klicken Sie auf die Schaltfläche **Weiter**, um den Vorgang abzuschließen.

   Jetzt erscheint eine Übersichtsseite für das soeben erstellte Konto. Hier können Sie weitere Einstellungen vornehmen. Klicken Sie z. B. in den Kreis ❹ neben Ihrem Namen, um ein eigenes Profilbild festzulegen. Über **Ihre Informationen** ❺ können Sie persönliche Informationen wie Ihr Geburtsdatum oder auch den Anzeigenamen Ihres Kontos ändern.

7. Über den Menüpunkt **Bestellverlauf** ❻ können Sie, soweit verfügbar, eine Liste Ihrer Einkäufe aufrufen, etwa wenn Sie sich eine kostenpflichtige App gekauft und das Konto als Zahlungsmethode gewählt haben. Um Einkäufe tätigen zu können, müssen Sie hier allerdings erst eine Zahlungsoption festlegen. Diese lässt sich jederzeit im Menü **Zahlungsoptionen** ❼ ändern.

8. Wählen Sie die Option **Sicherheit** ❽, um bei Bedarf Ihr Kennwort zu ändern. Klicken Sie dazu direkt auf **Kennwort ändern** ❾. Um eine Zwei-Schritt-Anmeldung für Ihr Konto einzurichten, klicken Sie auf den Link **Zweistufige Überprüfung** ❿. Über **Verwalten, wie ich mich anmelde** ⓫ legen Sie fest, wie Microsoft mit Ihnen in Kontakt treten kann, falls Sie z. B. das Kennwort zu Ihrem Konto vergessen haben. Wann und wo Sie das Konto zuletzt verwendet haben, können Sie über **Meine Anmeldeaktivität anzeigen** ⓬ prüfen.

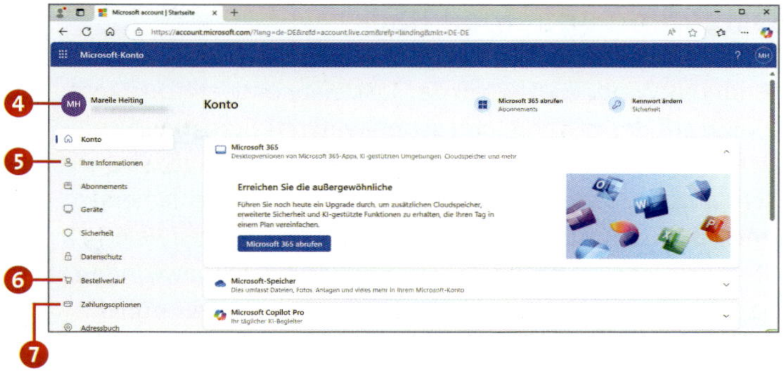

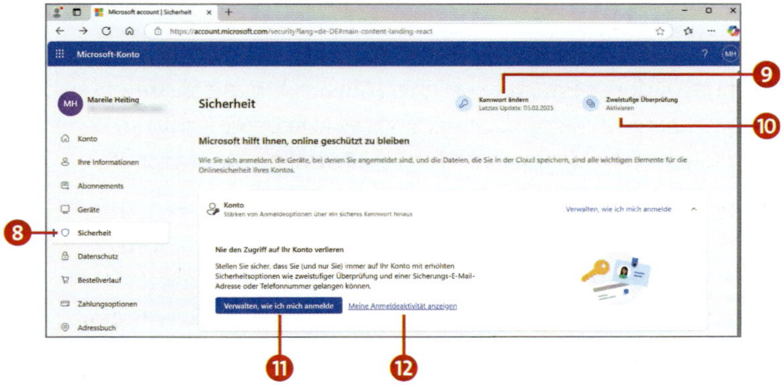

Vor- und Nachteile eines Microsoft-Kontos

Der Vorteil eines Microsoft-Kontos ist, dass Sie alle Dienste, beispielsweise OneDrive, uneingeschränkt nutzen und PC-Einstellungen mit anderen Rechnern synchronisieren können. Der Nachteil: Sie müssen persönliche Daten wie Name oder Geburtsdatum preisgeben. (Microsoft verspricht aber, Ihnen keine Spam-Mails zu schicken.)

Das Startmenü auf einen Blick

Ein Klick auf das Windows-Logo in der Taskleiste oder ein Drücken der ⊞-Taste auf der Tastatur, und schon wird das Startmenü eingeblendet. Wer von Windows 10 auf Windows 11 umsteigt, wird von einem sehr aufgeräumten und damit durchaus übersichtlicheren Startmenü überrascht. Die Kacheln, deren Inhalte sich teilweise automatisch aktualisierten, sind unter Windows 11 verschwunden. Stattdessen finden Sie im oberen Bereich des Startmenüs nun die Programmsymbole einiger Apps. Der Abschnitt **Angeheftet** ist über zwei Seiten verteilt. Zum Blättern nutzen Sie z. B. die beiden Punkte am rechten Rand des Startmenüs.

Klicken Sie ein angeheftetes Symbol an, wird die damit verknüpfte Anwendung sofort gestartet. Welchen Anwendungen Sie einen Platz im Startmenü zugestehen und welche z. B. von Microsoft dort zu Beginn platzierten Apps Sie entfernen, liegt ganz bei Ihnen. Die einzelnen Symbole können Sie auf der Oberfläche verschieben und nach Ihrem Geschmack anordnen (siehe den Abschnitt »Startmenü und Taskleiste anpassen« ab Seite 221).

Unterhalb des Bereichs **Angeheftet** befindet sich der Abschnitt **Empfohlen**. In ihm werden die zuletzt installierten Apps und Programme sowie häufig genutzte Dateien aufgelistet. Ist die gesuchte Datei nicht dabei, gelangen Sie mit einem Klick auf **Mehr** zu einer ausführlicheren Liste, in der Sie eventuell fündig werden.

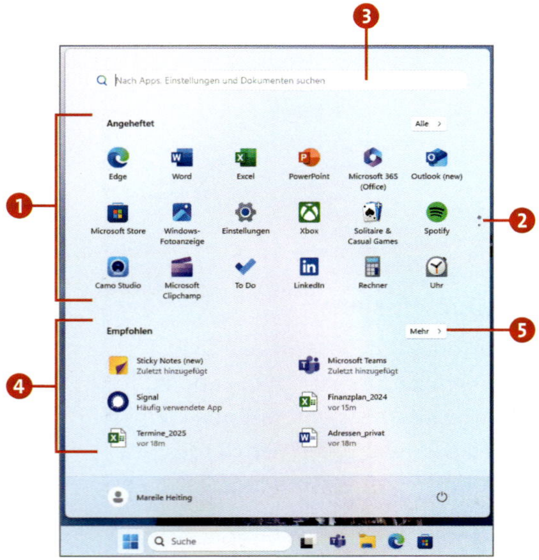

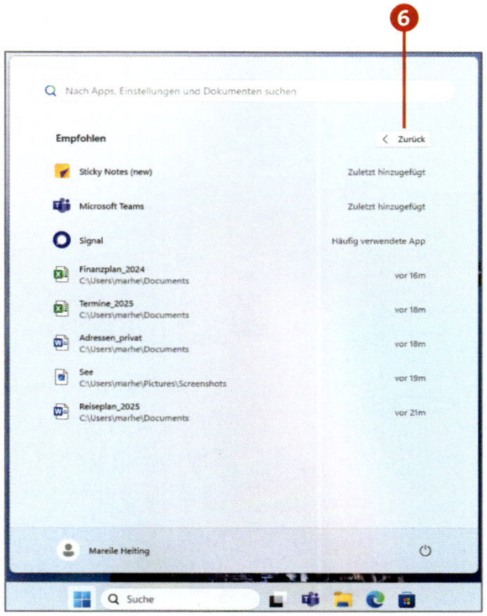

1. Welche Apps im Bereich **Angeheftet** aufgeführt werden, bestimmen Sie selbst.
2. Über die beiden Punkte wechseln Sie zwischen den beiden Seiten des Bereichs **Angeheftet**.
3. Bevor Sie lange suchen: Ist Ihnen der Name einer Anwendung bekannt, geben Sie ihn in das Suchfeld ein und starten die Anwendung per Klick auf das Suchergebnis.
4. Zuletzt verwendete Dateien und neu installierte Programme finden Sie im Bereich **Empfohlen**.
5. Die Schaltfläche **Mehr** führt zu einer ausführlicheren Liste an Dateien und Programmen.
6. Um von der Liste **Empfohlen** wieder zum Startmenü zurückzukehren, reicht ein Klick auf **Zurück**.

Der Bereich **Angeheftet** bietet nur begrenzt Platz für Symbole von Apps, Programmen, Ordnern und mehr. Ist eine gesuchte Anwendung hier nicht mit einem Symbol vertreten, sollten Sie einen Blick in die Liste aller Apps werfen. Unter Windows 10 befand sich diese am linken Rand des Startmenüs. Dies ist unter Windows 11 nicht mehr der Fall. Hier müssen Sie auf die Schaltfläche **Alle** klicken. Sie sehen nun eine alphabetisch sortierte Übersicht aller auf Ihrem Rechner installierten Programme. Mithilfe der Bildlaufleiste können Sie in der Liste blättern. Sie wird allerdings erst dann sichtbar, wenn Sie die Maus etwas bewegen. Klicken Sie eine Anwendung in dieser Liste an, wird das zugehörige Programm gestartet. Führen Sie einen Rechtsklick auf dem Eintrag aus, wird ein Kontextmenü mit weiteren Optionen zu dieser Anwendung eingeblendet.

7. alle Apps und Programme im Überblick
8. das Symbol eines Programms an das Startmenü heften bzw. davon lösen
9. das Symbol eines Programms an die Taskleiste heften
10. Hiermit kann das Programm deinstalliert werden.
11. Um Kompatibilitätsprobleme zu vermeiden, müssen ältere Programme häufig mit Administratorrechten gestartet werden. Mehr dazu erfahren Sie im Abschnitt »Ältere Programme unter Windows 11 nutzen« auf Seite 328.
12. Über diesen Menüpunkt kann der Dateipfad, also der Speicherort der Anwendung, geöffnet werden.

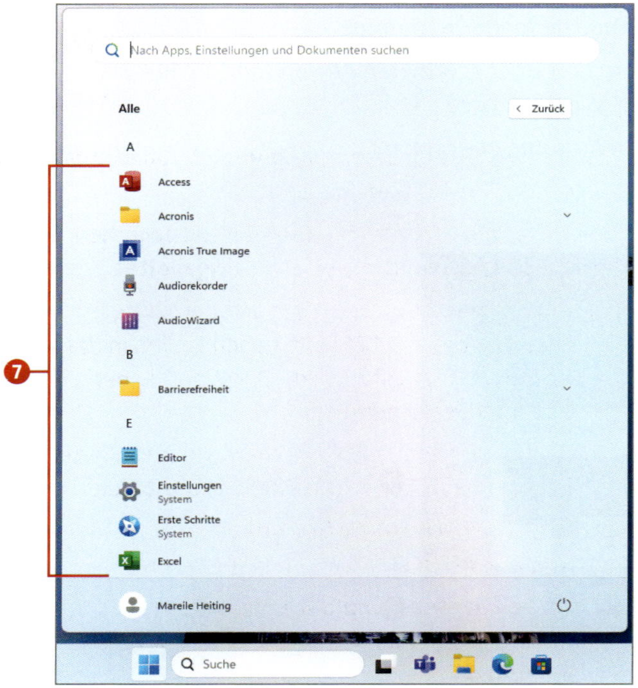

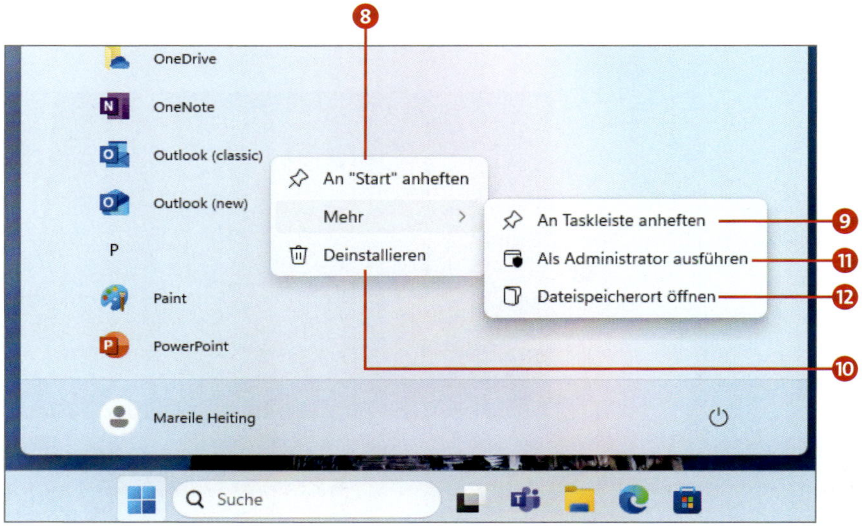

Der Desktop in der Übersicht

Der Desktop hat sich im Laufe der letzten Windows-Versionen nicht sonderlich verändert und so gibt er auch unter Windows 11 ein vertrautes Bild ab. Zu Beginn beherbergt der Desktop nur die Symbole für den Papierkorb sowie den Browser Microsoft Edge. Doch viele Programme hinterlassen bei der Installation eine Verknüpfung auf dem Desktop, und auf diese Weise kommen im Laufe der Zeit viele neue Symbole hinzu. Dabei handelt es sich stets um Verknüpfungen zu Desktop-Anwendungen oder zu Dateien und Ordnern. Neue Windows-Apps werden nicht als Verknüpfung auf dem Desktop angezeigt, sondern als App-Symbol im Startmenü. Die Erstellung einer Desktop-Verknüpfung ist aber möglich, ebenso wie das Anheften an die Taskleiste. Im Startmenü hingegen finden Sie Symbole für Apps und Desktop-Programme.

Am unteren Bildschirmrand sehen Sie die Taskleiste, deren Elemente nun mittig ausgerichtet sind. Am linken Rand befindet sich das Windows-Logo, rechts davon folgen diverse weitere Symbole, wie etwa das Suchfeld zum Aufruf des Suchmenüs oder das Symbol des Explorers. Für jede geöffnete oder auch an die Taskleiste geheftete Anwendung kommt am rechten Rand ein weiteres Programmsymbol hinzu. Geöffnete Anwendungen sind leicht an der Linie zu erkennen, die unterhalb des Programmsymbols eingeblendet wird. Bewegen Sie den Mauszeiger auf ein solches Symbol, wird eine kleine Vorschau auf das Programmfenster eingeblendet.

Bis Windows 10 gab es die Möglichkeit, die Taskleiste an den linken, rechten oder oberen Bildschirmrand zu verschieben. Dies ist unter Windows 11 nicht mehr möglich, ihr Platz ist fest am unteren Bildschirmrand. Sie können lediglich die Taskleistensymbole wieder am linken Rand der Taskleiste ausrichten.

1. auf dem Desktop abgelegte Programmverknüpfungen
2. im Hintergrund laufende Programme
3. Miniaturvorschau einer geöffneten Anwendung, im Beispiel der Browser Microsoft Edge
4. Symbol zum Aufrufen des Explorers

In der linken unteren Ecke ist das neue **Start**-Symbol in Form des Windows-Logos zu sehen. Ein Klick darauf öffnet das modernisierte Startmenü. Hinter der Schaltfläche gibt es aber noch etwas Interessantes zu entdecken. Wenn Sie einmal mit der rechten Maustaste auf das **Start**-Symbol klicken, öffnet sich ein unscheinbares Kontextmenü. Es enthält wichtige Einträge z. B. zum Aufruf der Energieoptionen, des Geräte-Managers, der Datenträger- und Computerverwaltung, aber auch zum Start des Task-Managers und, ganz wichtig, zum Aufruf der **Einstellungen**. Wer lieber mit der Tastatur arbeitet, kann zum Aufruf des »geheimen Startmenüs« aber auch die Tasten [Win] + [X] drücken. Dieses Menü wird übrigens auch als *Schnellzugriffsmenü* sowie – angelehnt an die Tastenkombination – *Windows-X-Menü* bezeichnet.

Im Infobereich der Taskleiste (also dem Bereich am rechten Rand der Taskleiste) scheint sich auf den ersten oberflächlichen Blick nichts verändert zu haben. Sieht man etwas genauer hin, stellt man aber fest, dass die unter Windows 10 noch verfügbare Schaltfläche zum Aufruf des Info-Centers fehlt. Windows 11 versorgt Sie natürlich weiterhin mit diversen Benachrichtigungen (z. B. zu neu eingetroffenen E-Mails) und wichtigen Sicherheitsinformationen. Es reicht nun aber ein Klick auf die Uhrzeit, und schon klappt das sogenannte Benachrichtigungscenter am rechten Bildschirmrand auf. Weitere Informationen hierzu erhalten Sie im Abschnitt »Das Benachrichtigungscenter« ab Seite 47. Sind keine Benachrichtigungen vorhanden, wird lediglich der Kalender angezeigt. Die Schnelleinstellungen, die früher im unteren Abschnitt des Info-Centers zu finden waren, erreichen Sie nun z. B. per Klick auf das **Netzwerk**- oder das **Lautsprecher**-Symbol.

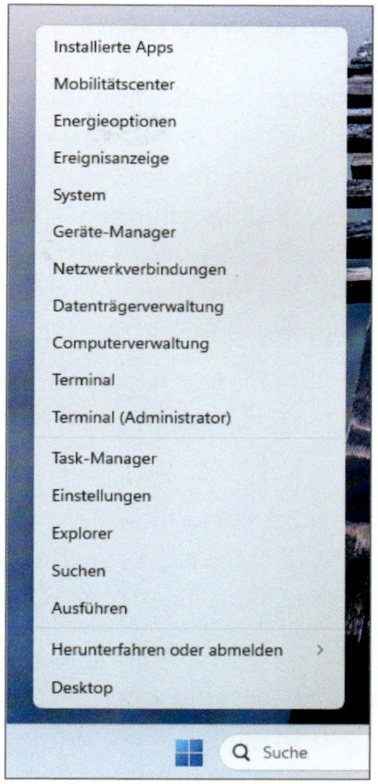

Das Schnellzugriffsmenü mit den wichtigsten Systembefehlen

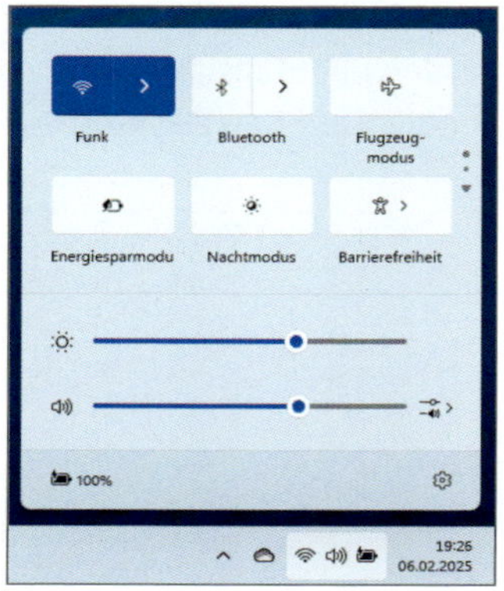

Das Benachrichtigungscenter wird nun über das Uhrsymbol im Infobereich (Systray) der Taskleiste eingeblendet.

Die Schnelleinstellungen erreichen Sie über das Netzwerk-, das Lautsprecher- sowie im Fall eines Mobilgeräts über das Akkusymbol.

Zwischen Desktop und Startmenü wechseln

Der Desktop und das Startmenü sind die beiden Schaltzentralen unter Windows 11. Bei der täglichen Arbeit wechselt man sehr häufig zwischen diesen beiden Arbeitsflächen hin und her – sei es, um das zuletzt installierte Programm zu öffnen, zur **Einstellungen**-App zu wechseln oder um auf dem Desktop eine neue E-Mail zu verfassen. Um das Startmenü zu öffnen oder den Desktop in den Mittelpunkt des Geschehens zu bringen, gibt es mehrere Möglichkeiten:

1. Der klassische Weg: Führen Sie einen einfachen Mausklick links unten auf die **Start**-Schaltfläche ❶ in der Taskleiste aus, um das Startmenü zu öffnen.
2. Der einfachste und schnellste Weg, das Startmenü zu öffnen, ist aber ein kurzes Drücken der ⊞-Taste. Klicken Sie auf einen freien Bereich auf dem Desktop, oder drücken Sie die Taste erneut, um das Startmenü wieder zu schließen.
3. Haben Sie viele Programme oder Apps geöffnet und möchten Sie zurück auf den Desktop, um von dort z. B. über eine Verknüpfung ein Programm zu starten oder eine Datei zu öffnen, geht das am schnellsten mit der Tastenkombination ⊞ + D. Dabei werden alle Fenster minimiert, die Programme aber nicht geschlossen.
4. Eine weitere Möglichkeit ist eine versteckte Schaltfläche in der Taskleiste ❷. Klicken Sie ganz rechts auf den schmalen freien Bereich rechts vom Uhrzeitsymbol, werden ebenfalls alle Programmfenster minimiert, wodurch der Blick auf den Desktop frei wird.

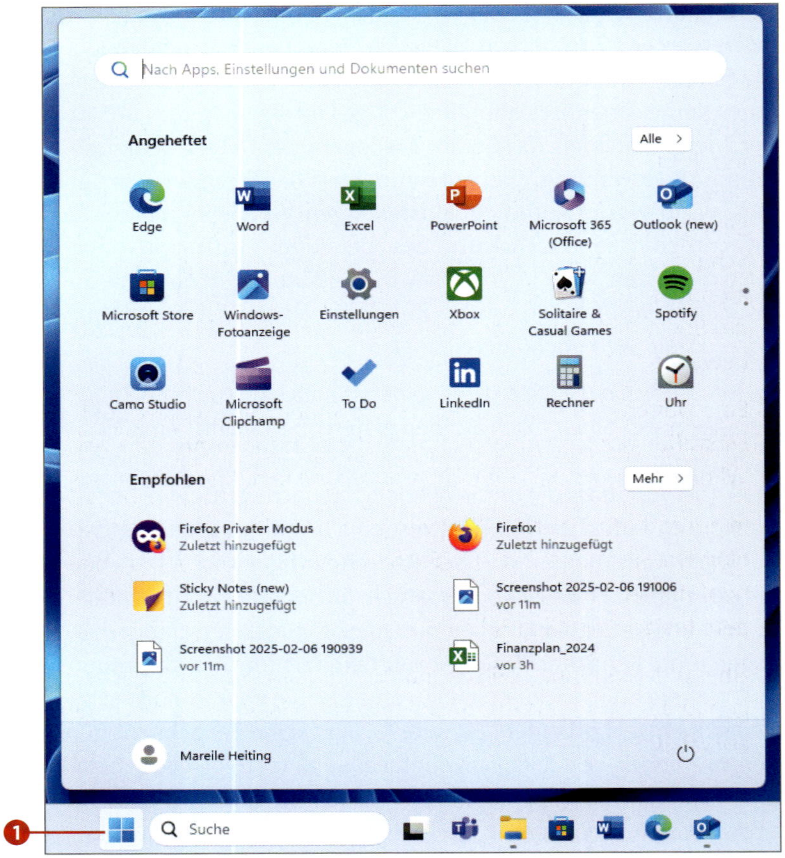

Weitere Tastenkombinationen

Weitere nützliche Tastenkürzel zur Steuerung von Windows 11 finden Sie im Anhang am Ende dieses Buches

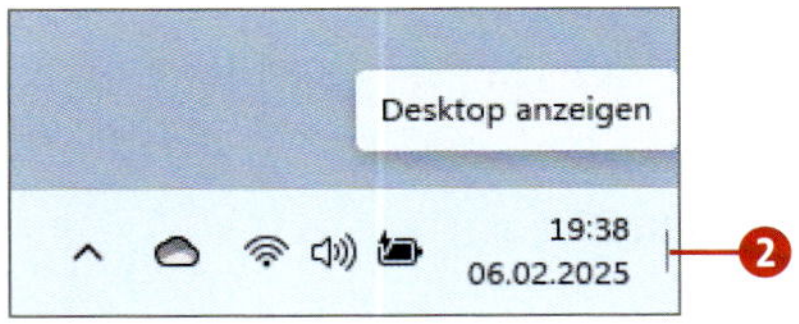

Die Programmübersicht aufrufen

Zu Anfang fällt der Überblick noch leicht, doch im Laufe der Zeit sammeln sich auf jedem System immer mehr Programme an und irgendwann geht der Überblick verloren.

1. Um herauszufinden, welche Windows-Apps und Desktop-Programme auf Ihrem PC installiert sind, öffnen Sie zunächst das Startmenü, z. B. durch Drücken der [Windows]-Taste oder durch einen Klick auf die **Start**-Schaltfläche. Im oberen Abschnitt des Startmenüs sehen Sie nun die Schaltfläche **Alle** ❶. Klicken Sie darauf, werden alle Anwendungen in alphabetischer Reihenfolge aufgelistet und Sie können sich mithilfe der Bildlaufleiste oder durch Scrollen des Mausrades durch die Liste bewegen.
2. Eine weitere Auflistung erreichen Sie, indem Sie im Startmenü auf **Einstellungen** klicken ❷ und dann die Kategorie **Apps** ❸ auswählen. Wählen Sie nun rechts die Unterkategorie **Installierte Apps** aus.
3. In der rechten Fensterhälfte wird eine lange Liste aller installierten Apps eingeblendet. Über das Feld **Sortieren nach:** ❹ legen Sie die Sortierreihenfolge der Apps fest (z. B. nach ihren Namen, ihrer Größe oder nach dem Installationsdatum).
4. Über den Menüpunkt **Filtern nach:** ❺ haben Sie die Möglichkeit, genau das Laufwerk auszuwählen, dessen installierte Anwendungen aufgelistet werden sollen.

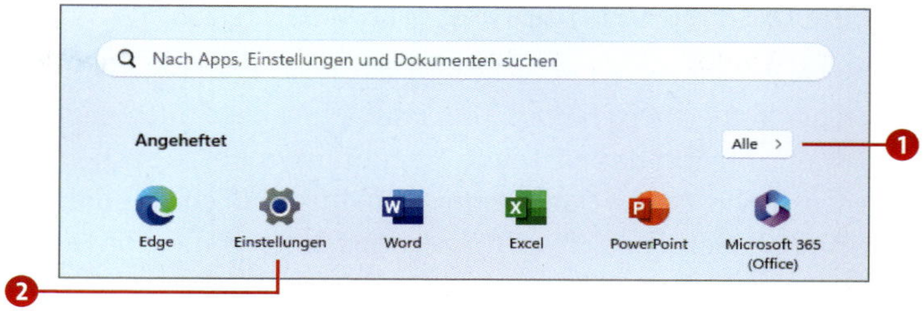

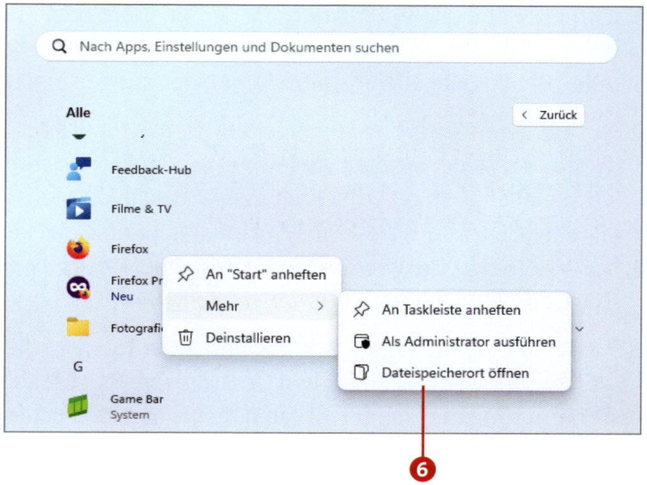

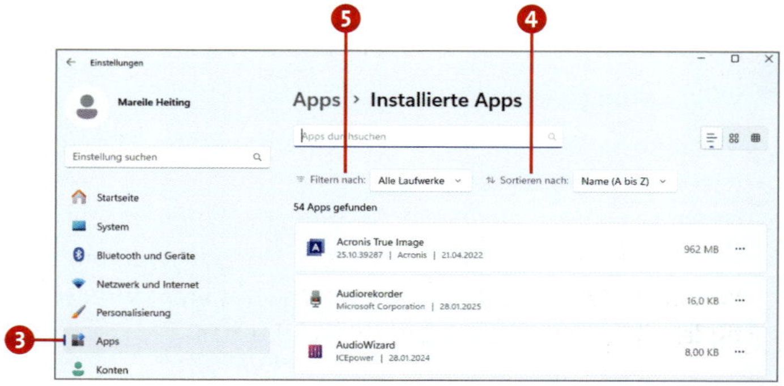

Speicherort ermitteln

Wenn Sie wissen möchten, in welchem Verzeichnis ein im Startmenü aufgeführtes Desktop-Programm zu finden ist, klicken Sie es in der Übersicht mit der rechten Maustaste an und wählen den Menüeintrag **Mehr > Dateispeicherort öffnen** ❻ aus.

Verknüpfungen auf dem Desktop

Eine Desktop-Verknüpfung erstellen

Aus Platzgründen ist es nicht möglich, jedes benötigte Programm an die Taskleiste zu heften. Und immer erst das Startmenü zu öffnen, um dort das passende Programmsymbol zu suchen und anzuklicken, ist auf Dauer einfach zu umständlich. Aus diesen Gründen bietet es sich an, für wichtige Programme eine Desktop-Verknüpfung anzulegen:

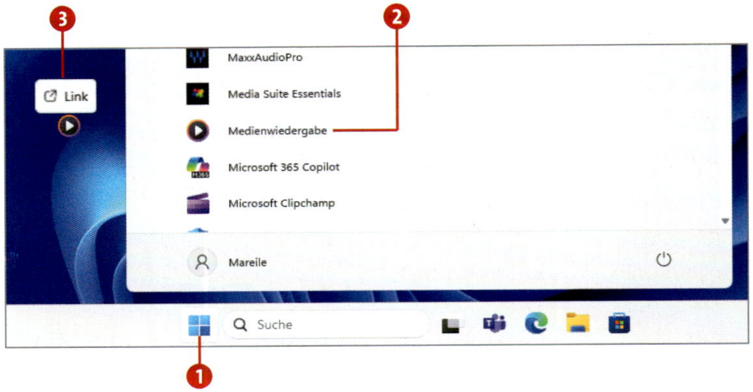

1. Öffnen Sie das Startmenü mithilfe der [Windows]-Taste oder durch einen Klick auf die **Start**-Schaltfläche in der Taskleiste ❶. Klicken Sie auf **Alle**, um die Liste aller installierten Anwendungen einzublenden.
2. Positionieren Sie den Mauszeiger auf dem Symbol ❷ der Anwendung, zu der Sie eine Verknüpfung erstellen möchten, und verschieben Sie das Symbol mit gedrückter linker Maustaste auf eine freie Stelle des Desktops. Sobald das Symbol das Startmenü verlassen hat, wird der Zusatz **Link** eingeblendet ❸. Er signalisiert, dass nun eine Verknüpfung erstellt wird.
3. Lassen Sie die Maustaste schließlich wieder los, wird die Verknüpfung sogleich auf dem Desktop abgelegt ❹. Solche Verknüpfungen erkennen Sie an dem kleinen Pfeil in der linken Ecke des Programmsymbols.

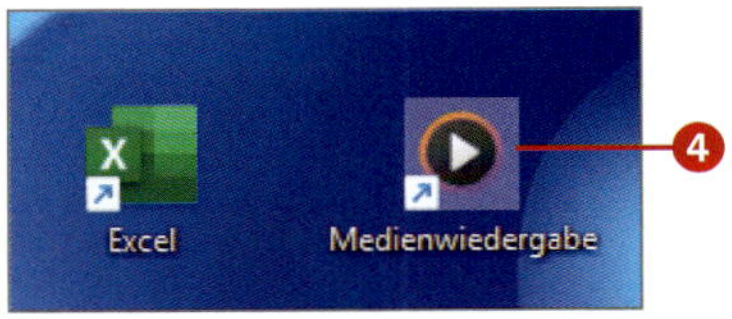

Verknüpfung wieder löschen

Möchten Sie die Verknüpfung zu einem späteren Zeitpunkt wieder löschen, klicken Sie sie mit der rechten Maustaste an. Im Kontextmenü wählen Sie nun am oberen Rand das Papierkorbsymbol per Mausklick aus. Hierdurch wird nur die Verknüpfung zum Programm gelöscht, das Programm selbst bleibt auf der Festplatte.

Programmsymbole auf dem Desktop anordnen

Viele Programme legen während der Installation ein Programmsymbol auf dem Desktop ab. Anfangs ist das kein Problem, aber im Laufe der Zeit müssen Sie wahrscheinlich Ordnung schaffen. Platzieren Sie die Symbole frei auf dem Desktop, und passen Sie auch deren Größe nach Ihren Wünschen an:

1. Um ein Programmsymbol neu zu positionieren, klicken Sie es mit der linken Maustaste an und verschieben es bei weiterhin gedrückter Maustaste an eine andere Stelle. Sobald Sie die Maustaste wieder loslassen, wird das Symbol an dieser Stelle eingefügt. Sie werden aber feststellen, dass es nicht exakt an der gewünschten Position abgelegt wird, sondern etwas davon versetzt. Dies liegt an einem unsichtbaren Raster, an dem sich Windows orientiert.
2. Um die Ausrichtung am Raster zu verhindern, klicken Sie mit der rechten Maustaste auf eine freie Stelle des Desktops und zeigen dann auf den Menüpunkt **Ansicht** ❶. Befindet sich vor dem Eintrag **Symbole am Raster ausrichten** ❷ ein Häkchen, ist die Funktion aktiv. Klicken Sie auf den Eintrag, um die Ausrichtung am Raster abzuschalten. Fortan können Sie die Programmsymbole exakt an die Position setzen, die Sie haben möchten.
3. Ebenfalls über einen Rechtsklick auf den Desktop und die Auswahl des Befehls **Sortieren nach** ❸ können Sie die Symbole nach verschiedenen Kriterien sortieren lassen, z. B. nach **Name** oder **Größe**. Hierbei ändert Windows allerdings auch die Positionen der Programmsymbole, und Sie müssten diese gegebenenfalls wieder neu anordnen.

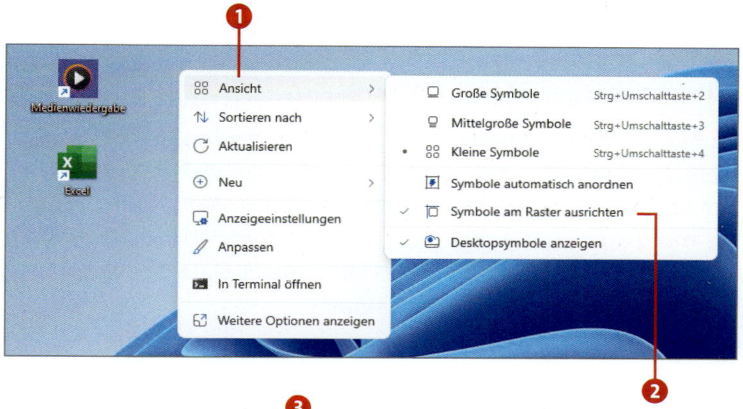

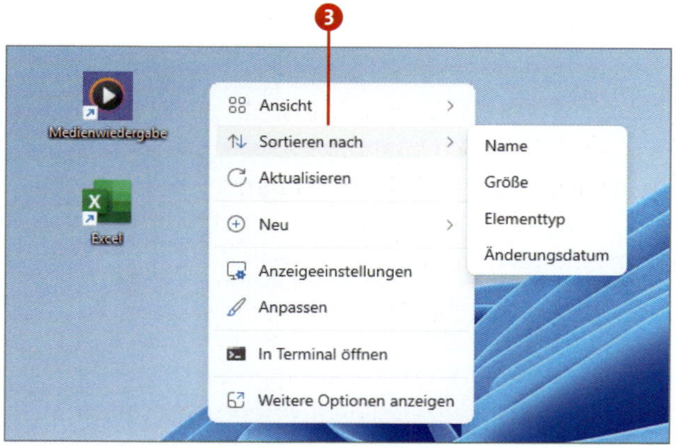

Größe von Programmsymbolen ändern

Wenig bekannt ist die einfache Möglichkeit, auch die Größe der Programmsymbole zu ändern. Sie können dies entweder im Menüpunkt **Ansicht** durchführen oder – noch bequemer –, indem Sie die `Strg`-Taste gedrückt halten und mit dem Mausrädchen die gewünschte Größe einstellen.

Wichtige Bedienelemente von Apps

Das Hamburger-Menü aufrufen

Immer dann, wenn wenig Platz auf dem Bildschirm zur Verfügung steht, in einem Menü aber mehrere Optionen untergebracht werden sollen, kommt das sogenannte *Hamburger-Menü* zum Einsatz. Die meist drei übereinanderliegenden horizontalen Linien erinnern ein wenig an die Schichten eines Hamburgers. Unter Windows 11 findet man dieses Menü in allen Apps:

1. Starten Sie z. B. einmal die *Wetter*-App ❶ aus dem Startmenü. Eventuell müssen Sie hierfür zuvor die Liste **Alle** einblenden. Nach dem ersten Programmstart haben Sie die Möglichkeit, einen Ort anzugeben. Anschließend wird das Programmfenster wie rechts zu sehen angezeigt.
2. Links oben im Programmfenster sehen Sie als Symbol des App-Menüs drei unscheinbar wirkende Linien ❷.
3. Tippen oder klicken Sie nun auf das Menü, öffnet sich seitlich eine Menüleiste und zeigt verschiedene Optionen an ❸.
4. Welche Menüpunkte zum Vorschein kommen, hängt von der gestarteten App ab. In der **Wetter**-App haben Sie beispielsweise die Auswahl zwischen den Optionen **Vorhersage**, **Karten**, **Historisches Wetter** oder **Favoriten**. Möchten Sie keinen der zur Verfügung stehenden Punkte aufrufen, tippen oder klicken Sie erneut auf das Hamburger-Menü, um es wieder zu schließen.

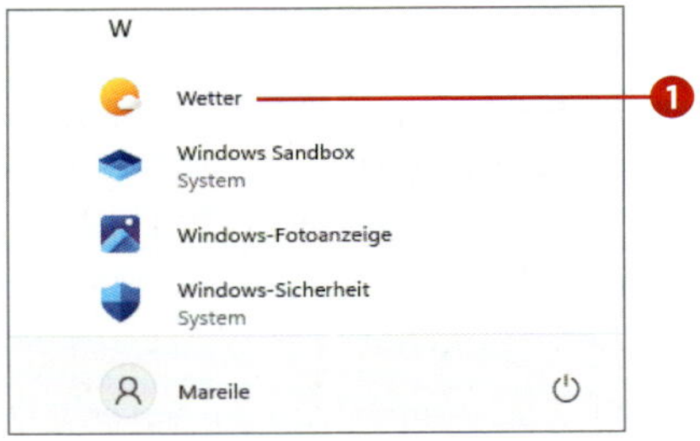

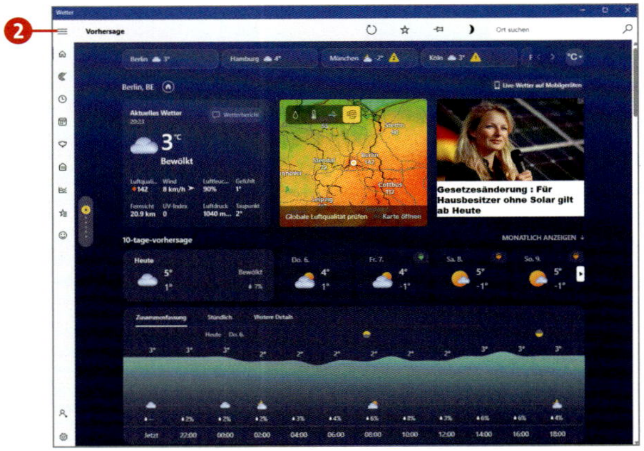

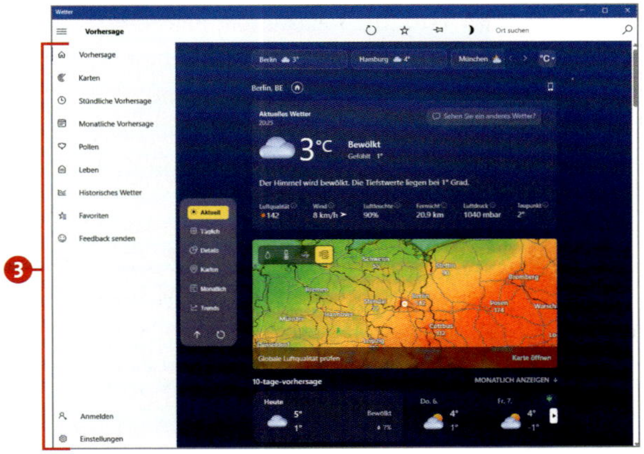

Menüpunkte erkennen

Die Symbole der Menüleiste sind nicht immer eindeutig, und so kann es lästig werden, die Seitenleiste mit den Menübezeichnungen immer erst öffnen zu müssen. Verharren Sie stattdessen einen Moment mit dem Mauszeiger auf einem Symbol, zeigt Windows die Menübezeichnung an.

Die App-Leiste einblenden

Ein weiteres Bedienelement innerhalb einer App ist die App-Leiste. Sie ist zunächst nicht sichtbar und zeigt sich erst, wenn sie von Ihnen angefordert wird. Microsoft hat diese App-Leiste aus seinen eigenen Apps, wie z. B. **Wetter**, **Mail**, **Kalender** etc., entfernt und die Optionen in neue Menüleisten ausgelagert, die am Rand des Programmfensters angezeigt werden. In Apps von Drittanbietern, wie z. B. in der App *Deutscher Bundestag*, ist die App-Leiste aber noch verfügbar:

1. Sofern die ausgewählte App noch über eine App-Leiste verfügt, öffnen Sie diese durch einen Rechtsklick auf eine freie Stelle der Anwendung. Falls Sie ein Gerät mit Touchscreen verwenden, ist dafür eine Wischbewegung mit dem Finger vom unteren Bildschirmrand aus nötig.
2. Die App-Leiste der Bundestags-App zeigt Schaltflächen, z. B. für den Wechsel in den Bereich **Aktuell** ❶. Über den Menüpunkt **Plenum/TV** ❷ können Sie Sitzungen des Bundestages verfolgen und Aufzeichnungen verschiedener Diskussionen ansehen. Informationen zu allen Mitgliedern des Bundestages erreichen Sie über **MdB** ❸.
3. Vereinzelt gibt es aber auch Apps, die sich an keine der vorgegebenen Regeln halten. Hieran ist gut zu erkennen, dass die Bedienung der Apps noch nicht einheitlich geregelt ist.

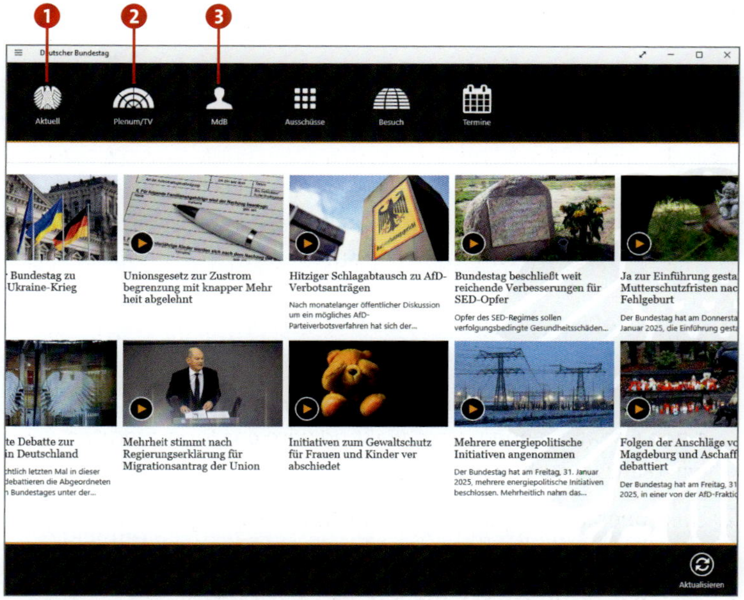

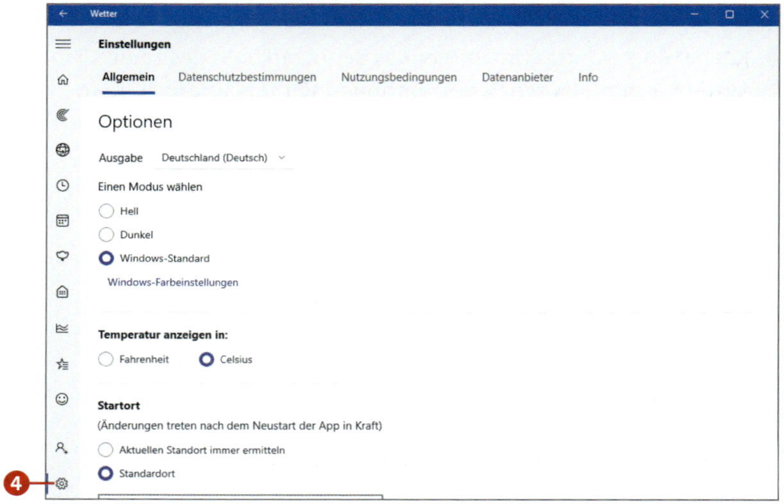

Einstellungen von Apps aufrufen

Die meisten Apps lassen sich individuell konfigurieren. Das Standardsymbol, das Sie zu den Einstellungen führt, ist ein Zahnradsymbol ❹. Nach einem Klick hierauf können Sie in der Wetter-App z. B. einen Standardort angeben, dessen Wetterinformationen immer nach dem Start der App angezeigt werden.

Den Computer starten

Den Computer einschalten

Nach dem Einschalten des Rechners wird das System hochgefahren und Windows präsentiert nach wenigen Augenblicken den Sperrbildschirm. Neben der aktuellen Uhrzeit und dem Datum werden dort, je nach Konfiguration, weitere Informationen angezeigt.

1. Schalten Sie den Computer durch Drücken des Netzschalters ein.
2. Um den Sperrbildschirm ❶ auszublenden, drücken Sie eine beliebige Taste auf Ihrer Tastatur oder klicken Sie mit der Maus auf den Bildschirm. Wenn Sie ein Gerät mit Touchscreen verwenden, führen Sie eine Wischbewegung vom unteren Bildschirmrand nach oben aus.
3. Geben Sie nun Ihre PIN ❷ oder Ihr Kennwort ein, und bestätigen Sie die Eingabe mit [↵]. Falls Sie verschiedene **Anmeldeoptionen** eingerichtet haben, können Sie nach einem Klick auf den gleichnamigen Menüpunkt ❸ zwischen den vorhandenen Methoden wählen (siehe dazu auch den Abschnitt »Mit einem PIN-Code bei Windows anmelden« auf Seite 217).
4. Für die Anmeldung wird immer das Benutzerkonto des zuletzt am System angemeldeten Benutzers angezeigt. Um sich mit einem anderen Konto anzumelden, klicken Sie in der linken Bildschirmhälfte auf das Benutzerkonto, mit dem Sie sich anmelden möchten ❹, und geben anschließend das dazugehörige Kennwort ein.

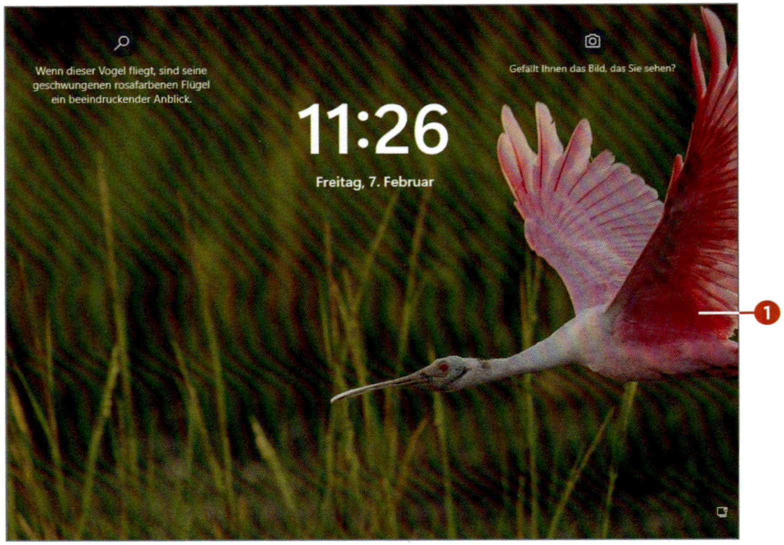

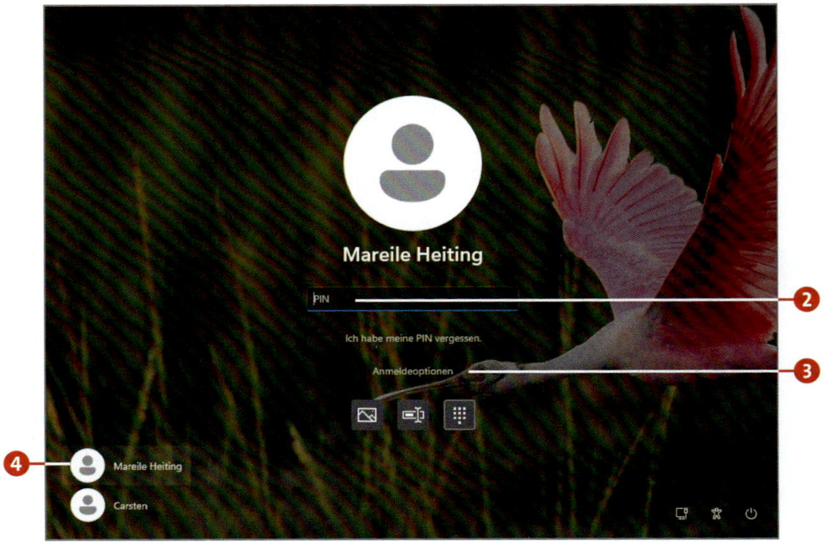

Kennwort im Klartext anzeigen

Klicken Sie bei der Eingabe auf das kleine Augensymbol, um das Kennwort im Klartext anzuzeigen. Eine häufige Fehlerquelle bei der Eingabe ist nämlich die versehentlich aktivierte Feststelltaste [⇩] und die damit verbundene Großschreibung.

Den Computer »aufwecken«

Sie haben Ihren Computer oder Ihren Laptop in den Stand-by-Modus oder in den Ruhezustand versetzt, um Energie zu sparen. Nach der Mittagspause soll es mit der Arbeit weitergehen: Sie müssen den Computer wieder »aufwecken«:

1. Wenn Sie Ihren Computer in den Ruhezustand versetzt haben, wurde er vollständig heruntergefahren, und Sie starten ihn wie gewohnt, indem Sie den Netzschalter des PCs drücken.
2. Wurde der Rechner in den Stand-by-Modus versetzt, reicht in den meisten Fällen bereits eine Bewegung mit der Maus, um den Rechner »aufzuwecken«. Falls der Rechner nicht auf die Mausbewegung reagiert, drücken Sie eine beliebige Taste auf Ihrer Tastatur.
3. Auch ein Rechner im Stand-by-Modus kann, je nach Konfiguration, durch Drücken des Netzschalters wieder einsatzbereit gemacht werden. Nutzen Sie diese Option, falls der PC nicht auf die Mausbewegung oder den Tastendruck reagiert.

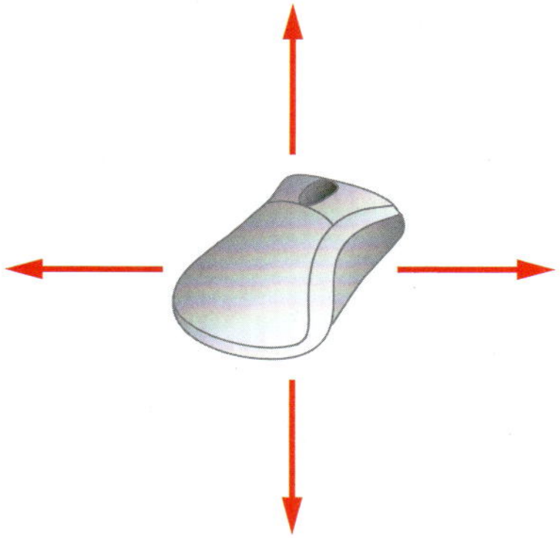

Probleme mit dem Stand-by-Modus

Lässt sich Ihr Computer nicht in den Energiesparmodus versetzen oder nicht mehr reaktivieren? Die Ursachen dafür können vielfältig sein. Oft hilft es, die Treiber Ihrer Hardwarekomponenten zu kontrollieren und sie, wenn möglich, zu aktualisieren. Schauen Sie auch auf der Website des PC-Herstellers vorbei, denn wenn das Problem bekannt ist, finden Sie in den Bereichen **Service** oder **Support** meist entsprechende Lösungsvorschläge.

Sichern Sie vor dem Herunterfahren alle Daten!

Windows beendet beim Herunterfahren alle noch geöffneten Anwendungen. Wenn in einer dieser Anwendungen, z. B. in Word, ein noch ungespeichertes Dokument geöffnet ist, werden Sie auf diesen Umstand hingewiesen und können Ihre Arbeit noch abspeichern. So sollte es zumindest sein. Um möglichen Problemen und Datenverlusten aus dem Weg zu gehen, sollten Sie trotzdem vor dem Herunterfahren alle noch geöffneten Dokumente speichern und alle Programme ordnungsgemäß schließen. Diese Vorgehensweise beschleunigt zudem den Vorgang.

Den Computer ausschalten

Den Computer herunterfahren

Schalten Sie den Computer nach getaner Arbeit nicht einfach aus, sondern fahren Sie Windows stets ordnungsgemäß herunter, um Datenverluste oder schwere Systemfehler zu vermeiden. Windows 11 lässt sich mit nur drei Mausklicks beenden:

1. Klicken Sie auf **Start** 1, um das Startmenü zu öffnen, und anschließend auf die Schaltfläche **Ein/Aus** 2.
2. Wählen Sie die Option **Herunterfahren** 3 aus dem zugehörigen Menü. Alle noch geöffneten Anwendungen werden geschlossen, das System wird heruntergefahren und der Computer ausgeschaltet. Mit **Neu starten** fahren Sie den PC herunter und sofort wieder hoch.
3. Auch wenn Sie sich auf dem Anmeldebildschirm befinden, z. B. weil der Rechner zuvor gesperrt wurde oder weil Sie sich bereits als Benutzer vom System abgemeldet haben, können Sie Windows beenden. Klicken Sie hierfür unten rechts auf dem Bildschirm auf die **Beenden**-Schaltfläche 4.
4. Auch hier öffnet sich ein Menü mit den beiden Optionen **Herunterfahren** und **Neu starten**.

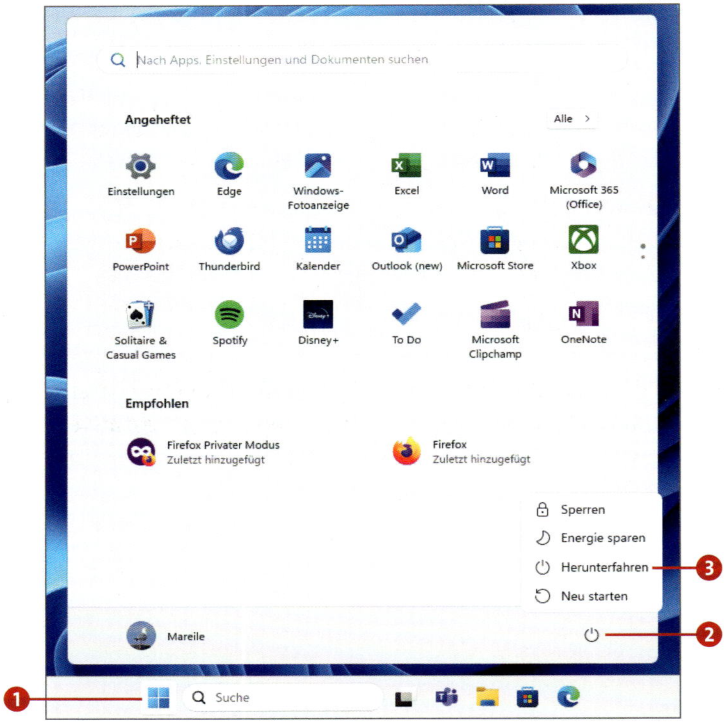

Noch schneller per Tastenkürzel

Auf dem Desktop schließt das Tastenkürzel Alt + F4 das jeweils aktive Programmfenster. Ist kein Programm mehr geöffnet, wird ein Dialogfenster eingeblendet, über das Sie Windows herunterfahren können.

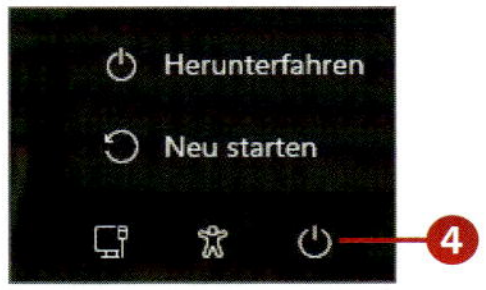

Den Computer in den Energiesparmodus versetzen

Wenn Sie die Arbeit am Computer für einen absehbaren Zeitraum unterbrechen möchten, bietet es sich an, ihn nicht vollständig herunterzufahren, sondern den Rechner in den Stand-by-Modus zu versetzen. In diesem Modus verbraucht der PC nur sehr wenig Strom und kann schnell wieder »aufgeweckt« werden.

1. Öffnen Sie das Startmenü durch einen Klick auf die **Start**-Schaltfläche ❶ in der Taskleiste oder durch Drücken der [Windows]-Taste.
2. Klicken Sie auf **Ein/Aus** ❷, und wählen Sie dann den Menüpunkt **Energie sparen** ❸ aus, um den Computer in den Energiesparmodus zu versetzen.
3. Statt den Weg über das Startmenü zu gehen, können Sie auf dem Desktop auch die Tastenkombination [Alt] + [F4] drücken und im sich öffnenden Dialogfenster den Befehl **Energie sparen** ❹ aus dem Dropdown-Menü auswählen und mit **OK** bestätigen.

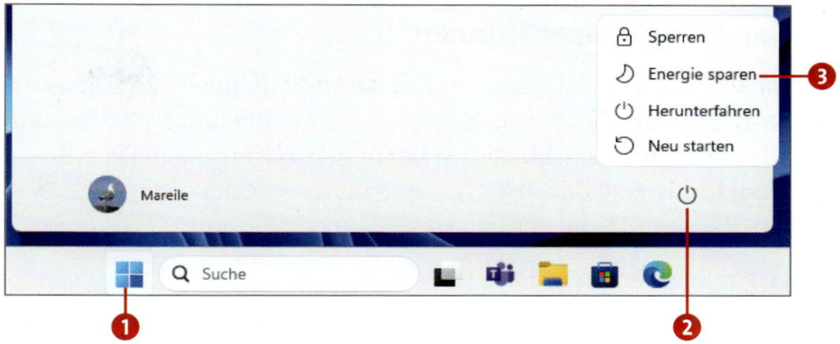

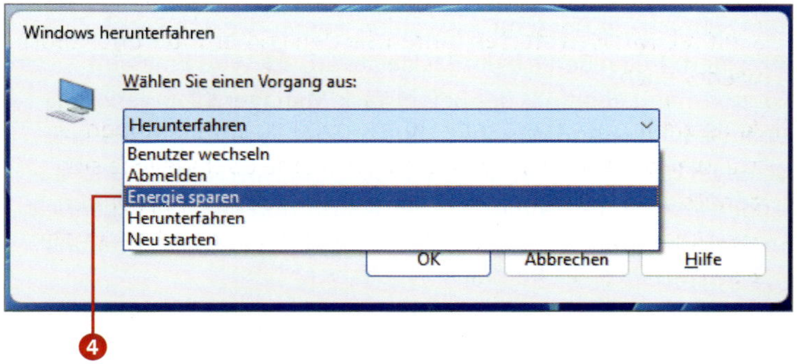

Energie sparen und Ruhezustand

Die Option **Energie sparen** bewirkt, dass alle geöffneten Programme und Daten im Arbeitsspeicher zwischengespeichert werden. Der Computer wird daraufhin nicht komplett heruntergefahren, sondern nur in einen Stand-by-Modus versetzt. In diesem Zustand wird etwas Energie verbraucht. Das »Aufwecken« geht dafür aber schneller als beim Ruhezustand. Im Ruhezustand werden beim Beenden alle Programme und Dokumente auf die Festplatte gespeichert, und der PC wird vollständig heruntergefahren und ausgeschaltet. Bei einem Neustart werden die gespeicherten Programme und Dokumente wieder geöffnet.

Der Task-Manager im Überblick

Den Task-Manager aufrufen

Mithilfe des Task-Managers haben Sie alle laufenden Systemprozesse im Blick. Sie können sehen, welche Anwendungen laufen und wie viele Systemressourcen sie benötigen. Auch können Sie z. B. Programme beenden, falls diese Probleme machen oder »abgestürzt« sind, also nicht mehr reagieren.

Es gibt mehrere Möglichkeiten, den Task-Manager zu starten, z. B. klassisch mit Strg + ⇧ + Esc. Sie können das Programm aber auch starten, indem Sie einen Rechtsklick auf dem **Start**-Symbol ❶ in der Taskleiste ausführen und den Befehl **Task-Manager** ❷ aus dem Schnellzugriffsmenü auswählen. Führen Sie den Rechtsklick auf einem freien Bereich der Taskleiste aus ❸, wird Ihnen im Kontextmenü ebenfalls der Befehl **Task-Manager** ❹ angeboten. Über viele Jahre und Windows-Versionen hinweg zeigte der Task-Manager nach dem Start lediglich die aktuell im Hintergrund laufenden Programme und Apps. Dies gehört nun der Vergangenheit an. Stattdessen bekommen Sie sofort die erweiterte Darstellung zu Gesicht.

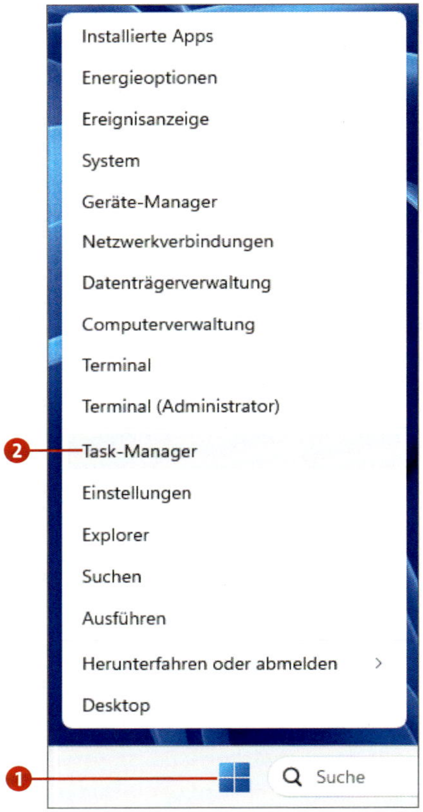

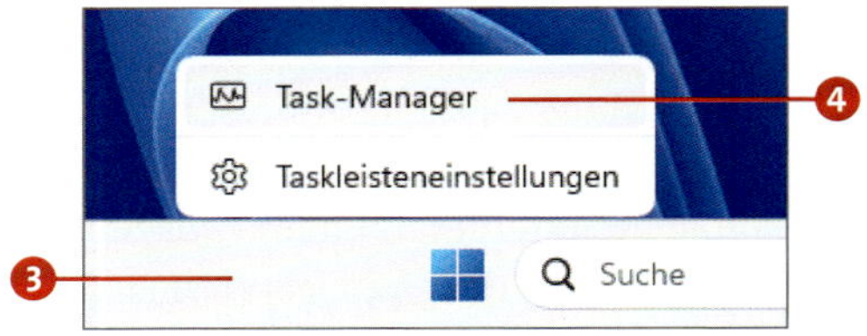

Überblick über den Task-Manager

Direkt nach dem Start des Task-Managers erhalten Sie eine Übersicht über die gestarteten Anwendungen und Prozesse. Auf einen Blick können Sie hier z. B. ablesen, wie hoch die CPU-Auslastung ❶ durch ein Programm ist oder wie viel Arbeitsspeicher ❷ es einnimmt.

Wenn ein Programm nicht reagiert, lässt es sich meist nicht mehr auf herkömmlichem Weg schließen. Markieren Sie in solch einem Fall das entsprechende Programm im Task-Manager, und klicken Sie anschließend auf die Schaltfläche **Task beenden** ❸. Das Programm wird daraufhin geschlossen, und Sie können Ihre Arbeit fortsetzen.

Über den Bereich **Leistung** ❹ können Sie einige sehr technische Informationen einsehen. Verschiedene Grafiken zeigen die Auslastung des Prozessors, des Arbeitsspeichers, der eingebauten Festplatten sowie den Durchsatz vorhandener Ethernet-Verbindungen. In älteren Versionen des Task-Managers fand der Wechsel zwischen den Bereichen wie Prozesse, Leistung oder auch App-Verlauf über Registerkarten am oberen Rand des Programmfensters statt. Sie erreichen die Bereiche nun über den Navigationsbereich am linken Fensterrand. Über das Hamburger-Menü ❺ am oberen Rand lässt sich der Navigationsbereich minimieren bzw. maximieren.

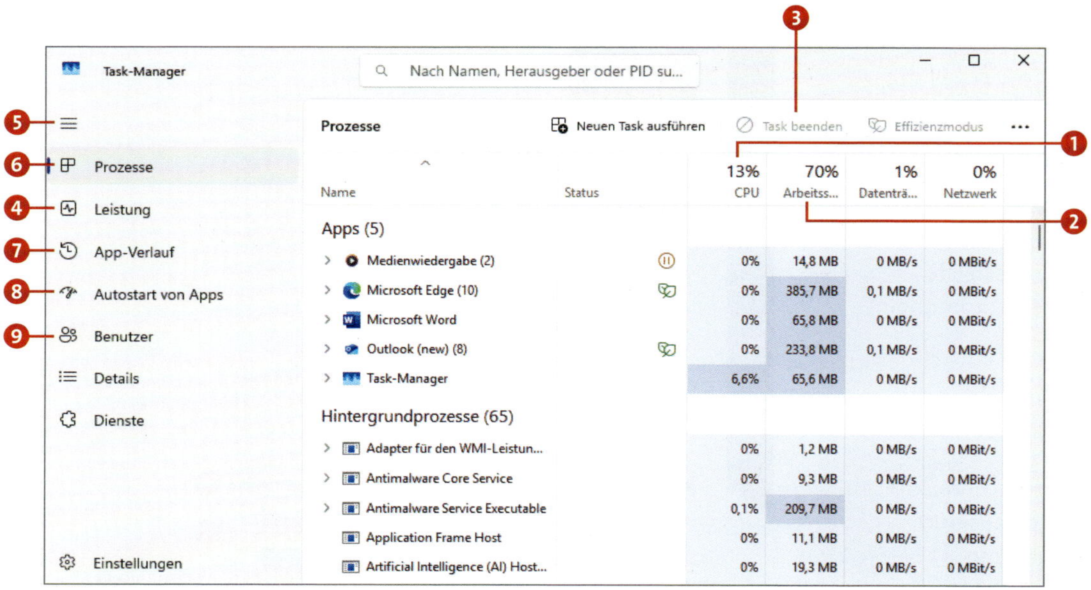

❻ Im Bereich **Prozesse** finden Sie alle Apps und Prozesse im Überblick.

❼ Der **App-Verlauf** zeigt unter anderem den Datentransfer einzelner Apps an.

❽ Über den Bereich **Autostart von Apps** können Sie unnötige Autostart-Programme deaktivieren. Mehr darüber erfahren Sie im Abschnitt »Wenn der Rechner langsamer wird: Autostart-Programme« auf Seite 325.

❾ Nutzen mehrere Personen Ihren Computer, erfahren Sie im Bereich **Benutzer**, wer aktuell am System angemeldet ist und wie viele Ressourcen verbraucht werden.

Die Einstellungen-App

Die Datensicherung konfigurieren oder ein zusätzliches Benutzerkonto hinzufügen – bis Windows 8.1 nahmen diese Aktionen in der Systemsteuerung ihren Anfang. In Windows 10 wurden die meisten Konfigurationsmöglichkeiten in die **Einstellungen**-App ausgelagert. Diesen Weg hat Microsoft auch in Windows 11 fortgesetzt. Ganz ausgedient hat die Systemsteuerung aber noch nicht und so ist sie weiterhin aufrufbar:

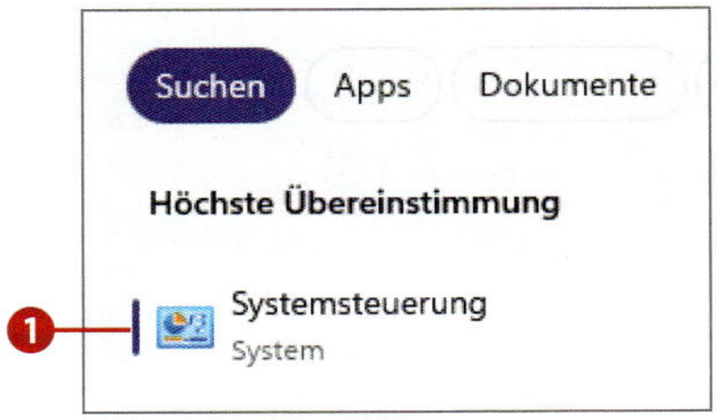

1. Um die klassische Systemsteuerung aufzurufen, klicken Sie in das Suchfeld in der Taskleiste, geben den Begriff »Systemsteuerung« ein und klicken dann auf den gleichnamigen Menüpunkt 1.

2. Die Einstellungen-App öffnen Sie entweder mit ⊞ + I oder indem Sie im Startmenü auf das Zahnradsymbol 2 klicken. In der Auflistung aller Apps finden Sie die App unter dem Eintrag **Einstellungen**.
3. Ein weiterer Weg führt über die Schnelleinstellungen. Auf einem Tablet-PC öffnen Sie diese mit einer Wischbewegung vom rechten Bildrand aus; auf einem herkömmlichen Computer klicken Sie z. B. auf das Lautsprecher- oder Netzwerksymbol 3 in der Taskleiste und tippen oder klicken anschließend auf das Zahnradsymbol 4.

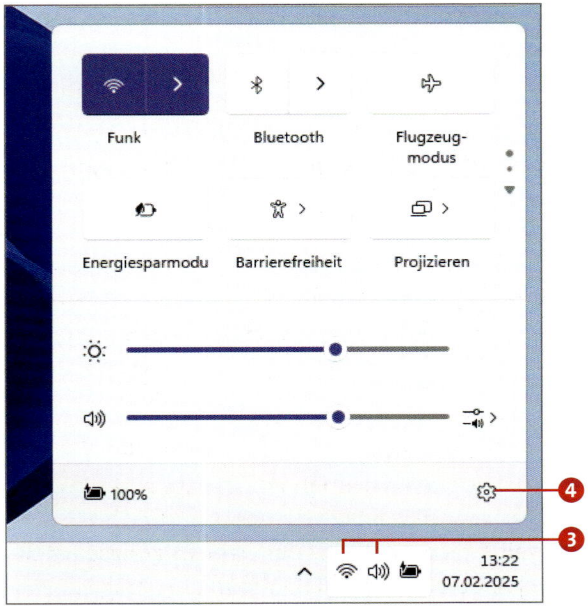

4. Ist Ihnen die Bezeichnung der gesuchten Einstellung bekannt, können Sie diese auch direkt in das Suchfeld der Taskleiste eingeben und die Option aus der Liste der Übereinstimmungen auswählen.

Die Einstellungen an die Taskleiste heften

Um die Einstellungen aus der Taskleiste zu starten, führen Sie im Startmenü einen Rechtsklick auf **Einstellungen** aus und wählen aus dem Kontextmenü **An Taskleiste anheften**.

Das Benachrichtigungscenter

Windows 11 informiert Sie regelmäßig z. B. über neu eingetroffene E-Mails, aber auch über Systemereignisse, z. B. eine erfolgreiche Programminstallation oder eine automatische Aktualisierung des Systems bzw. vorhandener Programme. Diese Hinweise werden im *Benachrichtigungscenter* aufgeführt. Bei diesem handelt sich um eine Seitenleiste, die am rechten Bildschirmrand eingeblendet wird und Benachrichtigungen verschiedener Anwendungen enthält. Unter Windows 10 gab es am rechten Rand der Taskleiste ein eigenes Benachrichtigungssymbol, über das der damals noch als Info-Center bezeichnete Benachrichtigungsbereich geöffnet wurde. Um das Benachrichtigungscenter in Windows 11 einzublenden, führen Sie auf einem Tablet-PC eine Wischbewegung vom rechten Rand nach links durch. Auf Desktop-PCs und Laptops klicken Sie nun auf die Uhrzeit in der Taskleiste ❶ oder drücken die Tastenkombination ⊞ + N. Mit einem Mausklick auf eine freie Stelle des Desktops oder durch erneutes Drücken derselben Tastenkombination wird die Seitenleiste wieder geschlossen.

Durch das Anklicken einer Benachrichtigung werden weitere Aktionen ausgelöst. So öffnet ein Klick auf die Benachrichtigung zu einer neu eingetroffenen E-Mail diese in Ihrem Postfach, während beispielsweise der Hinweis auf einen inaktiven Echtzeitschutz das Schutzprogramm Windows-Sicherheit öffnet und Ihnen die Möglichkeit gibt, den Schutz wieder zu aktivieren. Über das Symbol mit den drei Punkten, das erst sichtbar wird, wenn Sie mit der Maus auf eine Benachrichtigung zeigen, gelangen Sie zu den Einstellungen der jeweiligen App.

Über das kleine Symbol in Form einer Glocke ❷ können Sie den »Bitte nicht stören«-Modus aktivieren, falls Sie konzentriert arbeiten und deshalb keine Benachrichtigungen erhalten möchten. Sobald der Modus aktiviert ist, erscheint das Glockensymbol auch rechts von der Uhrzeit ❸. Über den Link **Benachrichtigungseinstellungen** ❹ gelangen Sie zu detaillierten Konfigurationsmöglichkeiten in der Kategorie **System > Benachrichtigungen** der **Einstellungen**-App. Dabei kann es sich um eine festgelegte Zeitspanne handeln, aber auch um bestimmte Tätigkeiten, etwa wenn Sie am PC spielen oder der Bildschirm während einer Präsentation gespiegelt wird. Auch lassen sich hier für jede App einzeln die Benachrichtigungen aktivieren bzw. deaktivieren.

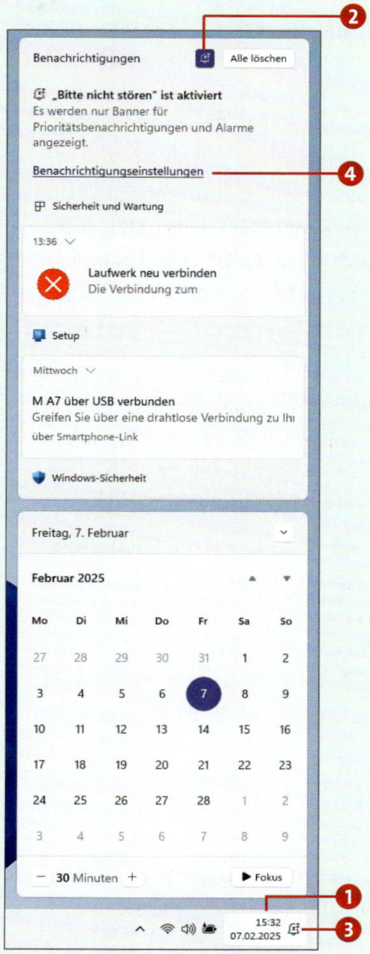

Die Schnelleinstellungen von Windows 11

Klicken Sie unter Windows 11 auf das Lautsprecher-, Netzwerk- oder Batteriesymbol ❶ im Infobereich der Taskleiste, klappt ein Dialog auf. Über den Schieberegler rechts vom Lautsprechersymbol lässt sich bequem die Lautstärke regulieren ❷. Arbeiten Sie mit einem Mobilgerät, enthält der Dialog außerdem einen Schieberegler zur Anpassung der Bildschirmhelligkeit ❸. Am oberen Dialogrand befinden sich die Schaltflächen der Schnelleinstellungen ❹. Unter Windows 10 erreichten Sie diese noch über das Info-Center, das per Klick auf das Benachrichtigungssymbol geöffnet wurde. Die Schnelleinstellungen ermöglichen Ihnen einen schnellen Zugriff auf wichtige und wiederkehrende Systemeinstellungen. So können Sie bei einem mobilen Gerät über die Schaltfläche **Flugzeugmodus** ❺ etwa den gleichnamigen Modus ein- bzw. ausschalten. Die Schaltflächen sind über zwei Seiten verteilt. Um von einer Seite zur nächsten zu gelangen, nutzen Sie entweder die Pfeiltasten am rechten Rand des Dialogs ❻ oder scrollen mit dem Mausrad. In welcher Reihenfolge die Schaltflächen angezeigt werden, können Sie selbst festlegen. Positionieren Sie hierzu den Mauszeiger auf der zu verschiebenden Schaltfläche, und ziehen Sie sie dann mit gedrückter linker Maustaste an die gewünschte neue Position.

Klicken Sie auf das Zahnradsymbol ❼, öffnet sich die **Einstellungen**-App mit der Startseite. Um direkt zu den Konfigurationsmöglichkeiten der Systemeinstellungen zu gelangen, können Sie aber auch eine der Schaltflächen der Schnelleinstellungen mit der rechten Maustaste anklicken. Der Link ❽, der nun eingeblendet wird, führt Sie direkt zur gewünschten Kategorie der **Einstellungen**-App.

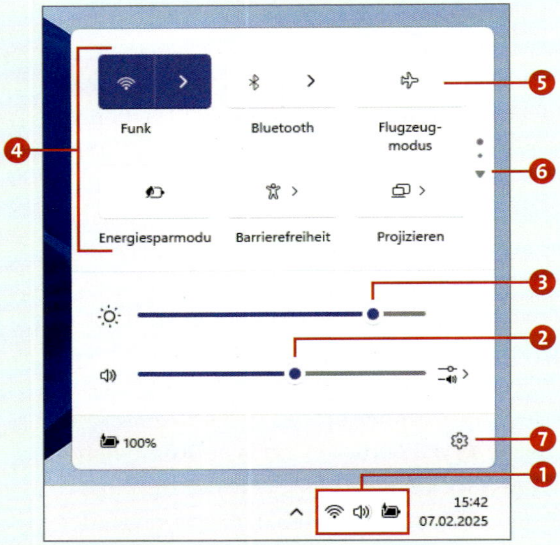

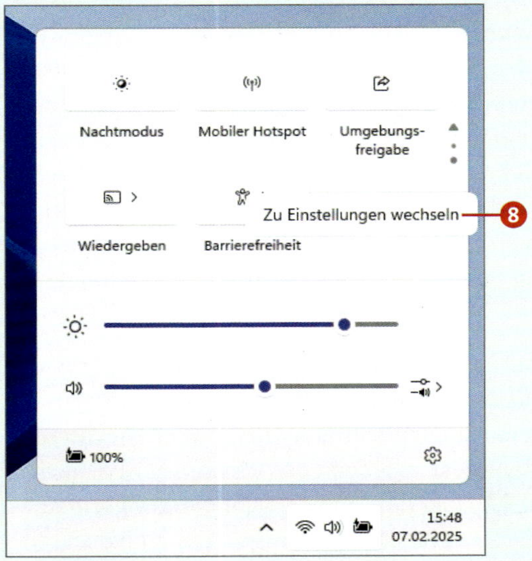

So gehen Sie mit der Maus um

Mausklick, Rechtsklick, Doppelklick

Wenn Sie nicht über einen PC mit Touchscreen-Steuerung verfügen, ist die Maus ein unverzichtbares Hilfsmittel, um vernünftig mit Windows 11 arbeiten zu können. Der Umgang mit der Maus erfordert zunächst ein wenig Übung:

1. Wenn Sie den Mauszeiger auf ein Objekt führen, z. B. eine Schaltfläche in einem Dialog, ohne einen Mausklick auszuführen, nennt man diesen Vorgang *Zeigen*. Wenn Sie die Maus nicht mehr bewegen, erscheint nach kurzer Zeit ein kleines Informationsfenster, die sogenannte *Infobox* ❶ (oder auch *QuickInfo*).
2. Um in einem Menü einen Eintrag auszuwählen oder eine App im Startmenü zu starten, klicken Sie einmal mit der **linken** Maustaste auf das entsprechende Element. Auf die gleiche Weise lassen sich auch Dateien im Explorer *markieren*.
3. Auch ein *Doppelklick* wird mit der linken Maustaste durchgeführt. Klicken Sie zweimal kurz hintereinander z. B. auf ein Programmsymbol auf dem Desktop, um das Programm zu starten.
4. Mithilfe eines *Rechtsklicks* öffnen Sie *Kontextmenüs* ❷. Wenn Sie z. B. eine Datei im Explorer mit der rechten Maustaste anklicken, öffnet sich ein Menü, aus dem Sie Bearbeitungsoptionen auswählen können, die zu dem angeklickten Objekt passen, z. B. die neu in Windows 11 ergänzten Symbole zum **Kopieren** ❸ oder **Löschen** ❹. Der Explorer wird ausführlich in Kapitel 4, »Dateien, Ordner, Bibliotheken«, ab Seite 99 vorgestellt.

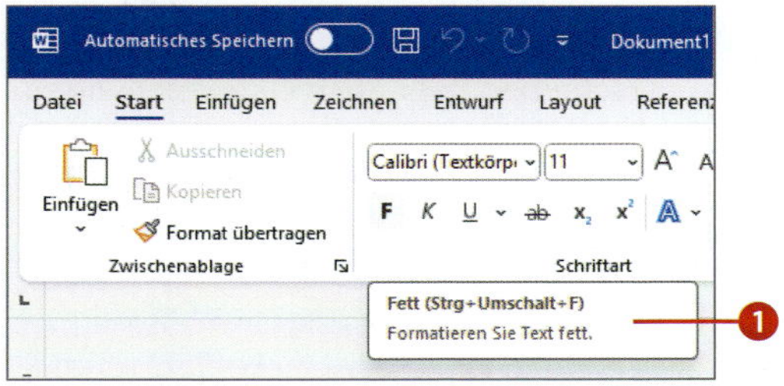

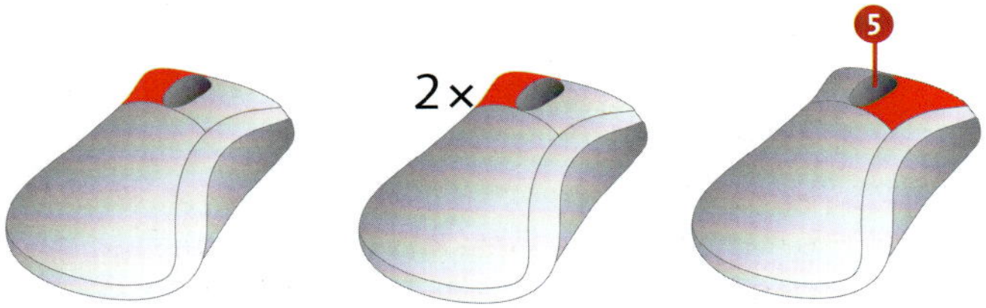

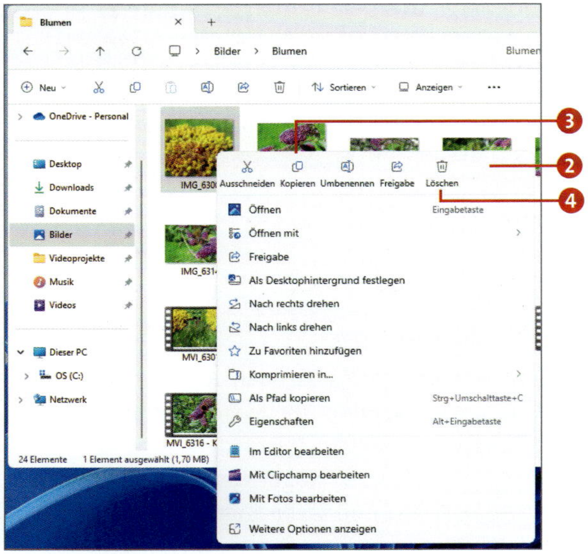

Mausrad

Die meisten Computermäuse verfügen über ein kleines Rad ❺ zwischen den beiden Tasten. Damit können Sie den Inhalt eines Fensters vertikal bewegen (*scrollen*).

Drag and Drop

Drag and Drop steht für »Ziehen und Ablegen«. Mit dieser Technik verschieben Sie Objekte auf dem Bildschirm. Sie können damit z. B. die Programmsymbole auf dem Desktop neu anordnen, ein App-Symbol im Startmenü verschieben oder auch Dateien in einem neuen Ordner ablegen:

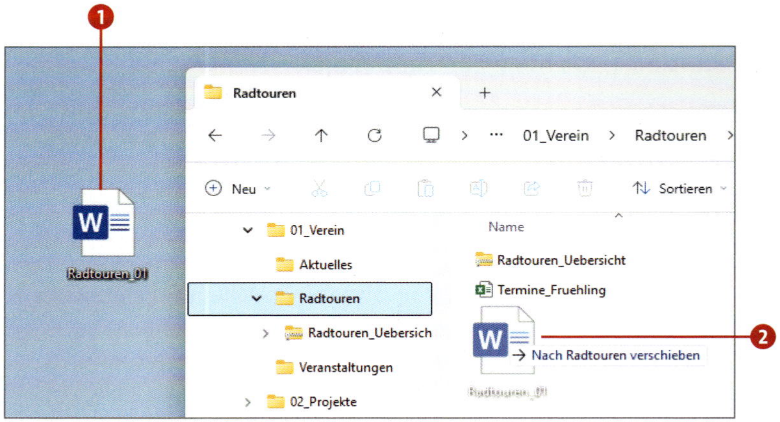

1. Um eine Datei von Ihrem Desktop aus in einen neuen Ordner zu verschieben, klicken Sie sie zunächst mit der linken Maustaste an ❶, halten die Maustaste gedrückt und ziehen das Objekt mit der Maus an die gewünschte Stelle ❷. (Um es zu kopieren, halten Sie gleichzeitig auch die Strg-Taste gedrückt.) Haben Sie das Ziel erreicht, lassen Sie die Maustaste wieder los und legen damit das Objekt ab.

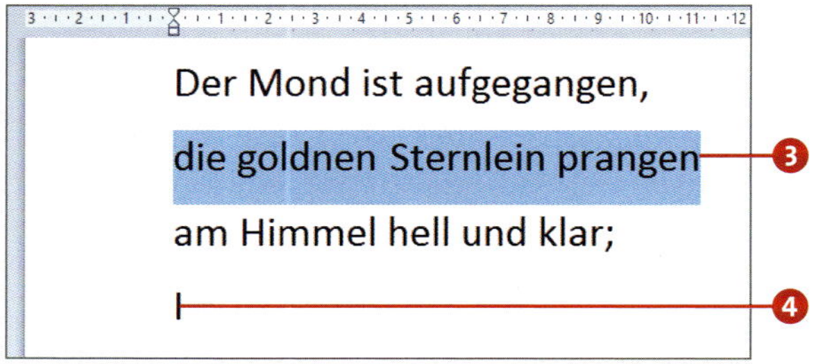

2. Die Technik funktioniert auch bei Textzeilen oder einzelnen Wörtern. Markieren Sie zunächst den gewünschten Text mit der Maus, indem Sie den Cursor vor den Text setzen, die linke Maustaste gedrückt halten und die Maus über den Text ziehen. Die blaue Hinterlegung zeigt, was bereits markiert wurde ❸.
3. Klicken Sie auf den markierten Text, und ziehen Sie ihn bei weiterhin gedrückter Maustaste an eine andere Position. Sobald Sie die Maustaste loslassen, wird der Text dort eingefügt, wo der Cursor ❹ steht.

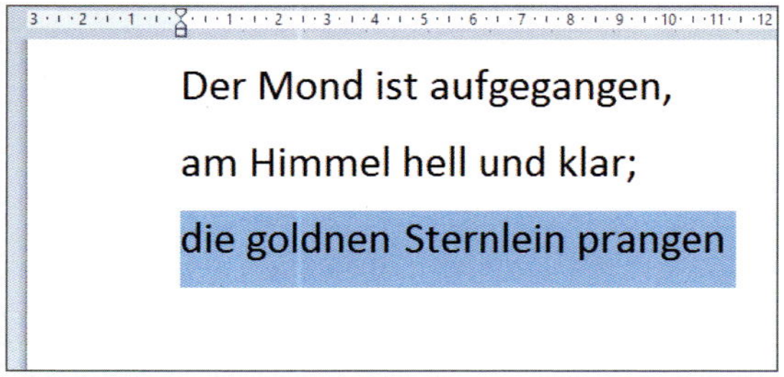

Ziehen und Ablegen mit dem Finger

Die Drag-and-Drop-Technik können Sie auch auf einem Tablet-PC mit Fingersteuerung verwenden. In diesem Fall tippen Sie zunächst das gewünschte Objekt an, lassen den Finger darauf und verschieben es. Sobald Sie den Finger vom Bildschirm heben, wird das Objekt an Ort und Stelle abgelegt.

Die Mauseinstellungen ändern

Wie schnell sich der Mauszeiger auf Ihrem Bildschirm bewegt, können Sie individuell einstellen. Aber nicht nur das, sogar die Geschwindigkeit des Doppelklicks oder die Reaktion des Mausrades können Sie nach Ihren Vorlieben verändern:

1. Öffnen Sie die **Einstellungen**-App, z. B., indem Sie die Tasten [Windows] + [I] drücken. Wählen Sie in der Kategorie **Bluetooth und Geräte** ❶ die Unterkategorie **Maus** aus.
2. Wie schnell sich die Maus über Ihren Bildschirm bewegen soll, stellen Sie über den Schieberegler ❷ rechts von **Mauszeigergeschwindigkeit** ein. Schieben Sie den Regler nach rechts, um den Mauszeiger zu beschleunigen, oder nach links, um ihn zu verlangsamen.
3. Im Abschnitt **Bildlauf** ❸ können Sie definieren, um wie viele Zeilen sich der Fensterinhalt, z. B. einer Webseite, bei Verwendung des Mausrades bewegen soll.
4. Um festzulegen, in welcher Zeitspanne zwei aufeinanderfolgende Klicks als Doppelklick erkannt werden sollen, klicken Sie zunächst auf **Zusätzlichen Mauseinstellungen** ❹. Hierdurch wird der Dialog **Eigenschaften von Maus** geöffnet. Stellen Sie sicher, dass sich die Registerkarte **Tasten** im Vordergrund befindet. Mit dem Schieberegler ❺ im Abschnitt **Doppelklickgeschwindigkeit** passen Sie nun die Zeitspanne an. Testen Sie Ihre Einstellung durch einen Klick auf das danebenliegende Ordnersymbol ❻ und optimieren Sie sie gegebenenfalls.
5. Durch einen Klick auf die Schaltfläche **OK** unten rechts werden alle Einstellungen übernommen.

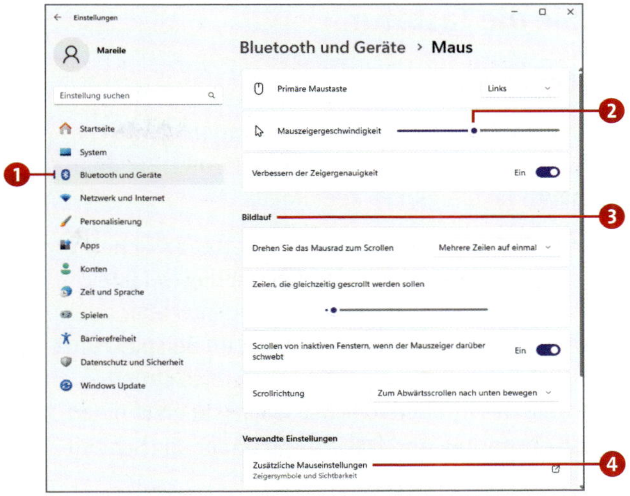

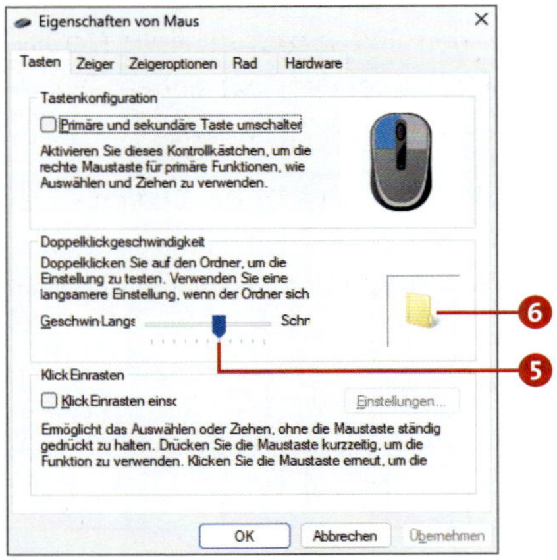

Achten Sie auf die richtige Unterlage!

Wenn der Mauszeiger immer mal wieder »hängt« oder springt, kontrollieren Sie die Unterlage, auf der die Maus geführt wird.

So bedienen Sie die Tastatur

Die Tastatur im Überblick

Neben der Maus ist die Tastatur das wichtigste Eingabegerät. Die grundlegende Bedienung bedarf sicher keiner Erklärung. Ein paar Kniffe und interessante Tasten gibt es aber doch.

Links in der untersten Reihe befindet sich, eingebettet zwischen den Tasten [Strg] und [Alt], die [⊞]-Taste ❶. Mit dieser Taste öffnen Sie z. B. bequem das Startmenü. Die Taste lässt sich aber auch in Kombination mit anderen Tasten verwenden. Zum Beispiel führt das gleichzeitige Drücken von [⊞] + [A] dazu, dass die Schnelleinstellungen oberhalb des Infobereichs der Taskleiste erscheinen. [⊞] + [L] sperrt den Computer, und [⊞] + [X] blendet das Schnellzugriffsmenü ein.

Eine vielfach unbeachtete Taste finden Sie ebenfalls in der untersten Reihe meist zwischen [Alt Gr] und [Strg]: die *Kontextmenü-Taste* ❷. Diese Taste öffnet, abhängig von der aktuellen Position der Schreibmarke (des *Cursors*), das jeweilige Kontextmenü. Die Anordnung dieser speziellen Taste kann allerdings bei jeder Tastatur etwas anders erfolgen, da jeder Hersteller hier so seine Besonderheiten hat. Die Tasten [Strg], [Alt] und [Alt Gr] ❸ werden stets in Kombination mit anderen Tasten verwendet. Zum Beispiel schließen Sie das aktuell geöffnete Programm mit der Tastenkombination [Alt] + [F4].

Die Tastatureinstellungen ändern

Damit Ihnen die Arbeit leicht von der Hand geht, sollten Sie gleich zu Beginn ein paar Einstellungen für Ihre Tastatur vornehmen. Sie können z. B. die Nutzung von Tastenkombinationen vereinfachen oder sich warnen lassen, wenn die Feststelltaste aktiviert ist:

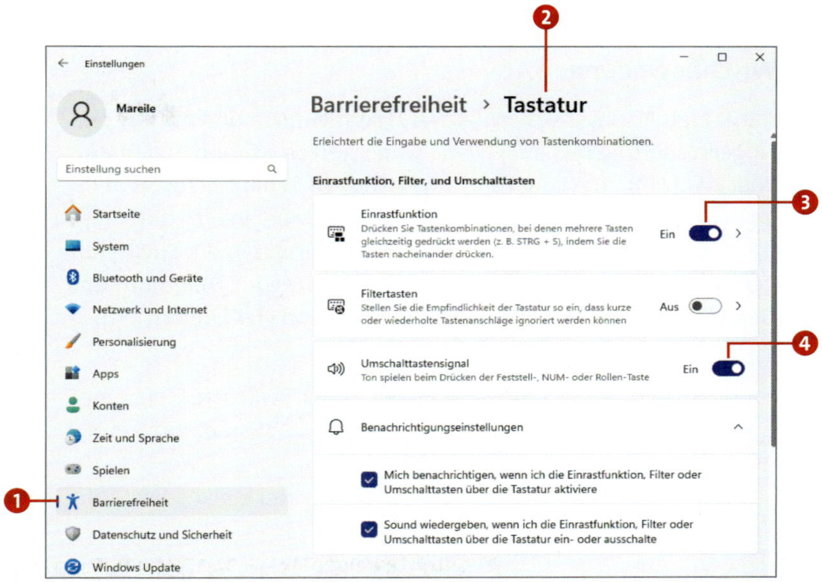

1. Öffnen Sie die Windows-**Einstellungen** mit [Win] + [I]. Wählen Sie dann in der Kategorie **Barrierefreiheit** (1) die Unterkategorie **Tastatur** (2).
2. Bei Tastenkombinationen müssen Sie die angegebenen Tasten immer gleichzeitig drücken, um etwas zu erreichen, also z. B. [Win] + [N], um das Benachrichtigungscenter zu öffnen. Wenn Sie hingegen die Einrastfunktion aktivieren, indem Sie in der rechten Fensterhälfte den Regler rechts von **Einrastfunktion** auf **Ein** (3) stellen, können Sie künftig die Tasten nacheinander drücken, also erst [Win] und anschließend [N].
3. Manchmal kommt es vor, dass man beim Schreiben versehentlich den Nummernblock abschaltet oder die Feststelltaste [⇩] (*Caps Lock*) gedrückt hat. Wenn also z. B. der gesamte Text unbeabsichtigt in Großbuchstaben geschrieben wird, setzen Sie den Regler rechts von **Umschalttastensignal** auf **Ein** (4). Dann gibt Windows ein kurzes akustisches Signal aus, das Sie auf das Aktivsein dieser Umschalttasten hinweist.

Weitere Einstellungsmöglichkeiten

Verwenden Sie eine Tastatur mit frei belegbaren Funktionstasten? Dann sollten Sie die Software installieren, die mit der Tastatur ausgeliefert wurde. Nur dann lassen sich die zusätzlichen Tasten in vollem Umfang nutzen. Diese Software können Sie auch von der Internetseite des Herstellers herunterladen, falls Sie keine passende Programm-CD/-DVD zur Hand haben.

Probleme mit Funktastaturen vermeiden

Bei der Verwendung von kabellosen Tastaturen kann es immer mal wieder zu Störungen kommen. Zum Beispiel reagiert die Tastatur nicht oder es werden falsche Zeichen ausgegeben. Der Grund dafür können elektrische Geräte sein, z. B. DECT-Telefone, die in unmittelbarer Nähe zum Funkempfänger stehen. Achten Sie daher auf einen Abstand von mindestens 20 cm zwischen dem Empfänger und anderen Geräten.

Windows 11 auf einem Touchscreen bedienen

Wischbewegungen

Auf Tablet-PCs lässt sich Windows 11 sehr einfach und intuitiv per Fingersteuerung bedienen. Viele Fingergesten werden mit einem oder zwei Fingern ausgeführt. Für Windows 11 hat Microsoft aber auch Gesten hinzugefügt, die mit drei oder vier Fingern durchgeführt werden. Um diese nutzen zu können, muss in der **Einstellungen**-App in der Unterkategorie **Touch** der Kategorie **Bluetooth und Geräte** die Funktion **Touchgesten mit drei und vier Fingern** aktiviert sein. In der folgenden Tabelle haben wir Ihnen ein paar besondere Fingergesten und die damit ausgeführten Funktionen zusammengestellt. Die meisten dieser Gesten lassen sich übrigens auch auf dem Touchpad eines Notebooks ausführen; manche benötigen ein spezielles Präzisionstouchpad. Ob Ihr Gerät über ein solches verfügt, erfahren Sie ebenfalls in der **Einstellungen**-App, und zwar unter **Bluetooth und Geräte > Touchpad**.

Funktion	Fingergeste
alle geöffneten Fenster einblenden	Wischen Sie mit drei Fingern auf dem Bildschirm nach oben.
Desktop anzeigen	Wischen Sie mit drei Fingern auf dem Bildschirm nach unten.
zur zuletzt geöffneten App wechseln	Wischen Sie mit drei Fingern auf dem Bildschirm nach links oder rechts.
Benachrichtigungscenter öffnen	Wischen Sie mit einem Finger vom rechten Bildschirmrand nach unten.
Widgets einblenden	Wischen Sie mit einem Finger vom linken Bildschirmrand nach unten.
zwischen virtuellen Desktops wechseln	Wischen Sie mit vier Fingern auf dem Bildschirm nach links oder rechts.

Für die Bedienung des Systems und seiner Elemente gibt es einige weitere Gesten:

- Das einfache Antippen eines Objekts entspricht einem normalen Mausklick (Linksklick). Auf dem Startbildschirm können Sie Apps durch einfaches Antippen des App-Symbols starten.
- Das doppelte Antippen eines Objekts entspricht dem Doppelklick mit der Maus. Mit dieser Methode lassen sich z. B. Programme auf dem Desktop aufrufen.
- Einige Objekte, z. B. Fotos, lassen sich vergrößern oder verkleinern, indem Sie zwei Finger auf den Bildschirm setzen und sie auseinanderschieben oder zusammenführen (*Zoomen*).
- Um ein Element zu verschieben, tippen Sie es an, halten den Finger darauf und ziehen es an die gewünschte Position. Sobald Sie das Objekt loslassen, wird es an der entsprechenden Stelle abgelegt.
- Um einen Rechtsklick auszuführen, tippen Sie auf das Element und halten den Finger einen Moment darauf, bis ein kleiner Rahmen erscheint. Wenn Sie den Finger vom Bildschirm nehmen, wird das Kontextmenü eingeblendet.
- Ein Objekt können Sie drehen, indem Sie einen Finger aufsetzen und mit einem weiteren Finger einen Halbkreis auf dem Bildschirm ziehen.

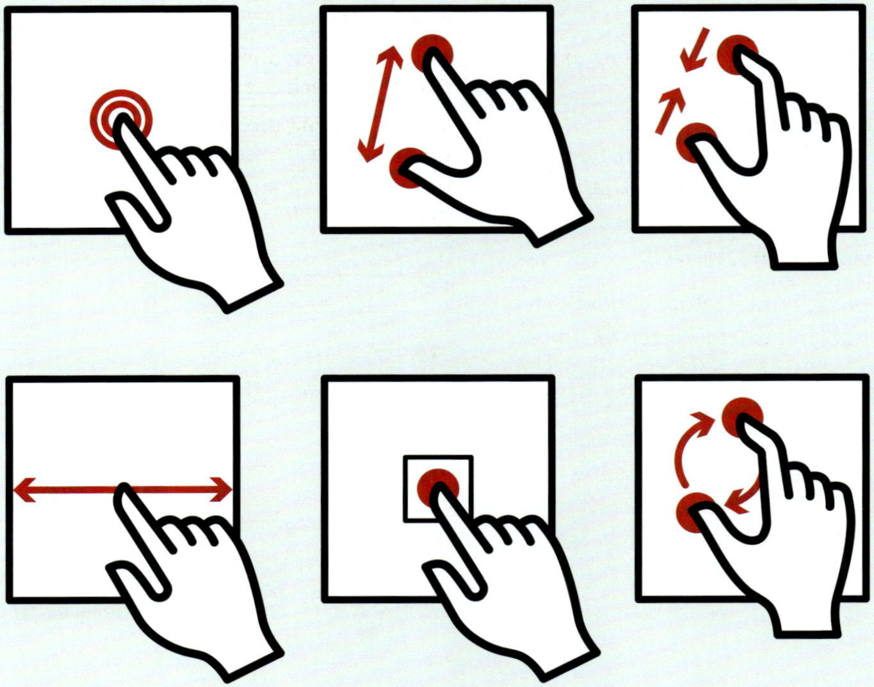

Die Bildschirmtastatur benutzen

Auf einem Tablet-PC können Sie Text über die *Bildschirmtastatur* eingeben. Sie wird eingeblendet, sobald Sie ein Textfeld anklicken. Auf dem Desktop müssen Sie sie manuell einblenden:

1. Tippen Sie auf das Tastatursymbol auf der Taskleiste ❶, um die Bildschirmtastatur einzublenden. (Sollte das Symbol fehlen, tippen Sie etwas länger auf die Taskleiste, um das Kontextmenü zu öffnen. Tippen Sie in diesem auf **Taskleisteneinstellungen**. In der **Einstellungen**-App, die hierdurch geöffnet wird, wählen Sie im Feld rechts von **Bildschirmtastatur** den Eintrag **Immer** ❷ aus. Danach wird das Tastatursymbol auf der Taskleiste angezeigt.)
2. Sie können nun Text eingeben. Um einen Buchstaben großzuschreiben, tippen Sie auf den nach oben zeigenden Pfeil ❸ und danach auf den Buchstaben. Nach wenigen Buchstaben schlägt Windows bereits Wörter vor, die zu Ihrer Eingabe passen ❹. Tippen Sie einen Vorschlag an, wenn Sie ihn übernehmen möchten.
3. Um Zahlen und Sonderzeichen eingeben zu können, tippen Sie auf `&123` ❺. Die Tastatur verändert sich, und Sie können Zahlen und Sonderzeichen eingeben ❻. Mit einem Tipp auf die Taste `abc` gelangen Sie wieder zur normalen Ansicht.
4. In der linken oberen Ecke der Bildschirmtastatur befindet sich ein kleines unscheinbares Symbol mit einem Herzen ❼. Tippen Sie hierauf, werden die *Emoticons* eingeblendet. Dies sind kleine Bildchen, mit denen Sie z. B. E-Mails und Nachrichten verzieren können. Neu in Windows 11 ist die Möglichkeit, auch Symbole ❽, animierte Bilder (sogenannte *GIFs*) ❾ und *Kaomojis* (eine japanische Variation von Emoticons) ❿ auszuwählen. Ist das gewünschte Element nicht dabei, gelangen Sie über die kleine Symbolleiste links oberhalb der Miniaturvorschauen zur jeweiligen Kategorie ⓫.

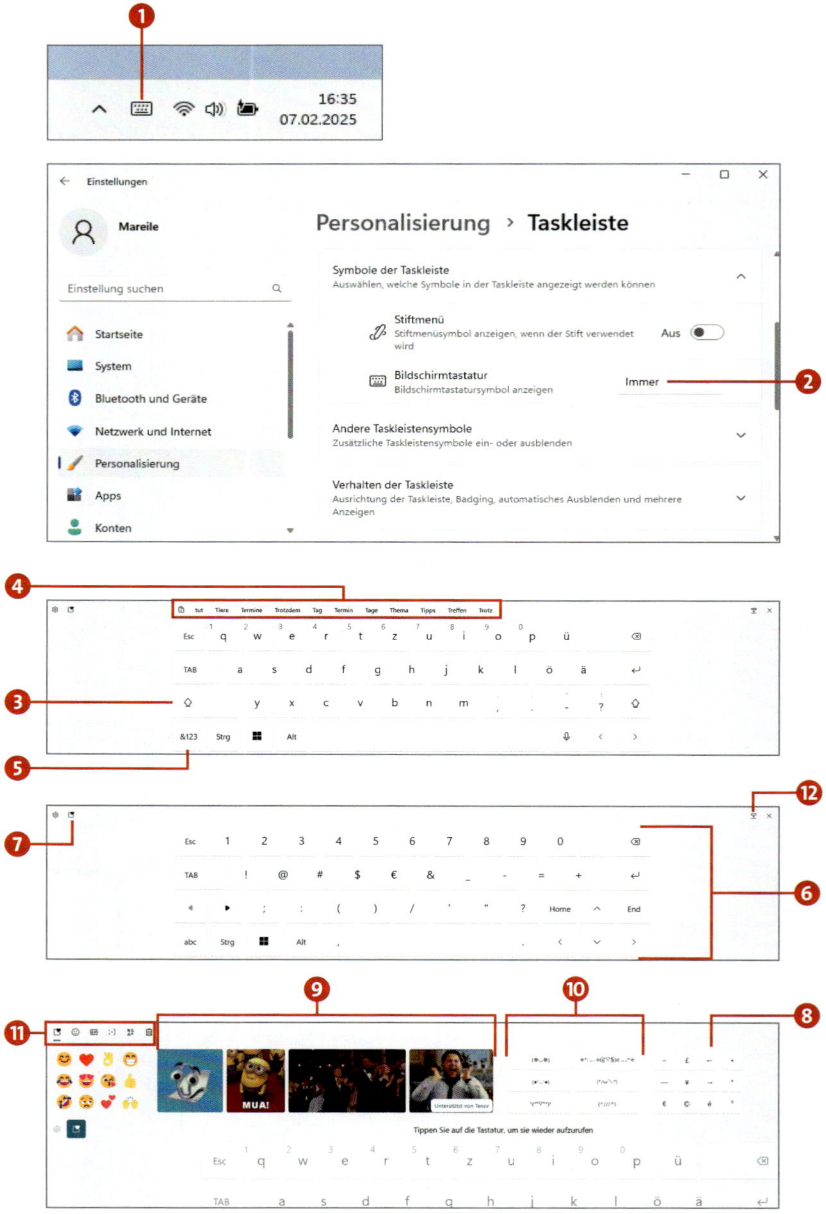

5. Über das Symbol in der rechten oberen Ecke der Bildschirmtastatur ⓬ legen Sie fest, ob die Tastatur unten am Bildschirm angedockt bleiben oder wie ein Programmfenster frei positionierbar sein soll.
6. Wenn Sie Ihren Tablet-PC in beiden Händen halten, ist die Bedienung der Tastatur recht kompliziert. Aus diesem Grund hat Microsoft eine besondere Variante der Tastatur bereitgestellt. Tippen Sie auf der Bildschirmtastatur links oben auf das Zahnradsymbol ⓭.
7. In der aufklappenden Liste wählen Sie nach einem Tipp auf **Tastaturlayout** das Layout **Geteilt** aus. Die Tasten sind nun so angeordnet, dass Sie sie mit beiden Daumen gut bedienen können ⓮. Das braucht natürlich ein wenig Übung, klappt aber gut.
8. Über die weiteren Einstellungen können Sie die Tastatur verkleinern, erweitern sowie den Modus **Handschrift** auswählen ⓯. Sie können dann mit einem speziellen Stift auf das Display des Tablets Wörter schreiben, die von Windows erkannt werden.
9. Über den Menüpunkt **Weitere Einstellungen** haben Sie schließlich die Möglichkeit, zwischen länderspezifischen Tastaturlayouts umzuschalten ⓰ oder die Einstellungen der Bildschirmtastatur zu öffnen ⓱.

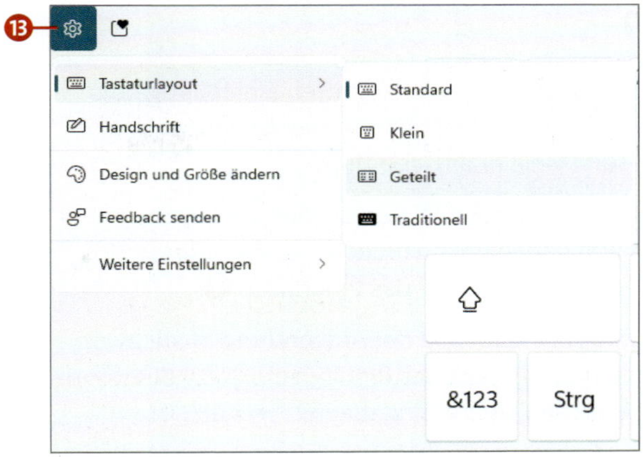

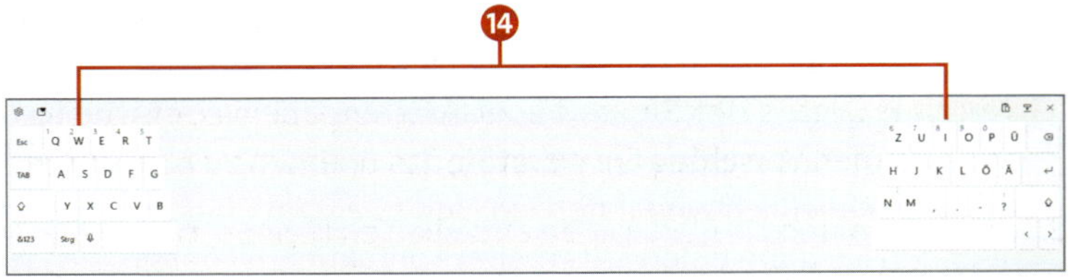

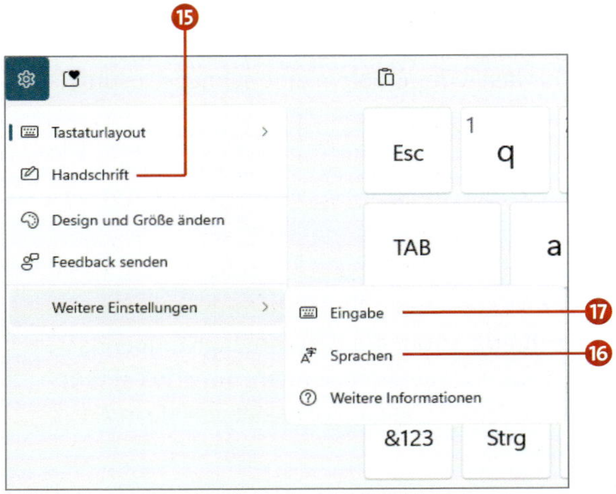

Weitere länderspezifische und farbige Layouts

Über die Kategorie **Zeit und Sprache** der **Einstellungen**-App fügen Sie weitere länderspezifische Tastaturlayouts hinzu. Von A wie Afrikaans bis Z wie Zentralkurdisch stehen Ihnen hier zahlreiche verschiedene Sprachen zur Verfügung. Wer etwas Farbe auf die Bildschirmtastatur bringen möchte, sollte in der **Einstellungen**-App unbedingt einen Blick in die Kategorie **Personalisierung > Bildschirmtastatur** werfen.

Hilfe erhalten

Wenn Sie auf der Suche nach einer bestimmten Einstellung oder nach der Lösung für ein Computerproblem sind, finden Sie in der Windows-eigenen Hilfe viele praktische Tipps:

1. Um die Anwendung zu starten, klicken Sie auf das Lupensymbol in der Taskleiste und geben im Suchfeld »Hilfe anfordern« ein. In der Ergebnisliste klicken Sie auf das Programm ❶.
2. Tippen Sie nun in das Eingabefeld der Anwendung in Stichwörtern oder einem einfachen Satz das Problem ein, z. B. »Bluetooth aktivieren« ❷. Schließen Sie die Eingabe mit [↵] ab.
3. Die Anwendung gibt Ihnen nun einen Lösungsvorschlag aus. War der Tipp nicht erfolgreich, bietet Ihnen die App an, mit dem Support in Kontakt zu treten. Klicken Sie hierfür zunächst auf den angezeigten Link **Support kontaktieren**. Über verschiedene Auswahlmenüs werden Sie gebeten, das Problem zu konkretisieren und schließlich wird Ihnen ein Link zu einem Chat angezeigt, über den Sie dann einen Mitarbeiter kontaktieren können.
4. Oder Sie stellen die Frage zu Ihrem PC-Problem einfach in Jörg Hähnles Hilfe-Forum, das Sie unter *www.paules-pc-forum.de* erreichen. Im direkten Austausch mit anderen Anwender*innen findet sich hier für fast jedes Problem eine schnelle Lösung.

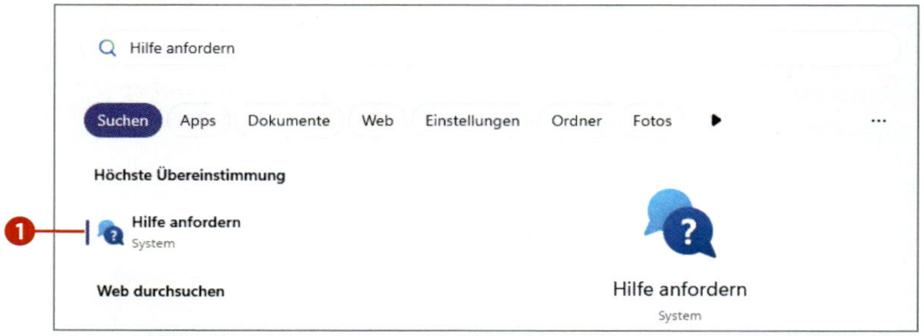

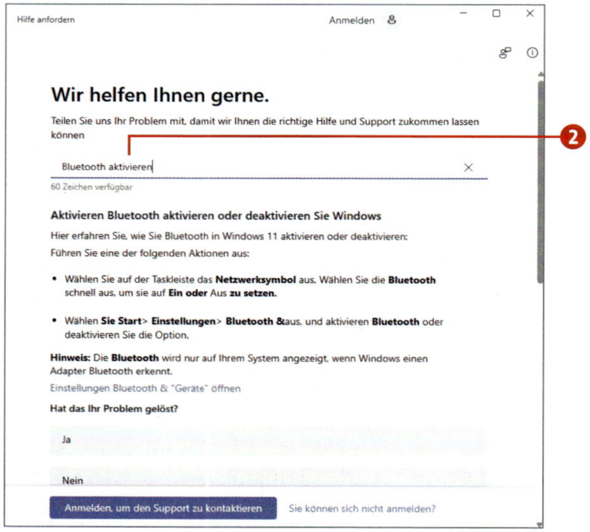

Fernwartung

Im Abschnitt »Fernsteuerung und Fernwartung« ab Seite 296 lesen Sie, wie Sie Ihren Rechner für den Fernzugriff über das Programm *TeamViewer* vorbereiten können, um etwa einem Familienmitglied PC-Hilfe zu leisten oder selbst Hilfe in Anspruch zu nehmen.

3 Programme und Apps

In diesem Kapitel

- Hier finden und starten Sie Programme und Apps
- Apps – die modernen Windows-Anwendugen
- Eine App wieder deinstallieren
- Der Microsoft Store – Marktplatz für neue Apps
- Programme in der Desktop-Ansicht
- Programme beenden
- Programme entfernen
- Nach Systemeinstellungen suchen
- Die erweiterte Zwischenablage
- Gut informiert mit Widgets
- Die Copilot-App bringt künstliche Intelligenz auf den PC
- Mit mehreren Desktops arbeiten

Microsoft hat bereits mit Windows 8 sogenannte *Windows-Apps* eingeführt, die es auch im neuen Windows 11 gibt. Das sind kleine Programme, die für den Einsatz auf mobilen Rechnern und damit für die Bedienung mittels Fingersteuerung optimiert sind. Neu ist diese Erfindung nicht, iPhone-Besitzer (Betriebssystem iOS) oder Besitzer eines Smartphones mit dem Betriebssystem Android kennen diese Art Programme schon länger. Genau wie bei Apples iOS und Googles Android werden Apps unter Windows über einen Store angeboten (engl. für *Geschäft* oder *Laden*). Unter Windows ist dies der *Microsoft Store*.

Herkömmliche Programme haben aber keineswegs ausgedient, sondern können weiterhin verwendet werden. Apps und Desktop-Anwendungen starten Sie über das Startmenü oder Sie legen, wie im Abschnitt »Eine Desktop-Verknüpfung erstellen« auf Seite 36 beschrieben, Verknüpfungen auf dem Desktop oder auch in der Taskleiste ab.

In diesem Kapitel erfahren Sie, wie Sie Programme und Apps installieren, ausführen und sauber wieder deinstallieren können. Sie lernen, Apps aus dem Microsoft Store zu beziehen, Desktop-Anwendungen an die Taskleiste zu heften und Apps jederzeit auf dem neuesten Stand zu halten. Auch die neu in Windows 11 hinzugekommenen Snap-Layouts, die eine schnelle Anordnung mehrerer Programmfenster auf dem Bildschirm ermöglichen, werden Thema sein. Des Weiteren lernen Sie die Widgets kennen, kleine Minianwendungen, die Sie blitzschnell über das Wetter, aktuelle Nachrichten oder auch Sportmeldungen informieren. Zum Abschluss des Kapitels stellen wir Ihnen die Copilot-App vor, einen Assistenten, der künstliche Intelligenz nutzt, um Ihnen bei Ihren täglichen Aufgaben mit Rat und Tat zur Seite zu stehen.

Hier finden und starten Sie Programme und Apps

Sowohl die Windows-Apps als auch die herkömmlichen Desktop-Programme können Sie über das Startmenü aufrufen, das Sie per Klick auf das Windows-Logo in der Taskleiste einblenden. Alternativ hierzu drücken Sie die Taste [⊞] auf der Tastatur. Die unter Windows 10 noch üblichen Kacheln, die einen Großteil des Startmenüs einnahmen, gehören in Windows 11 der Vergangenheit an. Ihren Platz hat nun der Bereich **Angeheftet** übernommen. Er enthält bereits die Symbole einiger Apps und Programme. Die Auswahl, die Microsoft hier getroffen hat, ist nicht in Stein gemeißelt, sondern kann beliebig von Ihnen verändert werden. Um eine angeheftete Anwendung zu starten, klicken Sie einfach auf das zugehörige Symbol. Eine kleine Übersicht über Apps, die Sie vielleicht häufiger benötigen werden, finden Sie unten.

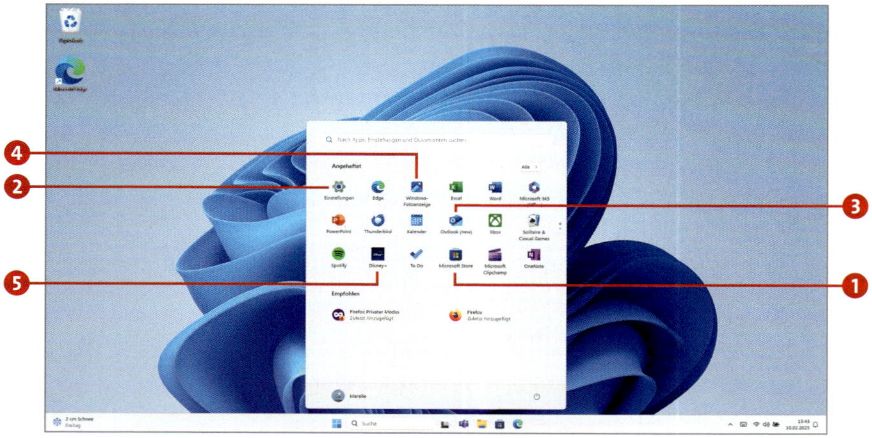

1. Über den **Microsoft Store** können Sie neue Apps beziehen (siehe dazu den Abschnitt »Der Microsoft Store – Marktplatz für neue Apps« ab Seite 68).
2. Ein Klick auf das Symbol **Einstellungen** führt Sie direkt zur Einstellungen-App. In ihr nehmen Sie die Konfiguration Ihres Computers vor.
3. Die App **Outlook** ist ein einfaches Programm zum Empfangen und Senden von E-Mails. Wie Sie die App einrichten und Ihre E-Mails optimal verwalten können, erfahren Sie in Kapitel 6, »E-Mails, Adressen und Termine im Griff«, ab Seite 181.
4. Unter Windows 11 ist die App **Windows-Fotoanzeige** das Standardprogramm zum Betrachten und Bearbeiten Ihrer Bildersammlung (siehe dazu den Abschnitt »Die Windows-Fotoanzeige-App« ab Seite 262).
5. Nicht alle Apps, für die Sie nach der Installation von Windows 11 ein Symbol im Startmenü finden, sind bereits auf Ihrem Computer installiert. Ein Beispiel hierfür ist etwa die App **Disney+**. Erst ein Mausklick auf das App-Symbol führt zur Installation. Wie Sie unerwünschte Apps aus dem Startmenü entfernen, erfahren Sie im Abschnitt »Startmenü und Taskleiste anpassen« ab Seite 221.

Apps – die modernen Windows-Anwendungen

Eine App starten

Der schnellste Weg, eine App zu öffnen, führt über den Bereich **Angeheftet** des Startmenüs. Da die Größe des Startmenüs fest vorgegeben ist und sich nicht verändern lässt, ist der Platz in diesem Bereich beschränkt. Nicht alle App-Symbole können deshalb gleich auf der ersten Seite angezeigt werden ❶, sondern befinden sich stattdessen auf der zweiten Seite ❷.

1. Zum Öffnen einer App rufen Sie zunächst das Startmenü mithilfe der ⊞-Taste oder per Klick auf das Windows-Logo in der Taskleiste auf.
2. Wird das Symbol der App, die Sie starten möchten, nicht direkt auf der ersten Seite des Bereichs **Angeheftet** aufgeführt, müssen Sie einen Blick auf die zweite Seite werfen. Klicken bzw. tippen Sie am rechten Rand des Bereichs auf den unteren der beiden Punkte ❸. Nutzen Sie eine Computermaus, können Sie den Mauszeiger auch auf dem Bereich **Angeheftet** positionieren und dann durch Drehen des Scrollrades zur nächsten Seite blättern.
3. Haben Sie die gewünschte App gefunden, z. B. die **Windows-Fotoanzeige**, starten Sie diese mit einem einfachen Klick auf das entsprechende Symbol ❹.

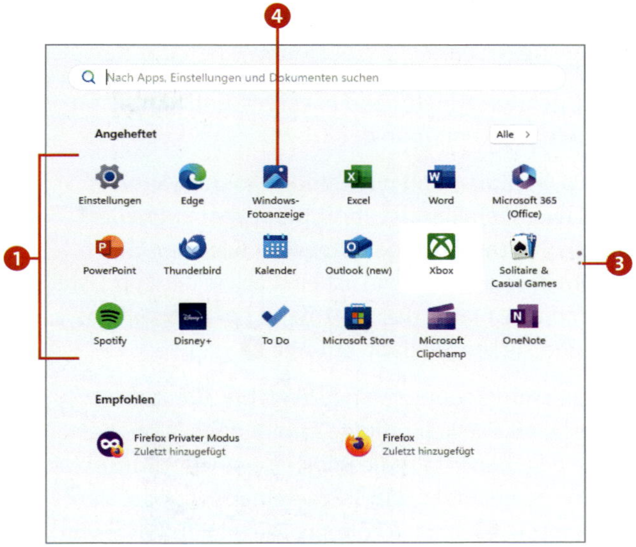

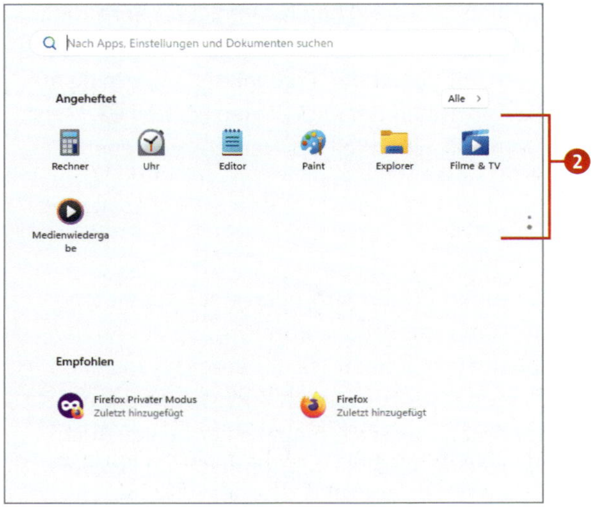

Programm oder App – worin besteht der Unterschied?

Die Bezeichnung *App* ist die Kurzform des englischen Begriffs *Application Software*, zu Deutsch Anwendungsprogramm. Streng genommen ist jedes Programm eine App; man unterscheidet unter Windows aber sogenannte *Windows-Apps* von den klassischen Desktop-Anwendungen. Apps werden über den integrierten Microsoft Store bezogen und als App-Symbol im Startmenü angezeigt. Sie sind für den Einsatz auf mobilen Computern optimiert.

Apps suchen

Im Laufe der Zeit werden Sie viele Programme und Apps installieren und ab und zu auch wieder deinstallieren. Apps, die nicht so häufig verwendet werden, geraten zunehmend in Vergessenheit. Wie findet man eine App wieder, wenn man den Überblick verloren hat?

1. Wenn Sie die App im Startmenü nicht finden können, kann es sein, dass sie zwar installiert ist, ihr Symbol aber entweder noch nicht an das Startmenü angeheftet oder wieder von ihm gelöst wurde. Um die App zu finden, ist ein Blick in die App-Liste erforderlich. Öffnen Sie hierzu das Startmenü per Klick auf das Windows-Logo und klicken Sie dann auf **Alle** ❶.
2. Es werden nun alle Anwendungen angezeigt, die auf dem System installiert sind. Die Reihenfolge erfolgt dabei alphabetisch. Nutzen Sie gegebenenfalls die Bildlaufleiste ❷, um zur gewünschten App zu gelangen, die Sie mit einem Klick auf den dazugehörigen Eintrag ❸ starten können. Die Bildlaufleiste wird allerdings erst eingeblendet, wenn Sie mit der Maus auf die Liste zeigen.
3. Noch einfacher geht es, wenn Sie den Namen der App kennen. Geben Sie ihn einfach in das Suchfeld des Startmenüs ein ❹, dann wird eine Liste mit passenden Ergebnissen angezeigt, aus der heraus Sie die App mit einem Klick öffnen können ❺. Meist reicht es schon, wenn Sie einen Teil des Namens eintippen.

Schnelle Suche

Wenn Sie die Suchfunktion zum Auffinden einer App nutzen, müssen Sie nicht einmal die genaue Bezeichnung der Anwendung kennen. Geben Sie nur einen Teil der Bezeichnung ein, werden alle Apps aufgelistet, die diesen Buchstaben oder dieses Wort im Namen tragen. Bei der Eingabe der beiden Buchstaben »Ka« finden Sie die Apps *Karten*, *Kamera* und *Kalender*.

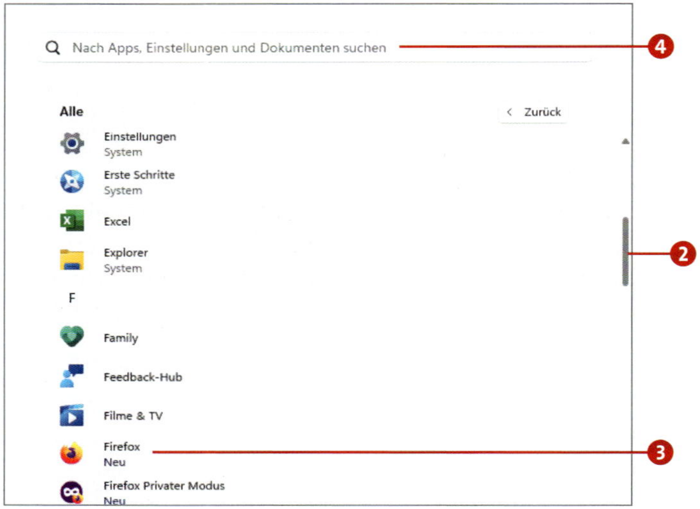

4. Sie haben die gesuchte App noch immer nicht gefunden? Als letzte Option bleibt Ihnen die Suche in der Liste der nicht installierten Apps, denn Apps, die Sie irgendwann einmal erworben, aber zwischenzeitlich wieder deinstalliert haben, werden in den vorher genannten Listen nicht aufgeführt. Öffnen Sie den Microsoft Store mit einem Klick auf das Symbol **Microsoft Store** im Startmenü oder in der Taskleiste.
5. Im Store angekommen, klicken Sie am unteren Rand der linken Spalte auf **Bibliothek** 6.
6. Der Store listet nun alle Anwendungen auf, die Sie bisher über ihn installiert haben. Sortiert nach ihrem Installationsdatum, sind darunter auch jene Apps zu finden, die Sie zu einem früheren Zeitraum auf Ihrem System installiert hatten, die inzwischen aber deinstalliert wurden.
7. Damit Sie die App wieder nutzen können, muss sie neu installiert werden. Klicken Sie rechts auf das blaue Wolkensymbol mit Pfeil 7, um die App aus dem Store neu zu laden und automatisch zu installieren. Im Anschluss ist die Anwendung im Startmenü unter **Empfohlen** 8 und zusätzlich in der Auflistung aller Apps 9 aufgeführt.

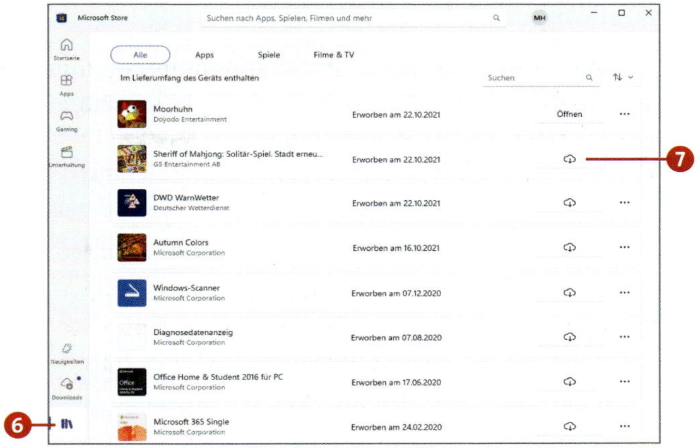

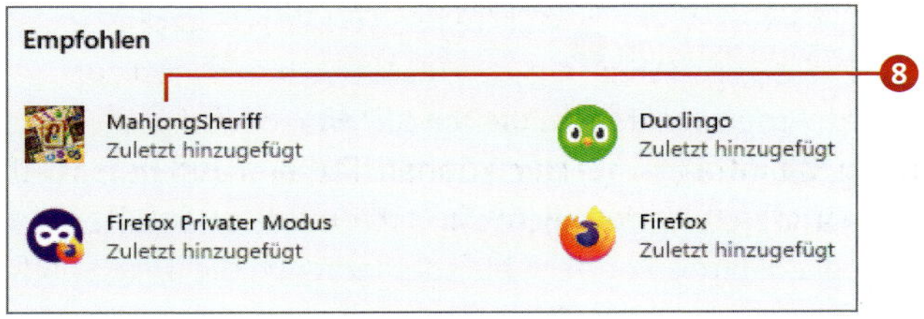

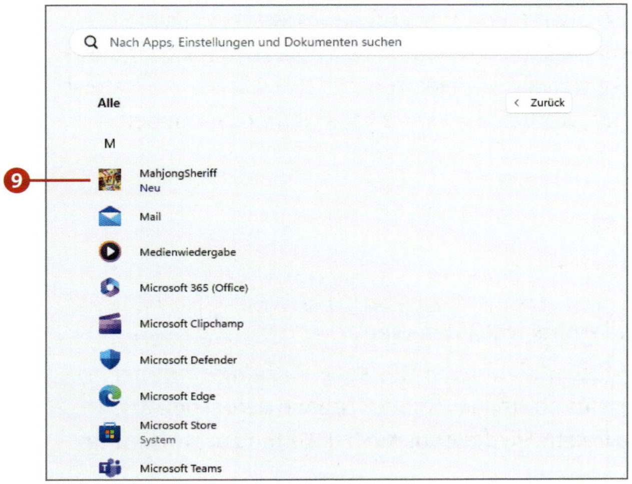

Alle Ihre Apps

Wenn Sie sich über den Microsoft Store alle Apps anzeigen lassen, finden Sie in der Auflistung auch solche Apps, die Sie auf einen anderen als den gerade verwendeten Computer geladen haben. Hier werden alle Apps angezeigt, die über das Microsoft-Konto erworben wurden, mit dem Sie gerade an Ihrem Rechner angemeldet sind.

Die Menüeinstellungen einer App öffnen

Möchten Sie in einer Windows-App eine Einstellung vornehmen, rufen Sie entweder mit einem Rechtsklick die App-Leiste auf und wählen die gewünschte Option aus oder Sie klicken links oben auf die drei horizontalen Linien, falls die App über keine separate App-Leiste verfügen sollte. Es gibt aber auch Ausnahmen, denn bei einigen Apps erreichen Sie deren Einstellungsmöglichkeiten auf direktem Wege, ohne zuvor ein anderes Menü öffnen zu müssen.

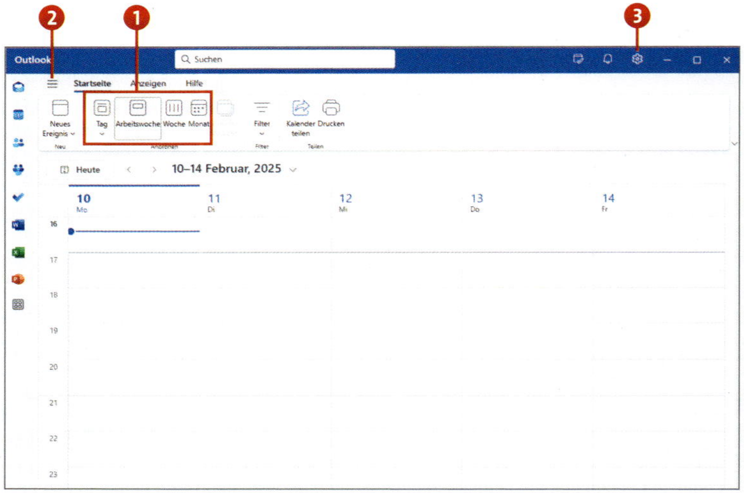

1. Öffnen Sie das Startmenü mithilfe der [Windows]-Taste und klicken Sie auf das Symbol der **Kalender**-App. Es wird nun die Outlook-App in der Kalenderansicht gestartet. Einige Optionen erreichen Sie direkt über die Menüleiste, so können Sie hier z. B. die Ansicht des Kalenders von einer Monatsansicht auf eine Tages- oder Wochenansicht umstellen ❶.

2. Links oben im Programmfenster sehen Sie das sogenannte *Hamburger-Menü* ❷. Ein Klick auf diese Schaltfläche öffnet nun aber nicht, wie in anderen Apps üblich, ein Untermenü mit weiteren Auswahlmöglichkeiten, sondern blendet lediglich die linke Spalte und damit die Monatsübersicht aus bzw. ein.

3. In der rechten oberen Ecke des Programmfensters sehen Sie ein Zahnradsymbol ❸. Dieses Symbol führt Sie zu den Konfigurationsmöglichkeiten der Outlook-App.

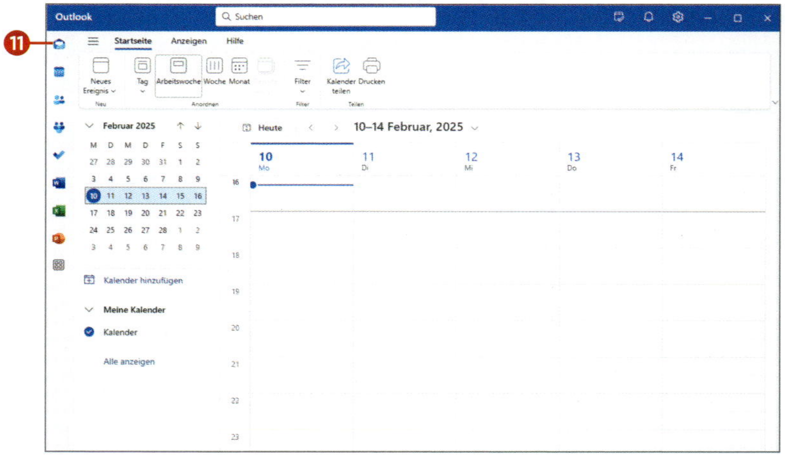

Das Zahnradsymbol weist den Weg

Auch wenn die Bedienung der Windows-Apps nicht immer einheitlich ist, so steht das Zahnrad in allen Apps stets als Symbol für weitere Einstellungsmöglichkeiten zur Verfügung.

4. Nach einem Klick auf das Zahnradsymbol öffnet sich der Dialog **Einstellungen**. Markieren Sie hier links den Eintrag **Kalender** ④ und behalten Sie die Voreinstellung **Ansicht** ⑤ bei. Nun können Sie rechts festlegen, zu welcher Uhrzeit der Arbeitstag beginnen und enden soll ⑥ (in der Outlook-App **Besprechungsstunden** genannt) oder die Wochennummern in der Ansicht ein- oder ausblenden ⑦.

5. Sie würden der Outlook-App gerne etwas mehr Farbe verpassen? Auch hierfür ist der **Einstellungen**-Dialog die richtige Anlaufstelle. Markieren Sie einfach links den Eintrag **Allgemein** ⑧ und dann in der mittleren Spalte die **Darstellung** ⑨. Mit wenigen Mausklicks lassen sich nun rechts ein neues Design oder auch der Darstellungsmodus auswählen.

6. Um den **Einstellungen**-Dialog zu beenden, reicht ein Klick auf das Schließensymbol oben rechts ⑩.

7. Klicken Sie in der Symbolleiste am äußersten linken Rand der Outlook-App auf den Briefumschlag (⑪ auf Seite 64) werden rechts Ihre E-Mails aufgelistet. Auch hier kann der Navigationsbereich über das Hamburger-Menü reduziert werden.

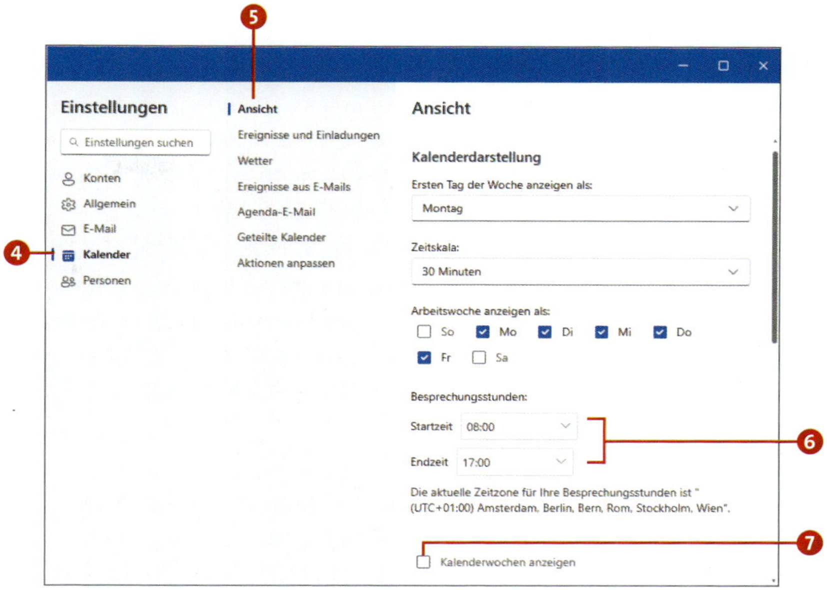

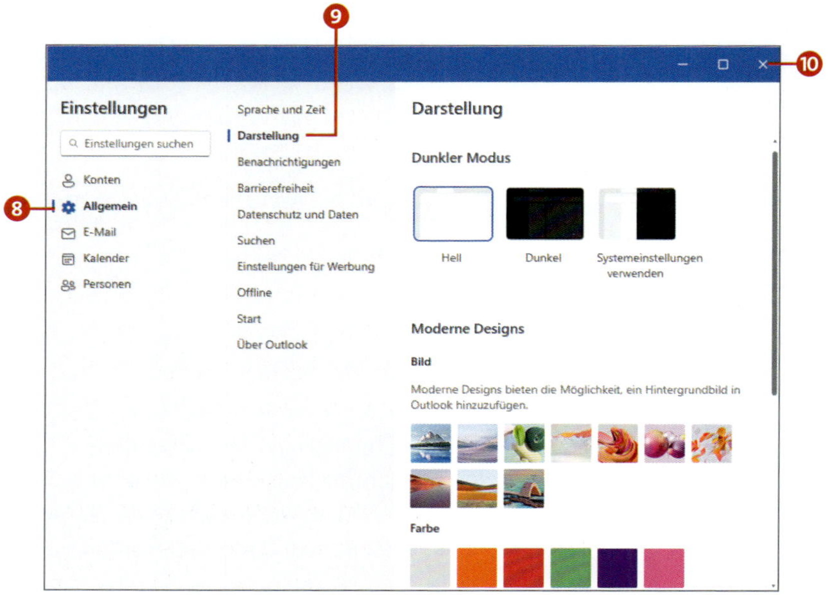

Mit dem Kalender arbeiten

Wie Sie mit dem *Kalender* der Outlook-App arbeiten und somit Ihren Terminkalender aktuell halten und immer parat haben, erfahren Sie ausführlich im Abschnitt »Alle Termine im Griff mit der Kalender-App« ab Seite 196. Die Bedienung und Einrichtung der *Outlook*-App entnehmen Sie bitte dem Abschnitt »Die Outlook-App nutzen« ab Seite 182.

Apps vollständig schließen

Apps, die im Hintergrund laufen und gerade nicht benötigt werden, werden von Windows in eine Art Ruhezustand versetzt, in dem sie so gut wie keine Systemressourcen verbrauchen. Aus diesem Grund ist ein Schließen der Apps nicht unbedingt erforderlich. Wenn Sie Ihre Apps dennoch schließen möchten, gehen Sie wie folgt vor:

1. Blenden Sie mit der Tastenkombination [Win] + [Tab] alle geöffneten Apps auf dem Bildschirm ein. Zeigen Sie mit dem Mauszeiger auf die zu schließende App, bis rechts oberhalb des Vorschaufensters das **Schließen**-Kreuz ❶ eingeblendet wird. Wenn Sie daraufklicken, wird die App aus der Auflistung entfernt und geschlossen.
2. Haben Sie die App, die Sie beenden möchten, bereits geöffnet, können Sie sie direkt über das **Schließen**-Kreuz ❷ in der Titelleiste der Anwendung beenden. Wird die App im Vollbildmodus ausgeführt, führen Sie die Maus ganz oben an den Bildrand, bis die Titelleiste mit dem Namen der App sowie den Schaltflächen zum Minimieren und Schließen eingeblendet werden, und klicken Sie dann auf das **Schließen**-Kreuz. Wenn Sie auf die Schaltfläche **Minimieren** ❸ klicken, wird die App lediglich verkleinert und in der Taskleiste abgelegt.
3. Wenn Sie [Alt] + [F4] drücken, wird die App ebenfalls vollständig geschlossen.

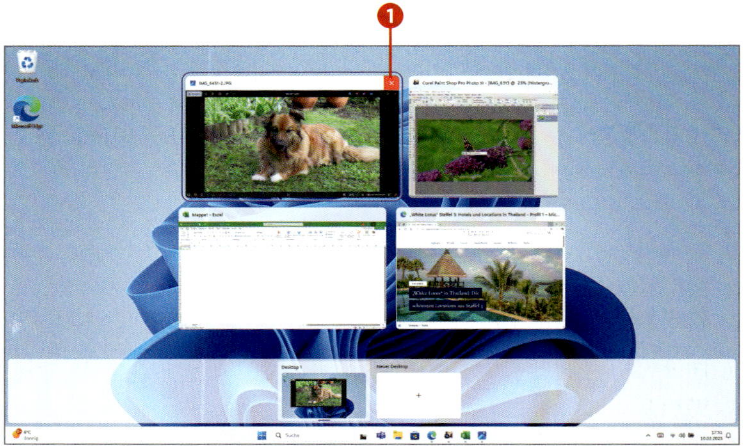

Desktop-Anwendungen sollten Sie weiterhin schließen

Im Gegensatz zu Apps sollten Sie herkömmliche Desktop-Anwendungen, die Sie nicht benötigen, eigenhändig schließen (siehe dazu den Abschnitt »Programme vollständig schließen« auf Seite 83). Denn wenn Sie zu viele Programme gleichzeitig geöffnet haben, kann dies das System deutlich verlangsamen.

Eine App wieder deinstallieren

Apps, die Sie nicht verwenden oder die Ihnen nicht gefallen, können Sie natürlich auch wieder deinstallieren. Auch wenn der Speicherplatz bei den großen Festplatten heutzutage kaum noch ein echtes Problem darstellt, geht irgendwann bei zu vielen Apps einfach der Überblick verloren.

1. Um eine App zu deinstallieren, klicken Sie das dazugehörige Symbol im Startmenü mit der rechten Maustaste an und öffnen damit das Kontextmenü.
2. Hier wählen Sie mit einem Mausklick den Menüpunkt **Deinstallieren** ❶ aus.
3. Ein kleines Hinweisfenster öffnet sich mit der Meldung, dass die App mit allen Informationen vom Computer entfernt wird. Bestätigen Sie den Vorgang mit einem Klick auf die Schaltfläche **Deinstallieren** ❷. Die App wird nun ohne weitere Rückfrage entfernt. Zu deinstallierende Apps müssen zuvor nicht erst an das Startmenü geheftet werden, auch in der Auflistung aller Apps kann das Kontextmenü geöffnet und die Deinstallation auf gleichem Wege durchgeführt werden.

Apps nachträglich wieder installieren

Da Sie Windows-Apps über den Store herunterladen und installieren, stehen Ihnen keine Downloaddateien zur Verfügung, mit denen Sie die betreffende App zu einem späteren Zeitpunkt wieder neu installieren könnten. Der Store selbst protokolliert aber genau, welche App Sie wann erworben haben und ob diese App noch auf dem Rechner installiert ist. Dank dieser Auflistung können Sie alle Apps jederzeit wieder neu installieren. Wie Sie diese Apps finden, lesen Sie im Abschnitt »Apps suchen« ab Seite 62.

Der Microsoft Store – Marktplatz für neue Apps

Apps herunterladen und installieren

Der Microsoft Store ist ein Marktplatz für neue Apps und bietet eine große Anzahl kostenloser und kostenpflichtiger Apps.

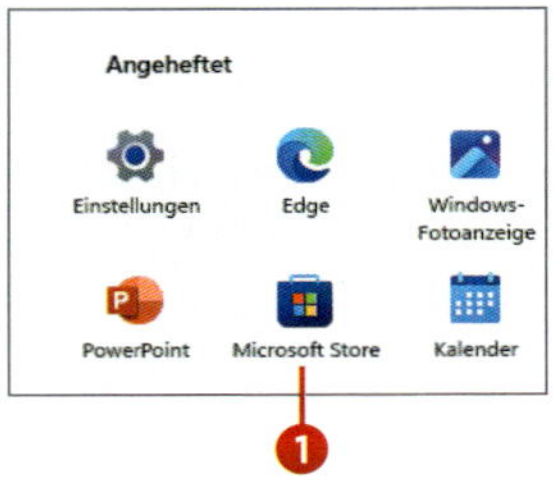

1. Öffnen Sie den Store mit einem Klick auf das Symbol **Microsoft Store** im Startmenü ❶ oder in der Taskleiste.

2. Im Store gibt es nicht nur Programme – Sie können hier auch Spiele, Filme und sogar Hardware kaufen. In jeder der derzeit vier Kategorien **Startseite**, **Apps**, **Gaming** und **Unterhaltung** ❷ finden Sie zahlreiche neue Apps. Nutzen Sie die Bildlaufleiste, um alle Inhalte einsehen zu können, wie beispielsweise die Unterkategorie **Beliebteste kostenlose Apps** ❸. Klicken Sie direkt auf den Link, können Sie sich alle Apps aus dieser Kategorie auflisten lassen.

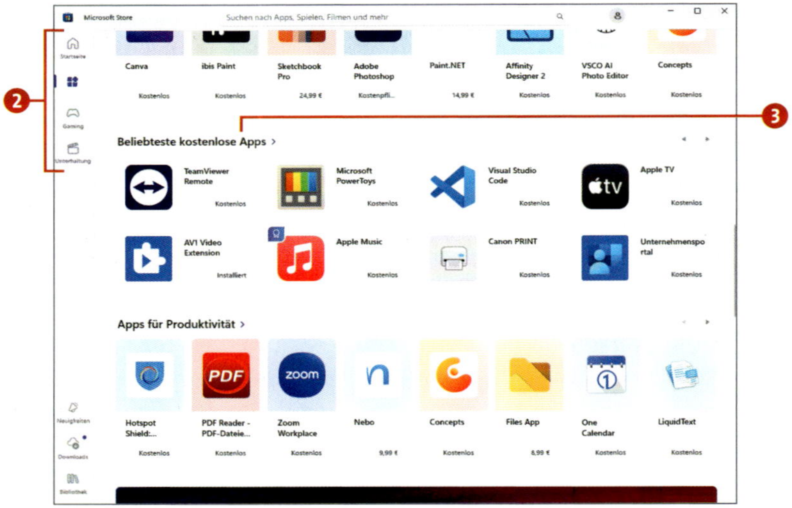

3. Der Store listet nun alle kostenlosen Apps auf. Klicken Sie in der rechten oberen Ecke auf **Filter** ❹. Nun können Sie die Auswahl über verschiedene Filter, z. B. die Kategorie **Bildung**, verfeinern. Stöbern Sie selbst im Angebot und wählen Sie eine App, die Sie interessiert, per Mausklick aus ❺.

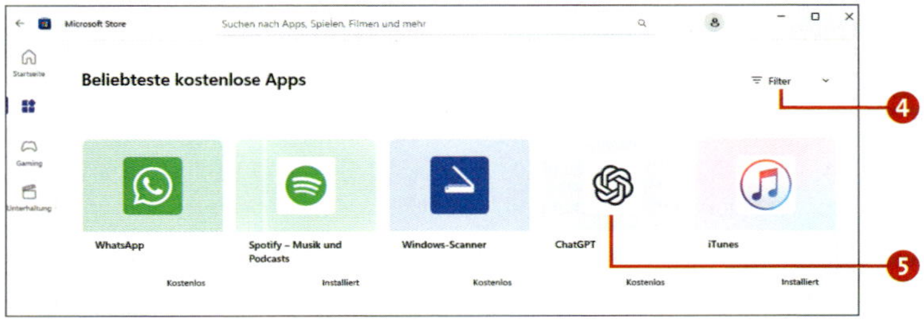

Microsoft-Konto benötigt

Voraussetzung für die Verwendung des Microsoft Stores ist ein Microsoft-Konto, mit dem Sie sich anmelden müssen. Alle Apps, die Sie installieren, egal, ob kostenlos oder kostenpflichtig, werden diesem Microsoft-Konto zugeordnet. Wenn Sie einen neuen Computer kaufen oder Windows neu installieren, haben Sie über den Store Zugriff auf Ihre Apps und können diese neu installieren. Wie Sie ein solches Konto anlegen, erfahren Sie im Abschnitt »Ein Microsoft-Konto erstellen« ab Seite 28.

4. Auf der nächsten Seite sehen Sie eine Beschreibung der ausgewählten App. Im Falle einer kostenpflichtigen App wird auch der Preis angegeben. Zu Beginn der Seite erhalten Sie Informationen zu einer eventuell vorhandenen Altersfreigabe und Bewertungen. Weitere Hinweise finden Sie, wenn Sie den Seiteninhalt mithilfe der Bildlaufleiste weiter nach oben verschieben.
5. Klicken Sie auf die Schaltfläche **Herunterladen** 6, um die App herunterzuladen und anschließend automatisch installieren zu lassen. Sollte die App kostenpflichtig sein, sehen Sie an gleicher Stelle eine Schaltfläche mit dem Kaufpreis der Anwendung. Lesen Sie hierzu bitte die Anleitung »Apps über den Store kaufen« ab Seite 70.
6. Wenn Sie eine App suchen, aber ihre Kategorie nicht kennen, können Sie auch den Store durchsuchen. Öffnen Sie ihn und tippen Sie am oberen Seitenrand den Suchbegriff ein 7. Wählen Sie aus den darunter angezeigten Ergebnissen einen Eintrag aus.
7. Über die Filter **Apps**, **Spiele**, **Filme** etc. können Sie die Suche bei Bedarf auf die entsprechenden Kategorien eingrenzen 8.

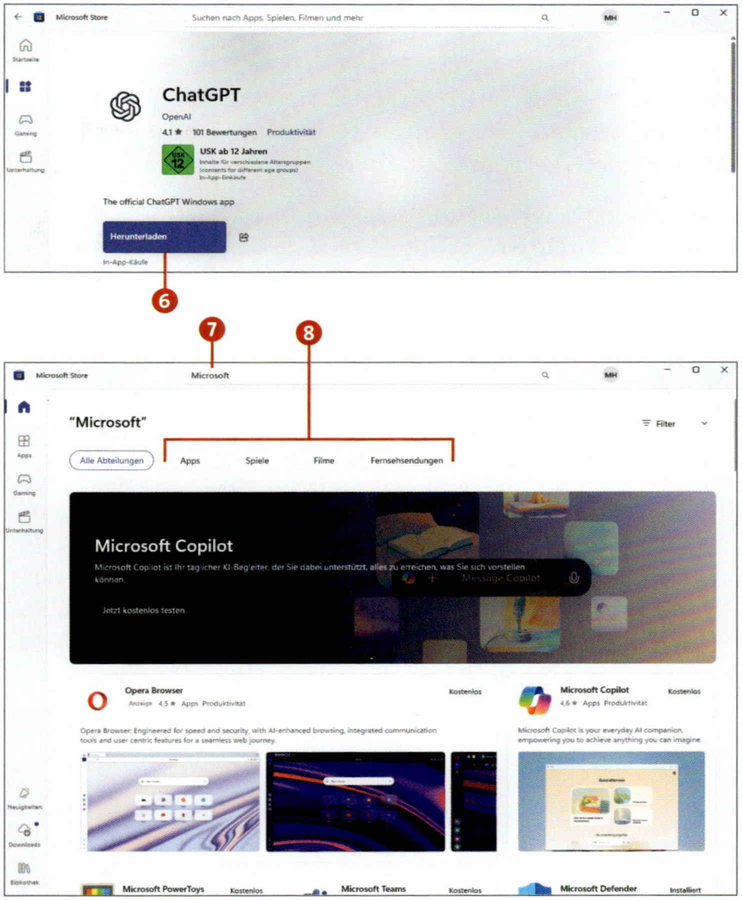

Wo ist die neue App?

Nach der Installation ändert sich die Schaltfläche **Installieren** in **Öffnen**, sodass Sie die App direkt aus dem Microsoft Store heraus starten können. Falls Sie den Store bereits geschlossen haben, finden Sie Ihre neue App im Startmenü in der alphabetisch sortierten Auflistung aller Apps. Nutzen Sie gegebenenfalls die Bildlaufleiste, um zum entsprechenden Eintrag zu gelangen. Klicken Sie den neuen Eintrag mit der rechten Maustaste an und wählen Sie den Befehl **An „Start" anheften**, wenn Sie die App im Bereich **Angeheftet** des Startmenüs platzieren möchten.

Apps über den Store kaufen

Zwar werden im Microsoft Store sehr viele Apps kostenlos angeboten, einige sind aber auch kostenpflichtig. Der Bezug einer solchen App ist sehr einfach, Sie benötigen für die Nutzung des Stores jedoch zwingend ein Microsoft-Konto:

1. Bevor Sie eine App erwerben können, müssen Sie in Ihrem Microsoft-Konto eine Zahlungsmethode hinterlegen. Öffnen Sie den Store, klicken Sie hier auf Ihr Profilbild ❶ und anschließend auf den Menüpunkt **Zahlungsmethoden** ❷.
2. Nun öffnet sich Ihr Standardbrowser. Da Sie jetzt auf vertrauliche Informationen zugreifen, müssen Sie zur Sicherheit Ihr Microsoft-Konto ❸ sowie das Kennwort eingeben. Bestätigen Sie die Eingabe mit einem Klick auf **Weiter** und **Anmelden**.
3. Nachdem Sie das Konto bestätigt haben, erhalten Sie bei Ihrem ersten Aufruf der Seite eine weitere Sicherheitsabfrage. Bestätigen Sie nun Ihre Telefonnummer oder E-Mail-Adresse, an die das System einen Sicherheitscode schickt. Erst wenn Sie diesen Code empfangen und im nächsten Schritt bestätigt haben, wird der Weg zu den Zahlungsmethoden freigegeben.
4. In der Verwaltung Ihrer Zahlungsoptionen klicken Sie schließlich auf den Menüpunkt **Neue Zahlungsmethode hinzufügen** ❹.

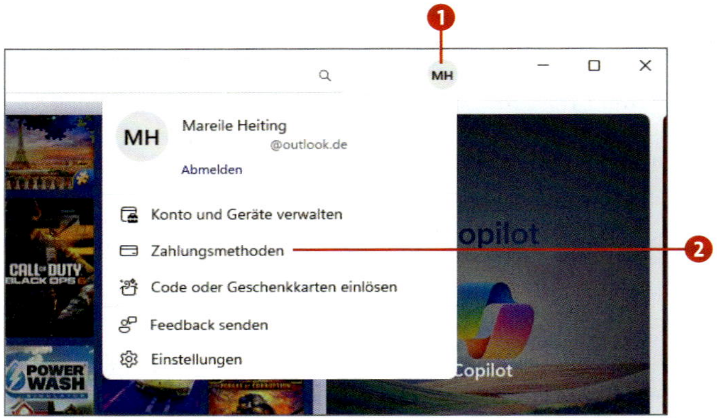

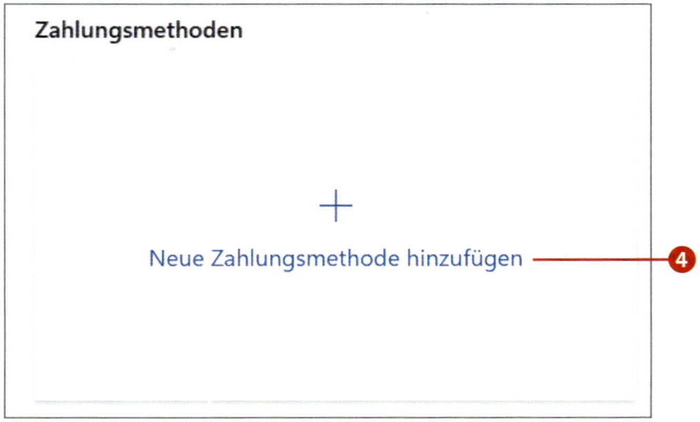

Zahlungsmethode PayPal

Wenn Sie PayPal als Zahlungsmethode auswählen, werden Sie im Anschluss an die Dateneingabe auf die PayPal-Website weitergeleitet, auf der Sie sich dann mit Ihren PayPal-Zugangsdaten anmelden müssen. Damit geben Sie Microsoft die Erlaubnis, künftig anfallende Rechnungsbeträge aus dem Store von Ihrem PayPal-Konto einzuziehen.

5. Wählen Sie Ihre favorisierte Zahlungsmethode aus **5**. Sie haben die Wahl zwischen **Mobiltelefon**, **eWallet** (sprich PayPal), **Online-Überweisung** und den Kreditkarten Visa, Mastercard oder American Express. Nachdem Sie auf **Weiter** geklickt haben, können Sie die erforderlichen Daten eingeben. Haben Sie alle Angaben gemacht und am Ende der Seite erneut auf **Weiter** geklickt, werden Sie auf die Übersichtsseite Ihres Kontos zurückgeleitet.

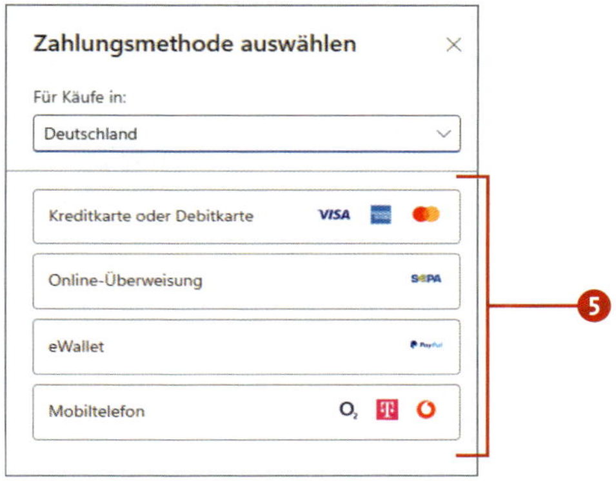

6. Wechseln Sie nun wieder in den Store und wählen Sie aus den zur Verfügung stehenden Kategorien die App aus, die Sie gerne erwerben möchten. Daraufhin öffnet sich die Übersichtsseite der App. Unterhalb des Programmnamens wird der Preis für die App angezeigt. In diesem Beispiel kostet das Spiel *Chess Royal* 2,99 €. Um das Spiel zu erwerben, klicken Sie auf den Preis **6**.

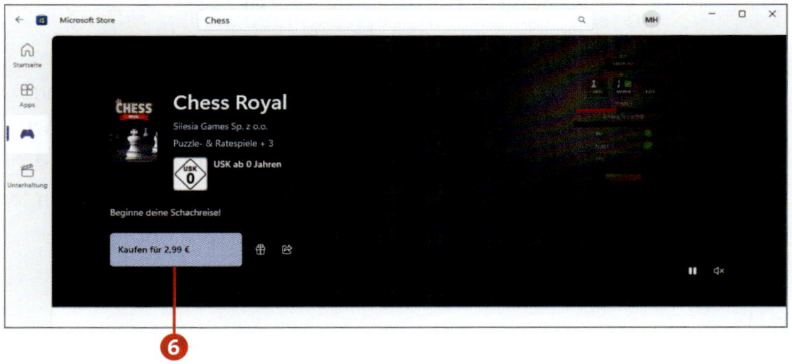

7. Nun folgt eine Sicherheitsabfrage. Authentifizieren Sie sich und geben Sie Ihre PIN oder das Kennwort zu Ihrem Microsoft-Konto ein.

8. Im letzten Schritt werden Sie darüber informiert, dass Ihr Konto sofort mit dem fälligen Kaufbetrag belastet wird, sobald Sie auf **Kaufen** klicken. Sollten Sie sich umentscheiden, brechen Sie den Vorgang über das Schließensymbol des Dialogs ab. Klicken Sie hingegen auf **Kaufen**, ist der Handel perfekt. Ein Rücktritt vom Kauf ist danach ausgeschlossen.

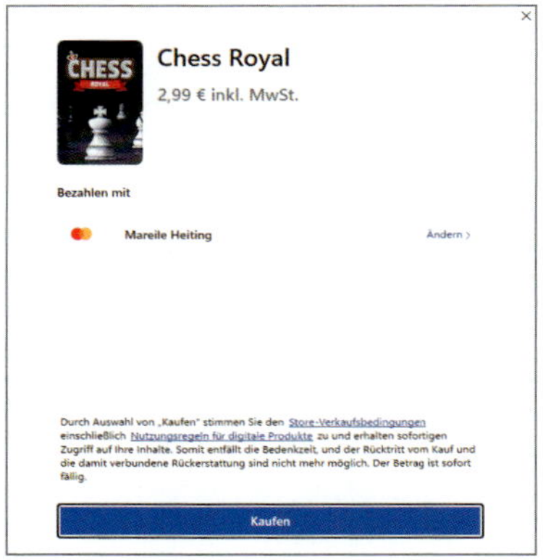

Damit ist die App gekauft, wird sogleich heruntergeladen und installiert. Sie finden sie im Startmenü in der Auflistung aller Apps.

Einmal bezahlen, mehrfach nutzen

Apps, die Sie über den Microsoft Store bezogen haben (egal, ob kostenlos oder kostenpflichtig), dürfen Sie auf bis zu zehn Computern installieren und verwenden.

Apps mit Updates auf dem neuesten Stand halten

Einer der Vorteile der Windows-Apps ist ohne Zweifel ihre Aktualität. Windows lädt Updates automatisch herunter und installiert sie. Der Nachteil: Sie bekommen von der Aktualisierung Ihrer Apps nichts mit. Sie können diese Einstellung aber ändern:

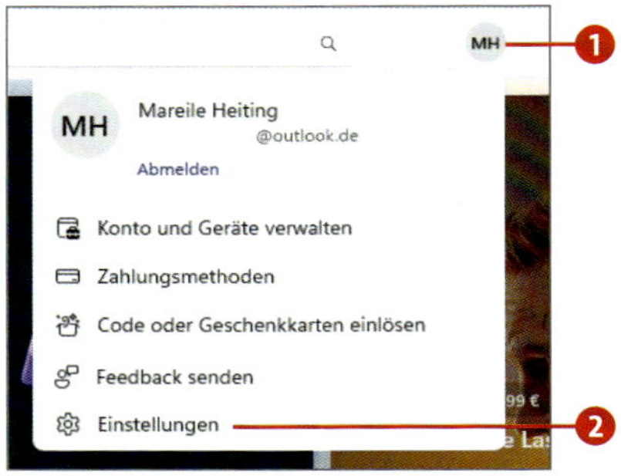

1. Öffnen Sie das Startmenü durch einen Klick auf die **Start**-Schaltfläche oder mithilfe der [Windows]-Taste und klicken Sie dann auf das Symbol des **Microsoft Stores**, um diesen zu starten.
2. Rufen Sie die Einstellungen des Stores auf, indem Sie auf Ihr Profilbild (1) klicken und anschließend aus dem Menü, das sich nun öffnet, den Eintrag **Einstellungen** (2) auswählen.
3. Kontrollieren Sie im Abschnitt **Einstellungen** die Einstellung der Option **App-Updates**. Standardmäßig ist sie eingeschaltet. Um sie zu deaktivieren, stellen Sie den Regler auf **Aus** (3). Fortan werden Sie benachrichtigt, sobald neue Updates für Ihre Apps vorliegen, und Sie können selbst entscheiden, für welche Apps Sie ein Update installieren möchten. Liegen Updates für Ihre Apps vor, können Sie das an der Zahl erkennen, die im Store neben Ihrem Profilbild zusammen mit einem nach unten zeigenden Pfeil angezeigt wird.

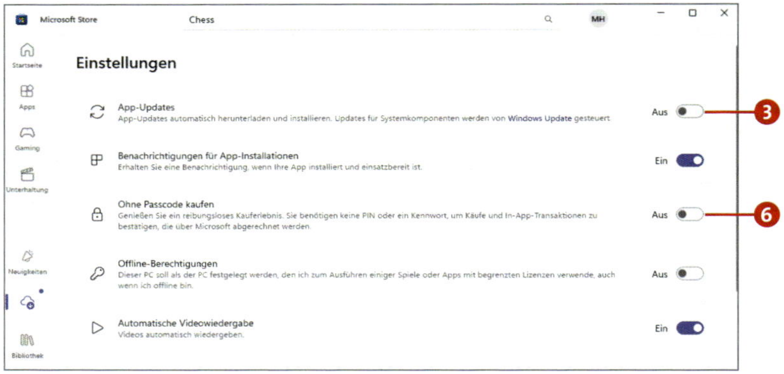

4. Um zu überprüfen, welche Updates verfügbar sind, klicken Sie in der linken Spalte auf **Downloads** (4). Über die Schaltfläche **Updates abrufen** (5) können Sie nun nach aktuellen Updates suchen und diese anschließend auch installieren.

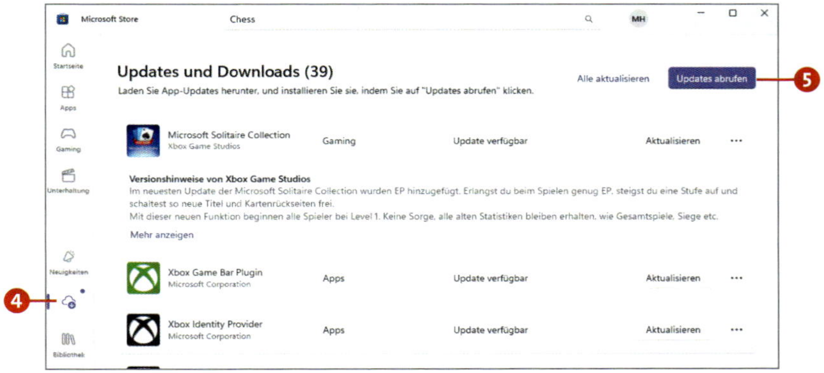

Anmeldung für den Einkauf

Um sicherzustellen, dass keine Unberechtigten in Ihrem Namen im Store Apps kaufen können, sollten Sie den Regler **Ohne Passcode kaufen** ausgeschaltet lassen (6). In diesem Fall müssen Sie sich vor jedem Kauf erst autorisieren.

Programme in der Desktop-Ansicht

Eine Anwendung suchen und starten

Im ersten Moment scheint es nicht ganz einfach zu sein, ein Programm zu starten, zu dem es keine Verknüpfung auf dem Desktop gibt und das auch nicht in der Taskleiste abgelegt wurde. Die Lösung ist aber einfach: Starten Sie Ihre Programme aus dem Startmenü heraus:

1. Ist für die Desktop-Anwendung ein Symbol im Bereich **Angeheftet** des Startmenüs verfügbar, reicht ein Klick darauf, um die Anwendung zu starten ❶.

2. Ist das Programm nicht auf der Startseite des Menüs vorhanden, führt Sie der Weg zur Liste aller Apps, die Sie im Startmenü über **Alle** ❷ erreichen.

3. In der Übersicht werden alle auf dem Rechner vorhandenen Apps und Programme aufgelistet. Per Klick auf ein App-Symbol starten Sie die Anwendung.

4. Haben Sie viele Programme installiert, kann es auf dem Bildschirm unübersichtlich werden. Bevor Sie lange suchen, tippen Sie den Namen der Anwendung in das Suchfeld ein ❸, z. B. »Rechner«. Bereits nach wenigen eingetippten Buchstaben erscheinen die ersten Suchergebnisse. Sie starten das Programm durch einen Klick auf das passende Suchergebnis ❹.

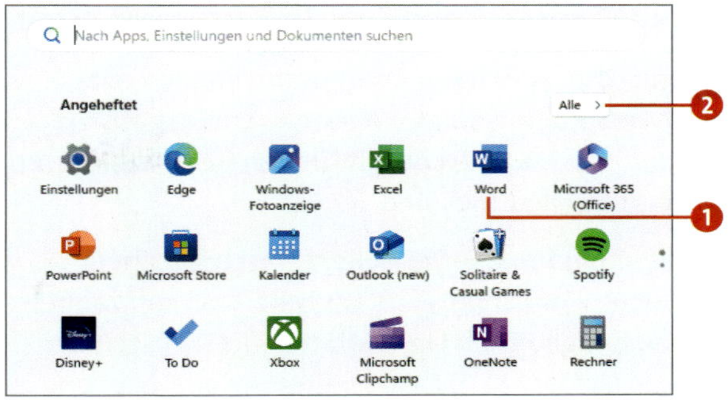

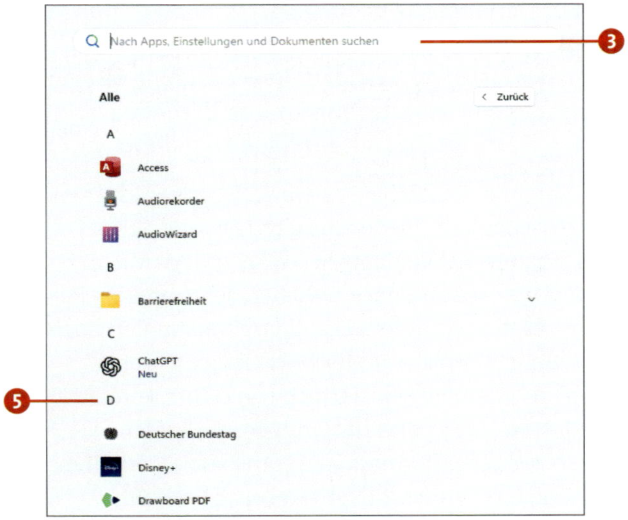

Schneller Weg zum gewünschten Programm in der App-Liste

Klicken Sie in der App-Liste auf einen Buchstaben ❺, wird nur noch das Alphabet angezeigt. Nun reicht ein Klick auf den Buchstaben, mit dem der Programmname beginnt, und schon gelangen Sie zum gewünschten Abschnitt in der App-Liste.

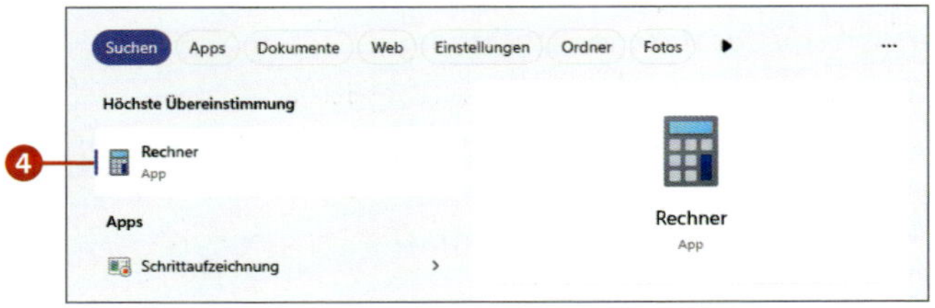

Zwischen mehreren Fenstern und Registerkarten wechseln

Schnell hat man zwei, drei oder mehr Programme auf dem Desktop gestartet. Doch mit jedem neuen Programmfenster geht die Übersichtlichkeit verloren. Das Gleiche gilt für den Internetbrowser, wenn mehrere Webseiten geöffnet sind.

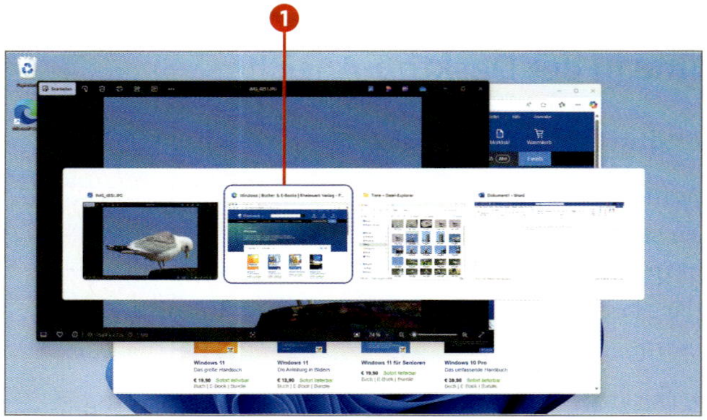

1. Textverarbeitungsprogramm, E-Mail-Client, Taschenrechner und Internetbrowser – ehe man sich's versieht, hat man zahlreiche Programmfenster geöffnet. Um zwischen den Fenstern zu wechseln, drücken Sie die Alt-Taste, halten sie gedrückt und drücken dann zusätzlich die Taste ↹.

2. Die Fenster, ob nun Desktop-Anwendung oder Windows-App, erscheinen als Miniaturen in einer kleinen Leiste. Mit jedem erneuten Betätigen der Taste ↹ wandert die Markierung **1** eine Position weiter. Ist das gewünschte Programmfenster erreicht, lassen Sie die Alt-Taste los. Das ausgewählte Programm wird daraufhin in den Vordergrund geholt.

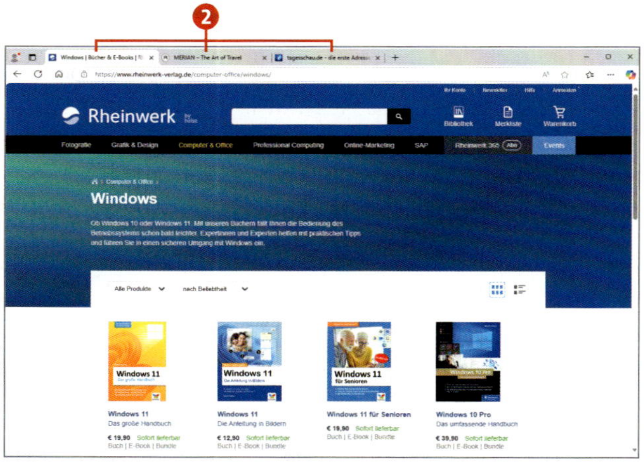

3. Um im Browser zwischen verschiedenen Seiten hin und her zu springen, halten Sie zunächst die Taste Strg gedrückt. Mit jedem Drücken auf ↹ wechseln Sie zwischen den einzelnen Registerkarten (Tabs) **2** Ihres Browsers. Das Ganze funktioniert auch in anderen Browsern, z. B. Mozilla Firefox oder Google Chrome. Haben Sie im Explorer mehrere Registerkarten geöffnet, können Sie ebenfalls die Tasten Strg und ↹ nutzen, um zwischen ihnen zu wechseln. Weitere Informationen zum Explorer erhalten Sie in Kapitel 4, »Dateien, Ordner, Bibliotheken«, ab Seite 99.

Mehr Übersicht mit zusätzlichen Desktops

Wenn der Platz auf dem Bildschirm knapp wird, weil zu viele Programmfenster geöffnet sind, können Sie unter Windows 11 mit wenigen Mausklicks einen weiteren Desktop erstellen und einen Teil der Programme auf diesen auslagern. Beachten Sie hierzu die Anleitung im Abschnitt »Einen weiteren Desktop erstellen« auf Seite 96.

Programme an die Taskleiste heften

Häufig verwendete Programme und Apps können Sie mit wenigen Mausklicks an die Taskleiste heften. Von dort lassen sie sich schnell und unkompliziert starten, ohne dass Sie zuvor das Startmenü aufrufen und dort das Programmsymbol suchen müssten.

1. Öffnen Sie das Startmenü und klicken Sie mit der rechten Maustaste auf das Symbol der Anwendung, die Sie gerne anheften möchten ❶, z. B. **Excel**. Im aufklappenden Menü wählen Sie dann **An Taskleiste anheften** ❷.
2. Die Taskleiste zeigt nun das Symbol der ausgewählten Anwendung ❸, die Sie fortan mit nur einem Mausklick starten können.
3. Das Gleiche geht auch über den Desktop: Wird das Programm oder die App ausgeführt, wird das Programmsymbol so lange in der Taskleiste angezeigt, bis Sie die Anwendung wieder schließen. Soll das Programm dauerhaft an die Taskleiste geheftet werden, führen Sie einen Rechtsklick auf das Programmsymbol der geöffneten Anwendung in der Taskleiste aus und wählen den Menüpunkt **An Taskleiste anheften** aus dem Kontextmenü.
4. Möchten Sie das Programm zu einem späteren Zeitpunkt wieder von der Taskleiste lösen, klicken Sie mit der rechten Maustaste auf das Programmsymbol und wählen aus dem Kontextmenü den Befehl **Von Taskleiste lösen** ❹.

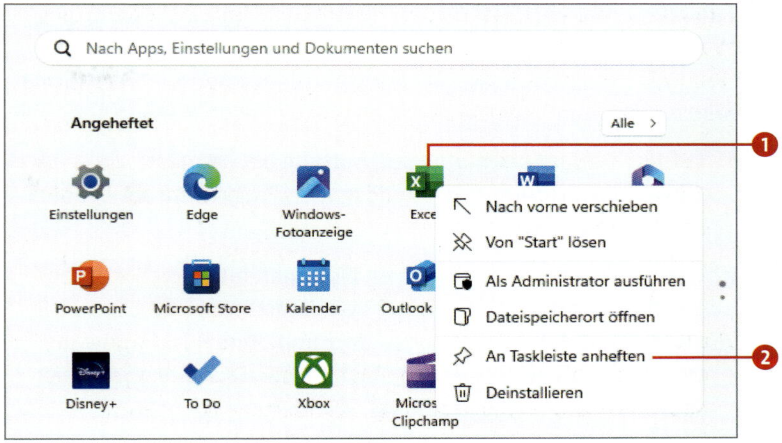

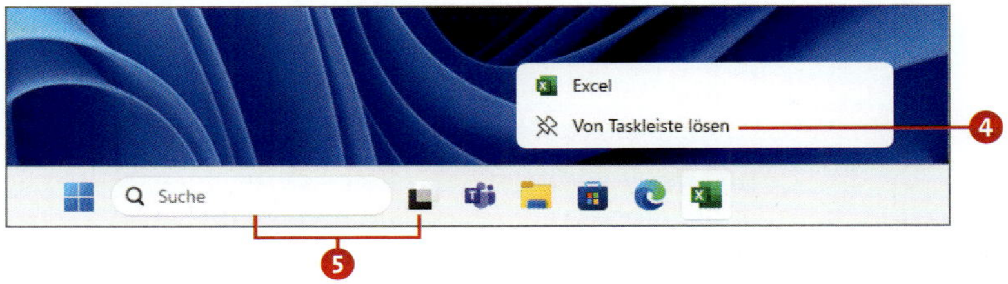

Programme in der Taskleiste sortieren

Sie können die Reihenfolge der Programmsymbole in der Taskleiste beliebig ändern. Klicken Sie dazu einfach ein Symbol an und verschieben Sie es mit gedrückter Maustaste an die gewünschte Position. Sobald Sie die Taste wieder loslassen, wird das Symbol neu einsortiert. Davon ausgenommen sind allerdings die ersten beiden Symbole rechts vom Windows-Logo ❺: **Suche** und **Aktive Anwendungen**.

Programme an das Startmenü heften oder sie davon lösen

Für jedes Programm, das Sie auf Ihrem Computer installieren, legt Windows im Startmenü automatisch einen entsprechenden Eintrag in der Programmliste an. Von dort aus können Sie Programme an das Startmenü heften und auch wieder davon lösen:

1. Öffnen Sie das Startmenü, z. B. mithilfe der ⊞-Taste, und klicken Sie das Symbol des zu lösenden Programms ❶ mit der rechten Maustaste an.
2. Das Kontextmenü mit weiteren Optionen öffnet sich. Klicken Sie darin auf den Menüeintrag **Von „Start" lösen** ❷. Daraufhin verschwindet das Programm sofort und ohne Rückfragen aus dem Bereich **Angeheftet** des Startmenüs. (Es bleibt aber in der Auflistung aller Apps erhalten.)
3. Möchten Sie ein Programm zu einem späteren Zeitpunkt wieder an das Startmenü heften, klicken Sie im Startmenü auf die Schaltfläche **Alle** ❸. »Blättern« Sie nun mithilfe der Bildlaufleiste durch die Auflistung aller Apps.
4. Führen Sie einen Rechtsklick auf den gewünschten Eintrag in der Programmliste aus und wählen Sie aus dem Kontextmenü, das sich nun öffnet, den Eintrag **An „Start" anheften** ❹. Das Programmsymbol wird daraufhin im Bereich **Angeheftet** des Startmenüs eingefügt. Ist auf der ersten Seite dieses Bereichs kein Platz, finden Sie es auf der zweiten Seite. Sie können die Symbole wunschgemäß neu anordnen. Lesen Sie dazu auch den Abschnitt »App-Symbole anders positionieren« auf Seite 221.

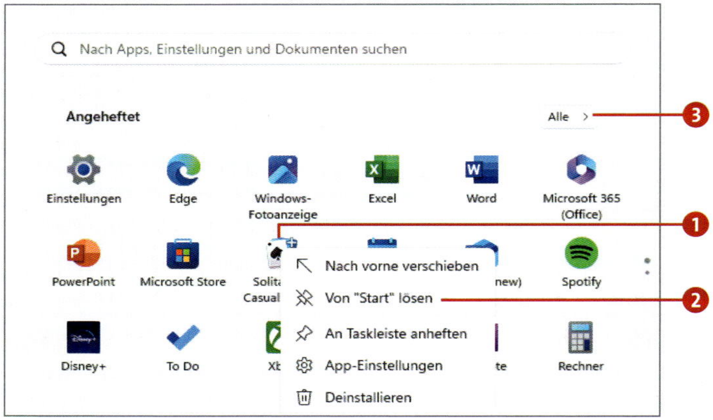

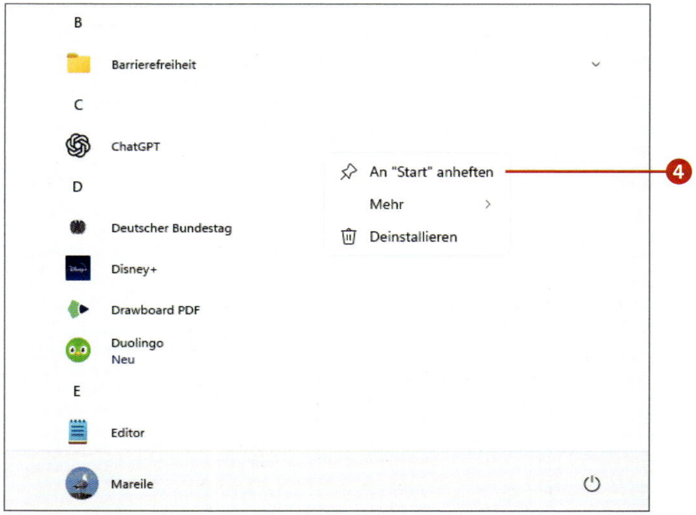

Ordner an das Startmenü heften

Auch Dateiordner können Sie auf die beschriebene Weise über ihr Kontextmenü an das Startmenü heften. Mit einzelnen Dateien funktioniert das leider nicht.

Fenster vergrößern und verkleinern

Für gewöhnlich lassen sich Programmfenster in der Größe beliebig verändern, etwa um mehrere Fenster zur gleichen Zeit auf dem Bildschirm darzustellen. Es gibt aber auch Anwendungen, die mit fest definierten Fenstergrößen ausgeführt werden und deren Ausmaße daher nicht veränderlich sind.

1. Um ein Fenster in der Größe zu verändern, fahren Sie mit der Maus an den Rand, bis sich der Mauszeiger zu einem Doppelpfeil verändert 1.
2. Klicken Sie auf den Rand, halten Sie die linke Maustaste gedrückt und ziehen Sie das Fenster schmaler oder breiter. Auf die gleiche Weise können Sie das Fenster in der Höhe verändern.
3. Wenn Sie das Seitenverhältnis eines Fensters beibehalten möchten, führen Sie den Mauszeiger genau in eine der vier Fensterecken, bis er sich in einen Doppelpfeil verwandelt 2. Nun können Sie das Fenster unter Beibehaltung der Seitenverhältnisse in der Größe verändern.

Fenster im Vollbildmodus

Erstreckt sich das Fenster über die gesamte Bildschirmgröße, wird es maximiert dargestellt. In diesem Fall lässt sich die Größe zunächst nicht wie beschrieben verändern, weil sich die Ränder nicht mit der Maus greifen lassen. Verkleinern Sie das Fenster durch einen Klick auf das mittlere Symbol [□] rechts oben in der Kopfleiste. Jetzt können Sie die Größe des Fensters beliebig ändern.

Fenster auf Vollbildansicht stellen

Die meisten Programmfenster können Sie nach Belieben in ihrer Größe anpassen. Um ein Fenster formatfüllend auf dem ganzen Bildschirm anzuzeigen, gibt es gleich mehrere Wege:

1. Klicken Sie rechts oben in der Kopfleiste des Fensters auf das mittlere der drei kleinen Symbole (1). Mit diesem Befehl wird das Fenster maximiert dargestellt.
2. Stattdessen können Sie auch in die Kopfleiste des Fensters klicken und es mit gedrückter Maustaste ganz nach oben an den Bildschirmrand ziehen (2). Oben angekommen, lassen Sie die Maustaste wieder los. Das Fenster wird nun in voller Größe angezeigt.
3. Und noch eine Variante: Wenn Sie einen Doppelklick auf die Kopfleiste des Fensters ausführen, wird es sogleich maximiert. Ein weiterer Doppelklick macht den Vorgang rückgängig.
4. Um ein maximiertes Fenster wieder auf seine Ursprungsgröße zurückzubringen, klicken Sie entweder erneut auf das mittlere Symbol in der Kopfleiste oder Sie klicken auf eine freie Stelle im Kopf des Fensters und ziehen es mit gedrückter Maustaste nach unten. Ein kurzes Stück reicht aus, damit es die ursprüngliche Größe wieder annimmt.

Fenster per Tastenkürzel verändern

Auch mit der Tastatur lassen sich unter Windows 11 Fenster maximieren oder minimieren. Drücken Sie die Tasten [Windows] + [↑], wird das aktive Fenster maximiert. Mit dem Tastenkürzel [Windows] + [↓] wird ein maximiertes Fenster wieder in die ursprüngliche Größe gebracht und beim erneuten Drücken von [Windows] + [↓] wird es schließlich minimiert (also in der Taskleiste abgelegt und im Hintergrund ausgeführt).

Fenster per Maus nebeneinander anordnen

Sie möchten die laufende eBay-Auktion im Auge behalten, aber nebenher noch ein Dokument bearbeiten? Stellen Sie mehrere Fenster einfach nebeneinander oder auch übereinander dar:

1. Stellen Sie zunächst sicher, dass die Programme, deren Fenster Sie nebeneinander anordnen möchten, geöffnet sind. Holen Sie eines dieser Programmfenster in den Vordergrund ❶.
2. Bewegen Sie den Mauszeiger auf die Titelleiste dieses Programmfensters. Verschieben Sie dann das Fenster mit gedrückter Maustaste an den rechten bzw. linken Bildschirmrand. Lassen Sie dort die Maustaste los, sodass das Fenster an der gewählten Bildseite angeheftet wird.
3. Auf der gegenüberliegenden Seite zeigt Windows alle weiteren geöffneten Anwendungen in einer Vorschau ❷. Klicken Sie auf jene Anwendung, die Sie in der freien Fensterhälfte anordnen möchten.
4. Um die Fenster wieder voneinander zu lösen, positionieren Sie den Mauszeiger erneut in die Titelleiste der Anwendung und ziehen Sie diese vom Rand weg.

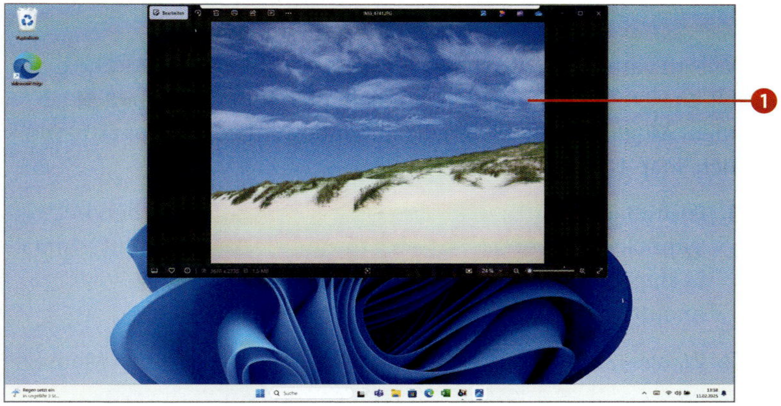

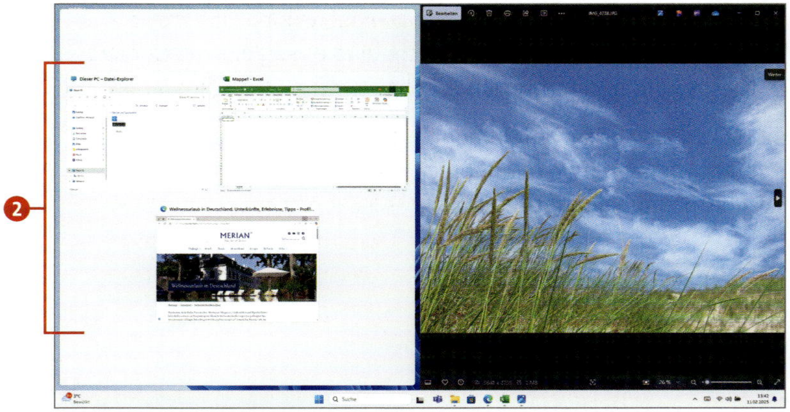

Mehrere Fenster auf dem Bildschirm anordnen

Möchten Sie vier Programmfenster per Maus auf dem Bildschirm anordnen, ziehen Sie das erste Programmfenster mit gedrückter linker Maustaste in eine der vier Bildschirmecken. Sobald Sie die Taste loslassen, sind auf dem Bildschirm vier graue Rechtecke zu sehen. Sie können nun nacheinander das gewünschte Programmfenster für eines der Rechtecke wählen.

Die neuen Snap-Layouts von Windows 11

Wie im vorherigen Abschnitt gezeigt, lassen sich per Maus bequem bis zu vier Programmfenster auf dem Bildschirm anordnen. Noch mehr Möglichkeiten bieten die in Windows 11 neu hinzugekommenen Snap-Layouts:

1. Positionieren Sie den Mauszeiger auf dem mittleren der drei Symbole ❶ in der rechten oberen Ecke eines Programmfensters. Es klappt ein kleiner Dialog mit neun verschiedenen Layouts zur Anordnung von zwei, drei oder auch vier Fenstern auf.
2. Wählen Sie eines der Layouts aus und bewegen Sie den Mauszeiger auf das gewünschte Layout.
3. Als Nächstes bestimmen Sie die Position des Programmfensters innerhalb des gewählten Layouts. Hierzu müssen Sie den Mauszeiger lediglich auf dem gewünschten Layoutelement platzieren. Dieses wird nun farbig hervorgehoben ❷.
4. Klicken Sie das Layoutelement an, und schon wird das Programmfenster an der entsprechenden Position auf dem Bildschirm eingeblendet ❸.

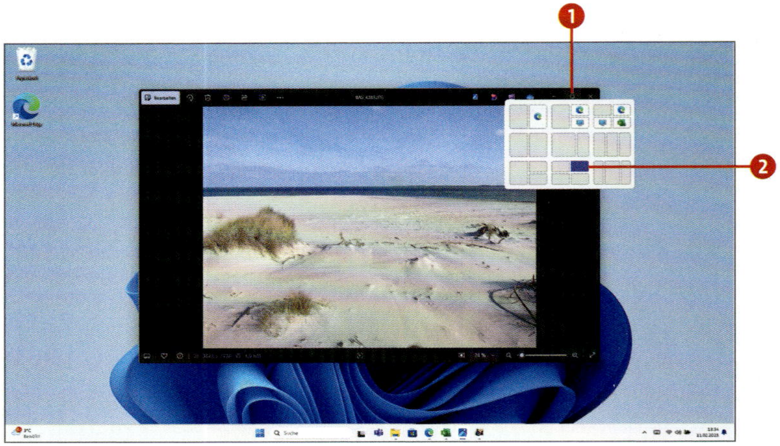

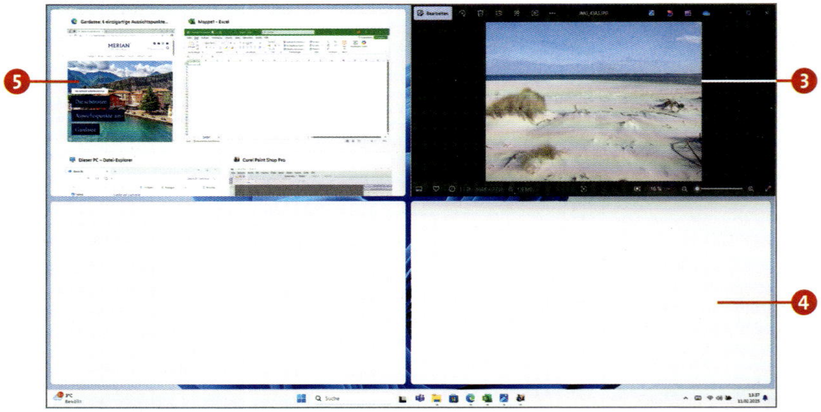

Snap-Layouts per Tastenkombination einblenden

Um die Snap-Layouts unterhalb des Symbols **Maximieren** bzw. **Verkleinern** ❶ einzublenden, können Sie auch einfach die Tastenkombination [Windows] + [Z] drücken.

5. Die weiteren Bildbereiche des ausgewählten Layouts werden nun durch graue Flächen gekennzeichnet ((4) auf Seite 80). In einem dieser Bereiche finden Sie eine Vorschau auf alle weiteren geöffneten Programmfenster. Klicken Sie das Fenster an, das in diesem Bereich angezeigt werden soll (5).
6. Falls Sie ein Layout zur Anordnung von drei oder auch vier Programmfenstern gewählt haben, wiederholen Sie Schritt 5 für alle weiteren Fenster (6).
7. Alle Programmfenster werden gleichmäßig über den Bildschirm verteilt angezeigt. Manchmal benötigt man aber für ein Programm mehr Platz, während für ein anderes ein kleiner Bildschirmbereich vollkommen ausreicht. Um die Fenstergröße individuell anzupassen, bewegen Sie den Mauszeiger auf den Trennbalken zwischen zwei Fenstern (7). Ziehen Sie ihn dann mit gedrückter linker Maustaste in die gewünschte Richtung, bis die gewünschte Fenstergröße erreicht ist. Lassen Sie im Anschluss die Taste los. Während des Ziehens werden die restlichen Fenster, deren Größe sich reduziert, als graue Fläche angezeigt (8).

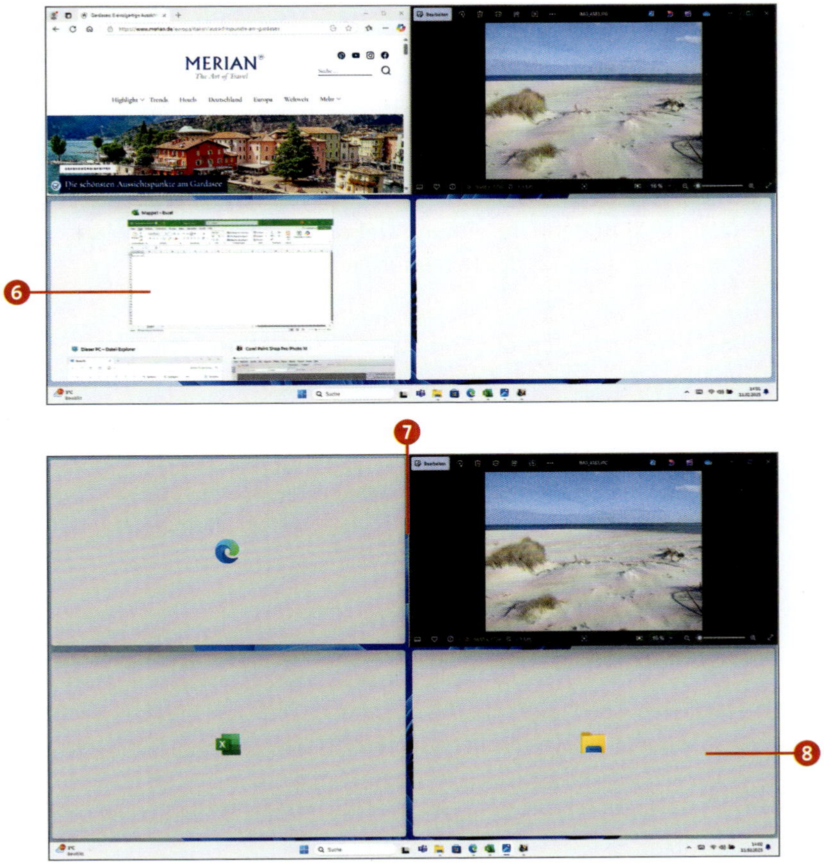

Snap-Layouts deaktivieren

Sie können sich mit den neuen Snap-Layouts so gar nicht anfreunden? Über die **Einstellungen**-App lässt sich die Funktion deaktivieren. Rufen Sie hierzu die Kategorie **System > Multitasking** auf. Klicken Sie rechts auf **Fenster andocken**. Nun können Sie die einzelnen Konfigurationsmöglichkeiten individuell über die Regler anpassen. Falls Sie alle in einem Rutsch deaktivieren möchten, setzen Sie den Regler rechts von **Fenster andocken** auf **Aus**.

Programme beenden

Programme ausblenden (minimieren)

Wenn Sie ein Programm für den Moment nicht mehr benötigen, zu einem späteren Zeitpunkt aber wieder damit weiterarbeiten möchten, können Sie das Programm ausblenden, anstatt es ganz zu beenden. Es läuft dann im Hintergrund weiter und kann per Mausklick wieder aus der Taskleiste heraus geöffnet werden.

1. Der schnellste Weg, um alle laufenden Programme in der Taskleiste abzulegen, ohne sie zu schließen, ist die Tastenkombination [Win] + [M]. Alle Programme werden minimiert und der Desktop wird angezeigt.
2. Falls Sie nicht alle, sondern nur ein bestimmtes Programm ausblenden wollen, klicken Sie im Programmfenster rechts oben auf die Schaltfläche **Minimieren** (1) oder nutzen Sie die Tastenkombination [Win] + [↓].
3. Möchten Sie alle Programme bis auf eines minimieren, können Sie die nicht benötigten Fenster auch vom Desktop »schütteln«. Klicken Sie hierfür in die Titelleiste des Programms (2), das geöffnet bleiben soll, halten Sie die Maustaste gedrückt und bewegen Sie die Maus bei weiterhin gedrückter Taste mehrfach horizontal hin und her. Nach wenigen Bewegungen werden alle geöffneten Fenster minimiert bis auf jenes, das Sie mit der Maus festgehalten haben.
4. Möchten Sie eines der ausgeblendeten Programme wieder nutzen, zeigen Sie mit der Maus auf ein Symbol (3) in der Taskleiste und klicken Sie anschließend auf das Miniaturfenster (4) der Anwendung, um es zu öffnen.

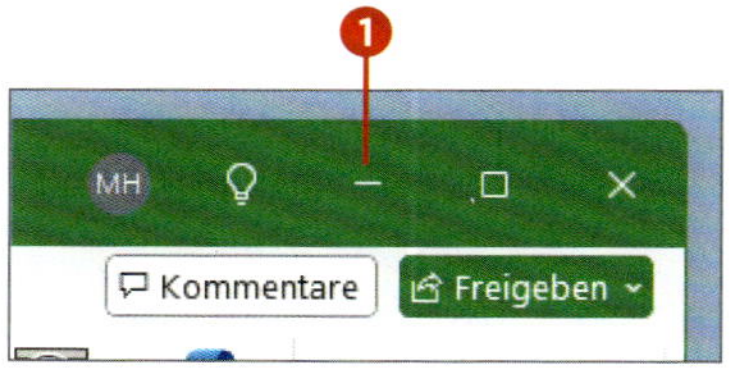

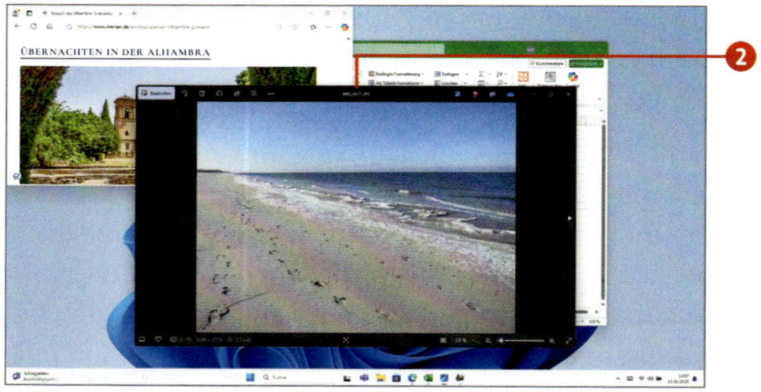

Die Shake-Funktion in der Einstellungen-App aktivieren

Das Schütteln des Programmfensters funktioniert bei Ihnen nicht, die Programmfenster werden also nicht minimiert? Dann ist die sogenannte Shake-Funktion bei Ihnen wahrscheinlich deaktiviert. Rufen Sie in der **Einstellungen**-App **System > Multitasking** auf und setzen Sie den Regler rechts von **Fenstertitelleiste schütteln** auf **Ein**.

Programme vollständig schließen

Bevor Sie die Arbeit mit einem Programm beenden, sollten Sie Ihre Arbeit abspeichern (z. B. das noch geöffnete Word-Dokument) und die Anwendung dann ordnungsgemäß schließen. Das Gleiche gilt, wenn Sie Ihren Computer herunterfahren: Sichern Sie zuvor Ihre Daten und beenden Sie die noch laufenden Programme.

1. Sie können die meisten Programme schließen, indem Sie im Programmfenster den Eintrag **Datei** ❶ aus der Menüleiste auswählen und im Menü auf **Beenden** ❷ oder **Schließen** klicken. Die Bezeichnung kann sich von Programm zu Programm unterscheiden.
2. Falls es den zuvor genannten Menüeintrag in Ihrem Programm nicht gibt, schließen Sie die Anwendung am einfachsten über das kleine Kreuz rechts oben im Kopf des Fensters ❸. Verfahren Sie auf gleiche Weise mit einer geöffneten App.
3. In seltenen Fällen kann es vorkommen, dass ein Programm oder eine App weder über das Menü **Datei** noch über die **Schließen**-Schaltfläche rechts oben im Fensterkopf verfügt. In diesem Fall zeigen Sie einfach mit der Maus auf das Symbol der Anwendung in der Taskleiste ❹ und klicken in dem sich nun öffnenden Vorschaufenster auf das Schließenkreuz ❺.

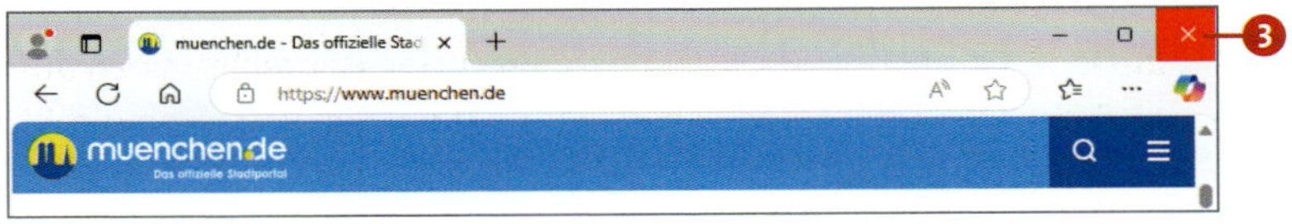

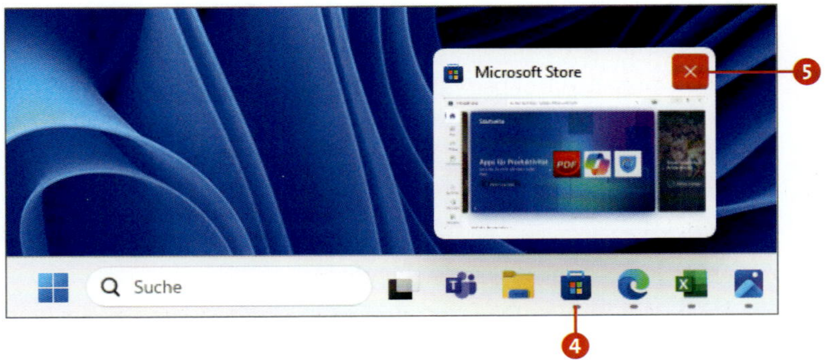

Programme über die Tastatur schließen

Mit der Tastenkombination Alt + F4 können Sie ein Programm oder eine App ebenfalls schließen. Beachten Sie dabei, dass dieser Befehl das jeweils aktive Fenster schließt. Sie müssen also zuvor das richtige Programmfenster aufrufen, um nicht versehentlich das falsche Programm zu beenden. Auch bei dieser Variante sollten Sie alle Dokumente, an denen Sie gerade arbeiten, zuvor speichern.

Programme entfernen

Programme vollständig deinstallieren

Wenn Sie ein Programm nicht mehr benötigen, sollten Sie es deinstallieren. Dabei reicht es aber nicht aus, nur die Programmdatei oder das Programmverzeichnis zu löschen. Um Fehler zu vermeiden, deinstallieren Sie Ihre Programme stets ordnungsgemäß über die neue **Einstellungen**-App:

1. Klicken Sie im Startmenü auf den Menüpunkt **Einstellungen** oder öffnen Sie die Einstellungen mit der Tastenkombination [Win] + [I]. Wählen Sie dann die Kategorie **Apps** ❶, um diese aufzurufen. Wechseln Sie nun in die Unterkategorie **Installierte Apps** ❷.
2. Es dauert einen kurzen Moment, dann listet Windows in der rechten Fensterhälfte alle Programme und Apps auf, die auf Ihrem System installiert sind. Standardmäßig werden die Anwendungen nach ihrer Größe sortiert aufgeführt.
3. Liegt die Installation erst wenige Tage zurück, klicken Sie auf den Menüpunkt **Sortieren nach:** ❸. Hier haben Sie die Möglichkeit, die Liste nach dem Installationsdatum zu sortieren, und können kürzlich hinzugefügte Anwendungen schneller finden.
4. Achten Sie darauf, dass die Option **Filtern nach: Alle Laufwerke** ❹ ausgewählt ist, andernfalls wird die Auflistung auf einzelne Laufwerke begrenzt und Ihnen werden nicht alle auf dem System installierten Programme angezeigt.

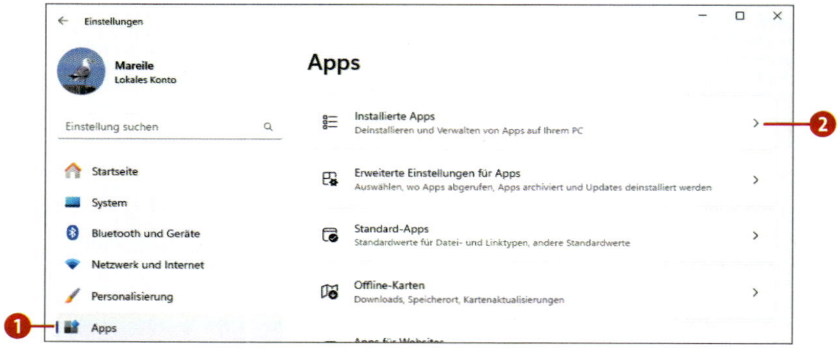

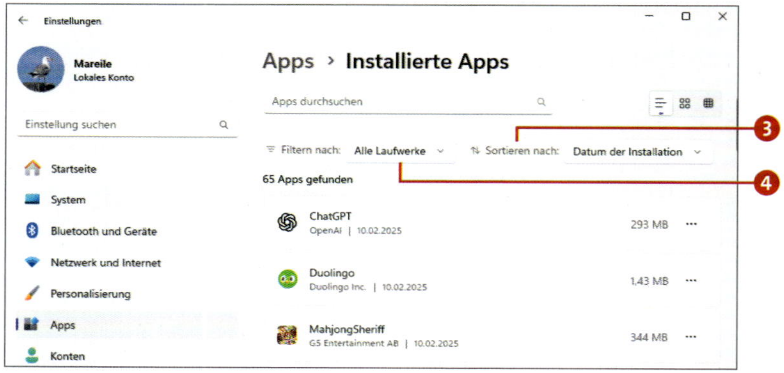

Externe Deinstallationsprogramme

Auf dem Softwaremarkt gibt es eine große Anzahl sogenannter *Deinstallationstools*, die eine saubere und mühelose Deinstallation versprechen. Windows 11 beherrscht diese Aufgabe aber absolut ausreichend.

5. Klicken Sie rechts vom Programm, das Sie deinstallieren möchten, auf das Symbol mit den drei Punkten. Sobald die Schaltfläche **Deinstallieren** 5 eingeblendet wird, klicken Sie darauf. Bestätigen Sie die Sicherheitsabfrage, indem Sie auch hier auf **Deinstallieren** klicken.
6. Falls die Benutzerkontensteuerung Sie auffordert, den Vorgang zu bestätigen, kommen Sie dieser Abfrage mit einem Klick auf **Ja** 6 nach. Ob ein solcher Dialog erscheint, hängt von der Art der Deinstallationsroutine ab.
7. Bestätigen Sie auch die darauffolgende Abfrage, ob Sie das Programm wirklich deinstallieren möchten 7. Bei dieser Rückfrage handelt es sich nicht um einen standardisierten Windows-Dialog, daher unterscheiden sich die Fenster in Größe, Optik und enthaltenem Text von Anwendung zu Anwendung. Bei englischsprachigen Programmen ist dieses Dialogfenster z. B. auch entsprechend in Englisch gehalten.
8. Nun beginnt die eigentliche Deinstallation. Am Ende wird meist ein Hinweis ausgegeben, dass der Vorgang erfolgreich abgeschlossen wurde. Bei manchen Programmen werden Sie noch zu einer Webseite weitergeleitet, auf der Sie Angaben zum Grund für die Deinstallation machen können.

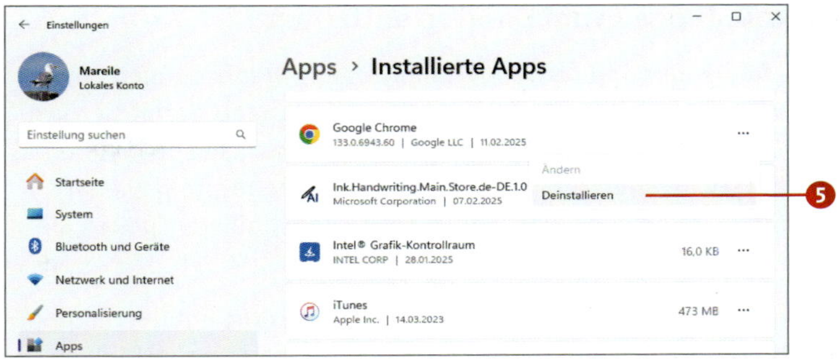

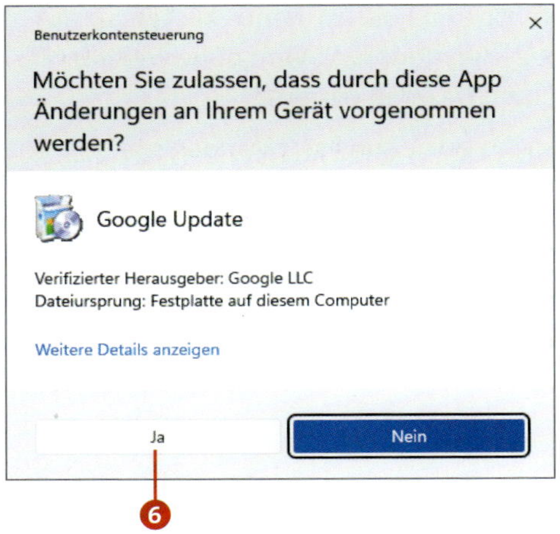

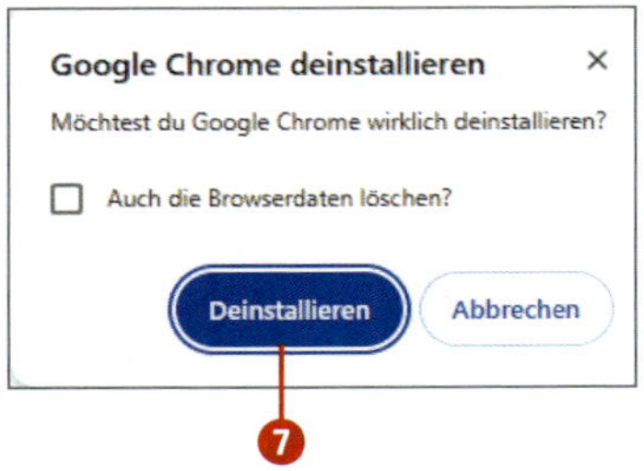

Programme deinstallieren

Die zum deinstallierten Programm gehörenden Verknüpfungen auf dem Desktop oder in der Taskleiste sowie die dazugehörigen Symbole auf dem Startbildschirm werden bei der Deinstallation ebenfalls entfernt. Sollte es beim Deinstallieren zu Problemen kommen, hilft es oft, das Programm nochmals neu in das ursprüngliche Verzeichnis zu installieren und die Deinstallation anschließend erneut durchzuführen.

Verknüpfungen vom Desktop entfernen

Viele Anwender und Anwenderinnen legen Verknüpfungen zu den wichtigsten Programmen auf dem Desktop ab, damit sie zum Aufrufen nicht extra das Startmenü öffnen und das entsprechende Symbol suchen müssen. Möchten Sie eine Verknüpfung wieder entfernen, ohne dabei das Programm zu deinstallieren, gehen Sie wie folgt vor:

1. Wechseln Sie zum Desktop und klicken Sie dort mit der rechten Maustaste die Verknüpfung an, die Sie entfernen möchten. Im Beispiel ist es die Verknüpfung zum Programm Firefox. In der Symbolleiste des nun sichtbaren Kontextmenüs klicken Sie auf das Symbol **Löschen** ❶. Die Verknüpfung wird ohne weitere Sicherheitsabfrage auf dem Desktop entfernt.
2. Der Aufruf des Programms kann weiterhin über die Liste aller Apps erfolgen ❷, die Sie über das Startmenü erreichen.
3. Auch ein Blick in den **Explorer** bestätigt, dass wirklich nur die Verknüpfung zum Programm entfernt, das Programm selbst ❸ aber nicht deinstalliert wurde, sondern weiterhin auf dem Computer vorhanden ist.

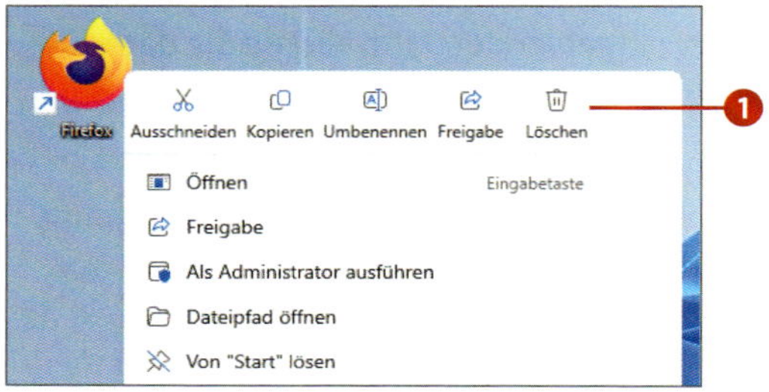

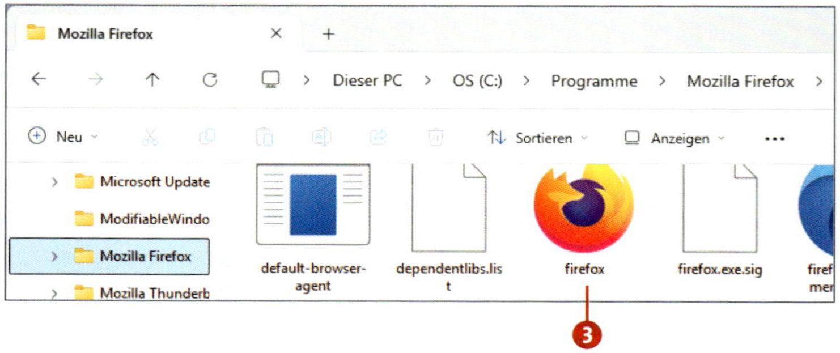

Verknüpfung wiederherstellen oder neu anlegen

Die Verknüpfung wurde nicht vollständig gelöscht, sondern lediglich in den Papierkorb verschoben. Möchten Sie die Verknüpfung wiederherstellen, öffnen Sie den Papierkorb, wählen im Explorer-Fenster die gewünschte Verknüpfung aus und klicken im Anschluss auf das Symbol mit den drei Punkten und dann auf **Ausgewählte Elemente wiederherstellen**. Sollten Sie den Papierkorb in der Zwischenzeit geleert haben, erstellen Sie die Verknüpfung einfach neu, wie im Abschnitt »Eine Desktop-Verknüpfung erstellen« auf Seite 36 beschrieben.

Nach Systemeinstellungen suchen

Sie suchen eine bestimmte Systemeinstellung, etwa die Möglichkeit, die Größe des Mauszeigers zu verändern? Bevor Sie bei der Suche in die Tiefen des Systems abtauchen, finden Sie hier einen einfachen Lösungsvorschlag:

1. Klicken Sie im Startmenü auf das Symbol **Einstellungen** oder öffnen Sie die App mithilfe der Tastenkombination [Windows] + [I].
2. Anstatt sich nun durch die vielen Kategorien und Einstellungsmöglichkeiten zu wühlen, tippen Sie oben in das Suchfeld 1 einfach die gewünschte Funktion ein. Groß- und Kleinschreibung muss hierbei nicht beachtet werden. Bereits nach wenigen eingegebenen Buchstaben zeigt das System die ersten dazu passenden Ergebnisse an.
3. Die Zahl der Treffer verringert sich, je mehr Buchstaben des Wortes »Mauszeiger« Sie eingeben. Nun genügt ein Klick auf die gesuchte Option **Mauszeigergröße** 2, um zu den Einstellungen 3 zu gelangen.

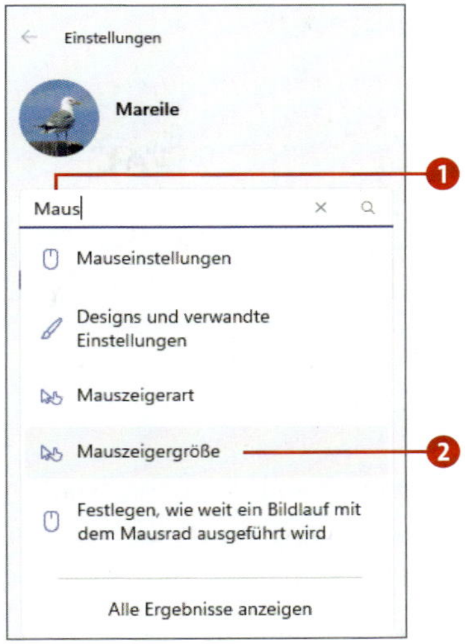

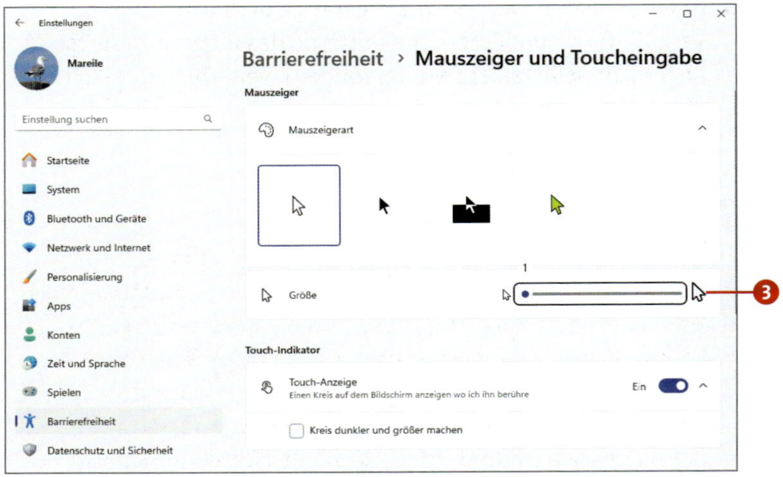

Suchfunktion in der Taskleiste nutzen

Sie können nach Systemeinstellungen über das Suchfeld in der Taskleiste suchen. Allerdings erhalten Sie auf diesem Wege auch Dateien, Ordner und übereinstimmende Treffer aus dem Internet angezeigt. Damit das Ergebnis nicht zu unübersichtlich wird, müssten Sie die Anzeige nach passenden Einträgen für die Systemeinstellungen filtern. Folgen Sie zur Suche nach Einstellungen daher besser der oben beschriebenen Vorgehensweise und nutzen Sie zur Suche nach Dateien und Ordnern den leistungsstärkeren Explorer, siehe den Abschnitt »Dateien und Ordner im Explorer suchen« auf Seite 137.

Ein Programm von DVD installieren

Die meisten Programme werden heutzutage über das Internet bezogen. Die ein oder andere Software, die Sie im Handel erwerben, wird aber doch noch auf CD oder DVD ausgeliefert. Bevor Sie das Programm nutzen können, müssen Sie es auf Ihrem Rechner installieren. Auf welcher Festplatte, in welchem Ordner und in welchem Umfang Sie das Programm installieren, können Sie oft selbst festlegen.

1. Legen Sie die Programm-CD oder -DVD in das passende Laufwerk Ihres Computers ein und schließen Sie die Laufwerkslade.
2. Der Datenträger wird eingelesen und nach einem kurzen Moment öffnet sich rechts oben auf dem Bildschirm ein kleines Hinweisfenster ❶. Tippen oder klicken Sie auf dieses Fenster, um weitere Optionen zu erhalten.
3. Windows bietet Ihnen nun drei Optionen: Sie können das Programm z. B. von der eingelegten CD/DVD installieren ❷ oder sich den Inhalt der CD/DVD im Explorer anzeigen lassen ❸. Mit der dritten Option, **Keine Aktion durchführen** ❹, brechen Sie den Vorgang ab. Um das Programm zu installieren, klicken Sie also auf die Schaltfläche direkt unter der Überschrift **Programm von Medium installieren oder ausführen**.

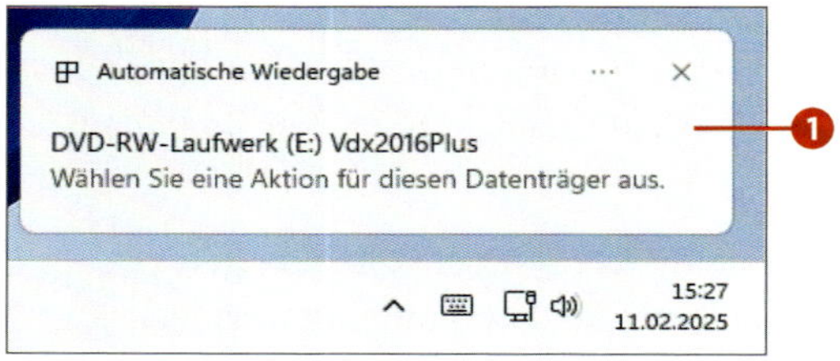

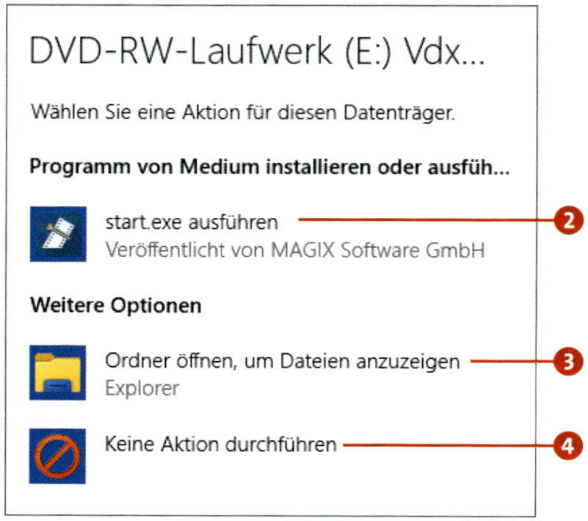

Hinweisfenster zu schnell geschlossen?

Das in Schritt 2 genannte Hinweisfenster bleibt nur für wenige Sekunden geöffnet. Sollte sich das Fenster bereits wieder geschlossen haben, bevor Sie daraufklicken konnten, öffnen Sie einfach den Explorer, führen einen Rechtsklick auf Ihr CD-/DVD-Laufwerk aus und wählen aus dem Kontextmenü den Befehl **Weitere Optionen anzeigen** und dann **Automatische Wiedergabe öffnen** aus. Der Datenträger wird daraufhin neu eingelesen und das Hinweisfenster öffnet sich nach wenigen Sekunden zum zweiten Mal.

Anzeigedauer von Benachrichtigungen ändern

Sollen die Hinweisfenster länger eingeblendet werden? Rufen Sie hierzu in der **Einstellungen**-App **Barrierefreiheit > Visuelle Effekte** auf. Wählen Sie dann im Feld **Benachrichtigungen nach dieser Zeitdauer schließen** die gewünschte Anzeigedauer aus.

4. Wenn der Installationsdatenträger von Windows nicht erkannt wird oder sich das Autostart-Menü aus anderen Gründen nicht öffnet, können Sie die Installation auch manuell starten. Öffnen Sie dazu den Explorer, z. B. durch Drücken der Tastenkombination [Windows] + [E], und klicken Sie in der linken Spalte auf Ihr CD-/DVD-Laufwerk ❺.

5. In der Dateiliste auf der rechten Seite halten Sie nun Ausschau nach der Datei **setup.exe**, **Autorun.exe** oder auch **start.exe** ❻. Starten Sie die Datei mit einem Doppelklick. Bei älteren Programmen kann die Installationsdatei auch **install.exe** heißen.

6. Die Installation beginnt mit einer Sicherheitsabfrage der Benutzerkontensteuerung. Bestätigen Sie die Frage, ob Sie Änderungen an Ihrem System zulassen möchten, mit **Ja**, um den Vorgang fortzusetzen.

7. Der genaue Ablauf der nachfolgenden Installation ist bei jeder Anwendung unterschiedlich. Für gewöhnlich müssen Sie gleich zu Beginn den Lizenzbedingungen zustimmen ❼ und im weiteren Verlauf einen Lizenzschlüssel eingeben. Ist die Installation abgeschlossen, können Sie das Programm über eine Verknüpfung auf dem Desktop oder über ein neues Symbol auf dem Startbildschirm starten.

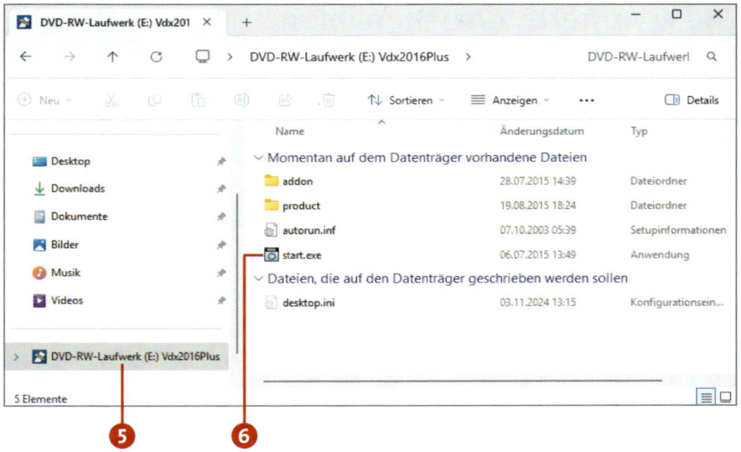

Lizenzschlüssel sicher aufbewahren

Bewahren Sie die Lizenzschlüssel (auch häufig als *Product Keys* oder *Seriennummern* bezeichnet) für Ihre Programme immer gut auf, denn sie legitimieren Sie als Anwender der Software. Ohne einen solchen Schlüssel wird die Installation vielfach abgebrochen oder es stehen Ihnen nicht alle Funktionen der Anwendung zur Verfügung.

Die erweiterte Zwischenablage

So funktioniert die neue Zwischenablage

Mit der erweiterten Zwischenablage ist es möglich, bis zu 25 Elemente zu speichern. Die Funktion muss zuerst aktiviert werden:

1. Klicken Sie im Startmenü auf das Symbol **Einstellungen** oder öffnen Sie die Einstellungen mithilfe der Tastenkombination [⊞] + [I].
2. Wechseln Sie nun in die Kategorie **System** ❶ und weiter zur Unterkategorie **Zwischenablage**. Um den Zwischenablageverlauf zu aktivieren, stellen Sie den Regler rechts vom gleichnamigen Eintrag auf **Ein** ❷.
3. Nun können Sie wie gewohnt über das Kontextmenü und den Befehl **Kopieren** oder mit der Tastenkombination [Strg] + [C] Elemente, z. B. Textabschnitte, in die Zwischenablage kopieren.
4. Um ein Element aus der Ablage z. B. in ein Dokument einzufügen, drücken Sie die Tasten [⊞] + [V]. In einem kleinen Fenster werden alle dort abgelegten Elemente aufgelistet. Klicken Sie mit der Maus einfach das Element an, das Sie einfügen möchten ❸.
5. Mit einem Klick auf das Pinnnadelsymbol ❹ lässt sich ein Element an den Verlauf heften. Damit steht dieser Eintrag auch nach einem Neustart des Systems weiter zur Verfügung. Klicken Sie auf das Symbol mit den drei horizontal angeordneten Punkten ❺, können Sie über das nun sichtbare Papierkorbsymbol einzelne Einträge aus dem Verlauf löschen. Wenn Sie den gesamten Zwischenablageverlauf leeren möchten, klicken Sie auf **Alle löschen** ❻.

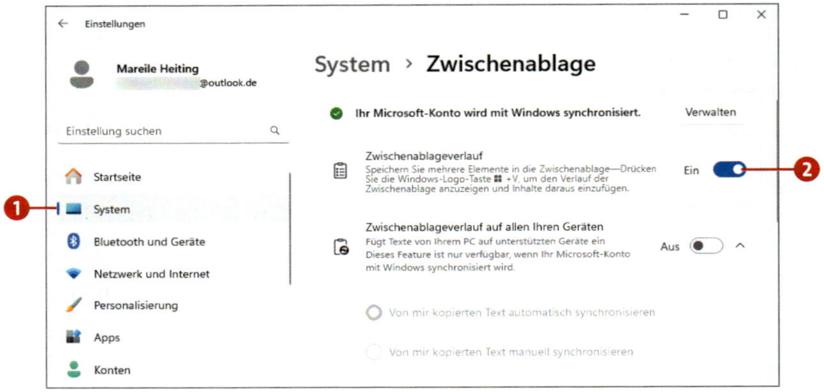

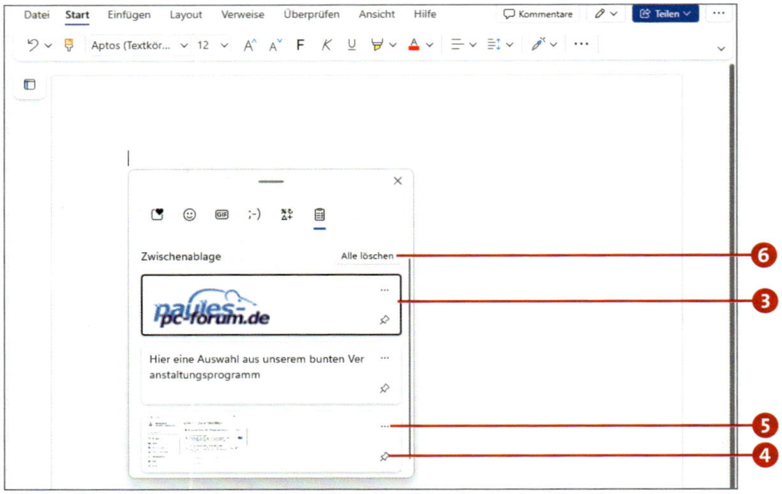

Gespeicherte Elemente wieder lösen

Um ein gespeichertes Element aus dem Verlauf zu lösen, klicken Sie einfach erneut auf das Pinnnadelymbol ❹ des entsprechenden Eintrags.

Die Zwischenablage in der Cloud nutzen

Die erweiterte Zwischenablage bietet zusätzlich die Möglichkeit, Inhalte mit anderen Geräten zu synchronisieren. Ihre Daten werden hierfür in der Cloud gespeichert, um sie auf allen Geräten mit demselben Microsoft-Konto verfügbar zu machen.

1. Öffnen Sie im ersten Schritt die **Einstellungen**-App mit den Tasten [⊞] + [I] oder über das Symbol **Einstellungen** im Startmenü.
2. Rufen Sie in der Kategorie **System** die Unterkategorie **Zwischenablage** ❶ auf.
3. Um die Synchronisierung zu aktivieren, stellen Sie den Schieberegler der Option **Zwischenablageverlauf auf allen Ihren Geräten** auf **Ein** ❷.
4. Zwei weitere Einstellungen werden nun eingeblendet. Um zu verhindern, dass automatisch alle Inhalte der Ablage synchronisiert und damit an Microsoft übermittelt werden, empfehle ich die Option **Von mir kopierten Text manuell synchronisieren** ❸.
5. Wenn Sie nun den Verlauf mit [⊞] + [V] öffnen, können Sie für jeden Eintrag separat entscheiden, ob dieser zur Synchronisation freigegeben werden soll. Öffnen Sie hierfür das Einstellungsmenü ❹ eines Elements und wählen Sie bei Bedarf das Symbol **Synchronisierung** ❺ aus.

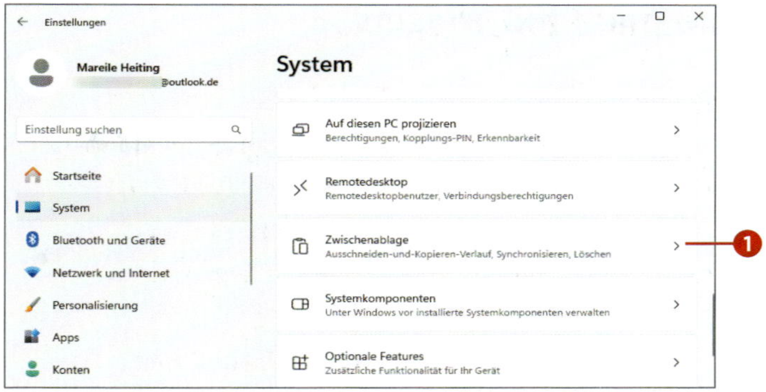

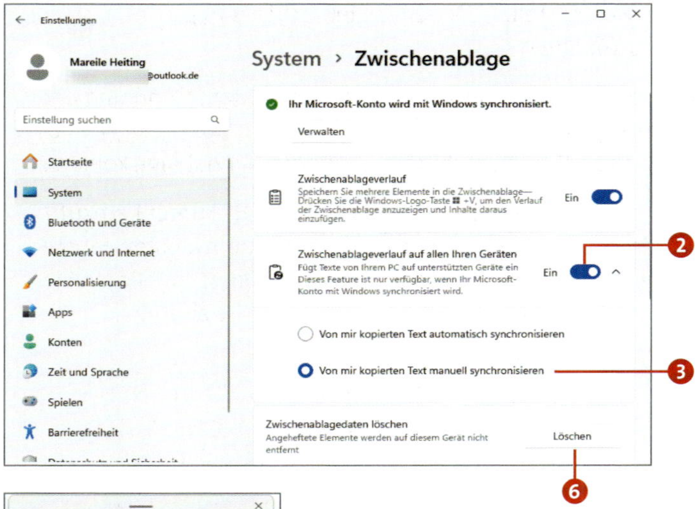

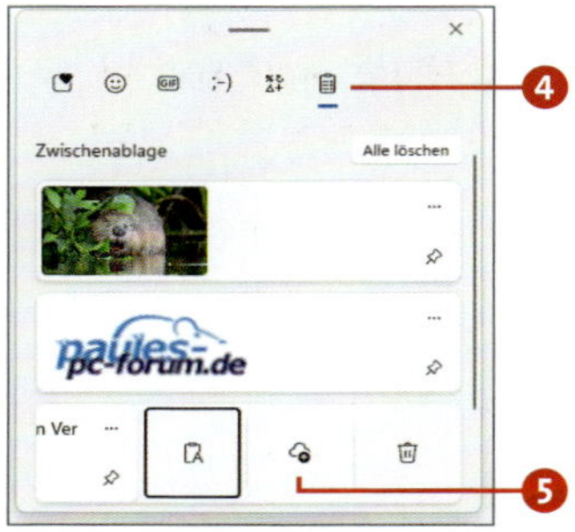

Alle Zwischenablagedaten löschen

Um alle Daten zu löschen, die auf Ihrem Computer und bei Microsoft gespeichert sind, klicken Sie in der **Einstellungen**-App im Abschnitt **Zwischenablagedaten löschen** auf **Löschen** ❻. Angeheftete Elemente werden nicht gelöscht.

Gut informiert mit Widgets

Widgets einblenden

Sie sind an Wettermeldungen, Nachrichten oder den Aktienkursen interessiert? Mit einem Mausklick können Sie sich auf den neuesten Stand bringen. Möglich machen dies die neu in Windows 11 hinzugekommenen Minianwendungen, die sogenannten *Widgets*.

1. Um die Widgets einzublenden, klicken Sie auf das gleichnamige Symbol in der Taskleiste ❶. Alternativ können Sie die Tastenkombination [Windows] + [W] drücken. Falls Sie die Taskleistenelemente linksbündig ausgerichtet haben, wird das Widget-Symbol am linken Rand des Infobereichs der Taskleiste eingeblendet ❷.
2. Am linken Bildschirmrand werden nun die Widgets eingeblendet. Zu Beginn des Dialogs finden Sie Widgets wie Wetter, interessante Aktien oder auch Sportmeldungen ❸. Blättern Sie im Dialog weiter nach unten, gelangen Sie zu weiteren Beiträgen.
3. Ober- oder auch unterhalb einer jeden Vorschau erfahren Sie, aus welcher Quelle der Beitrag stammt ❹. Klicken Sie auf eine Schlagzeile, wird Edge mit der entsprechenden Webseite geöffnet.
4. Klicken Sie erneut auf das Widget-Symbol in der Taskleiste oder eine andere Stelle auf dem Bildschirm, wird der Widget-Dialog ausgeblendet.

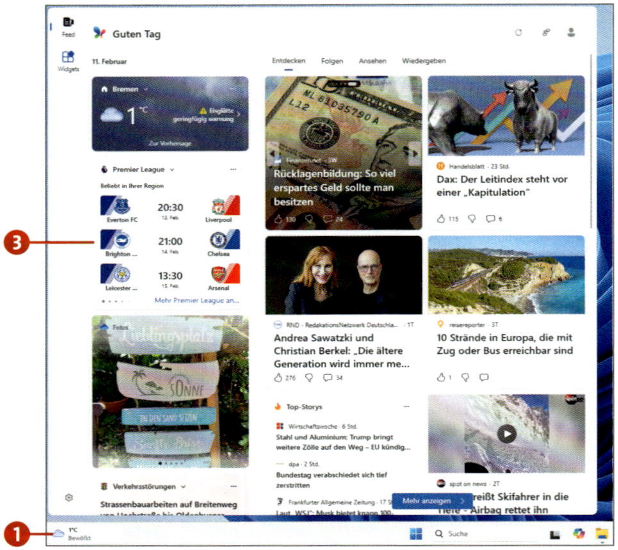

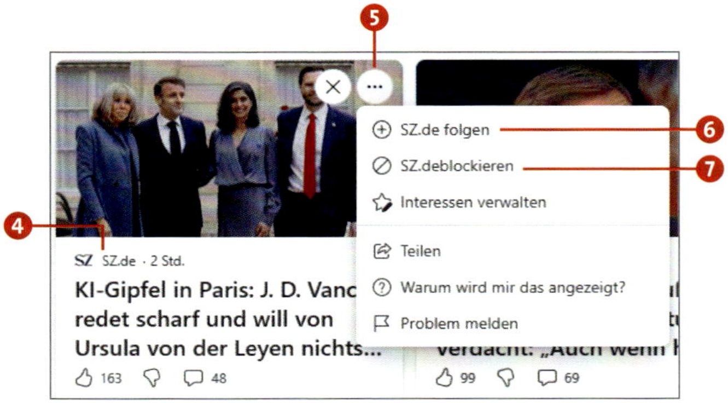

Schlagzeilen den eigenen Interessen anpassen

Falls Ihnen ein Thema oder auch eine Quelle überhaupt nicht zusagt, bewegen Sie den Mauszeiger auf den entsprechenden Beitrag. Klicken Sie dann auf das Symbol mit den drei Punkten ❺. Im folgenden Menü können Sie nun auswählen, ob Sie mehr Beiträge dieser Quelle wünschen ❻ oder ob Sie sie zukünftig blockieren wollen ❼.

Widgets personalisieren

Jedes der Widgets lässt sich individuell anpassen. Widgets können außerdem entfernt oder auch neu hinzugefügt werden.

1. Manche Widgets lassen sich individuell anpassen. Klicken Sie hierzu in der rechten oberen Ecke eines Widgets auf das Symbol mit den drei Punkten ❶. Es klappt ein Menü auf.
2. Beim Wetter-Widget haben Sie nun z. B. die Möglichkeit, zwischen Fahrenheit und Celsius zu wechseln ❷.
3. Nach einem Klick auf **Widget anpassen** ❸ geben Sie einen Ort an, dessen Wettermeldungen Sie zusätzlich zum aktuellen Standort interessieren. Mit einem Klick auf das Plussymbol fügen Sie den Ort hinzu und schließen den Dialog über das Schließensymbol. Haben Sie mehrere Orte angegeben, wählen Sie nach einem Klick auf das Pfeilsymbol ❹ rechts von der aktuellen Ortsangabe den Ort aus, dessen Meldungen eingeblendet werden sollen.
4. Sie haben kein Interesse an den Sportmeldungen? Nach einem Klick auf das Symbol mit den drei kleinen Punkten klicken Sie einfach auf **Dieses Widget ausblenden** ❺, und schon verschwindet es aus dem Widget-Dialog.

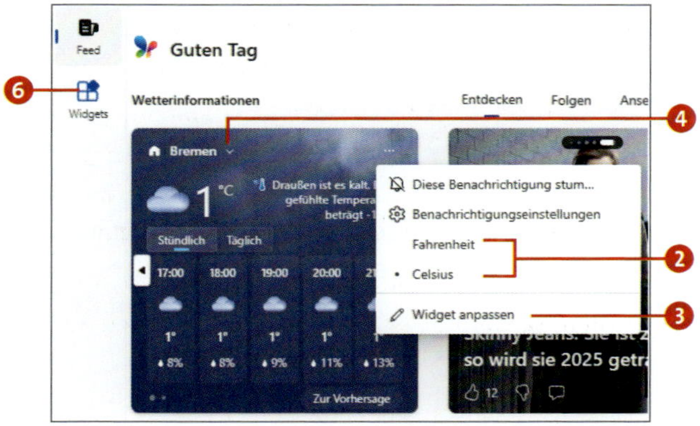

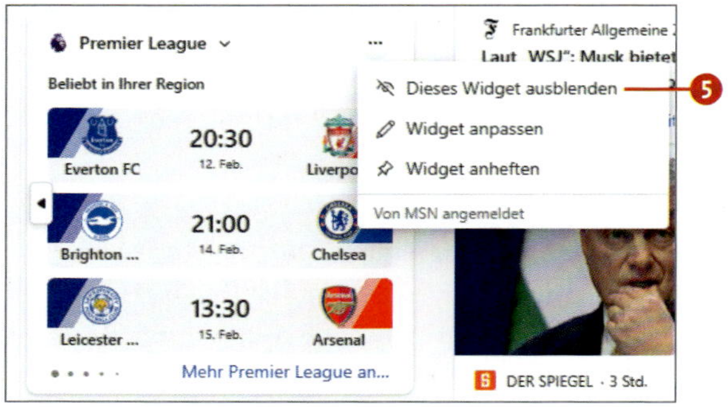

> **Widgets hinzufügen**
>
> Falls Sie ein entferntes Widget später doch wieder benötigen, klicken Sie im Widget-Dialog oben links auf **Widgets** ❻ und dann auf das nun sichtbare Plussymbol. Wählen Sie im folgenden Dialog das gewünschte Widget per Mausklick aus und bestätigen Sie mit **Widget hinzufügen**. Über den Link **Weitere Widgets suchen** gelangen Sie zum Microsoft Store, der Ihnen eine noch größere Auswahl an Widgets bietet.

Die Copilot-App bringt künstliche Intelligenz auf den PC

Mit Version 24H2 hält nun auch die Copilot-App Einzug in Windows 11. Der KI-Assistent hilft Ihnen nicht nur bei der Recherche im Internet, sondern auch beim Erzeugen von Bildern und vielem mehr. Ihre Fragen oder auch Aufgaben können Sie in ganz normaler Sprache formulieren, als würden Sie mit einem anderen Menschen reden.

1. Starten Sie die Copilot-App per Klick auf das App-Symbol in der Taskleiste ❶ oder den entsprechenden Eintrag in der App-Liste des Startmenüs ❷.
2. Wenn Sie zukünftig die Copilot-App per Tastenkombination öffnen möchten, müssen Sie der Verknüpfung mit einem Klick auf **Aktivieren** ❸ zustimmen.
3. Nach dem Start der App können Sie sofort loslegen und Copilot die erste Aufgabe erteilen. Eine solche Anweisung wird auch *Prompt* genannt. Klicken Sie in das Feld **Nachricht an Copilot** ❹ und geben Sie die Aufgabenstellung ein.
4. Mit einem Klick auf das Pfeilsymbol ❺ oder alternativ durch Drücken der Taste [↵] schicken Sie Ihre Abfrage ab.

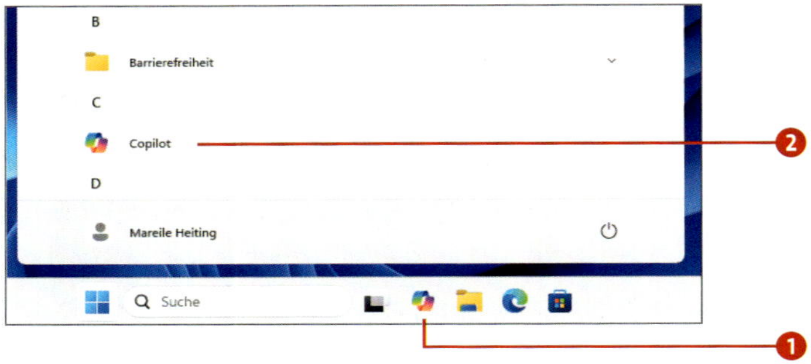

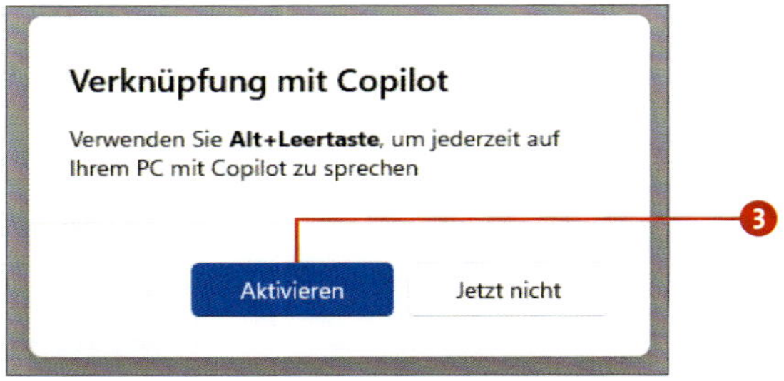

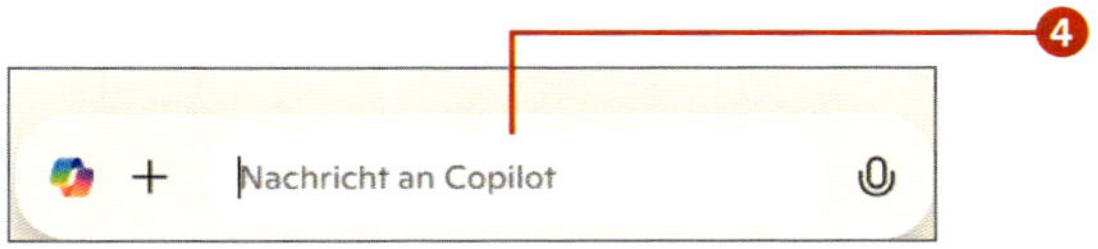

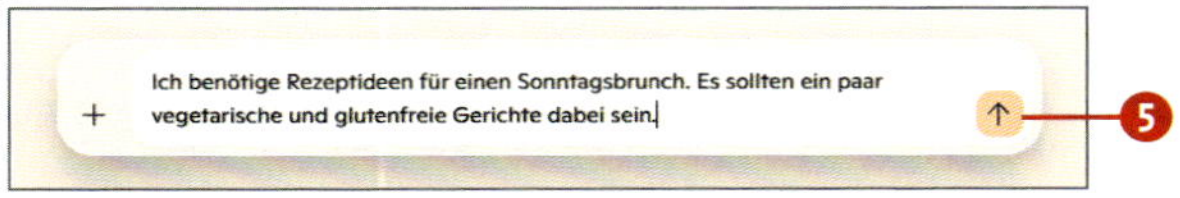

Copilot-App über den Microsoft Store nachinstallieren

Bei einem Funktionsupdate von einer älteren Windows 11-Version auf Version 24H2 wird die Copilot-App meist nicht automatisch installiert. Sie können die kostenlose App aber bequem über den Microsoft Store nachrüsten. Im Abschnitt »Der Microsoft Store – Marktplatz für neue Apps« auf Seite 68 erfahren Sie, wie die Installation einer App über den Store funktioniert.

5. Es dauert nun einen kurzen Moment, bis die Copilot-App Ihre Aufgabe erledigt hat und die Antwort eingeblendet wird. Im Gegensatz zu klassischen Suchanfragen in einer Suchmaschine, wie z. B. Google, erhalten Sie keine Liste von Webadressen, sondern bereits eine Zusammenfassung der Ergebnisse. Nutzen Sie die Bildlaufleiste 6 oder das Mausrad, um im Text zu blättern.

6. Sie haben noch eine Frage zur Antwort von Copilot oder benötigen weitere Details? Um Ihr Gespräch mit der App fortzusetzen, geben Sie Ihre Anweisung einfach in das Eingabefeld 7 ein und schicken Sie wie zuvor per Klick auf das Pfeilsymbol ab.

7. Falls Sie der Copilot-App eine neue Frage stellen möchten, klicken Sie auf das Plussymbol links vom Eingabefeld. Wählen Sie in der aufklappenden Liste den Eintrag **Neu** 8 aus. Mit der Eingabe Ihrer Anweisung ins Eingabefeld starten Sie ein neues Gespräch.

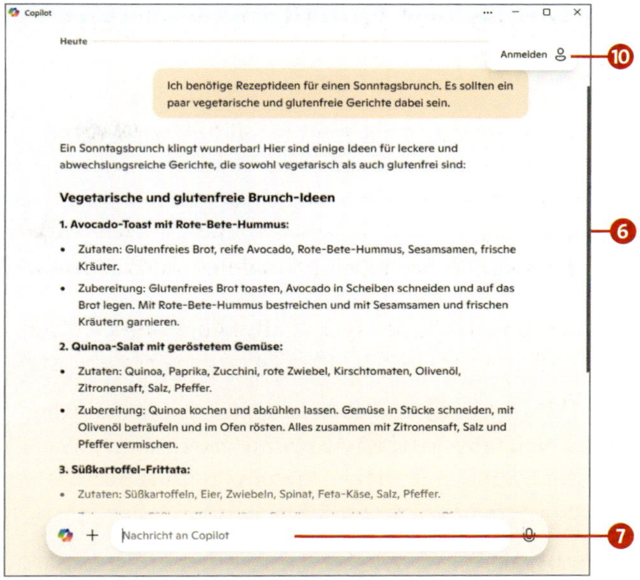

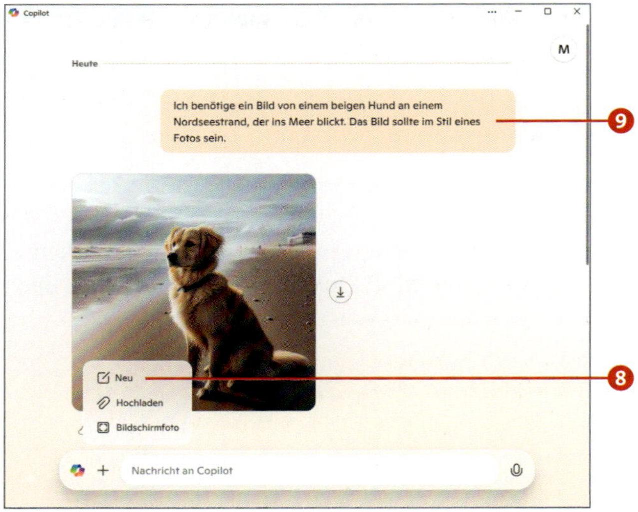

Anmeldung per Microsoft-App

Copilot kann für Sie auch Bilder erzeugen. Je genauer Ihre Anweisung ist 9 (z. B. im Stil eines Fotos oder einer Aquarellzeichnung), desto besser wird das Ergebnis. Um die Funktion nutzen zu können, müssen Sie sich mit einem Microsoft-Konto bei der Copilot-App anmelden. Klicken Sie oben rechts auf **Anmelden** 10. Geben Sie die E-Mail-Adresse ein und nach einem Klick auf **Weiter** das Passwort.

Mit mehreren Desktops arbeiten

Einen weiteren Desktop erstellen

Die überarbeitete *Taskansicht* zeigt nicht nur alle aktiven Anwendungen an, sondern Sie haben hier auch die Möglichkeit, eine oder mehrere neue, virtuelle Arbeitsflächen zu erstellen, auf die Sie Programme verschieben können. Dies ist besonders nützlich, wenn man sehr viele Programmfenster geöffnet hat und der Platz auf dem Desktop zur Neige geht.

1. Um einen zusätzlichen Desktop zu erstellen, klicken Sie entweder in der Taskleiste auf das mit Windows 11 neu gestaltete Symbol der Taskansicht ❶ und dann in der Leiste oberhalb der Taskleiste auf **Neuer Desktop** ❷. Alternativ hierzu können Sie auch die Tastenkombination [Win] + [Strg] + [D] nutzen.
2. Auf dem neu erstellten Desktop ist jetzt wieder genügend Platz, da hier zunächst kein Programmfenster geöffnet ist. Sie können nun wie gewohnt arbeiten und weitere Programme, die Sie benötigen, starten.
3. Benötigen Sie weitere Arbeitsflächen, wiederholen Sie einfach Schritt 1.
4. Zurück zum ersten Desktop mit den dort geöffneten Programmen gelangen Sie, indem Sie erneut auf das Symbol der aktiven Anwendungen klicken und aus der Übersicht **Desktop 1** ❸ auswählen. Oder Sie nutzen die Tastenkombinationen [Win] + [Strg] + [←] bzw. [Win] + [Strg] + [→], um zwischen den virtuellen Arbeitsflächen umzuschalten.

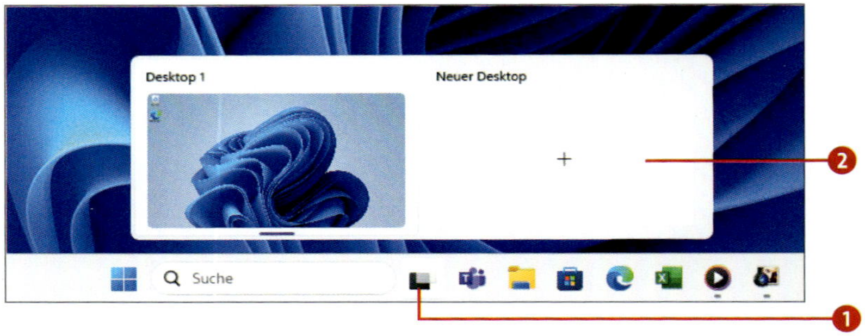

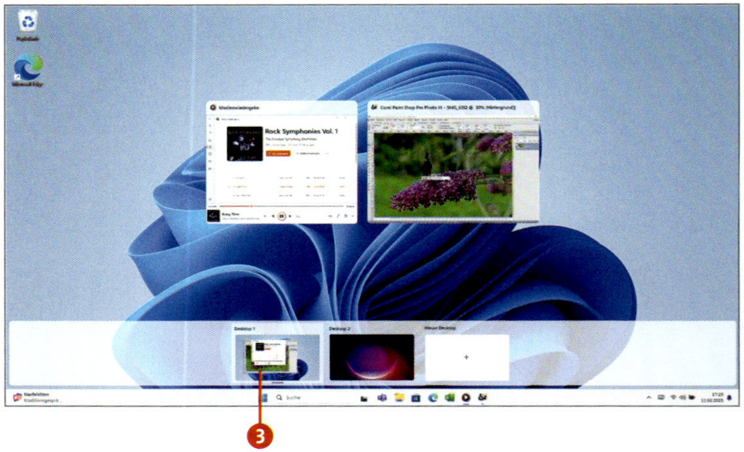

Das Symbol der aktiven Anwendungen ist verschwunden?

Fehlt bei Ihnen das Symbol der aktiven Anwendungen, haben Sie es eventuell bereits ausgeblendet. Rufen Sie über [Win] + [I] die **Einstellungen**-App auf und dort die Kategorie **Personalisierung > Taskleiste**. Stellen Sie sicher, dass im Bereich **Taskleistenelemente** der Regler **Aktive Anwendungen** eingeschaltet ist.

Fenster zwischen den Arbeitsflächen verschieben

Auf **Desktop 1** sind aktuell verschiedene Fenster geöffnet, die für die tägliche Arbeit benötigt werden. Auf **Desktop 2** befinden sich die Programmfenster eines wichtigen Projekts und auf der dritten Arbeitsfläche (**Desktop 3**) sind ein paar Fenster zur privaten Nutzung geöffnet, z. B. ein kleines Spiel für die kurze Pause zwischendurch. Wie bringt man nun möglichst unkompliziert Programme von der einen auf die andere Arbeitsfläche?

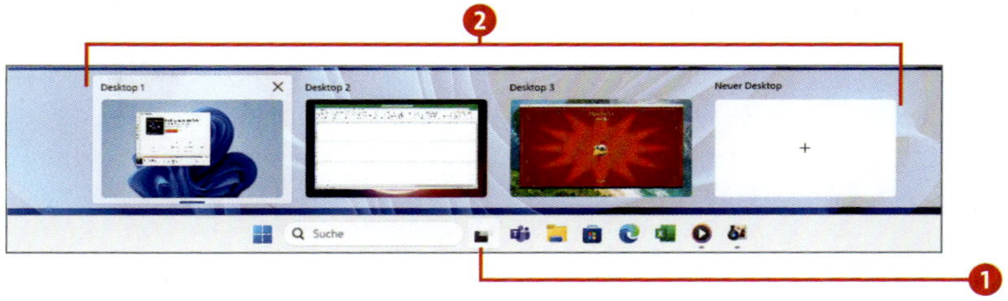

1. Klicken Sie zunächst in der Taskleiste auf das Symbol der **Aktiven Anwendungen** ❶, um alle verfügbaren Desktops am unteren Bildrand einzublenden ❷.
2. Zeigen (nicht klicken) Sie nun mit dem Mauszeiger auf den Desktop, der das zu verschiebende Programmfenster enthält (im Beispiel **Desktop 1**). Alle geöffneten Programme werden als kleine Vorschau auf dem Bildschirm angezeigt ❸.
3. Klicken Sie jetzt mit der rechten Maustaste auf das gewünschte Programmfenster ❹, zeigen Sie mit der Maus im Kontextmenü auf den Befehl **Verschieben nach** und klicken Sie anschließend auf den Desktop, der das Programm aufnehmen soll ❺.
4. Wenn Sie nun auf diesen Desktop wechseln, indem Sie ihn aus der Übersicht heraus anklicken oder mit den Tasten ⊞ + Strg + → bzw. ⊞ + Strg + ← auswählen, dann können Sie dort das Programm nutzen.

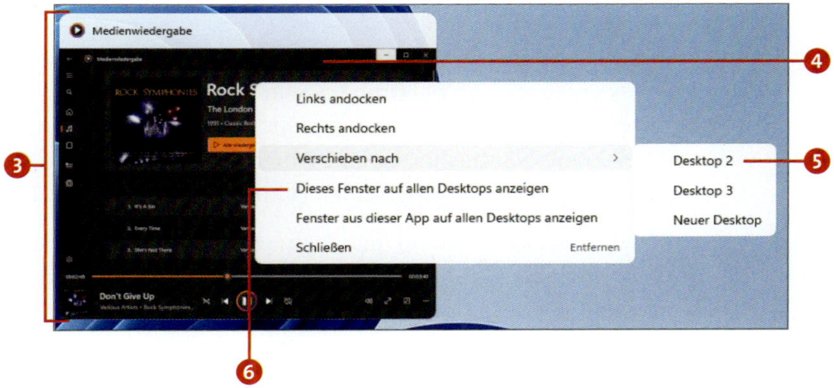

Anwendungen auf allen Desktops verfügbar machen

Manchmal ist es praktisch, eine Anwendung (z. B. das E-Mail-Programm) auf allen Desktops verfügbar zu haben. Führen Sie hierzu einfach die Schritte 1 bis 3 dieser Seite durch. Im Kontextmenü wählen Sie jetzt allerdings den Befehl **Dieses Fenster auf allen Desktops anzeigen** ❻ aus.

Neue Namen und Hintergründe für die Desktops

Die Standardbezeichnungen für virtuelle Desktops lauten schlicht **Desktop 1**, **Desktop 2** etc. Um nicht die Übersicht zu verlieren, sollten Sie den Desktops aussagekräftige Namen geben. Wer möchte, kann auch den Hintergrund anpassen.

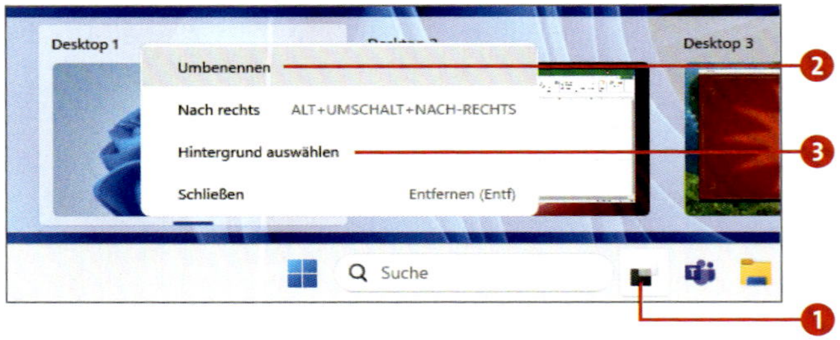

1. Klicken Sie in der Taskleiste auf das Symbol **Aktive Anwendungen** ①, um die Vorschau der virtuellen Desktops einzublenden.
2. Klicken Sie mit der rechten Maustaste auf die Vorschau des virtuellen Desktops, dessen Namen Sie ändern möchten. Wählen Sie im Kontextmenü den Befehl **Umbenennen** ②. Anschließend können Sie den Namen des Desktops, der nun blau markiert wird, mit einer neuen Bezeichnung überschreiben. Durch Drücken der Taste [↵] übernehmen Sie den Namen.
3. Falls Sie einen virtuellen Desktop mit einem eigenen Hintergrundbild versehen möchten, müssen Sie zunächst sicherstellen, dass auf keinem der Desktops die Einstellungen-App geöffnet ist. Wiederholen Sie dann die Schritte 1 und 2, wählen dieses Mal im Kontextmenü den Befehl **Hintergrund auswählen** ③.
4. Auf dem Bildschirm erscheint die Desktop-Oberfläche des ausgewählten virtuellen Desktops mit der geöffneten **Einstellungen**-App. Wählen Sie nun in der Kategorie **Personalisierung > Hintergrund** das gewünschte Hintergrundbild ④ aus (siehe auch Abschnitt »Den Desktop-Hintergrund ändern« auf Seite 231).
5. Schließen Sie jetzt die **Einstellungen**-App per Klick auf das Schließensymbol oben rechts ⑤. Vergessen Sie dies, bevor Sie zum nächsten virtuellen Desktop wechseln, wird das Hintergrundbild auch für diesen Desktop übernommen. Nach dem Schließen können Sie die Schritte 1 bis 5 wiederholen, um auch die Hintergründe der anderen Desktops anzupassen.

Virtuelle Desktops schließen

Falls Sie einen virtuellen Desktop nicht mehr benötigen, können Sie ihn auch schließen. Klicken Sie hierzu auf das Symbol **Aktive Anwendungen**, positionieren Sie den Mauszeiger auf der Vorschau des zu schließenden Desktops (z. B. **Desktop 2**) und klicken Sie auf das nun sichtbare rote Kreuz in der rechten oberen Ecke. Falls auf dem Desktop noch Anwendungen geöffnet waren, werden diese jetzt auf dem vorherigen Desktop angezeigt.

4 Dateien, Ordner, Bibliotheken

Sind gelöschte Dateien unwiderruflich verloren oder gibt es vielleicht doch noch eine Möglichkeit, sie zu rekonstruieren? Wie nutzt man den Explorer, um schnell Dateien und Ordner wiederzufinden, und was ist eigentlich der Unterschied zwischen Kopieren und Verschieben?

Disketten benutzt heute kaum noch jemand als Speichermedium; an ihre Stelle sind USB-Sticks und externe Festplatten getreten. Aber worauf sollten Sie achten, um einen möglichen Datenverlust bei der Verwendung dieser Wechselmedien zu vermeiden? Benötigt man zum Brennen von CDs oder DVDs tatsächlich keine zusätzliche Software mehr?

In diesem Kapitel erfahren Sie, wie Sie Ihre Daten effektiv verwalten können und wie Sie trotz Tausender Dateien genau die eine schnell wiederfinden, die Sie gerade dringend benötigen. Wir zeigen Ihnen, wie Sie große Dateien platzsparend komprimieren, um sie per E-Mail zu verschicken, und erklären, wofür man eigene Bibliotheken benötigt und wie man diese erstellen kann.

Nutzen Sie die neuen Möglichkeiten des Explorers voll aus und passen Sie ihn Ihren Bedürfnissen an. Legen Sie z. B. für jeden Ordner fest, in welchem Layout er angezeigt werden soll. Große Symbole, kleine Symbole, Detailansichten – die Möglichkeiten sind zahlreich.

In diesem Kapitel

- Dateien und Ordner
- Verknüpfte Dateien und virtuelle Ordner
- Den Explorer öffnen
- So ist der Explorer aufgebaut
- Der Navigationsbereich des Explorers
- Dateien anzeigen und sortieren
- Dateien und Ordner kopieren, umbenennen oder löschen
- Mit komprimierten Dateien arbeiten
- Mit Datenträgern und Wechselmedien arbeiten
- Dateien und Ordner suchen
- Ein Dokument ausdrucken
- PDFs mit Windows 11
- Bibliotheken

Dateien und Ordner

Bei Ihrer täglichen Arbeit mit Windows 11 stoßen Sie immer wieder auf Dateien und Ordner. Sie schreiben z. B. in Microsoft Word einen Brief, und sobald Sie dieses Dokument abspeichern, erstellen Sie eine neue Datei. In Word trägt die Datei für gewöhnlich die Endung **.doc** oder auch **.docx** (welche es ist, hängt von der von Ihnen verwendeten Word-Version ab; die Endung **.docx** gibt es seit Word 2007). Excel-Dateien hingegen werden im Format **.xls** oder **.xlsx** abgespeichert. Beide Programme bieten außerdem die Möglichkeit, ein Dokument in weiteren Dateiformaten abzuspeichern 1.

Die Dateinamenerweiterung dient Windows der Erkennung des Dateityps und hilft dabei, das Programm zuzuordnen, mit dem die Datei geöffnet werden kann. Standardmäßig sind die Dateiendungen unter Windows ausgeblendet und werden im Explorer daher nicht angezeigt. Wie Sie die Dateiendungen einblenden und so die Sicherheit Ihres Systems erhöhen können, lesen Sie im Abschnitt »Dateiendungen einblenden« auf Seite 121.

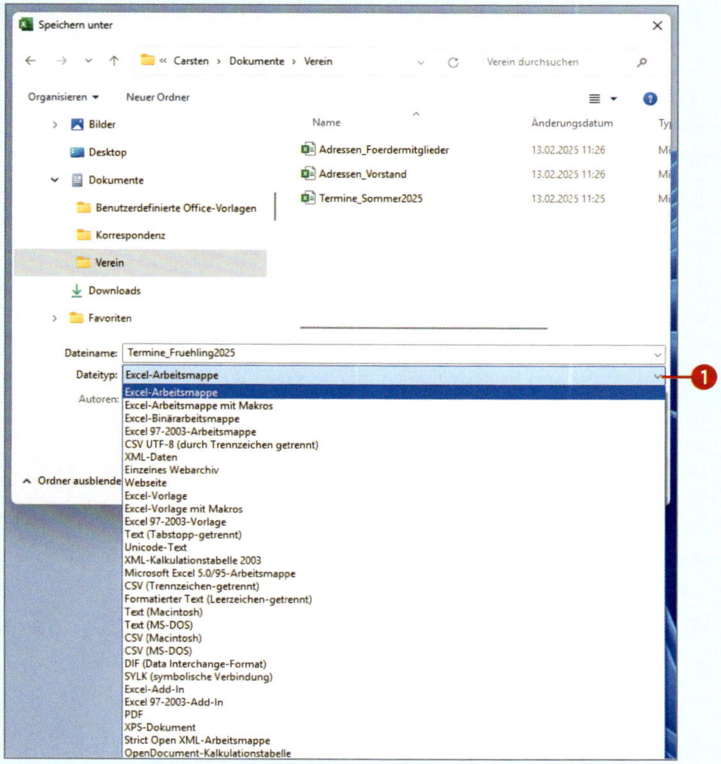

Zu Zeiten von MS-DOS, aber auch in Windows-Versionen vor Windows 95 war der Dateiname auf maximal acht Zeichen begrenzt. Leer- und Sonderzeichen waren nicht erlaubt. Auf den Namen folgte, getrennt durch einen Punkt, die Dateiendung, die üblicherweise aus drei Zeichen besteht. Aus diesem Grund wurden die Namen in diesem Dateischema auch *8.3-Dateinamen* genannt.

Wenn Sie Windows 11 nutzen, brauchen Sie sich über die Länge eines Dateinamens praktisch keine Gedanken zu machen, denn theoretisch sind dafür 260 Zeichen möglich. Punkte, Leerzeichen und deutsche Umlaute können problemlos verwendet werden. Einige Beschränkungen gibt es aber dennoch. Die folgenden Zeichen dürfen in einem Dateinamen nicht verwendet werden: \ / : * ? „ < > |.

Wohin eine Datei gespeichert wird, hängt vom verwendeten Programm ab. In Microsoft Word, aber auch in vielen anderen Anwendungen, können Sie den Standardspeicherort ❷ selbst festlegen.

Programme, die diese Möglichkeit nicht bieten, speichern Dateien entweder in den Standardbibliotheken, z. B. **Dokumente** oder **Bilder**, oder legen die Daten im eigenen Programmverzeichnis (Benutzerverzeichnis) ab. Haben Sie bei der Einrichtung von Windows den Onlinespeicherdienst *OneDrive* als Speicherort für Ihre Dokumente ausgewählt, schlägt Windows stets OneDrive zur Speicherung vor. Sie können diesem Vorschlag folgen, aber weiterhin auch selbst festlegen, wo die Datei gespeichert werden soll.

Zur besseren Organisation und Verwaltung Ihrer Daten können Sie beliebig viele Ordner erstellen, die wiederum weitere Unterordner enthalten können. Legen Sie z. B. einen Ordner mit dem Namen »Urlaub« an und darin Unterordner für verschiedene Reiseziele, z. B. »Südtirol« oder »Dänemark«. Ordner und Unterordner werden häufig auch *Verzeichnisse* und *Unterverzeichnisse* genannt.

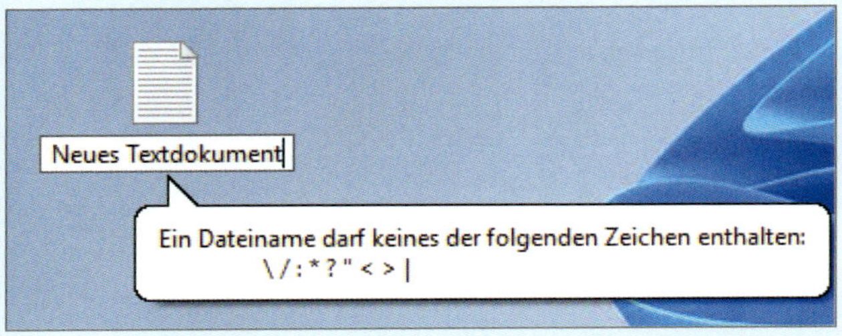

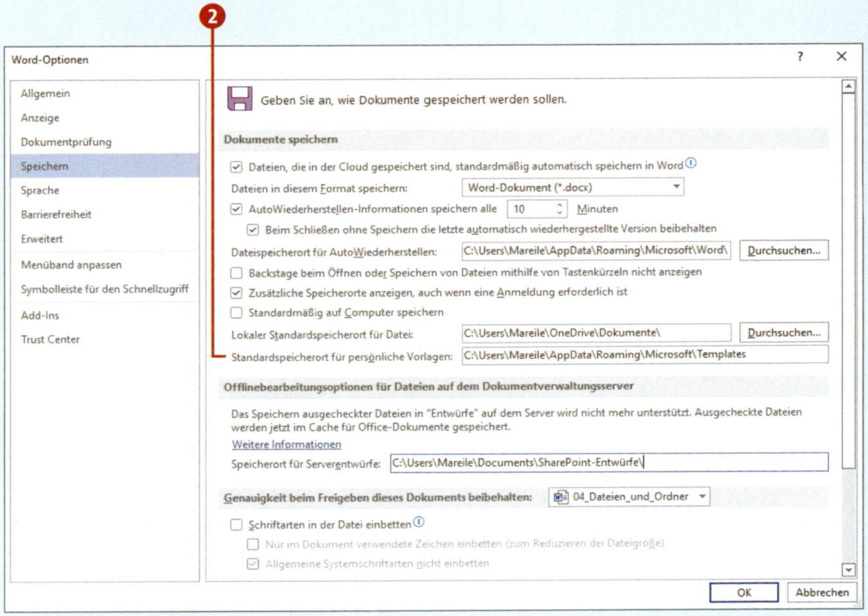

Verknüpfte Dateien und virtuelle Ordner

Mithilfe von Bibliotheken **1** wird die Verwaltung Ihrer Daten noch komfortabler. In Bibliotheken können Sie Dateien und Ordner aufnehmen, die auf unterschiedlichen Laufwerken gespeichert sind. Dabei werden die hinzugefügten Daten nicht in die Bibliothek kopiert oder verschoben, sondern bleiben an ihrem ursprünglichen Speicherort liegen. Es werden lediglich Verknüpfungen angelegt. So haben Sie mit dem Aufruf einer Bibliothek alle ihr zugeordneten Daten auf verschiedenen Laufwerken auf einmal im Blick.

Der Inhalt einer Bibliothek lässt sich jederzeit in andere Bibliotheken verschieben. Bibliotheken können umbenannt und natürlich auch wieder gelöscht werden. Alle genannten Dateioperationen erledigen Sie mit dem *Explorer* (der früher *Windows-Explorer* hieß): Hier benennen Sie Dateien um oder verschieben sie, hier erstellen Sie Ordner oder löschen sie und hier legen Sie auch eine neue Bibliothek an. Weitere Informationen zum Thema Bibliotheken finden Sie im gleichnamigen Abschnitt ab Seite 145.

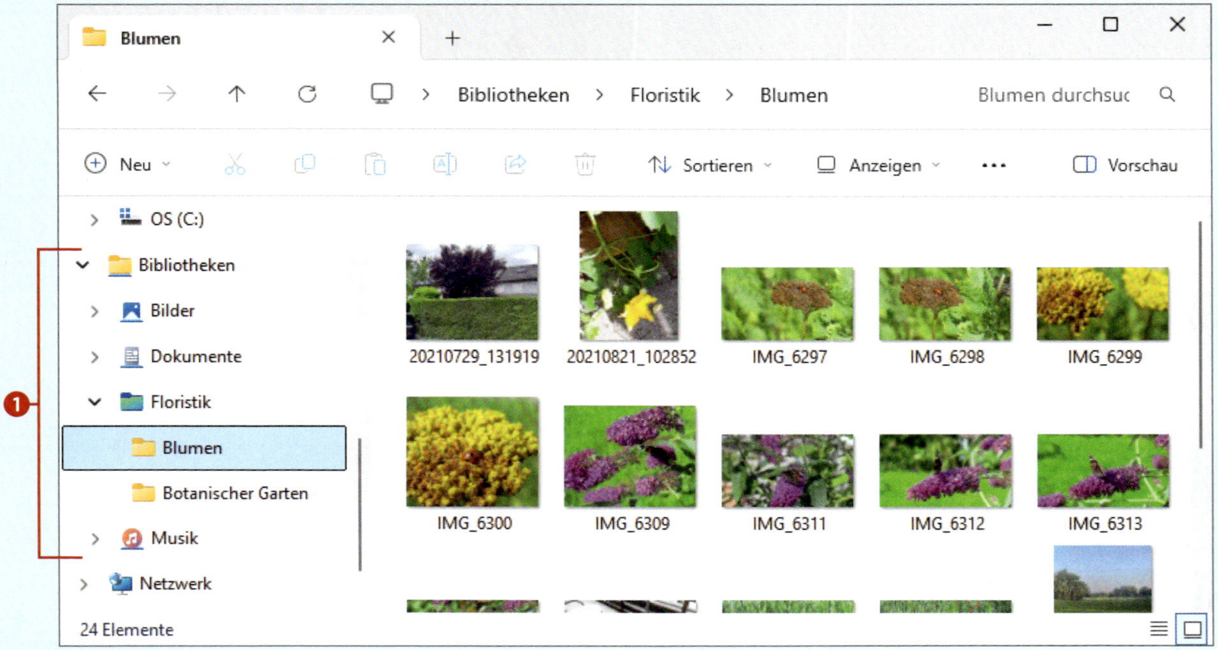

Den Explorer öffnen

Egal, ob Sie Dateien und Ordner auf Ihrem Computer organisieren, Daten auf externen USB-Festplatten oder USB-Sticks speichern oder einfach einen neuen Ordner anlegen möchten, für alle Aufgaben ist der Explorer bestens gerüstet. Um dieses Programm zu starten, stehen Ihnen mehrere Möglichkeiten zur Verfügung:

1. Klicken Sie zum Starten des Programms auf das Ordnersymbol ❶ in der Taskleiste.
2. Einen entsprechenden Eintrag für den **Explorer** ❷ finden Sie aber auch im Schnellstartmenü, das Sie durch einen Rechtsklick auf die **Start**-Schaltfläche oder mit der Tastenkombination [Win] + [X] öffnen können.
3. Am einfachsten und schnellsten öffnen Sie den Explorer mithilfe der Tastenkombination [Win] + [E].
4. Aus dem Startmenü heraus starten Sie den Explorer über den gleichnamigen Eintrag am unteren Rand des Menüs ❸. Sollte dieser Eintrag fehlen, öffnen Sie die **Einstellungen**-App und klicken unter **Personalisierung > Start** auf den Link **Ordner**. In der aufklappenden Liste können Sie nun den Regler für den **Datei-Explorer** einschalten.

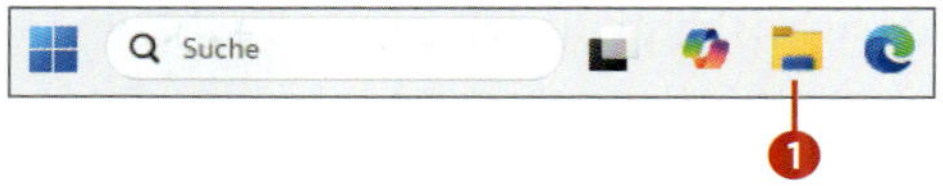

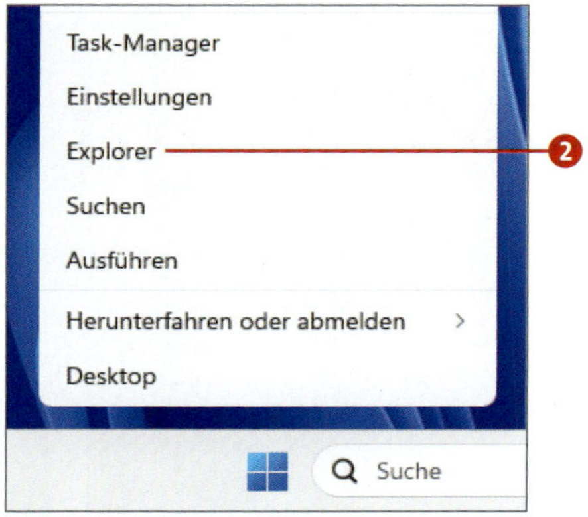

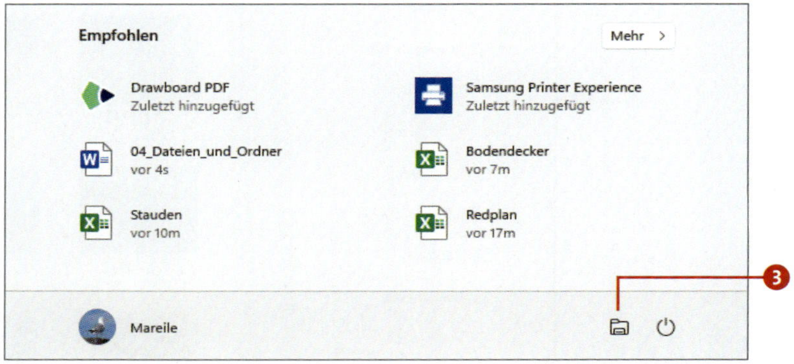

Das Symbol für den Explorer fehlt in der Taskleiste

Befindet sich das Ordnersymbol nicht in der Taskleiste, wurde es offenbar von dort gelöst. Um es wieder in die Taskleiste zu integrieren, öffnen Sie zunächst das Startmenü. Klicken Sie nun mit der rechten Maustaste auf den Eintrag **Explorer** und wählen Sie aus dem Kontextmenü den Befehl **Mehr > An Taskleiste anheften**. Das Symbol wird nun in der Taskleiste abgelegt und Sie können den Explorer wieder darüber starten.

So ist der Explorer aufgebaut

Der Explorer wurde für Windows 11 grundlegend überarbeitet. In älteren Windows-Versionen wurde er übrigens noch als *Windows-Explorer* bezeichnet, mittlerweile nennt Microsoft das Programm offiziell *Datei-Explorer* oder einfach *Explorer*. Nicht nur der Name, auch die Optik hat sich verändert. Das breite Menüband ist einer schmalen Symbolleiste gewichen. Manche mögen im neuen Explorer auf den ersten Blick den einen oder anderen Befehl vermissen. Über kleine Tricks lassen sich die meisten Funktionen aber weiterhin mit nur wenigen Mausklicks erreichen.

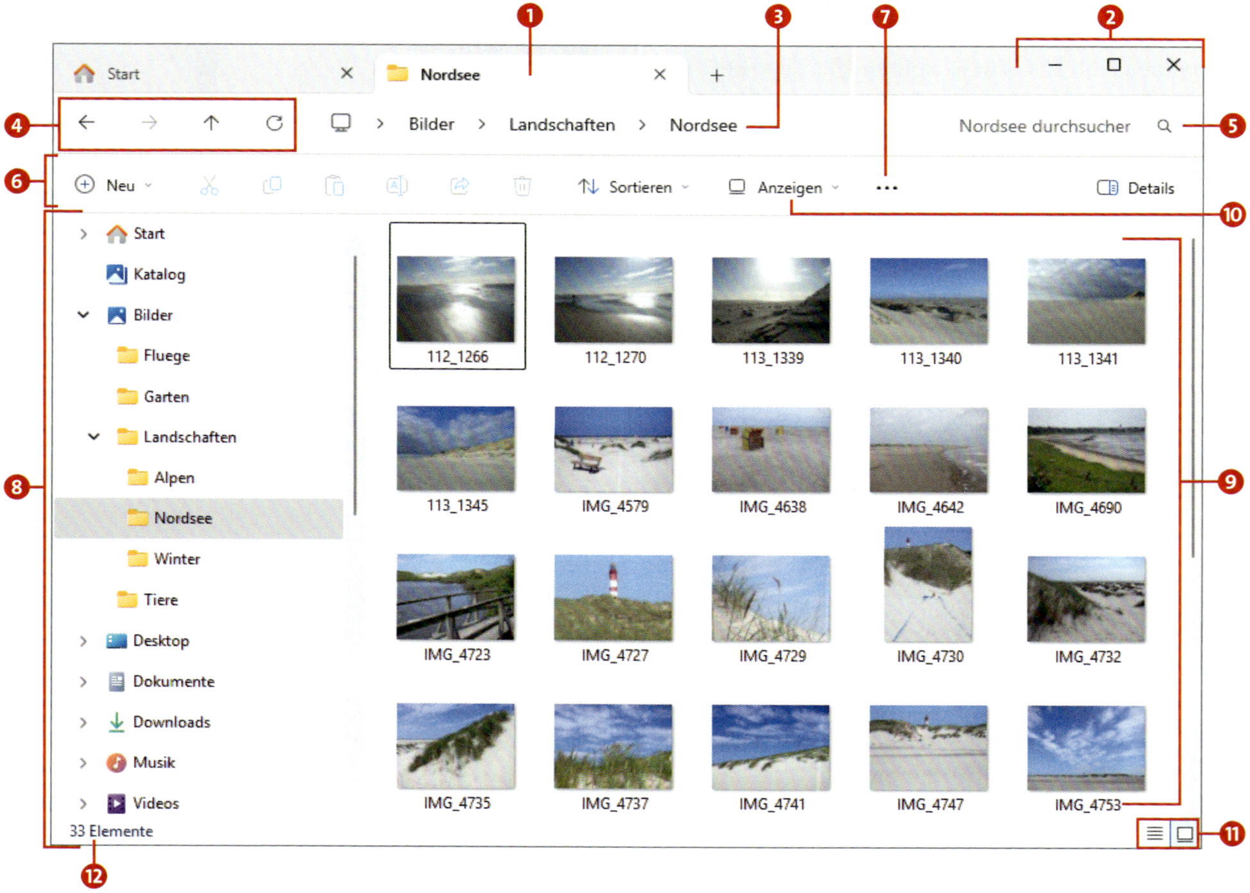

1. Ein lang gehegter Wunsch von Anwender*innen ist unter Windows 11 Realität geworden: Der Explorer verfügt endlich über Registerkarten (auf Englisch auch *Tabs* genannt). Die Funktionsweise ist ähnlich den Registerkarten oder Tabs in einem Browser wie Edge, d. h., Sie können nun schnell zwischen Ordnern und Laufwerken wechseln. In der Abbildung sind zwei geöffnete Registerkarten zu sehen. Der Registerreiter zeigt den Namen des im Navigationsbereich markierten Ordners, im Beispiel also **Nordsee**. Nur wenn der Schnellzugriff im Navigationsbereich ausgewählt wurde, erscheint der neutrale Titel **Start**. Wie Sie die Registerkarten optimal nutzen, erfahren Sie im Abschnitt »Kopieren und Verschieben per Registerkarten« ab Seite 124.
2. Über die drei Symbole in der rechten oberen Fensterecke lässt sich das Programmfenster minimieren bzw. wieder maximieren, verkleinern oder auch ganz schließen. Neu in Windows 11 hinzugekommen sind die *Snap-Layouts*, mit deren Hilfe Sie blitzschnell mehrere Programmfenster auf dem Bildschirm anordnen. Die Layoutvorschläge werden eingeblendet, sobald Sie den Mauszeiger über dem mittleren der drei Symbole positionieren (siehe Abschnitt »Die neuen Snap-Layouts von Windows 11« auf Seite 80).
3. Die *Adressleiste* zeigt Ihnen an, wo innerhalb der Ordnerstruktur Sie sich gerade befinden. Sie können auf einen Teilbereich des Pfades klicken, um zur entsprechenden Ebene zu springen. Wenn Sie auf eine freie Stelle in der Adressleiste klicken, wird Ihnen der aktuelle Speicherpfad in seiner ursprünglichen Form angezeigt.
4. Klein, aber sehr praktisch sind die *Navigationsschaltflächen* direkt unterhalb der Registerkarten. Über diese Schaltflächen können Sie zum zuletzt geöffneten Speicherort wechseln, den übergeordneten Ordner aufrufen oder zum nächsten Unterordner springen.
5. Rechts neben der Adressleiste befindet sich das *Suchfeld*, über das Sie nach Dateien und Ordnern auf Ihrem Computer suchen können. Die Suche beginnt stets im aktuell ausgewählten Verzeichnis. Unterordner werden bei der Suche ebenfalls berücksichtigt.
6. Statt des unter Windows 10 noch vorhandenen Menübandes besitzt der Explorer in Windows 11 nun eine Symbolleiste. Diese enthält lediglich die wichtigsten Befehle etwa zum Kopieren, Umbenennen, Löschen oder auch Sortieren von Dateien und Ordnern.
7. Weitere Befehle erreichen Sie über das Symbol **Weitere Infos**.
8. Der *Navigationsbereich* erstreckt sich über die gesamte linke Seite des Fensters. Sie haben hier Zugriff auf alle Festplatten und CD-/DVD-Laufwerke sowie, soweit vorhanden, auf Netzwerke. Wenn Sie einen USB-Stick anschließen, wird dieser nach kurzer Zeit ebenfalls in der Liste angezeigt, sodass Sie auf die darauf gespeicherten Daten zugreifen können.
9. Im rechten Teil des Fensters sehen Sie den *Inhaltsbereich*. Hier werden alle Inhalte der im Navigationsbereich angeklickten Laufwerke oder Ordner angezeigt.
10. Die Darstellung lässt sich über die Schaltfläche Anzeigen verändern.
11. Auch über die beiden Schaltflächen am rechten Rand der Statusleiste können Sie die Ansicht des Inhaltsbereichs verändern.
12. Ganz unten ist schließlich die *Statusleiste* zu finden. Sie zeigt die Anzahl der ausgewählten Elemente an. Haben Sie mehrere Elemente markiert, zeigt die Leiste die Anzahl der ausgewählten Dateien und die gesamte Dateigröße der Auswahl an.

Der Navigationsbereich des Explorers

Den Navigationsbereich erweitern

Sie vermissen im Navigationsbereich des Explorers Elemente, wie etwa den Papierkorb, die Bibliotheken oder auch die Systemsteuerung? Mit nur wenigen Mausklicks holen Sie sie über den Dialog **Ordneroptionen** zurück:

1. Klicken Sie am rechten Rand der Symbolleiste auf das Symbol mit den drei Punkten ❶ und dann auf **Optionen** ❷.
2. Es wird der Dialog **Ordneroptionen** geöffnet, in dem Sie auf die Registerkarte **Ansicht** wechseln ❸. Blättern Sie in der Liste **Erweiterte Einstellungen** ganz nach unten bis zum Abschnitt **Navigationsbereich**.
3. Um den Papierkorb und die Systemsteuerung im Navigationsbereich einzublenden, versehen Sie den Eintrag **Alle Ordner anzeigen** mit einem Häkchen ❹.
4. Aktivieren Sie den Eintrag **Bibliotheken anzeigen** ❺, falls diese ebenfalls im Navigationsbereich erscheinen sollen.
5. Schließen Sie den Dialog mit **Übernehmen** und **OK**.

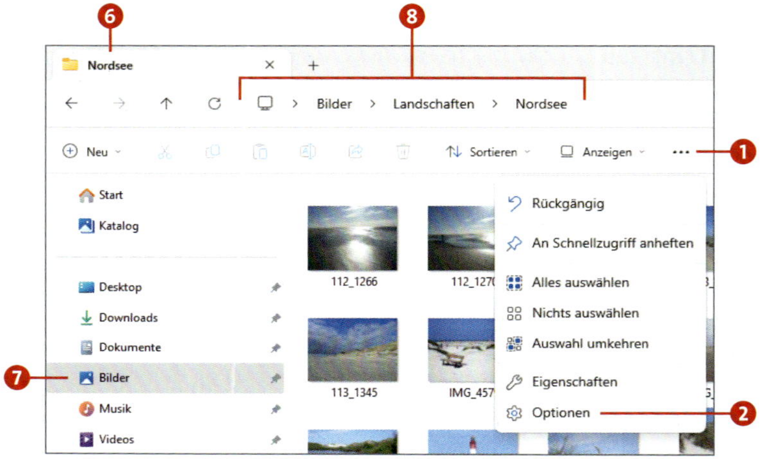

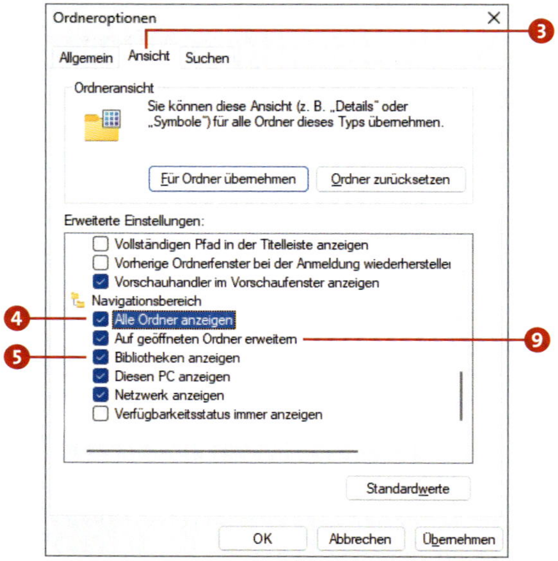

Ordner im Navigationsbereich erweitern

Markieren Sie im Navigationsbereich einen Ordner, wird sein Inhalt im Inhaltsbereich angezeigt. Mit einem Doppelklick auf ein Verzeichnis im Inhaltsbereich wird dieses zwar geöffnet (etwa der Ordner **Nordsee** ❻), im Navigationsbereich bleibt aber weiterhin der übergeordnete Ordner (im Beispiel **Bilder** ❼) markiert. Der aktuelle Pfad lässt sich so nur über die Adressleiste in Erfahrung bringen ❽. Um auch den über den Inhaltsbereich ausgewählten Ordner im Navigationsbereich einzublenden, aktivieren Sie im Dialog **Ordneroptionen** den Eintrag **Auf geöffneten Ordner erweitern** ❾.

Den Schnellzugriff anpassen

Nach dem Start des Explorers wird im Navigationsbereich automatisch der *Schnellzugriff* markiert. Der Registerkartenreiter trägt in diesem Fall den Namen **Start**. Im Inhaltsbereich sind häufig verwendete Ordner sowie zuletzt geöffnete Dateien zu sehen. Sie können aber selbst festlegen, welche Elemente angezeigt werden sollen und welche nicht:

1. Um eine Datei oder einen Ordner fest im Schnellzugriff zu verankern, navigieren Sie zu dem Ordner, in dem sich das Element befindet. Nach einem rechten Mausklick wählen Sie den Befehl **An Schnellzugriff anheften** ❶.
2. Markieren Sie links den Schnellzugriff per Klick auf **Start**, wird das Element rechts eingeblendet. Angeheftete Elemente erkennen Sie an der Pinnnadel ❷. Um ein Element aus dem Schnellzugriff zu entfernen, wählen Sie nach einem rechten Mausklick auf das Element **Von Schnellzugriff lösen**.
3. Es sollen zwar häufig genutzte Ordner im Schnellzugriff eingeblendet werden, aber nicht die zuletzt geöffneten Dateien oder auch umgekehrt? Hierzu klicken Sie in der Symbolleiste auf das Symbol mit den drei Punkten ❸ und dann auf **Optionen**. Auf der Registerkarte **Allgemein** des Dialogs **Ordneroptionen** entfernen Sie im Abschnitt **Datenschutz** nun das Häkchen vor den Elementen, die nicht mehr im Schnellzugriff angezeigt werden sollen ❹.
4. Mit **Löschen** werden alle aktuell im Schnellzugriff befindlichen Elemente entfernt ❺. Bestätigen Sie mit **Übernehmen** und **OK**.

Den Explorer mit der Ansicht »Dieser PC« starten

Sie hätten gerne, dass der Explorer nach dem Start nicht den Inhalt des Schnellzugriffs anzeigt, sondern – wie in älteren Windows-Versionen üblich – die Übersicht **Dieser PC**? Hierzu müssen Sie lediglich im Dialog **Ordneroptionen** im Feld **Datei-Explorer öffnen für** den Eintrag **Dieser PC** auswählen ❻.

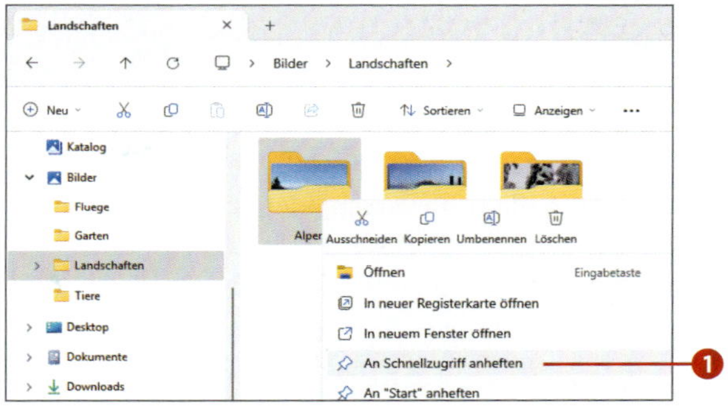

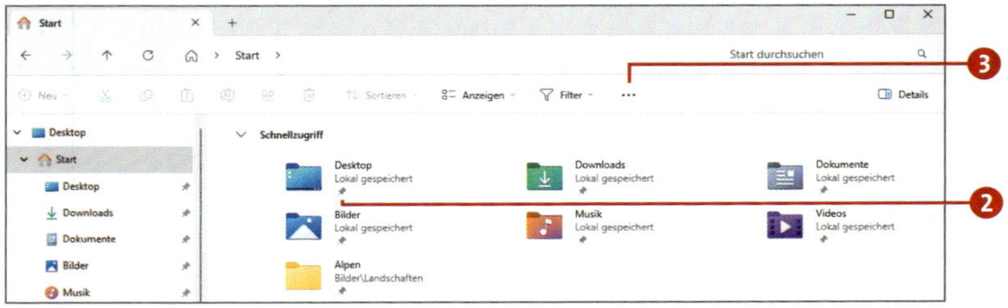

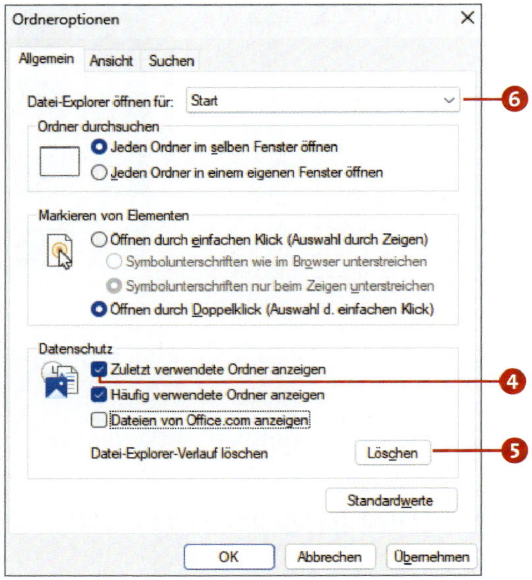

Dateien anzeigen und sortieren

Dateien im Explorer anzeigen

Nachdem Sie den Explorer gestartet haben, sehen Sie auf der linken Seite unter anderem eine Auflistung verschiedener Bibliotheken und Favoriten-Ordner (Schnellzugriff). Unter der Bezeichnung **Dieser PC** werden alle angeschlossenen Laufwerke aufgeführt, also Festplatten und CD-/DVD-Laufwerke. Diese sind allerdings erst sichtbar, wenn Sie auf den kleinen Pfeil vor dem Eintrag **Dieser PC** klicken und damit die Liste aufklappen. Falls Sie die Ordneroptionen des Explorers noch nicht wie in Schritt 3 des Abschnitts »Den Navigationsbereich erweitern« auf Seite 106 angepasst haben, wird dieser Pfeil erst sichtbar, wenn Sie mit der Maus auf ein Element zeigen. Führen Sie den Mauszeiger aus dem Navigationsbereich heraus, werden die Pfeile wieder ausgeblendet. Alle Laufwerke und Ordner, vor denen Sie einen solchen Pfeil sehen, können Sie aufklappen, um sich ihre Unterverzeichnisse anzeigen zu lassen. Sobald Sie einen Ordner durch Anklicken markieren, zeigt der Datei-Explorer dessen Inhalt in der rechten Fensterhälfte an.

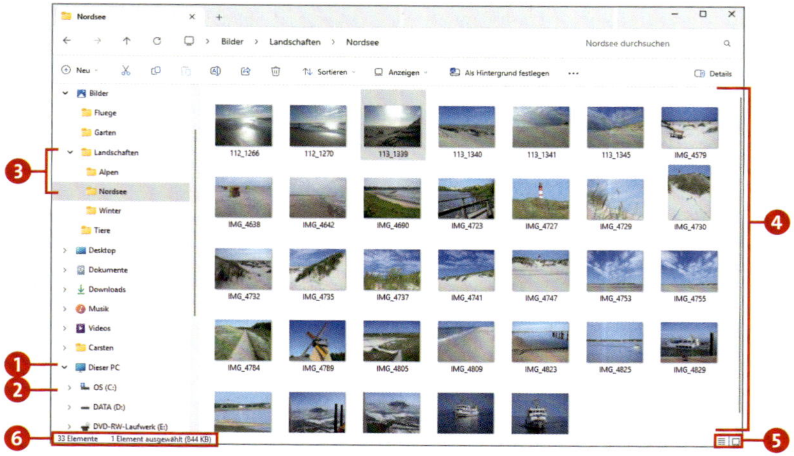

1. In der Kategorie **Dieser PC** sind alle angeschlossenen Laufwerke aufgelistet.
2. Das Systemlaufwerk **C:** ist das Laufwerk, auf dem Windows installiert ist.
3. das Verzeichnis **Landschaften** mit dem Unterverzeichnis **Nordsee**
4. der Inhalt des links ausgewählten Ordners in der Ansicht **Große Symbole**
5. Schaltflächen zum schnellen Umschalten zwischen den Ansichten **Details** und **Große Symbole**
6. die Statusleiste mit Angaben zur Anzahl der Elemente im ausgewählten Ordner und zu dessen Dateigröße

Die Ansichten des Explorers – 1

Der Explorer hat viele Gesichter. Insgesamt acht verschiedene Ansichten können Sie auswählen. Für Dokumente, z. B. Word- und Excel-Dateien, empfiehlt sich die Ansicht **Details**, denn damit sehen Sie auf einen Blick, wann das Dokument zuletzt bearbeitet wurde und welche Größe es hat. Für Bilddateien eignen sich besonders gut die Ansichten **Mittelgroße Symbole**, **Große Symbole** und **Extra große Symbole**. Alle diese Einstellungen bieten ein kleines Vorschaubild des Fotos, damit Sie die Bilder betrachten können, ohne erst ein Bildprogramm öffnen zu müssen.

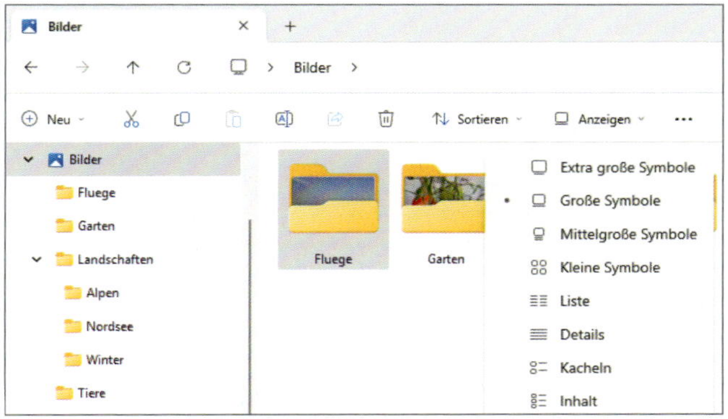

Um die Darstellung im Explorer zu wechseln, klicken Sie in der Symbolleiste auf die Schaltfläche **Anzeigen**. In der aufklappenden Liste wählen Sie dann die gewünschte Ansicht aus:

- **Extra große**, **Große**, **Mittelgroße** oder **Kleine Symbole**
- **Liste**
- **Details**
- **Kacheln**
- **Inhalt**

Die vier Symbolansichten eignen sich besonders gut für die Anzeige von Bildern. Bei der Einstellung **Kleine Symbole** ist der Inhalt der Bilddatei noch nicht zu sehen. Mit **Mittelgroße Symbole** und **Große Symbole** variieren Sie die Größe der Vorschaubilder und damit auch die Anzahl der angezeigten Dateien.

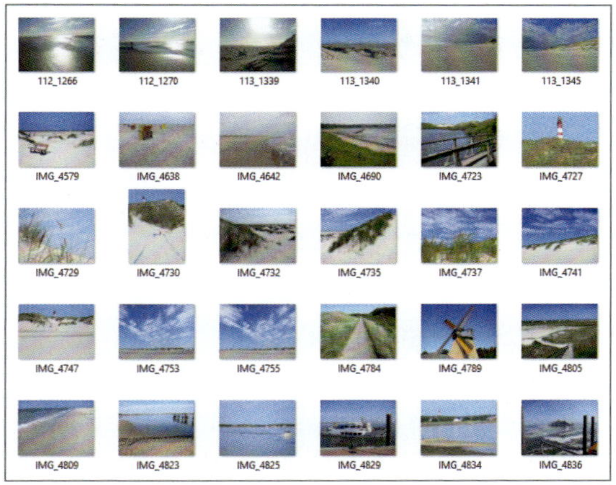

Viel Platz benötigt die Auswahl **Extra große Symbole**. Da die Darstellung der Symbole auf diese Art auch einiges an Rechenleistung erfordert, sollten Sie **Extra große Symbole** nur für Ordner verwenden, die wenige Bilder enthalten.

Die Ansichten des Explorers – 2

Wählen Sie die Ansicht **Liste**, werden alle Ordner und Dateien als Symbole in einer einfachen mehrspaltigen Liste dargestellt. Außer dem Dateinamen enthält die Liste keine Informationen.

Die Ansicht **Details** zeigt, wie der Name schon erahnen lässt, mehr Informationen zu den aufgelisteten Dateien und Ordnern an. So sehen Sie neben dem Dateinamen auch das Datum der letzten Änderung, den Dateityp und die Dateigröße und – falls welche vorhanden sind – Markierungen ❶.

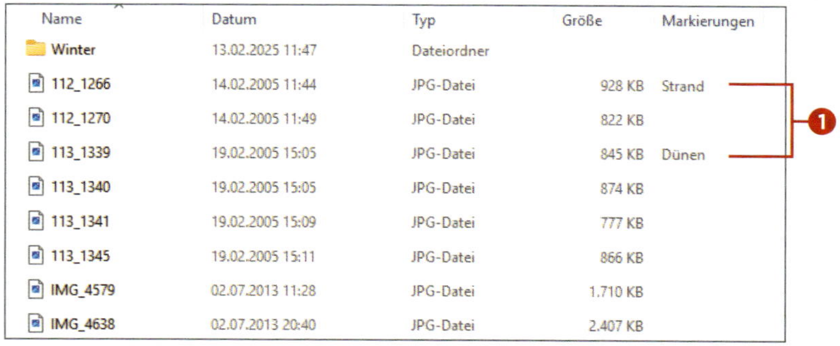

Welche Details angezeigt werden, können Sie übrigens selbst festlegen. Klicken Sie einfach mit der rechten Maustaste auf einen beliebigen Spaltenkopf ❷ und wählen Sie dann aus dem Kontextmenü die Details aus, die für Sie von Interesse sind. Den Vorgang müssen Sie für jedes gewünschte Detail wiederholen.

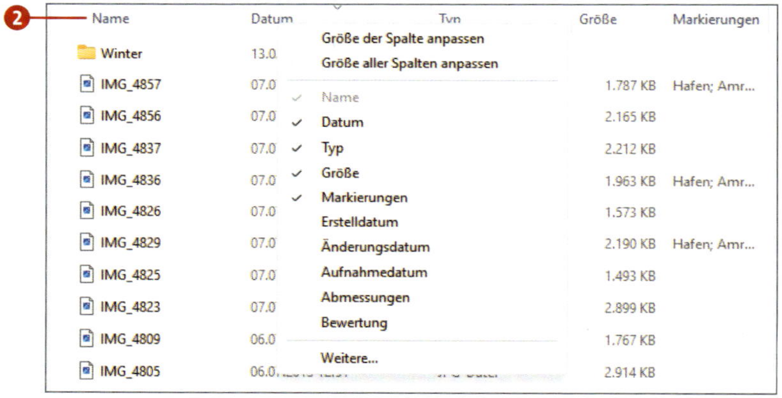

Die Ansicht **Kacheln** zeigt ein kleines Symbol für die Datei, ihren Namen, den Dateityp sowie die Dateigröße an. Die Dateien werden in mehreren Spalten aufgelistet. Bei Bild- und Grafikdateien wird als Symbol eine Miniaturansicht der Datei angezeigt.

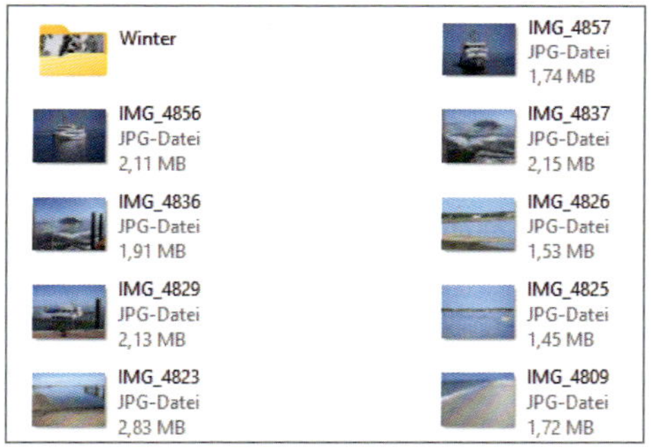

Bei der Ansicht **Inhalt** listet der Explorer alle Elemente in einer fortlaufenden Liste auf. Dargestellt werden wieder ein Dateisymbol, der Name der Datei, ihr Typ, ihre Größe und außerdem das Datum der letzten Änderung. Bei Bild- und Grafikdateien wird, wie zuvor bei der Kachelansicht, eine Miniaturvorschau angezeigt.

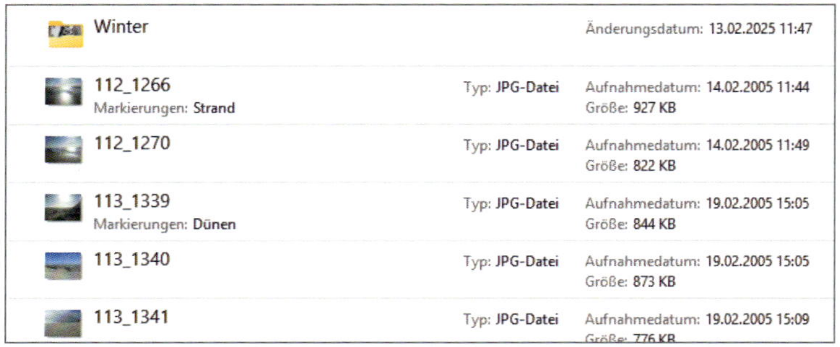

Der Explorer bietet, etwas versteckt in der Statusleiste am unteren Bildschirmrand, zwei Optionen zur schnellen Änderung der Darstellung. Klicken Sie auf die linke Schaltfläche, um sich die Ansicht **Details** ❸ anzeigen zu lassen, und auf die rechte Schaltfläche für die Ansicht **Große Symbole** ❹. Nur diese beiden Ansichten stehen im Schnellzugriff zur Verfügung. Sie können aber alle Ansichten auch mithilfe der Tastatur aktivieren: Drücken Sie Strg + ⇧ und dazu eine Ziffer von 1 bis 8. Jeder Ziffer ist eine andere Ansicht zugeordnet. Wenn Sie eine Computermaus mit Scrollrad nutzen, gibt es einen weiteren pfiffigen Weg, um die Ansichten zu ändern: Halten Sie einfach die Taste Strg gedrückt, während Sie das Scrollrad drehen. Das ist vor allem dann praktisch, wenn Sie die Ansicht von Bildern anpassen möchten.

Das Kontextmenü einer Datei aufrufen

Die Symbolleiste des Explorers bietet in Windows 11 nur wenige Befehle. Umso wichtiger ist das Kontextmenü, denn hierüber erreichen Sie viele Einstellungs- und Bearbeitungsmöglichkeiten für Dateien und Ordner, die in älteren Windows-Versionen noch über das Menüband ausgewählt werden konnten. Das Kontextmenü passt sich dabei stets dem ausgewählten Element an und listet jeweils dazu passende Funktionen auf.

Um das Kontextmenü einer Datei zu öffnen, klicken Sie diese im Explorer mit der rechten Maustaste an. Das Menü enthält Funktionen zur Bearbeitung oder Weiterverwendung der ausgewählten Datei. Welche Funktionen das im Einzelnen sind, hängt vom Dateityp ab. Das Kontextmenü einer Bilddatei enthält z. B. Befehle, um das Bild nach links oder rechts zu drehen oder es als Desktop-Hintergrund festzulegen. Haben Sie hingegen über das Kontextmenü eine Audiodatei geöffnet, stellt Windows Optionen wie die Wiedergabe mit der Medienwiedergabe-App zur Verfügung.

Funktionen wie **Ausschneiden**, **Kopieren**, **Löschen**, **Umbenennen** und **Eigenschaften** finden Sie in den Kontextmenüs aller Dateitypen als beschriftete Symbole ❶. Der Befehl **Einfügen** ist erst verfügbar, wenn sich ein kopiertes oder ausgeschnittenes Element in der Zwischenablage befindet.

In früheren Windows-Versionen konnten Sie nach einem Rechtsklick auf ein Element den Befehl **Senden an** erreichen. Ganz verschwunden ist dieser ausgesprochen praktische Befehl nicht, nur der Aufruf ist etwas komplizierter. Denn um ihn einzublenden, müssen Sie im Kontextmenü erst den Befehl **Weitere Optionen anzeigen** ❷ auswählen. Erst jetzt wird das erweiterte Kontextmenü angezeigt, das viele von Ihnen von früher kennen werden. Den Befehl **Senden an** finden Sie im erweiterten Kontextmenü aller Dateitypen. Darüber können Sie die ausgewählte Datei z. B. in die Bibliothek **Dokumente** verschieben, sie als Anhang per E-Mail versenden oder in ein ZIP-Archiv packen.

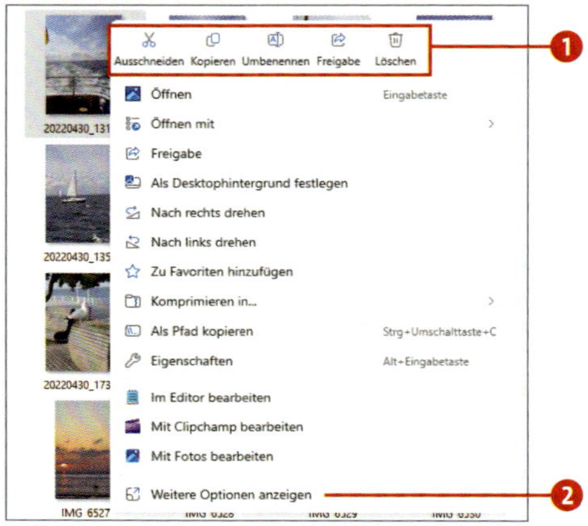

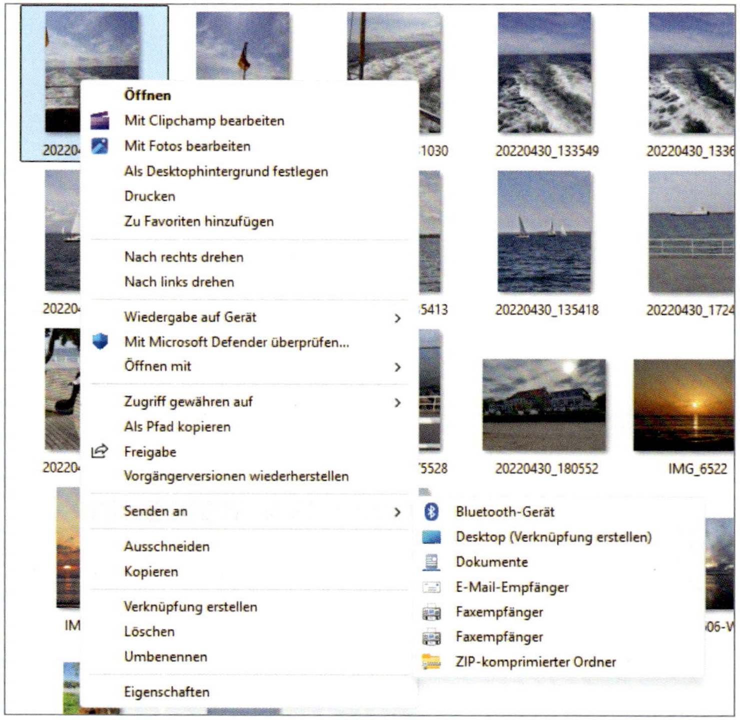

Bei der Installation mancher Programme wird das Kontextmenü um programmspezifische Funktionen erweitert. Sie können aber für gewöhnlich bei der Installation angeben, ob Sie diesen Erweiterungen zustimmen möchten.

Auch für Ordner können Sie ein Kontextmenü öffnen, und auch hier gibt es nun das erweiterte Kontextmenü, das Sie erst über den Befehl **Weitere Optionen anzeigen** einblenden müssen. Die Standardeinträge **Kopieren**, **Umbenennen** oder auch **Löschen** werden im einfachen Kontextmenü, das nach dem ersten Rechtsklick auf den Ordner eingeblendet wird, als beschriftete Symbole am oberen Rand aufgeführt. Die in dem erweiterten Kontextmenü zur Verfügung stehenden Funktionen unterscheiden sich je nach Inhalt des ausgewählten Ordners. Enthält ein Ordner Fotos oder Audiodateien, können Sie diese über den Menüpunkt **Mit der Legacy-Windows Medienwiedergabe wiedergeben** abspielen. Hinter der etwas kryptischen Bezeichnung verbirgt sich der bereits seit vielen Windows-Versionen bekannte Windows Media Player. Fotos werden dann als Diashow wiedergegeben. Das Menü **Senden an** unterscheidet sich nicht von dem für einzelne Dateien.

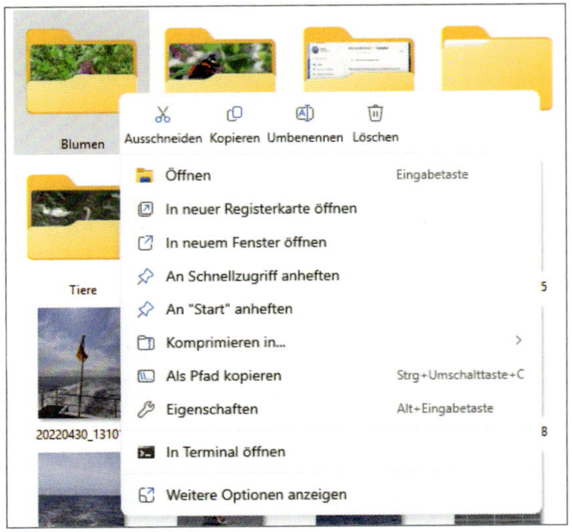

Das erweiterte Kontextmenü enthält eine weitere interessante Funktion: Mit dem Befehl **Als Pfad kopieren** kopieren Sie den kompletten Dateipfad in die Zwischenablage und können ihn mit dem Befehl **Einfügen** aus dem Kontextmenü oder mit [Strg] + [V] in eine andere Anwendung übernehmen, z. B. in ein Word-Dokument oder eine E-Mail.

Wer einen Befehl aus dem erweiterten Kontextmenü benötigt, muss übrigens nicht jedes Mal erst das einfache Kontextmenü einblenden und dort den Befehl **Weitere Optionen anzeigen** aufrufen. Halten Sie stattdessen die Taste [⇧] gedrückt, während Sie das gewünschte Element (Datei oder auch Ordner) mit der rechten Maustaste anklicken, und schon wird das erweiterte Kontextmenü direkt geöffnet.

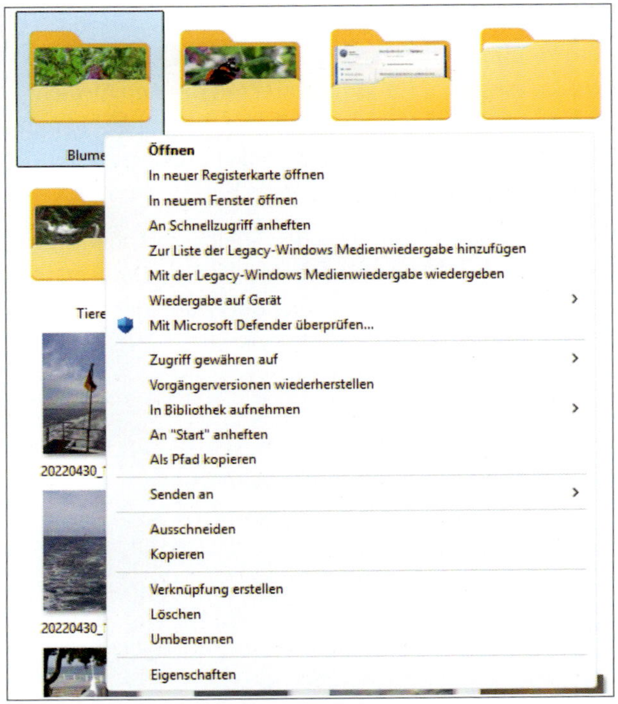

Die Eigenschaften von Dateien ändern

Zu jeder Datei können Sie den Dialog **Eigenschaften** aufrufen. Er enthält Details zur Datei, z. B. den Typ und die Größe, sowie weiterführende Informationen wie Autor und Änderungsdatum. Sie können einer Datei weitere Informationen hinzufügen, z. B. Kommentare oder Suchbegriffe.

1. Um die Eigenschaften einer Datei aufzurufen, öffnen Sie zunächst den **Explorer** und markieren die gewünschte Datei per Mausklick. Klicken Sie dann in der Symbolleiste auf das Symbol mit den drei Punkten ❶ und in der aufklappenden Liste auf **Eigenschaften** ❷.
2. Im Fenster **Eigenschaften**, das sich nun öffnet, sehen Sie auf der Registerkarte **Allgemein** ❸ neben dem Dateinamen unter anderem den Dateityp und unmittelbar darunter eine Angabe dazu, mit welchem Programm die Datei geöffnet wird ❹. In diesem Beispiel wird die ausgewählte .wma-Datei mit der App *Medienwiedergabe* abgespielt. Über die Schaltfläche **Ändern** ❺ können Sie gegebenenfalls ein anderes Programm zum Abspielen der Audiodatei auswählen.
3. Dem nächsten Abschnitt können Sie den Speicherort sowie die Dateigröße entnehmen ❻ und Sie sehen, wann die Datei erstellt wurde, wann sie zuletzt geändert wurde und wann der letzte Zugriff erfolgt ist ❼.

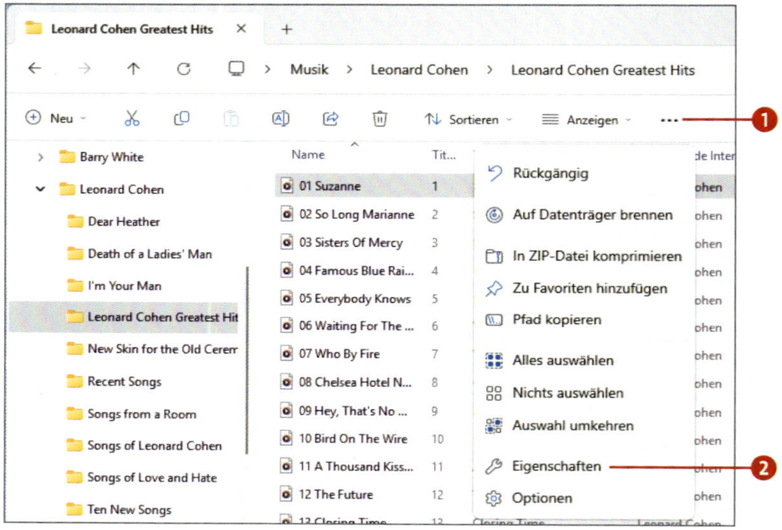

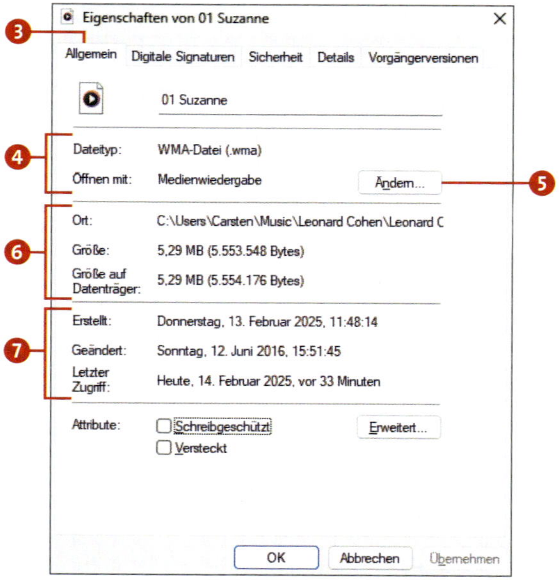

Jeder Dateityp verfügt über andere Eigenschaften

Welche Eigenschaften für eine Datei angezeigt werden, hängt von ihrem Typ ab. Bei Fotos finden Sie z. B. Angaben zur Belichtungszeit oder zur verwendeten Blende, während Sie bei Office-Dokumenten die Anzahl der Seiten, Wörter und Zeichen sehen.

4. Wechseln Sie auf die Registerkarte **Details** 8, um weitere Informationen aufzurufen. In diesem Bereich können Sie einiges abändern und leere Bereiche der Spalte **Wert** mit Daten füllen, z. B. einen Titel vergeben oder einen Kommentar ergänzen. Führen Sie den Mauszeiger dorthin, wird ein Textfeld eingeblendet und Sie können den vorhandenen Text beliebig ändern. Klicken Sie unten auf die Schaltfläche **OK**, um alle Änderungen zu speichern.

5. Bevor Sie eine Datei weitergeben, z. B. per E-Mail verschicken, sollten Sie einen Blick auf deren Dateieigenschaften werfen und gerade bei Office-Dokumenten und Mediadateien persönliche Angaben entfernen. Markieren Sie die Datei im Explorer und rufen Sie den Dialog **Eigenschaften** auf, wie in Schritt 1 gezeigt. Auf der Registerkarte **Details** klicken Sie dann auf den Link **Eigenschaften und persönliche Informationen entfernen** 9.

6. Sie haben nun die Wahl: Um eine Kopie Ihrer Datei erstellen und daraus alle Eigenschaften entfernen zu lassen, wählen Sie die Option **Kopie erstellen, in der alle möglichen Eigenschaften entfernt sind** 10.

7. Möchten Sie hingegen selbst festlegen, welche Informationen gelöscht werden sollen, markieren Sie die Option **Folgende Eigenschaften aus dieser Datei entfernen** 11. Sie können darunter dann die Informationen markieren, die Sie löschen möchten, indem Sie in das jeweilige Kästchen klicken.

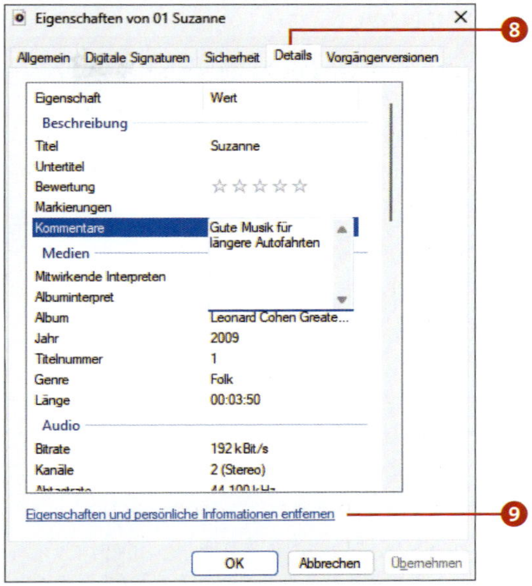

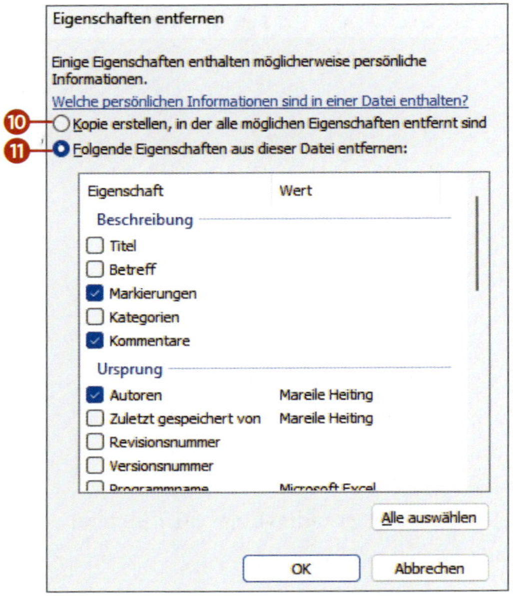

Keine Kopie!

Wenn Sie selbst auswählen, welche Eigenschaften gelöscht werden sollen, werden diese Informationen direkt aus der Originaldatei entfernt, in diesem Fall wird also keine Kopie der Datei erstellt. Einmal gelöschte Eigenschaften können dann nicht wieder rekonstruiert werden.

Dateien nach Datum sortieren

Die Möglichkeit, Dateien im Explorer nach festgelegten Kriterien zu sortieren, erleichtert deren Verwaltung ungemein. Eine Variante ist die Sortierung der Dateien nach ihrem Erstellungsdatum:

1. Starten Sie den **Explorer** und öffnen Sie den Ordner, der die zu sortierenden Daten enthält. Klicken Sie dann in der Symbolleiste auf die Schaltfläche **Sortieren** ❶.
2. In dem kleinen Menü, das daraufhin aufklappt, ist die Sortierung **Name** ❷ in aufsteigender Folge ❸ (alphabetisch von A bis Z) voreingestellt. Wählen Sie den Eintrag **Änderungsdatum** ❹, um eine neue Sortierung vorzunehmen. Das Menü wird wieder ausgeblendet und die Daten werden fortan nach dem Datum in absteigender Reihenfolge sortiert. Die neuesten Daten stehen ganz oben in der Liste.
3. Möchten Sie die Daten lieber in umgekehrter Reihenfolge sortiert haben, klicken Sie noch einmal auf **Sortieren** und wählen anschließend die Option **Absteigend** ❺ aus.

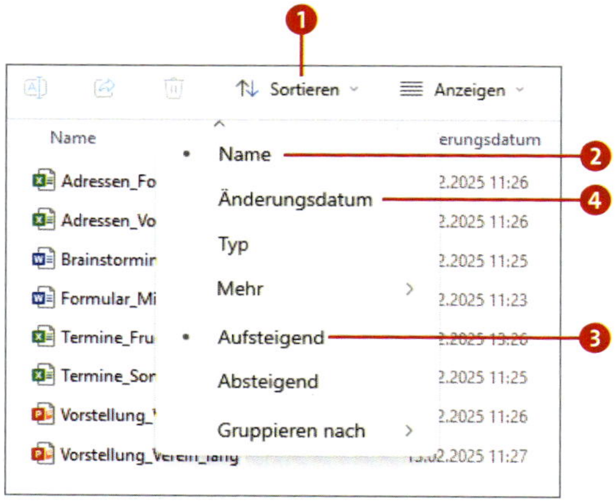

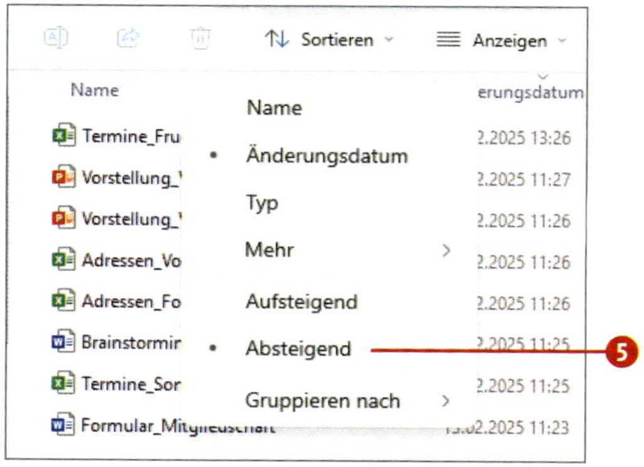

Breite der Spalten ausrichten

Je nachdem, welche Informationen in einer Spalte angegeben werden, sind diese mal länger, mal weniger lang. Um die Breite einer einzelnen Spalte zu ändern, klicken Sie im Spaltenkopf auf den Unterteilungsstrich und ziehen die Spalte mit gedrückter Maustaste auf die gewünschte Breite. Die Breite aller Spalten lässt sich anpassen, indem Sie nach einem Rechtsklick auf einen Spaltenkopf im Kontextmenü den Befehl **Größe aller Spalten anpassen** auswählen.

Dateien nach Größe und anderen Kriterien sortieren

Sie möchten Ihre Daten nicht nach Name oder Datum, sondern z. B. nach der Dateigröße sortieren? Kein Problem, Sie können viele Informationen als Sortierkriterien verwenden:

1. Öffnen Sie einen Ordner im **Explorer**.
2. Sie können die Sortieroptionen mit einem Klick auf **Sortieren** ① einblenden oder Sie öffnen mit einem Rechtsklick auf eine freie Stelle innerhalb des Ordners dessen Kontextmenü. Wählen Sie im Menü zunächst **Sortieren nach** und dann die Option **Größe** ② aus. Da sich das Kontextmenü nach erfolgter Auswahl schließt, müssen Sie es erneut öffnen, falls Sie die Reihenfolge ③ ändern möchten.
3. Um Spalten mit Informationen zu entfernen oder neue hinzuzufügen, öffnen Sie den Ordner und klicken in der Symbolleiste auf **Sortieren**. Positionieren Sie den Mauszeiger auf **Mehr** ④, werden weitere Optionen eingeblendet, aus denen Sie die gewünschte einfach per Mausklick auswählen ⑤.
4. Alternativ können Sie auch mit einem rechten Mausklick auf einen freien Bereich innerhalb des Ordners das Kontextmenü öffnen. Klicken Sie hier nacheinander **Gruppieren nach > Mehr** an. Im folgenden Dialog können Sie dann die gewünschten Details mit einem Häkchen versehen ⑥. Nach einem Klick auf **OK** werden die ausgewählten Spalten hinzugefügt.

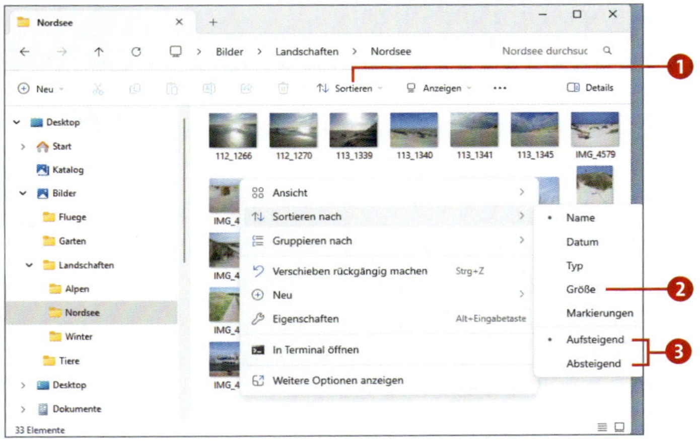

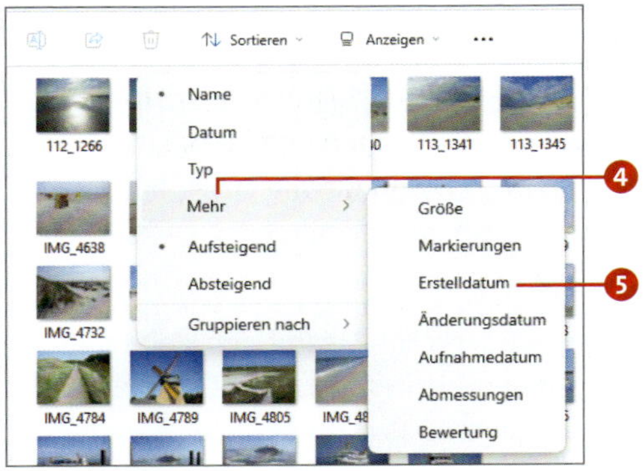

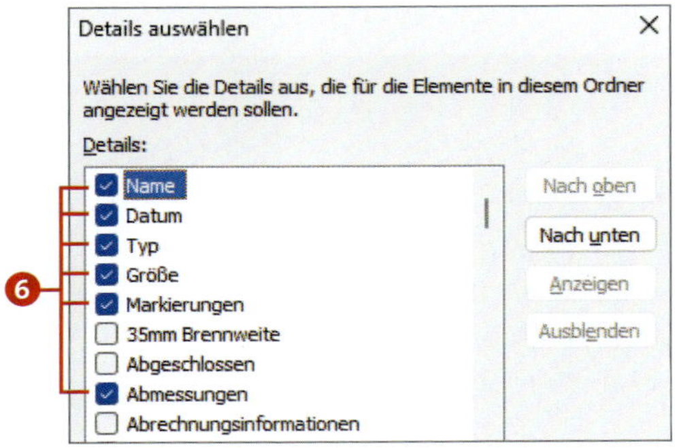

Spalten ohne Inhalt

Je nach Dateityp enthalten nicht alle Spalten tatsächlich Informationen. So bleibt z. B. die Spalte **Brennweite** bei einer Textdatei leer.

Dateien gruppieren und filtern

Die Sortierung von Dateien ist praktisch, allerdings lassen sich diese immer nur nach **einem** Kriterium sortieren, also z. B. nach Name **oder** Dateigröße. Mithilfe der Gruppierung können Sie Ihre Dateien in Gruppen einteilen und sie innerhalb einer solchen Gruppe nach einem weiteren Kriterium sortieren:

1. Öffnen Sie dazu den **Explorer**, z. B. mithilfe der Tastenkombination [Windows] + [E], und wählen Sie den Ordner aus.
2. Klicken Sie in der Symbolleiste auf die Schaltfläche **Sortieren** und positionieren Sie den Mauszeiger im aufklappenden Menü dann auf **Gruppieren nach** ❶. In der nun eingeblendeten Liste wählen Sie die gewünschte Option aus, z. B. **Name**.
3. Alle Dateien werden jetzt in alphabetischer Reihenfolge in mehrere Gruppen aufgeteilt. Um die Sortierung innerhalb der Gruppen zu ändern, klicken Sie in der Symbolleiste auf **Sortieren** ❷ und wählen im Menü einen Eintrag aus, z. B. **Größe**. Sie sehen: Die Gruppierung bleibt erhalten, innerhalb der Gruppierung werden die Daten nun aber zusätzlich noch nach ihrer Größe sortiert.
4. Um eine Gruppe auszublenden, klicken Sie auf den kleinen Pfeil unmittelbar vor der Gruppenbezeichnung ❸. Die Gruppe wird »zugeklappt«. Mit einem erneuten Klick auf den Pfeil blenden Sie die Gruppe wieder ein.

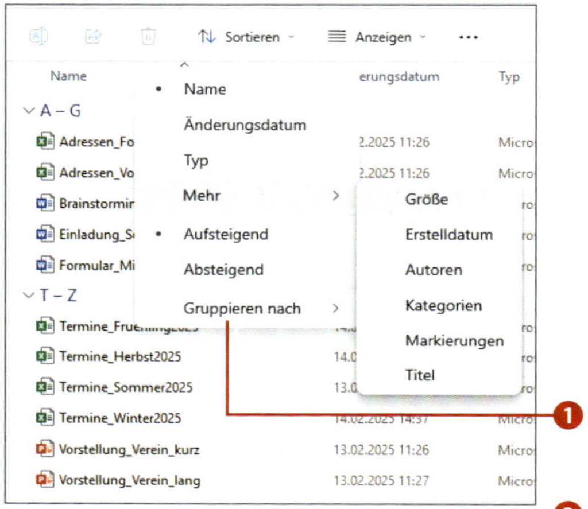

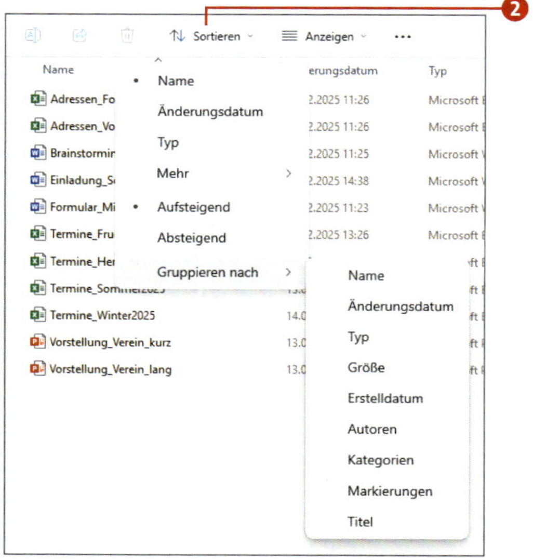

Spaltenköpfe zur Sortierung nutzen

Die auf- oder absteigende Sortierung können Sie auch erreichen, indem Sie auf den Kopf der Spalte klicken, die Sie neu sortieren möchten. Mit jedem Klick wechseln Sie zwischen der auf- und der absteigenden Sortierung.

Dateien markieren

Wenn Sie mehrere Dateien aus einem Ordner in einen anderen kopieren möchten, wäre das Kopieren und Einfügen jeder einzelnen Datei recht umständlich. Deutlich einfacher geht es, wenn Sie mehrere Dateien markieren und anschließend die gewünschte Aktion ausführen.

1. Öffnen Sie zunächst den Ordner, in dem sich die Dateien befinden, mit denen Sie arbeiten möchten. Klicken Sie die erste Datei an, die Sie markieren möchten ❶, und drücken Sie dann die [⇧]-Taste.
2. Halten Sie die [⇧]-Taste gedrückt und klicken Sie auf die letzte Datei in der Liste, die Sie markieren möchten. Alle Dateien dazwischen sind nun ebenfalls markiert ❷.
3. Liegen die benötigten Dateien nicht alle hintereinander, klicken Sie die erste Datei an, aber halten Sie dieses Mal die [Strg]-Taste gedrückt, während Sie nacheinander einzelne Dateien anklicken und auf diese Weise alle markieren.
4. Eine weitere Möglichkeit: Klicken Sie in der Symbolleiste auf **Anzeigen** ❸ und wählen Sie dann **Einblenden > Elementkontrollkästchen** ❹. Wenn Sie nun mit der Maus auf einen Dateinamen zeigen, wird davor ein kleines Kästchen eingeblendet ❺. Klicken Sie in das Kästchen, um die jeweilige Datei zu markieren.

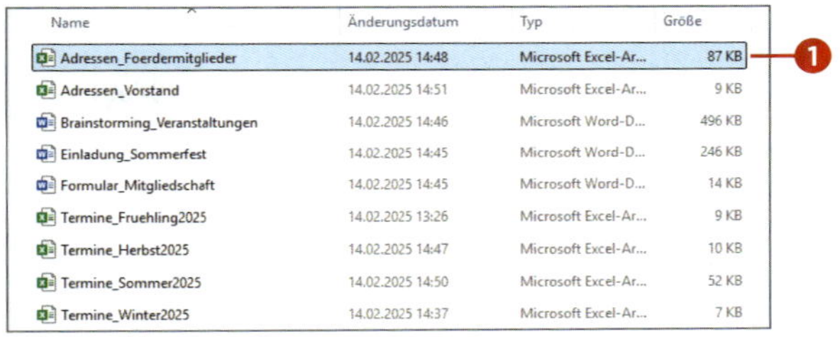

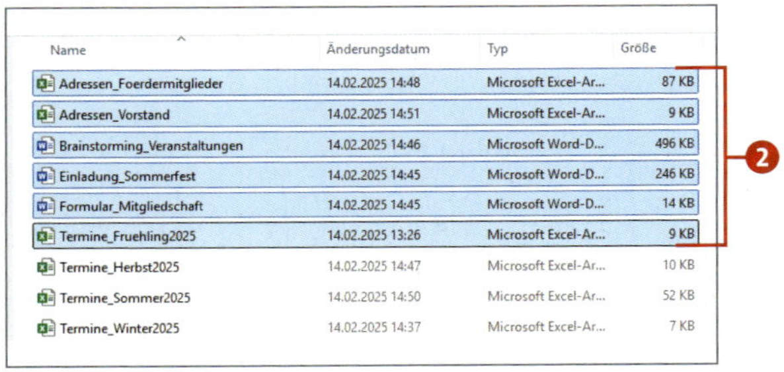

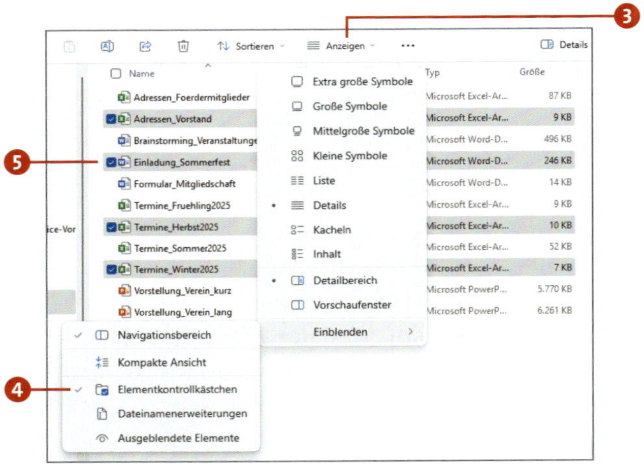

Einzelne Dateien wieder aus der Auswahl entfernen

Haben Sie mithilfe der [⇧]- oder der [Strg]-Taste Dateien markiert und möchten Sie nun einzelne Dateien wieder aus der Auswahl entfernen, halten Sie erneut die [Strg]-Taste gedrückt und klicken Sie die zu entfernenden Dateien an.

Den Dateipfad anzeigen

Der *Dateipfad* – oder kurz *Pfad* – beschreibt den Weg zu einem Ordner oder zu einer Datei. Ausgangspunkt dieser Wegbeschreibung ist dabei immer das Laufwerk, auf dem das Objekt gespeichert ist. Wenn Sie wissen möchten, wie der Pfad zu einer Datei lautet, hilft Ihnen der Explorer weiter:

1. Starten Sie den **Explorer** und öffnen Sie den Ordner, in dem sich die Datei befindet. Oben in der Adressleiste 1 zeigt der Explorer den Speicherort einer Datei in vereinfachter Form an.
2. Klicken Sie mit der Maus auf einen freien Bereich innerhalb des Adressfeldes, wird der vollständige Dateipfad angezeigt 2. Zuerst wird das Laufwerk angegeben, in diesem Beispiel **C:**. Es folgt eine Aneinanderreihung von Verzeichnissen, die jeweils durch einen Backslash voneinander getrennt werden. Einige Teile dieses Pfades (z. B. die Bezeichnung des Standardordners **Bilder**) werden in englischer Sprache aufgeführt (hier also **Pictures**).
3. Den Dateipfad können Sie kopieren, indem Sie den Ordner im Navigationsbereich mit der rechten Maustaste anklicken und im Kontextmenü den Befehl **Als Pfad kopieren** 3 wählen.

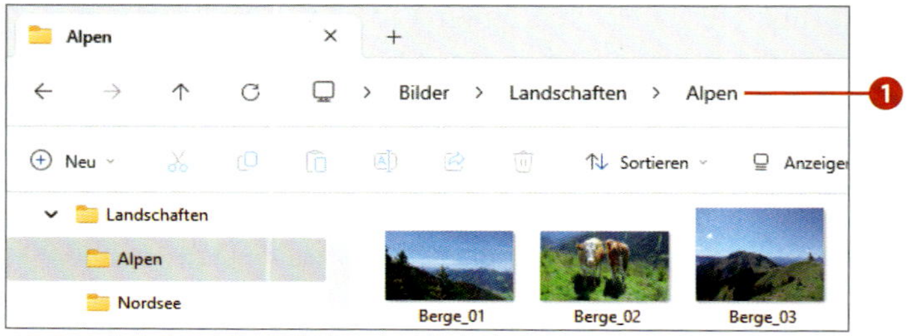

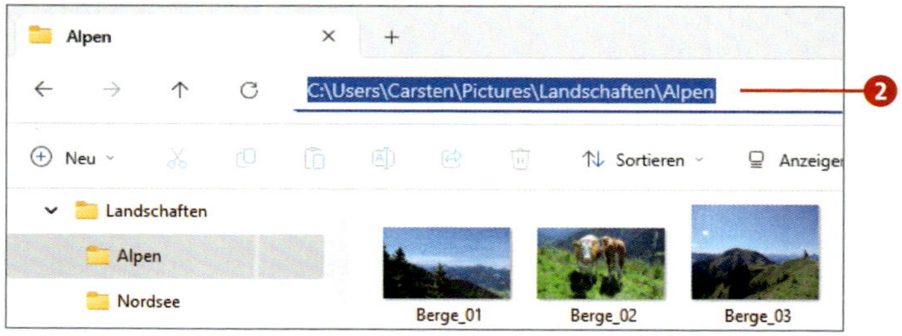

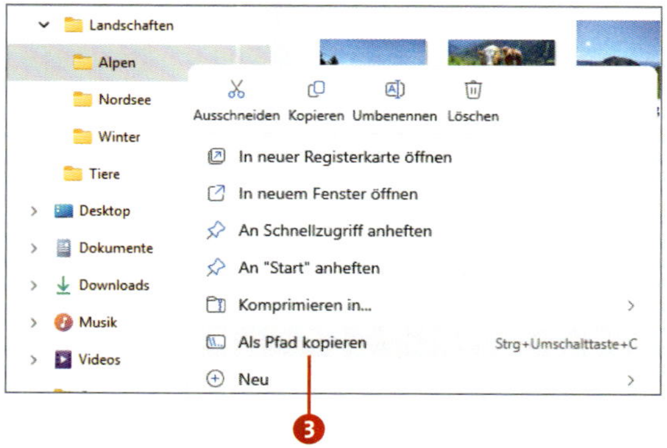

Dateipfad dauerhaft einblenden

Wenn Sie den Dateipfad häufiger benötigen, können Sie ihn in der Adressleiste des Explorers anzeigen lassen. Klicken Sie hierzu in der Symbolleiste auf das Symbol mit den drei Punkten und wählen Sie **Optionen**. Auf der Registerkarte **Ansicht** des Dialogs **Ordneroptionen** versehen Sie das Kontrollkästchen **Vollständigen Pfad in der Titelleiste anzeigen** mit einem Häkchen. Bestätigen Sie mit **Übernehmen** und **OK**.

Dateiendungen einblenden

Jede Datei auf Ihrem Computer verfügt über eine Endung, die, durch einen Punkt getrennt, an den Dateinamen angehängt wird und für gewöhnlich aus drei Zeichen besteht (siehe dazu auch den Abschnitt »Dateien und Ordner« ab Seite 100). Diese Endung kennzeichnet das Format einer Datei. Standardmäßig werden unter Windows alle Dateiendungen ausgeblendet.

1. Starten Sie den **Explorer** durch einen Klick auf das Ordnersymbol in der Taskleiste oder mithilfe der Tasten [Windows] + [E].
2. Klicken Sie in der Symbolleiste auf die Schaltfläche **Anzeigen** ❶ und positionieren Sie den Mauszeiger im aufklappenden Menü auf dem Eintrag **Einblenden**. Wählen Sie den nun sichtbaren Eintrag **Dateinamenerweiterungen** ❷ per Mausklick aus.
3. Der Explorer zeigt ab sofort alle Dateien mit deren Dateiendungen an ❸. Diese Einstellung gilt systemweit für alle Laufwerke und Ordner. Anhand der Dateiendung können Sie das Format einer Datei leicht erkennen. Wenn Sie die Explorer-Ansicht **Details** ❹ verwenden, können Sie den Dateityp außerdem der Spalte **Typ** ❺ entnehmen.
4. Um die Dateiendungen wieder auszublenden, wiederholen Sie Schritt 2 wieder. Durch das erneute Anklicken des Eintrags **Dateinamenerweiterungen** wird das Häkchen davor entfernt.

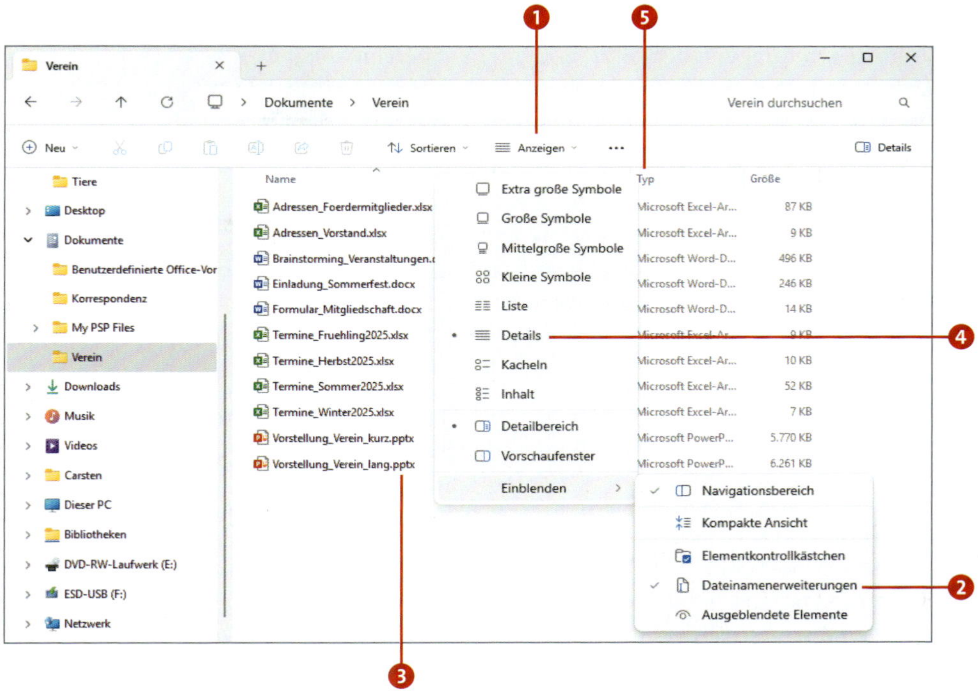

Dateiendungen einblenden?

Schadprogramme verbergen sich häufig in ausführbaren Dateien, die Sie z. B. an den Endungen **.exe**, **.bat** oder **.reg** erkennen. Solche Dateien dienen vielfach der Installation von Programmen, werden aber ab und an auch benutzt, um Viren auf fremde Rechner einzuschleusen. Da in Dateinamen auch Punkte erlaubt sind, kann eine Datei mit dem Namen **virus.exe** schnell in **virus.txt.exe** umbenannt werden. Wenn nun die Dateierweiterungen ausgeblendet sind, ist die Datei im Explorer als **virus.txt** aufgeführt. Bei einem flüchtigen Blick könnten Sie denken, es handle sich um eine harmlose Textdatei. Tatsächlich aber versteckt sich dahinter eine ausführbare Datei, die das Virus auf dem Rechner installieren würde, wenn man sie öffnet.

Die Dateivorschau im Explorer aktivieren

Wäre es nicht ungemein praktisch, wenn man den Inhalt eines Dokuments betrachten könnte, ohne das Dokument zu öffnen? Das Vorschaufenster des Explorers bietet diese Möglichkeit. Mit ihm können Sie einen Blick in viele Dateien werfen, z. B. in Office-Dokumente oder Textdateien.

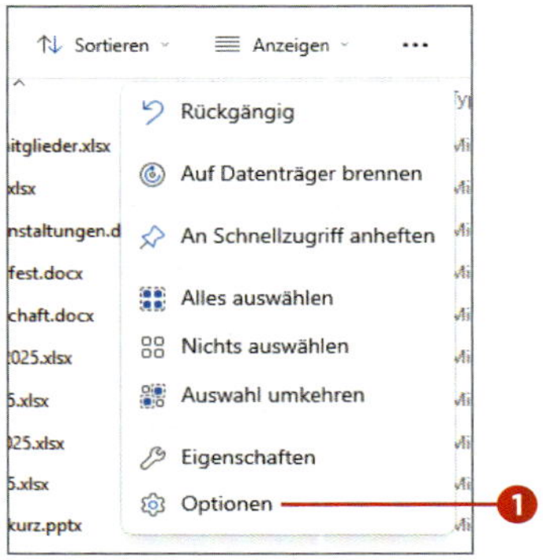

1. Damit Dokumente in der Vorschau angezeigt werden können, muss der *Vorschauhandler* aktiviert sein. Kontrollieren Sie diese Einstellung in den Ordneroptionen. Klicken Sie dazu in der Symbolleiste des **Explorers** auf das Symbol mit den drei Punkten und wählen Sie im aufklappenden Menü den Eintrag **Optionen** ❶.
2. Im Fenster **Ordneroptionen** öffnen Sie die Registerkarte **Ansicht** ❷ und scrollen im Abschnitt **Erweiterte Einstellungen** bis fast ganz ans Ende der Liste.
3. Das Kontrollkästchen **Vorschauhandler im Vorschaufenster anzeigen** ❸ sollte aktiviert sein. Falls das nicht der Fall ist, setzen Sie das Häkchen vor dem Eintrag und speichern die neue Einstellung mit einem Klick auf **OK** ❹.
4. Wenn Sie jetzt in der Symbolleiste des Explorers über **Anzeigen** den Eintrag **Einblenden > Vorschaufenster** ❺ wählen, wird auf der rechten Seite ein Vorschaubereich eingeblendet ❻. Markieren Sie z. B. ein Office-Dokument, wird dessen Inhalt sogleich dort angezeigt. Bearbeiten können Sie das Dokument aber trotzdem nur, wenn Sie es öffnen.

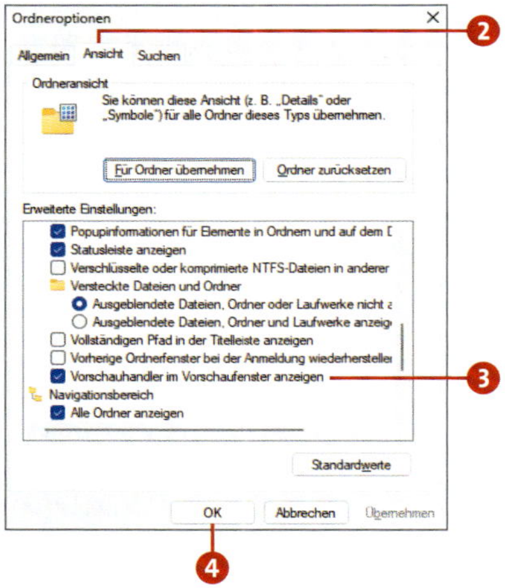

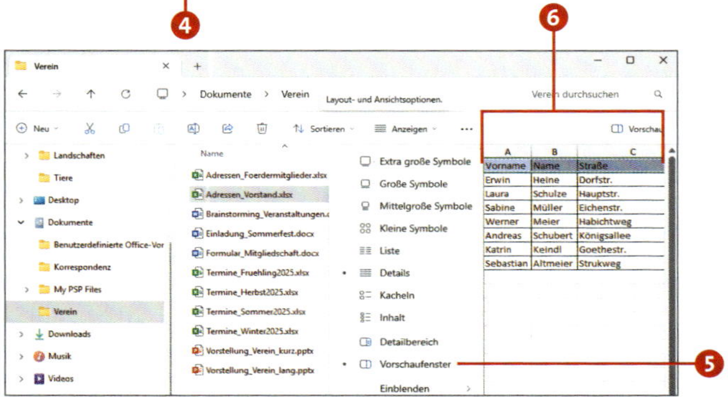

Vorschau nicht für alle Dateiformate

Sehr gut geeignet ist die Vorschau für Textdateien, WordPad-Dokumente sowie für Bild- und Grafikdateien. Office-Dokumente können hier nur angezeigt werden, wenn Microsoft Office auf dem PC installiert ist.

Dateien und Ordner kopieren, umbenennen oder löschen

Dateien und Ordner kopieren oder verschieben

Eine oder mehrere Dateien sollen in ein anderes Verzeichnis kopiert oder verschoben werden. Für diese Aufgabe bietet der Explorer von Windows 11 eine schnelle und bequeme Lösung:

1. Markieren Sie zunächst im **Explorer** die Dateien, die Sie an einen anderen Ort kopieren oder verschieben möchten.
2. Um die markierten Dateien zu kopieren, klicken Sie in der Symbolleiste auf das Symbol **Kopieren** ❶. Falls die Dateien hingegen verschoben werden sollen, wählen Sie das Symbol **Ausschneiden** ❷. In diesem Fall werden die Dateien zwar noch angezeigt, allerdings nur noch in einem dezenten Farbton.
3. Öffnen Sie nun den gewünschten Zielordner. Existiert dieser noch nicht, können Sie über **Neu > Ordner** ❸ in einem zuvor ausgewählten Verzeichnis einen neuen Ordner anlegen, benennen und diesen dann per Doppelklick öffnen.
4. Um die kopierten bzw. ausgeschnittenen Dateien in den Ordner, der nun geöffnet ist, einzufügen, klicken Sie in der Symbolleiste auf das Symbol **Einfügen** ❹.

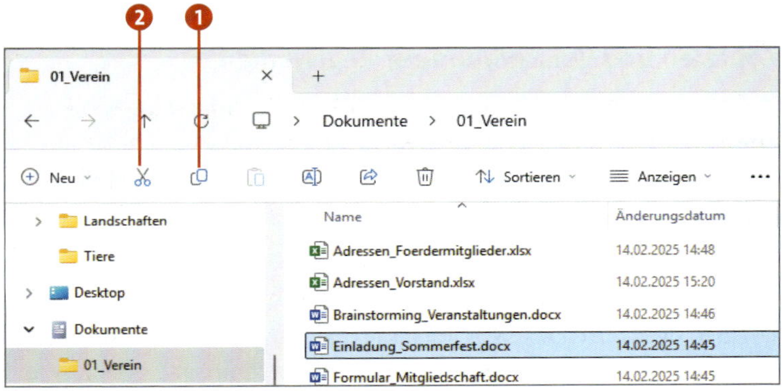

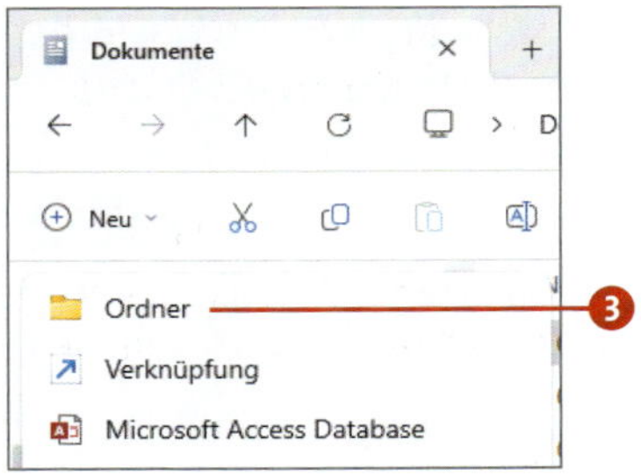

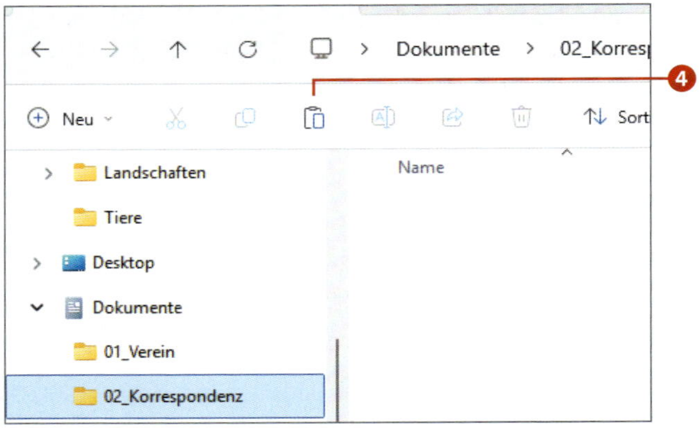

Aktion rückgängig machen

Beim Kopieren einer Datei bleibt die Originaldatei im Quellordner. Verschieben Sie eine Datei, wird sie aus dem Quellordner entnommen und in den Zielordner verschoben. Es verbleibt also keine Kopie im Ursprungsordner. Mit den Tasten Strg + Z können Sie die letzte Aktion wieder rückgängig machen.

Kopieren und Verschieben per Registerkarten

Arbeiten Sie häufiger parallel mit mehreren Ordnern? Statt diese immer wieder mühselig über den Navigationsbereich anzusteuern oder gar mehrere Instanzen des Programmfensters zu öffnen, können Sie nun auch die Registerkarten nutzen. Wie praktisch Registerkarten sind, zeigt sich vor allem dann, wenn Daten in andere Verzeichnisse kopiert oder verschoben werden sollen.

1. Nach dem Start des Explorers ist zunächst nur eine Registerkarte geöffnet. Blenden Sie auf dieser den Ordner ein, in dem sich die zu kopierenden Daten befinden ❶. Öffnen Sie dann eine weitere Registerkarte. Hierzu reicht ein Klick auf das Plussymbol rechts vom ersten Registerreiter ❷.
2. Auf der neuen Registerkarte ist im Inhaltsbereich zunächst das Startverzeichnis des Explorers zu sehen. Per Standardeinstellung ist dies der Schnellzugriff. Öffnen Sie auf dieser Registerkarte jetzt den Ordner, in den Sie die Daten kopieren möchten. Der Ordnername (oder wie im Beispiel ein USB-Stick) wird nun im Registerreiter angezeigt ❸.
3. Kehren Sie zum Ausgangsordner zurück, in dem sich die zu kopierenden Daten befinden. Hierzu reicht ein Klick auf den entsprechenden Registerreiter ❹.

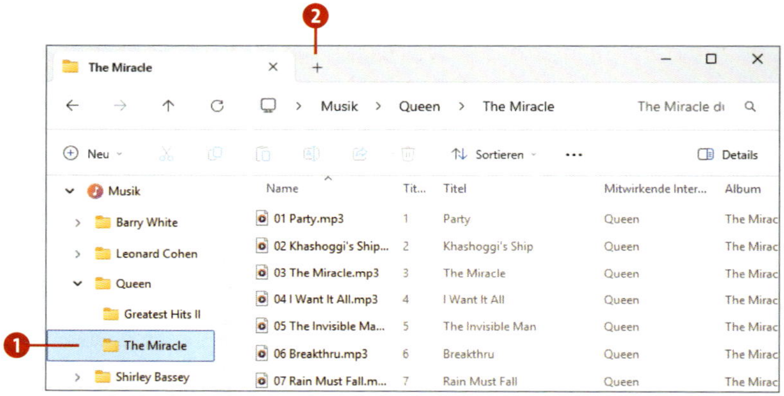

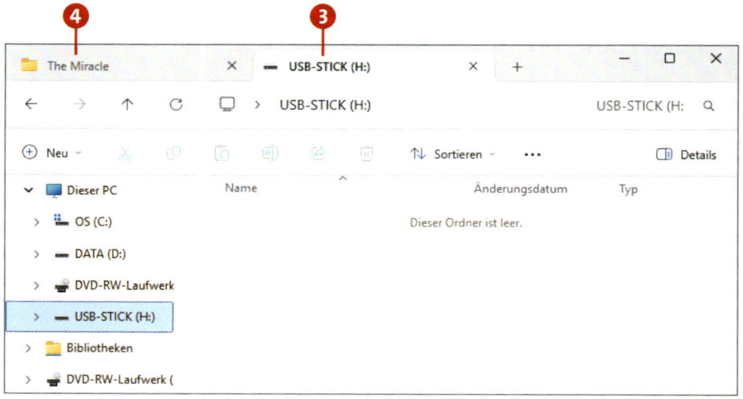

Ordner direkt auf neuer Registerkarte öffnen

Klicken Sie einen Ordner im Explorer mit der rechten Maustaste an, wird Ihnen der Befehl **In neuer Registerkarte öffnen** angeboten. Ein Klick hierauf, und schon wird der Ordner auf einer neuen Registerkarte eingeblendet.

4. Markieren Sie wie gewohnt die zu kopierenden Daten und klicken Sie in der Symbolleiste auf das Symbol **Kopieren** 5. Falls die Daten nicht kopiert, sondern verschoben werden sollen, nutzen Sie stattdessen das Symbol **Ausschneiden** 6.

5. Wechseln Sie per Klick auf den entsprechenden Registerreiter zum Zielordner 7. Um die Daten in den ausgewählten Ordner bzw. in unserem Beispiel auf den USB-Stick zu kopieren, klicken Sie in der Symbolleiste auf das Symbol **Einfügen** 8.

6. Benötigen Sie eine Registerkarte nicht mehr, schließen Sie sie per Klick auf das Kreuzsymbol im Registerkartenreiter 9. Alternativ klicken Sie mit der rechten Maustaste auf den Reiter. Im Kontextmenü finden Sie nun den Befehl zum Schließen 10. Mit dem Befehl **Andere Tabs schließen** 11 werden alle anderen Registerkarten außer der gerade im Vordergrund stehenden geschlossen.

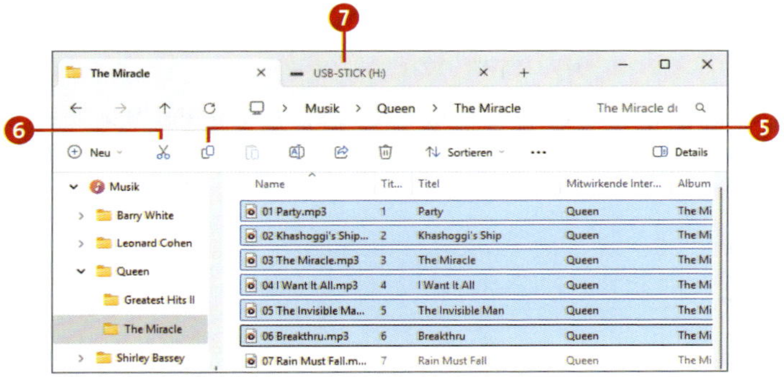

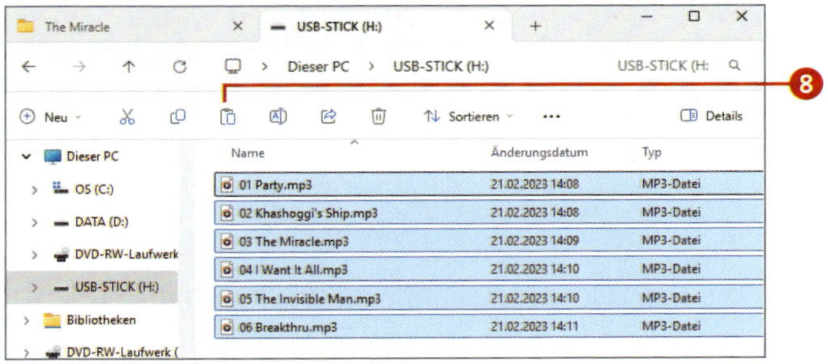

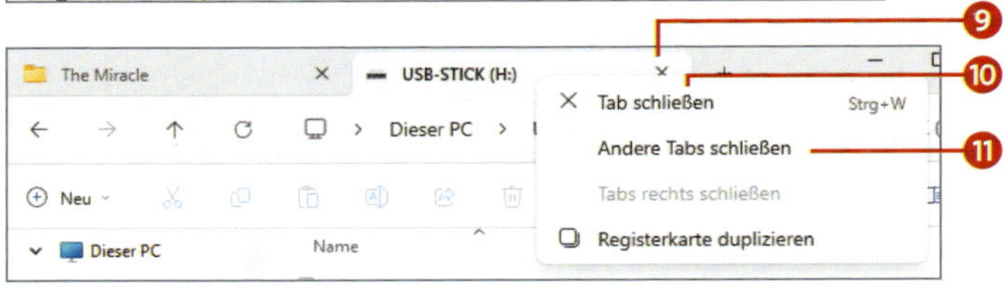

Per Drag and Drop verschieben oder kopieren

Sie können Daten auch per Drag and Drop in eine andere Registerkarte kopieren oder verschieben. Positionieren Sie hierzu den Mauszeiger auf den markierten Daten im Ausgangsordner. Ziehen Sie ihn dann mit gedrückter rechter Maustaste auf den Registerreiter des Zielordners. Im Inhaltsbereich wird nun der Zielordner eingeblendet. Ziehen Sie den Mauszeiger in diesen Bereich. Sobald Sie die rechte Maustaste loslassen, können Sie zwischen den Befehlen **Hierher kopieren** sowie **Hierher verschieben** wählen.

Registerkarten verschieben

Über das Plussymbol können Sie jederzeit weitere Registerkarten öffnen. Gefällt Ihnen die Anordnung der Registerkarten nicht, ändern Sie sie einfach. Positionieren Sie hierzu den Mauszeiger auf dem zu verschiebenden Registerreiter. Mit gedrückter linker Maustaste ziehen Sie ihn dann an die gewünschte neue Position.

Dateien und Ordner umbenennen

Sie haben einen Tippfehler im Dateinamen entdeckt oder wollen den Namen aus anderen Gründen aktualisieren? Auch dafür hält die neue Symbolleiste eine praktische Lösung parat:

1. Markieren Sie die Datei im **Explorer** mit einem einfachen Mausklick. Klicken Sie in der Symbolleiste auf das Symbol **Umbenennen** ❶.
2. Der Dateiname wird markiert (blau hinterlegt) ❷ und Sie können mit der Änderung beginnen. Sobald Sie jetzt eine Taste drücken, wird der alte Dateiname gelöscht. Sie können aber auch mit der Maus an die Stelle klicken, die Sie korrigieren wollen oder an der Sie etwas ergänzen möchten, und erst dann tippen.
3. Um die durchgeführte Änderung zu übernehmen, drücken Sie die [↵]-Taste oder klicken auf eine freie Stelle im Ordnerfenster.
4. Falls Ihnen der Weg über die Symbolleiste nicht zusagt, können Sie auch das Kontextmenü der markierten Datei aufrufen (per Rechtsklick). Wählen Sie darin das Symbol **Umbenennen** ❸ aus. Auch in diesem Fall genügt das Drücken der [↵]-Taste, um den neuen Namen zu übernehmen.

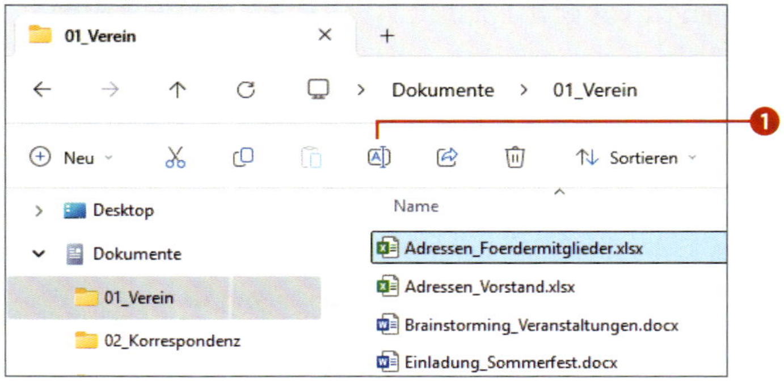

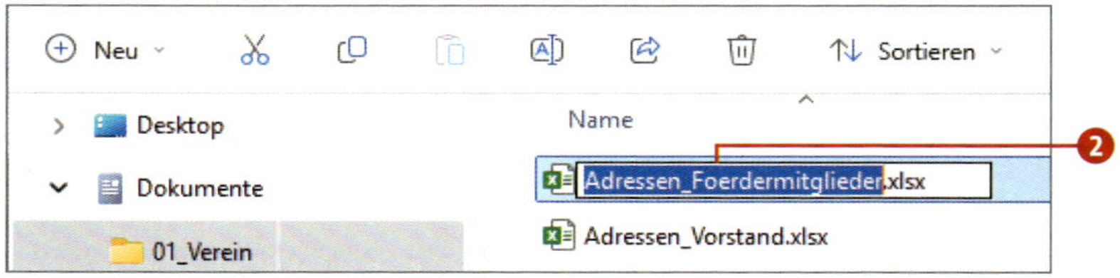

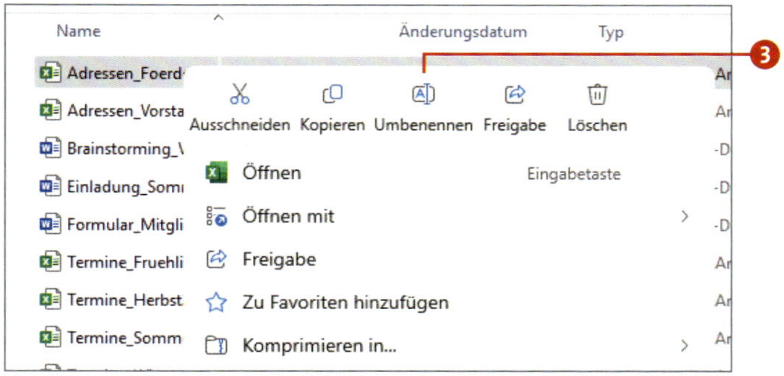

Mehrere Dateien gleichzeitig umbenennen

Sie möchten drei Dateinamen gleichzeitig ändern? Markieren Sie alle drei Dateien, und klicken Sie dann auf **Umbenennen**. Vergeben Sie einen Namen und drücken Sie [↵]. Alle ausgewählten Dateien erhalten nun den gleichen Namen, zur Unterscheidung jeweils mit dem Zusatz einer Ziffer, z. B. **Datei (1)**, **Datei (2)** etc.

Dateien und Ordner löschen

Wird der Speicherplatz auf der Festplatte langsam knapp oder möchten Sie mal wieder etwas Ordnung schaffen und nicht mehr benötigte Daten löschen?

1. Öffnen Sie den **Explorer**, z. B. über die Tastenkombination ⊞ + E. Navigieren Sie zu dem Ordner, der die Datei(en) enthält, die Sie entfernen möchten ❶. Markieren Sie diese ❷.
2. Nun klicken Sie in der Symbolleiste auf das Symbol **Löschen** ❸. Die Datei wird aus dem Ordner entfernt. Sie wird aber nicht endgültig gelöscht, sondern lediglich in den Papierkorb verschoben. Eine solche Datei können Sie nötigenfalls wieder aus dem Papierkorb fischen (siehe den Abschnitt »Gelöschte Dateien und Ordner wiederherstellen« auf Seite 128).
3. Um eine Datei vollständig zu löschen, markieren Sie sie ebenfalls. Halten Sie nun die Taste ⇧ gedrückt, während Sie auf das Symbol **Löschen** in der Symbolleiste klicken. Alternativ hierzu können Sie auch direkt die Tastenkombination ⇧ + Entf drücken. Es erfolgt nun eine Sicherheitsabfrage. Stimmen Sie zu ❹, wird die Datei unwiderruflich von der Festplatte gelöscht. Eine Rekonstruktion der Datei ist mit Windows-eigenen Mitteln dann nicht mehr möglich!

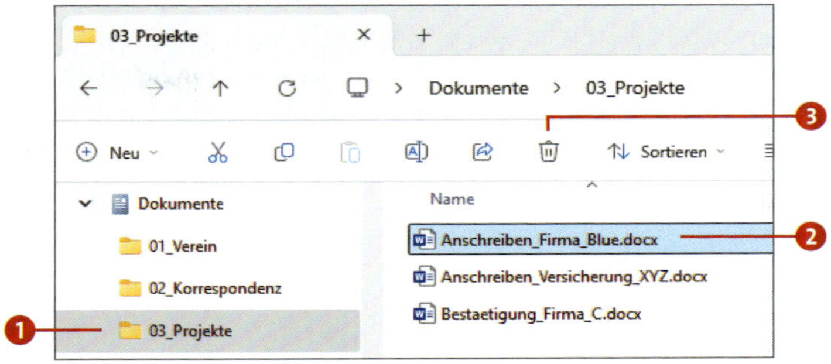

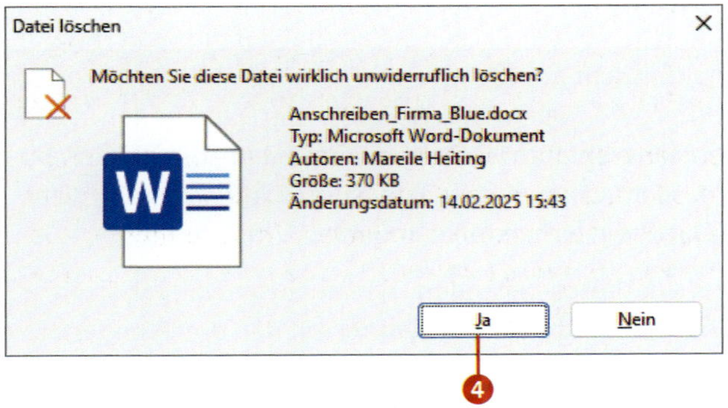

Eigenschaften des Papierkorbes festlegen

Sobald die Speicherkapazität des Papierkorbes erreicht ist, löscht Windows die ältesten darin liegenden Daten endgültig. Eine Wiederherstellung dieser Dateien ist dann nicht mehr möglich. Klicken Sie den Papierkorb im Navigationsbereich des Explorers mit der rechten Maustaste an und wählen Sie den Befehl **Eigenschaften**. Im folgenden Dialog können Sie die Größe des Papierkorbes selbst festlegen.

Gelöschte Dateien und Ordner wiederherstellen

Einen Moment ist man nicht konzentriert bei der Sache, und schon hat man eine Datei gelöscht, die man eigentlich noch gebraucht hätte. Was nun? Die gute Nachricht: Sie können gelöschte Dateien wiederherstellen. Der Haken: Dies geht nur, solange genügend Platz im Papierkorb vorhanden ist. Wird der Platz knapp, löscht Windows die ältesten Dateien von sich aus.

1. Um eine Datei wiederherzustellen, führen Sie einen Doppelklick auf das Papierkorbsymbol ❶ auf Ihrem Desktop aus. Hierdurch wird automatisch der Explorer gestartet.

2. Im Inhaltsbereich werden jetzt alle gelöschten Dateien und Ordner aufgelistet. Falls die zuletzt gelöschten Dateien nicht oben in der Liste stehen, klicken Sie einmal auf die Spaltenbezeichnung **Gelöscht am** ❷, um eine entsprechende Sortierung vorzunehmen. Weit oben sollten Sie nun die Datei finden, die Sie vor Kurzem gelöscht haben. Sie können sie mit einem Mausklick markieren oder auch mehrere Dateien markieren, falls Sie nicht nur eine Datei wiederherstellen möchten.

3. Sind alle wiederherzustellenden Dateien ausgewählt, klicken Sie in der Symbolleiste auf das Symbol mit den drei Punkten. Wählen Sie den Eintrag **Ausgewählte Elemente wiederherstellen** ❸ aus, werden die Dateien an ihrem letzten Speicherort wiederhergestellt.. Falls der gesamte Inhalt des Papierkorbes wiederhergestellt werden soll, reicht ein Klick auf **Alle Elemente wiederherstellen** ❹.

4. Falls Sie die im Papierkorb befindlichen Elemente nicht mehr benötigen, sollten Sie den **Papierkorb leeren** ❺. Das schafft freien Platz auf der Festplatte.

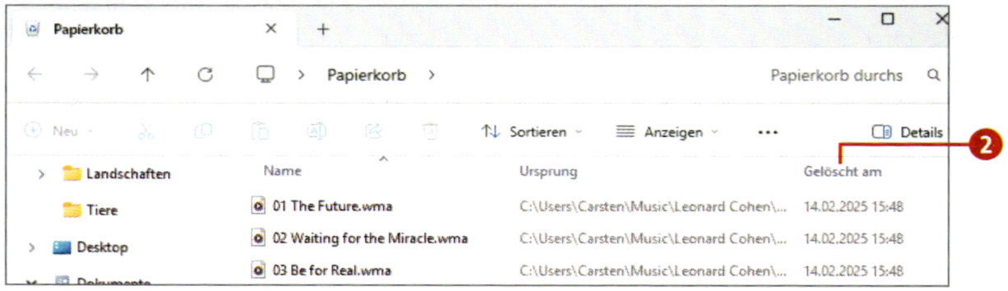

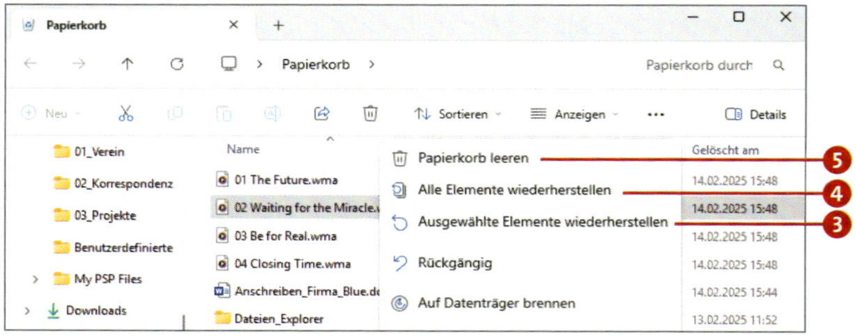

Papierkorb im Explorer einblenden

Per Standardeinstellung wird der Papierkorb nicht im Navigationsbereich des Explorers angezeigt. Im Abschnitt »Den Navigationsbereich erweitern« auf Seite 106 erfahren Sie, wie Sie Elemente wie den Papierkorb oder auch die Systemsteuerung wieder einblenden.

Mit komprimierten Dateien arbeiten

Dateien komprimieren

Moderne Rechner verfügen heute meist über große Festplatten, deren Speicherkapazität nicht selten in den Terabyte-Bereich reicht. Über die Größe einer Datei muss man sich daher meist keine Gedanken machen. Anders sieht es aus, wenn Sie Daten per E-Mail versenden möchten. Reduzieren Sie das Dateivolumen. Das spart eine Menge Zeit beim Versenden und Empfangen der Daten.

1. Wählen Sie im **Explorer** eine oder mehrere Dateien aus und klicken Sie die Auswahl anschließend mit der rechten Maustaste an, um das Kontextmenü zu öffnen.
2. Im aufklappenden Menü positionieren Sie den Mauszeiger auf dem Eintrag **Komprimieren in** ❶. Es werden Ihnen verschiedene Archivformate angeboten. Wählen Sie z. B. die **ZIP-Datei** per Mausklick aus ❷. Das Archiv wird nun erstellt. Wenn Sie sehr viele Dateien ausgewählt haben, kann dieser Prozess einen Moment dauern.
3. Vergeben Sie einen möglichst aussagekräftigen Namen für Ihr ZIP-Archiv ❸ und schließen Sie die Tastatureingabe mit der [↵]-Taste ab.
4. Anstelle einzelner Dateien können Sie bei Bedarf auf die gleiche Weise auch einen kompletten Ordner komprimieren.

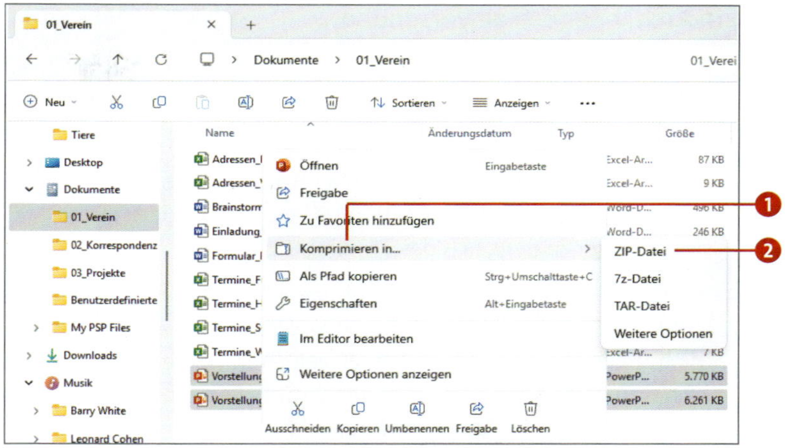

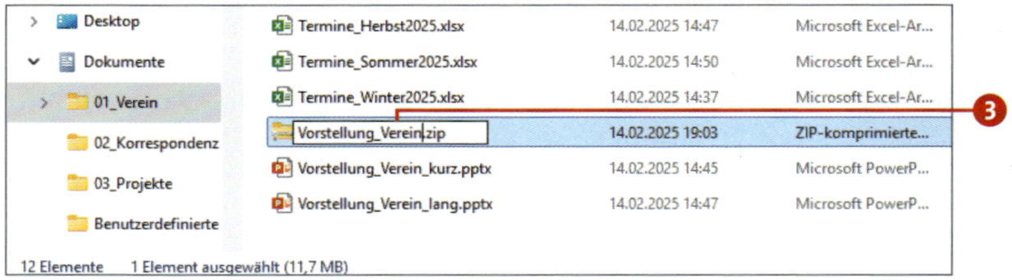

Nützliche Helferlein

Sobald die Speicherkapazität des Papierkorbes erreicht ist, löscht Windows die ältesten darin liegenden Daten endgültig. Eine Wiederherstellung dieser Dateien ist dann nicht mehr möglich. Klicken Sie den Papierkorb im Navigationsbereich des Explorers mit der rechten Maustaste an und wählen Sie den Befehl **Eigenschaften**. Im folgenden Dialog können Sie die Größe des Papierkorbes selbst festlegen.

Ein Archiv per E-Mail versenden

Das ZIP-Archiv ist erstellt und nun wartet der Empfänger ungeduldig auf die Daten, die Sie ihm per E-Mail zusenden möchten. Wie lässt sich diese Aufgabe am einfachsten lösen?

1. Öffnen Sie den **Explorer**, z. B. über sein Symbol in der Taskleiste oder über die Tastenkombination [Windows] + [E]. Navigieren Sie zu dem Ordner, in dem sich das ZIP-Archiv befindet.
2. Klicken Sie mit der rechten Maustaste auf das zu versendende ZIP-Archiv. Im zunächst sichtbaren Kontextmenü wählen Sie **Weitere Optionen anzeigen**. Im erweiterten Kontextmenü, das sich nun öffnet, zeigen Sie auf den Eintrag **Senden an** und klicken im Anschluss auf **E-Mail-Empfänger** ❶.
3. In Ihrem E-Mail-Programm, in diesem Beispiel *Outlook*, wird nun eine neue Nachricht geöffnet und das ZIP-Archiv wird ihr automatisch als Dateianhang ❷ hinzugefügt.
4. Tragen Sie die E-Mail-Adresse des Empfängers ein ❸ und ändern Sie bei Bedarf den Text der Betreffzeile ❹ sowie die Nachricht selbst. Mit einem Klick auf **Senden** ❺ wird die E-Mail schließlich abgeschickt.

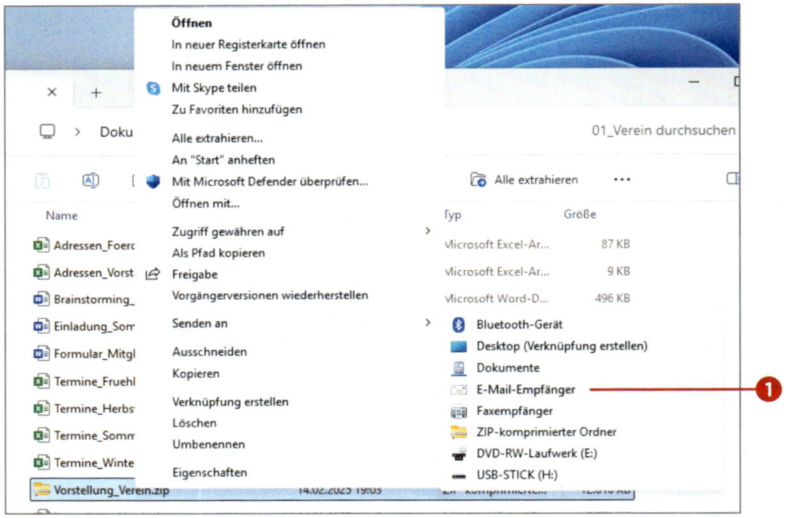

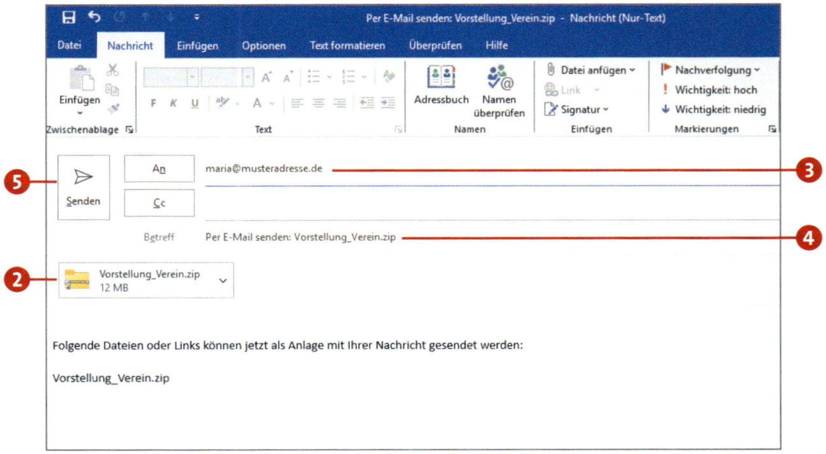

Kein E-Mail-Programm?

Wenn Sie kein E-Mail-Programm installiert haben, können Sie auf die vorinstallierte *Outlook*-App ausweichen (sofern Sie hier ein Konto eingerichtet haben). Klicken Sie im Startmenü auf das App-Symbol **Outlook (new)** und in der App dann links oben auf **Neue E-Mail**, um eine neue Nachricht zu erstellen. Nachdem Sie die Adresse des Empfängers, einen Betreff und einen Nachrichtentext eingegeben haben, wechseln Sie auf die Registerkarte **Einfügen** und wählen Sie dort den Befehl **Datei anfügen**. Navigieren Sie dann zu Ihrer ZIP-Datei. Haben Sie diese angefügt, können Sie die E-Mail mit Dateianhang auf die Reise schicken.

Dateien entpacken

Eine E-Mail landet in Ihrem Postfach und mit ihr eine ZIP-Datei im Anhang. Oder vielleicht befindet sich die Datei auch auf einem USB-Stick. Egal, auf welchem Weg die Datei zu Ihnen gefunden hat, nun stellt sich die Frage, wie sie sich entpacken lässt:

1. Speichern Sie die Datei in einen beliebigen Ordner, rufen Sie ihn auf und markieren Sie die ZIP-Datei mit einem Klick ❶.
2. Der Explorer erkennt das Format der Datei und blendet in der Symbolleiste zusätzlich das Symbol **Alle Extrahieren** ❷ ein. Klicken Sie darauf.
3. Ein Dialogfenster öffnet sich, in dem Sie aufgefordert werden, einen Speicherort für die zu extrahierenden Dateien anzugeben. Über **Durchsuchen** ❸ können Sie einen Zielordner auswählen.
4. Ist die Auswahl getroffen, starten Sie den Vorgang mit einem Klick auf die Schaltfläche **Extrahieren** ❹. Das Archiv wird entpackt und der Explorer zeigt die Dateien in einem neuen Fenster an. Das ZIP-Archiv selbst bleibt am Ursprungsort erhalten.

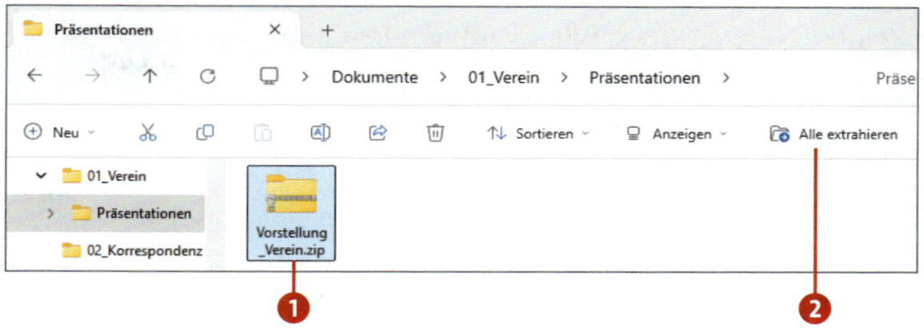

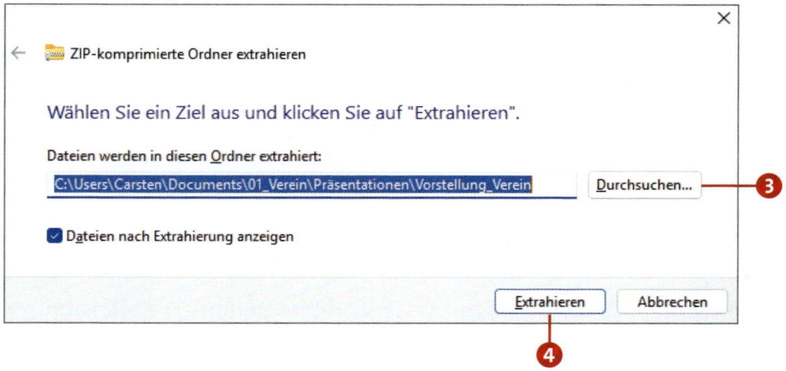

Kennwortgeschützte ZIP-Archive

Mit externen Programmen lassen sich ZIP-Archive auch mit einem Kennwort vor unberechtigtem Zugriff schützen. Sollten Sie eine geschützte ZIP-Datei erhalten, können Sie das Archiv und die darin enthaltenen Dateien nur öffnen, wenn Sie das Passwort kennen.

Eine einzelne Datei aus einem Archiv extrahieren

Wenn Sie ein ZIP-Archiv markieren, stellen Sie schnell fest, dass der Explorer nur die Option **Alle extrahieren** anbietet. Zum Glück gibt es aber einen kleinen Trick, damit Sie nicht immer das komplette Archiv entpacken müssen, wenn Sie nur einzelne Dateien aus ihm benötigen:

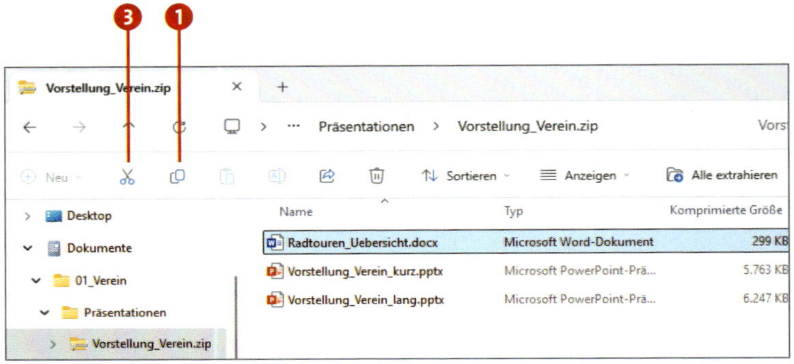

1. Öffnen Sie im Explorer den Ordner, der die gesuchte ZIP-Datei enthält. Führen Sie nun einen Doppelklick auf das ZIP-Archiv aus, um es zu öffnen. Der Explorer zeigt Ihnen daraufhin alle Dateien an, die sich im Archiv befinden.
2. Anstatt nun alle Dateien zu extrahieren, markieren Sie nur die Dateien, die für Sie von Interesse sind. Nach erfolgter Auswahl klicken Sie in der Symbolleiste auf das Symbol **Kopieren** ❶.
3. Die Dateien befinden sich jetzt in der Zwischenablage. Öffnen Sie den Ordner, in den Sie die Dateien kopieren möchten. Klicken Sie nun in der Symbolleiste auf das Symbol **Einfügen** ❷. Die ausgewählten Dateien werden automatisch entpackt und als Kopie in den Ordner gelegt. Im ZIP-Archiv bleiben diese Dateien weiterhin erhalten.
4. Übrigens: Wer lieber mit Tastenkombinationen arbeitet, kann zum Kopieren der zuvor markierten Dateien auch den Shortcut [Strg] + [C] verwenden. Mit der Tastenkombination [Strg] + [V] fügen Sie die kopierten Dateien dann ein.

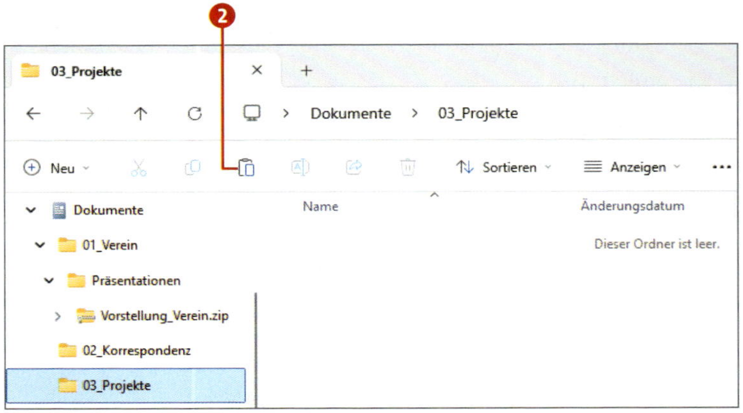

Dateien aus einem Archiv entfernen

Möchten Sie Dateien eines ZIP-Archivs entpacken und gleichzeitig aus dem Archiv entfernen, wählen Sie nicht das Symbol **Kopieren**, sondern klicken in der Symbolleiste des Explorers auf das Symbol **Ausschneiden** ❸. Anschließend geht es weiter, wie in Schritt 3 gezeigt.

Mit Datenträgern und Wechselmedien arbeiten

Daten auf USB-Festplatte oder -Stick kopieren

USB-Festplatten und -Sticks eignen sich hervorragend zum Auslagern größerer Datenmengen oder als Sicherungslaufwerk für Ihre wertvollen Daten.

1. Schließen Sie Ihre USB-Festplatte oder den Stick an den Computer an. (Damit die Festplatte von Windows erkannt wird, müssen Sie sie gegebenenfalls einschalten.) Nach einem kurzen Moment erkennt Windows den neuen Datenträger. Öffnen Sie nun den **Explorer**. Auf der linken Seite wird das Gerät ❶ unter **Dieser PC** aufgelistet – im Beispiel trägt der USB-Stick den Laufwerksbuchstaben **H:** und die Bezeichnung **USB-Stick**. (Die Bezeichnung können Sie frei wählen.) Navigieren Sie zu den Dateien, die Sie kopieren möchten, und markieren Sie sie ❷.
2. Klicken Sie in der Symbolleiste auf das Symbol **Kopieren** ❸.
3. Markieren Sie im Navigationsbereich des Explorers nun die Bezeichnung des externen Datenträgers ❹. Im Inhaltsbereich werden die darauf befindlichen Dateien und Verzeichnisse aufgelistet.
4. Wählen Sie den Zielordner auf dem Stick oder der Festplatte aus und klicken Sie in der Symbolleiste auf **Einfügen** ❺, um den Vorgang zu starten.

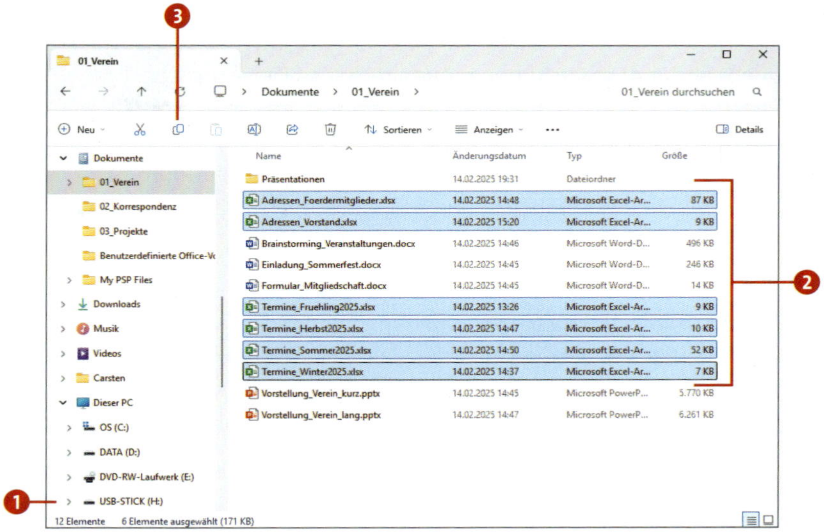

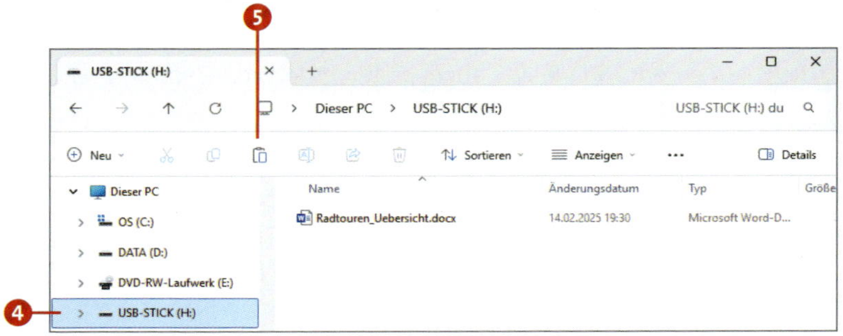

Hardware sicher entfernen, sonst droht Datenverlust!

Nach Gebrauch sollten Sie externe Datenträger nicht einfach ausschalten oder den USB-Stecker ziehen. Klicken Sie rechts unten in der Taskleiste auf den kleinen nach oben zeigenden Pfeil, danach auf das USB-Steckersymbol und schließlich auf den Namen des Datenträgers, um diesen auszuwerfen und damit ordnungsgemäß abzumelden.

Eine DVD brennen

Für manch einen ist sie ein Relikt aus vergangenen Zeiten, doch genügend Anwender*innen mögen nicht auf sie verzichten. Die Rede ist von DVDs. Schnell die Bilder der letzten Geburtstagsfeier auf die DVD gebrannt, und schon kann sie an die Familie oder Freunde weitergereicht werden. Diese müssen die DVD nur noch in den DVD-Player einlegen, und schon beginnt die Diashow. Zum Brennen benötigen Sie lediglich einen DVD-Rohling und natürlich ein Brennerlaufwerk an Ihrem Rechner.

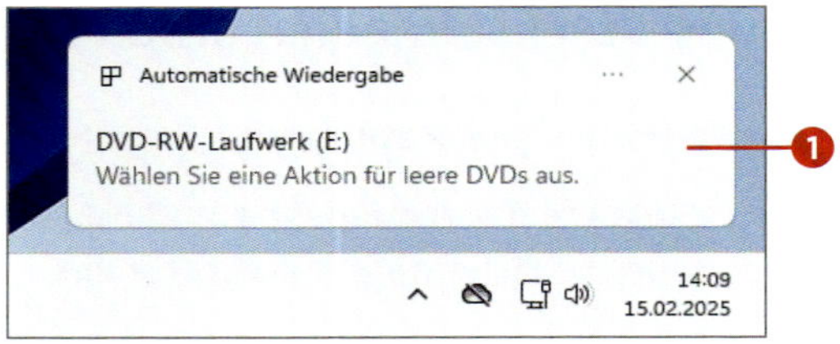

1. Legen Sie einen leeren DVD-Rohling in Ihren DVD-Brenner ein und schließen Sie die Lade. Nach einigen Sekunden öffnet sich rechts unten ein Hinweisfenster ❶. Tippen oder klicken Sie darauf, um eine Aktion für leere DVDs auszuwählen.

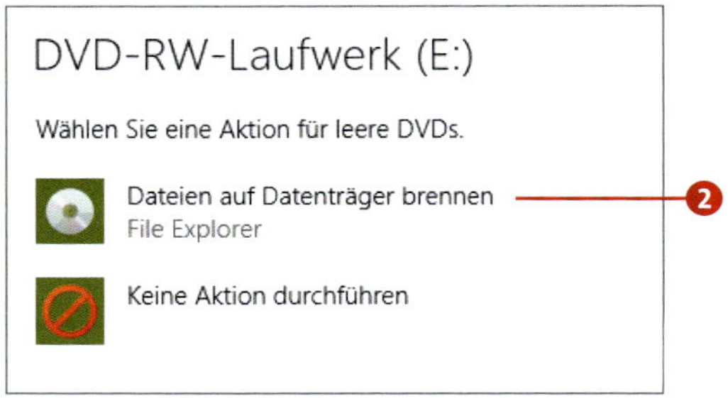

2. Ein weiteres Fenster öffnet sich, in dem Sie auf den Eintrag **Dateien auf Datenträger brennen** ❷ klicken.
3. Und wieder öffnet sich ein neues Fenster. Dieses Mal werden Sie gefragt, wie Sie den Datenträger verwenden möchten. Damit die DVD auf einem DVD-Player abgespielt werden kann, wählen Sie die Option **Mit einem CD/DVD-Player** ❸.
4. Wenn Sie möchten, können Sie an dieser Stelle auch den Titel des Datenträgers ändern. Klicken Sie dazu einfach in das Textfeld ❹ und geben Sie den neuen Titel ein. Als Titel voreingestellt ist immer das aktuelle Datum. Klicken Sie anschließend auf **Weiter** ❺.

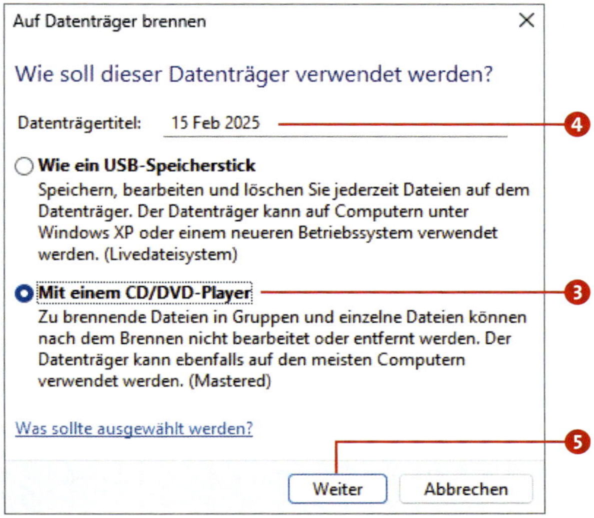

Speicherkapazitäten von DVDs und CDs

Normale CDs verfügen über ca. 700 MB Speicherplatz, DVDs sogar über 4,7 GB. Sollten Sie bei der Zusammenstellung einer CD oder DVD zu viele Daten ausgewählt haben, weist Windows Sie auf die nicht ausreichende Kapazität hin.

5. Nun öffnet sich der Explorer, in dem das DVD-Laufwerk ausgewählt ist. Übertragen Sie die gewünschten Dateien in das geöffnete Fenster. Am einfachsten geht das, wenn Sie mithilfe der Tasten [Strg] + [T] eine weitere Registerkarte öffnen.

6. Wählen Sie auf der neuen Registerkarte die Dateien oder Ordner aus, die Sie auf die DVD brennen möchten, indem Sie sie markieren. Führen Sie einen Rechtsklick auf die Markierung aus und klicken Sie im Kontextmenü auf **Weitere Optionen anzeigen**. Im erweiterten Kontextmenü zeigen Sie auf den Befehl **Senden an** und wählen dann als Ziel den Eintrag Ihres DVD-Laufwerkes 6.

7. Nach der erfolgreichen Übertragung der Daten wird automatisch ein weiteres Programmfenster geöffnet, das den Inhalt der zu brennenden DVD anzeigt. Falls Sie noch etwas ändern möchten, haben Sie hier noch Gelegenheit, z. B. Dateien wieder zu löschen, falls sie doch nicht mit auf die DVD sollen.

8. Klicken Sie in der Symbolleiste auf das Symbol mit den drei Punkten 7 und wählen Sie im Menü den Befehl **Brennvorgang abschließen** 8.

9. Lassen Sie am besten die Voreinstellung der Brenngeschwindigkeit 9 so, wie sie ist, und klicken Sie auf **Weiter** 10, um den Brennvorgang zu starten.

10. Windows meldet den erfolgreichen Abschluss. Klicken Sie zum Beenden auf die Schaltfläche **Fertig stellen**.

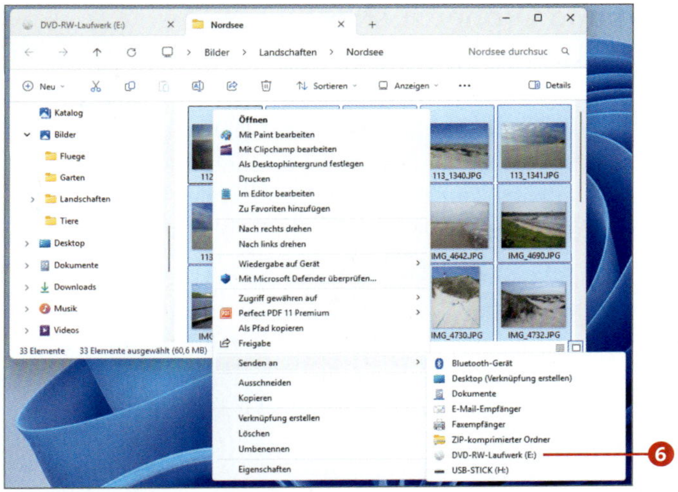

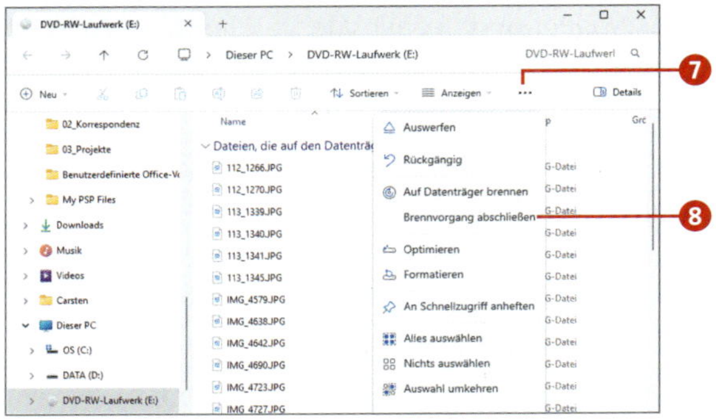

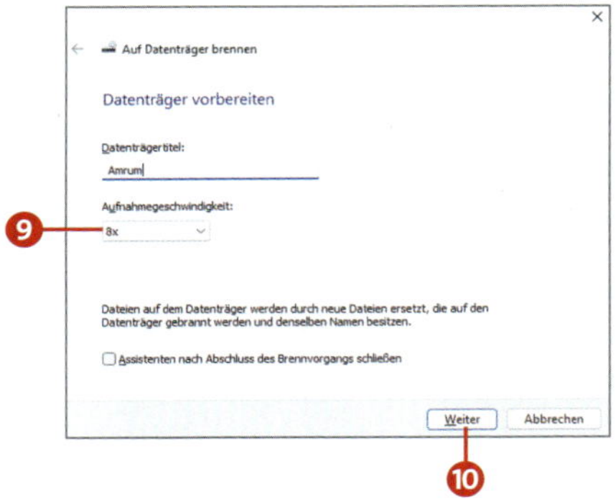

Alternative Brennprogramme

Brennprogramme von Drittanbietern, wie z. B. *Nero*, *WinOnCD* oder *Ashampoo Burning Studio*, bieten einen deutlich höheren Funktionsumfang als die in Windows integrierte Brennfunktion. So können Sie mit diesen Programmen z. B. auch CDs/DVDs mit Autostart-Funktion, Musik-CDs oder 1:1-Kopien erstellen.

Dateien und Ordner suchen

Dateien über das Startmenü suchen

Wenn Sie auf die Schnelle eine Datei suchen, können Sie die Suche über die Suchfunktion in der Taskleiste beginnen. Allerdings gibt es eine Einschränkung: Durchsucht werden standardmäßig nur indizierte Orte wie die eigenen Dateien und Bibliotheken.

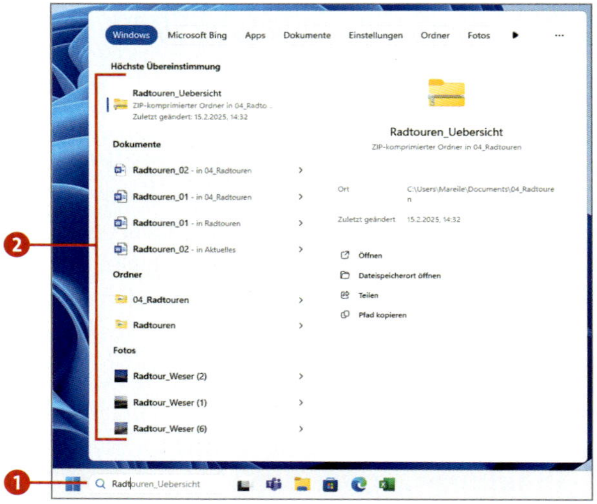

1. Klicken Sie in das Suchfeld in der Taskleiste und geben Sie den Namen der gesuchten Datei ein ❶, in unserem Beispiel »Radtouren«. Bereits nach der Eingabe des ersten Buchstabens zeigt die Suchfunktion erste Treffer an. Ihre Eingabe wird um Suchvorschläge ergänzt. Je mehr Buchstaben Sie eingeben, desto genauer wird das Suchergebnis.
2. Nach Eingabe des Suchbegriffs zeigt Windows alle Übereinstimmungen an ❷: Mit dabei sind Ordner und Dateien, aber auch Apps sowie Ergebnisse aus dem Internet. Klicken Sie auf einen Eintrag, um die Datei zu öffnen.

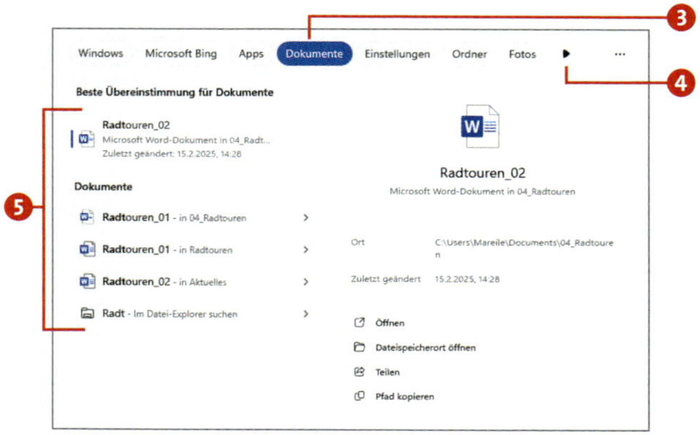

3. Sie können die Ausgabe nach Kriterien sortieren und finden so schneller die gesuchte Datei, wenn Sie oben im Programmfenster auf die gewünschte Kategorie klicken, also z. B. auf **Dokumente** ❸. Weitere Kategorien erreichen Sie über den nach rechts weisenden Pfeil ❹.
4. Nun werden die Dokumente aufgelistet, die zu Ihrer Suche passen ❺. Nutzen Sie gegebenenfalls die Bildlaufleiste, um alle Einträge zu erreichen.

Erweiterte Sucheinstellungen

Falls Sie die gesuchte Datei nicht finden, nutzen Sie die Suchfunktion im Explorer: Sie bietet Ihnen speziellere Suchoptionen und Filtermöglichkeiten. So können Sie die Suche z. B. durch Kriterien wie Änderungsdatum oder Dateigröße verfeinern und auf weitere Bereiche ausdehnen.

Dateien und Ordner im Explorer suchen

Die Suche nach Dateien und Ordnern ist unter Windows 11 einfacher geworden. Wählen Sie das zu durchsuchende Laufwerk aus, geben Sie den Suchbegriff ein, und los geht's. Die ersten Treffer lassen nicht lange auf sich warten.

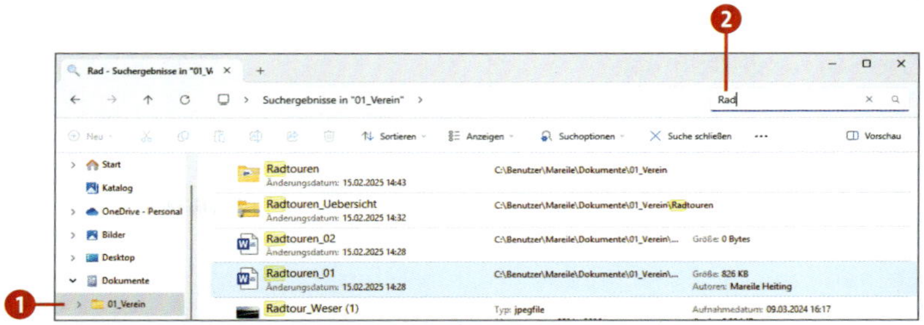

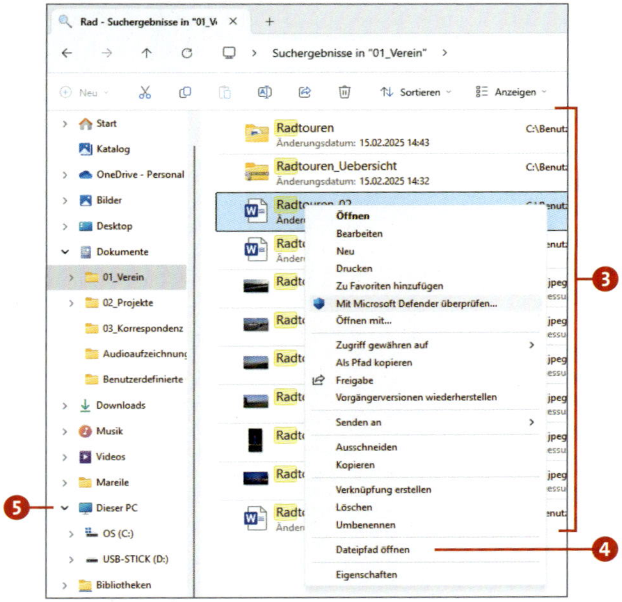

1. Öffnen Sie den **Explorer**, indem Sie auf das Ordnersymbol in der Taskleiste klicken, oder mit der Tastenkombination [Win] + [E]. Im Navigationsbereich wählen Sie das Verzeichnis oder Laufwerk aus, das Sie durchsuchen möchten ❶.
2. Geben Sie rechts oben neben der Adressleiste den Suchbegriff ein ❷. Dies kann der Name einer Datei oder eines Ordners sein, aber auch ein Begriff, der innerhalb eines Dokuments vorkommt. Bereits nach Eingabe der ersten Zeichen werden die ersten gefundenen Dateien und Ordner eingeblendet ❸. Ist das gesuchte Element noch nicht dabei, geben Sie den Suchbegriff vollständig ein und drücken dann die Taste [↵].
3. Haben Sie die Datei gefunden, können Sie diese mit einem Doppelklick öffnen.
4. Wenn Sie den Ordner öffnen möchten, der die Datei enthält, klicken Sie die Datei mit der rechten Maustaste an. Wählen Sie zunächst den Eintrag **Weitere Optionen anzeigen** und im weiteren Kontextmenü dann den Eintrag **Dateipfad öffnen** ❹.

Den Suchbereich ausweiten

Sind Sie sich nicht sicher, in welchem Verzeichnis sich das gesuchte Element befindet, können Sie die Suche auf das komplette System ausweiten. Hierzu markieren Sie im Navigationsbereich zunächst **Dieser PC** ❺ und geben Sie den Suchbegriff ein. Sie müssen nun Geduld mitbringen, denn die Suche über alle Laufwerke hinweg dauert länger. Siehe dazu auch den Abschnitt »Weitere Suchoptionen« auf Seite 140.

Die Suche verfeinern

Die Suche hat zu viele Ergebnisse gebracht? Sobald Sie eine Suchanfrage gestartet haben, wird in der Symbolleiste die Schaltfläche **Suchoptionen** eingeblendet. Mithilfe der verschiedenen Kriterien, die nach einem Klick darauf angeboten werden, lässt sich eine Suchanfrage weiter eingrenzen. Positionieren Sie den Mauszeiger auf dem Eintrag **Änderungsdatum** ❶, können Sie angeben, in welchem Zeitraum die gesuchte Datei zuletzt geändert wurde. Klicken Sie eine Option an, z. B. **Diese Woche**, zeigt der Explorer nur noch die Suchergebnisse an, die dem Kriterium entsprechen. Wenn Sie nun in das Suchfeld ❷ klicken, um einen Dateinamen einzugeben, werden Sie erkennen, dass Windows den Dateipfad um den ausgewählten Suchzeitraum ergänzt hat.

Über den Eintrag **Art** ❸ im Menü **Suchoptionen** legen Sie fest, ob es sich z. B. um ein Dokument, eine E-Mail, einen Kontakt oder ein Bild handelt. Darunter finden Sie den Menüpunkt **Größe** ❹. Wie die Bezeichnung schon vermuten lässt, können Sie hier die Dateigröße als Suchkriterium angeben. Dabei brauchen Sie nicht die exakte Größe der gesuchten Datei zu kennen; es reicht, wenn Sie einen der vorgegebenen Bereiche auswählen (von **Leer** bis **Riesig**).

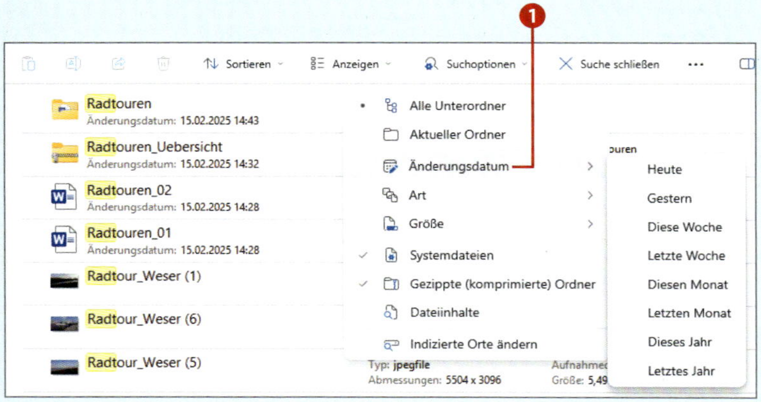

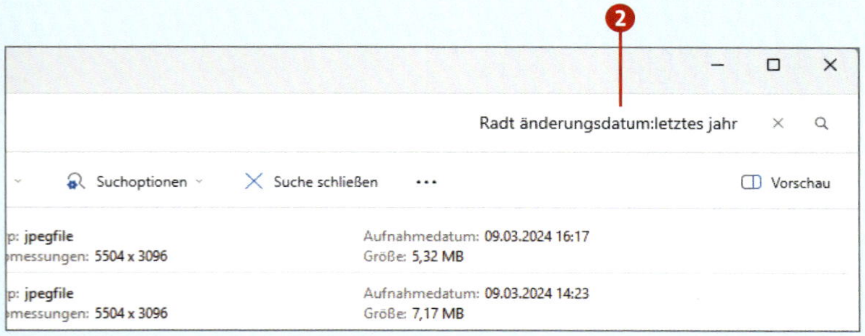

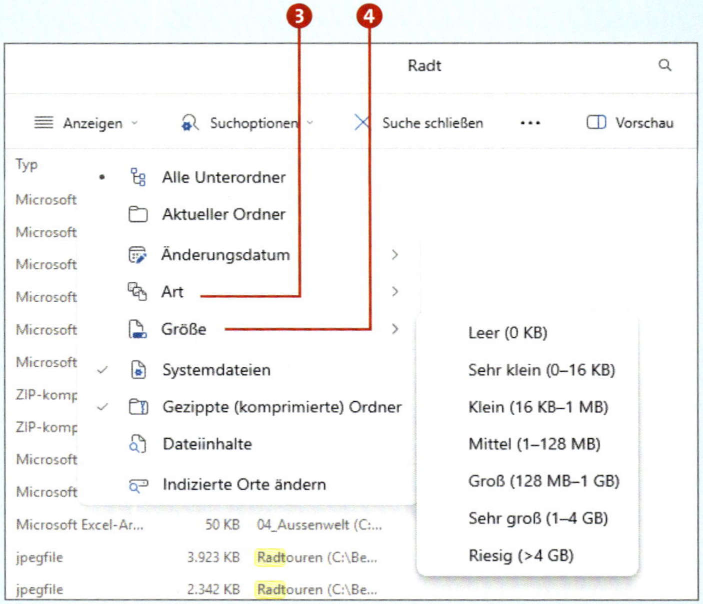

Reichen die aufgeführten Suchparameter nicht aus, können Sie weitere Suchparameter auch manuell in das Suchfeld eingeben. Die Eingabe erfolgt dabei immer nach dem gleichen Schema: »Eigenschaft:Wert«, also z. B. »änderungsdatum:gestern«. Die Eigenschaft und der Wert, d. h. in diesem Fall der angegebene Zeitraum, werden durch einen Doppelpunkt (:) voneinander getrennt.

Ein besonders interessantes Kriterium für Suchanfragen in einer umfangreichen Fotosammlung sind die Markierungen. Bei diesen Markierungen (auch *Tags* genannt) handelt es sich um Stichwörter, die z. B. ein Foto beschreiben. Dabei kann es sich um den Namen einer Person handeln, die auf der Aufnahme zu sehen ist, oder auch um den Ort, an dem das Foto entstanden ist. Solche Markierungen lassen sich schnell über den Eigenschaften-Dialog einer Datei ergänzen (siehe hierzu auch den Abschnitt »Die Eigenschaften von Dateien ändern« auf Seite 114). Suchen Sie z. B. Bilder, bei denen Sie als Markierung »Strand« eingetragen haben, geben Sie im Suchfeld des Explorers »markierungen:strand« **5** ein und starten die Suche durch Drücken der Taste [↵]. Auch die Suche nach einem exakten Datum ist auf diese Weise möglich. Benötigen Sie z. B. Fotos, die am 22. Februar 2013 aufgenommen wurden? Dann klicken Sie in das Suchfeld und geben »aufnahmedatum:22.02.2013« ein **6**.

Falls ein Suchkriterium nicht die gewünschten Ergebnisse gebracht hat, können Sie die Kriterien im Suchfeld per Klick auf das Kreuzsymbol **7** löschen und anschließend einen neuen Filter ausprobieren.

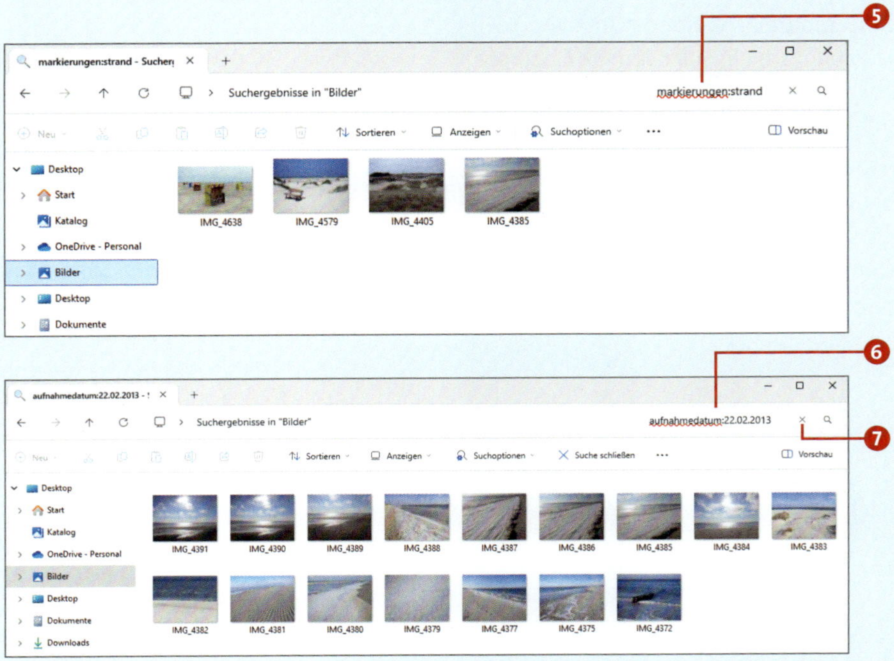

Weitere Suchoptionen

Klicken Sie nach einem Suchlauf in der Symbolleiste auf die Schaltfläche **Suchoptionen** ❶, stehen Ihnen noch weitere Einstellungsmöglichkeiten für die Suche zur Verfügung:

❷ **Aktuellen Ordner**: Enthält der Ordner, den Sie durchsuchen möchten, neben Dateien auch noch viele Unterordner, können Sie die Suche über die Auswahl des Eintrags **Aktueller Ordner** auf das Verzeichnis beschränken, das Sie im Navigationsbereich markiert haben. Keiner der darin enthaltenen Unterordner wird dann bei der Suche berücksichtigt.

❸ **Systemdateien**: Per Standardeinstellung durchsucht Windows 11 auch die Systemdateien. Falls Sie dies nicht wünschen, klicken Sie den Eintrag **Systemdateien** an, um das Häkchen davor zu entfernen. Die Systemdateien werden nun nicht mehr berücksichtigt. Setzen Sie wiederum ein Häkchen vor **Gezippte (komprimierte) Ordner** oder **Dateiinhalte**, durchforstet Windows auch die ZIP-Archive und den Inhalt von Dateien.

❹ Über den Eintrag **Indizierte Orte ändern** legen Sie die Orte fest, die von Windows für die regelmäßige Erstellung eines Dateiindex berücksichtigt werden sollen. Elemente, die sich innerhalb dieser indizierten Orte befinden, können schneller gefunden werden.

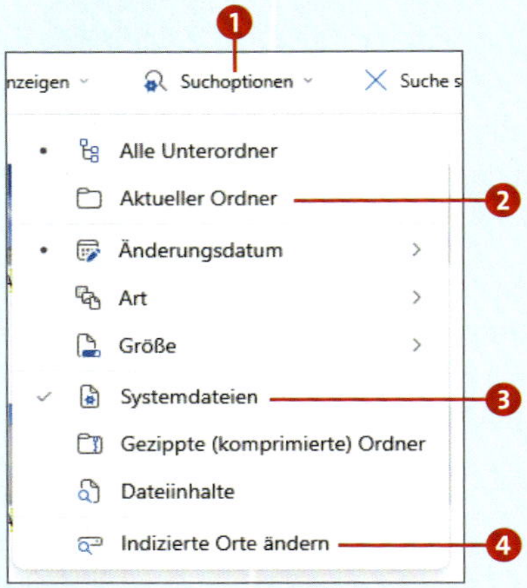

Platzhalter sinnvoll einsetzen

Die Datei, die Sie suchen, ist bereits älteren Datums. Aus diesem Grund können Sie sich auch nicht mehr genau an den Dateinamen erinnern, den Sie damals vergeben haben. Lautete die Schreibweise Meier oder Maier? In solchen Situationen stellen Platzhalter eine praktische Hilfe dar. Das Fragezeichen (?) steht beispielsweise für einen einzelnen Buchstaben. Geben Sie in das Suchfeld des Explorers also »M?ier« ein, werden sowohl »Meier« als auch »Maier« gefunden. Wenn Sie beliebig viele Buchstaben ersetzen möchten, wählen Sie als Platzhalter das Sternchen (*). »Sedlma*r« bringt als Ergebnis z. B. sowohl »Sedlmair« als auch »Sedlmaier« oder »Sedlmayer«. Platzhalter lassen sich allerdings nicht mit den Suchfiltern kombinieren, die Ihnen auf den beiden vorherigen Seiten vorgestellt wurden.

Suchanfragen für später sichern

Bei umfangreichen Suchanfragen vergeht durchaus Zeit, bis alle gewünschten Suchkriterien festgelegt sind. Falls Sie immer wieder nach den gleichen Kriterien suchen, können Sie eine einmal zusammengestellte Suchanfrage im Schnellzugriff anheften. Dort reicht dann ein Klick darauf, und schon wird die Suche gestartet. Das lästige Eingeben der Kriterien entfällt damit.

1. Führen Sie zunächst einmal die Suchanfrage mit allen gewünschten Suchkriterien durch. Legen Sie also z. B. den Dateityp, das Änderungsdatum oder die Dateigröße fest und geben Sie gesuchte Markierungen ein. Starten Sie die Suche dann durch Drücken der Taste [↵].
2. Entsprechen die Suchergebnisse Ihren Wünschen, klicken Sie in der Symbolleiste des Explorers auf das Symbol mit den drei Punkten ❶. Im aufklappenden Menü wählen Sie den Befehl **An Schnellzugriff anheften** ❷.
3. Um zu einem späteren Zeitpunkt die Suche mit exakt diesen Suchbegriffen erneut zu starten, öffnen Sie den **Explorer** und markieren im Navigationsbereich den Schnellzugriff per Klick auf **Start** ❸. Die hier angehefteten Suchanfragen erkennen Sie gut an dem Lupensymbol ❹. Klicken Sie die gewünschte Suche an, und schon startet Windows 11 mit der Suche.
4. Benötigen Sie eine angeheftete Suche nicht mehr, klicken Sie sie mit der rechten Maustaste an und wählen im Kontextmenü den Befehl **Von Schnellzugriff lösen** ❺.

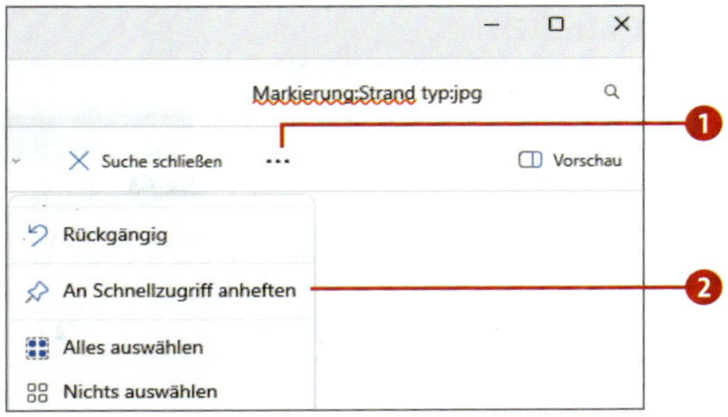

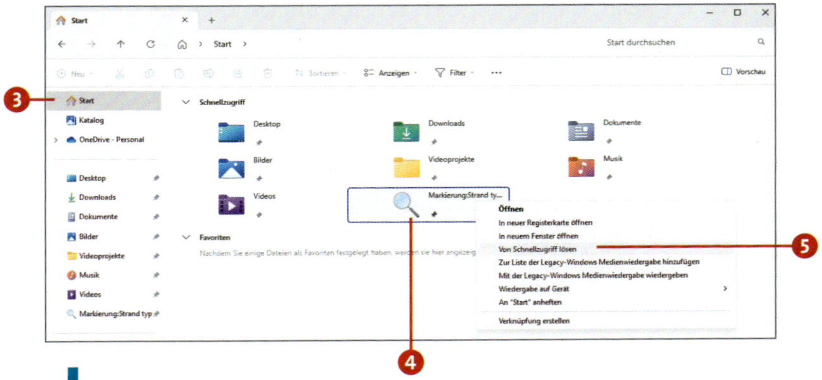

Anwendungen von Drittanbietern

Sagt Ihnen die Windows-eigene Suchfunktion nicht zu? Im Internet finden Sie anhand der Suchbegriffe »Desktop-Suche« oder »Desktop Search« zahlreiche Alternativen von Drittanbietern, z. B. die Programme *Everything* oder *Copernic Desktop Search*. Solche Anwendungen sind meist kostenlos, bei Copernic Desktop Search müssen Sie dafür aber mit Werbeeinblendungen im Programmfenster leben. Achten Sie beim Download der Programme unbedingt darauf, dass es sich um eine seriöse Quelle handelt! Am besten nutzen Sie immer die Downloadseiten bekannter Anbieter wie *pcwelt.de*, *netzwelt.de*, *heise.de* oder *zdnet.de*.

Ein Dokument ausdrucken

Sie können aus den meisten Desktop-Anwendungen und aus vielen Windows-Apps heraus Dokumente ausdrucken. Der Druckdialog ist bei allen Desktop-Programmen identisch. Wir erklären ihn am Beispiel des Programms Word:

1. Das Dokument ist in Word geöffnet. Um es auszudrucken, klicken Sie zunächst auf **Datei** ❶.
2. Klicken Sie im Navigationsbereich links auf **Drucken** ❷.
3. Im Feld **Drucker** wird der Standarddrucker angezeigt ❸ (siehe auch den Abschnitt »Einen Drucker als Standarddrucker definieren« auf Seite 248). Falls dies nicht der gewünschte Drucker ist, klicken Sie in das Feld und wählen in der aufklappenden Liste das korrekte Gerät aus.
4. Geben Sie nichts anderes vor, werden alle Seiten des Dokuments ausgedruckt ❹. Wenn Sie nur bestimmte Seiten ausdrucken möchten, tragen Sie im Textfeld rechts von **Seiten** ❺ den gewünschten Seitenbereich ein.
5. Geben Sie schließlich noch bei **Exemplare** ❻ an, wie viele Ausdrucke Sie benötigen.
6. In der Vorschau rechts können Sie über die Pfeiltasten ❼ die einzelnen auszudruckenden Seiten nochmals prüfen.
7. Haben Sie alle Einstellungen vorgenommen, schicken Sie das Dokument über die Schaltfläche **Drucken** ❽ an den eingeschalteten Drucker.

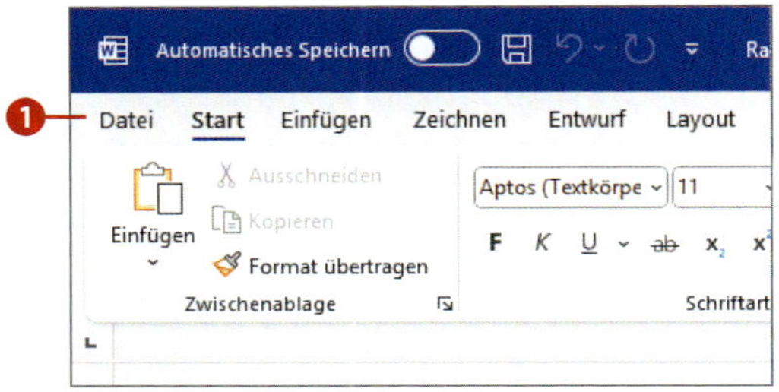

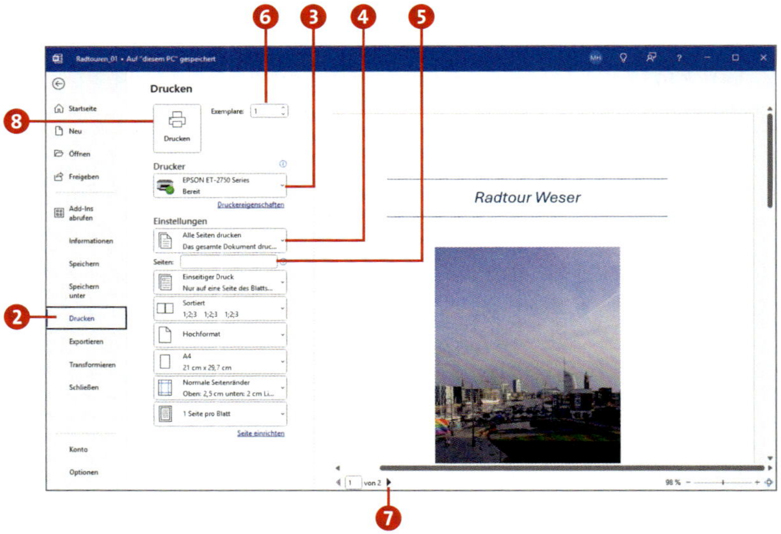

Tinte sparen

Viele Drucker unterstützen den Modus **Konzept-Druck** oder auch **Entwurf**. Dabei wird das Dokument unter Einsparung von Tinte oder Toner ausgedruckt. Der Ausdruck erscheint dann blasser, für den Eigenbedarf ist dies aber oft ausreichend. Sie finden diese Option in den Einstellungen Ihres Druckers.

PDFs mit Windows 11

Eine PDF-Datei anstelle eines Papierausdrucks erstellen

Man kann Dokumente auch als PDF-Dateien speichern und diese in elektronischer Form per E-Mail versenden. Das spart Zeit und Kosten. In älteren Windows-Versionen gab es diese Möglichkeit nur, wenn Sie über Microsoft Office verfügten oder ein separates Programm dafür installiert hatten. Seit Windows 10 stellt Microsoft einen sogenannten *PDF-Drucker* zur Verfügung, der auch in Windows 11 mit an Bord ist.

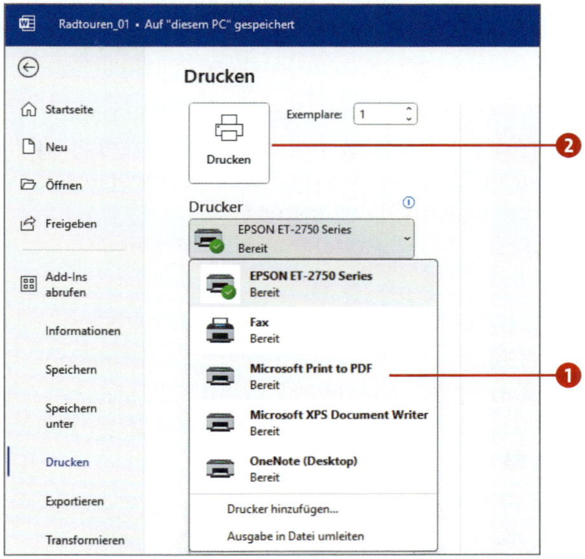

1. Wenn Sie ein Dokument als PDF-Datei speichern möchten, z. B. in Word, rufen Sie über **Datei > Drucken** den Druckdialog auf. Wählen Sie für die Ausgabe nicht Ihren Standarddrucker aus, sondern den virtuellen Drucker **Microsoft Print to PDF** ❶ und klicken Sie anschließend auf **Drucken** ❷.
2. Nach Auswahl des PDF-Druckers öffnet sich das Dialogfenster **Druckausgabe speichern unter**. Wählen Sie aus, in welchem Verzeichnis das Dokument gespeichert werden soll, in unserem Beispiel ist das der Ordner **Dokumente** ❸.
3. Tragen Sie einen Namen für das zu speichernde Dokument ein ❹ und klicken Sie danach auf **Speichern** ❺.

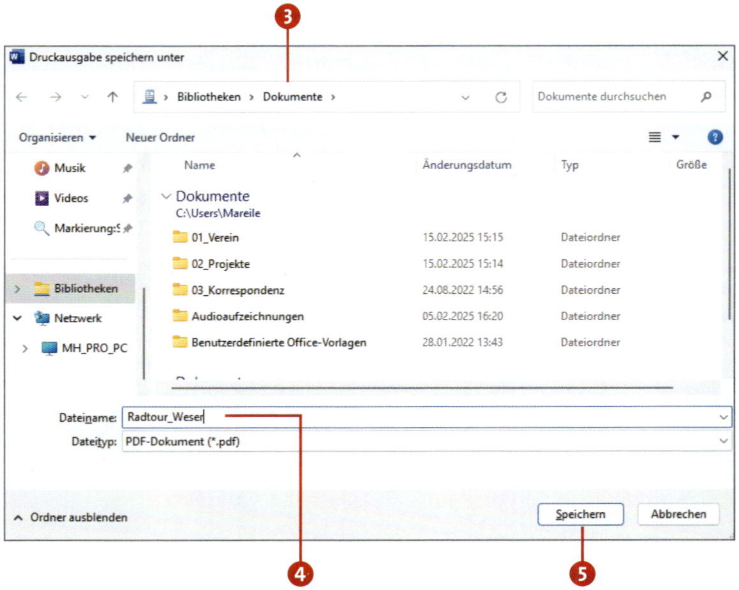

Was ist eine PDF-Datei?

PDF (*Portable Document Format*) ist ein Dateiformat, das für den plattformübergreifenden Austausch von Dokumenten entwickelt wurde. PDF-Dateien lassen sich mit einem Reader öffnen und können so z. B. auch dann angezeigt werden, wenn der Nutzer das Programm nicht installiert hat, mit dem die Ursprungsdatei erstellt wurde (z. B. Word). Außerdem können PDFs nicht aus Versehen verändert werden.

Eine PDF-Datei öffnen und drucken

PDF-Dateien werden mit dem Browser Microsoft Edge geöffnet, Sie brauchen keinen separaten PDF-Reader. Sollten Sie noch die App *Reader* auf Ihrem System finden, können Sie diese deinstallieren.

1. Wenn Sie eine PDF-Datei mit einem Doppelklick öffnen, startet automatisch der Browser Edge und zeigt das Dokument im Fenstermodus an. Über das Plus- bzw. Minussymbol in der Symbolleiste ❶ oder auch mit den Tasten [Strg] + [+] und [Strg] + [-] lässt sich das Dokument vergrößern oder verkleinern.

2. Mit der Schaltfläche **An Seite anpassen** ❷ können Sie das Dokument an der Fensterbreite ausrichten. Mit dem Rädchen Ihrer Maus »blättern« Sie durch das Dokument. Falls Sie eine bestimmte Seite ansteuern möchten, geben Sie die Seitenzahl im Feld links ein ❸.

3. Möchten Sie das PDF-Dokument ausdrucken, klicken Sie entweder in der Symbolleiste auf das Druckersymbol ❹, oder nutzen Sie die Tastenkombination [Strg] + [P], um den Druckdialog aufzurufen.

4. Wählen Sie Ihren Drucker aus ❺ und legen Sie die Druckoptionen fest, z. B. die Anzahl der Ausdrucke ❻ oder welche Seiten gedruckt werden sollen ❼. Über die Bildlaufleiste ❽ erreichen Sie weitere Einstellungsmöglichkeiten. Mit **Drucken** ❾ wird das Dokument an den Drucker übermittelt.

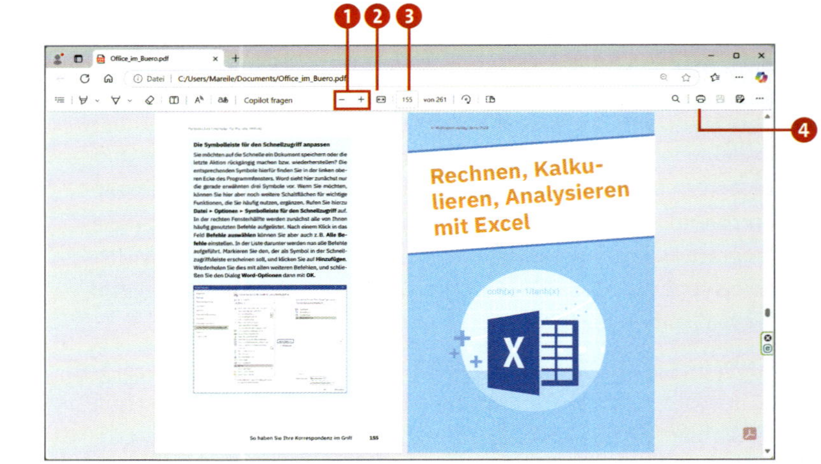

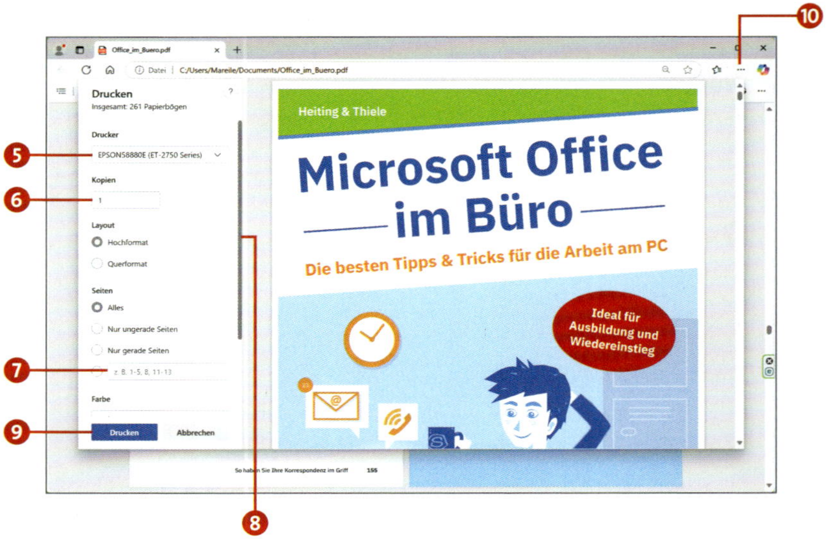

Innerhalb einer PDF-Datei suchen

Um im Dokument zu suchen, klicken Sie auf das Symbol mit den drei Punkten ❿ und wählen dann **Auf Seite suchen**. Geben Sie im nun eingeblendeten Suchfeld einen Suchbegriff ein. Über den nach oben bzw. nach unten weisenden Pfeil können Sie zu den einzelnen Fundstellen springen.

Bibliotheken

Die Bibliotheken in der Übersicht

Bibliotheken helfen bei der Organisation Ihrer Daten. Sie können in einer Bibliothek Dateien zusammenfassen, die auf verschiedenen Laufwerken und in verschiedenen Verzeichnissen gespeichert sind. Bibliotheken dienen also als eine Art Inhaltsverzeichnis, das selbst keine Daten, sondern nur Verknüpfungen zu den Daten enthält. So können Sie über die Bibliothek **Dokumente** auf Dateien zugreifen, die tatsächlich in den Verzeichnissen **Eigene Dokumente**, **Öffentliche Dokumente** und in anderen Ordnern gespeichert sind. Das funktioniert sogar laufwerksübergreifend: Ein Teil der Dokumente kann sich z. B. auf **C:** und ein anderer Teil auf den Festplatten **E:** oder **F:** befinden. Über eine Bibliothek haben Sie also an zentraler Stelle stets schnellen Zugriff auf Dateien, die über das ganze System verteilt sein können. So müssen Sie Ihre Grundordnung nicht ändern. Die sechs Standardbibliotheken **Bilder**, **Dokumente**, **Eigene Aufnahmen**, **Gespeicherte Bilder**, **Musik** und **Videos** werden im Explorer erst angezeigt, nachdem Sie die entsprechende Option aktiviert haben. Klicken Sie dazu mit der rechten Maustaste auf eine freie Stelle in der linken Spalte, z. B. ganz unten, und wählen Sie aus dem Kontextmenü die Option **Bibliotheken anzeigen** ❶ aus.

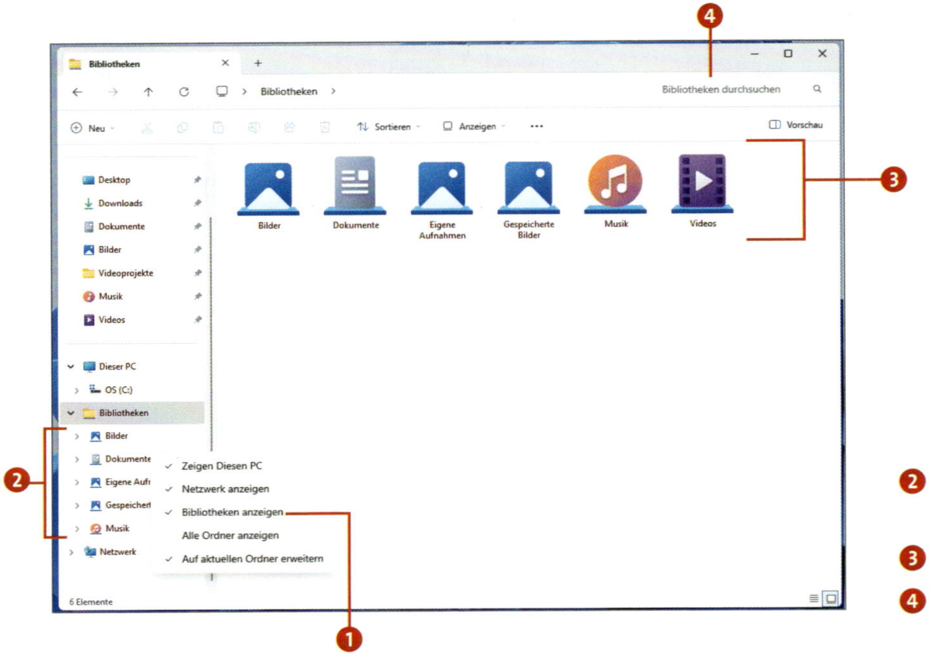

❷ die Standardbibliotheken **Bilder**, **Dokumente**, **Eigene Aufnahmen**, **Gespeicherte Bilder** und **Musik**

❸ Darstellung der Bibliotheken als Symbole im Inhaltsbereich

❹ ausgewählte Bibliotheken durchsuchen

Eine neue Bibliothek erstellen und Ordner hinzufügen

Die Standardbibliotheken reichen für eine bequeme und effektive Verwaltung Ihrer Daten meist nicht aus. Zum Erstellen zusätzlicher Bibliotheken benötigen Sie nur wenige Mausklicks:

1. Öffnen Sie den **Explorer** und klicken Sie in der linken Fensterhälfte auf den Eintrag **Bibliotheken** ❶. Darunter werden alle vorhandenen Bibliotheken aufgelistet. Falls nicht, klicken Sie auf den kleinen Pfeil vor dem Eintrag **Bibliotheken**.
2. Um nun eine neue Bibliothek hinzuzufügen, klicken Sie in der Symbolleiste auf die Schaltfläche **Neu** ❷ und wählen den einzigen zur Verfügung stehenden Menüpunkt **Bibliothek** ❸ aus.
3. Ein neuer Eintrag wird erstellt. Vergeben Sie einen Namen für die neue Bibliothek und schließen Sie Ihre Eingabe mit der [↵]-Taste ab.
4. Die neue Bibliothek wird mit einem Standardsymbol angezeigt. Um dieses Symbol zu ändern, markieren Sie die neue Bibliothek zunächst im Inhaltsbereich ❹. Klicken Sie dann in der Symbolleiste auf das Symbol mit den drei Punkten und im aufklappenden Menü auf **Eigenschaften**. Im **Eigenschaften**-Dialog klicken Sie auf **Bibliothekssymbol ändern** ❺.
5. Wählen Sie nun im Dialog **Anderes Symbol** ein passendes Symbol aus ❻ und bestätigen Sie mit **OK**. Ihre Bibliothek wird nun mit dem neuen Symbol dargestellt.

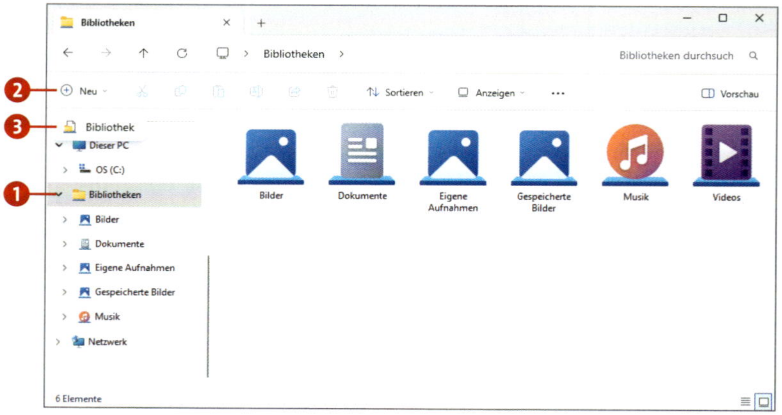

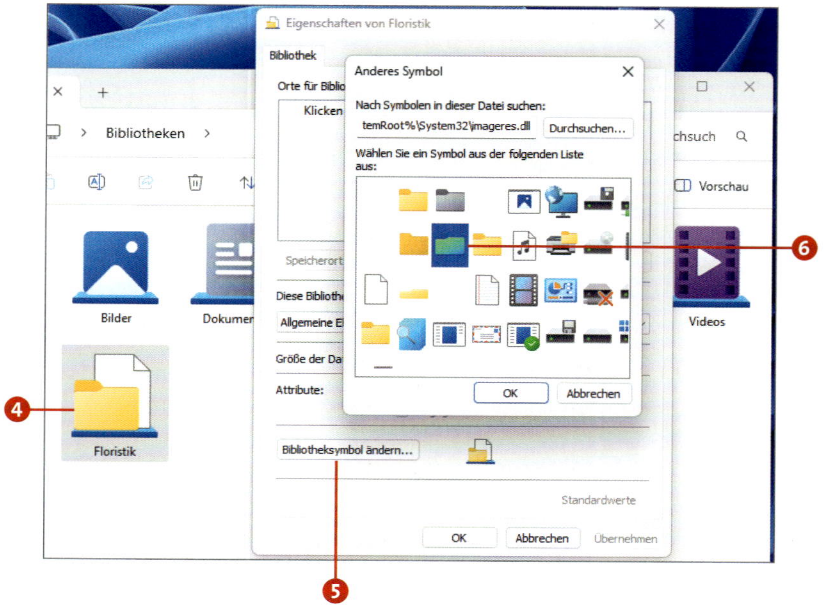

Bibliotheken an den Startbildschirm heften

Da Bibliotheken ähnlich behandelt werden wie Ordner, können Sie sie ebenfalls an den Startbildschirm heften. Klicken Sie mit der rechten Maustaste auf die Bibliothek und wählen Sie dann den Befehl **An „Start" anheften** aus dem Kontextmenü.

6. Klicken Sie im Navigationsbereich des Explorers auf Ihre neu erstellte Bibliothek. Diese ist noch leer. Um dies zu ändern, klicken Sie auf die Schaltfläche **Ordner hinzufügen** 7.
7. Ein neues Explorer-Fenster öffnet sich. Wählen Sie hier einen passenden Ordner aus und fügen Sie ihn der Bibliothek über die Schaltfläche **Ordner aufnehmen** 8 hinzu.
8. Möchten Sie weitere Ordner hinzufügen, klicken Sie sie im Explorer mit der rechten Maustaste an, wählen den Befehl **Weitere Optionen anzeigen** und dann den Befehl **In Bibliothek aufnehmen**. Markieren Sie die gewünschte Bibliothek 9.

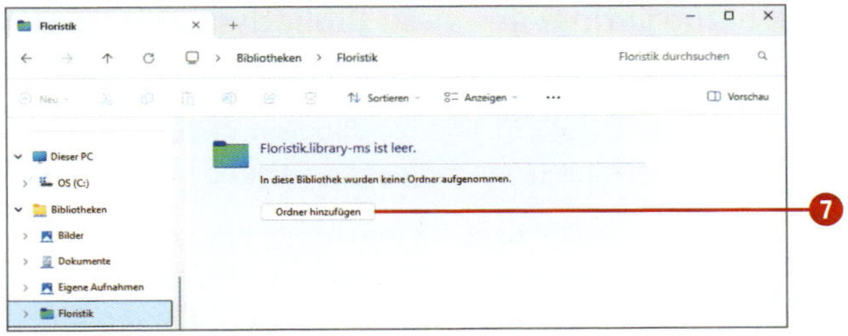

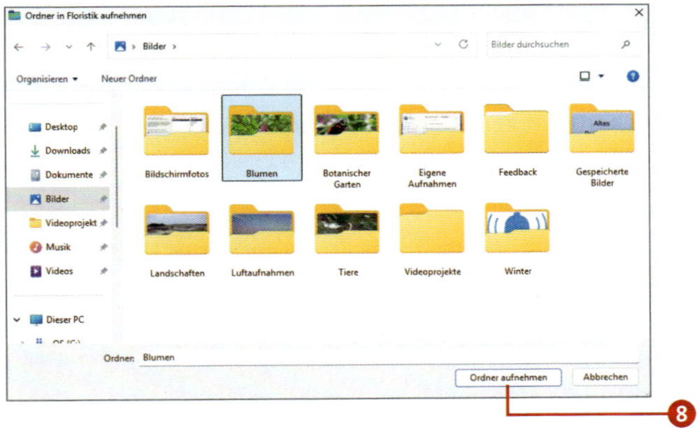

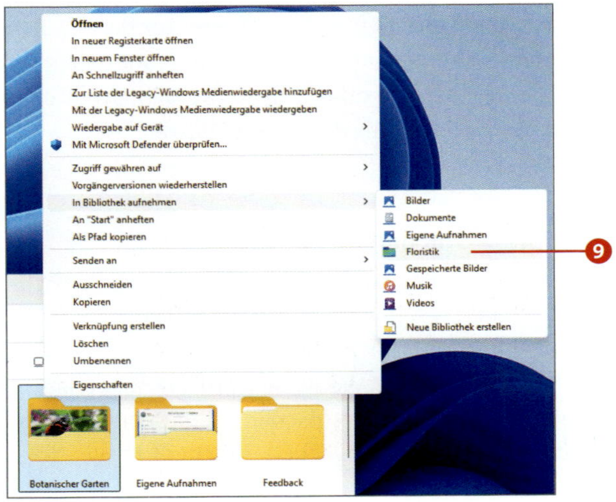

Standardspeicherort auswählen

Sie können direkt in der Bibliothek neue Dateien und Ordner erstellen. Da die Bibliothek nur ein virtueller Ordner ist, muss Windows wissen, an welchem »reellen« Speicherort das neue Element erstellt werden soll. Standardmäßig wird dafür der erste Ordner genommen, den Sie hinzugefügt haben. Um einen anderen Ordner auszuwählen, klicken Sie die Bibliothek mit der rechten Maustaste an und wählen **Eigenschaften**. Markieren Sie im Feld **Orte für Bibliotheken** den gewünschten Standardspeicherort und klicken Sie dann auf **Speicherort**.

Einzelne Standardbibliotheken ausblenden

Falls Sie eine Standardbibliothek nicht benötigen, können Sie sie aus dem Navigationsbereich ausblenden. Klicken Sie die Bibliothek im Navigationsbereich mit der rechten Maustaste an. Wählen Sie **Weitere Optionen anzeigen** und anschließend im erweiterten Kontextmenü den Befehl **Nicht im Navigationsbereich anzeigen**. Die Bibliothek wird dann nicht mehr im Navigationsbereich gelistet. Markieren Sie im Navigationsbereich die **Bibliotheken**, wird die ausgeblendete Bibliothek aber weiterhin im Inhaltsbereich aufgeführt.

Dateien und Ordner aus einer Bibliothek entfernen

Natürlich lassen sich Dateien und Ordner jederzeit wieder aus einer Bibliothek entfernen. Wie Sie dabei vorgehen und worauf Sie achten sollten, erfahren Sie in dieser Anleitung:

1. Öffnen Sie die Bibliothek und markieren Sie in der rechten Fensterhälfte den Ordner oder die Datei(en). Klicken Sie anschließend in der Symbolleiste auf das Symbol **Löschen** ❶ oder drücken Sie die Taste `Entf`.

2. Die markierten Elemente werden in den Papierkorb verschoben (also auch am eigentlichen Speicherort gelöscht). Wie Sie versehentlich gelöschte Daten wiederherstellen, lesen Sie im Abschnitt »Gelöschte Dateien und Ordner wiederherstellen« auf Seite 128.

3. Eine Besonderheit stellt das Entfernen eines Hauptordners aus einer Ihrer Bibliotheken dar. Klicken Sie hierfür links im Navigationsbereich zunächst den Namen der Bibliothek ❷ mit der rechten Maustaste an und wählen Sie dann den Befehl **Eigenschaften**. Es öffnet sich der **Eigenschaften**-Dialog, in dem Sie nun den zu entfernenden Ordner markieren und durch Betätigen der Schaltfläche **Entfernen** ❸ herausnehmen können. In diesem Fall erfolgt keine Sicherheitsabfrage, weil der Ordner nicht gelöscht, sondern lediglich als Verknüpfung aus der Bibliothek entfernt wird. Mit **OK** schließen Sie das Fenster wieder.

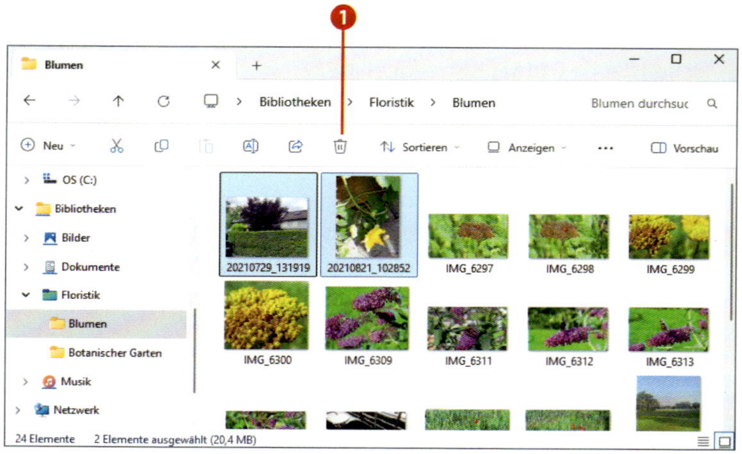

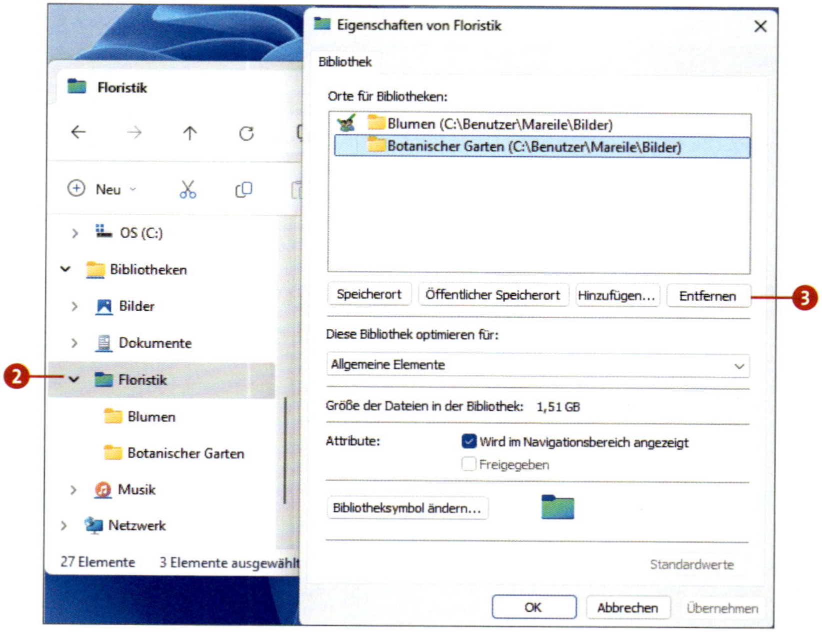

Wann wird gelöscht und wann nicht?

Wenn Sie die komplette Bibliothek oder einen der Speicherorte aus der Navigationsleiste entfernen, wird nichts gelöscht. Die Ordner bleiben am Ursprungsort erhalten, nur die Verknüpfungen werden entfernt. Wenn Sie jedoch Dateien oder Unterordner aus der Bibliothek löschen, werden diese tatsächlich gelöscht (auch am ursprünglichen Speicherort).

5 Internet

In diesem Kapitel

- Ins Internet mit Windows 11
- Per WLAN ins Internet
- Surfen mit Microsoft Edge
- Sicherheit im Internet

Die nächste Wanderung in den Alpen planen, Reiseinformationen einholen oder einen Flug buchen. E-Mails abrufen, eine Überweisung tätigen und am Abend schauen, was die Freundinnen und Freunde auf Facebook so machen. Kurzum: Um online zu sein und stets auf dem neuesten Stand zu bleiben, braucht man einen Computer mit Internetanschluss.

Mit Windows 10 stellte Microsoft einen neuen Browser bereit: *Microsoft Edge*. Das Programm hatte aber einen holprigen Start, da es anfangs noch mit einer eher rudimentären Ausstattung ausgeliefert wurde und erst nach und nach neue Funktionen hinzukamen. Der Browser konnte sich vom schlechten ersten Eindruck nicht erholen, und so entschied sich Microsoft, einen komplett neuen Browser zu entwickeln, der schließlich im Januar 2020 veröffentlicht wurde. Der Name ist gleich geblieben. Technisch basiert der neue Edge, der auch Bestandteil von Windows 11 ist, aber auf dem Projekt Chromium und setzt damit auf den gleichen Unterbau wie der aktuelle Marktführer Google Chrome. Microsoft verspricht, den neuen Edge regelmäßig zu aktualisieren und mit neuen Funktionen auszustatten. Wie Sie mit diesem Programm sicher umgehen, erfahren Sie in diesem Kapitel.

Und natürlich darf das Thema Sicherheit nicht fehlen! Onlinebetrüger, Viren oder Trojaner lauern buchstäblich an jeder Ecke. Damit wollen wir Ihnen keine Angst machen, aber es ist gut, die Gefahren zu kennen, um sie gezielt abwehren zu können. Microsoft stattet sein Betriebssystem mit einem vollwertigen Virenschutz aus, der Ihnen zusammen mit der Windows-Firewall einen soliden Basisschutz für Ihr System bietet.

Ins Internet mit Windows 11

Eine DSL-Verbindung einrichten

Um alle Möglichkeiten von Windows 11 umfassend nutzen zu können, muss eine Verbindung zum Internet bestehen. Am schnellsten gelingt dies per Netzwerkkabel, mit dem Sie Ihren Computer mit dem Router verbinden. Bereits nach wenigen Sekunden steht die Verbindung im Normalfall. Sollte dies nicht der Fall sein, lässt sich die Konfiguration wie folgt vornehmen:

1. Rufen Sie die **Einstellungen**-App auf, indem Sie im Startmenü auf das Zahnradsymbol klicken, und öffnen Sie dann die Kategorie **Netzwerk und Internet** ❶.
2. Wählen Sie in der rechten Fensterhälfte den Eintrag **DFÜ** ❷ und klicken Sie auf der folgenden Seite auf **Neue Verbindung einrichten**.
3. Ein weiteres Dialogfenster öffnet sich mit der Frage nach der gewünschten Verbindungsoption. Klicken Sie darin auf **Verbindung mit dem Internet herstellen** und anschließend auf **Weiter**. Dann wählen Sie die Option **Breitband (PPPoE)** zum Erstellen einer Modemverbindung.
4. Tragen Sie nun den von Ihrem Internetanbieter zugeteilten Benutzernamen und das dazugehörige Kennwort ein ❸. Im Feld **Verbindungsname** ❹ können Sie die Bezeichnung frei wählen. Mit einem Klick auf **Verbinden** ❺ wird die neu eingerichtete DSL-Verbindung hergestellt.

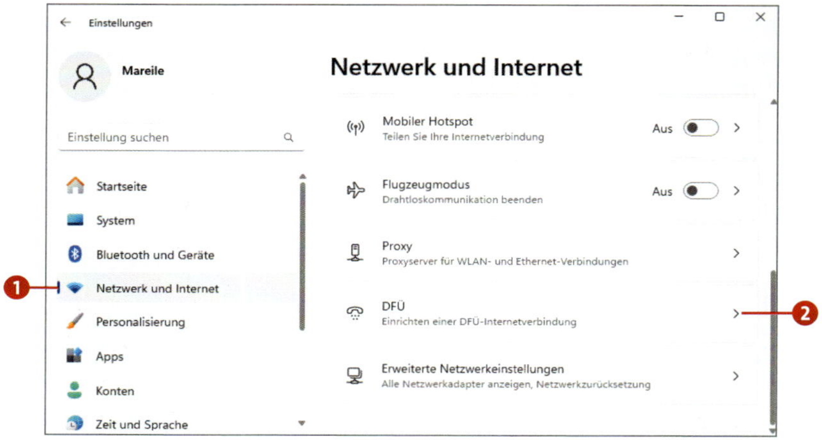

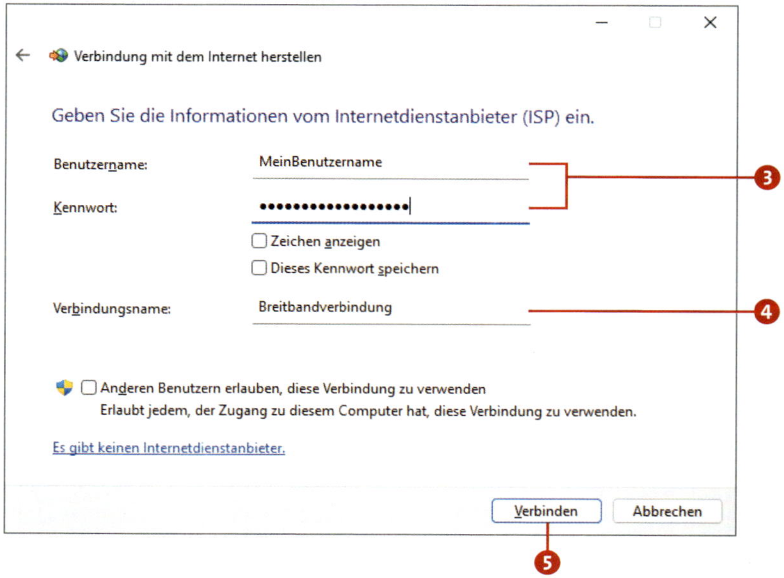

Antivirensoftware installieren?

Windows 11 enthält mit dem *Microsoft Defender* bereits ein vollwertiges Schutzprogramm gegen Viren und Trojaner. Wenn Sie den Defender durch ein Antivirenprogramm eines Drittherstellers ersetzen, achten Sie darauf, es durch Updates immer auf dem neuesten Stand zu halten.

Per WLAN ins Internet

Egal, ob Sie auf dem Balkon, im Hotel oder am Flughafen sitzen, mithilfe einer WLAN-Verbindung können Sie fast überall ins Internet – einen WLAN-Hotspot vorausgesetzt. Die Verbindung mit einem WLAN ist recht einfach:

1. Klicken Sie in der Taskleiste auf das Netzwerksymbol ❶ und dann in den aufklappenden Schnelleinstellungen auf den Pfeil ❷ rechts vom WLAN-Symbol.
2. Ein Menü öffnet sich und zeigt Ihnen alle verfügbaren Drahtlosnetzwerke an, die sich in Ihrer Nähe befinden. Wählen Sie die bevorzugte Verbindung mit einem Mausklick aus. Wenn Sie sich nicht bei jedem Windows-Start neu am Netzwerk anmelden möchten, aktivieren Sie die Option **Automatisch verbinden** ❸.
3. Klicken Sie auf **Verbinden** ❹, um eine Verbindung aufzubauen.
4. Geben Sie zur Authentifizierung das Kennwort, sprich den Netzwerkschlüssel ❺, ein, der bei der Einrichtung der WLAN-Verbindung im Router eingetragen wurde. Moderne Router bieten gar die Möglichkeit, die Zugangsdaten über eine Taste am Gerät automatisch an den Rechner zu übermitteln.
5. Sollte die Frage erscheinen, ob zu PCs und Geräten in diesem Netzwerk eine Verbindung hergestellt werden soll, klicken Sie bei einem Heim- oder Arbeitsnetzwerk auf **Ja**. Bei einem öffentlichen Netzwerk, z. B. in einem Hotel, wählen Sie aus Sicherheitsgründen **Nein**. Die Verbindung wird daraufhin aufgebaut.

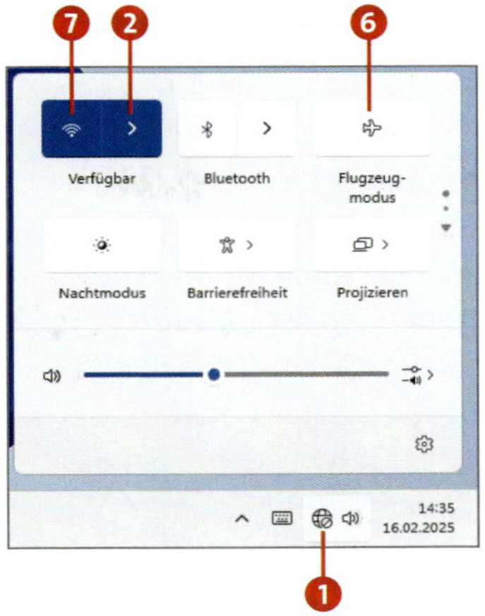

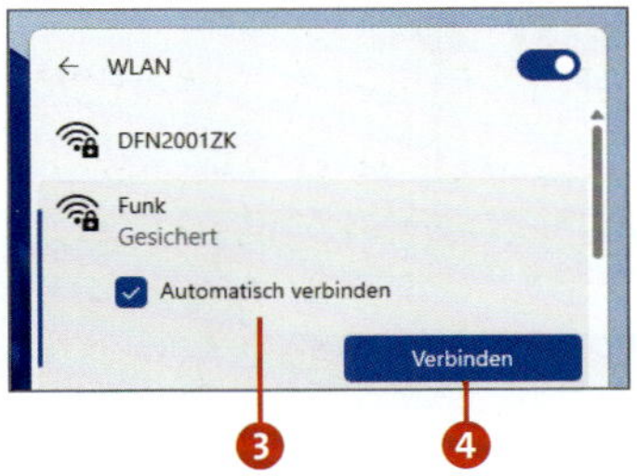

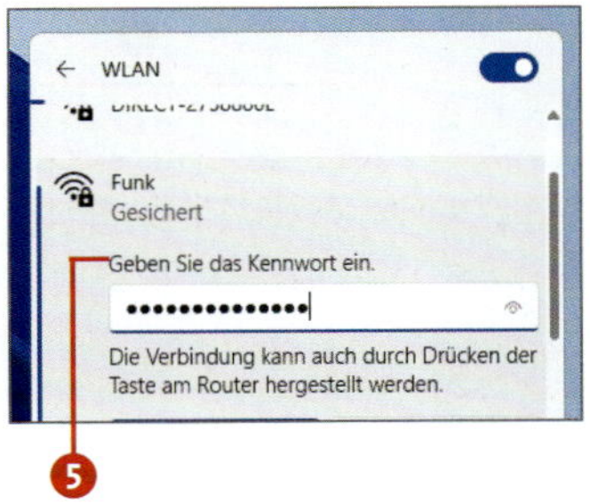

Der Flugzeugmodus

Über die gleichnamige Schaltfläche ❻ in den Schnelleinstellungen können Sie den *Flugzeugmodus* aktivieren und damit die Funkkommunikation vollständig einstellen. Eine WLAN-Verbindung wird dann nicht aufgebaut.

Keine Drahtlosnetzwerke verfügbar?

Sollten keine WLAN-Verbindungen angezeigt werden, aktivieren Sie zunächst die WLAN-Funktion, indem Sie in den Schnelleinstellungen auf das WLAN-Symbol ❼ klicken, falls dieses grau unterlegt ist und die Funktion damit deaktiviert sein sollte. Ist die Option nicht aktivierbar, müssen Sie die WLAN-Funktion an Ihrem Laptop erst über eine spezielle Taste oder eine Tastenkombination einschalten. Konsultieren Sie in diesem Fall das Bedienungshandbuch Ihres Geräts.

Surfen mit Microsoft Edge

Der Browser in der Übersicht

Welches Programm Sie zum Surfen im Internet benutzen, ist letztlich eine Frage des persönlichen Geschmacks. Die bekanntesten Browser sind *Opera*, *Google Chrome* oder auch *Mozilla Firefox*. Bereits für Windows 10 hatte Microsoft den Browser *Microsoft Edge* entwickelt. Dieser wurde auf ein neues technisches Fundament gestellt und basiert nun auf dem von Google entwickelten Chromium-Projekt. Das Ergebnis kann sich sehen lassen: Edge ist ein moderner, schneller und sicherer Webbrowser geworden. Wie Sie neue Seiten aufrufen, mit Registerkarten effektiv arbeiten, beliebte Seiten zu Ihren Favoriten hinzufügen und weitere Einstellungen vornehmen können, beschreiben wir am Beispiel dieses Standardbrowsers. Viele Funktionen und Vorgehensweisen unterscheiden sich von Browser zu Browser nur wenig und so werden Sie die folgenden Anleitungen sehr leicht auf Ihren Lieblingsbrowser übertragen können. Der Internet Explorer gehört unter Windows 11 übrigens der Vergangenheit an.

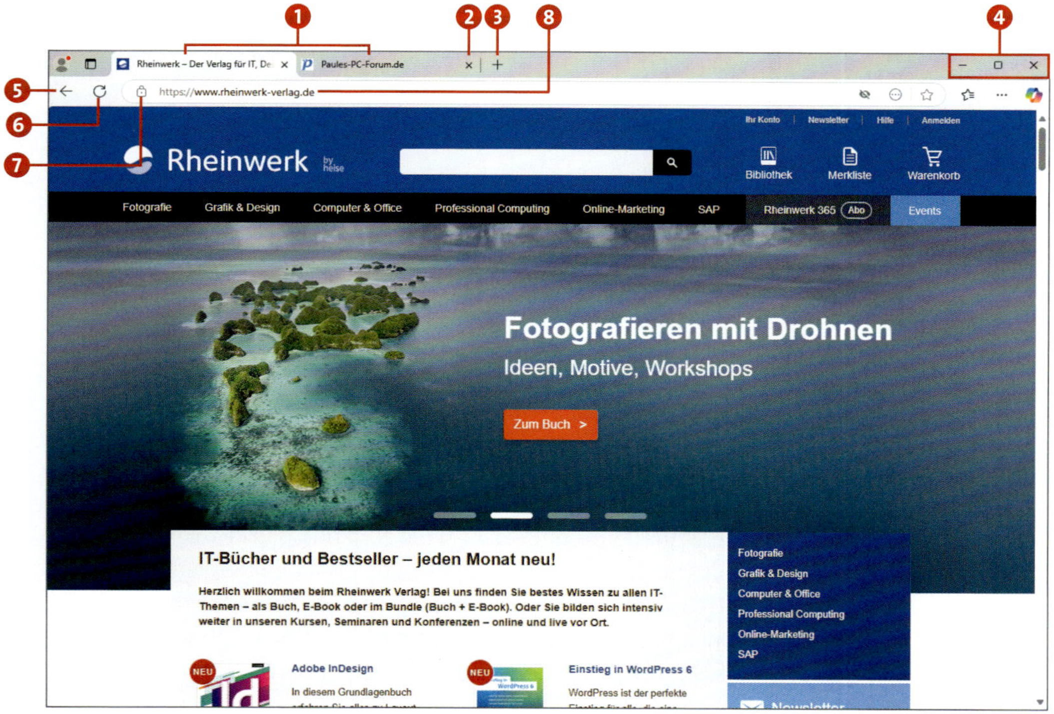

1. Registerkarten mit geöffneten Seiten
2. eine Registerkarte schließen
3. eine neue Registerkarte öffnen
4. Fenster minimieren, maximieren oder schließen
5. **Vor**- und **Zurück**-Schaltflächen
6. den Seiteninhalt aktualisieren
7. Webseiteninformationen anzeigen
8. Adressfeld zur Eingabe einer Internetadresse

Microsoft Edge bietet Ihnen zahlreiche Einstellungs- und Konfigurationsmöglichkeiten. Der Aufruf der Registerkarte **Einstellungen** erfolgt über den gleichnamigen Eintrag nach einem Klick auf das Symbol **Einstellungen und mehr**. Übersichtlich unterteilt in verschiedene Kategorien wie **Datenschutz, Suche und Dienste**, **Darstellung**, **Cookies und Websiteberechtigungen** oder auch **Drucker** und **System und Leistung** lässt sich der Browser umfangreich anpassen.

So können Sie beispielsweise zusätzliche Schaltflächen der Menüleiste hinzufügen (etwa die Schaltfläche **Startseite**), eine Favoritenleiste einblenden oder das komplette Design auf einen dunklen Modus umstellen. Sie können aber z. B. auch festlegen, dass der Browser bei jedem Download den Speicherort abfragt, oder sogar die Spracheinstellungen des Programms bei Interesse abändern.

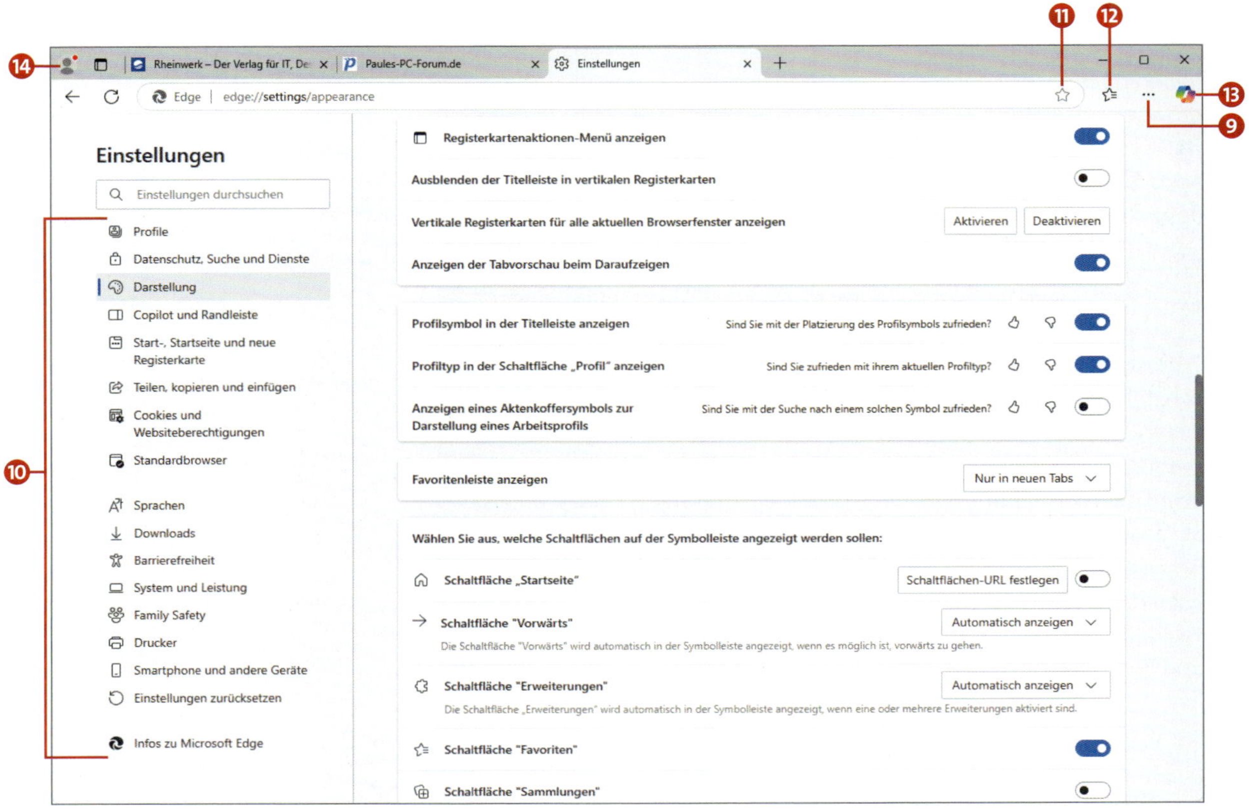

9 Einstellungen und mehr einblenden

10 Kategorien der Einstellungen

11 Seite zu den Favoriten hinzufügen

12 Ansicht und Verwaltung der Favoriten

13 Symbol zum Aufruf des KI-Assistenten *Copilot*

14 Profileinstellungen verwalten

Einen Standardbrowser festlegen

Anstelle des vorinstallierten Browsers Edge können Sie jederzeit auch einen anderen Browser auf Ihrem System installieren, z. B. Firefox, Opera oder Google Chrome. Ein solcher »fremder« Browser lässt sich auch parallel zu Microsoft Edge nutzen. Haben Sie neben Edge noch einen weiteren Webbrowser installiert, müssen Sie eines dieser Programme als Standardbrowser festlegen. Wenn Sie z. B. innerhalb einer E-Mail auf einen Link klicken, wird die Seite mit Ihrem Standardbrowser aufgerufen.

Beim ersten Start eines neu installierten Browsers erfolgt standardmäßig eine Abfrage, ob dieses Programm fortan als Standardbrowser festgelegt werden soll. Falls Sie hier **Nicht jetzt** ausgewählt haben oder nachträglich einen anderen Browser zum Standardbrowser befördern möchten, öffnen Sie mit der Tastenkombination [⊞] + [I] die **Einstellungen**-App und wählen links die Kategorie **Apps** ❶. Klicken Sie dann in der rechten Fensterhälfte auf **Standard-Apps**.

Windows 11 listet nun alle Standardanwendungen auf. Blättern Sie nach unten und klicken Sie auf **Microsoft Edge**. Es erscheint eine Übersicht über alle mit dieser App verknüpften Dateitypen und Protokolle. Nun wird es unter Windows 11 leider etwas umständlich: Klicken Sie auf den ersten Dateityp bzw. das Protokoll, dem Sie ein anderes Standardprogramm zuweisen möchten. In unserem Webbrowserbeispiel sind die wichtigsten Dateitypen etwa **.htm**, **.html** oder auch **.pdf** sowie die Protokolle *HTTP* und *HTTPS*. Wählen Sie anschließend in der aufklappenden Liste Ihren bevorzugten Browser aus, z. B. **Firefox** ❷. Diese Einstellung können Sie jederzeit wieder ändern, falls Sie ein anderes Programm nutzen möchten. Wiederholen Sie dies mit allen weiteren gewünschten Dateitypen und Protokollen.

Wenn Sie nun einen anderen als den soeben zum Standard ernannten Browser öffnen, wird dieses Programm voraussichtlich einen Hinweis einblenden, dass es nicht der Standardbrowser ist, und Sie fragen, ob Sie es zum Standardbrowser befördern möchten. Wählen Sie in diesem Fall **Nein**, damit die zuvor getroffene Einstellung nicht wieder überschrieben wird.

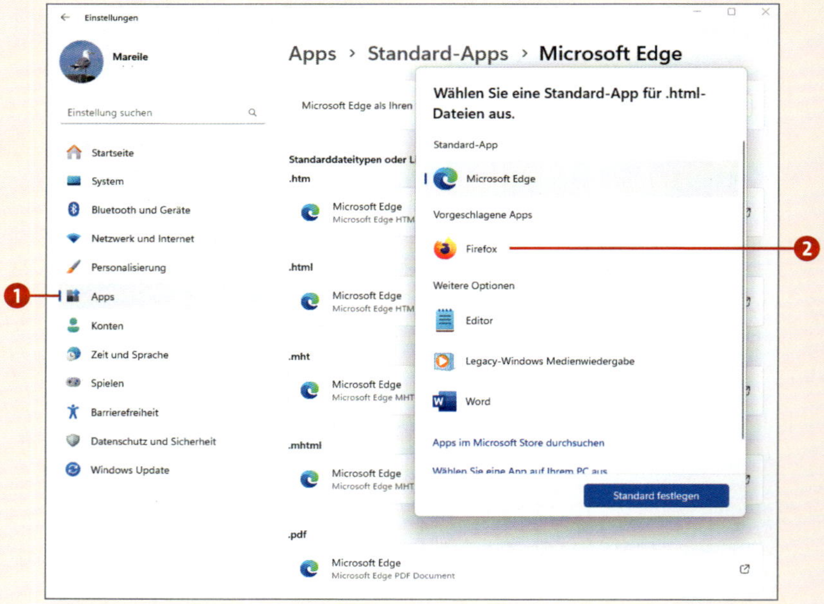

Eine Webseite über einen Link aufrufen

Viele Internetadressen werden Sie über Verweise aufrufen, sogenannte *Links*, entweder aus einer E-Mail heraus oder über Verweise auf einer anderen Webseite.

1. Links werden auf Internetseiten auf unterschiedliche Art angezeigt. Der klassische Textlink besteht aus einem Wort und wird in aller Regel in blauer Schrift und unterstrichen dargestellt. Ausnahmen bestätigen allerdings die Regel, sodass man inzwischen auch Links in einer anderen Farbgebung findet. Egal, wie der Link aussieht: Ein einfacher Mausklick genügt, um die verknüpfte Webseite aufzurufen.
2. Sie erkennen einen Link besonders zuverlässig, wenn Sie mit der Maus auf ihn zeigen, ohne sofort zu klicken. Handelt es sich um einen Link, ändert sich die Form des Mauszeigers von einem Pfeil zu einer kleinen Hand ❶.
3. Klicken Sie auf einen Link, wird die damit verlinkte Seite meist auf der gleichen Registerkarte geöffnet. Möchten Sie die Seite lieber auf einer neuen Registerkarte öffnen, drücken Sie die Taste `Strg`, halten diese gedrückt und klicken erst dann auf den Link. Möchten Sie die Seite in einem neuen Fenster öffnen, halten Sie die `⇧`-Taste gedrückt und klicken auf den Link.

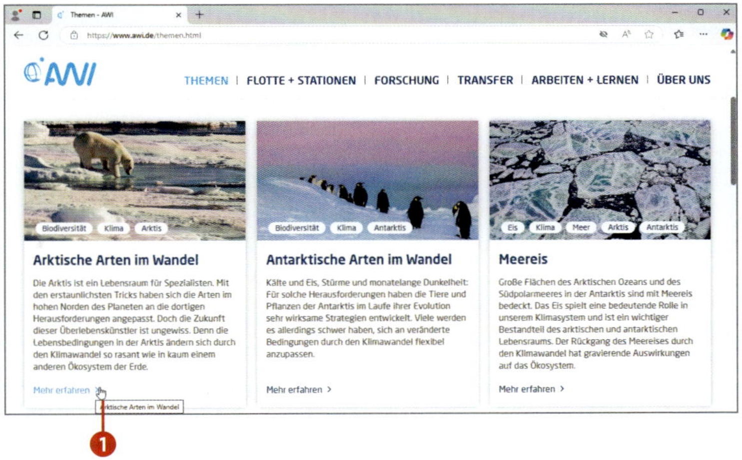

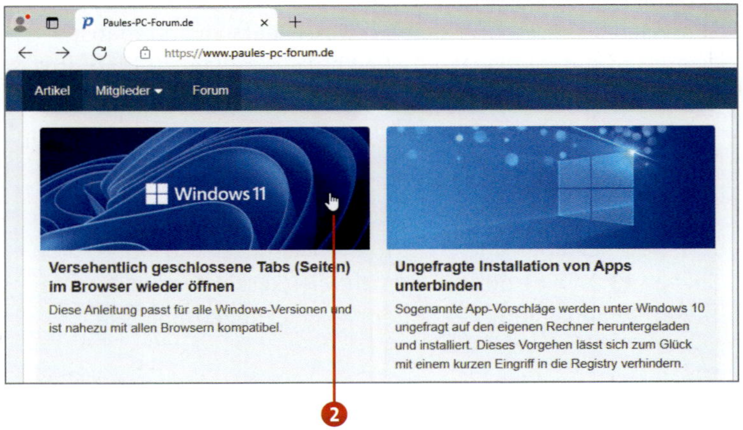

Verlinkte Bilder und Grafiken

Auch Bilder und Grafiken können mit einem Link versehen sein. Hier gilt das gleiche Prinzip: Wenn Sie mit der Maus auf die Grafik zeigen und sich der Mauszeiger in eine Hand verwandelt, handelt es sich tatsächlich um einen Link ❷. Bilder werden auf Webseiten vielfach in einer verkleinerten Ansicht dargestellt. Klickt man auf das Bild, wird dieses vergrößert angezeigt.

Eine Webseite über die Adressleiste aufrufen

Wenn Sie eine Webseite öffnen möchten, deren Adresse Sie bereits kennen, können Sie diese direkt in die Adresszeile des Browsers eingeben und die Seite aufrufen.

1. Die Adresszeile beim Browser *Microsoft Edge* ist unmittelbar unter der sogenannten *Tableiste* platziert. Es handelt sich hierbei um ein kombiniertes Adress- und Suchfeld. Das heißt, Sie können dort sowohl eine Internetadresse als auch einen Suchbegriff eingeben, nach dem Sie über die Standardsuchmaschine suchen möchten.
2. Klicken oder tippen Sie in das Adressfeld, um dieses zu aktivieren. Die Schreibmarke blinkt und wartet auf Ihre Eingabe. Geben Sie nun die Adresse, auch kurz *URL* genannt, in das Adressfeld ❶ ein. Den Zusatz **http://www.** müssen Sie bei modernen Browsern nicht mehr eingeben. Dieser Teil wird automatisch vom Programm ergänzt. Es reicht also, wenn Sie z. B. statt *http://www.rheinwerk-verlag.de* nur den Namen und das Länderkürzel, also in diesem Fall **rheinwerk-verlag.de** eingeben.
3. Sobald Sie den ersten Buchstaben eingeben, schlägt das Programm Ihnen Seiten vor, die diesen Buchstaben enthalten und die Sie zu einem früheren Zeitpunkt bereits einmal aufgerufen haben ❷. Ist eine dieser Seiten Ihr Ziel, klicken Sie auf den entsprechenden Eintrag. So sparen Sie sich einige Tipparbeit.

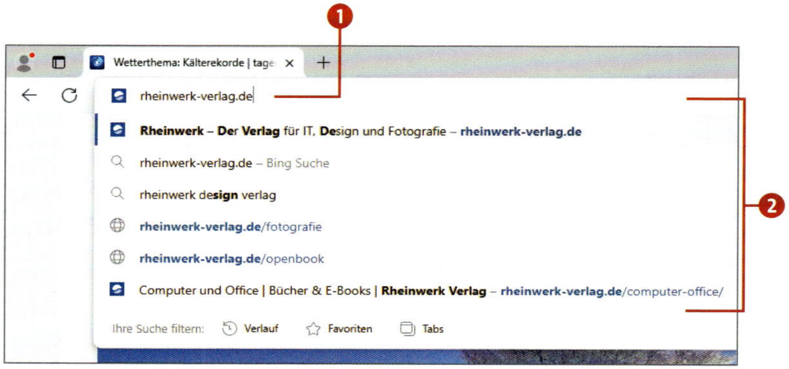

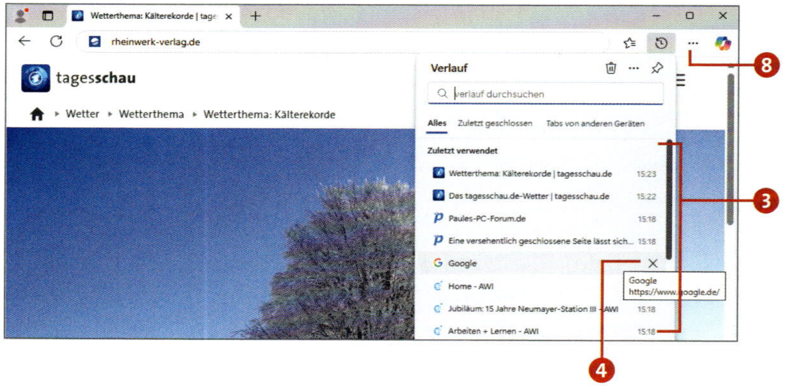

Auf Webseiten suchen

Drücken Sie im Programm die Tastenkombination [Strg] + [F], wird am oberen Fensterrand eine zusätzliche Leiste eingeblendet, die ein Suchfeld mit blinkender Schreibmarke anzeigt. Tippen Sie den Suchbegriff ein. Alle Übereinstimmungen werden auf der Seite farbig hervorgehoben. Die Tastenkombination funktioniert auch in vielen anderen Webbrowsern.

4. Mithilfe der Tastenkombination [Strg] + [H] öffnen Sie den aktuellen Verlauf 3. Hier werden nun die von Ihnen zuletzt besuchten Seiten angezeigt. Wählen Sie daraus gegebenenfalls das gewünschte Ziel mit einem Mausklick aus. Ist die Seite nicht dabei, klicken Sie in die Adresszeile, um die Liste wieder zu schließen. Falls Sie einen Eintrag im Verlauf löschen möchten, positionieren Sie einfach den Mauszeiger auf ihm und klicken dann das Löschensymbol 4 an.

5. Falls die gewünschte Seite nicht aufgeführt wird, müssen Sie die Adresse vollständig in das Textfeld eintippen und die Eingabe mit der [↵]-Taste abschließen. Achten Sie hierbei auf die genaue Schreibweise der Adresse, denn ein einziger Tippfehler führt entweder zu einer Meldung, dass die Seite nicht gefunden wurde, oder Sie werden auf eine falsche Seite weitergeleitet.

6. Wenn Sie schon eine Weile durchs Internet gesurft sind, können Sie mit den Pfeilschaltflächen links neben der Adressleiste 5 vor und zurück durch die bisher aufgerufenen Seiten springen.

7. Um eine Seite zu aktualisieren, z. B. einen Liveticker, klicken Sie auf den kreisförmigen Pfeil am Anfang der Adresszeile 6. Alternativ hierzu drücken Sie die Taste [F5].

8. Besuchen Sie eine Seite, auf der Musik oder ein Video abgespielt wird, wie z. B. auf der Plattform *YouTube*, können Sie im Tab bzw. auf der Registerkarte mit einem Klick auf das kleine Lautsprechersymbol 7 vor dem Namen der Seite diese stumm schalten. Das Video oder das Musikstück läuft weiter, es ist aber so lange kein Ton zu hören, bis Sie erneut auf das Lautsprechersymbol klicken, um den Ton wieder einzuschalten.

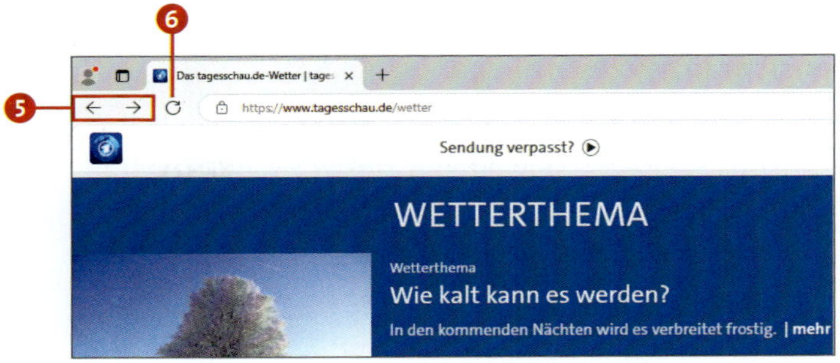

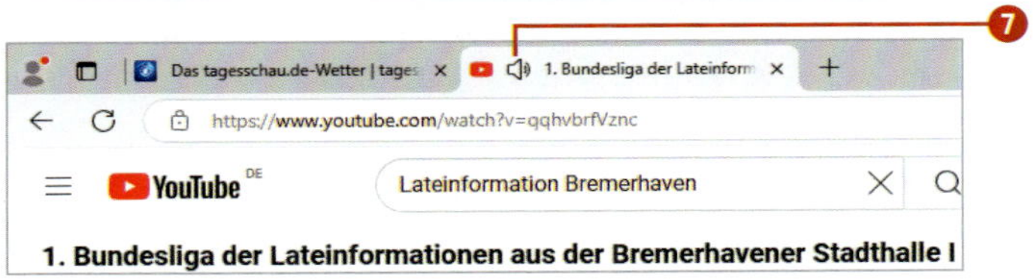

Eine Startseite festlegen

Sie können selbst bestimmen, welche Seite Edge beim Programmstart anzeigen soll. Klicken Sie hierfür auf das Symbol **Einstellungen und mehr** 8 und dann auf **Einstellungen**. In der Kategorie **Start, Startseite und neue Registerkarten** können Sie im Abschnitt **Beim Start von Microsoft Edge** z. B. die Adresse der gewünschten neuen Startseite eintragen oder auch festlegen, dass Edge immer mit den geöffneten Registerkarten der letzten Sitzung starten soll.

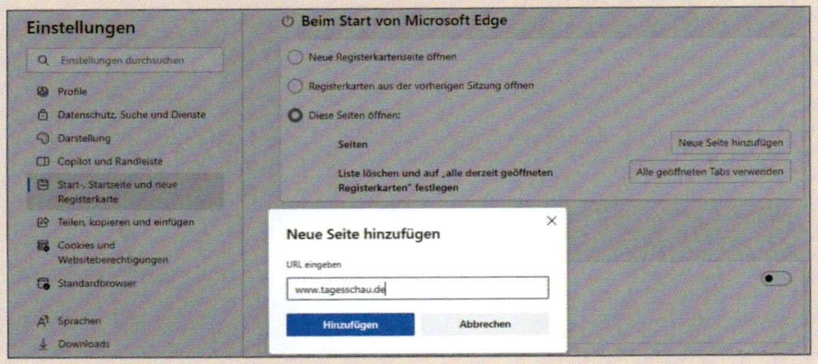

Die Leseansicht in Microsoft Edge

Das Lesen längerer Artikel auf Internetseiten gestaltet sich oft unkomfortabel, da zahlreiche verweisende Links, Designelemente, Grafiken der Seite und auch Werbebanner vom eigentlichen Text ablenken. Die Leseansicht (im Browser Edge auch *Immersiver Reader* oder *Plastischer Reader* genannt) reduziert die Ansicht auf den Text und dazugehörige Bilder und erleichtert damit das Lesen der Seite maßgeblich.

1. Der Lesemodus kann leider nicht auf jeder Seite angewandt werden. Ob der Modus aktiviert werden kann, erkennen Sie nach einem Klick auf das Symbol **Weitere Aktionen** ❶. Klicken Sie auf das Symbol, sollte in der aufklappenden Liste der **Immersive Reader** angezeigt werden ❷. Wird er nicht aufgeführt, steht die Ansicht für die aufgerufene Seite leider nicht zur Verfügung.

2. Klicken Sie auf **Immersiver Reader**, um die Leseansicht zu aktivieren. Die im Browser geladene Seite wird daraufhin neu auf einem lesefreundlichen Hintergrund angezeigt. Störende Werbeflächen und Navigationsleisten werden entfernt.

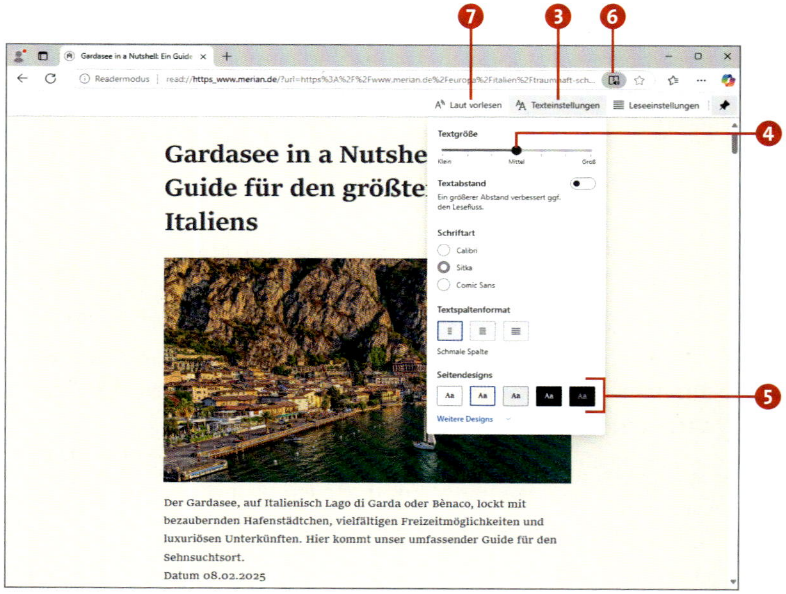

3. Gefällt Ihnen die Ansicht nicht, klicken Sie im Menüband unterhalb der Adresszeile auf **Texteinstellungen** ❸. Sie haben nun die Möglichkeit, die Textgröße anzupassen. Schieben Sie den Regler ❹ nach rechts, um sie zu vergrößern, und nach links, um sie zu verkleinern. Im Abschnitt **Seitendesigns** können Sie zusätzlich die Hintergrundfarbe wählen ❺. Die Leseansicht verlassen Sie schließlich durch einen Klick auf das nun sichtbare Buchsymbol ❻ in der Menüleiste des Browsers.

4. Über **Laut vorlesen** ❼ können Sie sich den Text der Seite sogar vorlesen lassen. Hierfür stehen Ihnen verschiedene Sprachprofile zur Auswahl.

Seiten in der Leseansicht drucken

Da im Lesemodus der Inhalt der Seite auf das Wesentliche reduziert wird, eignet sich diese Ansicht auch sehr gut für einen Ausdruck. Über **Einstellungen und mehr** ❽ **> Drucken** erreichen Sie die Druckeinstellungen.

Registerkarten in Microsoft Edge

Dank der Registerkarten (*Tabs*) können Sie bequem mehrere Webseiten zur gleichen Zeit geöffnet haben und zwischen ihnen wechseln:

1. Klicken Sie auf eine Registerkarte ❶, um die zugehörige Seite in den Vordergrund zu holen.
2. Möchten Sie die Position einer Registerkarte verändern, klicken Sie sie an und verschieben sie mit gedrückter Maustaste an die gewünschte Stelle.
3. Soll die Registerkarte geschlossen werden, zeigen Sie mit der Maus darauf und klicken dann auf das kleine Kreuz ❷ auf der rechten Seite der Registerkarte.
4. Bei Bedarf können Sie auch alle Registerkarten außer der aktuell geöffneten schließen. Klicken Sie mit der rechten Maustaste auf die Registerkarte, die Sie geöffnet lassen möchten, und wählen Sie aus dem Kontextmenü **Andere Tabs schließen** ❸. Oder nutzen Sie die Option **Tabs rechts schließen** ❹, um alle Registerkarten rechts von der ausgewählten zu schließen. Über **Tab Duplizieren** ❺ öffnen Sie die gleiche Seite noch mal auf einer neuen Registerkarte und über **Geschlossenen Tab erneut öffnen** ❻ können Sie sogar jene Seiten wieder öffnen, die Sie im Laufe der Sitzung bereits geschlossen hatten.

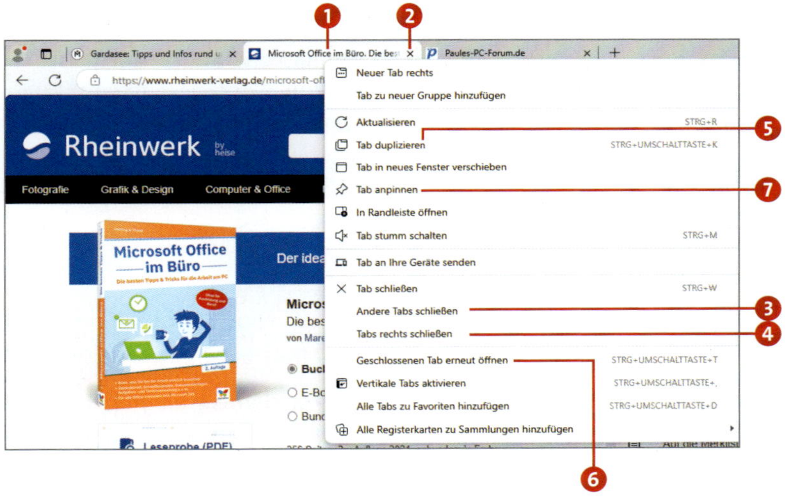

Neue Registerkarten öffnen mit …

Über das Menü **Einstellungen und mehr > Einstellungen** haben Sie die Möglichkeit, zwischen verschiedenen Seitenlayouts zu wählen und hierüber das Verhalten des Browsers festzulegen, sobald Sie eine neue Registerkarte öffnen. Über die Kategorie **Darstellung** können Sie zudem angeben, ob der Browser in einem hellen oder lieber in einem dunklen Layout dargestellt werden soll.

Registerkarten anpinnen

Beliebte Webseiten können Sie auch fest im Programmfenster von Edge verankern. Der entsprechende Befehl im Kontextmenü der Registerkarte lautet **Tab anpinnen** ❼. Am linken Rand des Programmfensters erscheint das Logo der Registerkarte, im Beispiel das der Website der Tagesschau. Um die Registerkarte wieder zu entfernen, wählen Sie im Kontextmenü den Befehl **Tab lösen**.

Favoriten anlegen und verwalten

Fügen Sie die interessantesten Internetseiten Ihrer Favoritenliste hinzu, damit Sie sie immer schnell aufrufen können. Über das Favoritencenter können Sie sie bequem verwalten und organisieren. Die wichtigsten Seiten lassen Sie sich zusätzlich in der Favoritenleiste anzeigen:

1. Rufen Sie die Seite auf, die Sie den Favoriten hinzufügen möchten.
2. Klicken Sie rechts neben der Adress- und Suchleiste auf den kleinen Stern ❶, um für diese Seite ein Lesezeichen zu setzen.
3. Nun öffnet sich ein kleines Menü ❷, in dem Sie einen beliebigen Namen für die neu hinzugefügte Seite eingeben oder den angezeigten Vorschlag übernehmen können. Klicken Sie auf das darunterliegende Dropdown-Menü ❸, um festzulegen, wo der Eintrag erstellt werden soll.
4. Standardmäßig werden alle neuen Lesezeichen in den Ordner **Favoritenleiste** abgelegt. Natürlich würde dies sehr schnell unübersichtlich werden und so können Sie über den Befehl **Mehr** ❹ neue Ablageorte festlegen und die Ordnung wahren. Wenn Sie künftig eine Seite über das Sternsymbol den Lesezeichen hinzufügen, können Sie über das Dropdown-Menü Ihre eigens erstellten Verzeichnisse als Speicherziel auswählen.

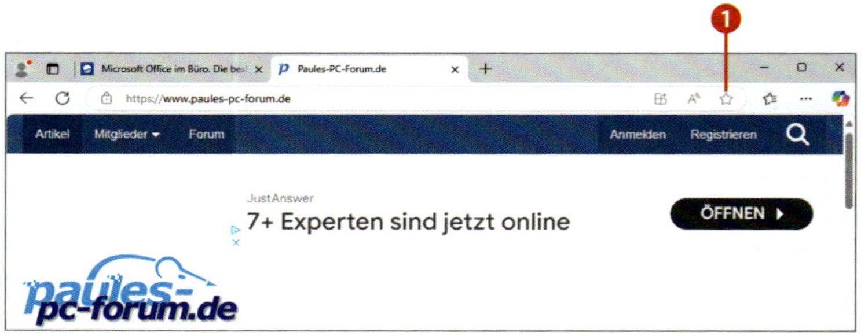

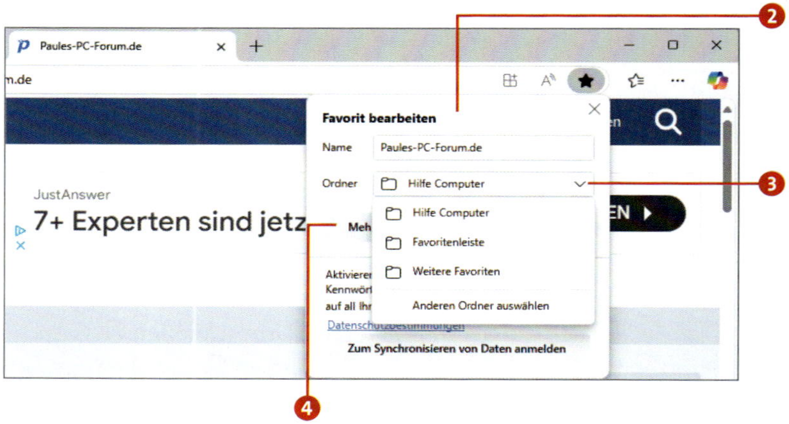

Geöffnete Seiten den Favoriten hinzufügen

Auch das ist möglich: Mit [Strg] + [⇧] + [D] können Sie zeitsparend alle aktuell im Browser geöffneten Seiten in einem Schritt Ihren Favoriten hinzufügen.

5. Neue Ordner anlegen, umbenennen oder entfernen können Sie über die Favoritenverwaltung. Öffnen Sie diese mit einem Klick auf die Schaltfläche in der Menüleiste **5**. Nun werden alle Ordner aufgelistet, die Sie bisher erstellt haben. Führen Sie einen Rechtsklick auf einen Ordner aus, um ein weiteres Menü zu öffnen. Hier **6** können Sie nun alle Einträge entsprechend bearbeiten.

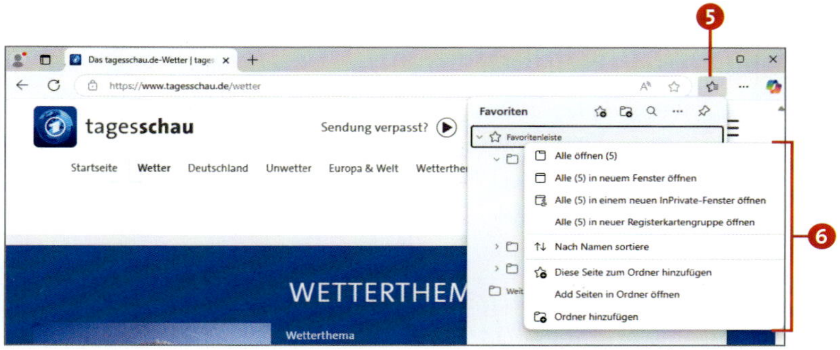

6. Möchten Sie ein Lesezeichen löschen, öffnen Sie das entsprechende Verzeichnis, klicken den Eintrag mit der rechten Maustaste an und wählen dann die Option **Löschen** **7** aus dem Menü.

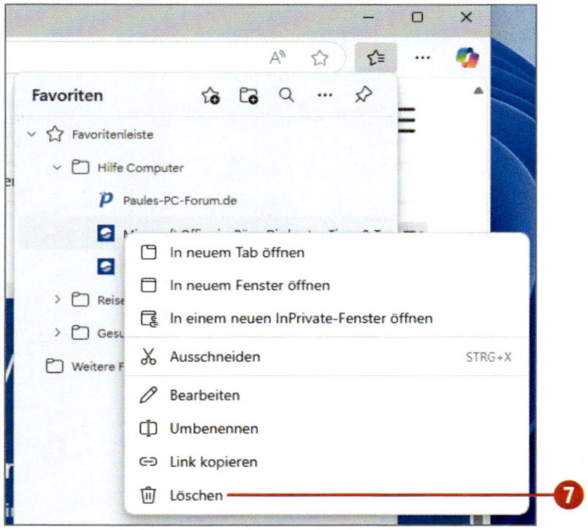

7. Mithilfe der Tastenkombination [Strg] + [⇧] + [B] können Sie unterhalb der Adressleiste eine nützliche Favoritenleiste ein- und ausblenden, die Ihre angelegten Ordner und Lesezeichen enthält **8**. Klicken Sie einen der Ordner mit der rechten Maustaste an, erreichen Sie über das Kontextmenü den Eintrag **Favoritenleiste anzeigen**. Hier können Sie festlegen, ob die Leiste immer, nie oder nur auf neuen Registerkarten angezeigt werden soll.

8. Soll ein Eintrag aus der Favoritenleiste entfernt werden, klicken Sie diesen mit der rechten Maustaste an und wählen die Option **Löschen** aus dem Kontextmenü aus.

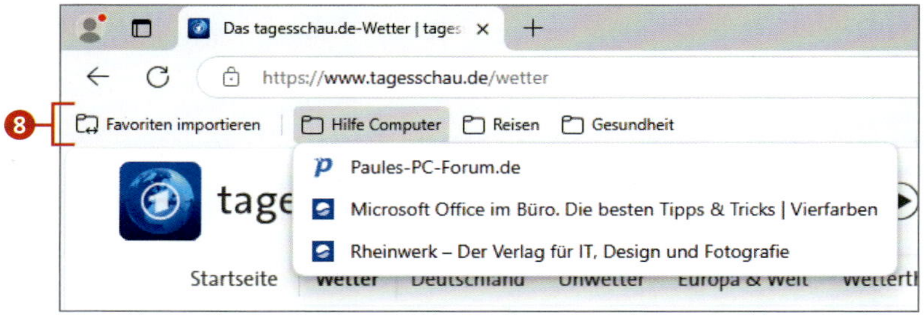

Sammlungen interessanter Webseiten anlegen

Sie möchten eine Anschaffung tätigen und recherchieren hierzu im Internet? Um interessante Seiten später jederzeit wiederzufinden, können Sie sie in Edge auch thematisch in sogenannten Sammlungen zusammenfassen. Rufen Sie hierzu die erste Seite auf und klicken Sie dann auf das Symbol **Sammlungen**. Nun können Sie eine neue Sammlung erzeugen oder die aktuelle Seite einer bereits vorhandenen Sammlung hinzufügen. Falls Sie sich ein paar Stichworte zu Ihrer Recherche notieren möchten, nutzen Sie hierfür die Notizfunktion, die per Klick auf das Notizsymbol geöffnet wird.

Eine Seite als App installieren

Mit nur wenigen Mausklicks kann Microsoft Edge Ihre Lieblingsseite in eine eigenständige App umwandeln. Das Ergebnis ist eine *Progressive Web App*, kurz PWA. Diese App können Sie unabhängig vom verwendeten Browser in einem eigenen Programmfenster starten und verwenden.

1. Rufen Sie zunächst in Microsoft Edge die Seite auf, die Sie in eine App umwandeln möchten, also z. B. die Seite des Rheinwerk Verlags unter *www.rheinwerk-verlag.de*.
2. Klicken Sie nun auf **Einstellungen und mehr** ❶, um diese zu öffnen. Zeigen Sie dann mit dem Mauszeiger auf den Eintrag **Apps** ❷ und klicken Sie in dem Untermenü, das sich nun öffnet, auf **Diese Site als eine App installieren** ❸.
3. Im nächsten Schritt können Sie einen Namen für Ihre App festlegen. Vorgeschlagen wird Ihnen der Seitentitel, den Sie aber beliebig abändern können. Schließen Sie den Vorgang über die Schaltfläche **Installieren** ab.
4. Die neue App wird installiert und sogleich gestartet ❹. Im Dialog **App wurde installiert** können Sie durch Setzen entsprechender Häkchen festlegen, dass die App an die Taskleiste ❺ sowie das Startmenü ❻ geheftet und eine Desktop-Verknüpfung ❼ erstellt werden soll. Ihre Einstellungen übernehmen Sie mit **Zulassen**. Sie finden den Eintrag der App außerdem in der Liste aller installierter Apps des Startmenüs.

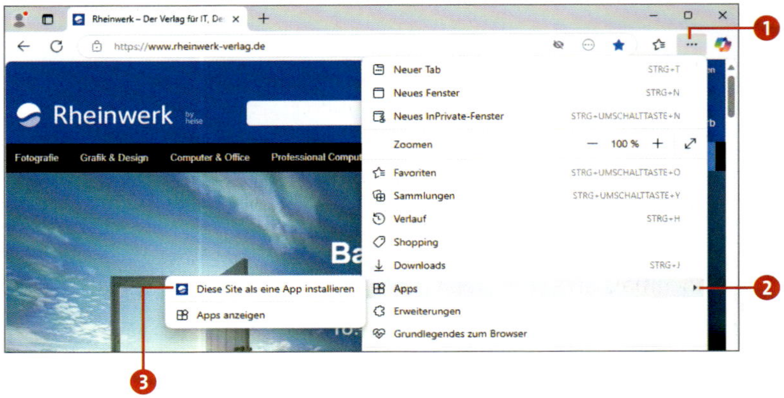

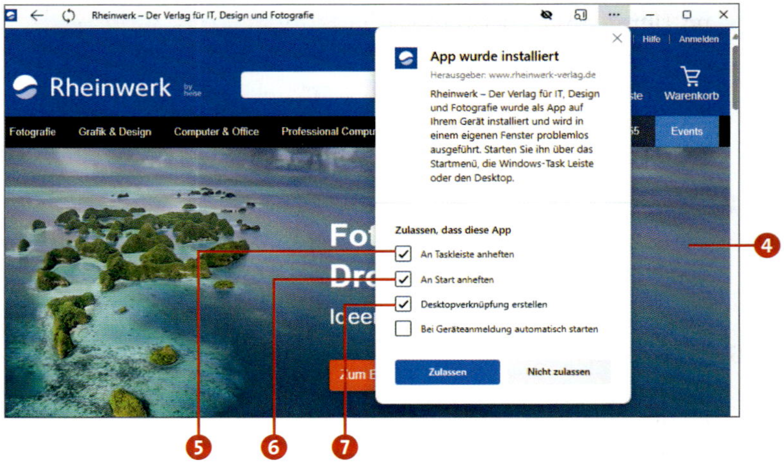

Nützliche Erweiterungen für Edge installieren

Für Edge gibt es zahlreiche nützliche Erweiterungen, mit denen Sie den Browser um zusätzliche Funktionen erweitern können, z. B. um Videodownloader, Passwortmanager, Werbeblocker oder auch um eine leistungsfähige Rechtschreib- und Grammatikprüfung:

1. Klicken Sie oben rechts auf die Schaltfläche **Einstellungen und mehr** ❶ wählen Sie dann die **Erweiterungen** und anschließend nochmals **Erweiterungen** aus.
2. Nach einem Klick auf **Erweiterungen für Microsoft Edge abrufen** wird die Registerkarte **Microsoft Edge-Add-Ons** geöffnet.
3. Links werden nun verschiedene Kategorien wie **Kommunikation**, **Unterhaltung** oder **Produktivität** aufgeführt, die zahlreiche Erweiterungen enthalten. In unserem Beispiel wählen wir in der Kategorie **Produktivität** ❷ die **Grammatik- und Rechtschreibprüfung** aus. Um schneller zur gesuchten Erweiterung zu gelangen, können Sie auch das Suchfeld ❸ nutzen.
4. Ihnen werden nun einige Informationen zu der ausgesuchten Erweiterung angezeigt. Um diese zu installieren, klicken Sie auf die blaue Schaltfläche **Abrufen** ❹ und bestätigen den nachfolgenden Dialog mit **Erweiterung hinzufügen**.
5. Wenn Sie fortan in einem Textfeld etwas schreiben, überprüft die soeben installierte Erweiterung die Grammatik und Rechtschreibung und markiert gefundene Fehler. Klicken Sie auf die Markierung, werden Ihnen Korrekturvorschläge angezeigt, die Sie dann mit einem Klick auf das passende Wort einfügen können.

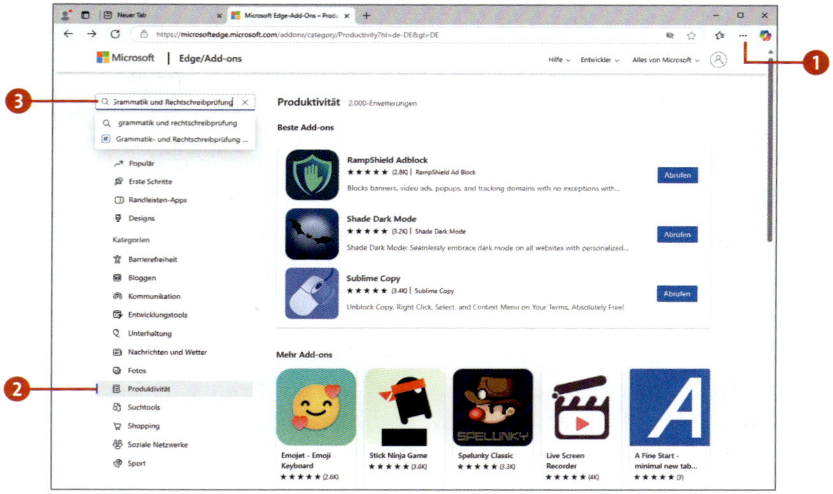

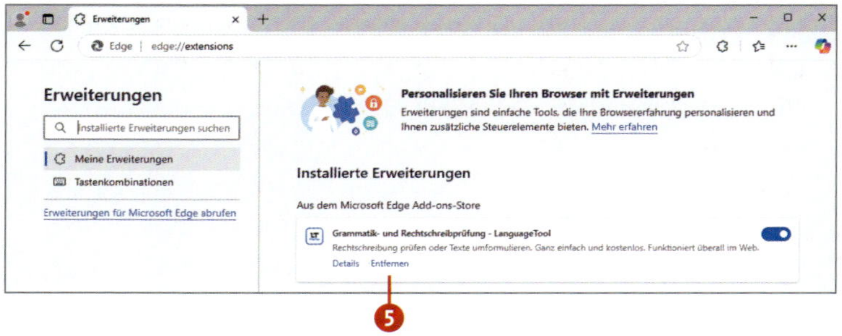

Erweiterungen deaktivieren oder deinstallieren

Über **Einstellungen und mehr > Erweiterungen > Erweiterungen verwalten** können Sie alle Erweiterungen einzeln deaktivieren oder bei Bedarf auch wieder vollständig entfernen ❺.

Mit Copilot in Edge kommunizieren

Sie haben einen interessanten Artikel im Internet entdeckt, doch die Zeit reicht nicht aus, um ihn zu lesen? Der bereits im Browser Edge integrierte Copilot liefert Ihnen blitzschnell eine Zusammenfassung. Der KI-Assistent unterstützt Sie aber auch bei vielen anderen Aufgaben, wie etwa umfassenden Internetrecherchen:

1. Damit Copilot eine Zusammenfassung eines Artikels erstellen kann, muss die entsprechende Webseite zunächst im Browser Edge geöffnet werden ❶.
2. Klicken Sie in der rechten oberen Ecke des Programmfensters auf das Symbol **Copilot** ❷, um die gleichnamige Randleiste einzublenden. Copilot schlägt Ihnen bereits vor, eine Zusammenfassung der geöffneten Webseite zu erstellen ❸. Ein Klick hierauf reicht, und schon macht sich der KI-Assistent an die Arbeit.
3. Alternativ hierzu können Sie Ihre Aufgabenstellung aber auch selbst im Eingabefeld eintippen ❹ (z. B. »Zusammenfassung der Seite«). Durch Drücken der Taste ↵ schicken Sie die Nachricht an Copilot.

Ein Assistent mit vielen Fähigkeiten

Die Zusammenfassung von umfangreichen Texten ist nur eine von vielen Stärken von Copilot. Er hilft Ihnen auch bei komplexen Internetrecherchen, wie etwa Produktvergleichen (»Was sind die Vor- und Nachteile des Produkts A im Vergleich zu Produkt B?«) oder Unternehmungen (»Welche Ausflugsziele empfiehlst du in München für Kinder im Grundschulalter?«). Auch Fragen wie »Welche Übungen helfen bei Kniearthrose« werden von Copilot durchaus kompetent beantwortet. Unser Tipp: Fragen Sie den KI-Assistenten selbst, bei welchen Aufgaben er Sie unterstützen kann.

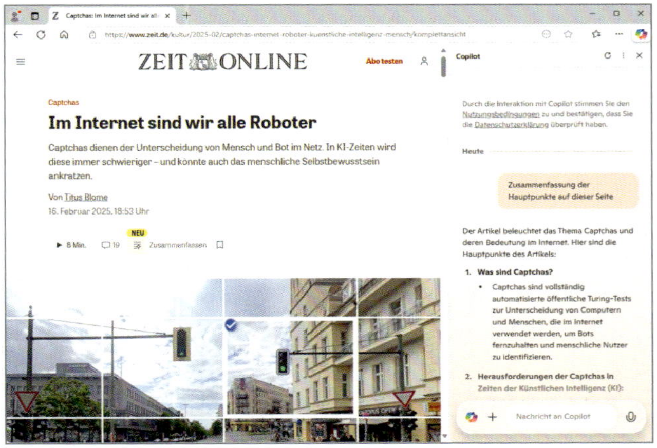

4. Falls Sie das erste Mal eine Zusammenfassung erstellen lassen, fordert Copilot Sie auf, der Verwendung von Websites und dem Browserverlauf zuzustimmen ❺.
5. Ein paar Sekunden später zeigt Copilot Ihnen die Zusammenfassung an, in der Sie mithilfe des Scrollrades der Maus oder der Bildlaufleiste blättern. Falls Sie weitere Fragen zum Artikel haben oder einen bestimmten Aspekt tiefer beleuchten möchten, geben Sie die entsprechende Anweisung im Eingabefeld ❻ ein und schicken die Nachricht dann an Copilot. Auf diese Weise können Sie Ihr Gespräch mit dem Assistenten immer weiter fortführen.
6. Sie möchten ein neues Gespräch mit Copilot beginnen? Klicken Sie auf das Plussymbol ❼ und wählen Sie dann **Neu** ❽. Geben Sie nun Ihre Frage im Eingabefeld ein. Alternativ hierzu können Sie auch links vom Eingabefeld auf das Copilot-Symbol klicken ❾. In diesem Fall wird wieder die Startseite der Copilot-Randleiste angezeigt.

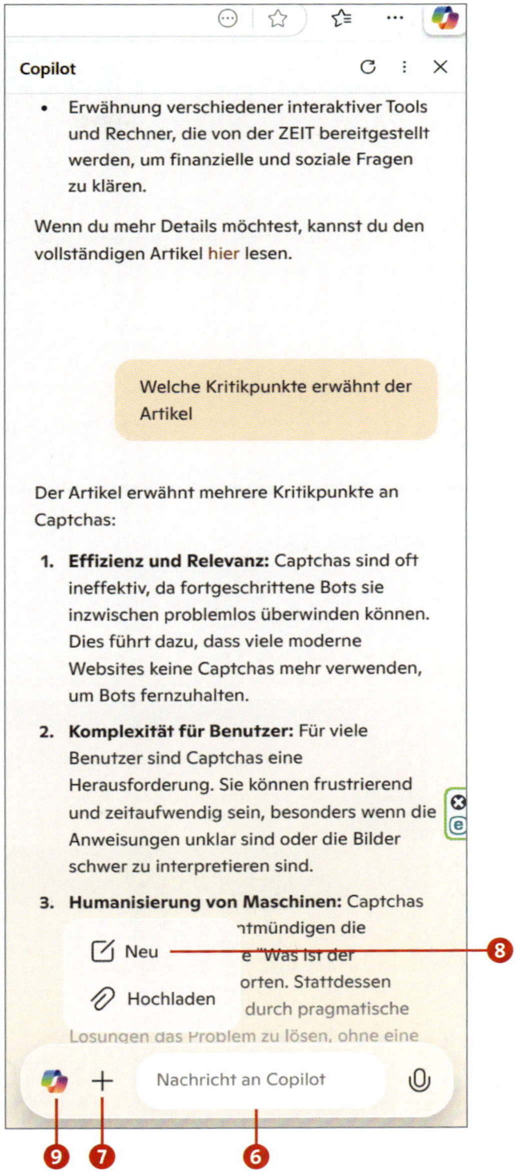

Antworten mit Vorsicht genießen!

KI-Systeme analysieren riesige Datenmengen und generieren auf Basis dieser Daten neue Inhalte. Bereits die Originaldaten können fehlerhaft sein. Es kann aber auch passieren, dass Chatbots wie Copilot die falschen Schlüsse ziehen und deshalb inkorrekte Antworten liefern. Man spricht in diesem Fall auch von *Halluzination*. Sobald Sie Zweifel ob der Richtigkeit haben, sollten Sie das Ergebnis hinterfragen und zur Sicherheit nochmals selbst recherchieren.

Sicherheit im Internet

Phishing – lassen Sie sich nicht ködern!

Phishing ist ein Kunstwort, das aus den englischen Begriffen *Password* (Kennwort) und *Fishing* (Angeln, Fischen) besteht. Meist erhält man per E-Mail eine fingierte Nachricht, z. B. vermeintlich von der Hausbank, die dazu auffordert, eine bestimmte Seite aufzurufen und dort unter einem Vorwand persönliche Daten wie Kennwörter oder Kontoinformationen einzugeben. Die Seite sieht der Seite der Bank täuschend ähnlich, es handelt sich aber in Wirklichkeit um eine gefälschte und entsprechend manipulierte Webseite, die nur dem Zweck der illegalen Datenbeschaffung dient. Auf der Internetseite *www.bsi.bund.de* des Bundesamtes für Sicherheit in der Informationstechnik finden Sie zahlreiche Tipps und Informationen zum Thema Phishing, z. B. dazu, an welchen Merkmalen Sie eine Phishingmail erkennen können.

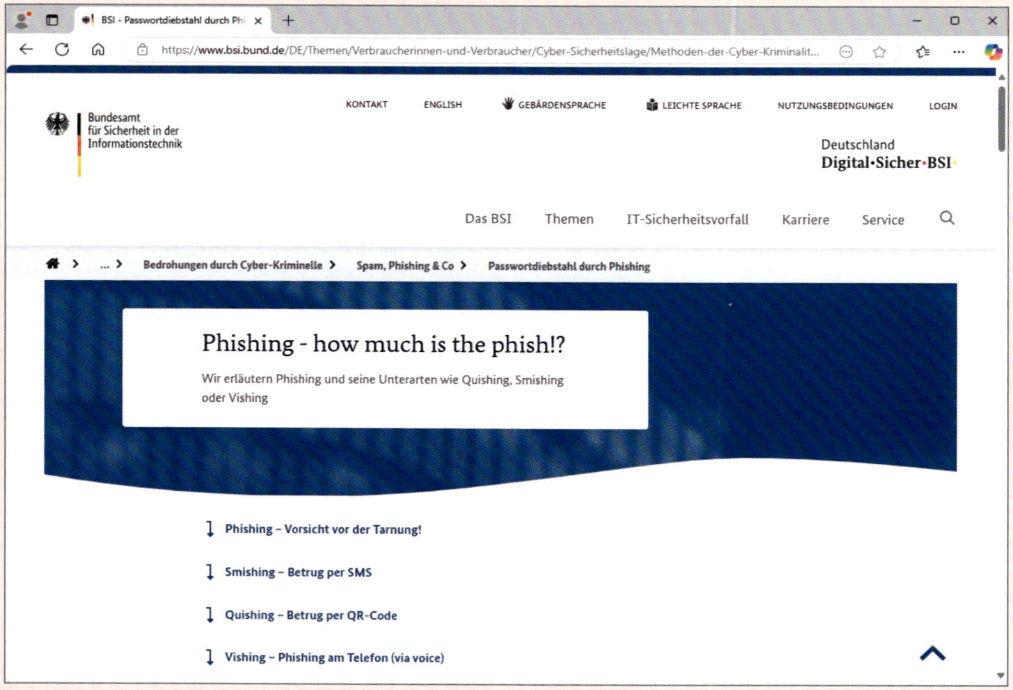

Viren, Würmer und trojanische Pferde

Der Begriff *Malware* ist die Abkürzung für *Malicious Software*, zu Deutsch »böswillige Software«, und steht als Sammelbegriff für Viren, Würmer, Trojaner, Spyware und andere Programme, die schädliche Aktionen auf Ihrem Rechner durchführen. Malware spioniert z. B. Ihr Surfverhalten, Zugangsdaten, Kennwörter, Kreditkartendaten oder auch PINs und TANs für das Onlinebanking aus und leitet diese Daten unbemerkt weiter. Dabei versteckt sich die Schadsoftware so geschickt und arbeitet unauffällig im Hintergrund, dass sie von Ihnen meist nicht bemerkt wird.

Wie schütze ich mich vor Malware und anderen Bedrohungen?

Malware gelangt auf verschiedenen Wegen auf Ihren Computer. Um das Risiko einer Malware-Infektion zu minimieren, sollten Sie generell und immer ein paar Sicherheitshinweise beachten:

- Halten Sie Windows 11 stets auf dem neuesten Stand und aktivieren Sie die automatischen Updates.
- Aktualisieren Sie regelmäßig Ihr Antivirenprogramm. Nur mit den neuesten Virensignaturen kann das Programm Schadsoftware erkennen und abwehren.
- Laden Sie Programme nur aus vertrauenswürdigen Quellen herunter! Häufig sind auch scheinbar harmlose Programme (z. B. Bildschirmschoner oder kleine Computerspiele) mit Malware infiziert oder laden diese bei der Installation aus dem Internet unbemerkt nach.
- Es gibt wirklich ganz perfide Tricks: Wenn beim Surfen im Internet eine Meldung auf Ihrem PC erscheint, die besagt, dass Ihr Computer infiziert ist, und die Sie auffordert, eine Software zu installieren, die den angeblichen Schädling entfernt, dann brechen Sie den Vorgang sofort ab und verlassen Sie die Webseite!
- Öffnen Sie keine E-Mails von unbekannten Absendern und laden Sie niemals unbekannte Dateianhänge herunter (öffnen Sie diese auch nicht direkt)! Am besten löschen Sie solche E-Mails umgehend.
- Seien Sie auch bei E-Mails, die Sie von Freunden erhalten, immer vorsichtig und klicken Sie Links in diesen E-Mails nur nach Rückfrage an. Es kann sein, dass das E-Mail-Konto der Freundin *gehackt* wurde (dass also jemand unbefugt eingedrungen ist und im Namen Ihrer Freundin E-Mails verschickt). Unser Tipp: E-Mails, die Ihnen aufgrund ihres Inhalts oder ihrer Gestaltung (unter anderem Rechtschreibung) merkwürdig vorkommen, sollten Sie direkt löschen.
- Verwenden Sie nur sichere Kennwörter: mit mindestens acht Zeichen, Groß- und Kleinbuchstaben, Ziffern und Sonderzeichen. Verwenden Sie keine Namen von Haustieren oder Namen in Kombination mit Geburtstagsdaten. Verwenden Sie nichts, was allzu leicht erraten werden kann.

Das Thema PC-Sicherheit ist umfassend und es gibt letztlich viele Gefahren, die im Internet auf Sie lauern. Bleiben Sie stets wachsam!

»Windows-Sicherheit« im Überblick

Über die App *Windows-Sicherheit* können Sie unter Windows 11 wichtige Informationen zur Sicherheit und zur Geräteleistung Ihres Computers abrufen. Stellt Windows ein Software- oder Hardwareproblem fest, wird es in diesem Bereich aufgelistet und über das Benachrichtigungscenter an Sie gemeldet. Im vorliegenden Beispiel wurde der Virenschutz deaktiviert. Das Benachrichtigungscenter gibt daraufhin eine optische und akustische Meldung aus. Sie können die Meldung einsehen, indem Sie auf die Uhrzeit im Infobereich der Taskleiste klicken **1** und den Virenschutz mit einem weiteren Klick auf die Meldung **2** wieder einschalten. Der fehlende Virenschutz wird gleichzeitig in Windows-Sicherheit gemeldet.

Auch hier können Sie ihn wieder aktivieren **3**. Sie erreichen die App über das Startmenü. In der Auflistung aller Apps ist es unter dem Buchstaben **W** für **Windows-Sicherheit** zu finden. Alternativ wählen Sie zum Aufruf den Weg über die Suchfunktion **4**, indem Sie hier »Windows-Sicherheit« eingeben.

Ein weißer Haken auf grünem Grund zeigt an, dass in dieser Kategorie alles in Ordnung ist und keine Aktionen erforderlich sind. Aber auch wenn keine Fehler angezeigt werden, sollten Sie diese Bereiche immer mal wieder aufrufen und Ihre Einstellungen kontrollieren.

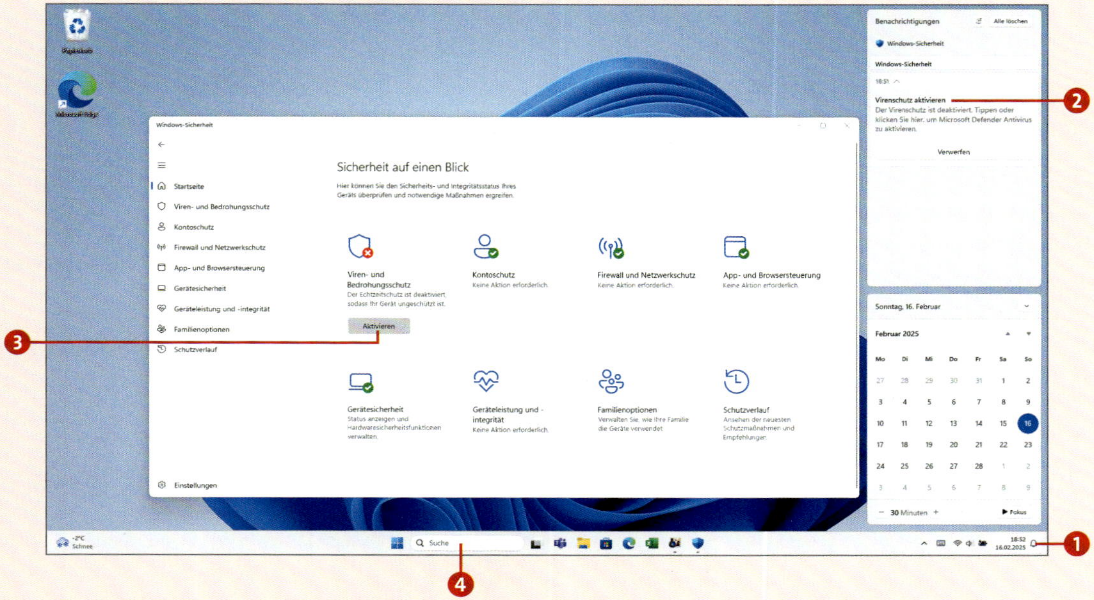

Das Sicherheits-Center ist in acht Bereiche unterteilt. Falls die Bezeichnungen zu den Symbolen in der linken Spalte nicht angezeigt werden, reicht zum Einblenden ein Klick links oben auf die Menüschaltfläche 5. Um zu den Einstellungsmöglichkeiten der jeweiligen Bereiche zu gelangen, klicken Sie entweder auf einen Menüpunkt in der linken Spalte oder auf das entsprechende Symbol in der rechten Fensterhälfte. Ein Klick links unten auf das Zahnradsymbol 6 führt Sie zu Benachrichtigungseinstellungen des Microsoft Defenders und der Firewall.

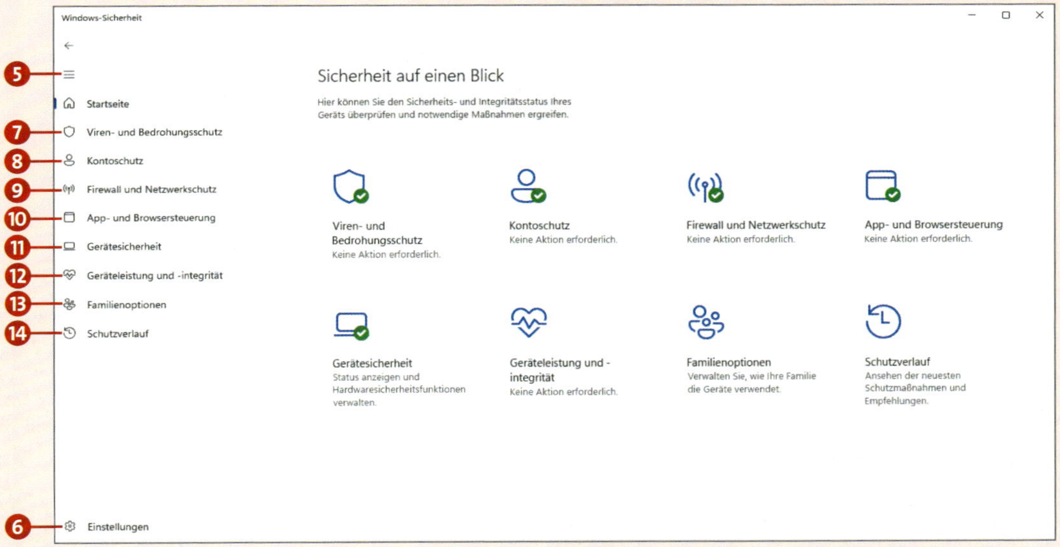

7 In der Kategorie **Viren- und Bedrohungsschutz** können Sie Ihren PC auf Computerviren untersuchen und wichtige Einstellungen für den Windows-Defender vornehmen.

8 Im Abschnitt **Kontoschutz** finden Sie Informationen zu Ihrer Anmeldung am PC per Microsoft-Konto und zu den Windows-Hello-Anmeldeoptionen.

9 Alle Einstellungsmöglichkeiten zur Firewall können Sie im Abschnitt **Firewall und Netzwerkschutz** vornehmen.

10 Zur Kategorie **App- und Browsersteuerung** gehört die Funktion *SmartScreen* zum Schutz Ihrer Apps und Dateien.

11 Verfügt Ihr PC über spezielle Hardwarekomponenten, die von Windows für zusätzliche Schutzoptionen genutzt werden können, werden diese in der Kategorie **Gerätesicherheit** aufgeführt.

12 Im Bereich **Geräteleistung und -integrität** finden Sie unter anderem Informationen zur Speicherkapazität, zu Gerätetreibern und zum aktuellen Stand der Windows-Updates.

13 In den **Familienoptionen** sind zahlreiche Kinder- und Jugendschutzeinstellungen untergebracht.

14 Der **Schutzverlauf** zeigt eine Zusammenfassung aller Sicherheitseinstellungen an, die Sie auf Empfehlung von Microsoft umsetzen sollten.

Mit dem Microsoft Defender Schadsoftware entfernen

Windows 11 umfasst ein Antivirenprogramm, das *Microsoft Defender* heißt. Zwar gab es den Defender auch schon unter Windows Vista und Windows 7, dort diente er jedoch nur dem Schutz vor *Spyware*. Für Windows 8 wurde er stark überarbeitet und sein Funktions- und Leistungsumfang erweitert. Wie Tests von Antivirenprogrammen regelmäßig zeigen, schlägt sich der Windows Defender ebenso gut wie andere kostenlose Programme.

1. Öffnen Sie über das Startmenü die App **Windows-Sicherheit** und wählen Sie die Kategorie **Viren- und Bedrohungsschutz** aus ❶.
2. Der Microsoft Defender überprüft in regelmäßigen Abständen Ihr System. Sie können Ihren Rechner aber auch manuell auf Schadsoftware überprüfen. Über den Menüpunkt **Schnellüberprüfung** ❷ wird eine Überprüfung Ihres Systems durchgeführt, die sich allerdings auf die wichtigsten Bereiche beschränkt.
3. Klicken Sie auf den Link **Scanoptionen** ❸, um einen intensiveren Scan nach Schadsoftware vorzunehmen. Wählen Sie zwischen den Optionen **Schnellprüfung**, **Vollständige Überprüfung**, **Benutzerdefinierte Überprüfung** und **Überprüfung mit Microsoft Defender Antivirus (Offlineüberprüfung)** und klicken Sie dann auf **Jetzt überprüfen**.

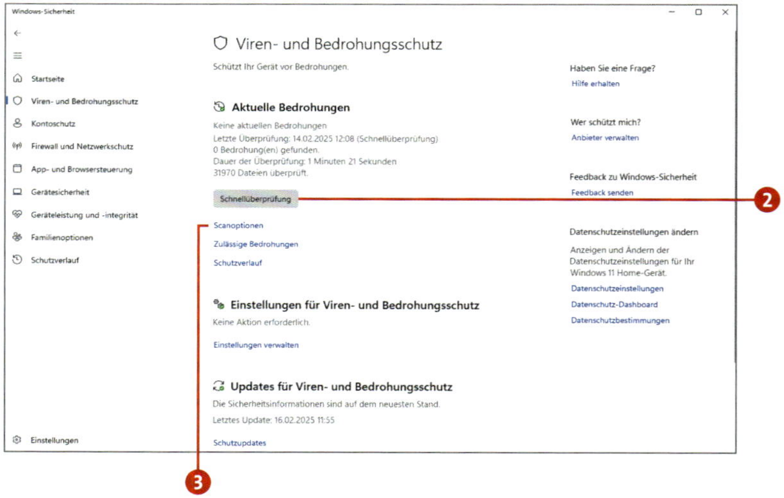

Prüfoptionen

Bei der Schnellprüfung werden die Bereiche untersucht, die am häufigsten von Schadsoftware infiziert werden. Die Option **Vollständig** prüft alle laufenden Programme und alle Dateien auf der Festplatte. Bei der **Offline**-Überprüfung wird das System direkt beim Startvorgang geprüft.

4. Haben Sie die **Benutzerdefinierte Überprüfung** gewählt, öffnet sich das Fenster **Ordner auswählen**. Sie können nun einen einzelnen Ordner oder auch ein komplettes Laufwerk für die Überprüfung auswählen. Treffen Sie Ihre Wahl und bestätigen Sie sie mit **Ordner auswählen**.

5. Der Microsoft Defender scannt nun die vorgegebenen Bereiche. Wurde eine Bedrohung gefunden, schlägt das Programm Alarm und verschiebt den Schädling automatisch in einen gesicherten Bereich, die sogenannte *Quarantäne*. Wie lange die Überprüfung dauert, hängt von der Anzahl der zu scannenden Dateien ab. In aller Regel dauert die Schnellprüfung wenige Minuten, während eine vollständige Prüfung eine Stunde oder länger in Anspruch nehmen kann. Am Ende zeigt das Programm an, wie viele Elemente untersucht und ob Bedrohungen gefunden wurden.

6. Per Klick auf das Schildsymbol **Viren- und Bedrohungsschutz** ❹ gelangen Sie wieder zur Startseite der Einstellungen. Über den Bereich **Einstellungen für Viren- und Bedrohungsschutz** ❺ erreichen Sie weitere Konfigurationsmöglichkeiten. So können Sie z. B. die Übermittlung von Beispielen an Microsoft unterbinden ❻. Im Bereich **Updates für Viren- und Bedrohungsschutz** erfahren Sie, ob die Bedrohungsdefinitionen des Defenders auf dem neuesten Stand sind. Falls nicht, können Sie hier eine Updatesuche starten.

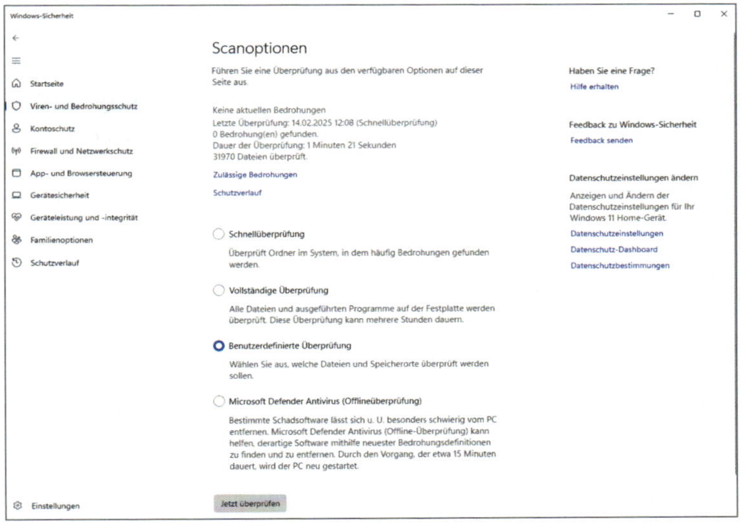

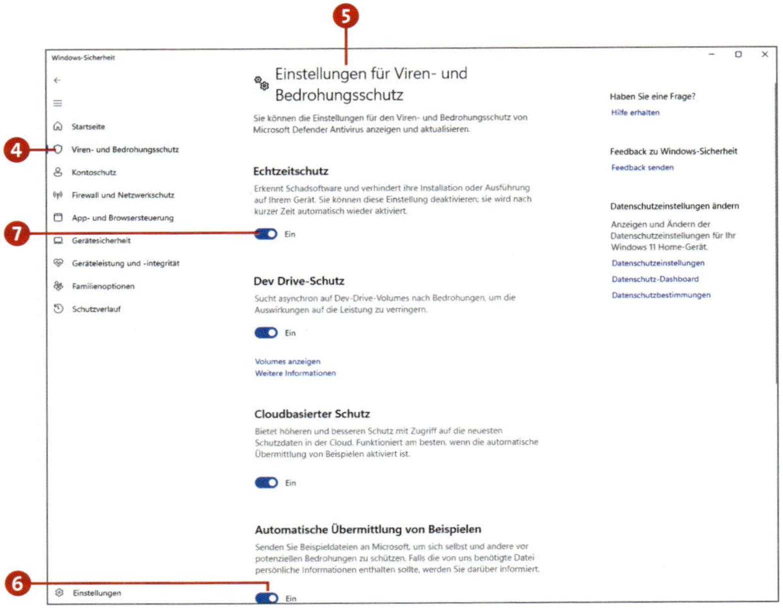

Anderes Schutzprogramm installieren

Sie müssen nicht zwingend den Defender von Microsoft verwenden, sondern können jederzeit auch ein Schutzprogramm eines anderen Herstellers installieren. Dann sollten Sie den Microsoft Defender aber deaktivieren, da sich die unterschiedlichen Schutzprogramme gegenseitig stören könnten. Hierzu setzen Sie den Regler **Echzeitschutz** ❼ in den **Einstellungen für Viren- und Bedrohungsschutz** auf **Aus**.

Die Funktion »Windows Update«

Microsoft stellt in unregelmäßigen Abständen Programmverbesserungen bereit, von denen viele sicherheitsrelevant sind und Sicherheitslücken stopfen. Damit nun niemand diese Updates »vergisst«, hat sich Microsoft zu einem unpopulären Schritt entschlossen: Seit Windows 10 haben Sie nicht mehr die Möglichkeit, auszuwählen, ob Sie Updates herunterladen und installieren möchten oder nicht, sondern nur noch, wie die Installation durchgeführt werden soll und welche Methode zum Download angewandt wird:

1. Öffnen Sie die App **Einstellungen**, indem Sie z. B. [Win] + [I] drücken oder den gleichnamigen Menüpunkt aus dem Startmenü auswählen. In der App markieren Sie links die Kategorie **Windows Update** ❶.

2. Wenn gerade neue Updates zur Verfügung stehen, werden sie im rechten Bereich des Hauptfensters angezeigt. Entweder hat Windows die Updates bereits im Hintergrund heruntergeladen ❷, beginnt sogleich damit oder Sie werden hierzu aufgefordert. Über **Nach Updates suchen** ❸ können Sie die Suche manuell starten.

3. Über die Option **Updates aussetzen** ❹ können Sie den Download und die Installation von Updates für einige Tage aussetzen. Stellen Sie bei Bedarf über das Dropdown-Menü ❺ ein, bis zu welchem Datum die Rückstellung erfolgen soll. Nach Ablauf dieser Frist ist ein weiteres Zurückstellen erst wieder möglich, wenn alle bis dahin aufgelaufenen Updates nachinstalliert wurden.

4. Über die Option **Updateverlauf** ❻ können Sie einsehen, welche Updates im Laufe der Zeit installiert wurden, und gegebenenfalls Updates deinstallieren, falls diese zu einem Problem auf Ihrem System geführt haben oder Microsoft selbst die Deinstallation empfiehlt.

5. Für weitere Einstellungen klicken Sie auf **Erweiterte Optionen** ❼.

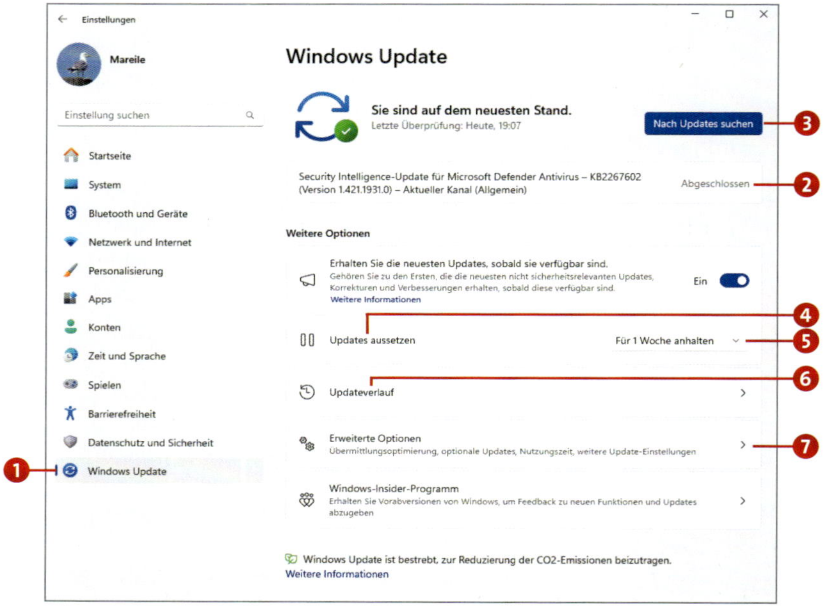

Browser auf dem neuesten Stand halten

Egal, welchen Browser Sie verwenden, ob Microsoft Edge, Firefox, Chrome, Opera oder einen anderen: Halten Sie auch dieses Programm aktuell und installieren Sie Updates oder neue Programmversionen möglichst zeitnah!

6. Klicken Sie auf den Link **Nutzungszeit** 8, wenn Sie einen Zeitraum festlegen möchten, in dem Sie Ihren Computer normalerweise nutzen. Während dieser Zeit führt Windows dann keine automatischen Neustarts (z. B. nach Updates) durch. Wählen Sie im Feld **Anpassen der Nutzungszeit** den Eintrag **Manuell** 9 aus und stellen Sie dann Ihre Start- und Endzeit ein 10.

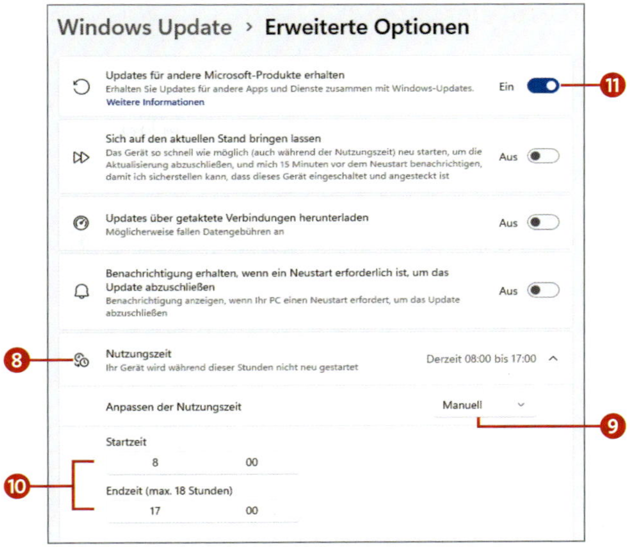

7. Wenn Sie noch andere Microsoft-Software oder -Hardware benutzen, sollten Sie die Option **Updates für andere Microsoft-Produkte erhalten** 11 aktivieren.

8. Blättern Sie auf der Seite **Erweiterte Optionen** nach unten bis zur Option **Übermittlungsoptimierung** 12. Nach einem Klick darauf können Sie festlegen, wie die Updates bezogen werden sollen. Hierfür wendet Microsoft ein neues System an und stellt Updates und Apps über ein Netzwerk mehrerer Server und PCs bereit. Wenn Sie diese Funktion abwählen, dauert es länger, bis Updates bereitgestellt werden.

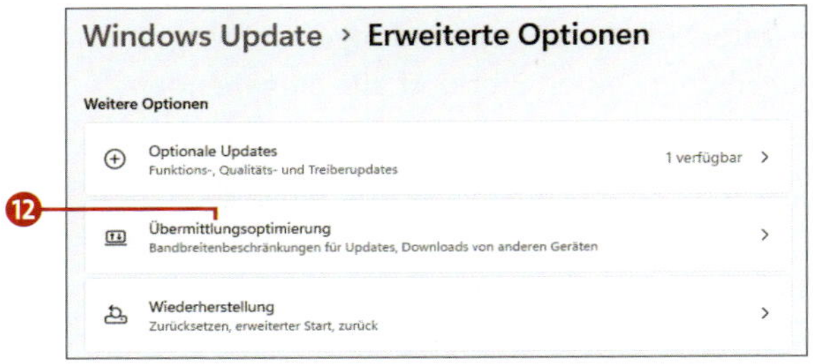

9. Haben Sie den Download von anderen PCs erlaubt, können Sie in der letzten Einstellung noch festlegen, dass Updates auch von Rechnern aus Ihrem Netzwerk bezogen werden können 13 oder ob zusätzlich auch weitere Rechner aus dem Internet als Quelle dienen dürfen 14.

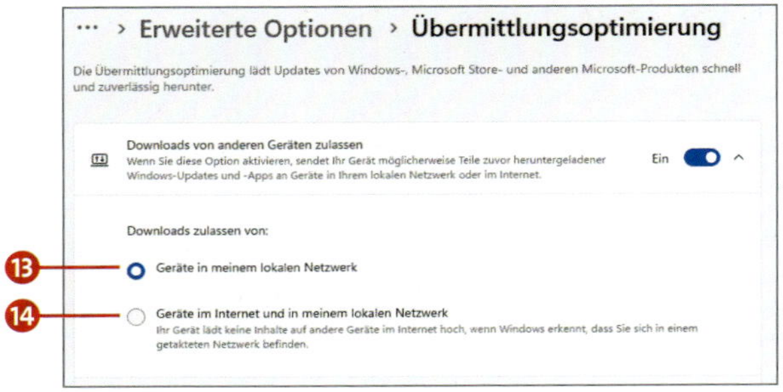

i

Probleme mit Updates aufspüren und lösen

Lässt sich ein Update nicht installieren, öffnen Sie über die **Einstellungen**-App die Kategorie **System > Problembehandlung** und rufen dort **Andere Problembehandlungen > Windows Update** auf. Folgen Sie den Anweisungen auf dem Bildschirm zur Problemlösung.

Die Windows-Firewall einrichten

Neben einem vollwertigen Antivirenprogramm liefert Microsoft in Windows 11 auch eine Firewall mit. Diese »Brandschutzmauer« soll Ihren Computer vor Angriffen aus dem Internet schützen.

1. Starten Sie die App **Windows-Sicherheit** über das Startmenü mit einem Klick auf den gleichnamigen Eintrag in der Auflistung aller Apps. Rufen Sie die Kategorie **Firewall- & Netzwerkschutz** ❶ auf.
2. Die Firewall unterscheidet drei Arten von Netzwerken: Arbeitsplatznetzwerke ❷, die einer Domain angehören, private Netzwerke ❸ für zu Hause oder das Büro und öffentliche Netzwerke ❹, z. B. in Hotels oder im Zug. Kontrollieren Sie zunächst den Status der Firewall. Der Hinweis **Firewall ist aktiviert** ❺ sollte bei allen Netzwerken zu sehen sein. Zum Ändern der Einstellungen klicken Sie auf das betreffende Netzwerk.
3. Befinden Sie sich mit Ihrem Tablet-PC oder Laptop an einem öffentlichen Platz, können Sie in den Einstellungen unter **Öffentliches Netzwerk** unter **Eingehende Verbindungen** den Zugriff auf Ihren Rechner mit der Option **Blockiert alle eingehenden Verbindungen ...** verhindern.
4. In den **Einstellungen für Firewallbenachrichtigungen** ❻ sollten Sie unter **Benachrichtigungen verwalten** für alle Netzwerke die Option **Benachrichtigen, wenn eine neue App von der Microsoft Defender Firewall blockiert wird** ❼ eingeschaltet lassen, damit Sie die App gegebenenfalls freischalten können. Eine Speicherung der Einstellungen ist nicht nötig.

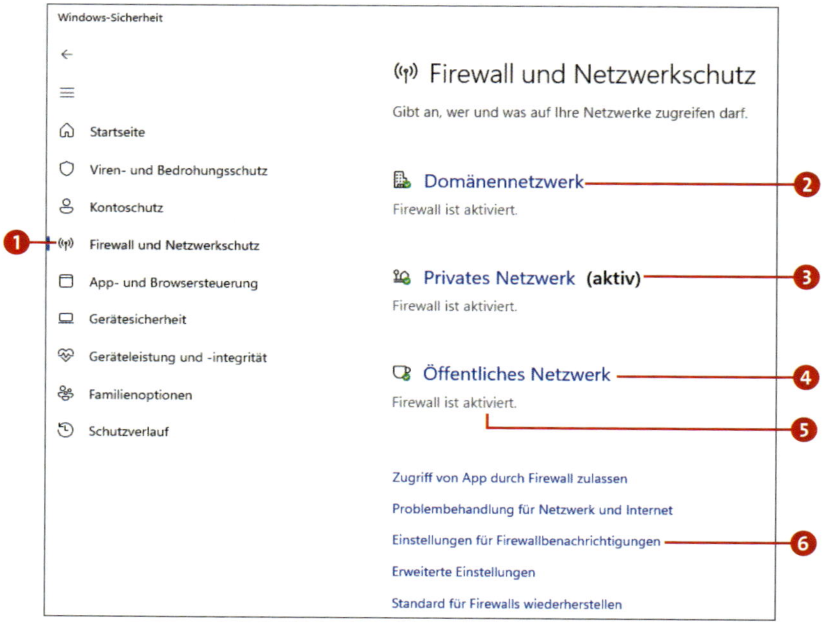

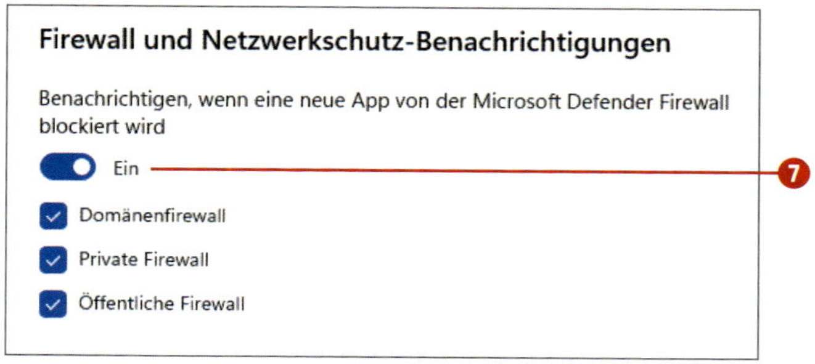

Andere Firewalls

Schalten Sie die Windows-Firewall nur ab, wenn Sie sich für eine Firewall eines anderen Herstellers entschieden haben. Ohne Firewall sollten Sie nicht arbeiten und zwei Firewalls könnten sich gegenseitig stören.

Phishing-Attacken erkennen und abwehren

Immer häufiger erhält man fingierte E-Mails, die einem weismachen möchten, es würde sich um offizielle Nachrichten z. B. eines Kreditkartenanbieters handeln. Der *SmartScreen-Filter* in Microsoft Edge soll Sie vor Betrügereien schützen. Generell gilt: Geben Sie in solchen Fällen keine Kennwörter oder PINs preis!

1. Der SmartScreen-Filter ist standardmäßig aktiviert. Wenn Sie eine Webseite aufrufen, wird deren Adresse an Microsoft übermittelt und mit internen Listen abgeglichen. Liegt eine Bedrohung vor, wird der Aufruf der Seite blockiert ❶.
2. Falls Sie Bedenken haben, die Adressen der von Ihnen aufgerufenen Webseiten an Microsoft zu übermitteln, können Sie den Filter deaktivieren. Sie finden diese Einstellung in der App *Windows-Sicherheit* in der Kategorie **App- und Browsersteuerung**. Klicken Sie dort auf den Menüpunkt **Einstellungen für zuverlässigkeitsbasierten Schutz**.
3. Microsoft Defender Smartscreen gibt es auch für Apps und Dateien, potenziell unerwünschte Apps sowie für Apps aus dem Microsoft Store. Die Empfehlung lautet hier, wirklich alle Schutzfunktionen eingeschaltet zu lassen ❷.

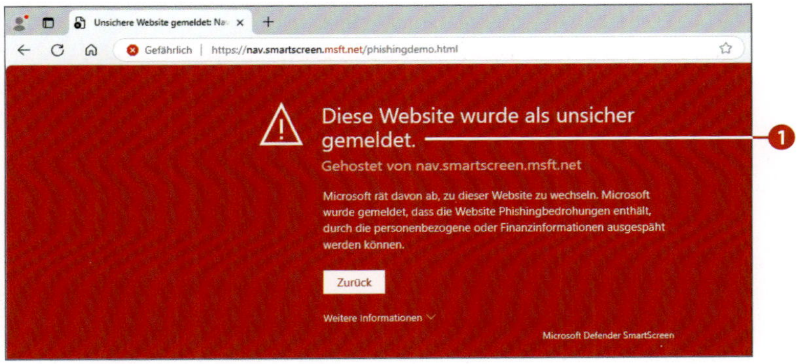

Phishing-Schutz in anderen Webbrowsern

Phishing-Schutzoptionen finden Sie in fast allen gängigen Browsern. Das Funktionsprinzip ist dabei ähnlich: Aufgerufene Webseiten werden mit den Einträgen einer Datenbank verglichen und entsprechend freigegeben oder blockiert. Eine hundertprozentige Sicherheit kann es aber leider auch hier nicht geben.

Der private Modus Ihres Browsers

Möchten Sie im Internet surfen, ohne Spuren auf dem eigenen Computer zu hinterlassen? Oder nutzen Sie einen fremden PC, z. B. in einem Internetcafé, und wollen auch hier keine Daten hinterlassen, z. B. Kennwörter? Dann verwenden Sie den *privaten Modus*, der praktisch von allen Browsern unterstützt wird. Dieses Beispiel zeigt die Funktion unter Mozilla Firefox und Microsoft Edge:

1. Öffnen Sie den Browser Firefox und klicken Sie im Einstellungsmenü ❶ auf **Neues privates Fenster** ❷. Sie können zum Aufruf der Funktion aber auch die Tastenkombination [Strg] + [⇧] + [P] drücken. Nutzen Sie Google Chrome oder Opera, verwenden Sie die Kombination [Strg] + [⇧] + [N].
2. Verwenden Sie Microsoft Edge, klicken Sie ebenfalls ganz rechts auf die Schaltfläche **Einstellungen und mehr** ❸ und wählen dann die Option **Neues InPrivate-Fenster** ❹. Alternativ nutzen Sie auch hier die Kombination [Strg] + [⇧] + [N].
3. Ein neues Browserfenster öffnet sich mit der Information, dass der private Modus nun aktiviert ist. Sie erkennen den aktivierten Schutzmodus in Firefox immer an der violetten Maske auf der Registerkarte ❺ und an einem weiteren Hinweis oben rechts ❻. Solange diese Hinweise sichtbar sind, ist der Modus aktiviert.
4. Sie können nun beliebige Webseiten aufrufen und sich wie gewohnt im Internet bewegen. Während dieser Sitzung speichert der Webbrowser keinerlei Daten, also keine Kennwörter, Benutzernamen, Formulardaten, Cookies, temporäre Internetdateien, Verlaufsdaten etc.
5. Sobald Sie das aktuelle Fenster oder den ganzen Browser schließen, wird der private Modus deaktiviert. Da keine Daten gespeichert wurden, kann niemand nachvollziehen, auf welchen Webseiten Sie gewesen sind.

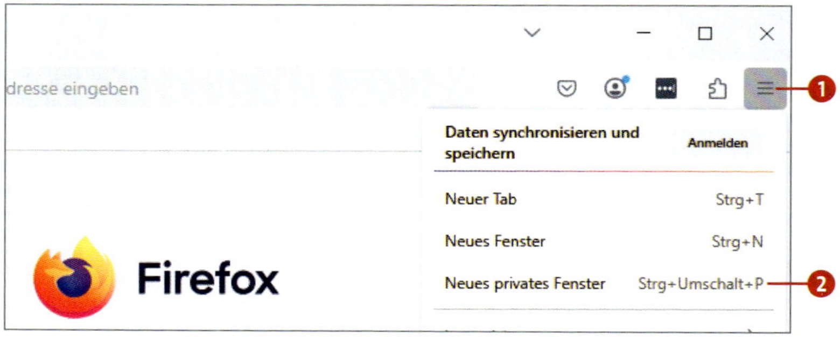

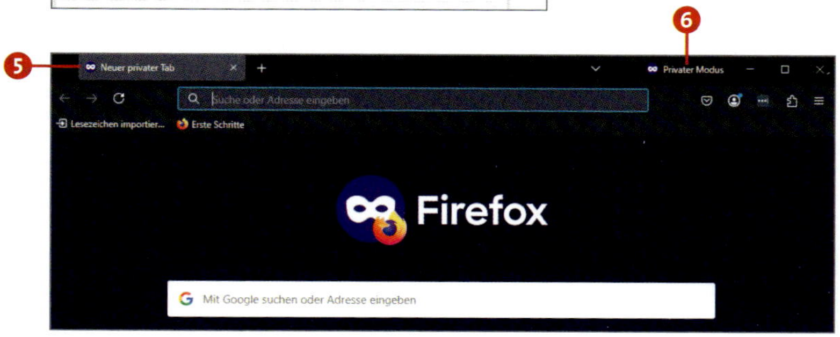

Soziale Netzwerke

Datenschutz und die Wahrung Ihrer Privatsphäre fangen bei Ihnen an! Geben Sie z. B. nicht zu viele persönliche Informationen auf Facebook, Instagram und anderen sozialen Netzwerken preis und nutzen bzw. kontrollieren Sie die Privatsphäre-einstellungen der verwendeten Dienste.

Hotspots und öffentliche Netzwerke

Häufig nutzt man auch unterwegs das Internet. Es gibt Notebooks, Ultrabooks und Tablet-PCs. Dazu kommt die neue Generation der Smartphones, die immer leistungsstärker werden und mit besseren Akkus und gut lesbaren Displays ausgestattet sind. Flughäfen, Bahnhöfe, Hotels, Schnellrestaurants oder auch Museen bieten immer öfter einen kostenfreien oder zumindest günstigen WLAN-Zugang (*Hotspots*) an. Aber so praktisch und verlockend das auch sein mag: Gerade in öffentlichen Netzwerken ist besondere Vorsicht geboten: Ihre Sitznachbarin, die im gleichen öffentlichen Netzwerk unterwegs ist wie Sie, könnte mit dem entsprechenden Wissen und geeigneten Programmen versuchen, Ihre Daten abzufangen. Gelingt ihr dies, sieht sie, an welchem Dokument Sie gerade arbeiten, wem Sie gerade eine E-Mail schreiben, oder sie protokolliert Ihre Benutzernamen und Kennwörter für verschiedene Dienste. Dabei kann es sich um harmlose Zugangsdaten für ein Forum, aber eben auch um sensible Daten wie Ihren Onlinebanking-Account handeln.

Sie sollten daher einige Sicherheitsvorkehrungen treffen und Sicherheitsregeln einhalten. Prinzipiell gilt: Führen Sie keine Bankgeschäfte aus, während Sie sich in einem öffentlichen Netzwerk befinden, dann kann Sie dabei auch niemand ausspionieren und mit den gestohlenen Daten Schaden anrichten. Windows 11 kann Ihnen zusätzlich helfen, Ihre Daten zu schützen. Nachdem Sie eine Verbindung zu einem öffentlichen Netzwerk hergestellt haben, rufen Sie die **Einstellungen**-App auf und wechseln in die Kategorie **Netzwerk und Internet**. Klicken Sie am oberen Rand der rechten Fensterhälfte auf **Eigenschaften**. Blättern Sie auf der folgenden Seite nach oben und stellen Sie sicher, dass hier als Netzwerkprofiltyp **Öffentlich (empfohlen)** aktiviert ist. Damit erreichen Sie, dass Ihr Computer im Netzwerk unsichtbar ist, und erhöhen so Ihre Sicherheit.

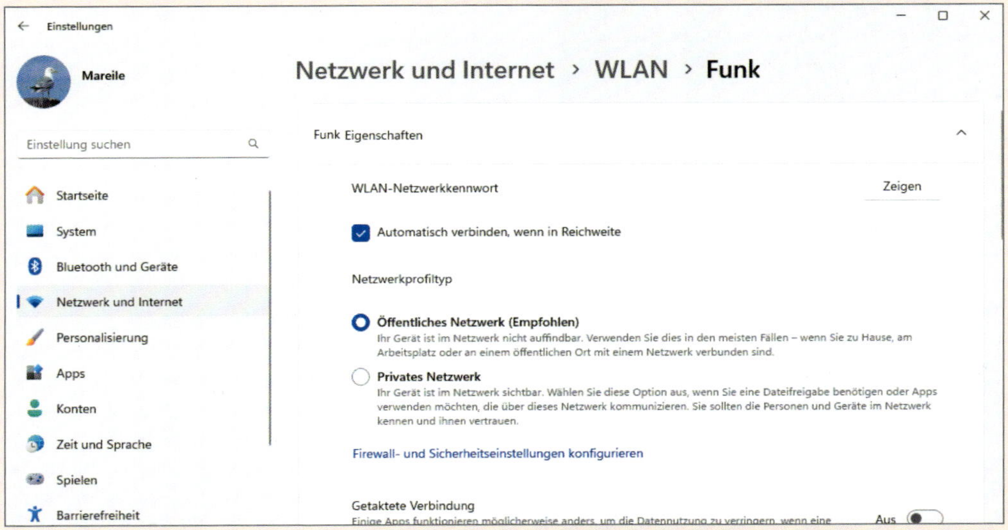

Das öffentliche Netzwerkprofil macht Ihren Computer im Netzwerk unsichtbar.

Weitere Tipps: Firewall, Virenschutz und sichere Verbindungen

Zusätzlichen Schutz vor Angriffen von außen bietet eine Firewall. Kontrollieren Sie daher unbedingt die Einstellungen der Windows-Firewall und aktivieren Sie für öffentliche Netzwerke die Option **Blockiert alle eingehenden Verbindungen, einschließlich der in der Liste zugelassener Apps** ❶ (siehe dazu auch den Abschnitt »Die Windows-Firewall einrichten« auf Seite 174). Natürlich darf auch ein Virenschutzprogramm nicht fehlen. Windows liefert mit dem Microsoft Defender bereits einen guten Basisschutz mit. Da jeden Tag neue Bedrohungen auftauchen, müssen Sie das Schutzprogramm aber unbedingt auf dem neuesten Stand halten: Nur dann hat es eine Chance, die neuesten Schädlinge zu erkennen und zu blockieren. (Lesen Sie dazu bitte auch den Abschnitt »Mit dem Microsoft Defender Schadsoftware entfernen« ab Seite 170.)

Darüber hinaus können Sie Risiken vermeiden, indem Sie persönliche Daten nur auf Webseiten eingeben, die das sichere Übertragungsprotokoll HTTPS (*Hypertext Transfer Protocol Secure*) verwenden. Erkennbar ist das an dem Zusatz **https://** anstelle des üblichen **http://** am Anfang der Webadresse. Wenn Sie z. B. eine Bestellung in einem Onlineshop vornehmen oder soziale Netzwerke nutzen, werden bei der sicheren Übertragung Ihre Daten verschlüsselt übermittelt, sodass ein Hacker keine Chance hat, die sensiblen Daten abzufangen.

Für Ihr E-Mail-Programm können Sie ebenfalls eine verschlüsselte Verbindung, TLS (*Transport Layer Security*) oder SSL (*Secure Sockets Layer*), verwenden. Diese Funktion finden Sie meist in den Kontoeinstellungen, leider ist sie selten standardmäßig aktiviert.

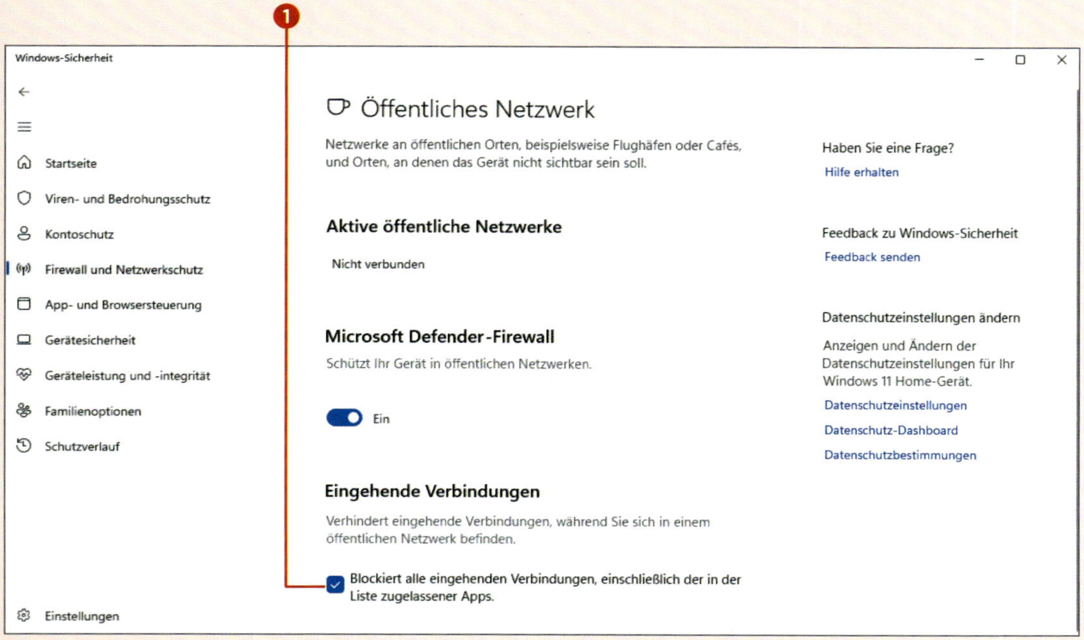

Blockieren Sie alle eingehenden Verbindungen.

Nützliche Links zum Thema Sicherheit

Nachfolgend haben wir ein paar nützliche Internetseiten aufgelistet, die umfangreiche Informationen, Tipps und Hilfestellungen zum Thema enthalten. Nehmen Sie sich etwas Zeit und stöbern Sie ein wenig auf den Seiten. Alle Artikel sind verständlich verfasst und auch für Einsteiger gut geeignet.

- Deutschland sicher im Netz: *www.dsin.de*
- Bundesamt für Sicherheit in der Informationstechnik: *www.bsi.bund.de*
- Bundesamt für Sicherheit in der Informationstechnik: *www.bsi-fuer-buerger.de*
- Botfrei (eco – Verband der Internetwirtschaft e. V.): *https://botfrei.de*

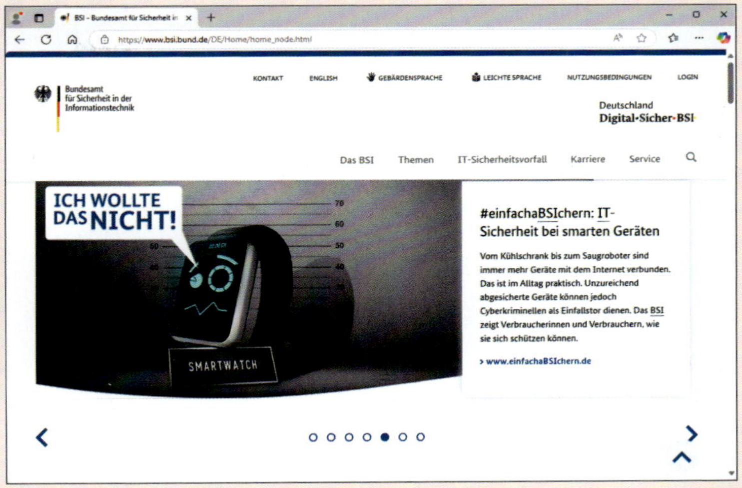

Informationen des Bundesamtes für Sicherheit in der Informationstechnik

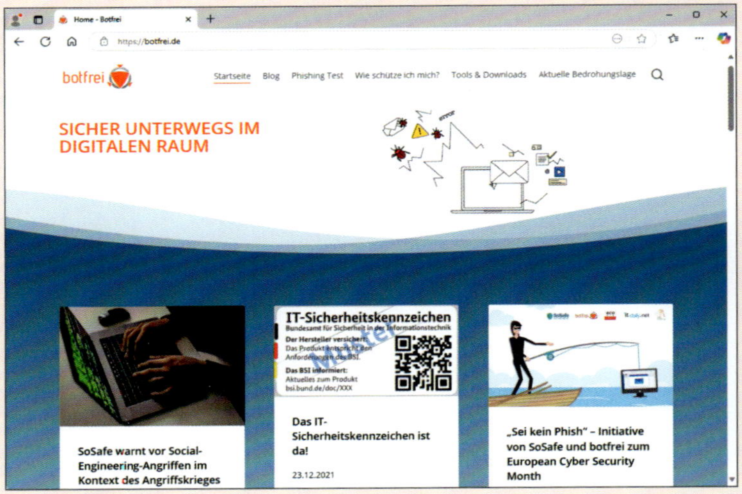

Die Website von »botfrei«

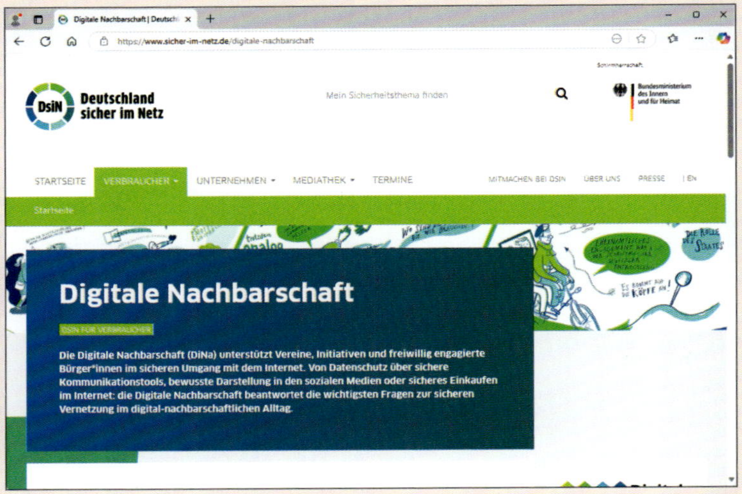

Die Website von »Deutschland sicher im Netz«

6 E-Mails, Adressen und Termine im Griff

In diesem Kapitel

- Die Outlook-App nutzen
- Kontakte speichern und verwalten
- Alle Termine im Griff mit dem Kalender
- Mit OneDrive Daten in der »Wolke« sichern
- Microsoft Teams

Bei der täglichen Arbeit am Computer nimmt die Kommunikation viel Raum ein. Die häufigste Kommunikationsvariante ist ohne Zweifel die E-Mail. Firmen und inzwischen auch Behörden sind per E-Mail zu erreichen und privat scheint es kaum noch Personen ohne E-Mail-Adresse zu geben. Mit der Zahl der Kontakte steigt auch die Notwendigkeit, deren Adressen und Kontaktdaten übersichtlich zu verwalten. Windows bietet hier gleich mehrere Möglichkeiten an: ein E-Mail-Programm zum Senden und Empfangen von elektronischer Post, ein komfortables Adressbuch und einen umfangreichen Kalender zur Planung all Ihrer Termine, und das alles zusammengefasst in einem Paket.

Bis 2024 diente in Windows 11 die Mail-App als E-Mail-Programm. Nun wurde sie durch die *Outlook*-App ersetzt. In diesem Kapitel erfahren Sie, wie Sie diese einrichten und effektiv nutzen. Sie lernen, wie Sie Dateien als Anlage versenden oder bei Bedarf eine Signatur unter jede Nachricht setzen können.

In der Outlook-App ist ein eigenes Adressbuch integriert. Hier können Sie alle Kontakte sammeln, egal, ob geschäftlich oder privat, und sie um Informationen wie E-Mail-Adresse, Telefonnummer oder Postanschrift ergänzen. Die Kontaktdaten lassen sich zugleich in der in Windows 11 integrierten App *Microsoft Teams* nutzen.

Die Schornsteinfegerin hat sich angekündigt, das Auto muss in die Werkstatt und wann war noch mal das Abendessen mit dem Kollegen? Mit dem in der Outlook-App integrierten Kalender haben Sie Ihren persönlichen Terminkalender immer zur Hand und versäumte Termine gehören damit der Vergangenheit an.

Wer häufig Dateien mit anderen Personen austauschen muss, für den bietet sich die Datensicherung in der Cloud *OneDrive* an. Wie Sie hierzu vorgehen, ist ebenfalls Thema dieses Kapitels.

Die Outlook-App nutzen

Die Outlook-App in der Übersicht

Die App *Outlook* löst die in die Jahre gekommene Mail-App ab. Letztere wird zwar noch in der App-Liste des Startmenüs aufgeführt, ein Klick hierauf öffnet nun aber die App **Outlook (new)**. Der Zusatz»(new)« soll den Unterschied zu dem klassischen Outlook-Programm deutlich machen, das Bestandteil von Microsoft 365 ist.

Nach dem ersten Start der App Outlook (new) müssen Sie nur ein E-Mail-Konto einrichten, und schon kann es losgehen. Die App ist übersichtlich aufgebaut und bietet alle Grundfunktionen, die zum Empfangen und Versenden von E-Mails benötigt werden. Die App unterstützt sowohl das weitverbreitete POP3-Protokoll als auch IMAP.

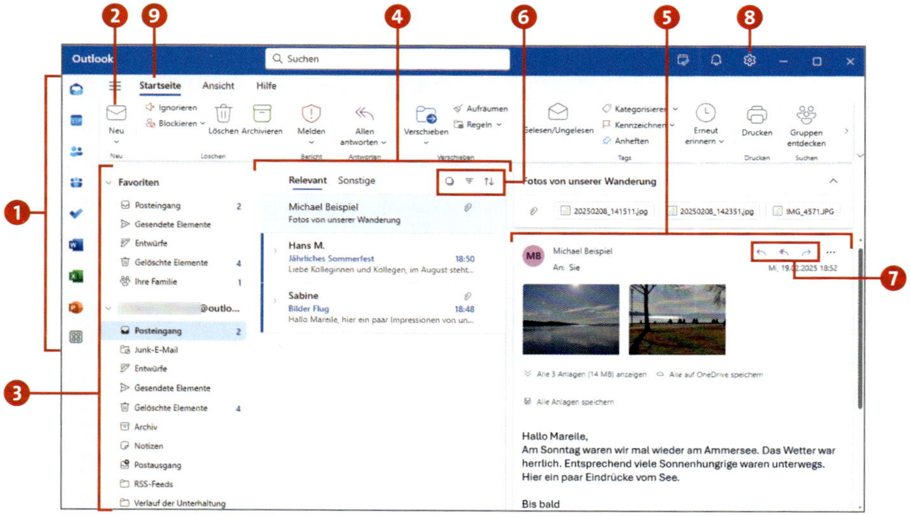

1. Navigationsleiste zum Wechsel zwischen den Modulen **Mail**, **Kalender** und **Kontakten**. Auch die Onlineversionen von Word, Excel und PowerPoint sind über die Leiste aufrufbar.
2. eine neue E-Mail schreiben
3. eingerichtete E-Mail-Konten und Ordnerleiste mit dem Ordner **Posteingang**.
4. In der mittleren Spalte werden die E-Mails des gerade ausgewählten Ordners angezeigt. Neue E-Mails stehen immer oben in der Liste.
5. Im Lesebereich wird der Inhalt der ausgewählten Nachricht angezeigt.
6. alle Nachrichten filtern oder sortieren
7. die ausgewählte Nachricht beantworten oder weiterleiten
8. Über das Zahnradsymbol erreichen Sie den Einstellungen-Dialog, in dem Sie unter anderem Konten konfigurieren sowie das Layout der App anpassen können.

Möchten Sie eine neue Nachricht verfassen, stellen Sie zunächst sicher, dass **Startseite** 9 aktiviert ist. Klicken Sie dann auf das Symbol **Neu** 2. Das Nachrichtenfenster wird daraufhin in der rechten Fensterhälfte geöffnet. Wechseln Sie auf die Registerkarte **Nachricht**, finden Sie zahlreiche Möglichkeiten zur Textformatierung und zum Hinzufügen von Bildern oder Dateianhängen. Neben Schriftart und -größe können Sie die Textfarbe festlegen sowie Absätze und Zeilenabstände definieren. Sie können eine eigene Signatur hinzufügen, Emojis einfügen oder auch die Priorität Ihrer Nachricht festlegen.

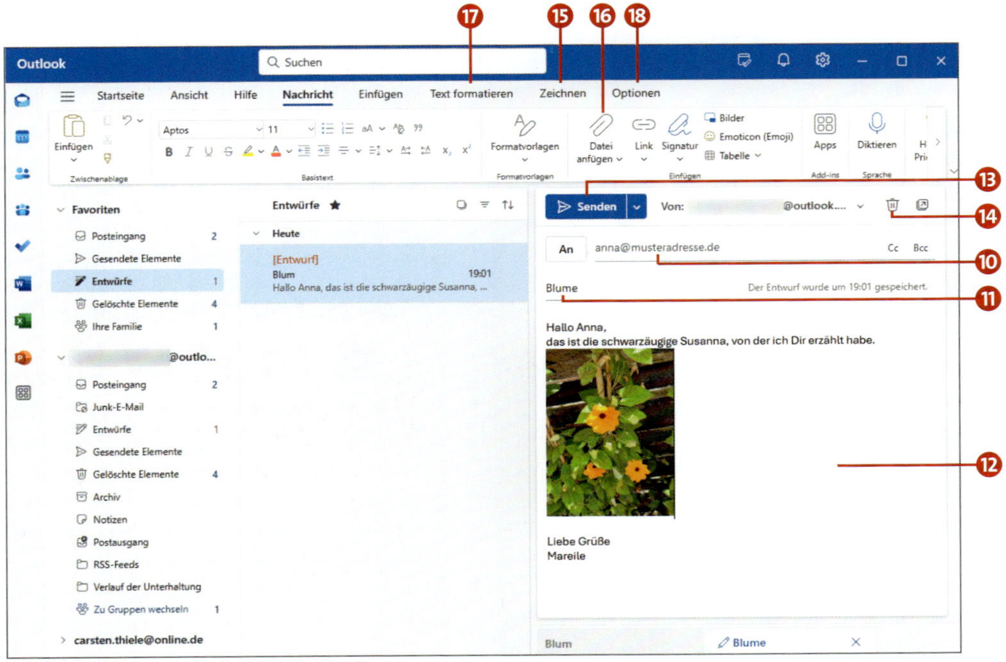

10 Geben Sie hier den bzw. die Empfänger*in der Nachricht an (von Hand eintragen oder den angezeigten Adressvorschlag übernehmen).

11 Tragen Sie an dieser Stelle den Betreff der E-Mail ein.

12 Hier ist reichlich Platz für Ihren Nachrichtentext, den Sie mit den Befehlen aus dem Menüband formatieren können.

13 die Nachricht versenden

14 die Nachricht verwerfen

15 einen Zeichenbereich einfügen

16 die E-Mail mit einem Dateianhang versehen oder ein Bild einfügen

17 Hier finden Sie die Befehle für die Textformatierung.

18 weitere Optionen, etwa zum Anfordern eine Lesebestätigung oder auch Anpassen der Priorität

Die Outlook-App einrichten

Bevor es richtig losgehen kann, müssen Sie der App ein E-Mail-Konto hinzufügen. Es muss sich dabei nicht um ein *Outlook.com*-Konto, also einen von Microsoft angebotenen Dienst, handeln. Prinzipiell können Sie jedes E-Mail-Konto einbinden, das die Übertragungsprotokolle POP3 oder IMAP unterstützt:

1. Starten Sie die App, indem Sie in der App-Liste des Startmenüs die App **Outlook (new)** auswählen.
2. Öffnen Sie den Dialog **Einstellungen**, indem Sie im Programmfenster oben rechts auf das Zahnradsymbol klicken.
3. Markieren Sie in der linken Spalte den Eintrag **Konten** ❶ und in der mittleren den Eintrag **Ihre Konten**. Klicken Sie nun rechts auf die Schaltfläche **Konto hinzufügen** ❷.
4. Starten Sie die Outlook-App das erste Mal, wird Ihnen der nun sichtbare Dialog **Konto hinzufügen** direkt angezeigt. Im Feld **Vorgeschlagene Konten** wird Ihnen eventuell bereits ein Microsoft-Konto angeboten, das Sie auf Ihrem Computer nutzen. Möchten Sie dies in der Outlook-App verwenden, fahren Sie direkt mit **Weiter** fort. Falls keine Adresse oder nicht die gewünschte angezeigt wird, geben Sie die E-Mail-Adresse selbst im Feld ein ❸ und klicken dann auf **Weiter**.
5. Als Nächstes wird das zugehörige Kennwort abgefragt. Mit einem Klick auf **Weiter** bestätigen Sie dies. Stimmen Sie dem Hinweis, dass das IMAP-Konto synchronisiert wird, mit **Weiter** zu.

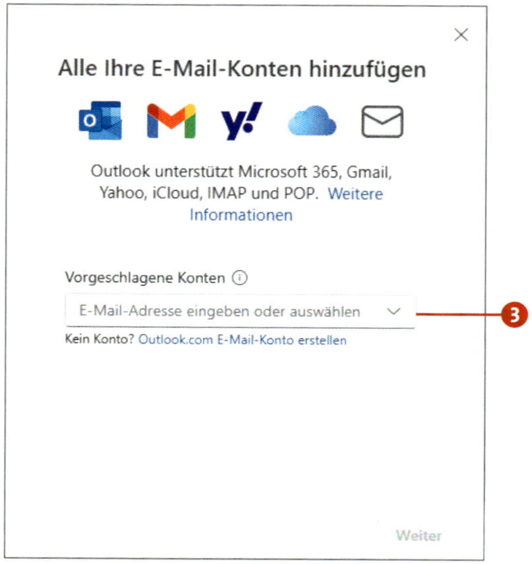

6. Windows kennt die Serverdaten vieler Anbieter. Konnte die App keine Daten zum Konto finden, erhalten Sie einen entsprechenden Hinweis. In diesem Fall tragen Sie die benötigten Informationen, z. B. den Posteingangs- und den Postausgangsserver, von Hand ein. Wurde das Konto erfolgreich hinzugefügt, können Sie entweder ein weiteres Konto hinzufügen oder den Dialog mit einem Klick auf **Fertig** schließen. Zurück im Einstellungen-Dialog wird das nun das neu hinzugefügte E-Mail-Konto aufgeführt. Schließen Sie den Dialog mit einem Klick auf das **Schließen**-Symbol oben rechts.

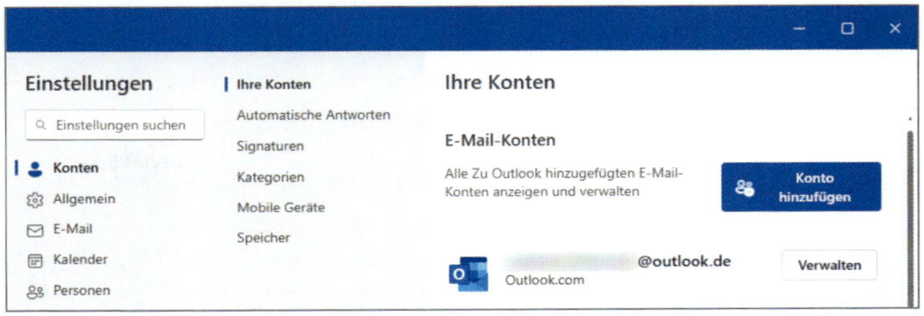

7. Falls Sie das E-Mail-Konto zu einem späteren Zeitpunkt nicht mehr in der Outlook-App nutzen möchten, öffnen Sie den Einstellungen-Dialog (siehe Schritt 2) und blenden die Konten ein. Klicken Sie rechts vom zu entfernenden Konto auf **Verwalten**.

8. Über die Schaltfläche **Entfernen** können Sie das Konto nun aus der Outlook-App löschen.

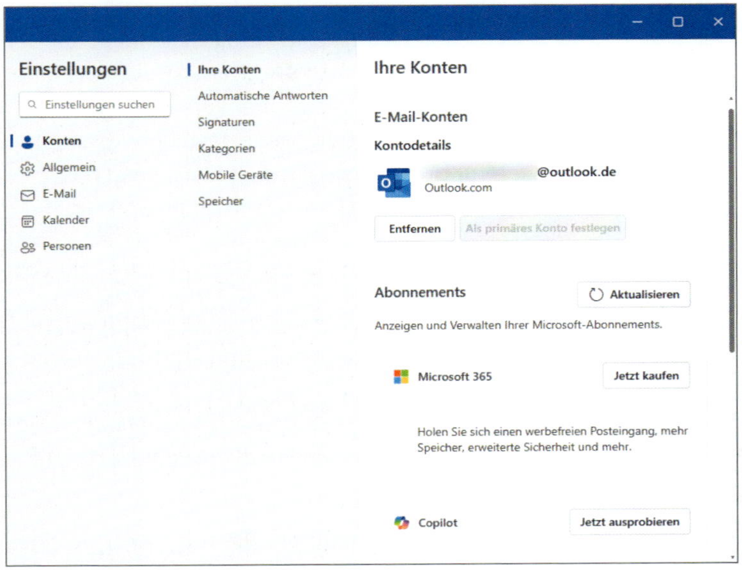

Werbeeinstellungen anpassen

Microsoft verwendet Ihre Daten in Outlook zu Werbezwecken. Nach der Einrichtung der App sollten Sie einen Blick in die entsprechenden Einstellungen werfen und prüfen, welche Werbung Sie gestatten. Wechseln Sie hierzu im Einstellungen-Dialog in die Kategorie **Allgemein > Einstellungen für Werbung**. Über die diversen Schieberegler können Sie nun genau festlegen, welchen Webezwecken Sie zustimmen und welchen nicht. In der Liste der Werbepartner lässt sich ebenfalls per Schieberegler bestimmen, welche Unternehmen Cookies hinterlegen und so Informationen sammeln dürfen.

Eine neue E-Mail schreiben

Nachdem das E-Mail-Konto hinzugefügt und eingerichtet wurde, können Sie gleich loslegen und eine E-Mail schreiben:

1. Stellen Sie sicher, dass in der Navigationsleiste links **E-Mail** markiert und die Registerkarte **Startseite** ausgewählt ist. Um eine neue Nachricht zu erstellen, klicken Sie auf die Schaltfläche **Neu** ❶.
2. Es wird nun automatisch die Registerkarte **Nachricht** ❷ eingeblendet sowie in der rechten Fensterhälfte das Nachrichtenfenster. Tippen Sie hier in das Feld **An** ❸ die E-Mail-Adresse des Empfängers ein. Wenn Sie die Adresse einer Person eingeben, die bereits in Ihrer Kontaktliste steht (siehe dazu den Abschnitt »Kontakte speichern und verwalten« ab Seite 192), zeigt das E-Mail-Programm dies in einem kleinen Fenster an und Sie können die Adresse bequem übernehmen.
3. Möchten Sie eine Kopie der Nachricht an eine andere Person schicken, klicken Sie auf **Cc** ❹ rechts neben der E-Mail-Adresse. Das Symbol wird daraufhin ausgeblendet und stattdessen wird das Eingabefeld **Cc** angezeigt. Tippen Sie die E-Mail-Adressen der zusätzlichen Empfänger in das Feld **Cc** ein. Analog gehen Sie über das Symbol **Bcc** vor, falls Sie eine Blindkopie der Nachricht versenden möchten.
4. Klicken Sie in das Feld **Betreff hinzufügen** ❺ und geben Sie eine »Überschrift« für Ihre E-Mail ein. Den Nachrichtentext tragen Sie darunter ein.
5. Über die Gruppe **Tags** ❻ können Sie die Priorität Ihrer Nachricht festlegen. Standardmäßig wird die E-Mail mit der Priorität **Normal** verschickt, Sie können die Nachricht aber auch mit der Wichtigkeit **Hohe Priorität** ❼ oder **Priorität niedrig** ❽ kennzeichnen. Falls die Tags nicht sichtbar sind, blättern Sie mithilfe der Pfeiltaste nach rechts ❾.

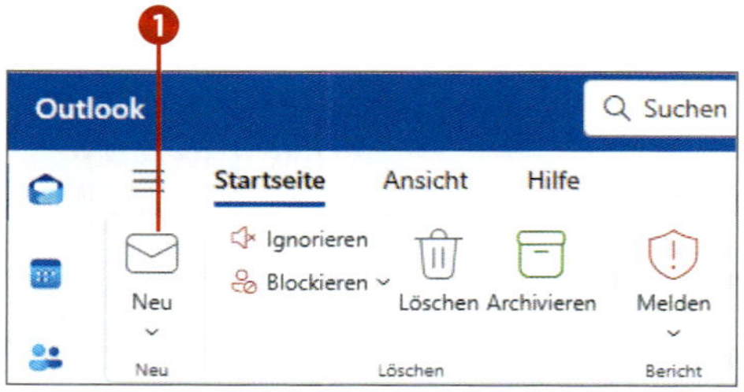

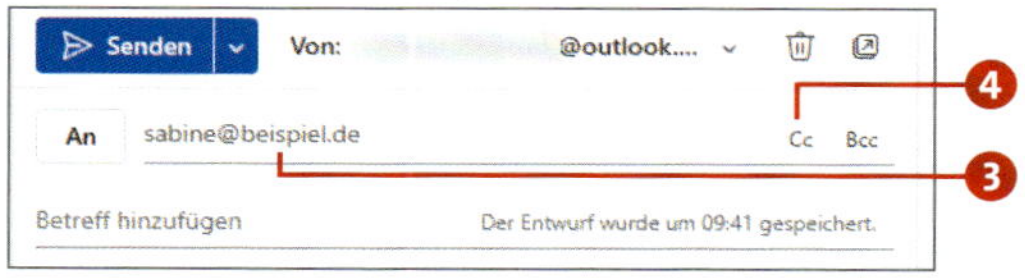

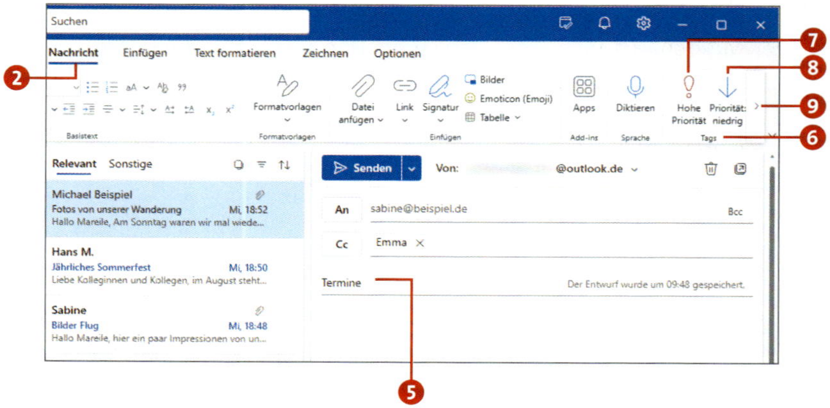

Cc und Bcc

Versenden Sie Kopien Ihrer E-Mails über das Feld **Cc** an mehrere Empfänger*innen, können diese im Kopf der E-Mail erkennen, an wen jeweils eine Kopie geschickt wurde. Verwenden Sie das Feld **Bcc**, wenn Sie nicht sichtbar machen möchten, wer alles eine Kopie der Nachricht erhalten hat (*Blindkopie*).

6. Die Outlook-App verfügt über eine Rechtschreibkorrektur und zeigt fehlerhafte Wörter rot unterstrichen an. Klicken Sie in ein so markiertes Wort und wählen Sie aus dem sich öffnenden Menü einen Korrekturvorschlag ❿ aus.
7. Auf der Registerkarte **Nachricht** ⓫ werden Ihnen in der Gruppe **Basistext** verschiedene Optionen zur Textgestaltung angeboten. So können Sie z. B. Schriftart und Textfarbe wählen und den Text fett, kursiv oder unterstrichen darstellen, hervorheben oder sogar durchstreichen ⓬. Auch lässt sich der Text als Aufzählung formatieren.
8. Für Überschriften, Zitate, Titel, Untertitel oder auch Verweise stehen Ihnen einige **Formatvorlagen** zur Verfügung ⓭.
9. Mit den Tasten `Alt` + `S` oder einem Klick auf die Schaltfläche **Senden** ⓮ wird die E-Mail schließlich verschickt. Falls Sie die Nachricht doch nicht absenden möchten, klicken Sie auf das Papierkorbsymbol ⓯.
10. Sie können Ihre E-Mail auch später zu Ende schreiben. Dazu müssen Sie sie nicht separat abspeichern. Die E-Mail bleibt mit dem Zusatz **Entwurf** im Ordner **Entwürfe** liegen und kann jederzeit weiterbearbeitet werden, bis Sie sie abschicken. Haben Sie eine E-Mail abgeschickt, wird sie im Ordner **Gesendete Elemente** abgelegt.

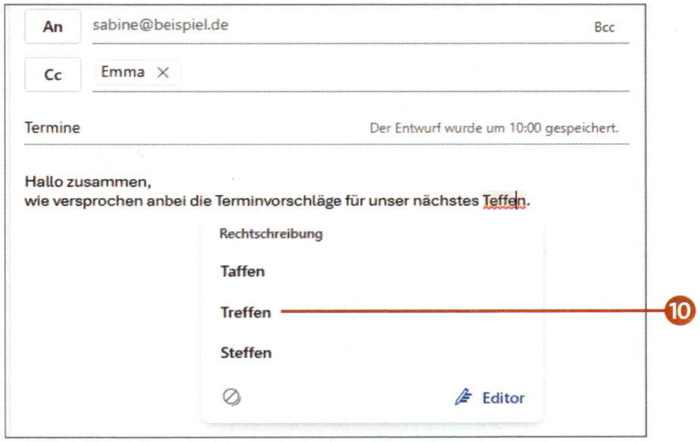

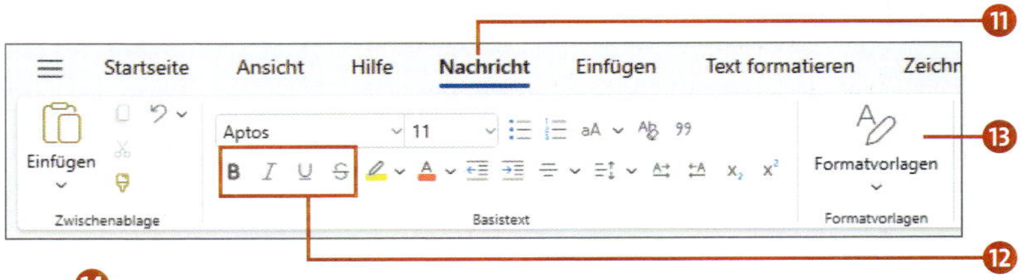

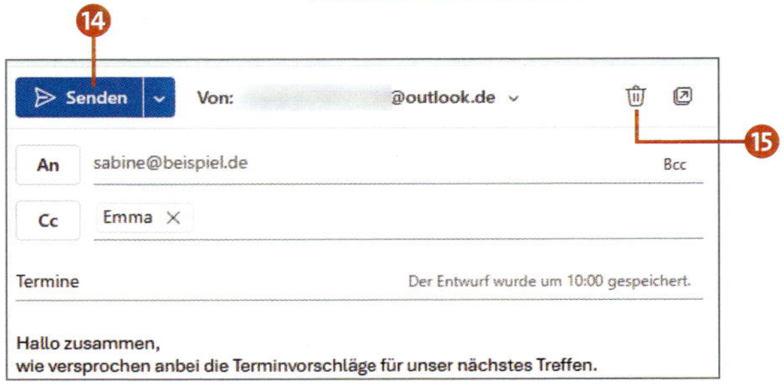

Eine E-Mail lesen

Eine neue E-Mail ist eingetroffen. Je nach Einstellung wird Ihnen die Ankunft der E-Mail in der Taskleiste sowie im Benachrichtigungscenter angezeigt (siehe dazu den Abschnitt »Verhalten der Taskleiste anpassen« ab Seite 224).

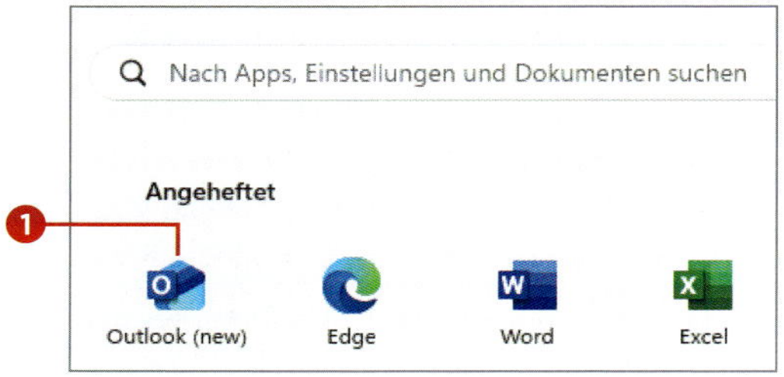

1. Zum Öffnen der App klicken Sie im Startmenü auf das App-Symbol **Outlook (new)** 1.
2. Haben Sie mehrere E-Mail-Konten eingefügt, können Sie mit einem Klick auf den jeweiligen Kontonamen 2 zwischen diesen wechseln. E-Mails von Personen, mit denen Sie häufiger Nachrichten austauschen, werden zusätzlich unter **Favoriten** 3 aufgeführt. Die Ziffer hinter dem Ordner **Posteingang** 4 zeigt die Anzahl der ungelesenen E-Mails an.
3. Markieren Sie in der Nachrichtenliste die E-Mail, die Sie lesen möchten 5. Bei noch ungelesenen E-Mails wird deren Betreff in blauer Schrift angezeigt und der Eintrag wird zusätzlich mit einem blauen Streifen auf der linken Seite markiert. (In diesem Beispiel ist die zweite Nachricht in der Liste noch ungelesen, die erste ist aktuell ausgewählt und die dritte Nachricht ist bereits gelesen.) Die ausgewählte E-Mail wird im Lesebereich rechts angezeigt. Nutzen Sie gegebenenfalls die Bildlaufleiste am rechten Rand, um nach unten zu scrollen und den Text längerer E-Mails lesen zu können. Die Leiste wird allerdings erst angezeigt, wenn Sie mit der Maus in den Lesebereich zeigen.
4. Um eine E-Mail zu löschen, positionieren Sie den Mauszeiger in der mittleren Spalte auf der gewünschten Nachricht. Es wird nun das Papierkorbsymbol 6 eingeblendet. Ein Klick hierauf, und die Nachricht wird gelöscht, Die E-Mail wird daraufhin in den Ordner **Gelöschte Elemente** verschoben.

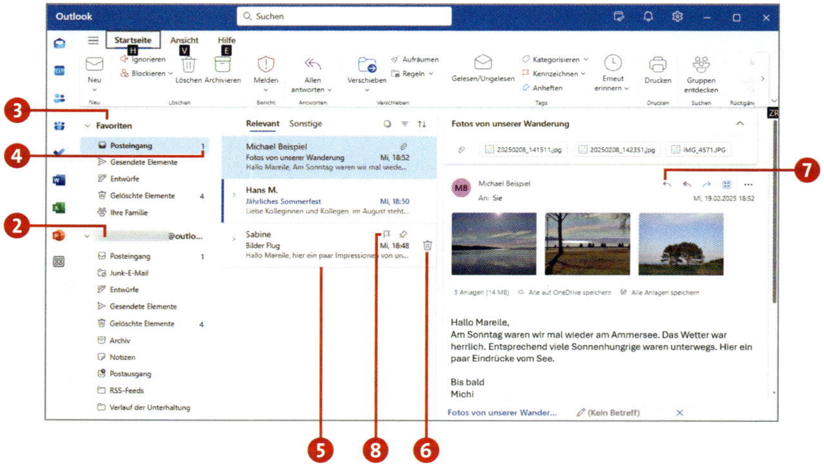

Eine E-Mail schnell beantworten

Um auf eine E-Mail zu antworten, markieren Sie die Nachricht und klicken dann im Nachrichtenfenster auf das Symbol **Antworten** 7. Die Absenderadresse wird dann automatisch als Empfängeradresse für die neue E-Mail übernommen und Sie brauchen diese nicht extra einzugeben.

5. Wichtige Nachrichten können Sie kennzeichnen, um sie später schneller wiederzufinden. Positionieren Sie hierzu den Mauszeiger in der mittleren Spalte auf der gewünschten E-Mail. Klicken Sie dann auf das nun sichtbare Fähnchensymbol 8.

6. Gekennzeichnete Nachrichten werden farbig hervorgehoben und zusätzlich mit dem kleinen Fähnchen markiert 9. Möchten Sie diese E-Mails einsehen, müssen Sie nun aber nicht den kompletten Posteingang nach gekennzeichneten Nachrichten absuchen. Klicken Sie am oberen Rand der mittleren Spalte auf das Symbol **Filter** 10 und wählen Sie dann die Option **Gekennzeichnet**, können Sie sich alle E-Mails auflisten lassen, die Sie irgendwann einmal markiert haben.

7. Eine bereits gelesene E-Mail können Sie über den Befehl **Ungelesen** 11 oder mithilfe der Tastenkombination Strg + U wieder als ungelesen darstellen.

8. Um eine E-Mail auszudrucken, stellen Sie sicher, dass diese in der mittleren Spalte markiert ist. Außerdem sollte die Registerkarte **Startseite** aktiviert sein. Klicke Sie dann im Menüband auf **Drucken** 12. Alternativ können Sie auch die Tastenkombination Strg + P verwenden. In beiden Fällen öffnet sich daraufhin der Druckdialog, über den Sie z. B. festlegen können, wie viele Kopien Sie erstellen möchten oder ob die komplette Nachricht oder nur einzelne Seiten ausgedruckt werden sollen.

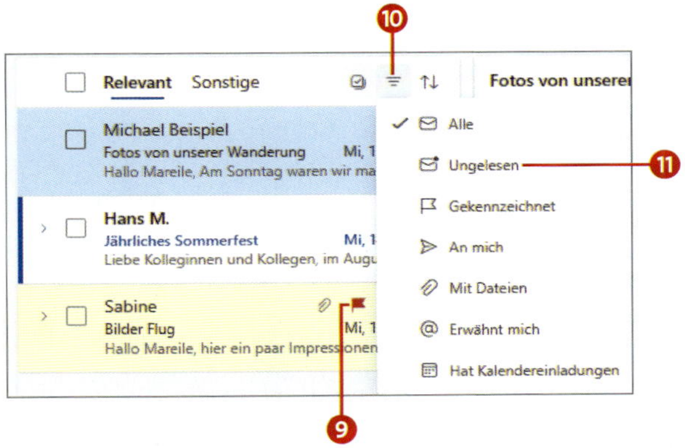

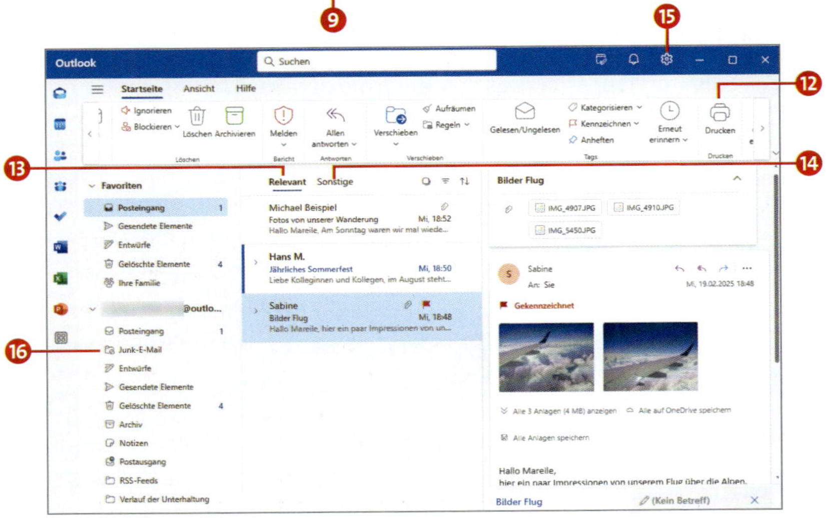

Relevante Nachrichten und sonstige

Outlook sortiert Nachrichten automatisch: Wichtige unter **Relevant** 13, andere unter **Sonstige** 14. Um diese Sortierung zu deaktivieren, gehen Sie zu **Einstellungen** (Zahnradsymbol 15) **> E-Mail > Layout** und wählen **Meine Nachrichten nicht sortieren**. Prüfen Sie regelmäßig auch den Ordner **Junk-E-Mail** 16, da dort manchmal wichtige Nachrichten landen können.

Fotos und andere Dateien per E-Mail senden

Auch mit der Outlook-App können Sie Dateien als Anlage versenden, z. B. ein Office-Dokument oder eine PDF-Datei. Versenden Sie keine ausführbaren Dateien (mit den Endungen **.exe**, **.bat** oder **.com**)! Diese Dateien werden aus Sicherheitsgründen von den meisten E-Mail-Anwendungen blockiert und erreichen damit nicht den Empfänger.

1. Öffnen Sie die Outlook-App und erstellen Sie eine neue E-Mail. Dann klicken Sie auf der Registerkarte **Nachricht** im Menüband auf **Datei anfügen** ❶.
2. In der aufklappenden Liste wählen Sie den Speicherort der Dateien aus, etwa **Diesen Computer durchsuchen** ❷, falls sich die Dateien auf dem PC befinden.
3. Navigieren Sie in dem Explorer-Fenster, das sich nun öffnet, zu dem Verzeichnis, das die gewünschte(n) Datei(en) enthält. Möchten Sie mehrere Dateien versenden, halten Sie bei der Auswahl die `Strg`-Taste gedrückt. Sind alle Dateien ausgewählt ❸, schließen Sie den Vorgang über die Schaltfläche **Öffnen** ab.
4. Die Dateien werden der E-Mail als Anhang hinzugefügt und unterhalb der Betreffzeile aufgelistet ❹. Klicken Sie auf **Senden** ❺, um die fertige E-Mail abzuschicken.

Anlagen öffnen

Erhalten Sie eine E-Mail mit Anlage, wird dies im Kopf der Nachricht angezeigt. Klicken Sie mit der rechten Maustaste auf den Dateinamen, um aus dem Kontextmenü den Befehl zum Speichern auszuwählen. Mit einem linken Mausklick öffnen Sie die Anlage. Dies sollten Sie jedoch niemals bei Anlagen von unbekannten Absender*innen tun, da diese Dateien Schadprogramme enthalten können!

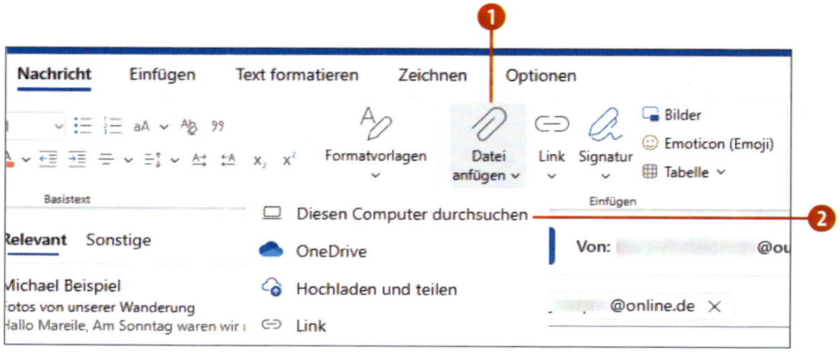

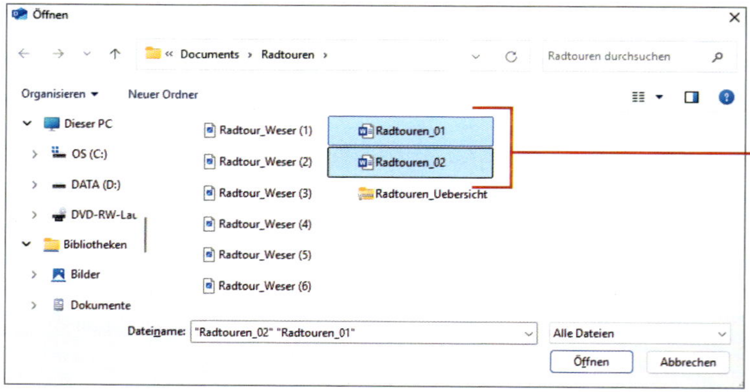

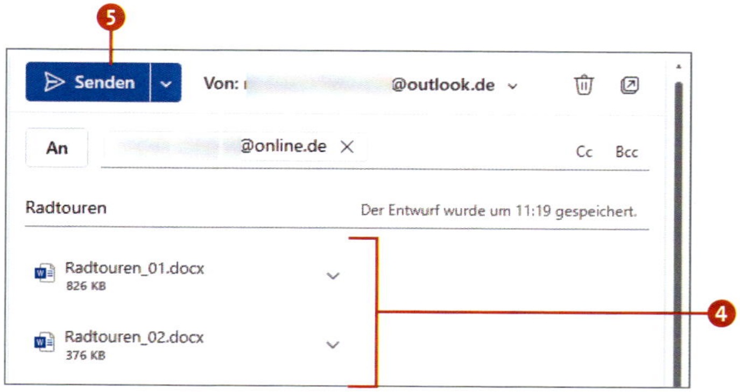

Eine E-Mail-Signatur erstellen

Es ist üblich, am Ende einer E-Mail die Kontaktdaten aufzuführen. Eine solche Signatur ist schnell erstellt:

Klicken Sie in der geöffneten Outlook-App oben rechts auf das Zahnradsymbol (1).

5. Im Einstellungen-Dialog markieren Sie links die **Konten** und in der mittleren Spalte **Signaturen**. Klicken Sie dann rechts auf **Neue Signatur** (2).
6. Geben Sie nun einen Namen für die Signatur ein (3). Im Feld darunter ergänzen Sie den Text (4), der zukünftig als Signatur am Ende Ihrer Nachrichten erscheinen soll (Grußformel, Name, Adresse oder Ähnliches). Über die Symbole in der Symbolleiste können Sie die Signatur formatieren oder auch ein Bild ergänzen (5). Bestätigen Sie die Eingabe mit **Speichern**.
7. Blättern Sie im Dialog gegebenenfalls etwas nach unten, bis der Bereich **Auswählen von Standardsignaturen** sichtbar ist. Wählen Sie in den Auswahlfeldern **Bei neuen Nachrichten:** und **Für Antworten/Weiterleitungen:** (6) die gerade erstellte Signatur aus. Übernehmen Sie die Einstellung mit einem erneuten Klick auf **Speichern**. Anschließend können Sie den Einstellungen-Dialog schließen.

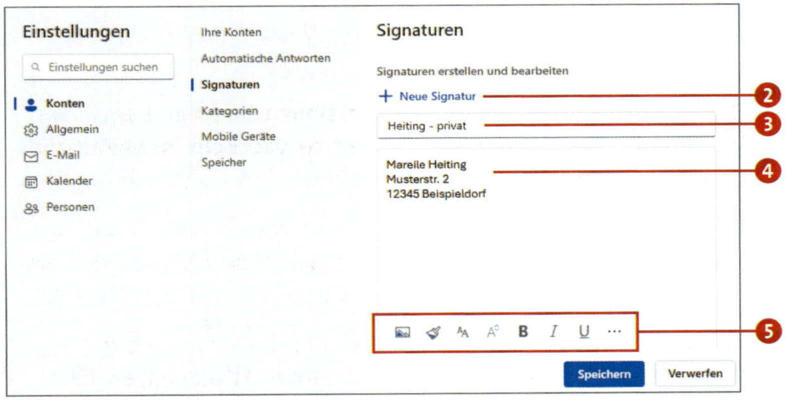

Kontakte speichern und verwalten

Einen neuen Kontakt hinzufügen

Postanschrift, E-Mail-Adressen, diverse Telefonnummern – kaum einer kann sich die Vielzahl an Kontaktdaten noch merken. Müssen Sie zum Glück auch nicht, denn die Outlook-App verfügt selbstverständlich über ein Adressbuch.

1. Öffnen Sie die App **Outlook (new)** über das Startmenü. Klicken Sie dann in der Navigationsleiste links auf das Symbol **Personen** ❶. Um einen neuen Kontakt hinzuzufügen, klicken Sie im Menüband auf **Neuer Kontakt** ❷.
2. Möchten Sie Ihrem Kontakt ein Foto zuordnen, klicken Sie in den Kreis ❸. Über **Neues Foto hochladen** können Sie anschließend ein Bild auswählen und mit **Anwenden** übernehmen.
3. Tragen Sie nun den Vor- und Nachnamen der Person ein ❹. Sobald Sie auf **Namensfeld hinzufügen** ❺ klicken, werden weitere Eingabefelder eingeblendet und Sie können bei Bedarf Angaben wie einen zweiten Vornamen, einen Spitznamen oder einen Titel hinzufügen.
4. Im Feld **E-Mail-Adresse** geben Sie die E-Mail-Adresse der Person ein ❻. Verfügt die Person über mehrere Adressen, klicken Sie auf **E-Mail hinzufügen**. Daraufhin erscheint ein neues leeres Feld, in das Sie die zweite Adresse eintragen können.
5. Unter **Mobiltelefonnummer** tragen Sie die Handynummer ein. Wenn Sie auf **Telefon hinzufügen** ❼ klicken, öffnet sich ein weiteres Menü, in dem Sie nun **Mobil**, **Geschäftlich** oder auch andere Angaben wie Fax und mehr auswählen können. Auch hier wird anschließend ein leeres Feld eingeblendet, in dem Sie dann die entsprechenden Daten eintragen.

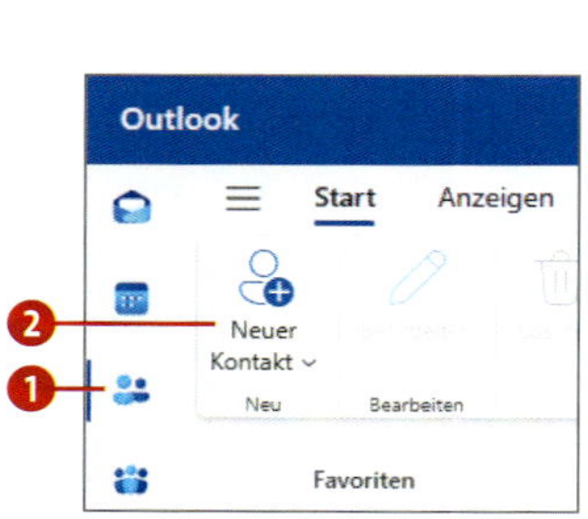

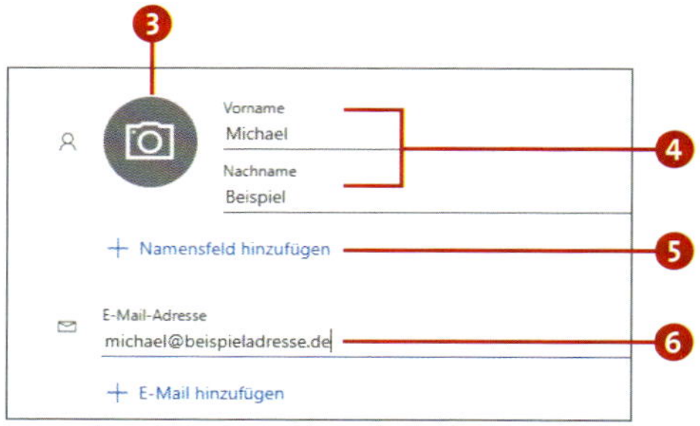

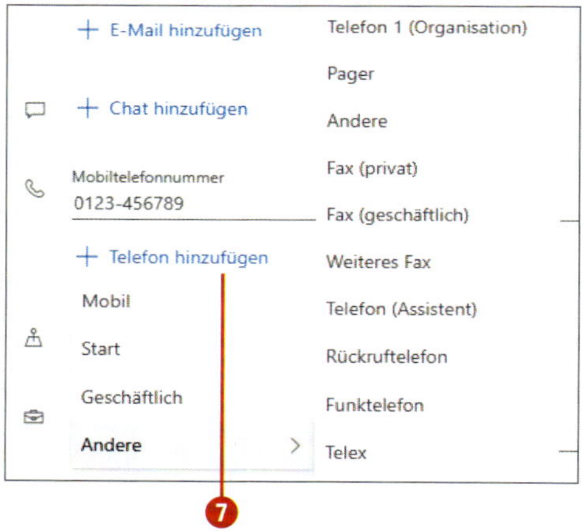

Kontakte in neuem Fenster öffnen

Falls Sie während des Bearbeitens des Adressbuches weiterhin einen Blick auf Ihre E-Mails haben möchten, können Sie die Kontakte auch in einem eigenen Fenster anzeigen lassen. Klicken Sie hierzu in der Navigationsleiste der Outlook-App den Eintrag **Personen** mit der rechten Maustaste an und wählen Sie im Kontextmenü den Befehl **In neuem Fenster öffnen**. Nutzen Sie dann eines der neuen Snap-Layouts, um beide Fenster – E-Mail sowie Personen – nebeneinander einzublenden. Lesen Sie hierzu auch den Abschnitt »Die neuen Snap-Layouts von Windows 11« ab Seite 80.

6. Nutzen Sie die Bildlaufleiste am Rand der App, um zu den weiteren Eingabeoptionen zu gelangen. Die Eingabefelder für die Adresse sind standardmäßig erst nach einem Klick auf die Schaltfläche **Adresse hinzufügen** 8 und nach Auswahl einer Kategorie (privat, geschäftlich, weitere Adresse) zu sehen. Auch hier können Sie nach der Eingabe der erforderlichen Informationen erneut auf **Adresse hinzufügen** klicken, um zusätzliche Adressdaten hinzuzufügen.
7. Am Ende steht der Abschnitt **Weitere hinzufügen**, in dem Sie noch Angaben zur Position, zu Partnern, zur Webseite machen oder allgemeine Anmerkungen eintragen können. Sind alle Angaben vollständig, klicken Sie zum Übernehmen der Daten auf die Schaltfläche **Speichern**.
8. Der neue Kontakt wird nun angezeigt. Nachträgliche Änderungen sind natürlich jederzeit möglich. Wählen Sie hierfür den Kontakt aus und klicken Sie dann im Menüband auf **Bearbeiten** 9.

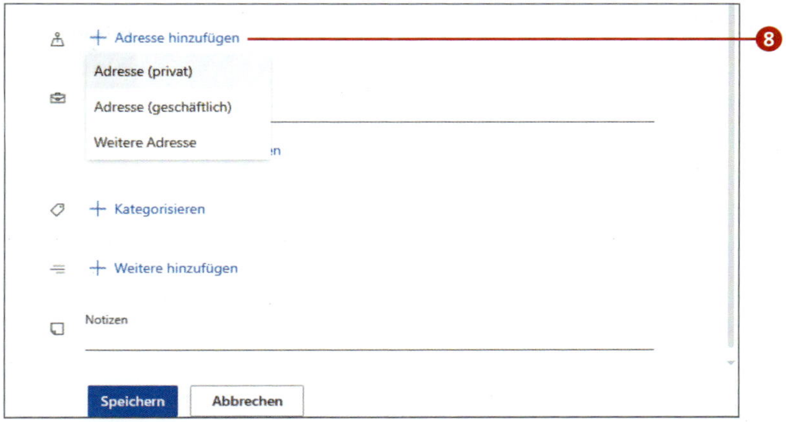

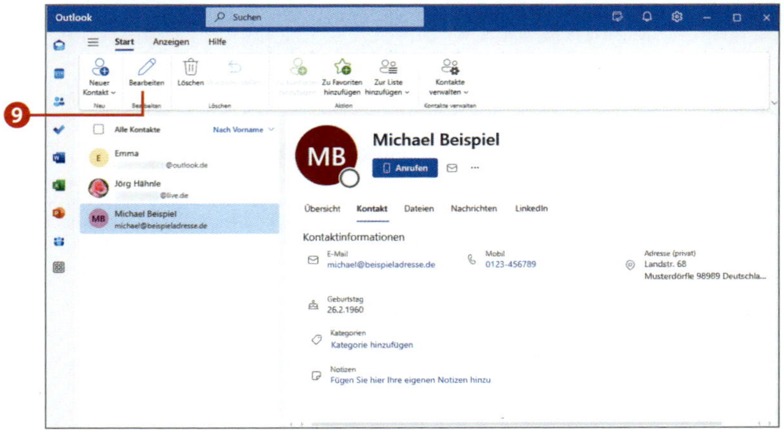

Kontakte online über Outlook.com nutzen

Wenn Sie sich mit Ihrem Microsoft-Konto bei *Outlook.com* anmelden, stehen Ihnen alle Kontakte online zur Verfügung. Sie können dort Kontakte erstellen, bearbeiten und löschen und die Änderungen mit der Kontakte-App synchronisieren.

Einen Kontakt löschen

Erfahrungsgemäß sammeln sich im Laufe der Zeit viele Kontakte an, darunter auch immer wieder Einträge, die nicht mehr gültig sind. Solche nicht mehr benötigten Einträge können Sie natürlich auch wieder löschen:

1. Öffnen Sie in der Outlook-App die **Personen**, wie in Schritt 1 im Abschnitt »Einen neuen Kontakt hinzufügen« auf Seite 192 gezeigt.
2. Nutzen Sie gegebenenfalls die Bildlaufleiste der Anwendung, um zu jenem Kontakt zu gelangen, den Sie löschen möchten. Die Bildlaufleiste wird erst dann eingeblendet, wenn Sie mit der Maus auf einen Eintrag zeigen.
3. Führen Sie einen Rechtsklick auf den zu löschenden Kontakt aus und wählen Sie aus dem Kontextmenü die Option **Löschen** ❶.
4. Ein Hinweisfenster erscheint. Wenn Sie den Kontakt wirklich löschen wollen, klicken Sie noch einmal auf **Löschen** ❷. Der Eintrag wird sofort entfernt. Haben Sie sich anders entschieden und möchten Sie den Kontakt behalten, dann klicken Sie auf die Schaltfläche **Abbrechen** ❸.

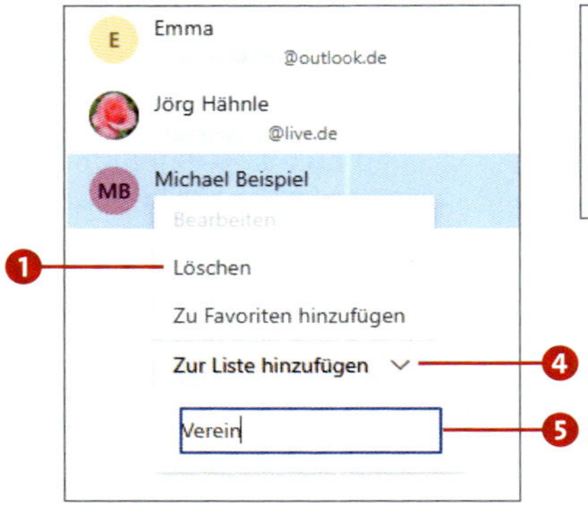

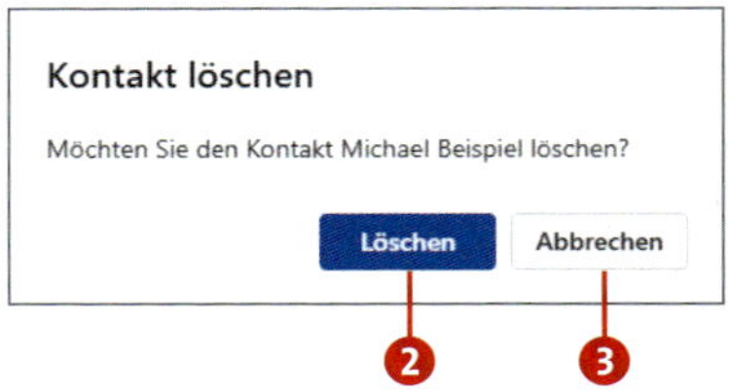

Kontakte sortieren

Per Standardeinstellung werden die Kontakte nach Vornamen sortiert aufgelistet. Nach einem Klick auf **Nach Vorname** haben Sie die Möglichkeit, ein anderes Sortierkriterium auszuwählen. Praktisch sind z. B. **Firma** oder auch **Zuletzt hinzugefügt**.

Eine Kontaktliste erstellen

Ob Familie, Verein oder auch ein spezieller Kundenkreis: Falls Sie immer wieder E-Mails an eine bestimmte Personengruppe schicken möchten, bietet es sich an, eine Kontaktliste für diesen Personenkreis zu erstellen. Wählen Sie hierzu den ersten Kontakt aus. Nach einem rechten Mausklick auf den Namen klicken Sie im Kontextmenü auf **Zur Liste hinzufügen** ❹ und dann auf **Neue Kontaktliste**. Geben Sie einen Namen für die Liste an, z. B. »Verein« ❺, und übernehmen Sie diesen durch Drücken der Taste [↵]. Der Name der neuen Kontaktliste wird nun nach einem Klick auf **Zur Liste hinzufügen** aufgeführt. Um weitere Kontakte in der Liste zu ergänzen, wählen Sie einfach den Namen, hier also **Verein** aus. Wie Sie eine E-Mail an alle Adressaten der Kontaktliste schicken, lesen Sie auf der folgenden Seite.

Eine E-Mail an einen Kontakt senden

Wenn Sie eine E-Mail an einen Ihrer Kontakte senden möchten, können Sie dies direkt aus der Kontaktliste der Outlook-App heraus tun:

1. Wählen Sie in der Kontaktliste den Kontakt aus, an den Sie eine Nachricht senden möchten.
2. Auf der rechten Seite der App werden die Daten des Kontakts angezeigt. Klicken Sie neben der eingetragenen E-Mail-Adresse auf das Briefsymbol ❶. Voraussetzung hierfür ist natürlich, dass zu diesem Kontakt eine E-Mail-Adresse hinterlegt wurde.
3. Es wird automatisch ein neues Nachrichtenfenster geöffnet. Die Adresse des ausgewählten Kontakts wird automatisch in das Empfängerfeld der Nachricht eingefügt. Geben Sie nun einen Betreff und den Text Ihrer Nachricht ein und schicken Sie die E-Mail mit der Schaltfläche **Senden** ❷ ab.
4. Die Alternative ist Folgendes: Starten Sie die Outlook-App mit dem Modul **E-Mail**, und klicken Sie links oben auf **Neu**, um eine neue Nachricht zu verfassen. Anstatt die Empfängeradresse von Hand einzutragen, klicken Sie in das Feld **An** ❸ und tippen nur die ersten Buchstaben des Empfängernamens ein. Daraufhin werden Ihre dazu passenden Kontakte angezeigt und Sie können den bzw. die Empfänger*in per Mausklick auswählen. Das Auswahlfenster schließt sich, sobald Sie einen Eintrag ausgewählt haben. Dies funktioniert nicht nur mit dem Namen einer Person, sondern auch mit dem Namen einer Kontaktliste ❹.

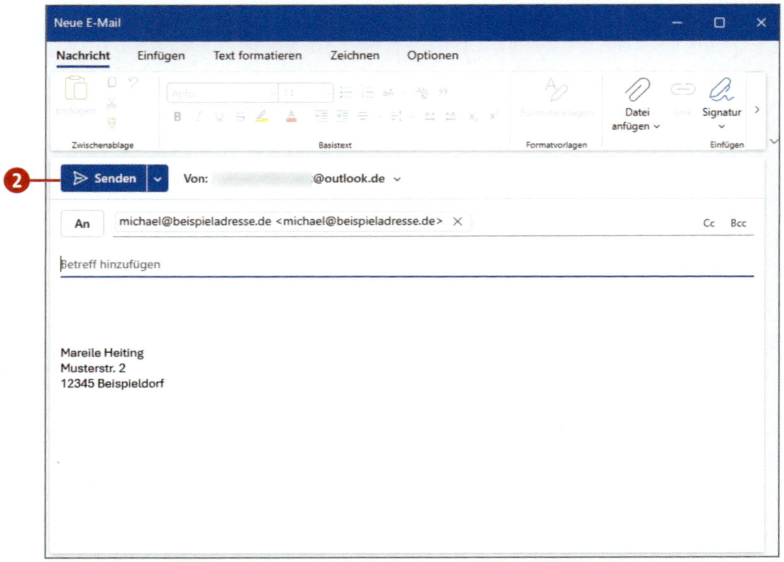

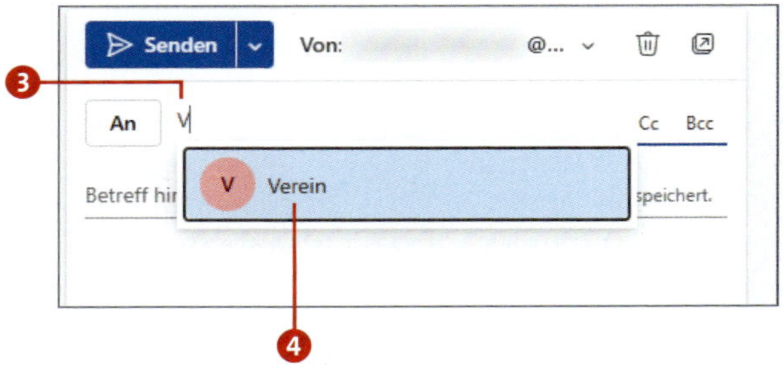

Alle Termine im Griff mit dem Kalender

Einen neuen Termineintrag erstellen

Ob Werkstatttermin oder Elternabend, mit dem in der *Outlook*-App integrierten *Kalender* werden Sie künftig keine Termine mehr vergessen. Tragen Sie berufliche und private Termine in den Kalender ein und lassen Sie sich automatisch an anstehende Termine erinnern:

1. Öffnen Sie die Outlook-App und rufen Sie in der Navigationsleiste den **Kalender** ❶ auf. Alternativ hierzu können Sie auch auf das App-Symbol **Kalender** im Startmenü klicken. Es wird nun ebenfalls der Kalender in der Outlook-App geöffnet.

2. Standardmäßig wird der Kalender in der Monatsansicht angezeigt. Links neben dem aktuellen Monatsnamen befinden sich zwei Pfeile ❷. Navigieren Sie mithilfe dieser Pfeile zum gewünschten Monat.

3. Markieren Sie den passenden Tag per Mausklick und klicken Sie dann nochmals darauf. Ein kleines Eingabefenster wird eingeblendet. Tragen Sie hier die Bezeichnung für Ihren Termin ein ❸.

4. Im darunterliegenden Feld können Sie eine Startzeit und das Ende Ihres Termins eintragen. Der Schieberegler **Ganztägig** ❹ muss ausgeschaltet sein, um die Eingabefelder zu aktivieren. Sobald Sie auf den Pfeil rechts von einer Uhrzeit klicken, wird ein Dropdown-Menü sichtbar, über das Sie nun die gewünschten Zeiten einstellen können ❺.

5. Wenn Sie mögen, geben Sie zusätzlich den Ort ❻ an, an dem der Termin stattfindet. Sollten Sie mehrere Kalender verwalten, können Sie schließlich Ihren Termin über das Dropdown-Menü oben ❼ einem Ihrer Kalender zuordnen. Über **Weitere Optionen** ❽ erreichen Sie weitere Eingabemöglichkeiten oder Sie klicken auf **Speichern** ❾, falls Sie keine weiteren Daten zu Ihrem Termin eintragen möchten.

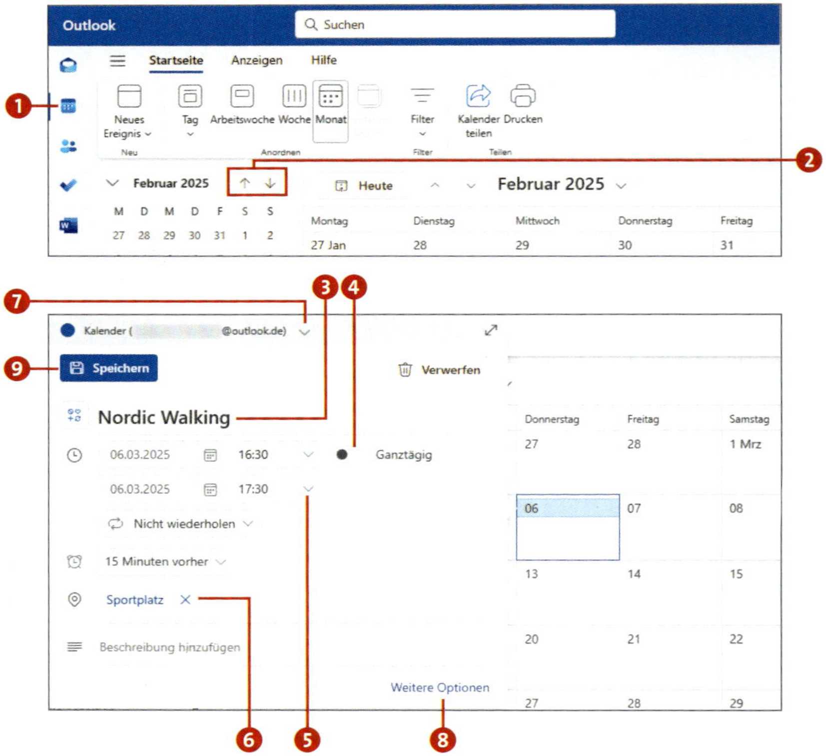

Termine online verwalten

Neue Termine können Sie jederzeit auch auf *Outlook.com* erstellen und verwalten. Melden Sie sich einfach unter *www.outlook.com* mit Ihrem Microsoft-Konto an und greifen Sie von jedem internetfähigen PC aus auf Ihre Termine zu.

6. In den Detaileinstellungen können Sie Personen per E-Mail zu einem Termin einladen. Tragen Sie die E-Mail-Adressen der Personen einfach von Hand in das Feld **Teilnehmer** ⑩ ein. Die mit den ersten Buchstaben übereinstimmenden Einträge aus dem Outlook-Adressbuch werden zur Übernahme vorgeschlagen, was Sie mit einem einfachen Mausklick tun können. Die Schaltfläche **Speichern** links oben ändert daraufhin ihr Aussehen und wird zu einer **Senden**-Schaltfläche ⑪. Betätigen Sie diese, werden die Teilnehmer informiert und der Termin wird im Kalender gespeichert.

7. Legen Sie bei Bedarf über das Dropdown-Menü **Beschäftigt** ⑫ noch einen Status fest, z. B. ob Sie am Termin mit Vorbehalt teilnehmen oder vielleicht gar nicht im Haus sind.

8. Erinnerungen an anstehende Termine können Sie nach einem Klick auf **15 Minuten vorher** ⑬ definieren. Wählen Sie aus der Liste aus, wann die Erinnerung erfolgen soll, 1 Stunde vor Beginn oder vielleicht doch lieber schon am Vortag?

9. Über die Schaltfläche **Periodisch wiederkehrend machen** ⑭ geben Sie schließlich an, ob es sich um einen einmaligen oder einen wiederkehrenden Termin handelt. Bei sich wiederholenden Terminen bietet die App die Möglichkeit an, ein Intervall zu definieren und den Termin z. B. **Täglich**, **Wöchentlich** oder auch am x. Tag jeden Monats festzulegen.

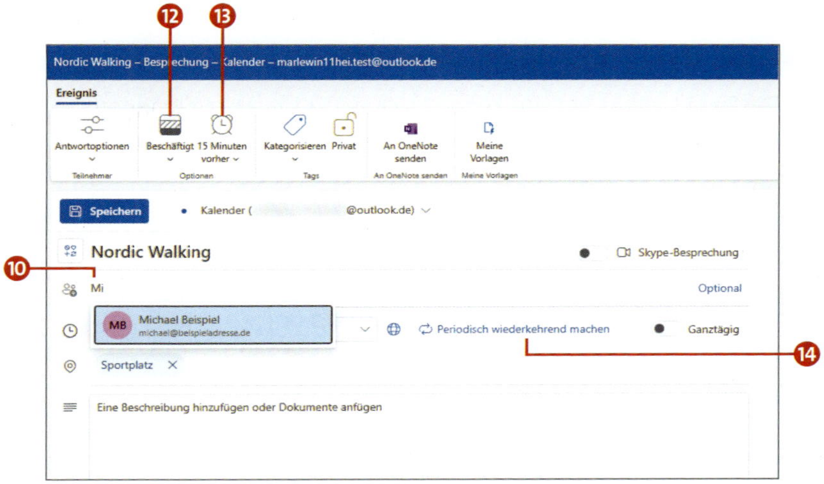

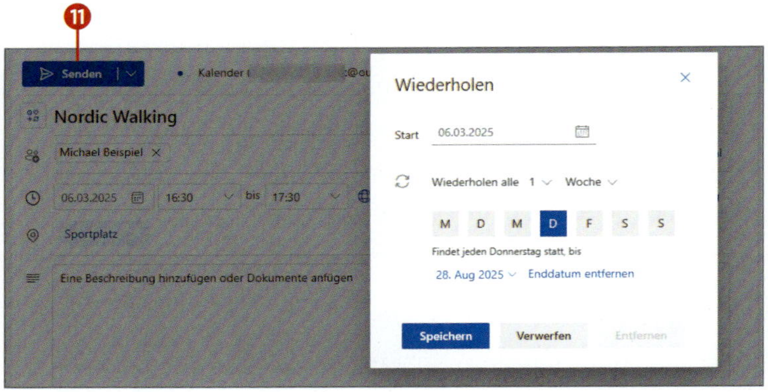

Neue Kalender anlegen

Das Hinzufügen zusätzlicher Kalender ist nicht direkt in der App möglich. Um einen weiteren Kalender zu nutzen, loggen Sie sich mit Ihrem Microsoft-Konto bei *Outlook.com* ein. Dort können Sie einen neuen Kalender erstellen. Diese Kalender können dann über die App aufgerufen werden.

Die Synchronisation Ihrer Termine

Manchmal ist ein wenig Geduld erforderlich. Wenn Sie über *Outlook.com* neue Termine oder einen neuen Kalender erstellt haben, dauert es meist ein paar Minuten, bis die Daten synchronisiert werden und Ihnen dann auch in der *Outlook*-App zur Verfügung stehen.

Einen Termin ändern oder löschen

Die Details eines Termins können sich natürlich jederzeit ändern, etwa weil sich die Uhrzeit geändert hat oder weil der Termin auf einen anderen Tag gelegt wurde. Das macht eine Aktualisierung des Kalenders erforderlich:

1. Öffnen Sie die Outlook-App mit einem Klick auf das Symbol **Kalender** im Startmenü. Wählen Sie den zu ändernden Termin aus, indem Sie auf den Eintrag klicken ❶ und im folgenden Dialog auf **Bearbeiten**.
2. Alle Details des Termins werden nun angezeigt. Ändern Sie bei Bedarf den Betreff ❷ oder den beschreibenden Text des Termins. Findet der Termin an einem anderen Datum statt oder haben sich die Startzeit, das Terminende bzw. die Dauer geändert ❸?
3. Falls Sie den angezeigten Status (z. B. abwesend) ändern möchten, klicken Sie auf **Weitere Optionen** ❹. Sie können die Korrektur nun über das Menüband vornehmen.
4. Haben Sie alle nötigen Anpassungen vorgenommen, klicken Sie auf **Speichern** ❺, um den geänderten Termin in Ihren Kalender zu übernehmen. Wenn Sie Personen zu dem Termin eingeladen haben, heißt die Schaltfläche nicht **Speichern**, sondern **Senden**. Der Termin wird auch in diesem Fall in Ihrem Kalender gesichert.
5. Soll der Termin hingegen gelöscht werden, klicken Sie auf die Schaltfläche **Löschen** ❻. Bestätigen Sie die anschließende Abfrage erneut mit **Löschen**. (Aus dem Menüpunkt **Löschen** wird **Abbrechen**, falls Personen per E-Mail zum Termin eingeladen wurden.)

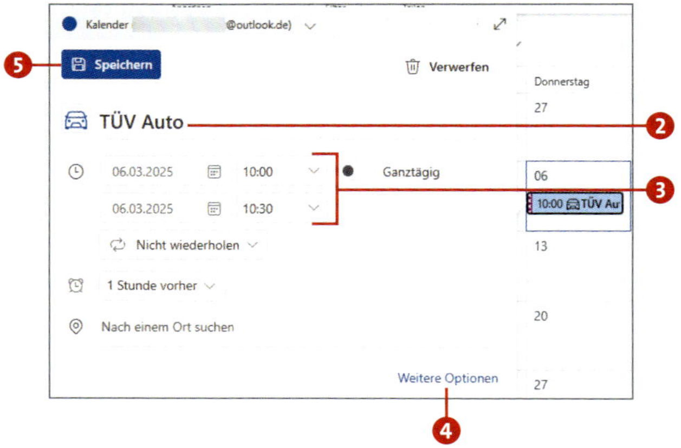

Informationen zum geänderten Termin

Die App bietet keine Möglichkeit, selbst auszuwählen, ob eingeladene Personen bei einer Änderung per E-Mail darüber informiert werden sollen. Das heißt, dass bereits eine einfache Änderung wie die Korrektur eines Tippfehlers mit einer Nachricht an die betreffenden Personen einhergeht.

Die Ansicht des Kalenders ändern

Beim Start des Kalenders wird für gewöhnlich die Monatsansicht angezeigt. Alle Tage eines Monats werden auf dem Bildschirm eingeblendet. Es stehen aber weitere Ansichten zur Verfügung: die Tages-, die Wochen- und die Arbeitswochenansicht.

1. Klicken Sie im Startmenü auf das App-Symbol **Kalender** ❶.
2. Ist die Registerkarte **Startseite** ausgewählt, stehen im Menüband die verschiedenen Optionen zur Auswahl. Wählen Sie zwischen den Ansichten **Tag**, **Arbeitswoche**, **Woche**, **Monat** ❷. Nach einem Klick auf den Pfeil ❸ unterhalb von **Tag** können Sie die Anzahl der anzuzeigenden Tage bestimmen. Sobald Sie Ihre Wahl getroffen haben, ändert sich die Ansicht des Kalenders entsprechend.
3. Links neben der Bezeichnung des aktuellen Monats sind zwei Pfeile ❹ zur bequemen Navigation eingeblendet. Über diese Pfeile können Sie im Kalender tages-, wochen- oder monatsweise vor- und zurückblättern.
4. Ungeachtet der von Ihnen ausgewählten Kalenderansicht zeigt die App links in der Seitenleiste den aktuellen Monat nochmals in einer Übersicht an ❺. Das aktuelle Datum ist dabei hervorgehoben ❻. Wählen Sie in dieser Übersicht ein spezielles Datum aus, wird, je nach gewählter Ansicht, in der rechten Fensterhälfte der entsprechende Tag bzw. die dazugehörige Woche angezeigt.
5. Die Monatsansicht in der Seitenleiste können Sie bei Bedarf auch deaktivieren. Klicken Sie hierfür auf die drei horizontal dargestellten Linien oben links im Programmfenster ❼. Die Leiste wird daraufhin »zugeklappt«. Ein erneuter Klick auf die Schaltfläche öffnet sie wieder.

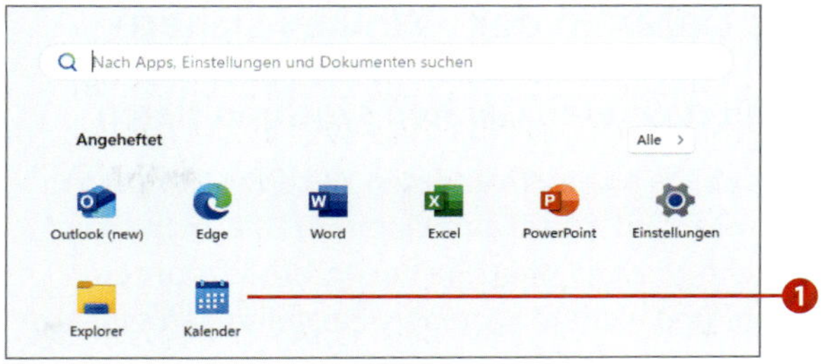

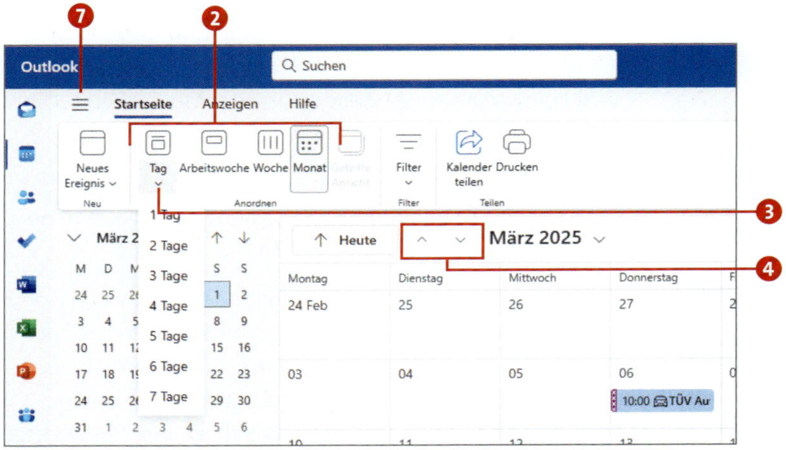

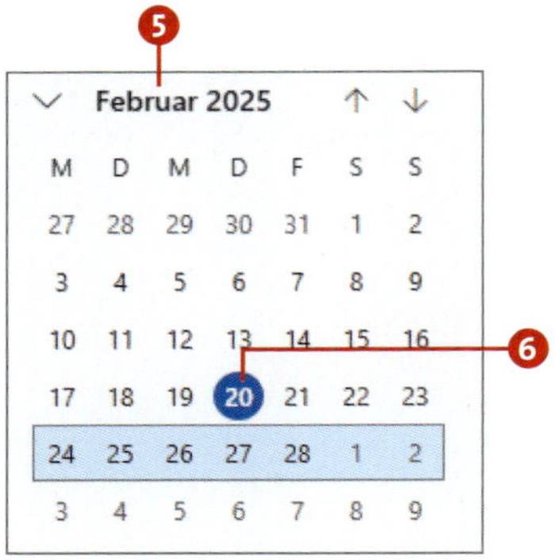

Mit OneDrive Daten in der »Wolke« sichern

Einstellungen mit mehreren Geräten synchronisieren

Wenn Sie sich unterwegs an einem anderen Windows 11-Rechner mit dem gleichen Microsoft-Konto anmelden, das Sie an Ihrem heimischen Rechner nutzen, können Sie Ihre Internetfavoriten, Kennwörter, Sprach- und weitere Windows-Einstellungen synchronisieren. Diese Einstellungen stehen Ihnen dann auch auf dem »Zweitrechner« zur Verfügung.

1. Ob und welche Einstellungen synchronisiert werden sollen, können Sie individuell festlegen. Klicken Sie im Startmenü auf **Einstellungen** und wechseln Sie dann zur Kategorie **Konten** 1.
2. Wählen Sie den Menüpunkt **Windows-Sicherung** 2.
3. Mit dem Regler **Meine Einstellungen speichern** können Sie die Synchronisation (de-)aktivieren 3. Wählen Sie **Aus**, wenn überhaupt keine Synchronisation durchgeführt werden soll.
4. Falls Sie die Einstellungen detaillierter festlegen möchten, belassen Sie den Regler eingeschaltet und klicken dafür auf den kleinen Pfeil rechts davon 4. Möchten Sie z. B. Ihre Spracheinstellungen auf mehreren Rechnern nutzen, aktivieren Sie die Option **Spracheinstellungen und Wörterbuch** 5. Ihre Passwörter werden durch Aktivierung der Option **Konten, WLAN-Netzwerke und Kennwörter** 6 übernommen. Analog schalten Sie die Synchronisation weiterer Windows-Einstellungen nach Bedarf ein oder aus 7.

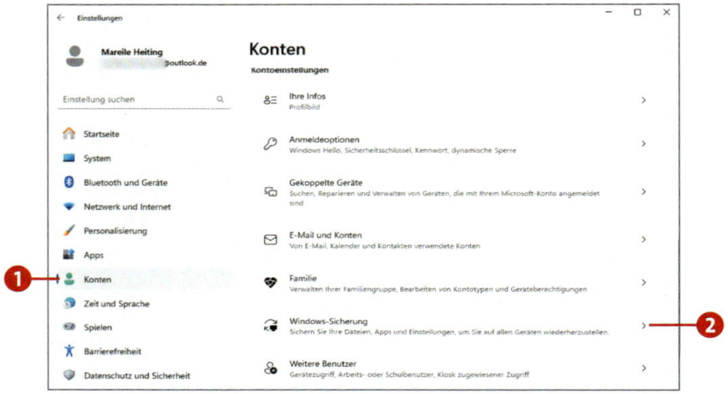

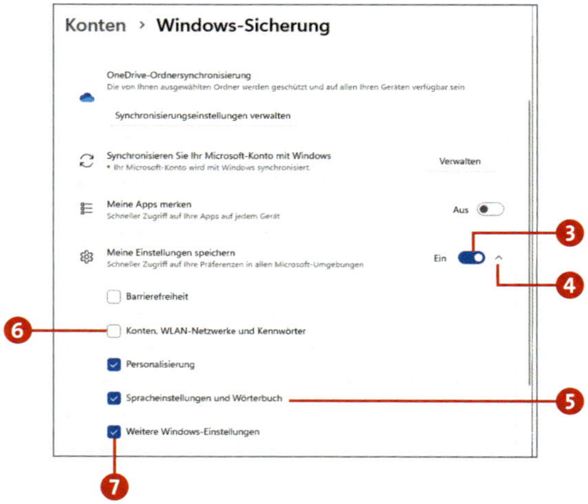

Voraussetzungen für die Synchronisierung

Damit die Synchronisierung auf anderen Windows 11-Geräten reibungslos klappt, müssen Sie sich auf diesen Geräten nicht nur mit dem gleichen Microsoft-Konto anmelden, sondern auch darauf achten, dass auf diesen Geräten die Synchronisation ebenfalls eingeschaltet ist.

Ordner auf mehreren Geräten synchronisieren

Legen Sie Ihre Daten in der Cloud OneDrive ab, können Sie nicht nur von jedem beliebigen Gerät aus darauf zugreifen, Sie haben zugleich auch eine praktische Datensicherung zur Hand. Welche Ordner Windows 11 automatisch synchronisieren soll, bestimmen Sie folgendermaßen:

1. Rufen Sie über die Tastenkombination [Windows] + [I] die **Einstellungen**-App auf und wechseln Sie dort in die Kategorie **Konten > Windows-Sicherung**.
2. Klicken Sie rechts auf **Synchronisierungseinstellungen verwalten** ❶.
3. Im folgenden Dialog sieht Windows 11 vor, die Inhalte der Ordner **Dokumente**, **Bilder** und **Desktop** in OneDrive zu sichern ❷. Falls Sie einen der drei Ordner und seine Unterordner nicht automatisch synchronisieren lassen möchten, setzen Sie die Regler auf **Aus**. Umgekehrt können Sie die Ordner **Musik** und **Videos** durch Einschalten der Regler in der Sicherung aufnehmen.
4. Mit einem Klick auf **Schließen** übernehmen Sie die Einstellungen.

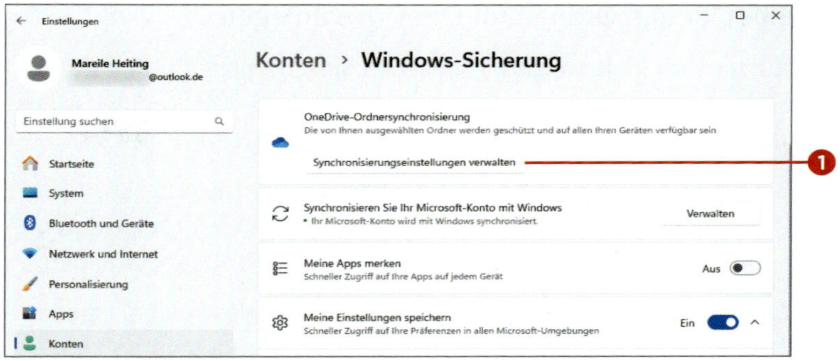

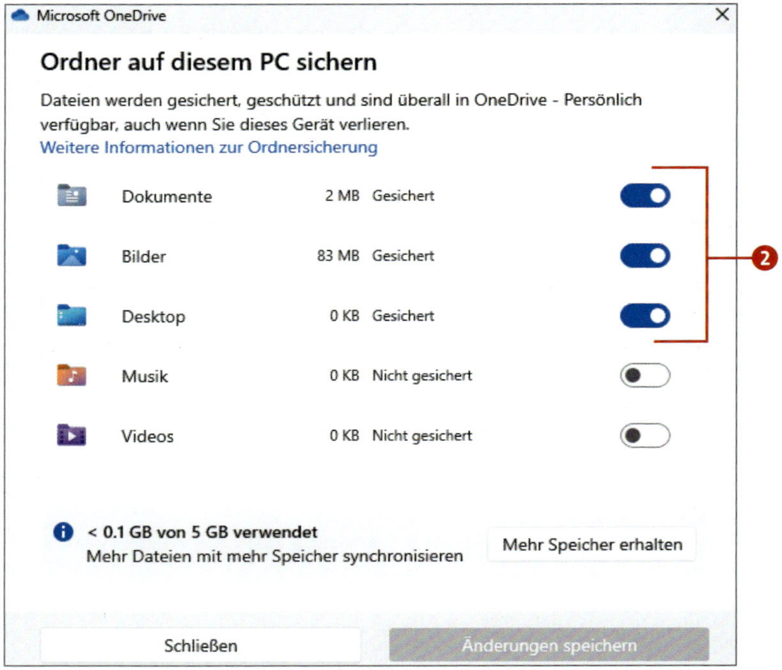

Synchronisierung anhalten

Falls Sie die Synchronisierung zu einem späteren Zeitpunkt pausieren möchten, klicken Sie im Infobereich der Taskleiste auf das OneDrive-Symbol. Nach einem Klick das Zahnradsymbol im nun sichtbaren Dialog wählen Sie **Synchronisierung anhalten**. Nun können Sie 2, 8 oder auch 24 Stunden auswählen, in denen Windows 11 keine Synchronisierung vornimmt. Um die Synchronisierung fortzusetzen, klicken Sie erneut auf das OneDrive-Symbol im Infobereich und wählen dann einfach den Hinweis per Mausklick aus oder warten den ausgewählten Zeitraum ab.

Einen neuen Ordner auf OneDrive anlegen

Nutzen Sie OneDrive als zusätzlichen Speicherplatz für Ihre Daten und für den Austausch größerer Datenmengen. Mit wenigen Mausklicks legen Sie einen neuen Ordner auf OneDrive an:

1. Öffnen Sie Ihren Webbrowser und geben Sie die Adresse *https://onedrive.live.com/login* in das Adressfeld ein. Eventuell werden Sie aufgefordert, sich mit Ihrem Microsoft-Konto anzumelden.
2. Markieren Sie in der Navigationsleiste links das Symbol **Eigene Dateien** ❶. Klicken Sie anschließend auf das Plussymbol und wählen Sie dann den Eintrag **Ordner** aus dem Menü.
3. Vergeben Sie einen Namen für den neuen Ordner und schließen Sie den Vorgang mit der [↵]-Taste ab.
4. Wenn Sie sich vertippt haben oder die Bezeichnung nachträglich ändern möchten, klicken Sie den Ordner mit der rechten Maustaste an und wählen die Option **Umbenennen** ❷ aus. Sie können die Bezeichnung daraufhin beliebig ändern.
5. Um einen Ordner zu verschieben, klicken Sie ihn mit der rechten Maustaste an und wählen den Befehl **Verschieben nach** ❸. Ein Fenster öffnet sich. Wählen Sie hier das Ziel aus und klicken Sie anschließend auf die Schaltfläche **Verschieben**. Der Ordner wird in den Zielordner verschoben.

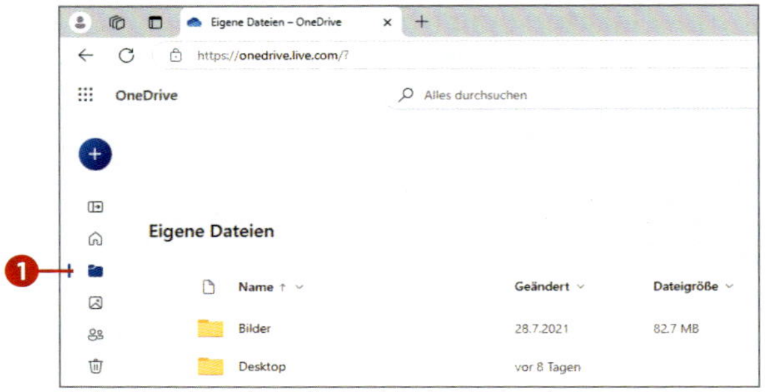

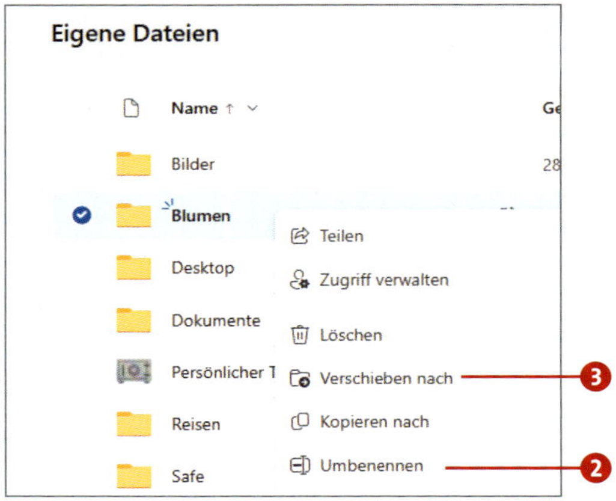

Alternativen zu OneDrive

Inzwischen gibt es zahlreiche kostenlose Onlinespeicherdienste, z. B. die *Telekom Cloud*, die Sie unter *http://cloud.telekom-dienste.de* erreichen. *Google Drive* finden Sie unter *https://drive.google.com* und das Angebot von *Dropbox* unter der Adresse *https://dropbox.com*. Alle Dienste bieten ähnliche Speicherkapazitäten.

Cloud Computing

Beim **Cloud Computing** werden dem Nutzer Anwendungen, Speicherplatz und Rechnerleistungen über ein Rechenzentrum zur Verfügung gestellt. Ein Beispiel dafür ist OneDrive. Sowohl die Anwendung, die Sie über den Browser aufrufen, als auch von Ihnen hochgeladene Daten (Dokumente, Bilder etc.) werden zentral auf einem entfernten Rechner bzw. Server und nicht auf Ihrem lokalen PC gespeichert und ausgeführt, sodass Sie von mehreren Geräten aus darauf zugreifen können.

Dateien auf OneDrive hochladen

Um Daten auszulagern oder sie mit anderen Personen zu teilen, müssen Sie sie zunächst auf OneDrive hochladen:

1. Starten Sie die Webanwendung von OneDrive, indem Sie die Adresse *https://onedrive.live.com/login* in das Adressfeld Ihres Browsers eingeben.
2. Wählen Sie mit einem Mausklick den Ordner aus, in den Sie Dateien hochladen möchten.
3. Klicken Sie auf das Plussymbol. In der aufklappenden Liste wählen Sie nun aus, ob Sie einzelne Dateien ❶ oder einen Ordner ❷ hochladen möchten.
4. Nun öffnet sich ein Dialogfenster. Wählen Sie darin per Mausklick die Datei(en) oder Ordner aus, die Sie hochladen möchten, und bestätigen Sie Ihre Auswahl mit **Öffnen** ❸. Das Hochladen kann je nach Datenmenge ein paar Minuten Zeit in Anspruch nehmen.
5. Über die Option **Sortieren** ❹ können Sie die Sortierung der Dateien anpassen. Über die beiden Schaltflächen daneben ❺ ändern Sie die Darstellung von der Listen- zur Kachelansicht bzw. können hier eine Seitenleiste mit weiteren Details zum ausgewählten Element ein- und ausblenden.

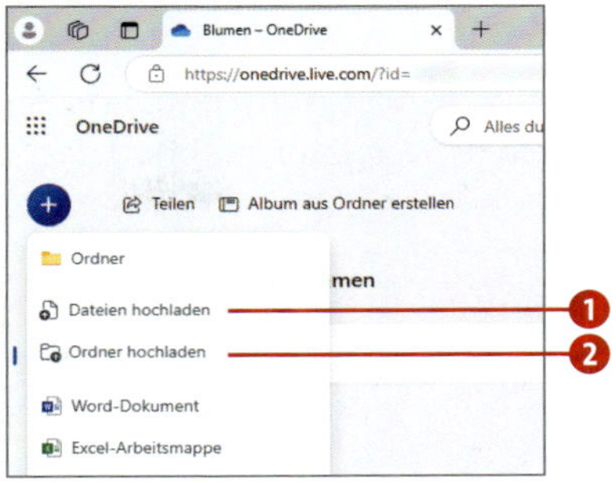

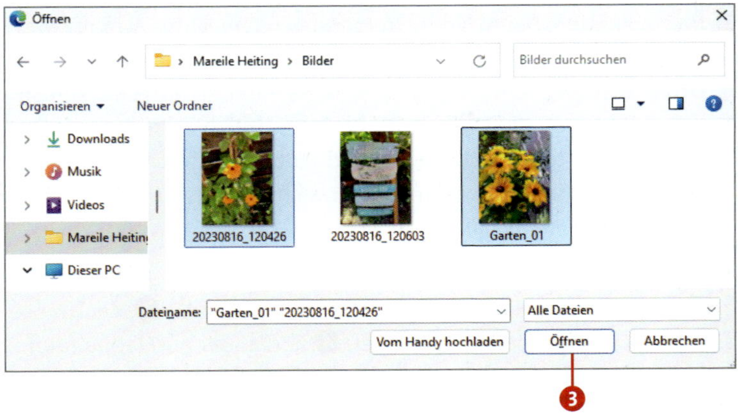

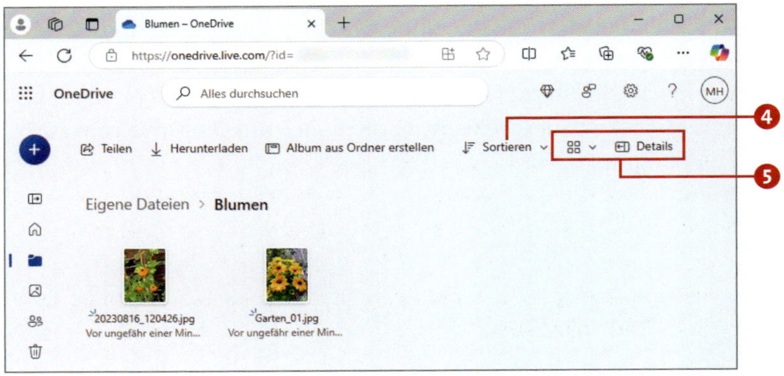

Zum Austausch großer Dateien geeignet

Bei vielen E-Mail-Anbietern lassen sich Dateien nur bis zu einer Größe von etwa 5 MB als Anhang versenden. Nutzen Sie zum Austausch sehr großer Dateien einfach OneDrive. Die maximale Größe für einzelne Dateien beträgt 10 GB. Laden Sie Ihre Datei(en) dort hoch und senden Sie dem Empfänger lediglich einen Freigabelink (siehe den Abschnitt »Ordner freigeben und mit Dritten teilen« auf Seite 206).

OneDrive direkt im Explorer nutzen

Wenn Sie sich unter Windows 11 mit einem Microsoft-Konto anmelden, wird OneDrive automatisch in den Explorer integriert. Sie können den Dienst dann wie eine externe Festplatte nutzen: Ordner anlegen und Dateien kopieren, verschieben und natürlich auch wieder löschen. Das macht die Nutzung des Dienstes sehr komfortabel. Aktuell stehen Ihnen übrigens 5 GB kostenloser Speicherplatz auf OneDrive zur Verfügung.

1. Öffnen Sie den **Explorer** durch einen Klick auf das Ordnersymbol in der Taskleiste oder mithilfe der Tastenkombination ⊞ + E.
2. Im Navigationsbereich des Explorers wird OneDrive aufgeführt, gut erkennbar am Wolkensymbol. Statt der Bezeichnung **OneDrive** wird eventuell Ihr Benutzername eingeblendet. Klicken Sie auf den kleinen Pfeil ❶ vor der Bezeichnung, um die Anzeige zu erweitern und die enthaltenen Ordner aufzulisten. Klicken Sie auf einen Ordner ❷, werden in der rechten Fensterhälfte die darin befindlichen Dateien angezeigt.
3. Um einen neuen Ordner zu erstellen, markieren Sie im Navigationsbereich **OneDrive** bzw. Ihren Benutzernamen ❸. Klicken Sie dann in der Symbolleiste auf **Neu** ❹ und in der aufklappenden Liste auf **Ordner**. Geben Sie den Namen für den neuen Ordner ein ❺ und schließen Sie die Eingabe mit ↵ ab.
4. Sie können den neu erstellten Ordner sofort nutzen und Dateien hineinkopieren oder weitere Unterverzeichnisse erstellen. Eine aktive Internetverbindung vorausgesetzt, kann es aber 1 bis 2 Minuten dauern, ehe der Ordner auch auf **OneDrive.com** zur Verfügung steht.

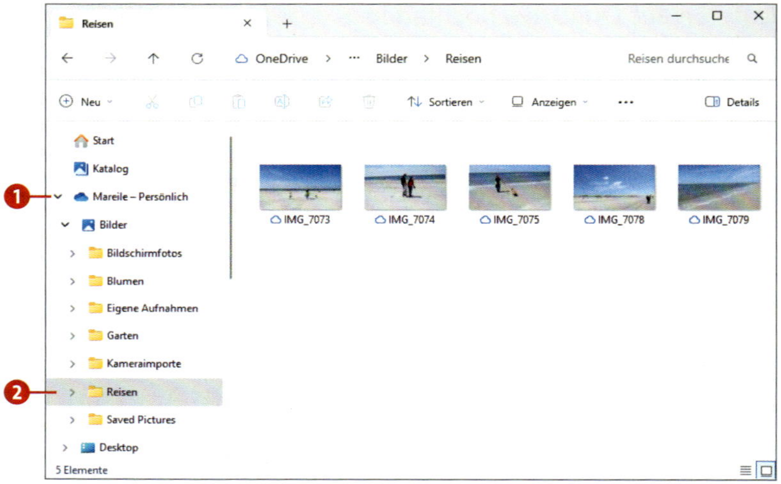

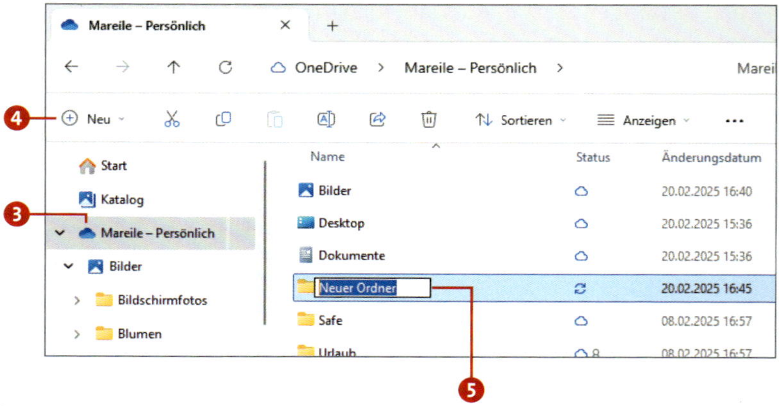

Vertrauliche Daten auf OneDrive?

Bevor Sie vertrauliche Daten auf OneDrive speichern, sollten Sie diese verschlüsseln oder z. B. mit der kostenlosen Software *7-Zip* als kennwortgeschütztes ZIP-Archiv speichern.

5. Möchten Sie nun eine Datei oder einen Ordner für eine weitere Person freigeben, gibt es mehrere Möglichkeiten. Die einfachste Variante ist diese: Markieren Sie die freizugebende Datei und klicken Sie in der Symbolleiste auf das Symbol **Freigabe** ❻.
6. Ein kleines Dialogfenster erscheint. Hier können Sie festlegen, welche Personen Zugriff auf Ihre freigegebenen Daten haben sollen. Die Vorgehensweise und ist identisch mit den Schritten 2 bis 5 der Anleitung »Ordner freigeben und mit Dritten teilen« auf Seite 206.
7. Falls Sie festlegen möchten, welche Ordner sowohl in der Datenwolke als auch auf Ihrem PC mit den gleichen Inhalten zur Verfügung stehen sollen, klicken Sie auf das Symbol **OneDrive** ❼ im Infobereich der Taskleiste. Im aufklappenden Kontextmenü wählen Sie nach einem Klick auf das Zahnradsymbol die **Einstellungen** ❽ aus.
8. Im folgenden Dialog markieren Sie in der linken Spalte **Konto** und klicken dann rechts auf **Ordner wählen**. Alle Ordner, die mit einem Häkchen versehen sind, werden mit OneDrive synchronisiert. Entfernen Sie nun einfach die Häkchen vor den Ordnern, deren Inhalte Sie nicht synchronisieren möchten ❾.

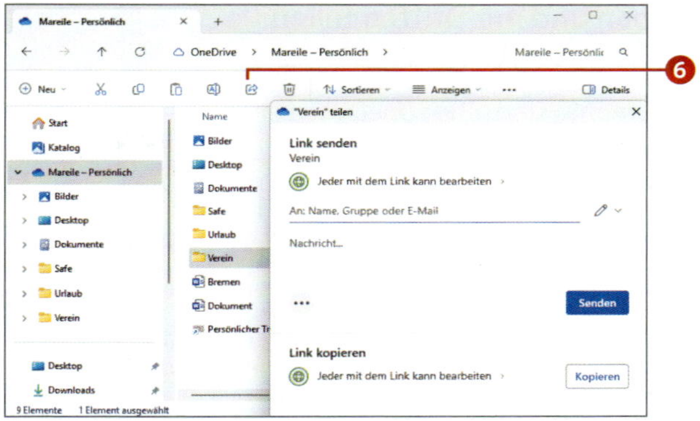

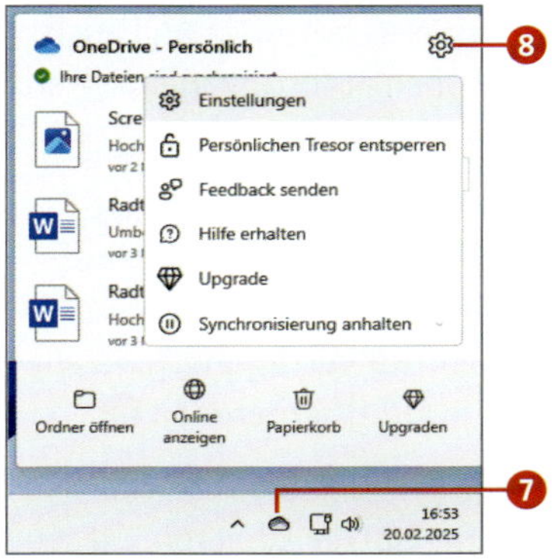

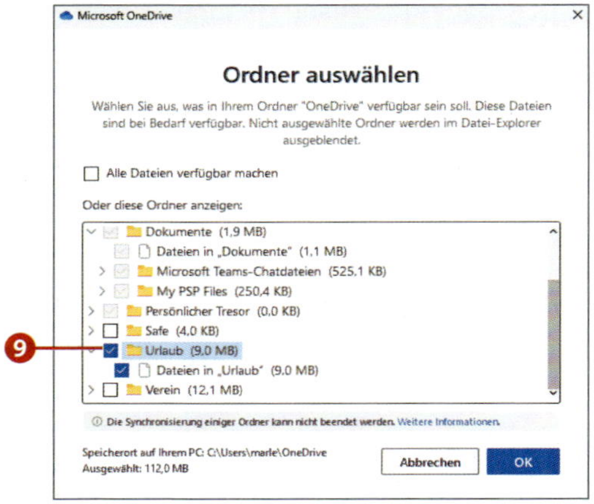

OneDrive auf dem Smartphone nutzen

OneDrive gibt es auch als App für Ihr Smartphone. Sie haben damit auch über Ihr mobiles Gerät jederzeit Zugriff auf Ihre Daten und können diese bequem mit anderen Personen teilen. Geben Sie als Suchbegriff im *Apple* bzw. *Google Play Store* einfach den Suchbegriff »Microsoft OneDrive« ein.

Ordner freigeben und mit Dritten teilen

Ob es die Fotos Ihrer winterlichen Lappland-Reise oder eher geschäftliche Dokumente sind, über OneDrive können Sie Ihre Dateien schnell und einfach mit anderen Personen teilen:

1. Klicken Sie dazu mit der rechten Maustaste auf den OneDrive-Ordner, den Sie teilen möchten, und wählen Sie den Menüpunkt **Teilen** ❶.
2. Legen Sie nun fest, welche Rechte die Personen erhalten sollen, mit denen Sie den Ordner teilen. Voreingestellt ist: **Jeder mit dem Link kann bearbeiten**. Klicken Sie auf diese Voreinstellung ❷, wenn Sie die Bearbeitung nicht zulassen möchten, und auch, wenn Sie stattdessen bestimmte Personen autorisieren möchten.
3. Wenn Sie auf **Kann bearbeiten** ❸ klicken, können Sie festlegen, dass die Personen nur zum Anzeigen der Dateien berechtigt sind, diese aber nicht bearbeiten dürfen. Die Optionen **Ablaufdatum festlegen** ❹ und **Kennwort festlegen** ❺ stehen nur in der kostenpflichtigen Premium-Version zur Verfügung. Sind alle Voreinstellungen getroffen, klicken Sie auf **Übernehmen** ❻.
4. Über die Schaltfläche **kopieren** ❼ können Sie einen für Ihre Ordner generierten Link in die Zwischenablage kopieren. Diesen können Sie anschließend (z. B. per E-Mail) allen Personen zukommen lassen, die Zugriff auf Ihre Daten erhalten sollen.
5. Alternativ tragen Sie die Adresse(n) der betreffende(n) Person(en) ein. In das Textfeld ❽ geben Sie optional eine begleitende Nachricht ein. Sind alle Empfänger eingetragen, schließen Sie den Vorgang mit einem Klick auf **Senden** ❾ ab. Alle Empfänger erhalten nun eine E-Mail, die einen Link zu Ihrem freigegebenen Ordner enthält.

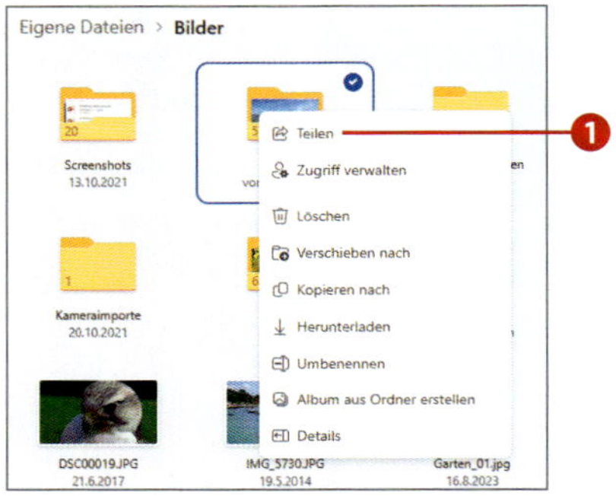

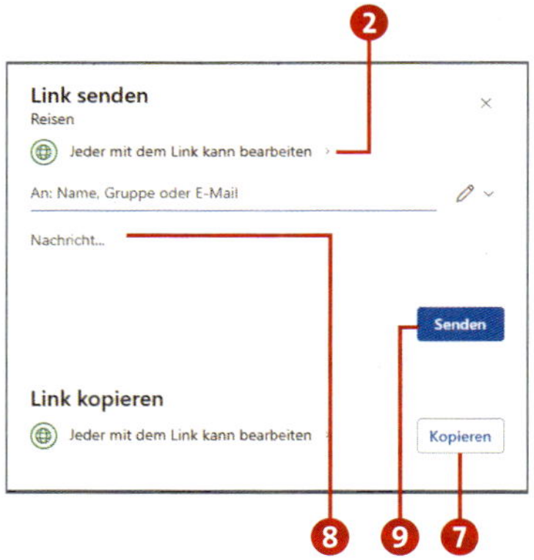

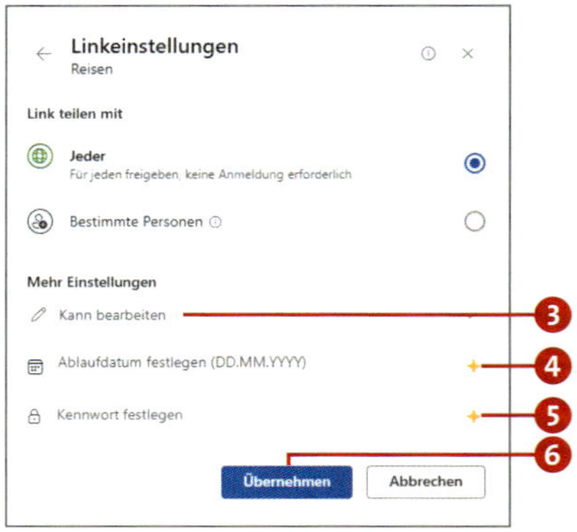

Wer hat Zugriff?

Wenn Sie einen Ordner mit der rechten Maustaste anklicken, sehen Sie unter **Details**, welche Personen Zugriff auf ihn haben.

Freigegebene Ordner in OneDrive übernehmen

Erhalten Sie einen Freigabelink zu einem Ordner, können Sie diesen über den Browser aufrufen und – die Berechtigung vorausgesetzt – die in ihm enthaltenen Dateien bearbeiten. Möchten Sie häufiger auf den freigegebenen Ordner zugreifen, können Sie ihn in Ihr eigenes OneDrive übernehmen. Das Verzeichnis kann dann direkt im Datei-Explorer angezeigt und über ihn aufgerufen werden.

1. Öffnen Sie den Freigabelink, den Sie z. B. per E-Mail von jemandem erhalten haben, in Ihrem Browser.
2. OneDrive wird im Browser aufgerufen und der Ordner wird mitsamt den Dateien angezeigt. In diesem Beispiel trägt der Ordner den Namen **Reisen**. Klicken Sie oben in der Menüleiste auf **Verknüpfung zu „Meine Dateien" hinzufügen** ❶.
3. Falls Sie im Browser noch nicht mit Ihrem Microsoft-Konto angemeldet sind, folgt ein kurzer Hinweis, in dem Sie aufgefordert werden, das Konto anzugeben, das Sie für den Zugriff verwenden möchten. Sobald Sie sich angemeldet haben, klicken Sie erneut auf **Verknüpfung zu „Meine Dateien" hinzufügen**. Nach wenigen Sekunden wird der Ordner online in Ihrem OneDrive unter **Eigene Dateien** ❷ angezeigt.
4. Öffnen Sie nun den **Explorer**, z. B. mit [⊞] + [E]. Auch hier ist der Ordner (in unserem Beispiel also **Reisen** ❸) im Verzeichnis **OneDrive** aufgeführt und kann wie ein lokaler Ordner genutzt werden. Auf alle Dateien, die Sie in diesem Ordner speichern, können nun alle anderen Personen, die vom Besitzer des Ordners berechtigt wurden, zugreifen, um sie zu bearbeiten.

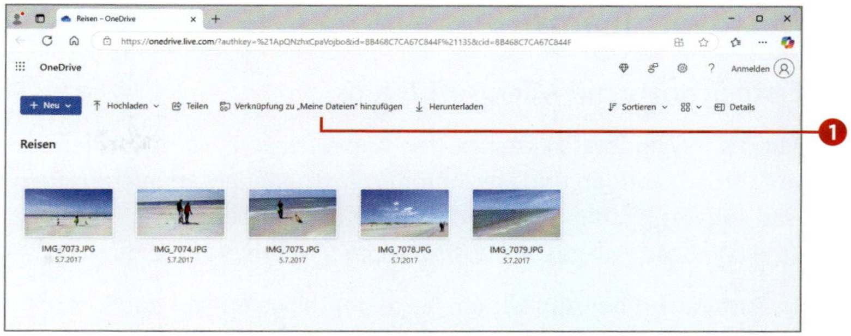

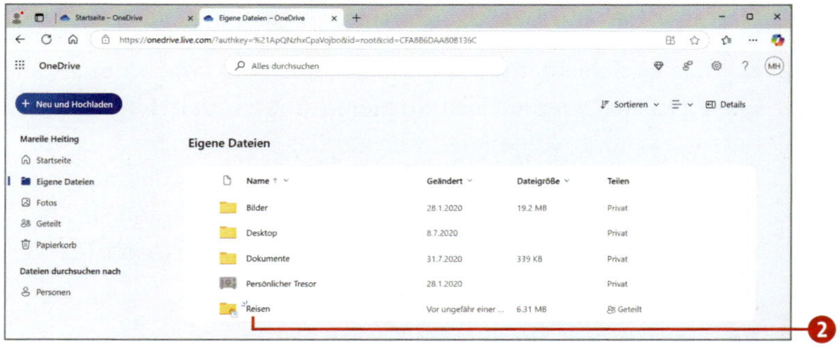

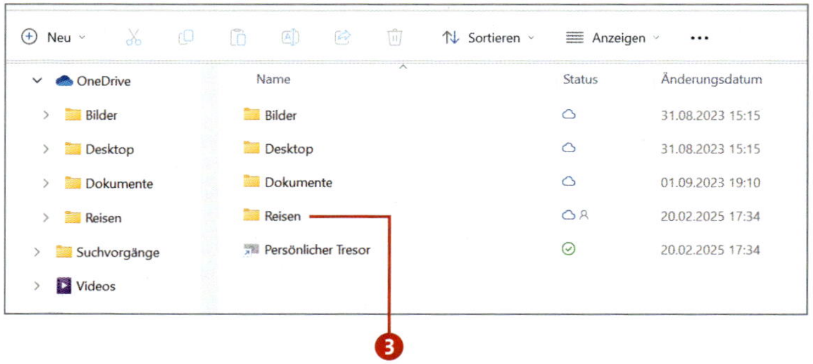

Ordner wieder aus OneDrive entfernen

Um einen Ordner aus OneDrive zu löschen, öffnen Sie zunächst OneDrive in Ihrem Browser, wählen dann den betreffenden Ordner aus und klicken oben in der Symbolleiste auf **Löschen**.

Microsoft Teams

Erste Schritte mit Microsoft Teams

Mit der in Windows 11 integrierten App *Microsoft Teams* können Sie mit Ihren Freunden und Freundinnen Textnachrichten austauschen und sogar telefonieren. Sind die Computer auf beiden Seiten mit einer Webcam ausgestattet, sind sogar Videotelefonate möglich.

1. Zum Aufruf der App klicken Sie in der Taskleiste auf das Symbol **Microsoft Teams** oder starten die App über den gleichnamigen Eintrag in der App-Liste des Startmenüs **1**.
2. Falls Sie noch nicht mit einem Microsoft-Konto am Computer angemeldet sind, werden Sie nun hierzu aufgefordert. Sollte Ihnen bereits ein Konto angeboten werden, das Sie mit einer anderen Microsoft-App nutzen, wählen Sie dieses per Mausklick aus. Über **Weiteres Konto erstellen oder verwenden** können Sie aber auch ein anderes Konto auswählen, das Sie für Microsoft Teams nutzen möchten.
3. Das eigentliche Programmfenster von Microsoft Teams wird geöffnet. In der linken Spalte ist der Menüpunkt **Chat** **2** bereits ausgewählt, rechts erhalten Sie einige Informationen rund um die App. Das Schließen des Fensters erfolgt über das Kreuzsymbol oben rechts **3**.

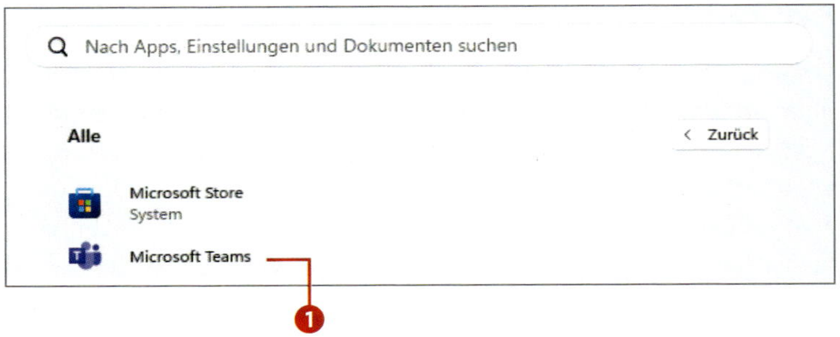

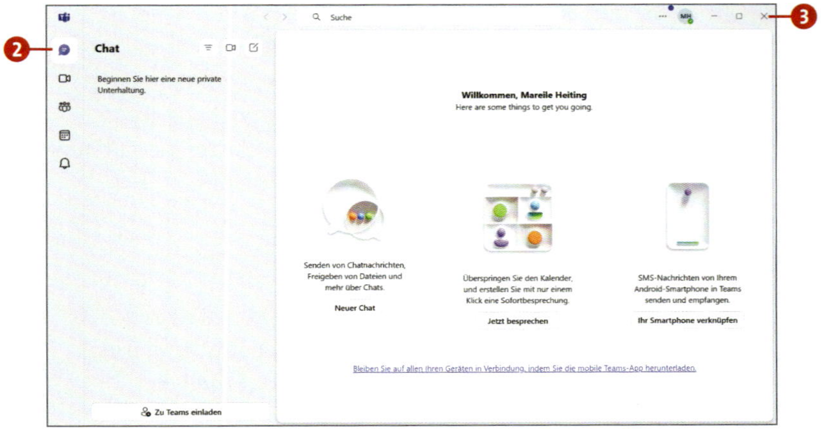

i

Anmeldung nicht mit Microsoft-Geschäfts- oder -Schulkonto

Das in Windows 11 integrierte Microsoft Teams verfügt im Vergleich zur Vollversion von Microsoft 365 über einen eingeschränkten Funktionsumfang. Die Windows 11-App ist zur privaten Nutzung gedacht und erfordert die Anmeldung mit einem Microsoft-Konto, wie es z. B. unter »Ein Microsoft-Konto erstellen« ab Seite 28 beschrieben ist. Wer versucht, sich mit einem Microsoft-Geschäfts- oder -Schulkonto anzumelden, wird leider scheitern.

Telefonieren mit Microsoft Teams

In älteren Windows-Versionen stand das Programm *Skype* für Audio- und Videotelefonate zur Verfügung. In Windows 11 wird dieses nun durch Microsoft Teams abgelöst. Voraussetzung für ein Telefonat ist lediglich, dass beide Gesprächsteilnehmer mit einem Microsoft-Konto bei Microsoft Teams angemeldet und online sind.

1. Um einen Anruf zu starten, starten Sie Microsoft Teams über das Symbol in der Taskleiste oder den Eintrag in der App-Liste des Startmenüs. Falls Sie mit der gewünschten Person bereits gechattet haben, erscheint ihr Name im Schnellstartfenster im Bereich **Zuletzt**. Markieren Sie den Namen per Mausklick. Klicken Sie dann rechts für einen Audioanruf auf den Telefonhörer ❶ bzw. für einen Videoanruf auf das Kamerasymbol ❷.

2. Bei Ihrem Kontakt erscheint oberhalb des Infobereichs der Taskleiste ein Hinweis auf den eingehenden Anruf. Zusätzlich ertönt ein akustisches Signal. Falls die Person nicht mit Ihnen telefonieren möchte, lehnt sie das Telefonat mit einem Klick auf das rote Telefonsymbol ab ❸. Im positiven Fall muss sie sich nur überlegen, ob sie einem Videotelefonat zustimmt ❹ oder ihr ein reines Audiotelefonat ❺ lieber ist.

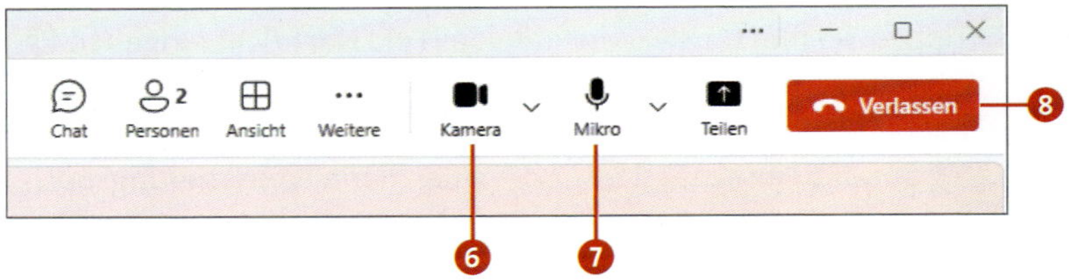

3. Sobald das Telefonat angenommen wurde, öffnet sich bei beiden Gesprächsteilnehmern das Anruffenster. Bei einem Videotelefonat können Sie sich nicht nur hören, sondern auch sehen. Falls Sie die Kamera zwischenzeitlich einmal ausschalten möchten, klicken Sie oben rechts auf das Kamerasymbol ❻. Mit einem erneuten Klick aktivieren Sie sie wieder. Analog lässt sich das Mikrofon stumm- bzw. wieder einschalten ❼.

4. Wenn Sie das Telefonat beenden möchten, klicken Sie oben rechts auf **Verlassen** ❽.

Mit Freunden chatten

Über Microsoft Teams können Sie schriftliche Textnachrichten mit Ihren Kontakten austauschen. Auch das Senden von Dateien ist möglich. Am einfachsten erfolgt der Beginn eines Chats über das Schnellstartfenster:

1. Starten Sie Microsoft Teams über das Taskleistensymbol oder den Eintrag in der App-Liste des Startmenüs. Klicken Sie in der Navigationsleiste links auf **Chat** ❶.
2. Um einen neuen Chat zu starten, klicken Sie auf das Symbol **Neuer Chat** ❷. Im Chatfenster geben Sie im Feld **An** den Namen, die E-Mail-Adresse oder auch die Telefonnummer des Kontakts ein, mit dem Sie eine Unterhaltung beginnen möchten. Microsoft Teams schlägt Ihnen während der Eingabe mögliche Kontakte vor. Ist die gewünschte Person dabei, wählen Sie sie per Mausklick aus ❸. Die Adresse wird damit automatisch vervollständigt und in das Feld **An** eingetragen.
3. Tippen Sie nun Ihre Nachricht in das Feld **Nachricht eingeben** ❹. Über das **Emoji**-Symbol ❺ können Sie Ihren Text mit Smileys aufpeppen. Falls Sie einzelne Wörter hervorheben möchten, klicken Sie auf das Plussymbol ❻ und wählen dann **Formatierungsoptionen anzeigen**. In der aufklappenden Symbolleiste werden alle wichtigen Formatierungsfunktionen, etwa zum Unterstreichen oder auch farbigen Gestalten, eingeblendet.
4. Zum Versenden Ihrer Nachricht reicht ein Klick auf das **Senden**-Symbol ❼.

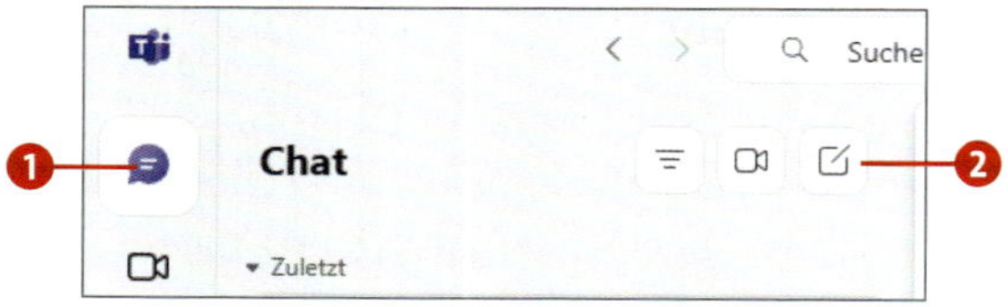

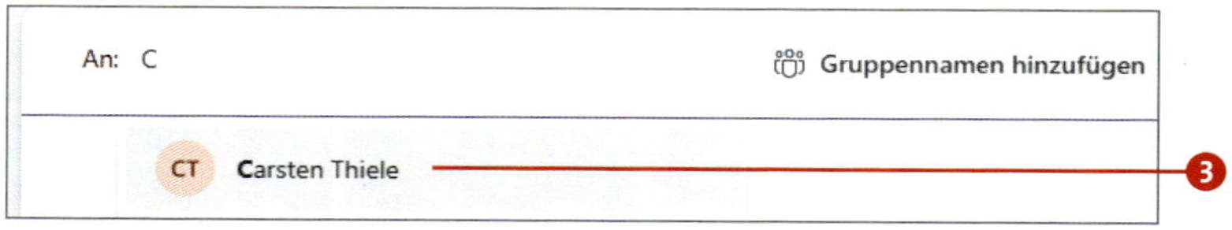

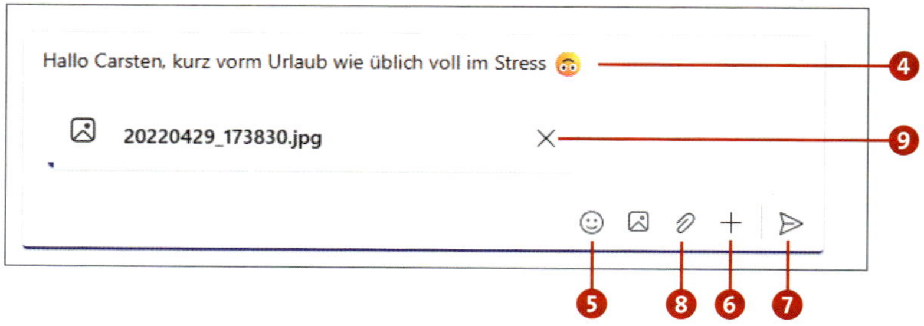

Dateien im Chat versenden

Falls Sie dem Kontakt eine Datei zukommen lassen möchten, klicken Sie auf das Büroklammersymbol ❽. Nach einem Klick auf **Von diesem Gerät hochladen** wählen Sie die gewünschte Datei aus und bestätigen mit **Öffnen**. Die Datei wird unterhalb Ihrer Textnachricht eingeblendet. Falls Sie sie doch nicht verschicken möchten, klicken Sie auf das Kreuzsymbol ❾.

5. Bei Ihrem Kontakt wird oberhalb des Infobereichs der Taskleiste ein Hinweis auf die eingegangene Nachricht eingeblendet. Sollte die Person Microsoft Teams noch nicht geöffnet haben, kann sie dies mit einem Klick auf den Hinweis oder per Klick auf das Microsoft Teams-Symbol in der Taskleiste nachholen. Die Ziffer auf dem Symbol zeigt die Anzahl neu eingetroffener Nachrichten an ⑩.
6. Um die neu eingetroffene Nachricht anzusehen, reicht ein Klick auf die Nachricht in der Chatübersicht.
7. Handelt es sich bei dem Nachrichtenaustausch um den ersten Chat zwischen den beiden Personen, hat der Nachrichtenempfänger nun die Möglichkeit, den Kontakt zu blockieren, falls keine Unterhaltung gewünscht ist ⑪. Entscheidet sich Ihr*e Gesprächspartner*in hingegen für **Annehmen**, öffnet sich jetzt auch bei ihm bzw. ihr das Chatfenster.
8. Für die weitere Unterhaltung zwischen Ihnen gehen Sie nun einfach vor, wie in Schritt 3 gezeigt. Mit einem Klick auf das Schließensymbol oben rechts beenden Sie die Unterhaltung ⑫.

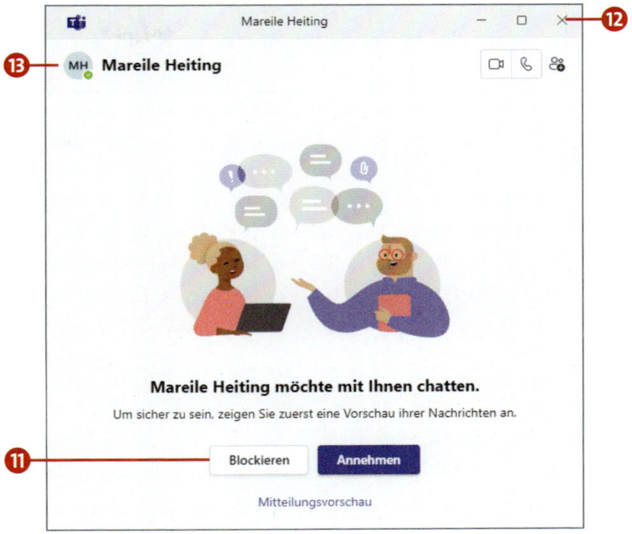

Verfügbare Kontakte

Ob ein Kontakt für einen Chat verfügbar ist, lässt sich schnell überprüfen. Ist der Name der Person mit einem kleinen weißen Häkchen auf grünem Hintergrund ⑬ versehen, ist der Kontakt online und bei Microsoft Teams angemeldet. Ein roter Kreis mit weißem Strich bedeutet, er ist nicht verfügbar. Falls Sie selbst Ihren Status anpassen möchten, klicken Sie oben rechts auf Ihr Profilbild ⑭ und dann auf **Verfügbar** ⑮. In der aufklappenden Liste können Sie nun z. B. auswählen, ob Sie beschäftigt sind, nicht gestört werden möchten oder gleich zurück sind ⑯. Sobald Sie wieder bereits zum Chatten sind, sollten Sie den Status entsprechend anpassen.

7 Windows 11 individuell anpassen

Nicht jeder Windows-Arbeitsplatz muss gleich aussehen. Weil Sie für jedes Familienmitglied ein eigenes Benutzerkonto anlegen können, können alle Windows 11 zu »ihrem« Windows machen. Passen Sie die Arbeitsoberfläche einfach den jeweiligen Bedürfnissen an.

Legen Sie z. B. fest, welche Farbe das Startmenü haben soll. Passen Sie die Einstellungen-App an und geben Sie auch dem Desktop durch ein eigenes Hintergrundbild und eigens definierte Fensterfarben einen persönlichen Anstrich. Verschönern Sie den Sperrbildschirm mit Ihrem eigenen Hintergrundbild und legen Sie fest, welche Informationen dort angezeigt werden. Positionieren Sie die App-Symbole im Startmenü neu, fügen Sie zusätzliche Elemente hinzu oder entfernen Sie nicht benötigte Symbole für eine bessere Übersicht. Sogar die Anmeldung bei Windows 11 kann nach Ihren Wünschen erfolgen: Möchten Sie sich statt mit einem langen, schwer zu merkenden Kennwort vielleicht lieber mit einer einfachen persönlichen PIN oder gar mit einem Bildcode anmelden oder vielleicht sogar zur Authentifizierung einen Fingerabdruckscanner verwenden? Die Einstellungs- und Anpassungsmöglichkeiten unter Windows 11 sind zahlreich.

In diesem Kapitel

- Startmenü und Sperrbildschirm einrichten
- Die Bildschirmeinstellungen ändern
- Startmenü und Taskleiste anpassen
- PC-Einstellungen individuell anpassen
- Den Desktop einrichten
- Benutzerkonten erstellen, verwenden und verwalten
- Erleichterte Bedienung

Startmenü und Sperrbildschirm einrichten

Die Oberfläche personalisieren

Die Hintergrundfarbe für das Startmenü, die Taskleiste, die Schnelleinstellungen und das Benachrichtigungscenter können Sie nach Ihrem Geschmack festlegen. Allerdings betrifft die Einstellung immer alle Elemente zusammen.

1. Öffnen Sie die **Einstellungen** z. B. mit der Tastenkombination [Windows-Taste] + [I]. Wechseln Sie in die Kategorie **Personalisierung** ❶ und wählen Sie dort die Unterkategorie **Farben** aus.

2. Wählen Sie im Feld **Standardmäßigen Windows-Modus auswählen** ❷ den Eintrag **Hell**, werden die vier genannten Elemente mit einem hellen Hintergrund angezeigt. Im Feld **Standard-App-Modus auswählen** ❸ legen Sie fest, mit welchem Hintergrund Ihre Apps angezeigt werden. Nicht alle Apps unterstützen allerdings den dunklen Modus. Um beide Einstellungen anpassen zu können, muss im Feld **Modus auswählen** der Eintrag **Benutzerdefiniert** ❹ eingestellt sein.

3. Über den Schieberegler **Transparenzeffekte** ❺ können Sie eine transparente Darstellung für das Startmenü, die Taskleiste, die Schnelleinstellungen und für das Benachrichtigungscenter aktivieren.

4. Im Feld **Akzentfarbe** ❻ sollte **Manuell** eingestellt sein, wenn Sie sich in der Farbpalette darunter selbst eine Akzentfarbe aussuchen möchten.

5. Damit die ausgewählte Farbe für die Taskleiste und als Hintergrundfarbe für das Startmenü verwendet wird, setzen Sie den Regler **Akzentfarbe auf Start und Taskleiste anzeigen** auf **Ein** ❼.

6. Sie haben auch die Möglichkeit, die Titelleisten der Programmfenster farblich abzuheben, indem Sie den Regler **Akzentfarbe in Titelleisten und Fensterrändern anzeigen** ❽ aktivieren.

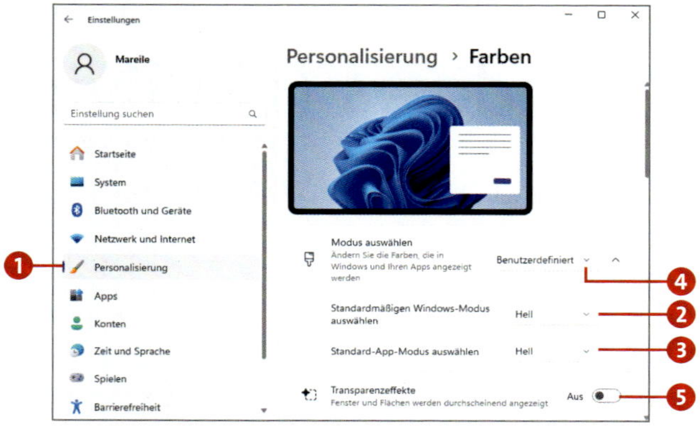

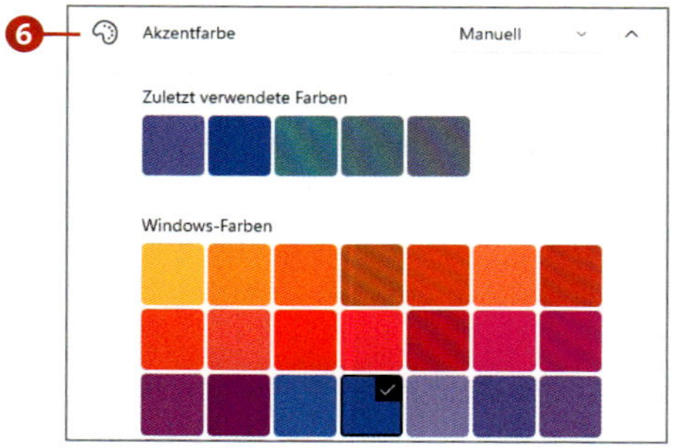

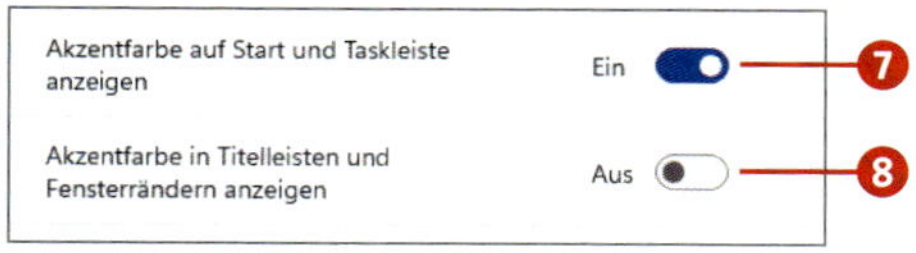

Akzentfarbe für Start und Taskleiste lässt sich nicht ändern?

Der Regler **Akzentfarbe auf Start und Taskleiste anzeigen** ist ausgegraut, lässt sich also nicht einschalten? Dann haben Sie im Feld **Standardmäßigen Windows-Modus** den Eintrag **Hell** gewählt. Stellen Sie hier **Dunkel** ein, lässt sich auch der Regler aktivieren.

Den Sperrbildschirm einrichten

Nach dem Start des Rechners oder wenn Sie das System aus dem Energiesparmodus »aufwecken«, wird der Sperrbildschirm eingeblendet. Welche Informationen auf dem Sperrbildschirm angezeigt werden und welches Hintergrundbild verwendet wird, können Sie selbst festlegen:

1. Um die Einstellungen für den Sperrbildschirm zu erreichen, öffnen Sie die **Einstellungen**-App, z. B. mit den Tasten [Win] + [I], und klicken dort auf die Kategorie **Personalisierung** ❶.
2. Wechseln Sie in die Unterkategorie **Sperrbildschirm**. In der rechten Fensterhälfte wird eine Vorschau des Sperrbildschirms angezeigt. Um ein eigenes Bild festzulegen, öffnen Sie das Dropdown-Menü und wählen daraus die Option **Bild** ❷ aus.
3. Wählen Sie nun eines der darunter angezeigten Hintergrundbilder aus ❸ oder klicken Sie auf die Schaltfläche **Fotos durchsuchen** ❹, um ein eigenes Foto auszuwählen.
4. Wenn Ihnen die Option **Unterhaltung, Tipps, Tricks und mehr auf dem Sperrbildschirm anzeigen** nicht zusagt, dann entfernen Sie das Häkchen im Kontrollkästchen ❺.
5. Weiter unten im Einstellungsfenster geben Sie an, welche App Informationen auf dem Sperrbildschirm anzeigen darf. Unter Windows 10 gab es hier noch eine Unterteilung in eine App, die ausführliche, und mehrere Apps, die kurze Statusinfos ausgeben durften. Unter Windows 11 haben Sie nur noch die Möglichkeit, einer einzigen App ausführliche Statusinformationen zu erlauben. Wünschen Sie keinerlei Informationen, wählen Sie **Keiner** ❻ aus.
6. Soll auf dem Anmeldebildschirm das gleiche Bild wie auf dem Sperrbildschirm zu sehen sein, muss der entsprechende Regler eingeschaltet sein ❼.

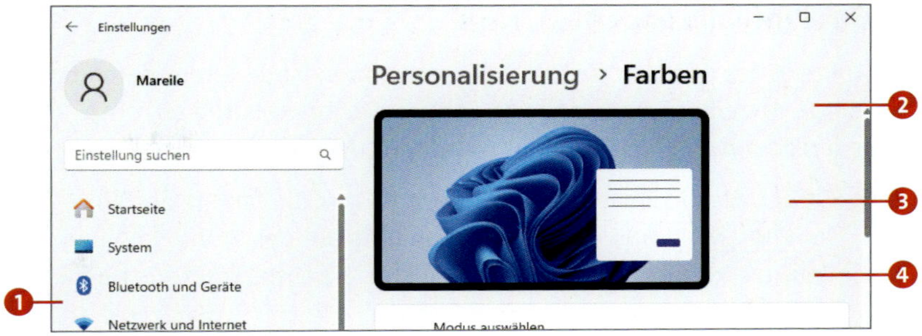

Den Computer manuell sperren

Wenn Sie Ihren Arbeitsplatz verlassen (z. B. in der Mittagspause), können Sie den Computer mit der Tastenkombination [Win] + [L] sperren und so Ihre Daten vor neugierigen Blicken schützen. Persönliche Kalendereinträge oder E-Mails sollten Sie sich dann aber nicht auf dem Sperrbildschirm anzeigen lassen.

Das Profilbild ändern

Anstelle des doch recht schmucklosen grauen Platzhalters, der die Silhouette einer Person anzeigt, können Sie Ihrem Benutzerkonto jederzeit ein eigenes Profilbild zuordnen:

1. Öffnen Sie die **Einstellungen**-App, z. B. über die Tastenkombination [Windows] + [I], und klicken Sie oben links auf das Profilbild Ihres Benutzerkontos. Wählen Sie nun rechts die Unterkatetorie **Ihre Infos** (1).
2. Um ein eigenes Bild auszuwählen, klicken Sie in der rechten Fensterhälfte auf **Dateien durchsuchen** (2). Standardmäßig wird nun das Verzeichnis **Bilder** geöffnet. Klicken Sie auf den Ordner, der das Bild enthält. Um ein anderes Verzeichnis zu öffnen, klicken Sie links im Navigationsbereich des Explorers z. B. auf **Dieser PC** und öffnen anschließend den gewünschten Ordner (3). Wählen Sie dann ein beliebiges Bild aus (4) und schließen Sie den Vorgang mit **Bild auswählen** (5) ab.
3. Wenn Sie einen Rechner mit integrierter Kamera verwenden, können Sie damit ein Profilbild aufzeichnen. Klicken Sie dazu auf die Schaltfläche **Kamera öffnen** (6). Wenn die Kamera eingeschaltet ist, klicken Sie auf dem Bildschirm auf das Kamerasymbol, um ein Foto von sich aufzunehmen. Ein Kamerageräusch ertönt, dann können Sie den Ausschnitt festlegen. Klicken Sie auf **Anwenden**, wenn das Bild in Ordnung ist, oder auf **Abbrechen** für einen weiteren Versuch.

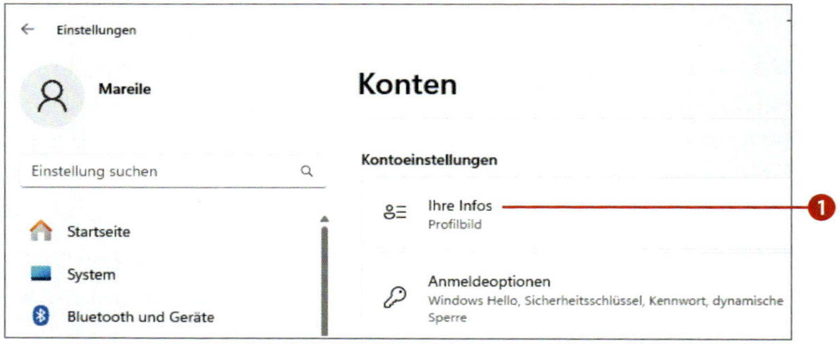

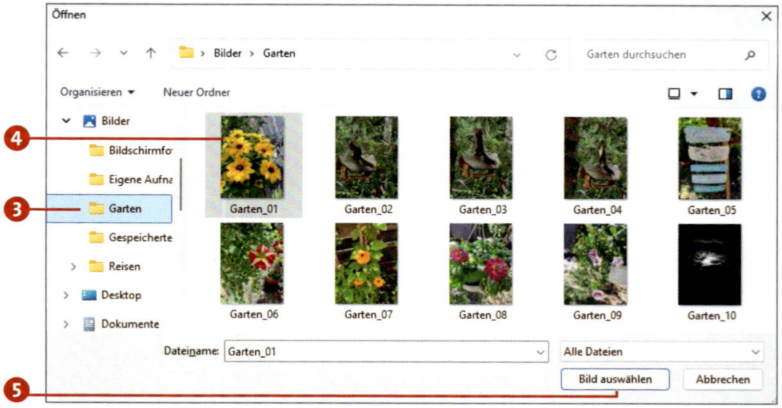

Video fürs Profil

Wenn Sie im Kameramodus die Videofunktion aktivieren, können Sie ein fünfsekündiges Video ohne Ton aufzeichnen und dieses als Profilbild verwenden. Allerdings wird das Video nur an wenigen Stellen tatsächlich in bewegten Bildern angezeigt. Bei der Benutzeranmeldung ist z. B. lediglich ein Standbild zu sehen.

Mit einem PIN-Code bei Windows anmelden

Die Eingabe eines langen Kennwortes bei der Anmeldung an das System ist manchem lästig. Einfacher und schneller geht die Anmeldung mit einer persönlichen PIN. Für ein Microsoft-Konto legen Sie diese bereits während der Ersteinrichtung Ihres Benutzerkontos fest. Falls Sie eine vorhandene PIN ändern oder für ein lokales Konto eine PIN einrichten möchten, gehen Sie so vor:

1. Öffnen Sie z. B. über die Tastenkombination [Windows] + [I] die **Einstellungen**-App. Wechseln Sie in Kategorie **Konten** ❶ und rufen Sie dort die Unterkategorie **Anmeldeoptionen** auf.

2. Klicken Sie auf **Windows Hello-PIN**. Haben Sie bereits eine PIN eingerichtet, können Sie nach einem Klick auf **PIN ändern** ❷ einen neuen Code festlegen ❸. Die alte PIN muss hierfür ebenfalls angegeben werden ❹. Bestätigen Sie mit **OK**.

3. Fügen Sie Ihrem Konto das erste Mal eine PIN hinzu, klicken Sie auf **Einrichten**. Geben Sie zur Authentifizierung Ihr Benutzerkennwort ein ❺ und klicken Sie dann auf **OK**.

4. Nun folgt die Eingabe eines PIN-Codes ❻. Um Fehler bei der Eingabe auszuschließen, müssen Sie den Code zur Bestätigung ein weiteres Mal im Feld darunter eingeben. Mit einem Klick auf **OK** schließen Sie den Vorgang ab. Die Änderung ist sofort wirksam. Bereits bei der nächsten Anmeldung müssen Sie den neuen PIN-Code eingeben.

Regeln für den PIN-Code

Der PIN-Code muss mindestens vier Stellen lang sein. Schalten Sie die Option **Buchstaben und Symbole einschließen** hinzu, sind neben Ziffern auch Groß- und Kleinbuchstaben sowie Sonderzeichen erlaubt. Zahlenmuster, wie z. B. 1234, sind nicht zulässig. Verwenden Sie für Ihre PIN möglichst keine Geburtsdaten, sie lassen sich zu schnell erraten.

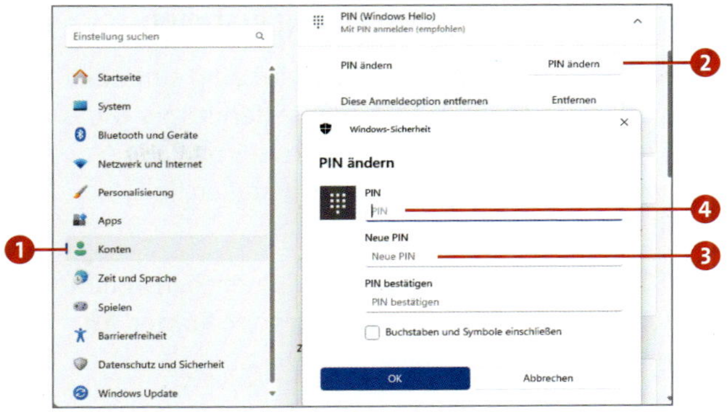

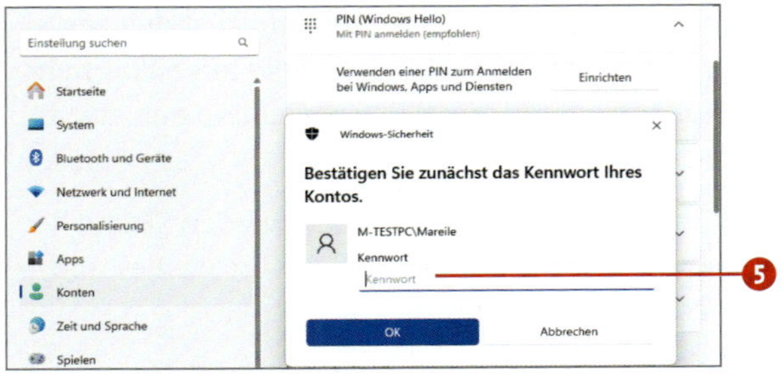

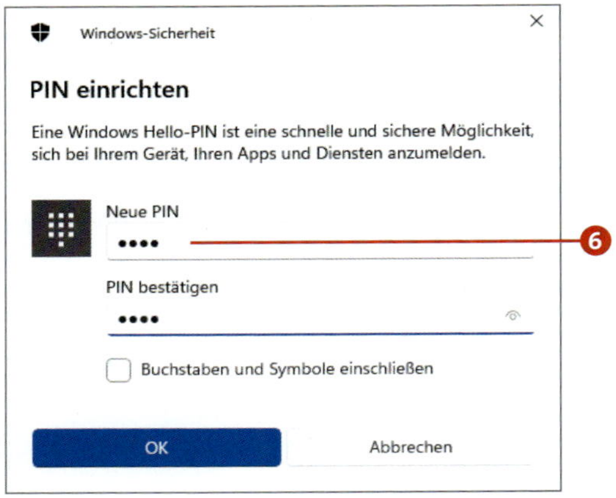

Einen Bildcode für eine sichere Anmeldung erstellen

Eine weitere Möglichkeit zur Anmeldung ist die Nutzung eines Bildcodes. Legen Sie auf einem beliebigen Bild drei Gesten fest, z. B. das Antippen eines Punktes oder das Ziehen eines Kreises bzw. einer Linie. Die Gesten lassen sich auch mit der Maus erstellen, falls Sie nicht über ein Gerät mit Touchbedienung verfügen.

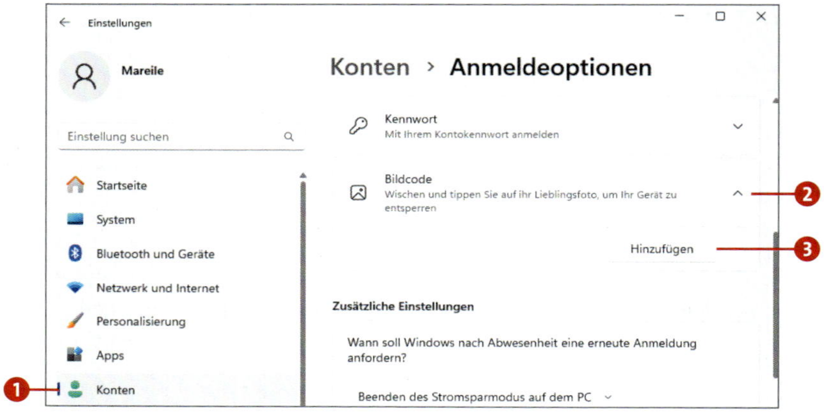

1. Drücken Sie die Tastenkombination [Windows] + [I], um die **Einstellungen**-App zu öffnen, und rufen Sie dort die Kategorie **Konten** ❶ und dann die **Anmeldeoptionen** auf.
2. Klicken Sie rechts auf **Bildcode** ❷. Falls Sie mit einem Microsoft-Konto am PC angemeldet sind, wird Ihnen der **Bildcode** eventuell nicht angeboten. In diesem Fall müssen Sie zunächst den Regler **Erlauben Sie die Anmeldung mit Windows Hello aus Sicherheitsgründen ...** auf **Aus** setzen und den PC anschließend neu starten. Wiederholen Sie dann Schritt 1 und 2.
3. Klicken Sie auf **Hinzufügen** ❸. Zur Sicherheit werden Sie aufgefordert, Ihr Benutzerkennwort einzugeben. Tun Sie dies und bestätigen Sie nachfolgend mit **OK**.
4. Klicken Sie auf **Bild auswählen** und suchen Sie sich im Anschluss daran ein geeignetes Bild aus. Mit einem Klick auf **Öffnen** wird das Bild übernommen. Klicken Sie schließlich auf **Dieses Bild verwenden** oder, falls Sie doch ein anderes Bild nutzen möchten, auf **Neues Bild auswählen**.
5. Führen Sie nun insgesamt drei Aktionen aus ❹. Halten Sie z. B. die Maustaste gedrückt und zeichnen Sie eine Linie zwischen zwei markanten Punkten. Sie können aber auch einen Kreis zeichnen oder auf einen bestimmten Punkt klicken. Es müssen drei separate Aktionen sein, die Sie dann zur Bestätigung noch einmal wiederholen müssen. Klicken Sie am Ende auf die Schaltfläche **Fertig stellen**.

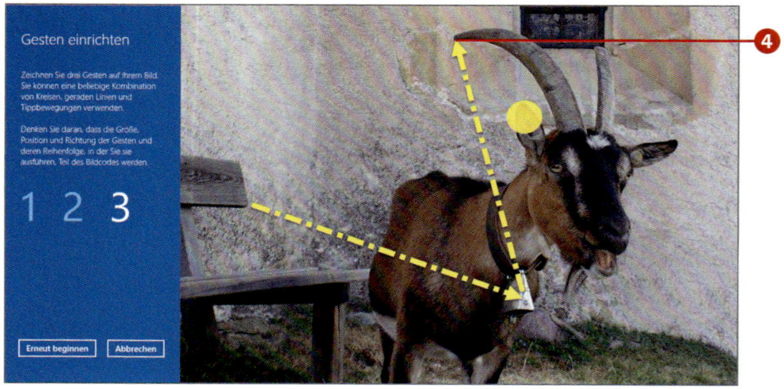

Bildcode vergessen?

Wenn Sie die festgelegten Aktionen einmal vergessen haben, klicken Sie bei der Benutzeranmeldung auf die Schaltfläche **Zu Kennwort wechseln** und geben Ihr Benutzerkennwort ein.

Die Bildschirmeinstellungen ändern

Die Bildschirmauflösung ändern

Das beste Bild und die klarste Darstellung der Schrift erreichen Sie durch die korrekte Einstellung der Bildschirmauflösung. Bei einer fehlerhaften Einstellung können bereits nach kurzer Zeit Kopfschmerzen auftreten. Nehmen Sie sich einen Moment Zeit und kontrollieren Sie die von Windows gesetzte Voreinstellung.

1. Klicken Sie dazu mit der rechten Maustaste auf eine freie Stelle des Desktops und wählen Sie aus dem Kontextmenü die Option **Anzeigeeinstellungen** ❶ aus.

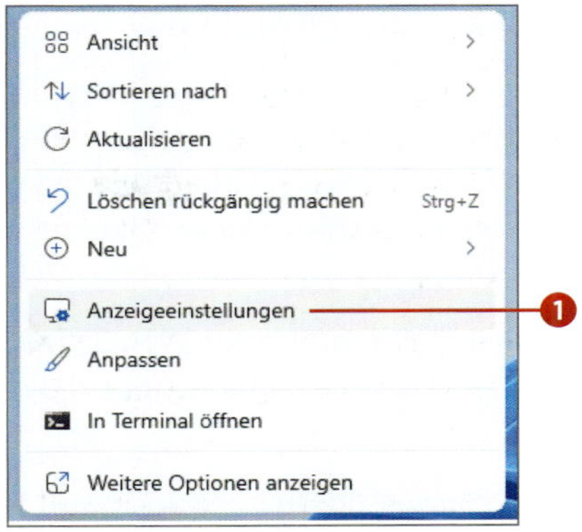

2. Die **Einstellungen**-App wird geöffnet. Klicken Sie in der rechten Fensterhälfte der App auf das Dropdown-Menü **Bildschirmauflösung** ❷ und wählen Sie die optimale Auflösung für Ihren Bildschirm aus. Die optimale Auflösung wird in der Regel als empfohlen gekennzeichnet.

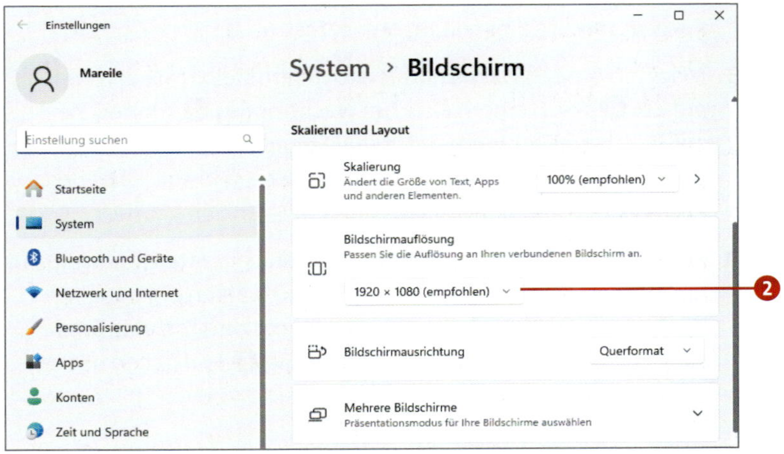

3. Die Anzeige wird auf den neuen Wert umgestellt und es öffnet sich ein Dialogfenster. Sind Sie mit der neuen Darstellung zufrieden, klicken Sie innerhalb von 15 Sekunden auf die Schaltfläche **Beibehalten** ❸. Falls nicht, klicken Sie auf **Zurücksetzen** oder lassen den Countdown einfach ohne Aktion ablaufen. Die Änderung wird daraufhin rückgängig gemacht und Sie können eine andere Einstellung ausprobieren.

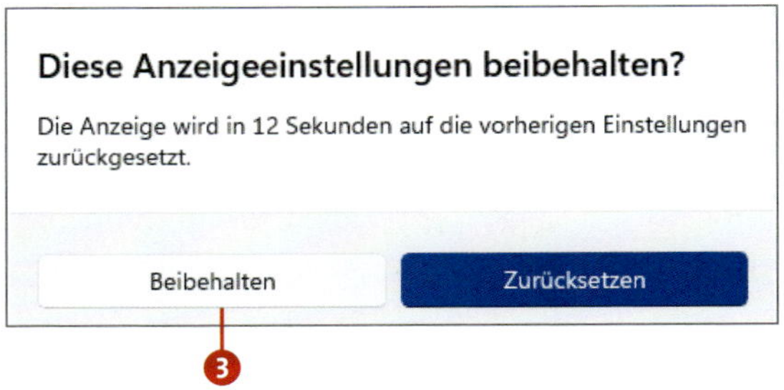

Die optimale Auflösung

Sie können die optimale Auflösung für Ihren Bildschirm auch der Anleitung zum Gerät entnehmen oder direkt beim Händler oder Hersteller erfragen. Im Zweifelsfall verwenden Sie die von Windows empfohlene Auflösung.

Textgröße, Helligkeit und Nachtmodus einstellen

Im Nachtmodus wird der Blauanteil des Bildschirms reduziert und ein wärmeres Licht ausgegeben, das den Schlaf fördern soll. Legen Sie fest, wann Ihr Computer in den Nachtmodus schalten soll und auch in welcher Größe Texte, Apps und Bildschirmelemente dargestellt werden sollen:

1. Blenden Sie mit [Windows] + [I] die **Einstellungen**-App ein. Wählen Sie links die Kategorie **System** ❶ aus. Klicken Sie dann rechts auf die Unterkategorie **Bildschirm** ❷.
2. Um die Helligkeit des Bildschirms zu verändern, klicken Sie auf der rechten Seite den Schieberegler ❸ an und verschieben ihn mit weiterhin gedrückter Maustaste nach rechts oder links, bis die gewünschte Einstellung erreicht ist.
3. Möchten Sie den **Nachtmodus** aktivieren, stellen Sie den Regler auf **Ein** ❹. Nach einem Klick auf **Nachtmodus** ❺ können Sie zusätzlich die Farbtemperatur individuell regeln und über einen Zeitplan definieren, wann der Modus aktiv sein soll. Über den Pfeil ❻ oben links kehren Sie zur vorherigen Seite zurück.
4. Zum Vergrößern der Schrift und anderer Elemente klicken Sie auf das Dropdown-Menü **Skalierung** ❼ und wählen einen neuen Wert aus, z. B. **125 %**. Ziehen Sie eine benutzerdefinierte Skalierung vor, klicken Sie direkt auf **Skalierung** ❽ und geben auf der folgenden Seite einen individuellen Wert zwischen 100 % und 500 % ein.

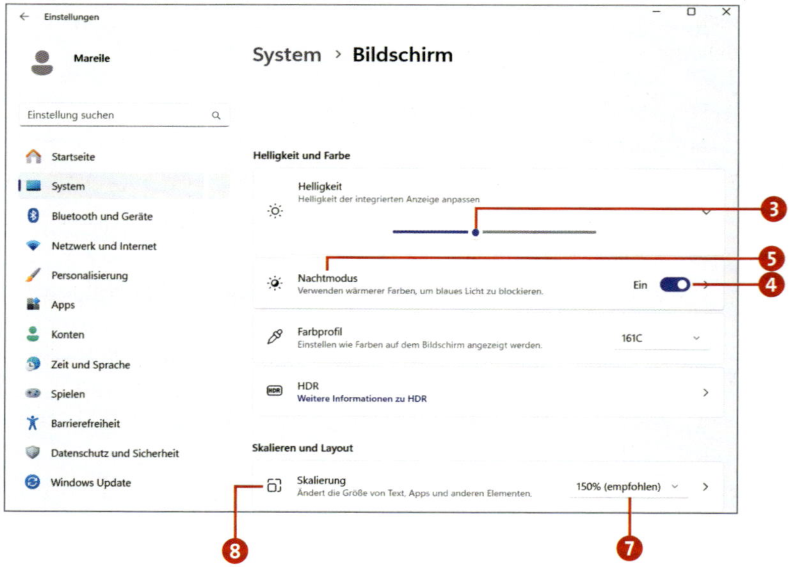

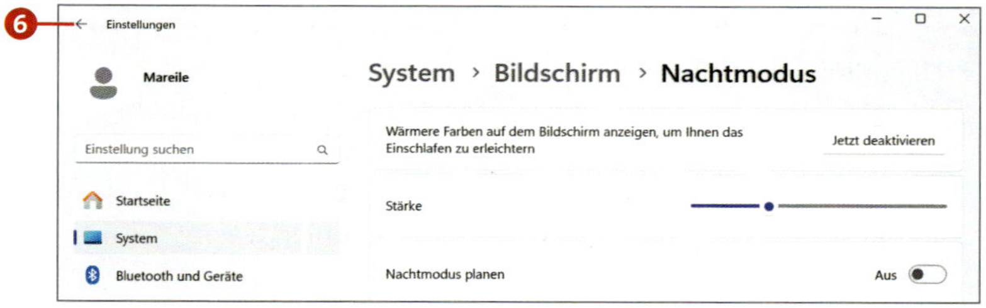

Schrift nicht zu groß wählen

Eine zu große Schrift kann zu »abgeschnittenen« Texten in Menüs oder Dialogfenstern führen. Für eine kurzfristige Vergrößerung der Darstellung nutzen Sie am besten die Bildschirmlupe, die im gleichnamigen Abschnitt auf Seite 242 beschrieben wird.

Startmenü und Taskleiste anpassen

App-Symbole anders positionieren

Die vorinstallierten Apps werden in der oberen Hälfte des Startmenüs im Bereich **Angeheftet** angezeigt. Symbole für neu hinzugefügte Apps werden automatisch an das Ende dieses Bereichs gehängt. Der Bereich bietet Platz für insgesamt 36 Symbole, die auf zwei Seiten verteilt werden. Die ersten 18 Symbole werden direkt nach dem Öffnen des Startmenüs eingeblendet, die zweite Seite erreichen Sie durch Scrollen des Mausrades oder auch über die beiden Punkte am rechten Rand des Bereichs ❶. Die Position der Symbole lässt sich beliebig verändern:

1. Öffnen Sie das Startmenü über die **Start**-Schaltfläche in der Taskleiste oder durch Drücken der [⊞]-Taste.
2. Soll ein App-Symbol an die erste Position gesetzt werden, klicken Sie es mit der rechten Maustaste an und wählen im Kontextmenü **Nach vorne verschieben** ❷.
3. Um ein App-Symbol aus dem Bereich **Angeheftet** zu entfernen, wählen Sie den Befehl **Von »Start« lösen** ❸.
4. Alle App-Symbole lassen sich bequem mit gedrückter linker Maustaste ❹ verschieben. An der gewünschten Stelle lassen Sie die Maustaste wieder los.
5. Falls Sie ein Symbol von der ersten Seite des Bereichs auf die zweite Seite verschieben möchten, ziehen Sie es mit gedrückter linker Maustaste zunächst nach unten auf das Pfeilsymbol ❺. Sobald Sie dieses erreicht haben, wird automatisch die zweite Seite eingeblendet, auf der Sie nun die gewünschte Position für die App auswählen und dann die Maustaste loslassen. Analog verschieben Sie App-Symbole von der zweiten Seite auf die erste Seite. Sobald Sie das Symbol nach oben ziehen, wird entsprechend am oberen Rand ein Pfeilsymbol eingeblendet.

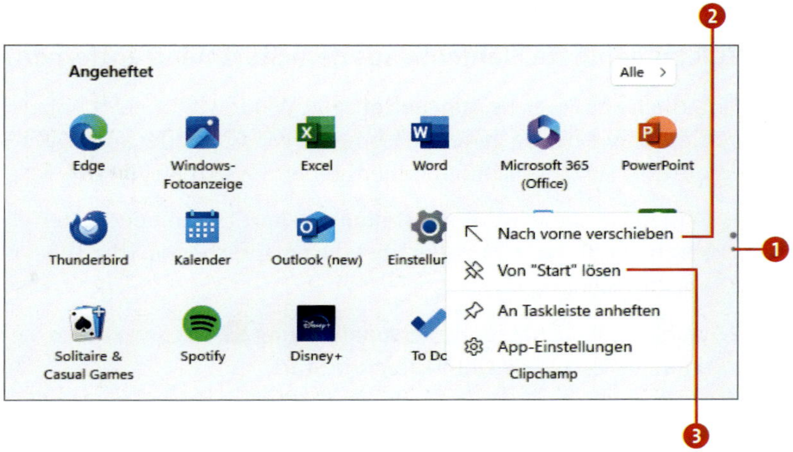

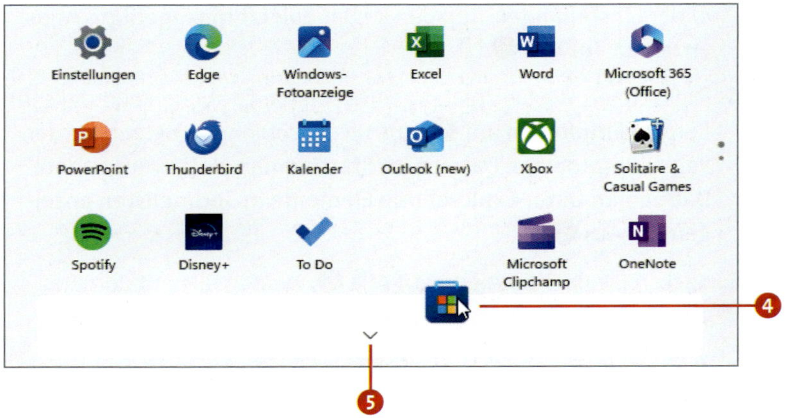

Die richtige Position finden

Positionieren Sie die am häufigsten verwendeten Apps und Programmsymbole im oberen Teil des Startmenüs, damit Sie sie schneller und ohne zeitaufwendiges Scrollen erreichen und starten können.

Zuletzt genutzte Elemente aus dem Startmenü entfernen

Unterhalb des Bereichs **Angeheftet** zeigt Windows 11 zuletzt hinzugefügte sowie häufig genutzte Elemente wie Apps oder auch Dateien an. Falls Sie dies nicht wünschen, gehen Sie so dagegen vor:

1. Öffnen Sie zunächst die **Einstellungen**-App, z. B. mit der Tastenkombination [Win] + [I] oder über die entsprechende Schaltfläche im Startmenü.
2. Wählen Sie die Kategorie **Personalisierung** ❶ aus und klicken Sie dann rechts auf die Unterkategorie **Start**.
3. Sobald Sie eine App neu installiert haben, wird ihr Symbol im Startmenü im Bereich **Empfohlen** mit dem Zusatz **Zuletzt hinzugefügt** aufgeführt ❷. Falls Sie dies nicht wünschen, setzen Sie in der **Einstellungen**-App den Regler **Zuletzt hinzugefügte Apps anzeigen** auf **Aus** ❸.
4. Die Dateien, die Sie zuletzt geöffnet haben, tauchen ebenfalls im Bereich **Empfohlen** auf ❹. Um sie auszublenden, setzen Sie den Regler **Empfohlene Dateien im Startmenü, zuletzt verwendete Dateien im Datei-Explorer und Elemente in Sprunglisten anzeigen** auf **Aus** ❺.
5. Klicken Sie im Startmenü auf **Alle** ❻, werden alle auf dem System installierten Apps alphabetisch sortiert aufgelistet. Damit die von Ihnen häufig verwendeten Apps ganz zu Beginn der Liste erscheinen, setzen Sie den Regler **Meistverwendete Apps anzeigen** auf **Ein** ❼.

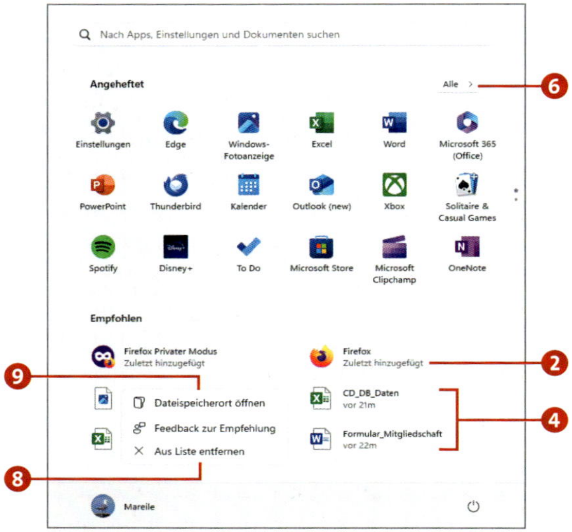

Einzelne Elemente im Startmenü entfernen

Um nur ein einzelnes Element aus dem Bereich **Empfohlen** des Startmenüs zu entfernen, klicken Sie es mit der rechten Maustaste an und wählen dann **Aus Liste entfernen** ❽. Mit dem Befehl **Dateispeicherort öffnen** ❾ wird der Explorer mit dem Ordner gestartet, in dem sich die Datei befindet.

Ordner für das Startmenü auswählen

Per Standardeinstellung wird in der unteren Leiste des Startmenüs lediglich Ihr Profilbild sowie das Symbol **Ein/Aus** eingeblendet, über das Sie den Computer herunterfahren bzw. neu starten können. Mit wenigen Mausklicks lassen sich hier aber auch Symbole etwa zum Aufruf der **Einstellungen**-App oder des **Explorers** ergänzen:

1. Öffnen Sie die **Einstellungen**-App, z. B. über die Tastenkombination [Win] + [I]. Wechseln Sie in die Kategorie **Personalisierung** ❶ und wählen Sie dann rechts die Unterkategorie **Start** aus.
2. Klicken Sie anschließend in der rechten Fensterhälfte auf den Eintrag **Ordner** ❷.
3. Die folgende Seite bietet eine Übersicht über die wichtigsten Standardordner, wie etwa **Dokumente**, **Musik** oder auch **Bilder**. Setzen Sie hier einfach den Regler rechts von den Elementen auf **Ein** ❸, die im unteren Bereich des Startmenüs angezeigt werden sollen. Schalten Sie die Regler **Einstellungen** ❹ und **Datei-Explorer** ❺ ein, falls Sie die **Einstellungen**-App und den **Explorer** bequem über das Startmenü aufrufen möchten.
4. Öffnen Sie nun das Startmenü, z. B. über die [Win]-Taste, um zu überprüfen, ob die gewünschten Elemente aufgeführt werden.

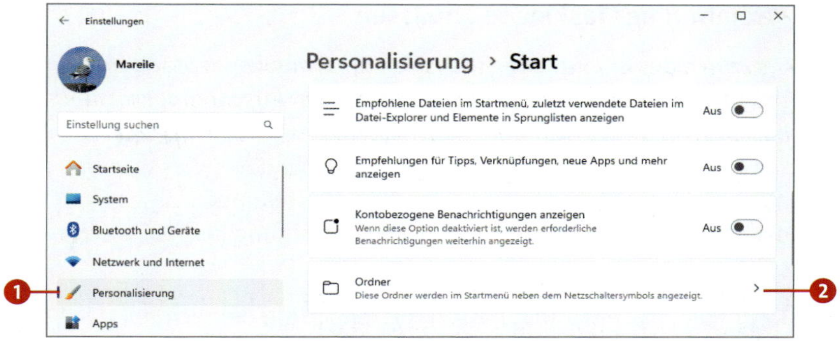

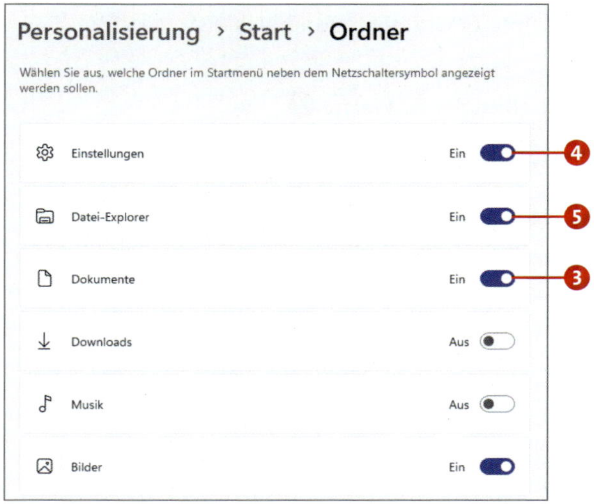

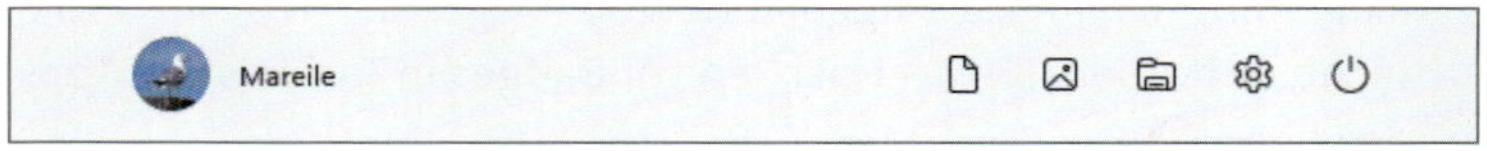

Ordner an das Startmenü pinnen

Benötigen Sie einen selbst erstellten Ordner häufiger, können Sie diesem ebenfalls einen Platz im Startmenü verschaffen, und zwar im Bereich **Angeheftet**. Rufen Sie hierzu den **Explorer** auf, navigieren Sie zum gewünschten Ordner, klicken Sie ihn mit der rechten Maustaste an und wählen Sie **An »Start« anheften**.

Verhalten der Taskleiste anpassen

Unter Windows 11 werden die Taskleistensymbole per Standardeinstellung zentriert ausgerichtet. Dies hat auch Auswirkungen auf das Startmenü, das hierdurch mittig geöffnet wird. Viele Möglichkeiten zur Anpassung stehen in der neuen Windows-Version zwar nicht mehr zur Verfügung, aber ein paar Einstellungen lassen sich doch noch ändern. Dazu zählt z. B. die Ausrichtung der Taskleistensymbole.

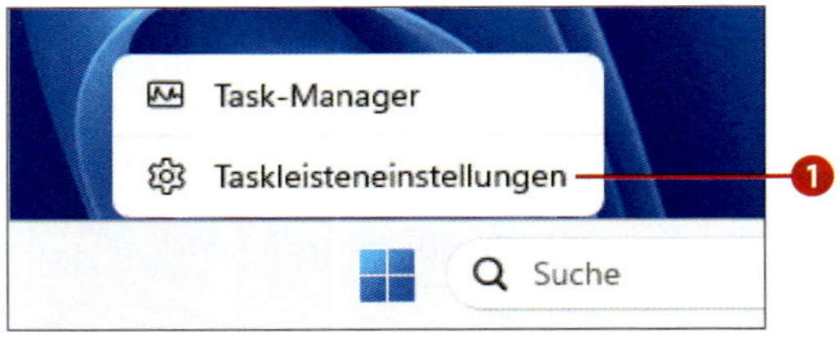

1. Um die Taskleiste anzupassen, klicken Sie mit der rechten Maustaste auf einen freien Bereich der Taskleiste. Wählen Sie im Kontextmenü **Taskleisteneinstellungen** ❶. Die **Einstellungen**-App wird direkt mit der Unterkategorie **Taskleiste** geöffnet.
2. Blättern Sie in der rechten Fensterhälfte nach unten und klicken Sie hier auf **Verhalten der Taskleiste** ❷.
3. Ziehen Sie die altbekannte linksbündige Ausrichtung der Taskleistenelemente der neuen zentrierten Ausrichtung vor, wählen Sie im Dropdown-Menü rechts von **Taskleistenausrichtung** den Eintrag **Linksbündig** aus ❸. Damit wird auch das Startmenü am linken Fensterrand geöffnet, sobald Sie auf **Start** klicken oder die ⊞-Taste drücken.
4. Soll die Taskleiste nur dann eingeblendet werden, wenn Sie den Mauszeiger am unteren Bildschirmrand positionieren, aktivieren Sie **Taskleiste automatisch ausblenden** ❹.
5. Sobald Sie eine neue E-Mail erhalten, wird im App-Symbol der Outlook-App ein kleiner Hinweis mit der Anzahl neuer E-Mails (sogenannte *Badges*) eingeblendet. Benötigen Sie den Hinweis nicht, entfernen Sie das Häkchen vor **Badges in Taskleisten-Apps anzeigen** ❺.

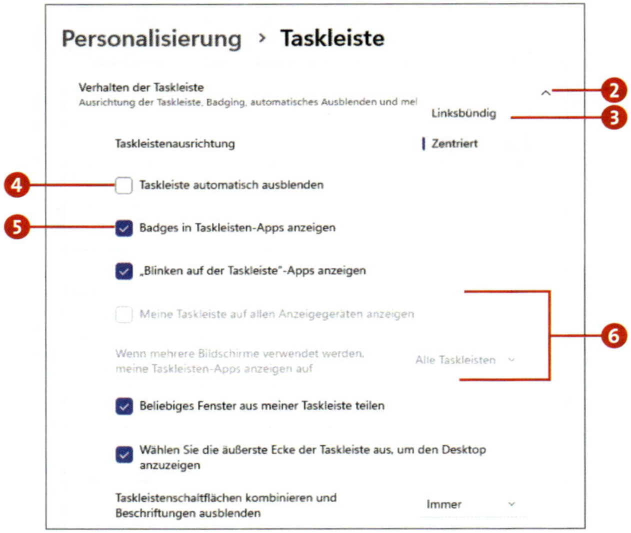

Taskleistenposition bei der Nutzung mehrerer Monitore

Falls Sie mehrere Monitore an Ihren Computer angeschlossen haben, können Sie in der **Einstellungen**-App unter **Personalisierung > Taskleiste** festlegen, auf welchem Monitor die Taskleistenelemente angezeigt werden sollen ❻.

Anzuzeigende Elemente der Taskleiste bestimmen

Ein festes Element der Taskleiste ist das Windows-Logo, über das Sie das Startmenü öffnen. Es lässt sich auch nicht entfernen. Welche weiteren Elemente und App-Symbole einen festen Platz in der Taskleiste erhalten, liegt hingegen ganz in Ihrer Hand.

1. Der *Explorer*, der Browser *Edge* und der *Microsoft Store* verfügen in Windows 11 standardmäßig über ein Symbol in der Taskleiste. Soll eine der Anwendungen nicht fest in der Taskleiste verankert sein (z. B. das Symbol des Microsoft Stores), reicht ein rechter Mausklick auf das entsprechende Symbol, gefolgt von der Auswahl des Befehls **Von Taskleiste lösen** ❶. Zum Öffnen der App bleibt Ihnen weiterhin der Weg über das Startmenü.
2. Die Taskleistenelemente **Suchen**, **Aktive Anwendungen** ❷ sowie **Widgets** (am linken Rand der Taskleiste befindlich) lassen sich nicht ganz so einfach entfernen. Die entsprechenden Einstellungen müssen in der **Einstellungen**-App vorgenommen werden. Öffnen Sie diese z. B. über die Tastenkombination [Windows] + [I].
3. Wechseln Sie in die Kategorie **Personalisierung > Taskleiste**. Falls das Feld für die Suche sowie die Regler für die weiteren zwei Taskleistenelemente rechts noch nicht eingeblendet werden, klicken Sie auf **Taskleistenelemente** ❸.
4. Für das Element **Suchen** stellen Sie **Ausblenden** ❹ ein. Setzen Sie den Regler des Taskleistenelements, das Sie nicht benötigen, auf **Aus** ❺. Das Symbol wird in der Taskleiste ausgeblendet.

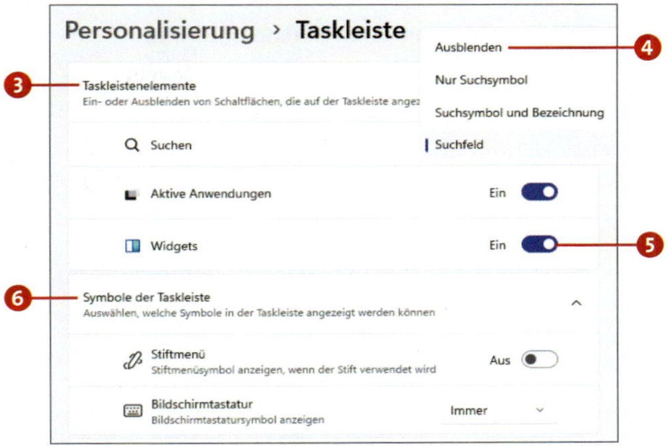

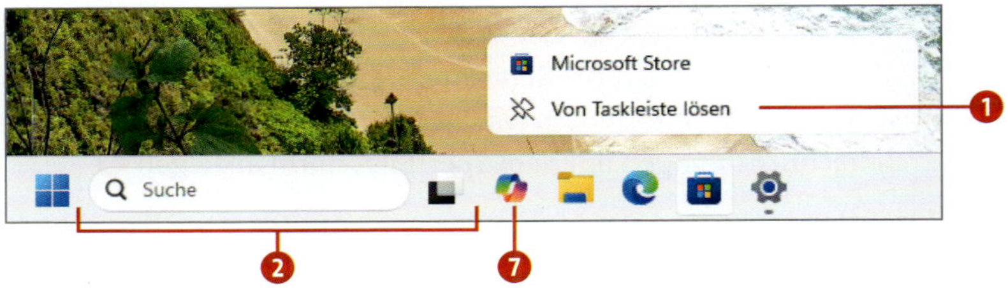

Praktische Symbole für Tablets und Convertibles

Wer ein Gerät mit Touchscreen nutzt, kann dem Infobereich der Taskleiste jeweils ein Symbol für das Stiftmenü, die Bildschirmtastatur sowie ein virtuelles Touchpad hinzufügen. Die Einstellungen nehmen Sie im Abschnitt **Symbole der Taskleiste** ❻ vor, indem Sie den gewünschten Regler auf **Ein** setzen.

Die Microsoft Copilot-App als neuer KI-Begleiter

Mit der Version 24 H2 hält die App *Microsoft Copilot* Einzug in Windows 11. Wer ein neues Benutzerkonto einrichtet oder Windows 11 neu installiert, findet das dazugehörige App-Symbol direkt in der Taskleiste ❼. Ist dies bei Ihnen nicht der Fall, können Sie die App über den Microsoft Store nachrüsten. Weitere Informationen zur künstlichen Intelligenz innerhalb von Windows 11 erhalten Sie ab Seite 94.

PC-Einstellungen individuell anpassen

Benachrichtigungen für Apps ein- und ausschalten

Einige Apps können auf dem Bildschirm Benachrichtigungen ausgeben, sobald ein bestimmtes Ereignis eintritt. *Outlook* informiert Sie z. B. über neue Nachrichten und *Energie und Akku* über einen niedrigen Ladezustand des Akkus.

1. Klicken Sie auf die **Start**-Schaltfläche, um das Startmenü zu öffnen, und klicken Sie dann auf das Symbol der **Einstellungen**-App.
2. Wählen Sie in der Kategorie **System** ❶ die Unterkategorie **Benachrichtigungen**.
3. Möchten Sie alle Benachrichtigungen pauschal deaktivieren, setzen Sie den Regler **Benachrichtigungen** ❷ auf **Aus**.
4. Falls Sie nicht ganz so rigide vorgehen möchten, klicken Sie auf **Benachrichtigungen** ❸. Es werden weitere Optionen eingeblendet. Möchten Sie z. B. die Benachrichtigungen auf dem Sperrbildschirm deaktivieren, entfernen Sie das Häkchen vor der Option **Benachrichtigungen auf dem Sperrbildschirm anzeigen** ❹.
5. Weiter unten sind alle Apps aufgelistet, die Benachrichtigungen ausgeben können. Für jede App können Sie separat festlegen, ob eine Benachrichtigung erfolgen soll. Standardmäßig sind alle aktiviert. Schalten Sie nun einfach die Benachrichtigungen jener Apps aus, die Sie nicht erhalten möchten ❺.
6. Klicken Sie auf den Namen einer App, können Sie zusätzlich für jede Anwendung festlegen, ob beim Eingang einer Benachrichtigung ein akustisches Signal wiedergegeben wird ❻ und/oder ein Benachrichtigungsbanner auf dem Bildschirm angezeigt werden soll ❼. Mit einem Klick auf **Benachrichtigungen** ❽ kehren Sie jeweils wieder zur vorherigen Seite zurück.

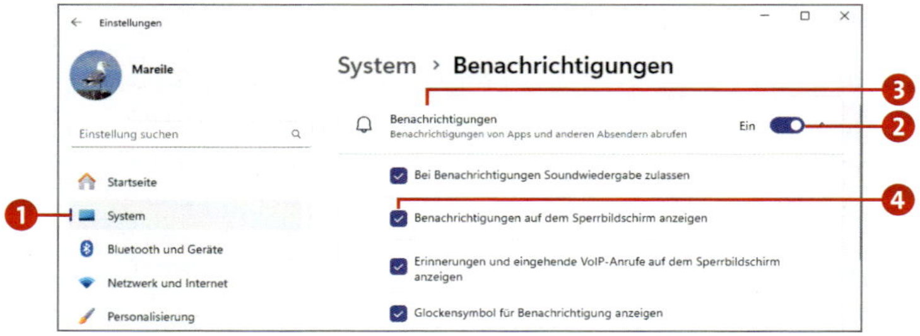

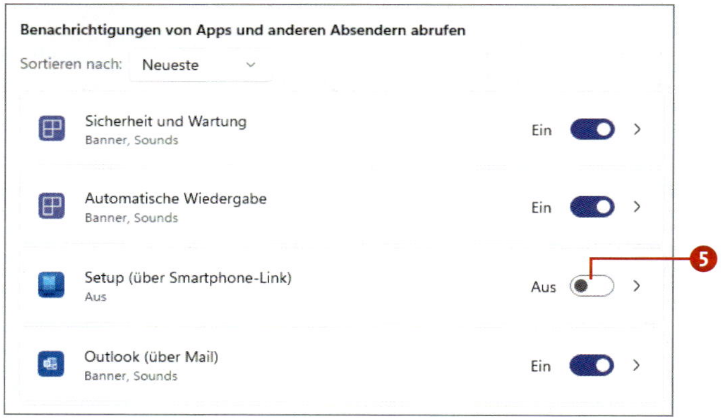

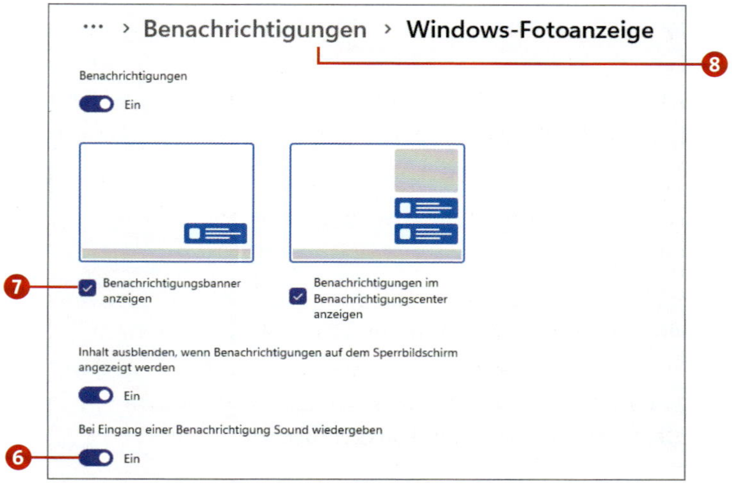

Uhrzeit und Zeitzone einstellen

Werden die Uhren umgestellt, kann es passieren, dass Ihr Windows-System die Zeitumstellung »verschläft« und noch immer die alte Zeit anzeigt. Oder sind Sie mit Ihrem Tablet-PC in eine andere Zeitzone gereist? In beiden Fällen lässt sich die Zeit leicht einstellen:

1. Klicken Sie auf dem Desktop rechts unten mit der rechten Maustaste auf die Zeit- und Datumsanzeige ❶ und anschließend im Kontextmenü auf den Befehl **Datum und Uhrzeit anpassen** ❷.
2. Um das aktuelle Datum oder die Uhrzeit zu ändern, müssen Sie zunächst die Option **Uhrzeit automatisch festlegen** ❸ deaktivieren. Erst jetzt wird die Schaltfläche **Ändern** ❹ rechts von **Datum und Uhrzeit manuell festlegen** aktiv und kann ausgewählt werden.
3. Stellen Sie nun im Dialogfenster die Uhrzeit und gegebenenfalls das Datum mithilfe der einzelnen Dropdown-Menüs ein. Klicken Sie auf **Ändern** ❺, um die Einstellungen zu übernehmen.
4. Um die Zeitzone zu ändern oder die Sommer-/Winterzeit einzustellen, müssen Sie zunächst die Einstellung **Zeitzone automatisch festlegen** ❻ auf **Aus** stellen. Klicken Sie dann im Abschnitt **Zeitzone** auf den aktuell eingestellten Wert und wählen Sie die Zeitzone aus der Liste aus, die Ihrem aktuellen Aufenthaltsort entspricht ❼. Für Deutschland, Österreich und die Schweiz ist die Zeitzone **UTC+01:00** die korrekte Einstellung.
5. Wenn Windows die Zeitumstellung verpasst hat, aktivieren Sie die Option **Automatisch an Sommerzeit anpassen** ❽.

Die Uhrzeit verstellt sich immer wieder?

Falls sich die Uhrzeit bei jedem Systemstart erneut verstellt, ist die BIOS-Batterie Ihres Mainboards (der zentralen Platine Ihres Computers) schwach und sollte ausgetauscht werden.

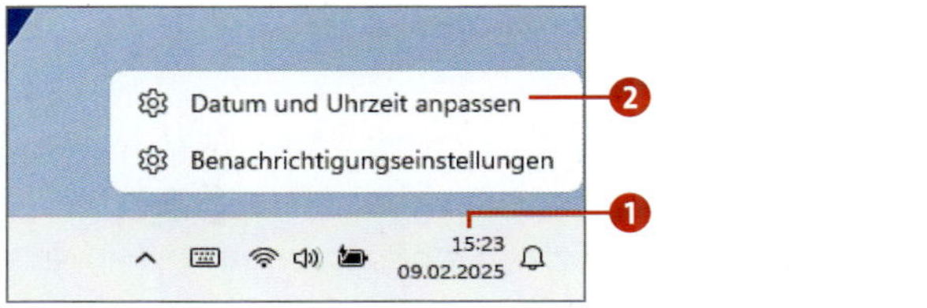

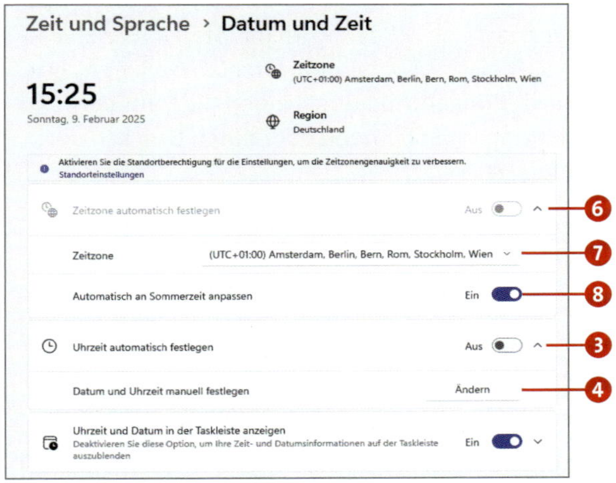

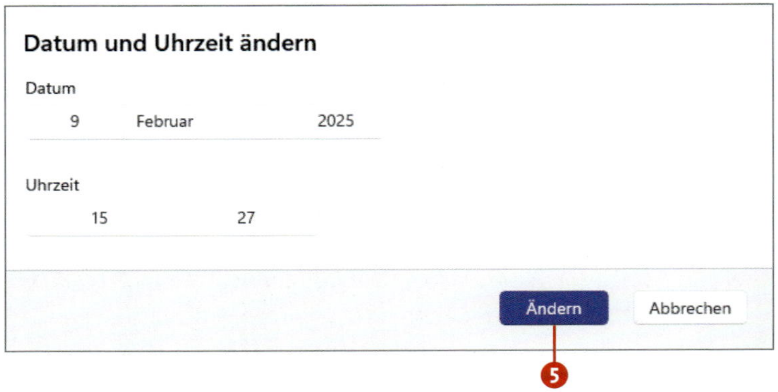

Automatische Wiedergabe für Medien und Geräte anpassen

Wenn Sie eine CD/DVD einlegen, einen USB-Stick, eine externe Festplatte oder die Speicherkarte des Fotoapparats über einen Kartenleser mit dem PC verbinden, gibt Windows einen kurzen Hinweis dazu aus und führt nach wenigen Sekunden eine vorgegebene Aktion aus. Beispielsweise wird der *Media Player* gestartet und die Musik auf der eingelegten CD/DVD abgespielt. Welche Aktion durchgeführt werden soll, können Sie individuell festlegen:

1. Öffnen Sie die **Einstellungen**-App durch einen Klick auf den gleichnamigen Eintrag im Startmenü oder durch Drücken der Tastenkombination [Windows] + [I].
2. Wechseln Sie in die Kategorie **Bluetooth und Geräte** ❶ und klicken Sie hier rechts auf die Unterkategorie **Automatische Wiedergabe** ❷.
3. Falls Sie die automatische Wiedergabe komplett deaktivieren möchten, stellen Sie den Regler der Option **Automatische Wiedergabe für alle Medien und Geräte verwenden** ❸ auf **Aus**.
4. Im Abschnitt **Standardwerte für automatische Wiedergabe auswählen** können Sie nun festlegen, welche Aktion Windows ausführen soll, wenn es einen Wechseldatenträger (USB-Stick, CD/DVD usw.) bzw. eine Speicherkarte erkennt. Klicken Sie dazu auf das Dropdown-Menü der beiden Einträge ❹ und wählen Sie die gewünschte Option aus. Arbeiten Sie z. B. häufig mit USB-Sticks, bietet sich die Auswahl **Ordner öffnen, um Dateien anzuzeigen** an, damit Sie die auf dem Stick vorhandenen Dateien gleich über den Explorer weiterverarbeiten können.

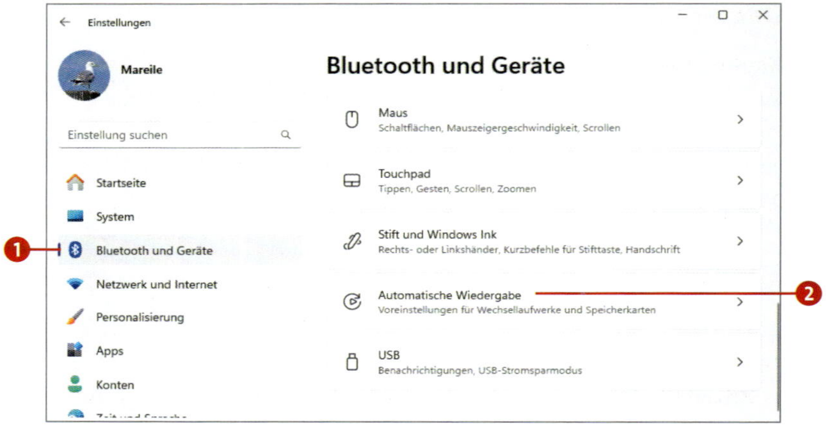

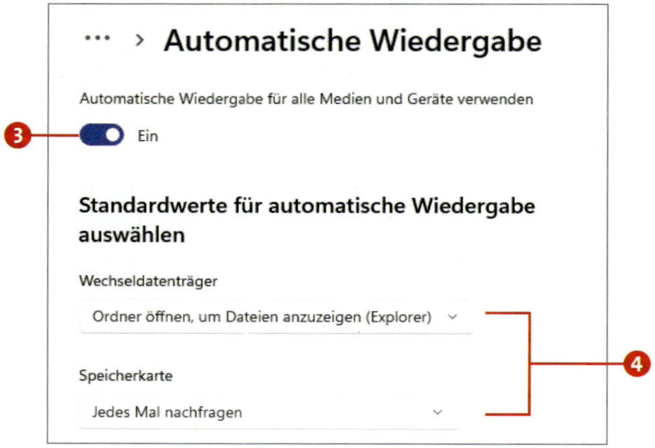

Auswahl der Aktionen

Die Auswahl der Aktionen, die in den Dropdown-Menüs angeboten werden, hängt auch von den Anwendungen ab, die auf Ihrem System installiert sind. Haben Sie z. B. einen zusätzlichen Mediaplayer wie den *VLC-Player* installiert, wird er auch in der Auswahlliste erscheinen.

Den benötigten Speicherplatz für Ihre Apps ermitteln

Apps werden standardmäßig auf der Systemfestplatte **C:** installiert. Vor allem, wenn Sie eine schnelle, aber meist auch mit vergleichsweise geringer Speicherkapazität ausgestattete SSD-Festplatte nutzen, sollten Sie den Platzbedarf Ihrer Apps im Auge behalten. Aber welche Apps und welche Desktop-Programme belegen den meisten Platz?

1. Rufen Sie über das Startmenü die **Einstellungen**-App auf und wechseln Sie in die Kategorie **Apps** ❶.
2. Wählen Sie in der rechten Fensterhälfte die Unterkategorie **Installierte Apps** ❷. Beim Aufruf der Option ermittelt Windows sogleich die aktuellen Programmgrößen.
3. Achten Sie darauf, dass die Sortierung der Liste nach Größe eingestellt ist, bzw. korrigieren Sie die Einstellung gegebenenfalls über das Dropdown-Menü ❸.
4. Wie viel Speicherplatz die einzelnen Programme belegen, entnehmen Sie der Auflistung. Ganz oben in der Liste werden die Anwendungen mit dem größten Speicherplatzbedarf aufgeführt ❹. Mithilfe der Bildlaufleiste scrollen Sie nach unten, um sich weitere Programme anzeigen zu lassen. Windows unterscheidet bei der Auflistung nicht zwischen Apps und herkömmlichen Desktop-Anwendungen.

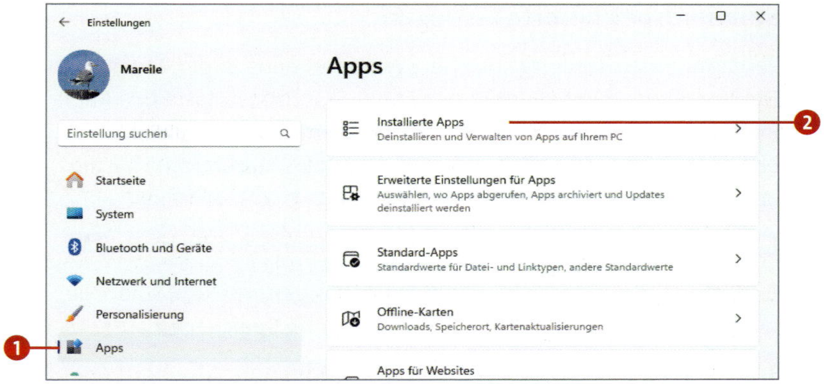

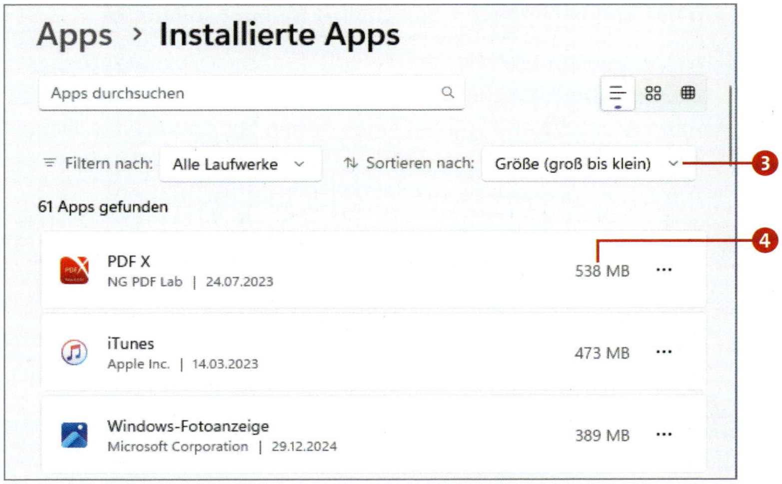

Apps verschieben

Unter Windows 11 lassen sich manche Apps vom Standardspeicherort **C:** auf eine andere Festplatte verschieben. Klicken Sie dazu rechts vom Eintrag der App auf das Symbol mit den drei kleinen Punkten und wählen Sie den Befehl **Verschieben** aus. Über einen weiteren Dialog bestimmen Sie den neuen Speicherort. Der Befehl steht nicht für alle Apps zur Auswahl.

Standardspeicherorte festlegen

Per Standardeinstellung speichert Windows neue Bilder, Musik, Dokumente und vor allem Apps auf der Systemfestplatte **C:**. Aber irgendwann ist auch die größte Festplatte mit Daten vollgeschrieben. Sie können selbst festlegen, wo Windows standardmäßig die erwähnten Dateien ablegen soll:

1. Drücken Sie die [Windows]-Taste, um das Startmenü zu öffnen.
2. Klicken Sie auf das Symbol der **Einstellungen**-App und rufen Sie in der Kategorie **System** die Unterkategorie **Speicher** ❶ auf.
3. Blättern Sie in der rechten Fensterhälfte bis zum Abschnitt **Speicherverwaltung**. Klicken Sie hier nacheinander auf **Erweiterte Speichereinstellungen > Speicherort für neue Inhalte** ❷.
4. Windows listet nun die Speicherorte für Apps, Dokumente etc. auf. Um einen Speicherort zu ändern, klicken Sie auf das Dropdown-Menü ❸ und wählen einen neuen Speicherort aus. Dabei ist es nicht möglich, ein spezielles Verzeichnis auszuwählen, immerhin aber eine andere Festplatte bzw. Partition.
5. Verfahren Sie auf die gleiche Weise mit weiteren Elementen, z. B. mit dem Standardspeicherort für Musik ❹, Bilder oder Videos. Die neuen Einstellungen müssen nicht gespeichert werden. Die Speicherorte können jederzeit wieder geändert werden.

Kein neuer Speicherort zur Auswahl

Falls in der Auswahl kein zusätzlicher Speicherort aufgeführt ist, verfügt Ihr Rechner nur über eine einzelne Festplatte bzw. nur eine Partition. Eine weitere Partitionierung, also Aufteilung Ihrer Festplatte, können Sie mithilfe der Datenträgerverwaltung (erreichbar über das Schnellstartmenü [Windows] + [X]) oder mit externen Hilfsprogrammen, wie z. B. *Acronis Disk Director* oder *Paragon Partition Manager*, durchführen.

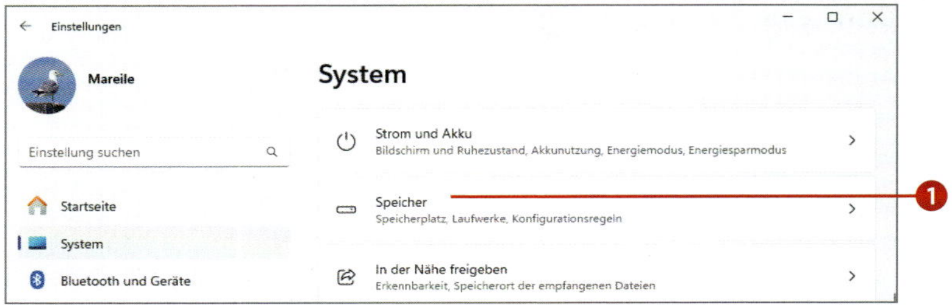

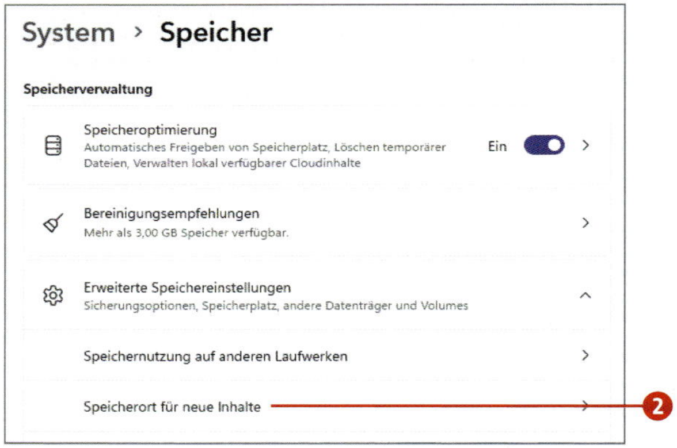

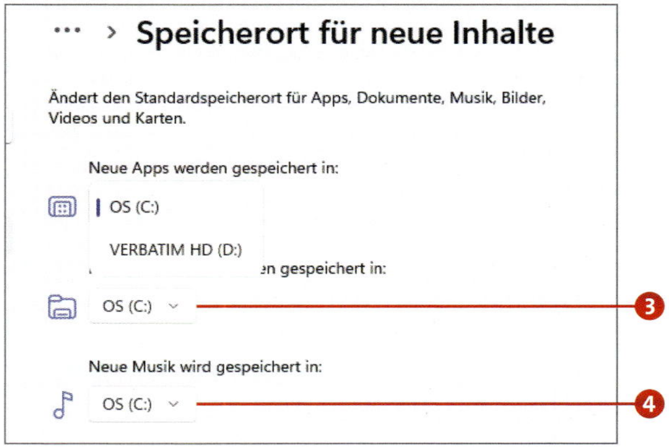

Den Desktop einrichten

Den Desktop-Hintergrund ändern

Als Desktop-Hintergrund können Sie eines der von Windows zur Verfügung gestellten Bilder oder ein eigenes Foto auswählen:

1. Führen Sie einen Rechtsklick auf eine freie Stelle des Desktops aus und wählen Sie **Anpassen** aus dem Kontextmenü.
2. Nun öffnet sich die **Einstellungen**-App mit der Kategorie **Personalisierung**. Wählen Sie hier die Unterkategorie **Hintergrund** aus. In der rechten Fensterhälfte sehen Sie eine Vorschau des aktuellen Desktops. Über das Dropdown-Menü **Hintergrund personalisieren** ❶ können Sie festlegen, ob Sie ein einzelnes Bild als Hintergrund verwenden möchten, eine Farbe, eine Diashow oder Windows Spotlight, sprich die immer wieder wechselnden Hintergrundbilder von Windows.
3. Sofern Sie sich für die Option **Bild** entschieden haben, können Sie nun eines der bereitgestellten Bilder auswählen. Wenn Sie ein Bild anklicken ❷, wird es sofort als Hintergrund eingefügt.
4. Um ein eigenes Bild zu verwenden, klicken Sie auf **Fotos durchsuchen** ❸ und wählen ein Bild von der Festplatte Ihres Rechners aus, das Sie anschließend mit **Bild auswählen** übernehmen.
5. Haben Sie in Schritt 2 die Auswahl **Diashow** getroffen, wählen Sie über die Schaltfläche **Durchsuchen** ❹ einen Ordner aus, der die Bilder für die Diashow beinhaltet. Über die Option **Bildänderungsintervall** ❺ geben Sie an, in welchen Abständen ein neues Bild gezeigt werden soll.

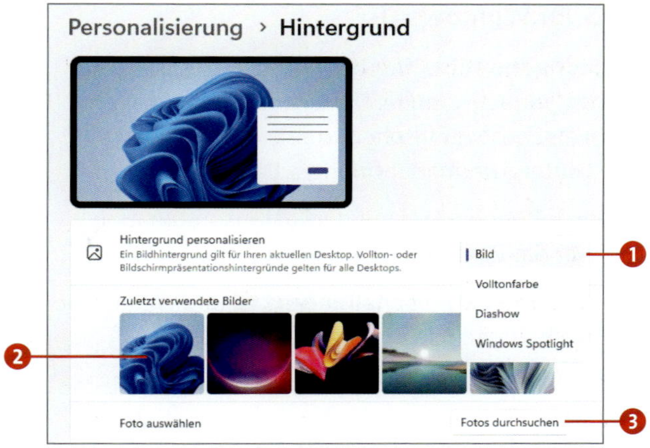

Diashow im Akkubetrieb

Nutzen Sie ein Tablet oder Notebook im Akkubetrieb, sollten Sie aus Energiespargründen auf die Diashow verzichten. Setzen Sie hierzu den Regler **Diaschau auch im Akkubetrieb zulassen** auf **Aus** ❻.

Neue Designs für Ihr Windows 11

Microsoft bietet für Windows 11 zahlreiche fertige Designs, die Sie über den Store herunterladen können. Die kostenlosen Vorlagen umfassen meist ein eigenes Soundschema, eine neue Farbgestaltung und mehrere Hintergrundbilder für Ihren Desktop.

1. Öffnen Sie die **Einstellungen**-App mit der Tastenkombination [Win] + [I] oder über das Zahnradsymbol im Startmenü.
2. Klicken Sie auf die Kategorie **Personalisierung** (1) und wählen Sie in der rechten Fensterhälfte den Eintrag **Designs** aus.
3. Klicken Sie nun in der rechten Fensterhälfte auf die Schaltfläche **Designs durchsuchen** (2), woraufhin der Store geöffnet und die zur Verfügung stehenden Windows-Themen aufgelistet werden.
4. Suchen Sie sich aus der großen Auswahl an Designs eines aus, z. B. **Forest for the Trees** (Wald vor lauter Bäumen), indem Sie zunächst auf das Vorschaubild und dann auf der Detailseite auf die Schaltfläche **Herunterladen** (3) klicken. Falls Sie beim Microsoft Store noch nicht mit Ihrem Microsoft-Konto angemeldet sind, müssen Sie dies nun nachholen.
5. Nach dem Herunterladen finden Sie Ihr neues Design in der **Einstellungen**-App im Abschnitt **Aktuelles Design** (4). Mit einem Mausklick wird die neue Darstellung übernommen.

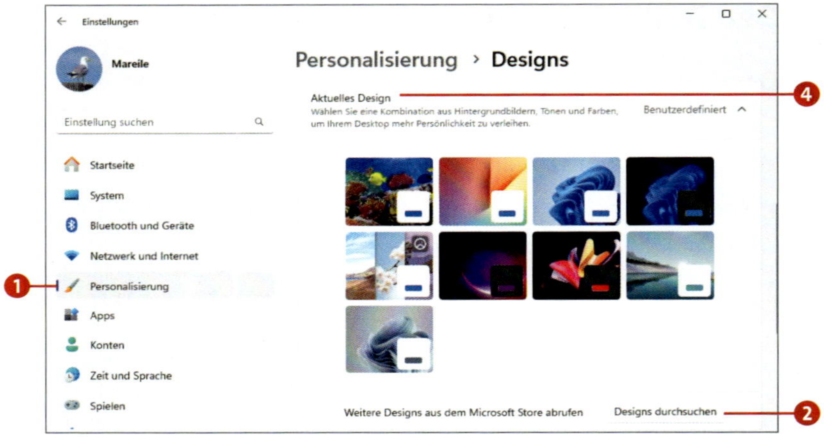

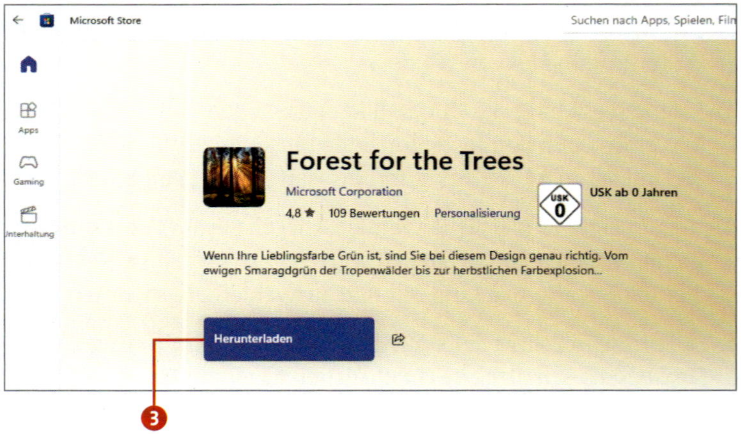

Designs wieder löschen

Um ein Design zu entfernen, klicken Sie es in der Einstellungen-App im Abschnitt **Aktuelles Design** mit der rechten Maustaste an und wählen dann den Befehl **Löschen** aus dem Kontextmenü.

Benutzerkonten erstellen, verwenden und verwalten

Den Benutzerkontotyp ändern

Wenn Sie ein neues Benutzerkonto (siehe dazu auch den Abschnitt »Benötigen Sie mehrere Benutzerkonten?« ab Seite 236) einrichten, wird dieses zunächst als Standardkonto erstellt. Mit einem Standardkonto kann der Benutzer die meisten Programme nutzen und Systemeinstellungen ändern, solange dies keinen Einfluss auf andere Benutzer oder die Systemsicherheit hat. Sie können aus einem Standardkonto jederzeit ein Administratorkonto machen, das alle Rechte hat, und umgekehrt:

1. Rufen Sie mit der Tastenkombination [Windows] + [I] die **Einstellungen**-App auf und wählen Sie hier die Kategorie **Konten** 1, um die benötigten Kontoeinstellungen zu öffnen.
2. Klicken Sie in der rechten Fensterhälfte auf die Unterkategorie **Andere Benutzer**.
3. Nun werden alle verfügbaren Benutzerkonten aufgelistet. Wählen Sie das Konto aus, dessen Typ Sie ändern möchten. Sobald Sie das Konto angeklickt haben, werden zwei Schaltflächen eingeblendet. Klicken Sie hier auf **Kontotyp ändern** 2.
4. Wählen Sie aus dem Dropdown-Menü 3 den gewünschten Kontotyp **Standardbenutzer** oder **Administrator** aus und bestätigen Sie die Änderung über die Schaltfläche **OK** 4.

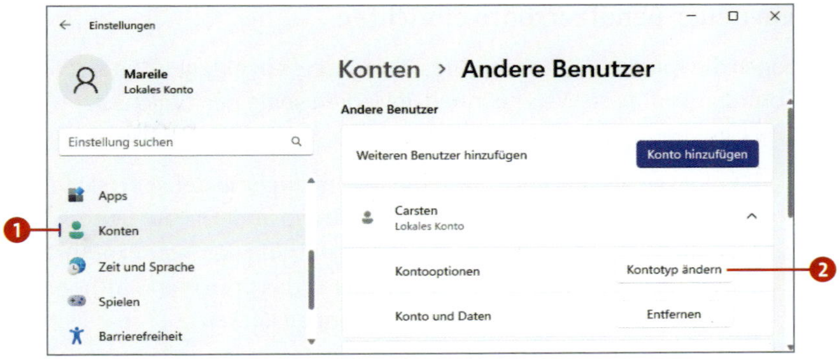

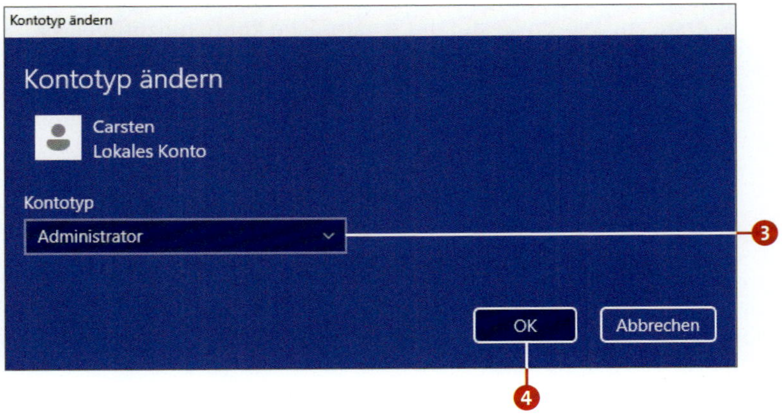

Standardkonten für mehr Sicherheit

Mindestens ein Benutzer mit einem Administratorkonto muss auf Ihrem System vorhanden sein. Aus Gründen der Sicherheit ist es empfehlenswert, alle weiteren Benutzer mit einem Standardkonto auszustatten.

Ein neues Benutzerkonto einrichten

Legen Sie für jeden Benutzer Ihres Computers ein eigenes Benutzerkonto an. Auf diese Weise können Sie jedem seine persönliche Arbeitsumgebung einrichten, aber z. B. auch den Zugriff beschränken.

1. Sie müssen als Administrator am System angemeldet sein (siehe auch den Abschnitt »Den Benutzerkontotyp ändern« auf Seite 233). Öffnen Sie die **Einstellungen**-App mithilfe der Tastenkombination [Win] + [I] oder indem Sie zunächst das Startmenü öffnen und dort auf das App-Symbol **Einstellungen** klicken.
2. Wählen Sie nun die Kategorie **Konten** und anschließend die Unterkategorie **Andere Benutzer** ❶ aus. Um ein neues Konto zu erstellen, klicken Sie auf die Schaltfläche **Konto hinzufügen** ❷.
3. Verfügt der Benutzer bereits über ein Microsoft-Konto, tragen Sie jetzt seine E-Mail-Adresse ein ❸ und bestätigen Ihre Eingabe mit **Weiter** ❹. Das neue Benutzerkonto wurde erstellt und Sie können nun den Vorgang über die Schaltfläche **Fertig stellen** abschließen.
4. Möchten Sie ein neues Microsoft-Konto erstellen oder stattdessen ein lokales Konto einrichten, klicken Sie auf den Link **Ich kenne die Anmeldeinformationen für diese Person nicht** ❺.

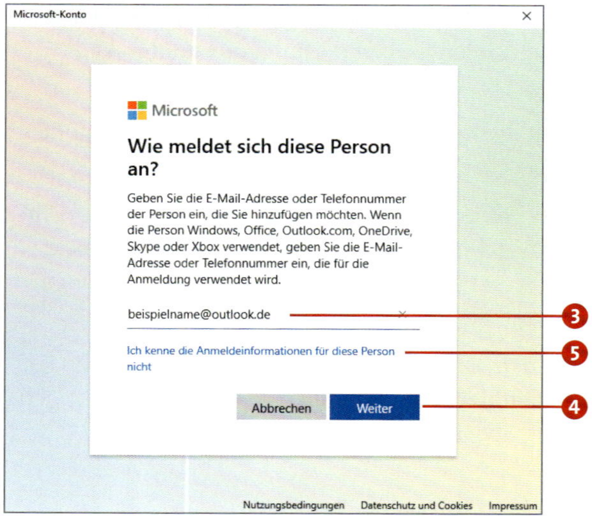

Wie komme ich an eine Windows-Identität?

Wie Sie sich eine Windows-Identität (ein Microsoft-Konto) zulegen können sowie alles Wissenswerte zu diesem Kontotyp erfahren Sie im Abschnitt »Ein Microsoft-Konto erstellen« ab Seite 28.

5. Wenn Sie sich für die Einrichtung eines neuen Microsoft-Kontos entschieden haben, können Sie dieses nun erstellen. Tragen Sie Ihre E-Mail-Adresse ein und klicken Sie dann auf **Weiter** (6). Legen Sie anschießend ein Kennwort für das neue Konto fest. Wählen Sie den Menüpunkt **Neue E-Mail-Adresse anfordern** (7), wenn Sie eine neue E-Mail-Adresse für das Microsoft-Konto anlegen möchten. Möchten Sie kein Microsoft-Konto, sondern lieber ein lokales Benutzerkonto anlegen, klicken Sie auf **Benutzer ohne Microsoft-Konto hinzufügen** (8).
6. Nun müssen Sie noch den gewünschten Benutzernamen (9) eingeben sowie ein Kennwort (10), das Sie im Feld darunter wiederholen. Legen Sie zusätzlich drei Erinnerungshilfen (11) für das Kennwort fest. Sollten Sie es einmal vergessen haben, müssen alle Sicherheitsfragen korrekt beantwortet werden, um das Kennwort zurücksetzen zu können. Klicken Sie anschließend auf **Weiter** (12), um den Vorgang abzuschließen.
7. Das neue Konto ist hiermit angelegt und kann sogleich verwendet werden. Bei der ersten Anmeldung mit dem neuen Benutzerkonto schließt Windows die Einrichtung automatisch ab. Dieser Vorgang kann nochmals ein paar Minuten dauern.

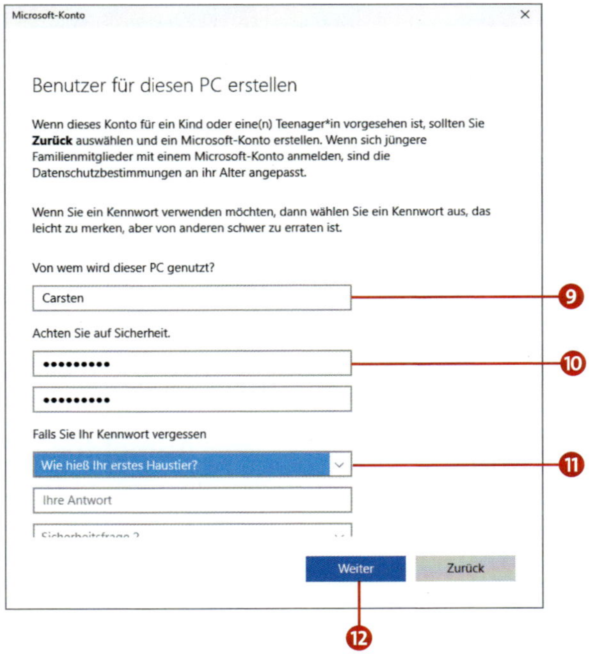

Konto für ein Familienmitglied hinzufügen

Möchten Sie ein Konto für ein Kind hinzufügen, klicken Sie in der Kategorie **Familie** rechts im Abschnitt **Ihre Familie** auf **Jemanden hinzufügen**. Das Konto wird dann mit der Windows-Funktion *Microsoft Family* erstellt, mit deren Hilfe Sie die PC-Nutzung durch Ihre Kinder zeitlich begrenzen oder den Zugriff auf bestimmte Internetseiten und Programme beschränken können. Für die Erstellung dieses Kontotyps müssen Sie als Administrator mit einem Microsoft-Konto am System angemeldet sein und sich beim Zugriff auf die Einstellung mit Ihrem Benutzerkennwort autorisieren.

Benötigen Sie mehrere Benutzerkonten?

Wenn Sie ohnehin der einzige Benutzer an Ihrem Computer sind, müssen Sie natürlich keine weiteren Benutzerkonten anlegen. Sobald sich aber zwei oder mehr Personen einen Rechner teilen, z. B. innerhalb einer Familie, bringt das Erstellen weiterer Benutzerkonten einige Vorteile. Mit einem eigenen Konto hat jedes Familienmitglied seinen eigenen Bereich, kann den Desktop und das Startmenü nach seinen persönlichen Vorlieben gestalten, ein eigenes Hintergrundbild verwenden und bei Bedarf die Größe der dargestellten Texte und anderer Elemente verändern. Neben diesen optischen Feinheiten bringen eigene Benutzerkonten aber auch ganz praktische Vorteile mit sich. Jeder Nutzer kann selbst entscheiden, welche Desktop-Programme und Windows-Apps er installiert oder nach welchem Ordnungssystem er Verzeichnisse erstellt und Dateien speichert. Im Internetbrowser kann jede Benutzerin ihre eigenen Lieblingsseiten als Favoriten anlegen, sie kann beim Aufruf von Facebook und Co. sofort mit dem eigenen Profil loslegen und sie empfängt über die *Outlook*-App oder ein anderes E-Mail-Programm nur die Nachrichten, die an sie gerichtet sind. Und dank der Synchronisation können all diese persönlichen Einstellungen auch auf anderen Rechnern genutzt werden, auf denen sich der Benutzer oder die Benutzerin mit dem eigenen Microsoft-Konto anmeldet.

Apropos Microsoft-Konto: Natürlich sähe Microsoft es gerne, wenn Sie sich mit einem solchen Konto bei Windows anmelden. Das ist aber keinesfalls zwingend. Wenn Sie möchten, können Sie auch jederzeit ein lokales Benutzerkonto anlegen und sich damit am System anmelden. Für die Verwendung verschiedener Dienste und Apps, wie z. B. *OneDrive*, oder für die geräteübergreifende Installation von Apps über den *Microsoft Store* ist jedoch ein Microsoft-Konto erforderlich. Sie müssen Ihr lokales Benutzerkonto dann aber nicht gleich in ein Microsoft-Konto umwandeln, sondern können sich bei diesen Apps separat mit einem Microsoft-Konto anmelden (siehe hierzu auch den Abschnitt »Ein Microsoft-Konto erstellen« ab Seite 28).

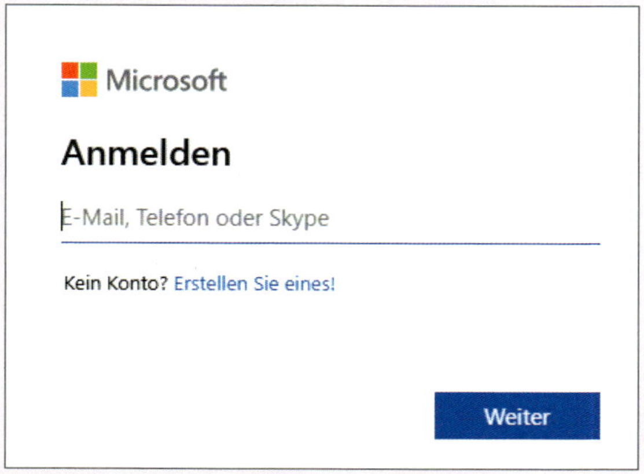

Mit einem Microsoft-Konto anmelden

Benutzerkonten lassen sich mit einem Kennwort, einer PIN oder einem Bildcode schützen und Sie können sogar eine Anmeldung über einen Fingerabdruck einrichten. Damit bleibt Ihre Privatsphäre auch bei mehreren Benutzern geschützt. Eltern können für die Konten ihrer Kinder darüber hinaus die Option *Family Safety* aktivieren, ein Kinder- und Jugendschutzprogramm, mit dessen Hilfe Sie z. B. die zeitliche Nutzung des Computers regeln oder fragwürdige Webseiten sperren können. Family Safety ist Bestandteil von Windows 11, Sie müssen also keine zusätzliche Software installieren, um diese Funktionen nutzen zu können. Wie Sie das Jugendschutzprogramm einsetzen, lesen Sie im Abschnitt »Ein neues Benutzerkonto einrichten« ab Seite 234.

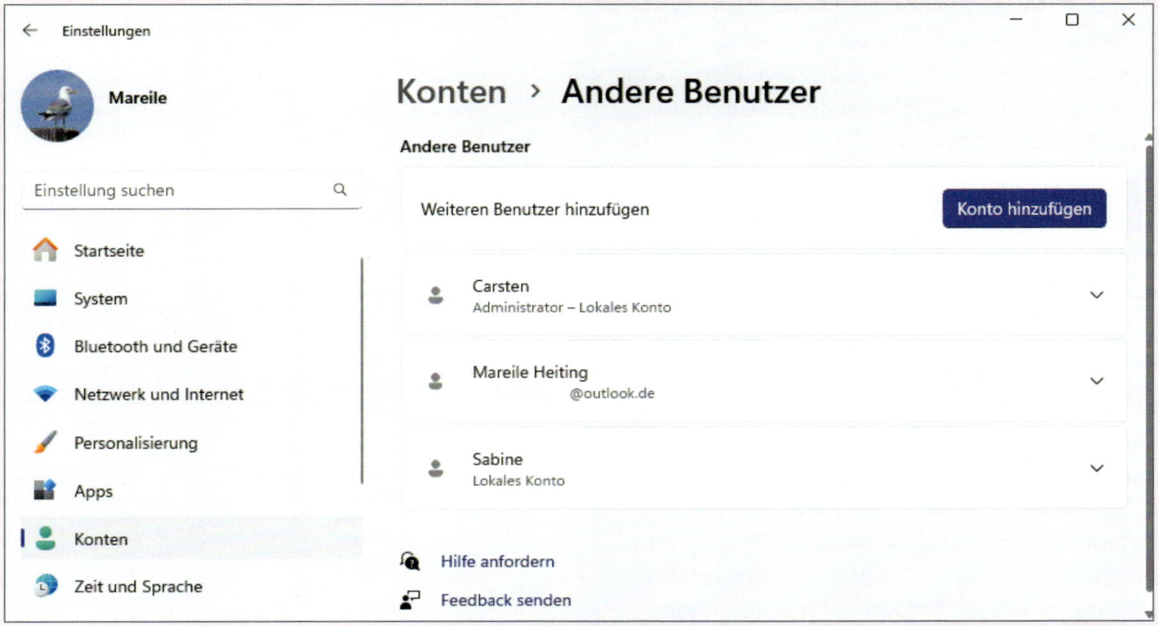

Mehrere Benutzerkonten auf einem System

Ein lokales Konto in ein Microsoft-Konto umwandeln

Sie können ein lokales Benutzerkonto in ein Microsoft-Konto umwandeln, um z. B. Computereinstellungen zu synchronisieren oder von einem anderen PC auf die installierten Apps Ihres Hauptrechners zuzugreifen:

1. Der kürzeste Weg zu den Einstellungen führt über die Option **Mein Konto verwalten**. Klicken Sie hierfür im Startmenü auf Ihr Profilbild und wählen Sie diesen Menüpunkt aus. Wechseln Sie dann in die Unterkategorie **Ihre Infos**.

2. Klicken Sie auf den Link **Stattdessen mit einem Microsoft-Konto anmelden** ❶ und geben Sie zunächst die E-Mail-Adresse und das Kennwort Ihres Microsoft-Kontos sowie im folgenden Dialog Ihr aktuelles Benutzerkennwort ein. Schließen Sie die Eingabe mit einem Klick auf **Anmelden** ab.

3. Windows schlägt nun vor, für die zukünftige Anmeldung am System statt eines Kennwortes einen PIN-Code einzurichten. Legen Sie eine PIN fest und bestätigen Sie die Eingabe mit **OK**. Falls Sie zu diesem Zeitpunkt keine PIN einrichten möchten, klicken Sie stattdessen auf **Abbrechen** und im folgenden Dialog auf **Ich richte später eine PIN ein**.

4. Das lokale Konto wird nun durch das Microsoft-Konto ersetzt. Wenn Sie erneut die Kontoeinstellungen aufrufen, sehen Sie unter Ihrem Benutzernamen die für das Microsoft-Konto verwendete E-Mail-Adresse ❷. Falls Sie z. B. Ihren Benutzernamen oder Ihr Kennwort ändern oder Zahlungsoptionen für das Konto hinterlegen möchten, blättern Sie nach unten bis zum Bereich **Verwandte Einstellungen** und klicken dort auf den Link **Meine Konten verwalten** ❸.

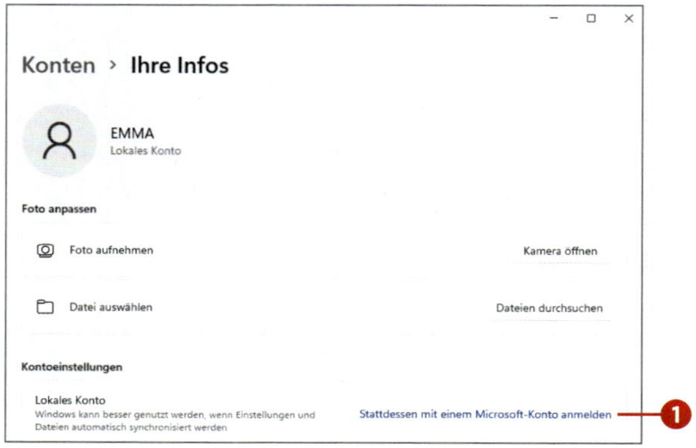

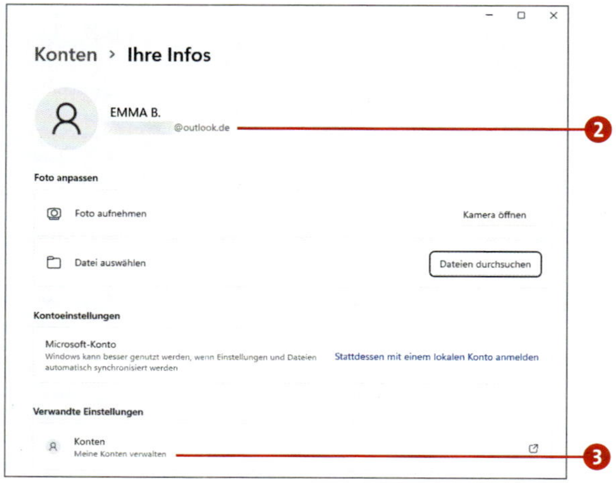

Sie haben noch kein Microsoft-Konto?

Wenn Sie noch gar kein Microsoft-Konto erstellt haben, lesen Sie den Abschnitt »Ein Microsoft-Konto erstellen« ab Seite 28.

Von einem Microsoft-Konto zu einem lokalen Konto wechseln

Die meisten Anwender entscheiden sich bei der Einrichtung von Windows 11 für die Nutzung eines Microsoft-Kontos. Falls Sie nun aber doch lieber ein lokales Benutzerkonto nutzen möchten, ist das kein Problem. Nur wenige Schritte sind nötig, um die Konten zu wechseln:

1. Öffnen Sie die Kontoeinstellungen, indem Sie die Tastenkombination [Windows] + [I] drücken und dann die Kategorie **Konten > Ihre Infos** auswählen.
2. Klicken Sie nun in der rechten Fensterhälfte auf den Menüpunkt **Stattdessen mit einem lokalen Konto anmelden** (1).
3. Es folgt ein Hinweisfenster mit der Frage, ob Sie wirklich zu einem lokalen Konto wechseln möchten. Bestätigen Sie Ihre Absicht mit **Weiter**.
4. Geben Sie das zu Ihrem Microsoft-Konto gehörende Kennwort oder Ihre PIN ein und klicken Sie anschließend auf **Weiter**.
5. Nun fragt Windows die Kontoinformationen für Ihr neues lokales Konto ab (2). Geben Sie also einen Benutzernamen und ein neues Kennwort ein und bestätigen Sie das Kennwort, indem Sie es ein zweites Mal eintragen. Nützlich ist auch die Vergabe eines Kennworthinweises. Sind alle Angaben gemacht, klicken Sie auf **Weiter** (3).
6. Nun folgt ein Hinweis auf den soeben durchgeführten Wechsel zu einem lokalen Konto. Schließen Sie das Dialogfenster über den Menüpunkt **Abmelden und fertig stellen**. Sie werden nun neu am System angemeldet und müssen dann erstmalig das neu vergebene Kennwort eingeben.

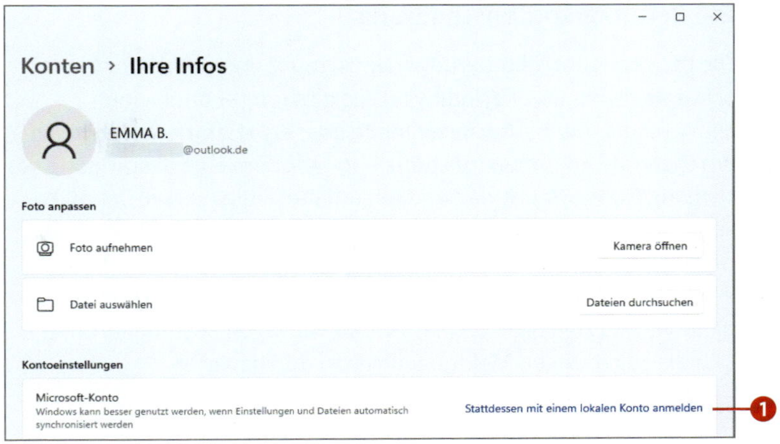

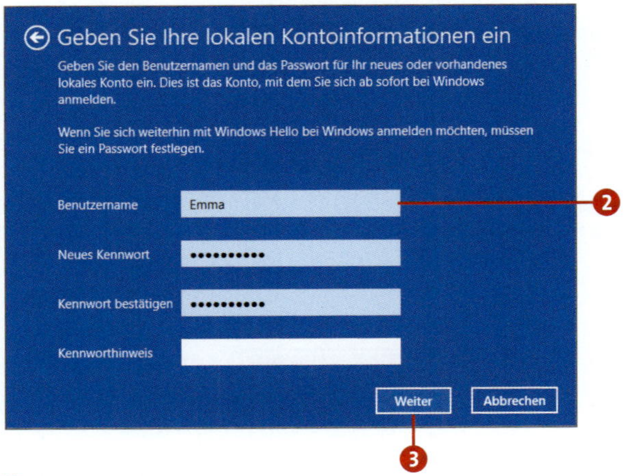

Das Microsoft-Konto ist weiterhin verfügbar

Sie sind nun unter Windows mit einem lokalen Benutzerkonto angemeldet. Ihr Microsoft-Konto ist aber weiterhin vorhanden und Sie können es z. B. zur Anmeldung im Microsoft Store nutzen, wenn Sie Apps geräteübergreifend installieren möchten.

Die Benutzerkontensteuerung

Die Benutzerkontensteuerung *(User Account Control*, UAC) ist eine Schutzfunktion unter Windows 11. Sie gibt immer dann einen Hinweis aus, wenn Anwender*innen oder Programme Änderungen am System vornehmen möchten, und bittet um eine Bestätigung des Vorgangs. Das System wartet dann auf Ihre Freigabe. Die Benutzerkontensteuerung schützt Ihren Computer also vor Schadsoftware und ungewollten Systemänderungen. So nützlich diese Funktion ist – viele sind von den teils häufig auftretenden Erlaubnisanfragen genervt, was zur Folge hat, dass sie die Anfragen bestätigen, ohne sich die zugehörigen Meldungen genau durchzulesen.

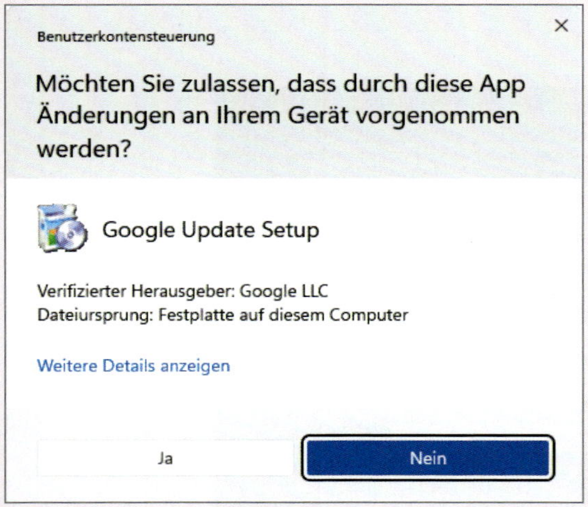

Meldung der Benutzerkontensteuerung

Die Benutzerkontensteuerung richtig konfigurieren

Sie können die Benutzerkontensteuerung anpassen und die Häufigkeit der Meldungen reduzieren. Tippen Sie in das Suchfeld des Startmenüs einfach das Kürzel »uac« ein und wählen Sie danach den ersten Treffer aus der Ergebnisliste aus: **Einstellungen der Benutzerkontensteuerung ändern**. Im gleichnamigen Dialogfenster können Sie nun mithilfe des Schiebereglers ❶ zwischen vier Benachrichtigungsstufen wählen:

1. Immer benachrichtigen
2. Nur benachrichtigen, wenn von Apps Änderungen am Computer vorgenommen werden
3. Nur benachrichtigen, wenn von Apps Änderungen am Computer vorgenommen werden (Desktop nicht abblenden)
4. Nie benachrichtigen

Die Benutzerkontensteuerung ist eine von mehreren Schutzfunktionen von Windows 11. Sie ersetzt aber keinesfalls den Einsatz eines Antivirenprogramms oder einer Firewall! Halten Sie Ihre Schutzsoftware und Windows selbst immer auf dem neuesten Stand und reduzieren Sie so die Wahrscheinlichkeit einer Malware-Infektion.

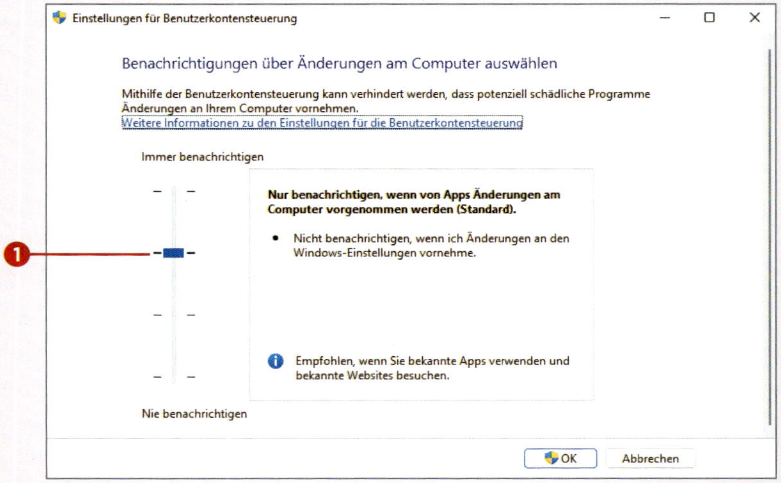

Die Benachrichtigungsstufen der Benutzerkontensteuerung

Benachrichtigungsstufen der Benutzerkontensteuerung

Einstellung	Beschreibung
Immer benachrichtigen	Dies ist die sicherste Einstellung, zugleich werden hier aber auch die meisten Hinweise ausgegeben. Sobald ein Programm installiert oder eine Änderung am System vorgenommen werden soll, müssen Sie den Vorgang bestätigen. Der Bildschirm wird abgedunkelt und Sie können erst nach erfolgter Bestätigung weiterarbeiten. Die Sicherheitsabfrage erscheint in diesem Fall auch, wenn Sie als Benutzer eine Änderung am System, z. B. bei der Uhrzeit, vornehmen möchten. Die Abfrage erscheint grundsätzlich beim Klick auf alle Schaltflächen und Links, die mit einem Schutzschild gekennzeichnet sind.
Nur benachrichtigen, wenn von Apps Änderungen am Computer vorgenommen werden	Dabei handelt es sich um die Standardeinstellung, die gleichzeitig die empfohlene Sicherheitsstufe ist. Benachrichtigungen werden nur ausgegeben, wenn ein Programm installiert oder eine Änderung am System vorgenommen werden soll. Der Bildschirm wird auch hier abgedunkelt und Sie können erst nach erfolgter Bestätigung weiterarbeiten. Wenn Sie eine Änderung am System vornehmen, erfolgt kein Hinweis. Falls Sie mit einem Standardkonto angemeldet sind, müssen Sie sich bei Systemänderungen allerdings erst durch die Eingabe des Administratorkennwortes authentifizieren.
Nur benachrichtigen, wenn von Apps Änderungen am Computer vorgenommen werden (Desktop nicht abblenden)	Diese Einstellung ist nahezu identisch mit der vorangegangenen Sicherheitsstufe, allerdings wird hier der Bildschirm bei einer Benachrichtigung nicht abgedunkelt. Das bedeutet, dass Sie in diesem Fall weiter an Ihrem PC arbeiten können, aber der Vorgang, für den die Benachrichtigung gilt, erst fortgesetzt wird, nachdem Sie ihn bestätigt haben. Da keine Abdunkelung erfolgt, können Meldungen aber auch recht schnell übersehen oder versehentlich bestätigt werden. Diese Einstellung ist daher aus Sicherheitsgründen nicht zu empfehlen.
Nie benachrichtigen	Dies ist natürlich die unsicherste Option. Wenn Sie die Benutzerkontensteuerung auf **Nie benachrichtigen** stellen, wird die Funktion deaktiviert und Sie erhalten keine Hinweise mehr. Diese Einstellung ist auf keinen Fall empfehlenswert! Mit der Deaktivierung verzichten Sie auf eine sehr wichtige Schutzfunktion und setzen Ihr System einem hohen Sicherheitsrisiko aus, denn Schadprogramme könnten Änderungen am System vornehmen, ohne dass Sie davon etwas bemerken.

Erleichterte Bedienung

Die Bildschirmlupe

Gerade auf Internetseiten sind die Texte vielfach sehr klein geschrieben und nicht immer einfach zu lesen. Aber auch unter Windows selbst kann eine Lupe in der einen oder anderen Situation nützlich sein. Und tatsächlich, Microsoft stellt Ihnen eine einfache Bildschirmlupe zur Verfügung:

1. Öffnen Sie die **Einstellungen**, beispielsweise mithilfe der Tastenkombination [Win] + [I], und wechseln Sie in die Kategorie **Barrierefreiheit** ❶.
2. Wählen Sie in der rechten Fensterhälfte die Unterkategorie **Bildschirmlupe** aus. Aktivieren Sie nun in der rechten Fensterhälfte die Bildschirmlupe, indem Sie den Regler auf **Ein** ❷ stellen. In der nun schwebend eingeblendeten Symbolleiste können Sie den Vergrößerungsgrad z. B. auf 200 % festlegen ❸. Mit der Maus können Sie den Bildschirm frei bewegen und somit beliebige Bereiche unter die Lupe nehmen.
3. Mit den Tasten [Win] + [+] und [Win] + [-] erhöhen bzw. verringern Sie den Vergrößerungsfaktor der Lupe. Möchten Sie die Lupe wieder schließen, gelingt dies mit den Tasten [Win] + [Esc].

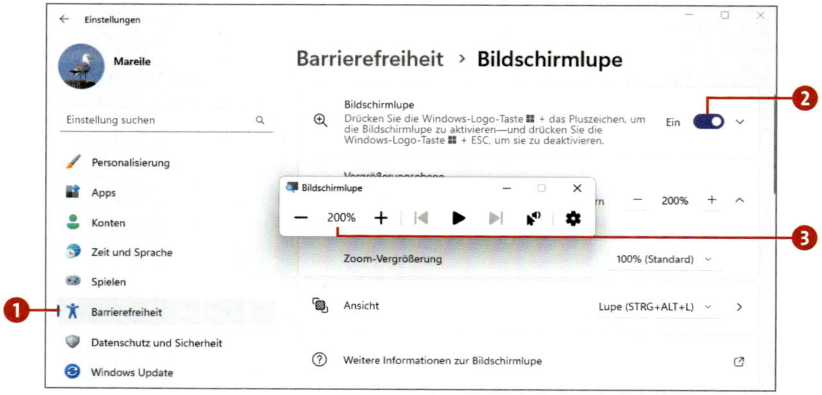

Weitere nützliche Tastenkürzel für die Bildschirmlupe

Mit den Tasten [Strg] + [Alt] + [F] schalten Sie die Lupe in den Vollbildmodus. Eine Vorschau können Sie im Vollbildmodus mit [Strg] + [Alt] + Leertaste einstellen. Mit den Tasten [Strg] + [Alt] + [L] wird eine Lupe auf dem Bildschirm angezeigt, die Sie frei bewegen können. Mit [Strg] + [Alt] + [D] verankern Sie die Lupe auf dem Bildschirm und können mit der Maus alle Bereiche abfahren.

Bildschirmhelligkeit einstellen

Bei Laptops können Sie die Helligkeit über die Schnelleinstellungen ändern. Klicken Sie hierzu in der Taskleiste auf eines der drei Symbole **Netzwerk**, **Lautsprecher** oder auch das **Batteriesymbol**. In allen drei Fällen öffnet sich der Dialog der Schnelleinstellungen, in dem Sie nun über den Schieberegler **Helligkeit** die Helligkeit anpassen können. Bei nahezu jedem Laptop oder Netbook können Sie die Helligkeit des Bildschirms auch mit einer bestimmten Tastenkombination verändern. Diese entnehmen Sie bitte dem Gerätehandbuch.

Kontrast, Schriftgröße und weitere Einstellungen

Windows 11 bietet in der Kategorie **Barrierefreiheit** zahlreiche nützliche Funktionen an, die Ihnen die Arbeit am Computer erleichtern können. Sie sind in die Bereiche **Sehen**, **Hörvermögen** und **Interaktion** unterteilt. Dazu zählen Einstellungsmöglichkeiten für einen erhöhten Kontrast, die Aktivierung von Untertiteln für Hörgeschädigte, die Einrichtung von Text oder visuellen Alternativen für die Wiedergabe von Sounds, aber auch Funktionen für eine verbesserte Bildschirmdarstellung oder für die vereinfachte Bedienung von Maus und Tastatur. Für Menschen mit einer Sehbehinderung ist die Sprachausgabe sehr nützlich, mit deren Hilfe sie sich Texte und Bezeichnungen für Menüs und Schaltflächen vorlesen lassen können.

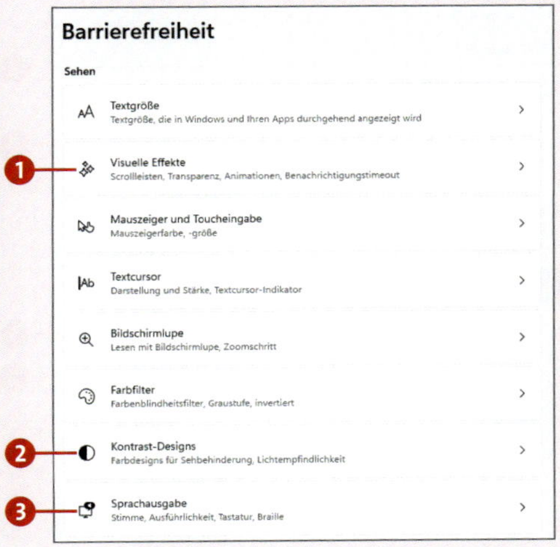

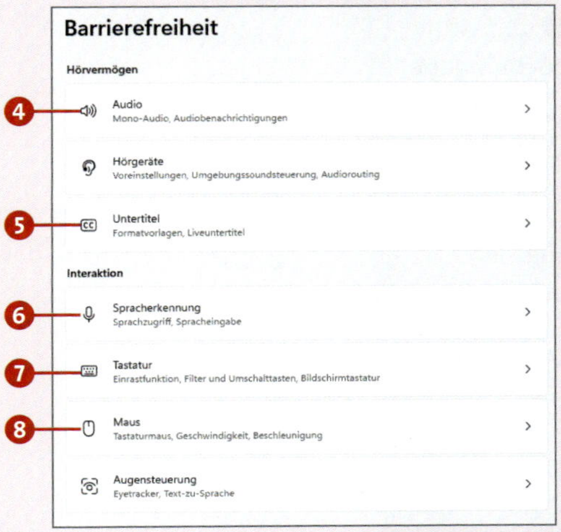

1. Blenden Sie Scrollleisten ein und bestimmen Sie die Anzeigedauer von Benachrichtigungen.
2. Hohe Kontraste erleichtern das Erkennen von Bildschirmelementen.
3. Aktivieren Sie die Sprachausgabe, wenn Sie die Bildschirmelemente nicht erkennen können.
4. Ersetzen Sie Systemsounds (akustische Hinweise) durch visuelle Signale.
5. Untertitel für Hörgeschädigte lassen sich hier einrichten.
6. Texte diktieren und den PC mit Sprachbefehlen steuern
7. verschiedene Einstellungen für Ihre Tastatur
8. die Maus über die Tastatur steuern und weitere Mausoptionen

Zeigergröße und -farbe ändern

In der Standardeinstellung wird der Mauszeiger recht klein und in Weiß dargestellt. Zwar ist der Zeiger schwarz umrandet, dennoch ist er vor allem auf hellen Flächen, z. B. in einem Word-Dokument oder auf einer Webseite, nicht immer leicht zu erkennen. Windows bietet hier eine einfache Lösung und gibt Ihnen die Möglichkeit, den Mauszeiger deutlich zu vergrößern und farbig dazustellen:

1. Öffnen Sie die **Einstellungen**-App mit der Tastenkombination ⊞ + I oder indem Sie zunächst das Startmenü öffnen und dort auf den Menüpunkt **Einstellungen** klicken.
2. Wechseln Sie nun in die Kategorie **Barrierefreiheit** ❶ und wählen Sie rechts die Unterkategorie **Mauszeiger und Toucheingabe**.
3. Mithilfe des Schiebereglers ❷ können Sie nun die Größe des Mauszeigers verändern. Je weiter nach rechts Sie den Regler stellen, desto größer wird der Zeiger dargestellt.
4. Das Aussehen des Mauszeigers verändern Sie über die vier Schaltflächen darüber. Die erste färbt den Zeiger weiß, die zweite schwarz. Die dritte Schaltfläche invertiert den Mauszeiger. Er wird damit automatisch auf einer hellen Fläche dunkel dargestellt und auf einem dunklen Hintergrund hell ❸.
5. Über die vierte Schaltfläche können Sie eine beliebige Farbe für den Mauszeiger festlegen ❹. Wählen Sie eine der vorgeschlagenen Farben oder klicken Sie auf den Menüpunkt **Andere Farbe auswählen** ❺, wenn Sie eine andere Farbe bevorzugen.

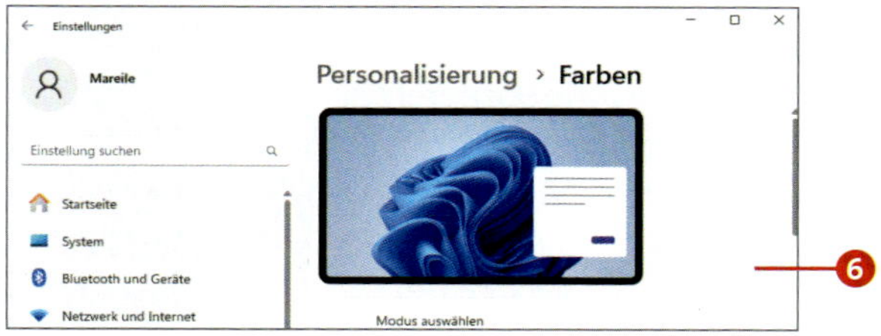

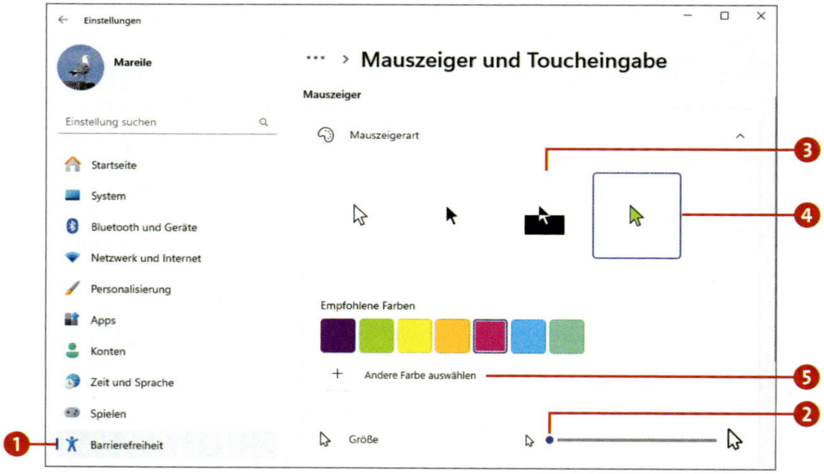

Schreibmarke vergrößern

Wählen Sie in der Kategorie **Barrierefreiheit** die Unterkategorie **Textcursor** ❻, können Sie auch die Größe und Farbe der Schreibmarke verändern und damit ihre Sichtbarkeit erhöhen. Die Schreibmarke ist immer dann zu sehen, wenn Sie Texte eingeben, also z. B. in Dokumenten oder wenn Sie eine E-Mail verfassen.

8 Geräte anschließen

In diesem Kapitel

- Drucker
- Bilder von einem Fotoapparat importieren
- Lautsprecher
- USB-Festplatte oder USB-Stick
- Smartphones und andere mobile Geräte
- Der Geräte-Manager im Überblick

In diesem Kapitel erfahren Sie, wie Sie Hardwarekomponenten wie Drucker oder Lautsprecher richtig an den Computer anschließen. Oder möchten Sie vielleicht Ihr Smartphone mit dem PC verbinden, um Daten zu synchronisieren oder ein paar Musikdateien vom Rechner auf das Handy zu überspielen? Dazu können Sie ein USB-Kabel oder auch die schnelle drahtlose Übertragung via Bluetooth nutzen.

Der *Geräte-Manager* bleibt die erste Anlaufstelle, wenn es darum geht, neue Geräte an den Computer anzuschließen und sie einzurichten, neue Treiber zu installieren, veraltete Treiber zu aktualisieren oder Geräte zu deaktivieren. Das wichtigste Gerät ist sicherlich der Drucker, darum erklären wir Ihnen in diesem Kapitel nicht nur, wie Sie ihn anschließen und die passenden Einstellungen wählen, sondern auch, wie Sie Dokumente ausdrucken. Wenn es um den Austausch von Dokumenten geht, ist das PDF-Format häufig die erste Wahl. Unter Windows 11 ist hierfür keine Zusatzsoftware erforderlich, um PDF-Dateien zu erstellen. Mithilfe des Browsers *Microsoft Edge* können Sie diese Dateien betrachten und ausdrucken und ersparen sich somit die zusätzliche Installation eines Anzeigeprogramms.

Drucker

Einen Drucker anschließen

Sobald Sie einen modernen Drucker via USB an den Computer anschließen, erkennt Windows 11 ihn in den meisten Fällen und richtet ihn automatisch ein. Verfügen Sie über eine DVD mit Software für Ihren Drucker, installieren Sie diese, denn darin sind meist die benötigten Treiber enthalten. Wenn der Drucker nicht erkannt wird, müssen Sie ihn manuell installieren:

1. Verbinden Sie den Drucker mit dem Computer und schalten Sie ihn ein. Öffnen Sie dann die **Einstellungen**-App mit [Windows] + [I] und wählen Sie darin die Kategorie **Bluetooth und Geräte** 1.
2. Klicken Sie rechts auf den Eintrag **Drucker und Scanner**.
3. Um einen Drucker zu installieren, klicken Sie in der rechten Fensterhälfte auf **Gerät hinzufügen** 2.
4. Wurde der Drucker erkannt, wird er im nächsten Dialog aufgeführt. Falls nicht, prüfen Sie, ob der Drucker eingeschaltet ist, und führen Sie über die inzwischen sichtbare Schaltfläche **Aktualisieren** 3 eine erneute Suche durch. Wird er dennoch nicht erkannt, klicken Sie auf **Fügen Sie ein neues Gerät manuell hinzu** 4.
5. Windows fragt nun verschiedene Einstellungen ab, z. B., ob ein lokaler oder ein Netzwerkdrucker hinzugefügt werden soll oder welcher Anschluss verwendet wird. Über die Schaltfläche **Weiter** 5 gelangen Sie jeweils zum nächsten Schritt.

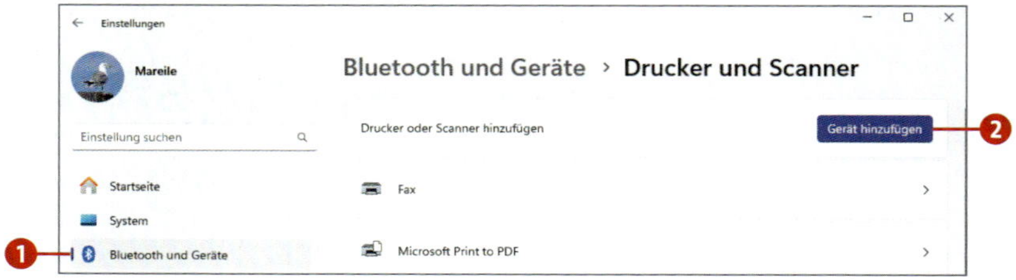

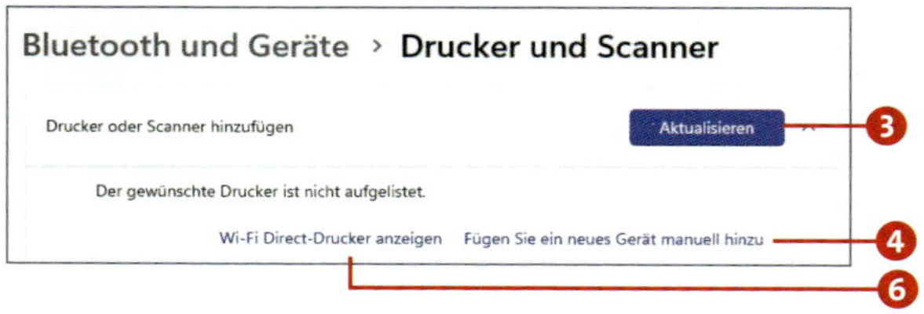

Anschluss über Wi-Fi-Direct

Viele neue Drucker unterstützen die drahtlose Direktverbindung Wi-Fi-Direct. Gilt dies auch für Ihr Gerät, klicken Sie auf **Wi-Fi-Direct-Drucker anzeigen** 6. Weitere Hinweise hierzu entnehmen Sie der Geräteanleitung Ihres Druckers.

6. Schließlich werden einige Hersteller und Druckermodelle aufgelistet. Wählen Sie aus der Liste den passenden Drucker aus oder klicken Sie auf **Windows Update** ❼, um eine erweiterte Druckerliste abzurufen. Die Aktualisierung der Druckerliste kann ein paar Minuten dauern.
7. Nachdem Sie eine Bezeichnung für den Drucker eingegeben oder den vorgeschlagenen Namen übernommen haben, wird der Druckertreiber installiert. Legen Sie anschließend fest, ob der Drucker im Netzwerk freigegeben werden soll, und bestätigen Sie dies mit einem Klick auf **Weiter**.
8. Im letzten Schritt überprüfen Sie nun über die Schaltfläche **Testseite drucken** ❽ die korrekte Installation des Druckers. Die Testseite enthält Daten zum Drucker sowie eine kleine Grafik.
9. Wenn alle Einstellungen vorgenommen sind und der Testausdruck in Ordnung ist, schließen Sie die Installation über **Fertig stellen** ❾ ab. Der Drucker ist nun einsatzbereit.

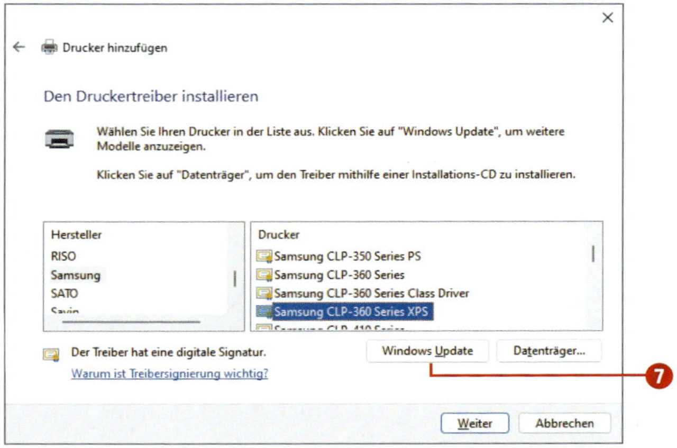

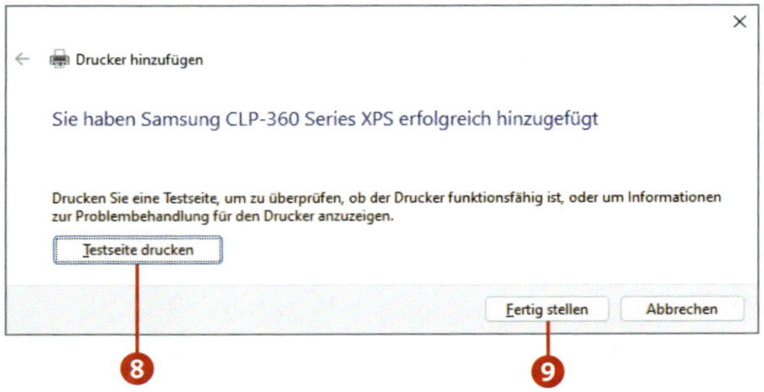

Drucker nachträglich im Netzwerk freigeben

Sie können den Drucker jederzeit nachträglich freigeben, falls Sie dies bei der Installation nicht getan haben. Klicken Sie in der **Einstellungen**-App unter **Bluetooth und Geräte > Drucker und Scanner** auf Ihren Drucker und dann auf **Druckereigenschaften**. Auf der Registerkarte **Freigabe** aktivieren Sie die Option **Drucker freigeben** und tragen darunter noch einen eindeutigen Freigabenamen ein. Sollte das Netzwerk von Anwendern mit unterschiedlichen Windows-Versionen genutzt werden, müssen Sie über **Zusätzliche Treiber** passende Treiber nachinstallieren. Klicken Sie auf **OK**, um die Einstellungen zu übernehmen.

Einen Drucker als Standarddrucker definieren

Haben Sie mehrere Drucker installiert, können Sie wählen, über welchen Drucker der Auftrag ausgeführt werden soll. Ein Drucker wird dabei als Standarddrucker festgelegt. Windows 11 hat allerdings die Angewohnheit, die Auswahl immer wieder zu ändern. Um dauerhaft einen Standarddrucker festzulegen, gehen Sie wie folgt vor:

1. Öffnen Sie die **Einstellungen**-App mit [Windows-Taste] + [I] oder durch einen Klick auf **Einstellungen** im Startmenü und wählen Sie die Kategorie **Bluetooth und Geräte** ❶ aus.
2. Wechseln Sie in die Unterkategorie **Drucker und Scanner**. Windows setzt jenen Drucker als Standarddrucker ein, der zuletzt verwendet wurde. Um dies zu verhindern, setzen Sie den Regler **Windows verwaltet Standarddrucker** auf **Aus** ❷.
3. Klicken Sie nun in der Liste der installierten Drucker auf das Gerät, das Sie als Standard definieren möchten ❸. Mit einem Klick auf **Als Standard** ❹ wird der Drucker zum Standarddrucker ernannt und ist fortan in allen Druckdialogen als Ausgabegerät vorausgewählt.

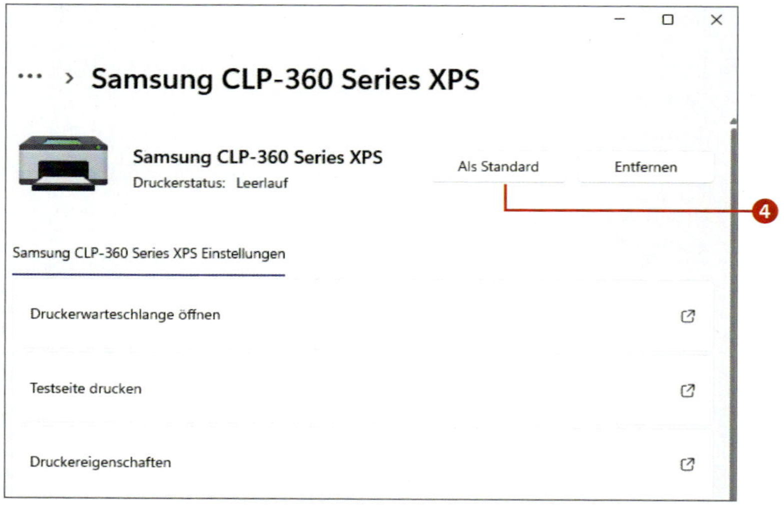

Papierstau

Wird das Papier schief eingezogen oder verklemmt es sich im Drucker, kann dies mehrere Gründe haben. Häufig liegt es aber am Papier selbst. Bevor Sie neues Papier einlegen, sollten Sie es mehrfach auffächern. Beim produktionsbedingten Schneiden entstehen häufig Kanten, an denen sich das Papier leicht verhaken kann, sodass mehr als ein Blatt auf einmal eingezogen wird. Achten Sie zudem auf die Qualität des Papiers. Wenn es zu dünn ist oder bei zu hoher Luftfeuchtigkeit gelagert wurde, kommt es schneller zu Papierstaus.

Einen Drucker entfernen

Der neue Drucker wurde erfolgreich installiert. Nun steht der alte Drucker aber weiterhin unnötig in der Auswahlliste und stört die Übersichtlichkeit. Sie können diesen Drucker über die PC-Einstellungen entfernen:

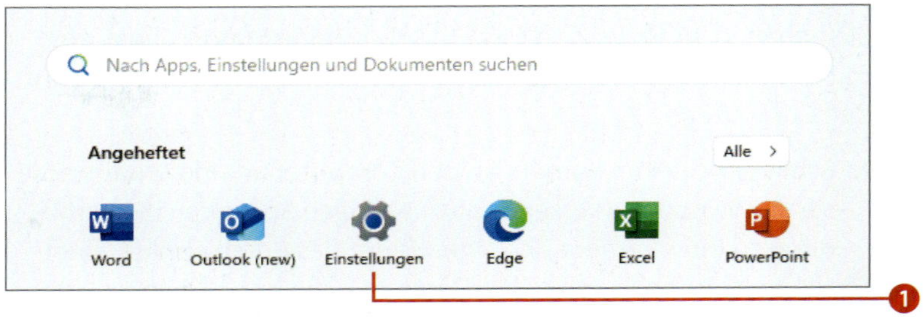

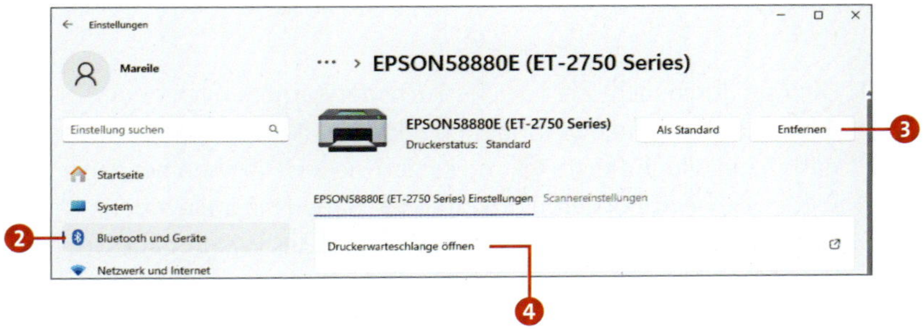

1. Öffnen Sie die Windows-**Einstellungen** durch einen Klick auf das entsprechende Symbol im Startmenü ❶ oder mithilfe der Tastenkombination [Win] + [I].
2. Wechseln Sie zur Kategorie **Bluetooth und Geräte** ❷. Hier werden nun im Untermenü **Drucker und Scanner** alle verfügbaren Drucker aufgelistet. Wählen Sie den Drucker, den Sie entfernen möchten, mit einem Mausklick aus. Auf der folgenden Seite erscheint rechts vom Druckernamen die Schaltfläche **Entfernen** ❸. Klicken Sie darauf und bestätigen Sie die anschließende Abfrage mit einem Klick auf **Ja**.
3. Der Drucker wird nun aus dem System entfernt. Der Vorgang kann nicht rückgängig gemacht werden. Benötigen Sie den Drucker zu einem späteren Zeitpunkt wieder, müssen Sie ihn neu installieren (siehe den Abschnitt »Einen Drucker anschließen« ab Seite 246).

Druckaufträge abbrechen

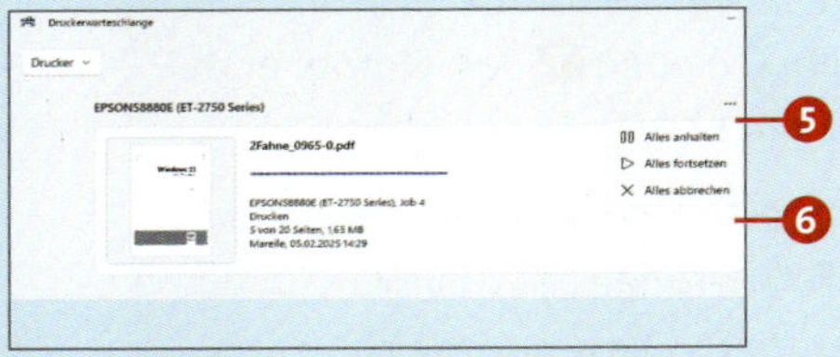

Einmal kurz nicht aufgepasst, und schon druckt man vom umfangreichen Dokument nicht nur die gewünschte Seite, sondern gleich alle. Wenn Sie schnell reagieren, können Sie den Druckauftrag aber noch abbrechen. Wählen Sie hierzu den Drucker in der **Einstellungen**-App aus, finden Sie auf der folgenden Seite den Eintrag **Druckerwarteschlange** ❹. Nach einem Klick darauf listet Windows alle Druckaufträge des ausgewählten Druckers auf. Um sie zu beenden, klicken Sie auf das Symbol mit den drei kleinen Punkten ❺ und wählen dann **Alles abbrechen** ❻ und bestätigen mit **Ja**.

Bilder von einem Fotoapparat importieren

Sie haben in Ihrem letzten Urlaub viele schöne Erinnerungsfotos mit der Digitalkamera geschossen. Wie kommen die Fotos nun auf den Computer?

1. Schließen Sie Ihre Kamera an den Computer an und schalten Sie sie ein. Windows 11 erkennt nach wenigen Sekunden die Verbindung zu Ihrer Kamera und signalisiert dies durch einen kleinen Hinweis. Rufen Sie über das Startmenü die App **Windows-Fotoanzeige** auf. Klicken Sie hier auf **Importieren** (1) und dann auf die Kamera.
2. Die App durchsucht die Speicherkarte der Kamera nach neuen Bildern und zeigt die gefundenen Bilder an. Nutzen Sie zur Navigation die Bildlaufleiste (2) und setzen Sie die Häkchen bei den Fotos, die Sie importieren möchten (3). Haben Sie auch Videos aufgenommen, erkennen Sie diese anhand des Wiedergabesymbols (4).
3. Falls Sie alle auf der Speicherkarte der Kamera verfügbaren Elemente importieren möchten, aktivieren Sie **Alle auswählen** (5). Mit **Neue auswählen** werden nur die seit dem letzten Importvorgang aufgenommenen Fotos und Videos importiert.
4. Klicken Sie auf **... Elemente importieren** und wählen Sie den gewünschten Ordner aus. Standardmäßig bietet Windows Ihnen den Ordner **Bilder** auf OneDrive an (6), Sie können sich aber auch für den lokalen **Bilder**-Ordner entscheiden (7). Mit **Ordner erstellen** (8) legen Sie einen neuen Ordner an.
5. Starten Sie den Vorgang mit **Importieren** (9). Die übertragenen Bilder zeigt die App **Windows-Fotoanzeige** anschließend in der Ansicht **Katalog** (10) an, und zwar nach Datum sortiert.

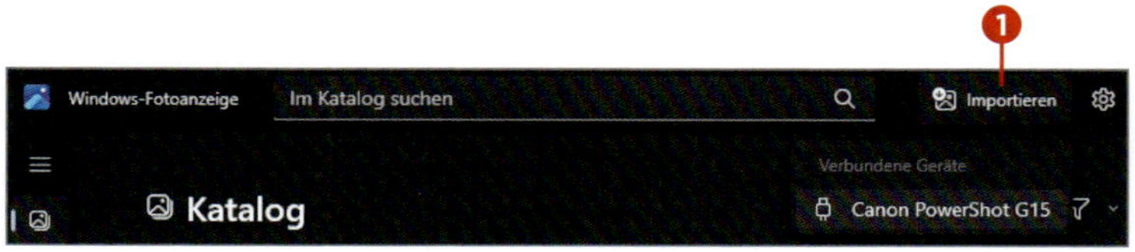

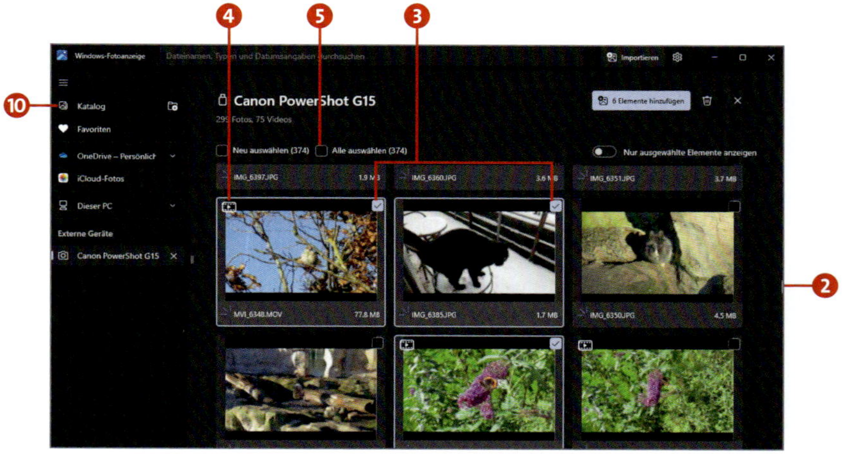

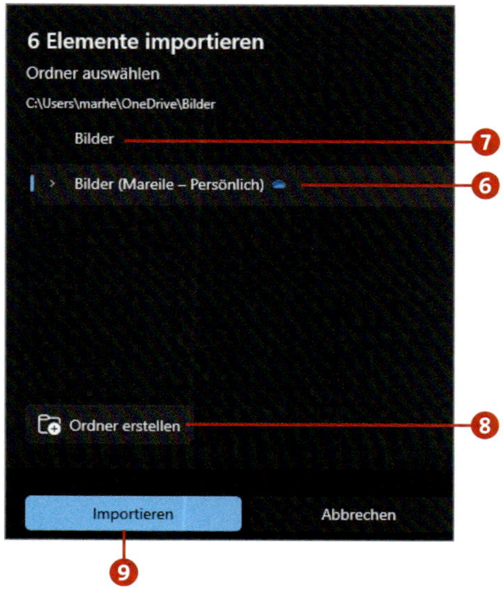

Lautsprecher

Lautsprecher anschließen und einstellen

Viele Anwender sehen sich über den Computer Filme an oder hören Musik. Dazu braucht es Lautsprecher, die – sofern nicht bereits im Gerät integriert – an den grünen Anschluss (Ausgang der Soundkarte) angeschlossen oder per USB-Schnittstelle mit dem Computer verbunden werden:

1. Öffnen Sie die **Einstellungen**-App, z. B. durch Drücken von [Windows-Taste] + [I], und wechseln Sie dann in die Kategorie **System** (1). Wählen Sie in der rechte Fensterhälfte die Unterkategorie **Sound** (2).
2. Im Abschnitt **Ausgabe** wird der aktuelle Lautsprecher aufgeführt. Die **Lautstärke** können Sie mithilfe des Schiebereglers einstellen (3). Diese Einstellung erreichen Sie aber auch über das Lautsprechersymbol in der Taskleiste.
3. Nach einem Klick auf den Lautsprechernamen (4) gelangen Sie zur Eigenschaftenseite des Geräts. Hier können Sie detailliertere Einstellungen vornehmen und über die Schaltfläche **Testen** die Lautsprecher einem Funktionstest unterziehen.
4. Sollte der Lautsprecher nicht korrekt funktionieren, kehren Sie mit einem Klick auf **Sound** (5) wieder zur vorherigen Seite zurück. Hier haben Sie am unteren Seitenrand im Abschnitt **Erweiterte Einstellungen** die Möglichkeit, eventuelle Soundprobleme sowohl für die Ausgabe- als auch die Eingabegeräte zu beheben.

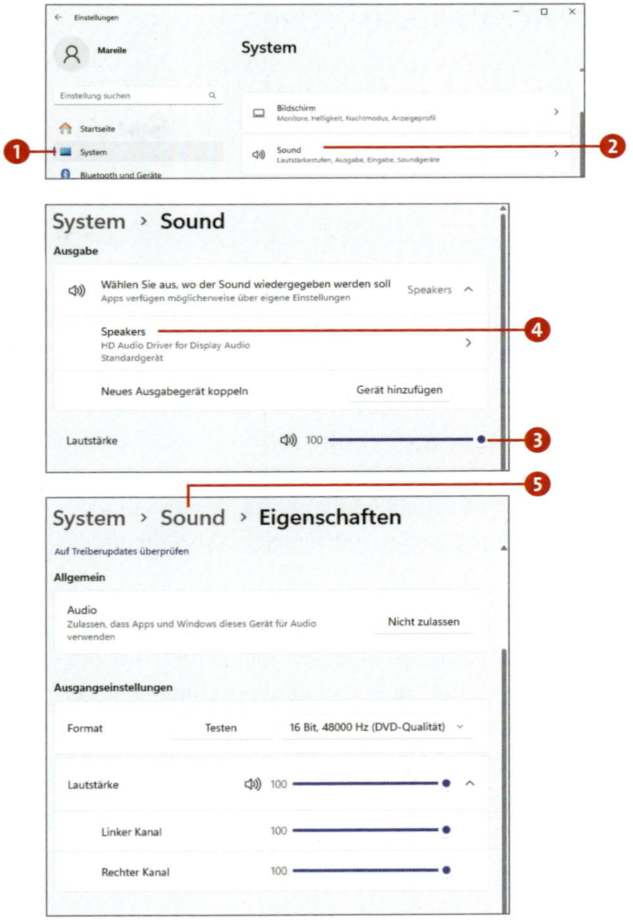

Kopfhörer anschließen

Bei tragbaren Computern wie Tablet-PCs ist das Anschließen von Lautsprechern zwar auch möglich, praktischer sind hier aber sicherlich Kopfhörer, die üblicherweise ebenfalls an den grünen Ausgang der Soundkarte angeschlossen werden. Wie Sie »Bluetooth-Geräte mit Windows verbinden«, lesen Sie im gleichnamigen Abschnitt auf Seite 256.

Audioaufnahme und -wiedergabe testen

Sie möchten Aufnahmen über ein Mikrofon erstellen? Schließen Sie zunächst Ihr Mikrofon an den Mikrofoneingang Ihres Computers (Eingang der Soundkarte) an. Meist ist dies eine rosafarbene Buchse. Manche Kopfhörer werden aber auch über USB oder Bluetooth mit dem PC verbunden.

1. Öffnen Sie die **Einstellungen**-App und wählen Sie dort in der Kategorie **System** ❶ rechts die Unterkategorie **Sound** aus.
2. Testen Sie die ordnungsgemäße Funktion des Mikrofons, indem Sie ein paar Worte sprechen. Hierbei sollte der Pegel der Anzeige **Lautstärke** im Abschnitt **Eingabe** deutlich ausschlagen.
3. Sollte das Mikrofon nicht korrekt erkannt werden, blättern Sie nach unten bis zum Abschnitt **Erweiterte Einstellungen** und klicken hier auf die Schaltfläche **Eingabegeräte**. Windows sucht daraufhin nach der Fehlerursache und versucht, das Problem zu lösen.
4. Klicken Sie im Abschnitt **Eingabe** auf den Namen des Mikrofons ❷, gelangen Sie zu weiteren Einstellungen. Sie können hier die Aufnahmelautstärke mithilfe des Schiebereglers **Eingangslautstärke** einstellen ❸. Über **Test starten** ❹ können Sie sich den maximal erreichten Pegel anzeigen lassen.
5. Wechseln Sie mit der [Windows]-Taste ins Startmenü und geben Sie dort den Suchbegriff »Audiorekorder« ein. Wählen Sie aus der Ergebnisliste das Programm aus, um es zu starten.
6. Um eine Aufnahme zu starten, klicken Sie auf das rote Symbol ❺ und sprechen ein paar Sätze in das Mikrofon. Beenden Sie den Test mit **Aufnahme beenden** (Symbol mit einem schwarzen Quadrat).

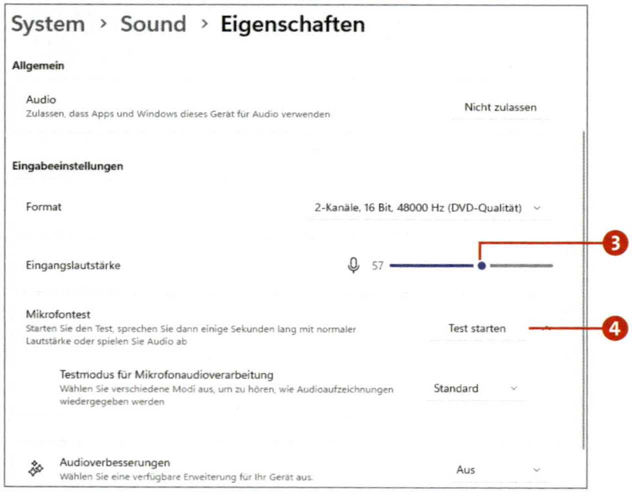

Programmempfehlung

Für die Erstellung und einfache Bearbeitung von Audiodateien eignet sich hervorragend das kostenlose Programm *Audacity*.

USB-Festplatte oder USB-Stick

Die Lebensdauer und die Speicherkapazität von CDs und DVDs sind begrenzt, daher eignen sich gerade externe Festplatten hervorragend als Sicherungsmedium für Ihre Daten. Eine USB-Festplatte oder einen USB-Stick anzuschließen ist sehr einfach:

1. Stecken Sie die externe Festplatte oder den Speicherstick in den USB-Anschluss an Ihren Computer. Bei einem USB-Stick ist keine weitere Handlung erforderlich; eine externe Festplatte müssen Sie anschließend eventuell noch einschalten. Achten Sie auf einen sicheren Stand der Festplatte. Das Laufwerk sollte während des Betriebs nicht schräg liegen und nicht bewegt werden.
2. Nach einem kurzen Moment wird die Festplatte bzw. der USB-Stick erkannt und als zusätzlicher Datenträger im Explorer angezeigt. Ein USB-Stick wird meist mit USB gekennzeichnet, eine Festplatte mit **HD** (für **Hard Disc**) ❶, häufig aber auch mit der Herstellerbezeichnung. Eventuell benötigte Gerätetreiber werden automatisch installiert. Sie können den Datenträger nun wie eine gewöhnliche Festplatte verwenden und Daten kopieren, löschen, verschieben etc.
3. Wird die USB-Festplatte oder der USB-Stick nicht mehr benötigt, trennen Sie diese Geräte vom System, bevor Sie den USB-Stecker ziehen. Dazu klicken Sie in der Taskleiste auf den kleinen Pfeil **Ausgeblendete Symbole einblenden** ❷, dann auf das Symbol **Hardware sicher entfernen und Medium auswerfen** ❸ und schließlich auf **<Gerätename> auswerfen** ❹. Sie vermeiden dadurch Datenverlust. Stecken Sie den Datenträger erst ab, nachdem Windows die Trennung bestätigt hat.

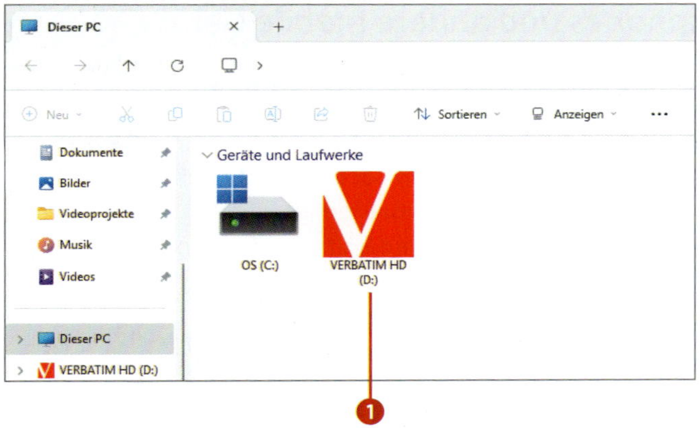

Die externe Festplatte wird nicht erkannt?

Verbinden Sie die Festplatte möglichst nicht über einen USB-Hub, an dem weitere Geräte angeschlossen sind, sondern direkt mit dem Computer. Wird sie dennoch nicht erkannt, fehlt vielleicht ein Treiber. Suchen Sie auf der Herstellerseite im Bereich **Support/Service** nach einem geeigneten Treiber oder fragen Sie den Kundendienst.

Smartphones und andere mobile Geräte

Ein Smartphone mit dem Computer verbinden

Sie können Fotos oder Dokumente ganz leicht von Ihrem Mobiltelefon auf den Computer übertragen oder einen Klingelton bzw. MP3-Dateien vom PC auf das Smartphone ziehen. Für den Austausch der Daten benötigen Sie keine separate Software, Sie können einfach den Datei-Explorer verwenden:

1. Verbinden Sie das eingeschaltete Smartphone per USB-Kabel mit dem Computer und aktivieren Sie auf dem Smartphone gegebenenfalls die USB-Verbindung und den USB-Speicher. (Der Aktivierungsvorgang ist vom Betriebssystem des Smartphones abhängig.)
2. Windows erkennt das angeschlossene Smartphone und gibt einen entsprechenden Hinweis auf dem Desktop aus ❶. Klicken Sie auf diesen Hinweis, daraufhin öffnet sich ein Dialogfenster rechts oben auf dem Bildschirm.
3. Um Daten, wie z. B. Dokumente, Bilder oder Musikdateien, mit dem Smartphone auszutauschen, wählen Sie die Option **Gerät zum Anzeigen der Dateien öffnen** ❷ aus. Daraufhin wird der Datei-Explorer geöffnet.

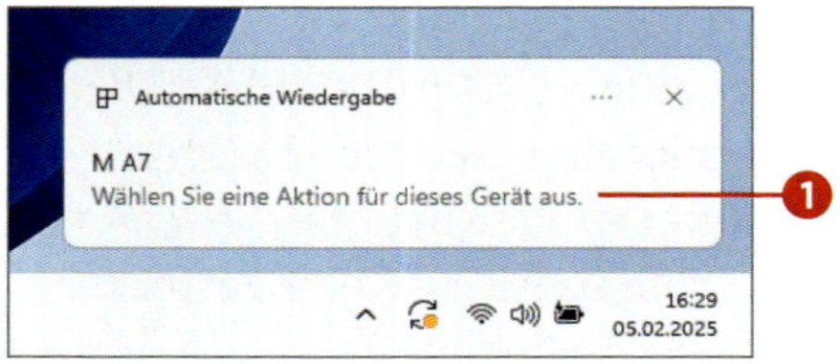

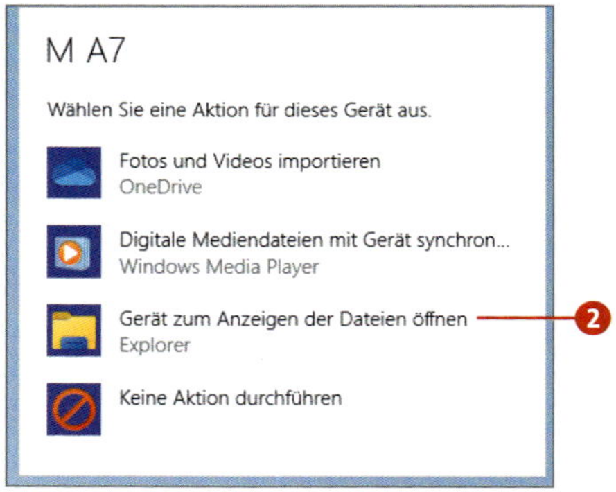

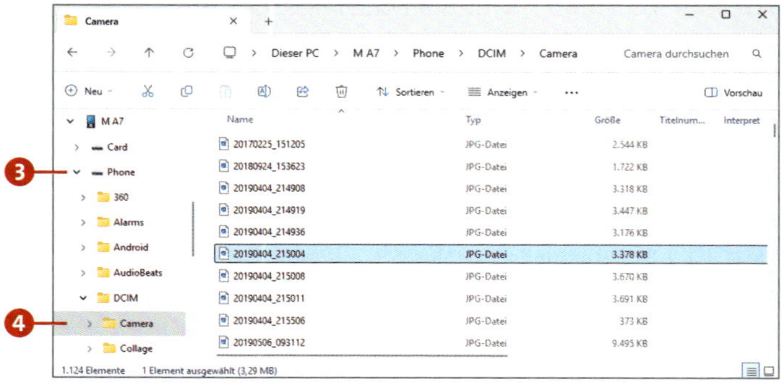

Importieren per Windows-Fotoanzeige-App

Für die Übertragung von Fotos und Videos vom Smartphone auf den PC können Sie auch die Windows-Fotoanzeige-App nutzen. Wie Sie hierzu vorgehen, lesen Sie im Abschnitt »Bilder von einem Fotoapparat importieren« auf Seite 250.

Smartphone wird nicht erkannt?

Achten Sie darauf, dass das Handy eingeschaltet ist und die USB-Verbindung im Gerät aktiviert wurde. Überprüfen Sie, ob das verwendete Datenkabel zu Ihrem Smartphone kompatibel ist. Oft reicht es auch aus, das Handy neu zu starten.

4. Das Smartphone lässt sich im Explorer nun wie eine Festplatte ansprechen, d. h., Sie können es öffnen und auf gewohnte Weise Dateien kopieren, verschieben oder löschen. In den meisten Fällen gibt es zwei Einträge für das Telefon im Explorer, einen für den internen Speicher ❸ und einen weiteren für die SD-Speicherkarte, falls solch eine Karte im Telefon eingesetzt ist. Wenn auf dem Smartphone Fotos vorhanden sind, finden Sie diese meist im Verzeichnis **DCIM > Camera** ❹ oder **Pictures > Camera Roll**. Die genauen Verzeichnisnamen sind abhängig vom Betriebssystem Ihres Smartphones.

5. MP3-Audiodateien werden gewöhnlich im Verzeichnis **Music** ❺ abgelegt. Ziehen Sie die ausgewählte MP3-Datei einfach mit gedrückter Maustaste auf das Telefon oder gegebenenfalls umgekehrt vom Telefon auf die Festplatte Ihres Computers. Klingeltöne sind meist in den Ordnern **Sounds** oder **Ringtones** ❻ zu finden.

6. Dokumente werden in den Ordnern **Documents** ❼ oder auch **My Documents** gespeichert. Auch Dokumente können Sie vom Handy auf den Computer und umgekehrt übertragen. Schauen Sie im Handbuch Ihres Mobiltelefons nach, welche Dateiformate unterstützt werden.

7. Dateien, die Sie mit Ihrem Smartphone aus dem Internet heruntergeladen haben, landen standardmäßig im Verzeichnis **Download** ❽.

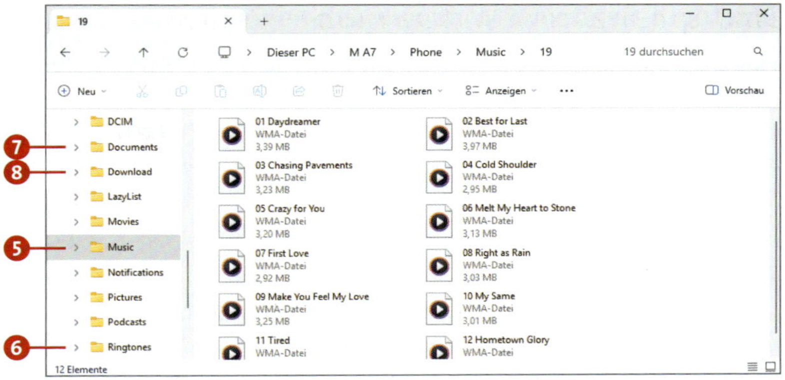

Spezielle Software nutzen

Die meisten Handyhersteller bieten für ihre Geräte spezielle Synchronisierungssoftware an, mit deren Hilfe Sie z. B. Ihre Kontakte mit Google, Yahoo! oder Outlook abgleichen und Daten zwischen dem Smartphone und einem angeschlossenen Computer austauschen können. Für Android-Handys ist z. B. *MyPhoneExplorer* eine kostenlose Alternative.

Drahtlose Verbindung zwischen Handy und Computer

Sie haben gerade kein passendes Datenkabel zum Anschluss des Smartphones zur Hand? Im nächsten Abschnitt erfahren Sie, wie Sie Handy und Computer drahtlos via Bluetooth verbinden können.

Bluetooth-Geräte mit Windows verbinden

Falls Ihnen gerade kein Datenkabel zur Verfügung steht, können Sie auch drahtlos Daten zwischen Ihrem Computer und einem Bluetooth-fähigen Gerät, z. B. Ihrem Handy, austauschen. Bluetooth-Adapter gibt es im Fachhandel schon für unter 15 €. Bei Tablets und Laptops ist dieser Adapter oft im Gerät verbaut, ebenso in nahezu jedem Smartphone.

1. Rufen Sie die **Einstellungen**-App über das Startmenü oder über die Tastenkombination [Windows] + [I] auf. Wechseln Sie in die Kategorie **Bluetooth und Geräte** ❶.
2. Kontrollieren Sie nun, ob Bluetooth an Ihrem Rechner aktiv ist. Sollte dies nicht der Fall sein, aktivieren Sie die Funktion, indem Sie den Schieberegler auf **Ein** ❷ stellen.
3. Aktivieren Sie nun die Bluetooth-Verbindung an Ihrem Handy und schalten Sie den Modus auf **Sichtbar**, damit das Gerät erkannt werden kann.
4. Nun gilt es, die Geräte zu verbinden. Klicken Sie in der **Einstellungen**-App des Computers auf die Schaltfläche **Gerät hinzufügen** ❸ und wählen Sie die Option **Bluetooth** ❹ aus.

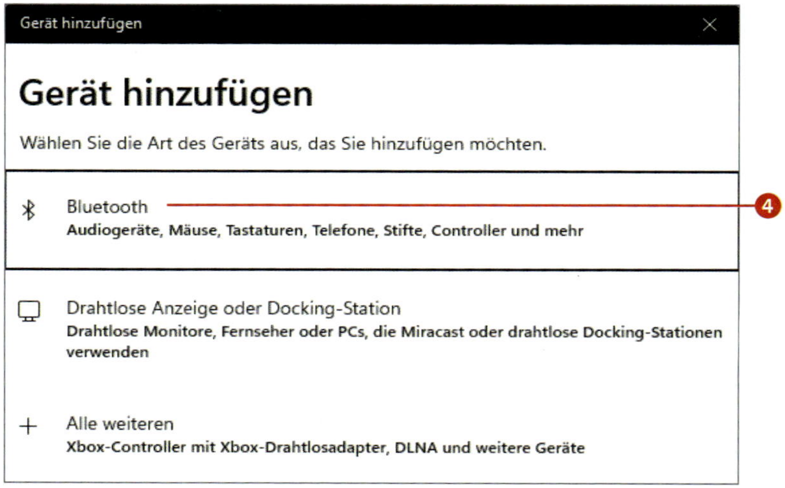

Bluetooth-Sicherheitstipps

Schalten Sie Bluetooth nur ein, wenn Sie es für die Datenübertragung benötigen, und deaktivieren Sie die Funktion danach umgehend wieder. Lehnen Sie zudem unbedingt jede unerwartete Aufforderung ab, eine Bluetooth-Verbindung oder den Empfang einer Datei zu akzeptieren!

5. Nach wenigen Sekunden wird Ihr Handy gefunden und angezeigt. Klicken Sie auf den Geräteeintrag, um den Vorgang fortzusetzen.

6. Bevor eine Verbindung zwischen dem Computer und dem Telefon hergestellt wird, müssen Sie sich identifizieren. Windows blendet zu diesem Zweck einen Code ein, der gleichfalls auf dem Handy angezeigt wird. Kontrollieren Sie diesen Code und bestätigen Sie ihn sowohl auf dem Handy als auch am Computer mit einem Klick auf **Verbinden** ❺.

7. Nun ist die Verbindung hergestellt. Über die Schaltfläche **Fertig** schließen Sie den Dialog und können nun Daten zwischen dem Computer und dem Mobiltelefon austauschen. Klicken Sie mit der rechten Maustaste auf das Bluetooth-Symbol in der Taskleiste und wählen Sie aus dem Kontextmenü **Datei senden** ❻.

8. Wählen Sie im nächsten Dialog Ihr Mobiltelefon aus und klicken Sie auf **Weiter**.

9. Klicken Sie auf **Durchsuchen** ❼, um eine Datei zur Übertragung auszusuchen, und bestätigen Sie auch diese Auswahl mit **Weiter**. Nun wird die Datei auf das Mobiltelefon übertragen. Die Übertragung ist erfolgreich abgeschlossen, wenn die Datei auf dem Empfängergerät angenommen wurde.

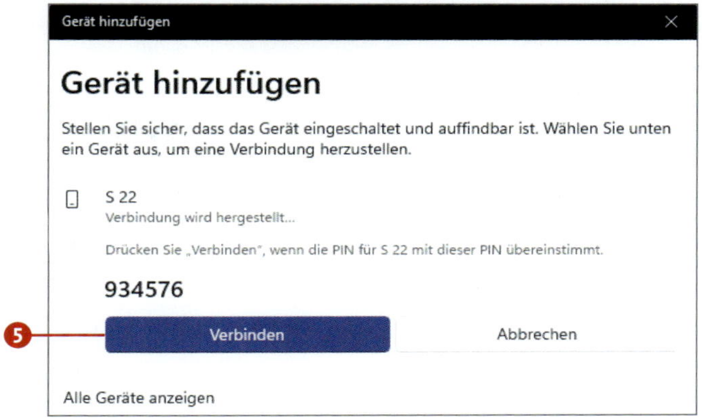

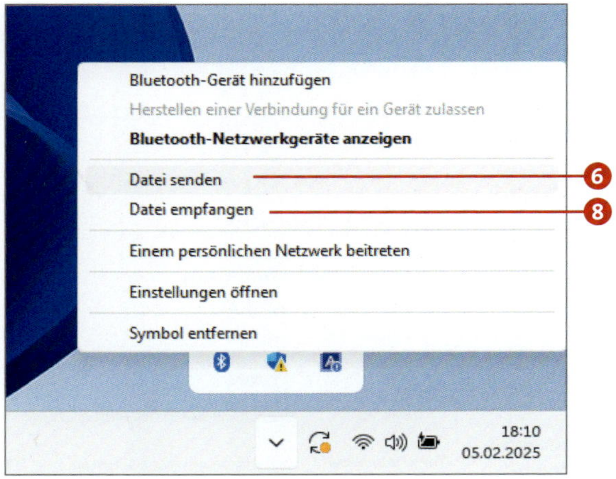

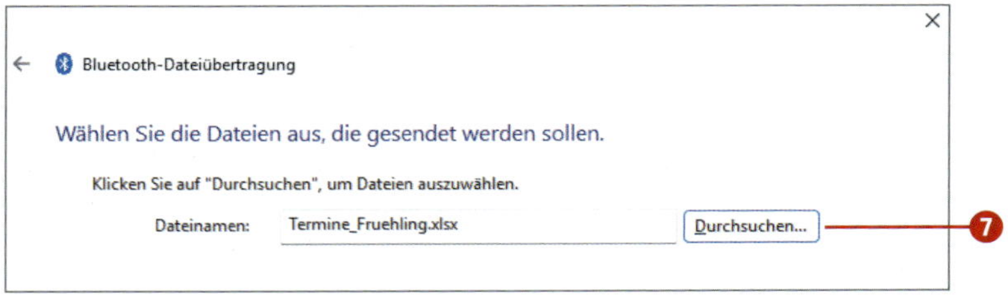

Dateien an den Computer senden

Natürlich funktioniert auch der umgekehrte Weg. Schicken Sie eine Datei via Bluetooth an den Computer, wird die eingehende Datei in einem Dialogfenster angezeigt und lässt sich in ein beliebiges Verzeichnis speichern. Über **Abbrechen** können Sie den Empfang der Datei auch ablehnen. Damit die Übertragung klappt, müssen Sie in der Taskleiste aus dem Bluetooth-Kontextmenü die Option **Datei empfangen** ❽ auswählen.

Der Geräte-Manager im Überblick

Mit dem *Geräte-Manager* können Sie sich eine Liste aller auf dem Computer installierten Hardwarekomponenten, z. B. die Grafikkarte, Festplatten, CD-/DVD-Laufwerke, Prozessoren oder auch den angeschlossenen Monitor, anzeigen lassen und die jeweiligen Geräteeigenschaften festlegen. Sie können an dieser Stelle nach neuer Hardware suchen lassen, Treibersoftware deinstallieren oder aktualisieren, Geräte kurzfristig deaktivieren oder auch komplett deinstallieren. Der Geräte-Manager zeigt zudem fehlerhafte Komponenten an und ist eine der typischen Anlaufstellen auf der Suche nach Lösungen für verschiedene PC-Probleme. Sie starten den Geräte-Manager z. B. über [Win] + [X] und die Auswahl des Eintrags **Geräte-Manager** im Schnellstartmenü.

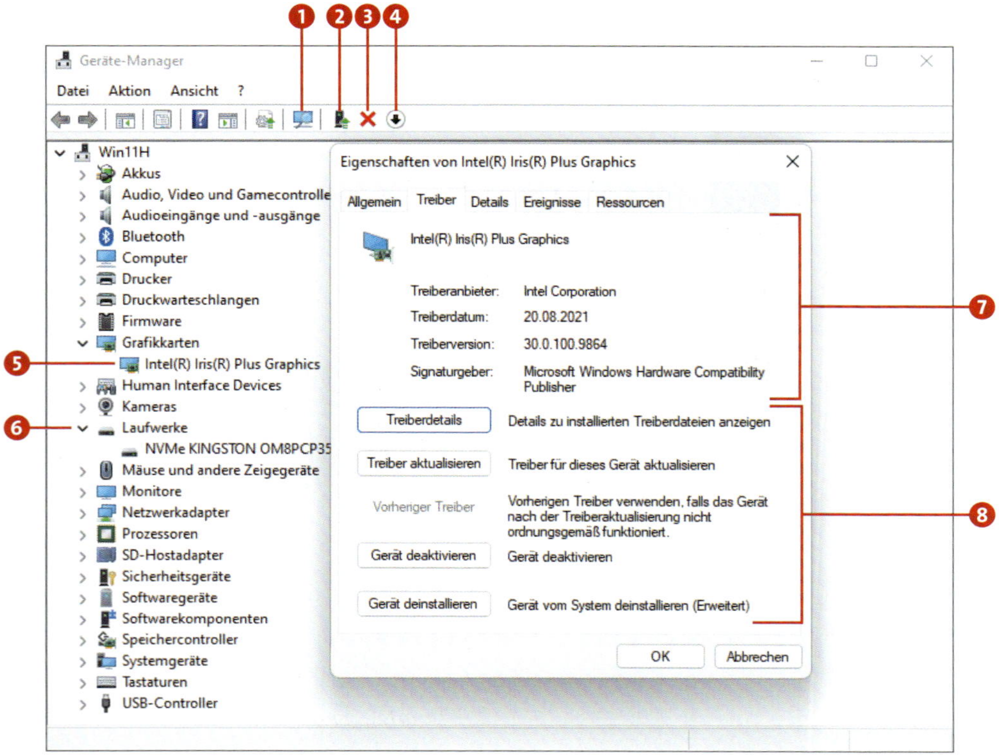

1. nach geänderter oder neuer Hardware suchen
2. die Treibersoftware des ausgewählten Geräts aktualisieren
3. das ausgewählte Gerät deinstallieren
4. ein Gerät deaktivieren
5. Die im Rechner verbaute Grafikkarte wird ebenfalls aufgeführt.
6. Unter **Laufwerke** werden die eingebauten und angeschlossenen Festplatten aufgelistet.
7. Wenn Sie es genauer wissen wollen, können Sie sich die Eigenschaften eines Geräts, z. B. der Grafikkarte, anzeigen lassen, indem Sie doppelt auf den Geräteeintrag klicken.
8. Hier können Treiber aktualisiert oder auch deinstalliert werden.

Gerätetreiber installieren und aktualisieren – 1

Wenn Sie ein neues Gerät an den Computer anschließen, versucht Windows 11 automatisch, das Gerät zu erkennen und einen passenden Gerätetreiber zu installieren. Das klappt zum Glück in den meisten Fällen auch wirklich problemlos. Kann das Gerät nicht erkannt werden oder liegen keine Treiber vor, werden Sie darüber informiert und Windows verlangt nach einer Treiber-DVD oder einer manuellen Installation des Treibers. Bei einem *Treiber* handelt es sich um eine Software, die die Kommunikation zwischen der Hardware und dem Computer bzw. Windows regelt. Fehlt der Treiber oder wurde er nicht ordnungsgemäß installiert, funktionieren die jeweiligen Geräte nicht oder nur mit Einschränkungen. Standardtreiber für grundlegende Funktionen, z. B. für Speichergeräte, Netzwerkfunktionen, die Eingabe und Anzeige, sind in Windows 11 bereits enthalten.

Gehört zum Lieferumfang Ihres neuen Geräts eine CD/DVD, legen Sie sie in Ihr CD-/DVD-Laufwerk ein und installieren Sie die darauf befindliche Software. Beachten Sie die Anleitung des Geräteherstellers. Wenn Sie z. B. eine Tastatur mit zusätzlichen Funktionstasten verwenden möchten, können Sie sie zwar auch mit den Windows-Standardtreibern nutzen; viele Zusatzfunktionen wie die Belegung und Nutzung der Funktionstasten sind aber nur mit der mitgelieferten Gerätesoftware möglich. Die Software installiert die für Windows benötigten Treiber gleich mit, und damit ist das Gerät nach der Softwareinstallation einsatzbereit.

Damit Windows 11 Treiber für ein erkanntes Gerät herunterladen und installieren kann, muss eine Internetverbindung bestehen. Bestand zum Zeitpunkt der Installation keine Internetverbindung oder möchten Sie den Treiber für eine Hardwarekomponente aktualisieren, führen Sie diesen Vorgang direkt über den Geräte-Manager durch. Doppelklicken Sie im Geräte-Manager auf das Gerät, dessen Treiber Sie erneuern möchten. Wechseln Sie danach zur Registerkarte **Treiber** und klicken Sie dort auf die Schaltfläche **Treiber aktualisieren**. Sie haben daraufhin die Möglichkeit, auf Ihrem Computer bzw. auf einer CD/DVD oder über das Internet nach einem neuen Treiber zu suchen. Die darauffolgende Installation ist selbsterklärend. Nach der Installation kann ein Neustart des Systems erforderlich sein.

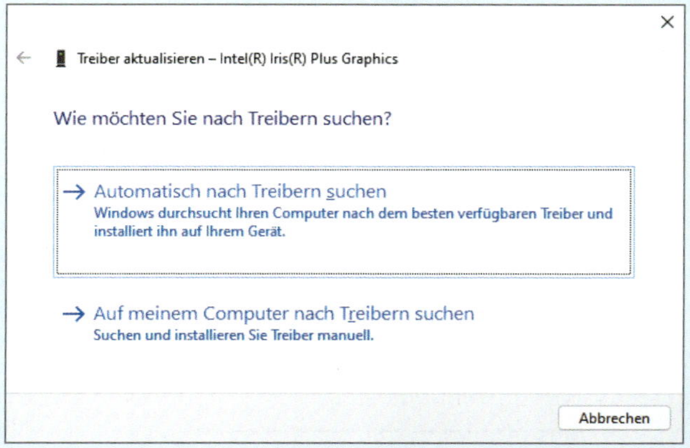

Lassen Sie Windows automatisch nach aktueller Treibersoftware suchen.

Gerätetreiber installieren und aktualisieren – 2

Sollte die Hardwarekomponente nach der Aktualisierung des Treibers nicht mehr richtig funktionieren, bietet Windows 11 die einfache Möglichkeit an, wieder zum vorherigen Treiber zurückzukehren. Diese Funktion finden Sie ebenfalls nach einem Doppelklick auf den Hardwareeintrag auf der Registerkarte **Treiber** des Geräte-Managers. Klicken Sie dort auf die Schaltfläche **Vorheriger Treiber** und folgen Sie den Anweisungen auf dem Bildschirm.

Anstatt manuell nach neuer Gerätesoftware und Treibern für Ihre Hardware zu suchen, können Sie Windows 11 auch anweisen, sie automatisch herunterzuladen. Öffnen Sie zunächst mit den Tasten ⊞ + I die **Einstellungen**-App, rufen Sie die Kategorie **System > Info** auf und klicken Sie dort rechts auf **Erweiterte Systemeinstellungen**. Wechseln Sie dann im Dialog **Systemeigenschaften** auf die Registerkarte **Hardware** und klicken Sie dort auf die Schaltfläche **Geräteinstallationseinstellungen**. Beantworten Sie im Anschluss die Frage **Möchten Sie für Ihre Geräte verfügbare Hersteller-Apps und benutzerdefinierte Symbole automatisch herunterladen?** mit **Ja (empfohlen)**. Klicken Sie anschließend auf die Schaltfläche **Änderungen speichern**, um die Einstellung zu übernehmen. (Die Schaltfläche ist nur aktiv, wenn die aktuelle Einstellung geändert wird.)

Wenn im Lieferumfang der Hardware keine Treiber-CD enthalten war und auch Windows keinen Treiber finden konnte, wenden Sie sich direkt an den Gerätehersteller oder an Ihren Computerhändler. Sollte das Gerät bereits einige Betriebsjahre hinter sich haben, kann es aber leider auch sein, dass der Hersteller keine aktualisierten Treiber für Windows 11 zur Verfügung stellt. Sollten alle Stricke reißen, hilft nur noch der Austausch der alten Hardware.

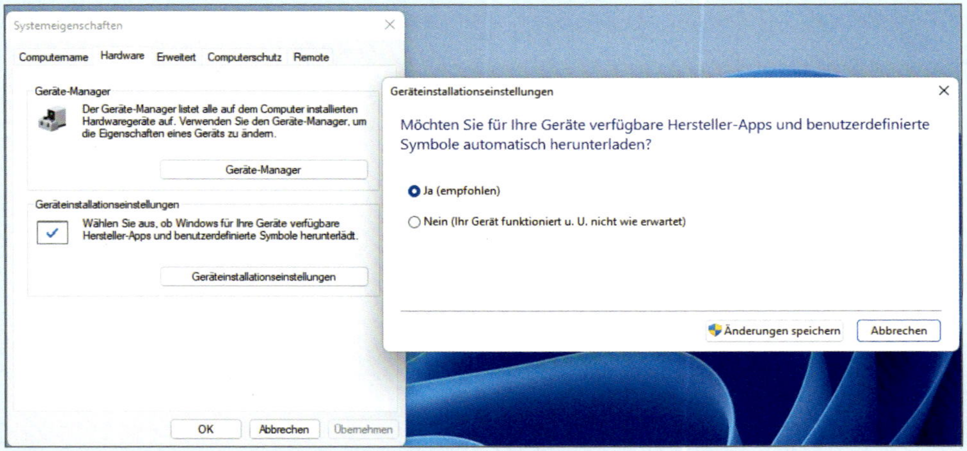

Über die Geräteinstallationseinstellungen legen Sie fest, ob Windows Treiber für Ihre Hardware automatisch herunterladen soll.

9 Bilder, Musik und Videos

In diesem Kapitel

- Die Windows-Fotoanzeige-App
- Die Kamera-App
- Musik mit Windows 11
- Die App »Filme & TV«
- Der Windows Media Player

Der Urlaub ist vorüber und nun möchten Sie die Urlaubsfotos auf den Computer übertragen, um sie nachzubearbeiten oder einfach auf der Festplatte zu sichern. Wie Sie Ihren Fotoapparat oder auch das Smartphone an den Rechner anschließen und wie das Übertragen Ihre Fotos im Detail funktioniert, erfahren Sie in Kapitel 8, »Geräte anschließen«, ab Seite 245. Betrachten und zugleich auch bearbeiten können Sie Ihre Bilder dann ganz unkompliziert mit der App *Windows-Fotoanzeige*. Mit der App *Microsoft Clipchamp* steht Ihnen unter Windows 11 ein KI-unterstütztes Tool zur Verfügung, mit dem Sie beeindruckende Videos erstellen können. Falls Sie z. B. für Ihr Profil ein Foto von sich benötigen, nehmen Sie es einfach mit der *Kamera*-App auf.

Microsoft hat seinen Musikdienst *Groove Musik* zum Jahresende 2017 eingestellt. Die Musik-App *Groove Musik* wurde mittlerweile durch die App *Medienwiedergabe* ersetzt, mit der Sie Ihre Musik- und Videosammlung verwalten können. Der Kauf, das Streamen oder das Herunterladen neuer Musiktitel ist leider nicht möglich. Eine Alternative ist der Anbieter *Spotify*. Die Auswahl an Interpreten und Titeln über diesen Dienst ist schier unerschöpflich. Sie haben Zugriff auf Millionen Musiktitel und können diese kostenfrei abspielen. Audio-CDs lassen sich wie gehabt mit dem *Windows Media Player* abspielen, ebenso aber auch mit der *Medienwiedergabe*-App. Das *Windows Media Center* hingegen wird seit Windows 10 nicht mehr unterstützt.

Mit der App *Filme & TV* von Windows 11 können Sie die neuesten Kinofilme oder Fernsehserien per Mausklick ausleihen oder kaufen und in hervorragender Qualität auf Ihrem Computer anschauen. Der Filmemarktplatz bietet eine sehr große Auswahl an brandaktuellen Filmen, aber auch an Filmklassikern – für jeden Geschmack ist etwas dabei.

Die Windows-Fotoanzeige-App

Die App im Überblick

Die *Windows-Fotoanzeige*-App dient dem Betrachten von Fotos und Videos auf Ihrem Computer. Sie zeigt dabei alle Fotos an, die lokal auf Ihrem Rechner gespeichert sind (in der Bibliothek **Bilder**), aber auch Fotos, die Sie online auf OneDrive abgelegt haben. Falls Sie einen USB-Stick oder eine externe Festplatte am Computer angeschlossen haben, können Sie auch die auf diesem Gerät befindlichen Bilder über die Windows-Fotoanzeige-App betrachten. Die App wird stetig weiterentwickelt und bietet interessante Funktionen zur Verwaltung und Bearbeitung Ihrer Bilder. So können Sie beispielsweise den Kontrast, die Helligkeit oder die Farbsättigung Ihrer Bilder optimieren oder verschiedene Filter und Effekte zur Anwendung bringen. Selbst störende Bereiche in Bildern lassen sich entfernen und durch einen passenden Hintergrund ersetzen.

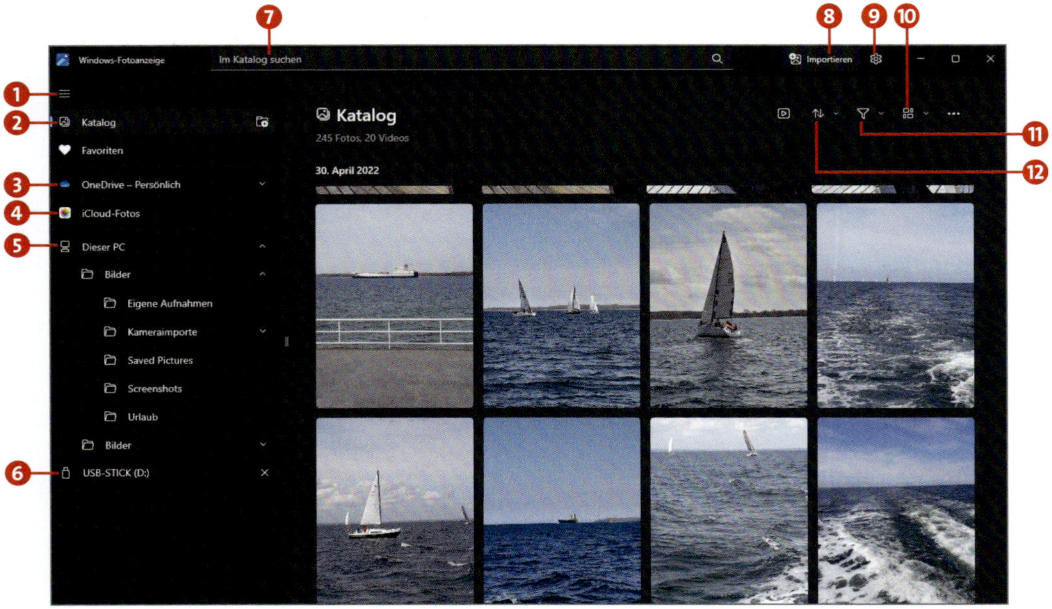

1. Schaltfläche zum Ein- bzw. Ausblenden des Navigationsbereichs
2. Die Windows-Fotoanzeige-App startet standardmäßig in der Ansicht **Katalog**.
3. Blendet die in der Cloud **OneDrive** gesicherten Fotos ein.
4. Über **iCloud Fotos** ist ein Zugriff auf die in Apples Onlinespeicher abgelegten Bilder möglich.
5. **Dieser PC** zeigt die **Bilder**-Ordner an.
6. Ist ein externes Speichermedium angeschlossen, wird dies hier aufgeführt.
7. Suchfunktion für Ihre Bilder
8. Startet den Dialog zum Import neuer Bilder.
9. Zeigt die Einstellungen für die App an.
10. Wechselt zwischen den Ansichten **Groß**, **Mittel** und **Klein**.
11. Medien nach Fotos, Videos oder allen filtern
12. Bilder und Videos nach Aufnahmedatum, Name und mehr sortieren

Fotos ansehen

Die Windows-Fotoanzeige-App startet mit der **Katalog**-Ansicht. In dieser werden alle Fotos und Videos in chronologischer Reihenfolge eingeblendet.

1. Nach dem Öffnen der App ist links der **Katalog** ❶ ausgewählt. Rechts erhalten Sie damit eine Übersicht über alle Fotos und Videos, die in der Bibliothek **Bilder** gespeichert sind. Die Bilder erscheinen jeweils nach ihrem Aufnahmedatum aufgelistet ❷. Per Klick auf das Symbol **Sortieren** ❸ können Sie sie aber auch nach dem Änderungsdatum oder dem Namen sortieren.
2. Mithilfe von Wischbewegungen blättern Sie bequem durch die Fotos. Wenn Sie mit der Maus arbeiten, drehen Sie am Mausrad, um durch die Fotos zu scrollen, oder nutzen Sie die Zeitleiste ❹. Letztere erscheint, sobald Sie den Mauszeiger am rechten Fensterrand positionieren.
3. Klicken Sie doppelt auf ein Foto, um es in einer vergrößerten Ansicht zu betrachten. Mit den Pfeiltasten [→] und [←] können Sie vor- und zurückblättern oder Sie bewegen den Mauszeiger auf das Bild und führen ihn links oder rechts an den Bildrand, bis ein Pfeil eingeblendet wird ❺. Über diesen Navigationspfeil gelangen Sie links zum vorherigen und rechts zum nächsten Bild.
4. Liegt ein Bild auf der Seite oder steht es auf dem Kopf, korrigieren Sie die Ansicht über die Schaltfläche **Drehen** ❻. Drücken Sie [Esc] oder klicken Sie rechts oben auf das **Schließen**-Symbol ❼, um den Betrachtungsmodus zu verlassen.
5. Um ein Bild im Vollbild zu betrachten, klicken Sie links unten auf den diagonalen Doppelpfeil ❽.

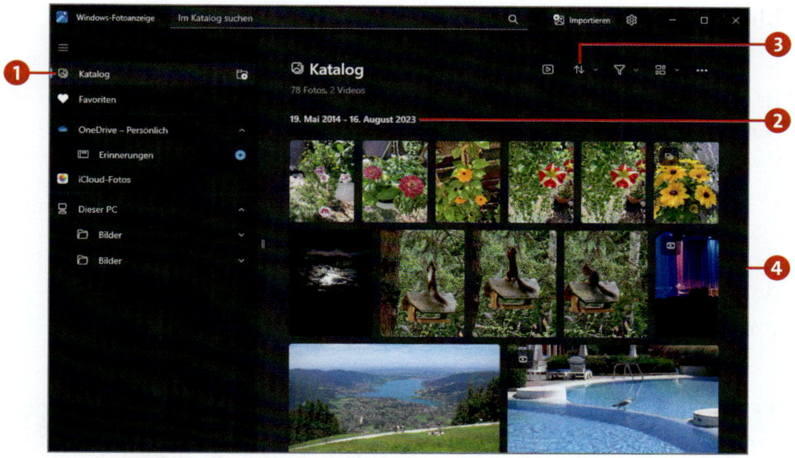

Bilder löschen

Möchten Sie ein Bild löschen, klicken Sie auf die Papierkorbschaltfläche ❾ und bestätigen, dass die Datei wirklich gelöscht werden soll.

Bildgröße ändern

Je höher die Auflösung eines Bildes ist, desto größer ist auch die Datei. Wenn Sie ein Foto per E-Mail versenden oder online veröffentlichen möchten, reicht aber meist eine kleinere Dateigröße aus. Mit der Windows-Fotoanzeige-App lässt sich die Größe schnell ändern:

1. Öffnen Sie die App **Windows-Fotoanzeige** und wählen Sie per Doppelklick das Foto aus, dessen Größe Sie ändern möchten.
2. Klicken Sie in der Symbolleiste auf das Symbol mit den drei kleinen Punkten ❶. In der aufklappenden Liste wählen Sie **Bildgröße ändern** ❷.
3. Im folgenden Dialog wird die aktuelle Größe des Bildes angezeigt ❸. Die App schlägt zunächst eine Reduzierung der Bildqualität vor. Der entsprechende Schieberegler befindet sich bei **80 %** ❹. Unter **Neu** erfahren Sie, wie sich durch diese Anpassung die **Dateigröße** verändert ❺.
4. Auch das Verkleinern der **Breite** und **Höhe** eines Bildes sorgt für eine kleinere Dateigröße. Sie können hierfür zwischen den Optionen **Pixel** ❻ und **Prozentsatz** ❼ wählen. Die gewünschten Werte geben Sie einfach in den entsprechenden Feldern ein ❽. Das Seitenverhältnis wird automatisch beibehalten.
5. Ist die gewünschte Dateigröße erreicht, klicken Sie auf **Speichern** ❾. Geben Sie im Dialog **Speichern unter** einen neuen Dateinamen für das Bild ein und bestätigen Sie ihn mit **Speichern**.

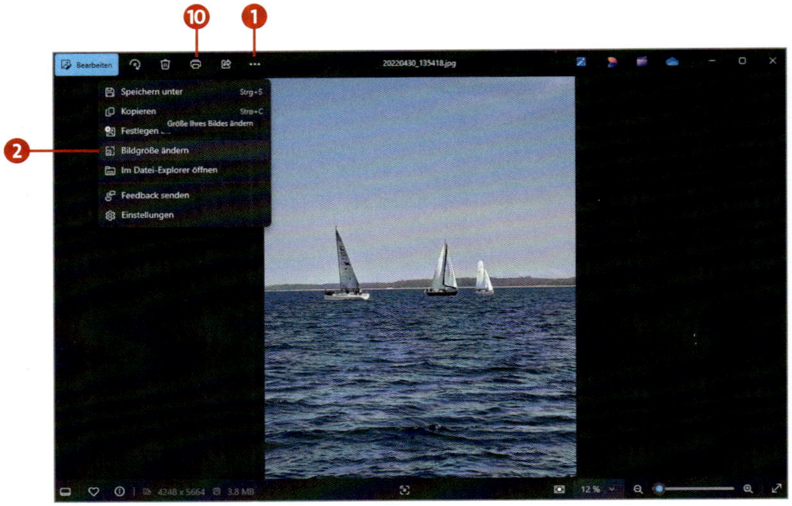

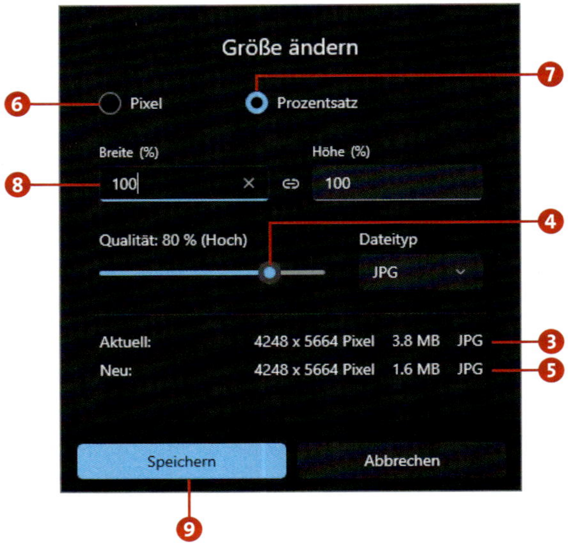

Foto drucken

Sie möchten ein Bild direkt aus der Windows-Fotoanzeige-App heraus zu Papier bringen? Den hierfür nötigen Befehl **Drucken** ❿ erreichen Sie nach einem Klick auf das Symbol mit den drei kleinen Punkten.

Fotos optimieren und bearbeiten

Die Windows-Fotoanzeige-App bietet verschiedene Möglichkeiten, um Ihre Bilder zu bearbeiten. Sie können z. B. die Helligkeit und den Kontrast einstellen, Filter und Bildeffekte anwenden und die Bilder zuschneiden. Darüber hinaus bietet das Programm an, die Bilder automatisch zu verbessern.

1. Starten Sie die App **Windows-Fotoanzeige** und wählen Sie das Bild aus Ihrer Fotosammlung aus, das Sie bearbeiten möchten. Klicken Sie doppelt auf das Foto, damit es in der vergrößerten Darstellung angezeigt wird. Klicken Sie dann auf die Schaltfläche **Bearbeiten** ❶.
2. Über das Symbol **Filter** ❷ erreichen Sie einige interessante Effektfilter, die Sie auf Ihr Foto anwenden können. Ein Klick auf das Symbol **Anpassung** ❸ führt Sie zu weiteren Bearbeitungsmöglichkeiten. Bewegen Sie z. B. den Regler **Helligkeit** ❹ mit gedrückter Maustaste, bis die gewünschte Helligkeit eingestellt ist. Probieren Sie auch die anderen Anpassungen aus. Mit **Zurücksetzen** ❺ können Sie Ihre Änderungen wieder rückgängig machen, falls sie Ihnen nicht zusagen.
3. Sind Ihre Optimierungen abgeschlossen, sichern Sie die vorgenommenen Korrekturen per Klick auf **Speicheroptionen** ❻. Sie können das Bild nun als Kopie speichern. Falls Sie die Änderung gleich am Original vornehmen möchten, wählen Sie den Menüpunkt **Speichern**.

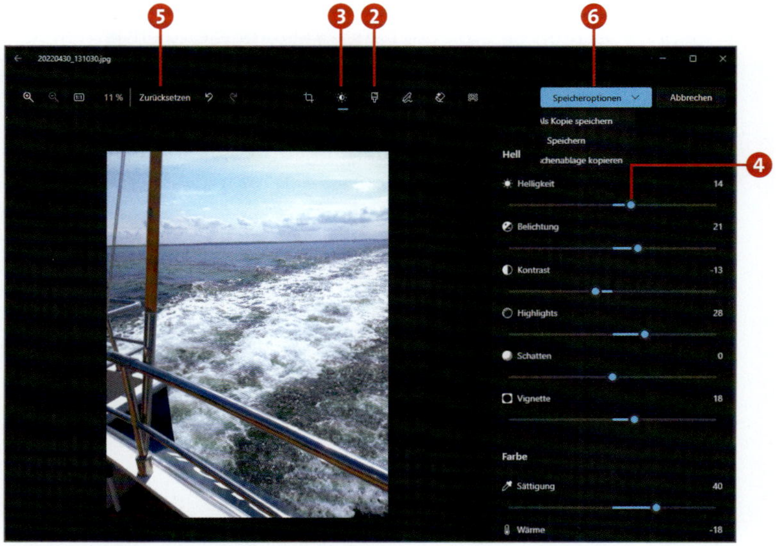

Bilder automatisch verbessern

Die optimalen Einstellungen für ein Foto zu finden ist nicht immer einfach. Die Windows-Fotoanzeige-App kann Ihnen dabei helfen und das Bild automatisch verbessern. Sie finden diese Option im Menü **Filter** ❷. Klicken Sie dort auf die Schaltfläche **Automatisch verbessern**.

Störende Bildelemente entfernen

Das Foto ist gut gelungen, wäre da nicht der hässliche Mülleimer mitten im Bild? Die Windows-Fotoanzeige-App bietet eine Funktion, mit der Sie solch störende Bildelemente ganz einfach entfernen können. Mithilfe künstlicher Intelligenz ersetzt die App das Element durch einen sinnvollen Hintergrund:

1. Wählen Sie in der Windows-Fotoanzeige-App per Doppelklick das Bild aus, in dem sich das störende Bildelement – in unserem Beispiel ein Abfalleimer – befindet. Klicken Sie dann oben links auf **Bearbeiten**.
2. Wählen Sie in der Symbolleiste die Funktion **Löschen** ❶ aus. In der rechten Spalte sollte der Regler **Automatisch anwenden** ❷ bereits eingeschaltet sein.
3. Positionieren Sie den Mauszeiger auf dem Bild. Rund um den Zeiger ist nun ein rotierender schwarz-weißer Kreis zu sehen ❸. Falls dieser Kreis zu groß oder auch klein für die zu entfernende Fläche sein sollte, können Sie über den Schieberegler rechts die Pinselgröße anpassen ❹.
4. Ziehen Sie den Mauszeiger nun mit gedrückter linker Maustaste über den Bereich, den Sie entfernen möchten. Der auf diese Weise markierte Bereich wird schraffiert dargestellt ❺.
5. Haben Sie die gewünschte Fläche erfasst, lassen Sie die Maustaste los. Es dauert nun einen Moment, bis der markierte Bereich analysiert ist. Anschließend wird er durch einen sinnvollen Hintergrund ersetzt ❻.

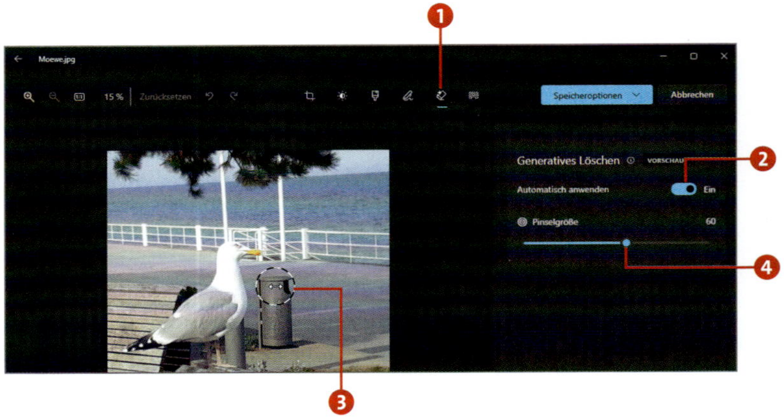

6. Falls noch Reste des zu entfernenden Elements zu sehen sind, wiederholen Sie die Schritte 4 und 5.
7. Sind Sie mit dem Ergebnis zufrieden, klicken Sie auf **Speicheroptionen**. Entscheiden Sie nun, ob Sie das Bild **Als Kopie speichern** 7 möchten oder das Original mit **Speichern** 8 überschrieben werden soll. Sollten Ihnen die Änderungen gar nicht zusagen, können Sie den Vorgang auch **Abbrechen** 9.

Hintergrund entfernen

Speziell beim Veröffentlichen von Fotos im Internet kann es nötig sein, den Hintergrund unkenntlich zu machen, etwa wenn fremde Personen auf dem Bild zu sehen sind. Die Windows-Fotoanzeige-App bietet auch hierfür eine praktische Funktion. Öffnen Sie das Bild und wählen Sie nach einem Klick auf **Bearbeiten** die Funktion **Hintergrund** 10 aus. Die App beginnt sofort, das Foto zu analysieren. Sobald der Hintergrund gefunden wurde, wird er schraffiert markiert. Sie können per Klick auf die entsprechende Vorschau rechts entscheiden, ob die schraffierte Fläche unscharf dargestellt, ganz entfernt oder durch einen farbigen Hintergrund ersetzt werden soll. Vergessen Sie nicht, das Ergebnis zu sichern.

Fotos zuschneiden und drehen

Ein Foto kann eine ganz andere Wirkung erreichen, wenn man sich nur auf einen bestimmten Bildausschnitt konzentriert. Nutzen Sie die Zuschneide-Optionen, und bringen Sie Ihre Bilder in die richtige Form:

1. Wählen Sie zunächst ein Bild aus, das Sie bearbeiten möchten, und klicken Sie dann oben in der Symbolleiste auf die Schaltfläche **Bearbeiten**. Über Ihrem Foto finden Sie einige Bearbeitungsoptionen. Stellen Sie sicher, dass hier das Symbol **Zuschneiden** 1. aktiviert ist. Dies ist an der blauen Linie erkennbar.
2. Mithilfe des Schiebereglers 2 unterhalb des Bildes können Sie die Aufnahme individuell drehen. Der angezeigte Wert 3 gibt an, um wie viel Grad das Bild gedreht wurde.
3. Über die vier Eckmarkierungen können Sie den Bildausschnitt verändern. Klicken Sie eine Markierung an 4 und verschieben Sie den Ausschnitt mit gedrückter Maustaste. Ebenso können Sie in das Bild klicken und ihn mit gedrückter Maustaste verschieben.
4. Manchmal wirkt ein Bild besser, wenn es vertikal gespiegelt dargestellt wird. Nutzen Sie hierfür die beiden Symbole **Bild horizontal spiegeln** bzw. **Bild vertikal spiegeln** 5.
5. Speichern Sie schließlich die Änderungen als neues Foto. Um das Original nicht versehentlich zu überschreiben, wählen Sie nach einem Klick auf **Speicheroptionen** 6 den Befehl **Als Kopie speichern**.

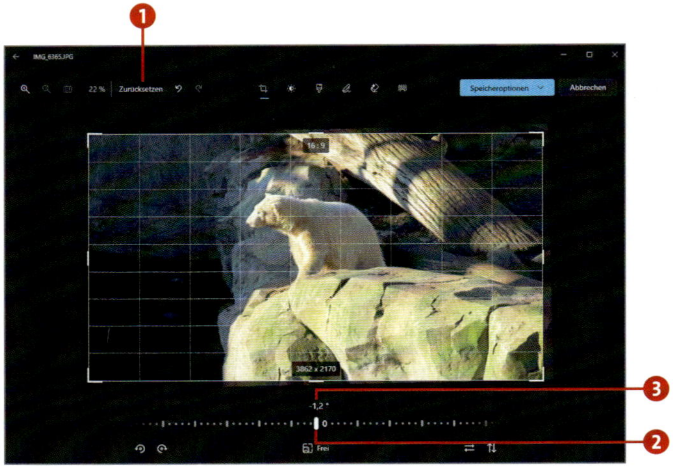

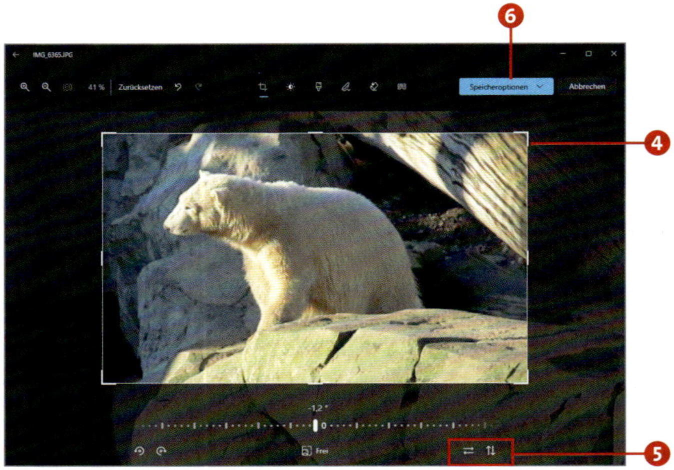

Hilfslinien erleichtern die Aufnahme

Moderne Fotoapparate bieten häufig die Möglichkeit, ein Gitternetz in das Display einzublenden, anhand dessen Sie Ihre Bilder ausrichten können. So können Sie z. B. schiefe Kirchtürme vermeiden.

Ein Foto als Hintergrund für den Sperrbildschirm festlegen

Der Sperrbildschirm wird nach jedem Start des Rechners oder bei einer manuellen Sperrung des Computers angezeigt. Auch für ihn können Sie über die Windows-Fotoanzeige-App ein eigenes Bild als Hintergrund festlegen:

1. Klicken Sie im Startmenü auf das App-Symbol **Windows-Fotoanzeige**, um die App zu starten.
2. Suchen Sie sich in Ihrer Sammlung ein Bild aus, das Sie für den Sperrbildschirm verwenden möchten. Klicken Sie doppelt darauf, um es in der vergrößerten Ansicht anzuzeigen.
3. Klicken Sie mit der rechten Maustaste in das Bild. Zeigen Sie im Kontextmenü auf den Befehl **Festlegen als** ❶ und wählen Sie schließlich den Menüpunkt **Sperrbildschirm** ❷.
4. Beim nächsten Aufruf des Sperrbildschirms, z. B. mit der Tastenkombination [Windows] + [L], wird Ihnen das neue Foto als Sperrbild angezeigt ❸.
5. Analog lässt sich ein Foto auch schnell als Hintergrundbild für den Desktop festlegen. Hierzu wiederholen Sie einfach die Schritte 1 bis 3, nur dass Sie dieses Mal den Befehl **Hintergrund** ❹ auswählen.

Wissenswertes zum Sperrbildschirm

Die Änderung am Sperrbildschirm wirkt sich nur auf das aktuell genutzte Benutzerkonto aus. So kann jeder Benutzer sein eigenes Bild als Hintergrund festlegen. Welche Informationen auf dem Sperrbildschirm angezeigt werden sollen, können Sie ebenfalls festlegen (siehe dazu den Abschnitt »Den Sperrbildschirm einrichten« auf Seite 215).

Fotos beschriften und teilen

Eine weitere Funktion in der Windows-Fotoanzeige-App ermöglicht es Ihnen, Ihre Fotos zu beschriften oder Zeichnungen einzufügen. Das geht besonders einfach mit einem Tablet-PC per Stifteingabe, aber auch auf einem herkömmlichen Rechner mit der Maus. Das Ergebnis können Sie dann auch verschicken.

1. Öffnen Sie ein Bild in der Windows-Fotoanzeige-App, klicken Sie auf **Bearbeiten** und anschließend in der Symbolleiste auf das Symbol **Markup** ❶.
2. Unterhalb des Bildes werden nun verschiedene Bearbeitungswerkzeuge eingeblendet, unter anderem ein Kugelschreiber, ein Buntstift und eine Kalligrafiefeder. Klicken Sie auf das Symbol des Kugelschreibers ❷, um eine Farbpalette einzublenden, und wählen Sie eine Farbe aus ❸.
3. Über die Skala oberhalb der Farbpalette ❹ bestimmen Sie die Strichbreite. Per Mausklick auf die Skala bestimmen Sie die gewünschte Stärke.
4. Sie können jetzt mit der Maus bzw. auf einem Tablet-PC mit dem Finger oder einem Eingabestift Objekte in das Bild zeichnen. Die Farb- und Stiftauswahl können Sie jederzeit ändern. Vorgefertigte Formen, wie z. B. Rechtecke, Kreise oder Pfeile, stehen leider noch nicht zur Verfügung.

Zeichnungselemente entfernen

Nutzen Sie den Radiergummi ❺, wenn Sie Teile Ihrer Zeichnungen wieder entfernen möchten. Das klappt allerdings nur, solange Sie das Bild nicht gespeichert haben. Bei einem bereits gespeicherten Bild können Sie Objekte nicht mehr entfernen. Es empfiehlt sich daher, immer erst eine Kopie des Bildes zu erstellen und diese zu beschriften.

5. Möchten Sie Ihre Änderungen speichern, klicken Sie auf **Speicheroptionen** und dann **Als Kopie speichern** ❻. Ein Klick auf **Abbrechen** ❼ verwirft Ihre Änderungen, ohne sie zu speichern.
6. Über das Symbol **Freigeben** ❽ haben Sie die Möglichkeit, Ihr Werk an andere Personen weiterzuleiten.
7. Nach erfolgter Auswahl öffnet sich das Dialogfenster **Freigeben**. Es gibt verschiedene Optionen: Sie können die Datei z. B. an bestehende Kontakte schicken, die *Outlook*-App zur Übermittlung auswählen oder sie, sofern verfügbar, über die Umgebungsfreigabe an Geräte in Ihrer Nähe senden. Lesen Sie hierzu auch die Anleitung »Dateien an einen anderen Computer senden« auf Seite 294.

Bild in anderen Anwendungen nutzen

Benötigen Sie das bearbeitete Bild in einer anderen Anwendung, wie etwa einer PowerPoint-Präsentation, wählen Sie nach einem Klick auf **Speicheroptionen** den Befehl **In Zwischenablage kopieren**. Das Bild wird dann in die Zwischenablage kopiert und Sie können es mit [Strg] + [V] in der gewünschten Anwendung einfügen.

Fotos als Diashow betrachten

Wenn der Alltag wieder voller Stress ist, tut es gut, in Erinnerungen an den letzten Urlaub zu schwelgen. Mit einer kurzweiligen Diashow gelingt dies wunderbar. Die Windows-Fotoanzeige-App bringt gleich die passende Funktion inklusive Videoeffekten und Musikuntermalung mit:

1. Starten Sie die App **Windows-Fotoanzeige** und blenden Sie über den Navigationsbereich links den Ordner ein 1, dessen Bilder Sie präsentieren möchten.
2. Klicken Sie oben in der Symbolleiste auf das Symbol **Diashow** 2, um die Präsentation zu starten.
3. Die Bilder werden nun im Vollbild für jeweils ca. 4 Sekunden angezeigt. Kleine Animationen sowie effektvolle Übergänge zwischen den einzelnen Fotos lassen die Diashow wie einen Film wirken. Zugleich ertönt eine Hintergrundmusik. All dies können Sie Ihren Wünschen entsprechend anpassen. Klicken Sie hierzu in der kleinen Symbolleiste am oberen Fensterrand auf das **Notensymbol** 3. Ist die Symbolleiste nicht sichtbar, bewegen Sie den Mauszeiger etwas.

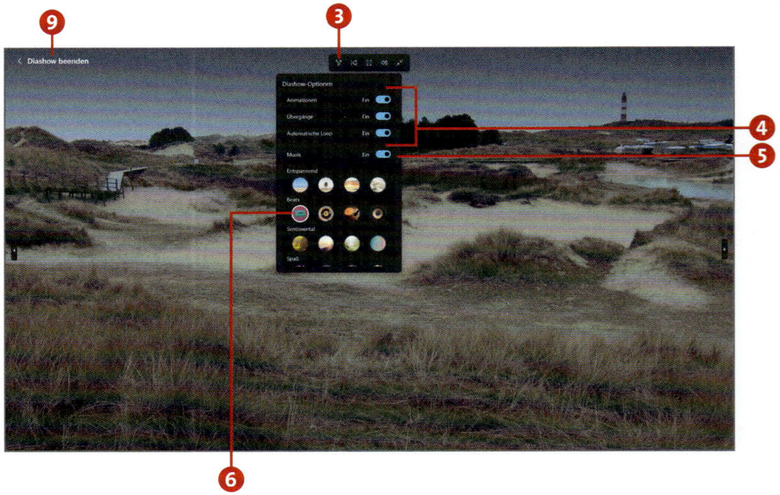

4. Es öffnet sich der Dialog **Diashow-Optionen**. Über die jeweiligen Schieberegler legen Sie fest, ob in der Diashow **Animationen**, **Übergänge** oder **automatische Loops** verwendet werden dürfen 4.
5. Falls Sie eine Musikuntermalung mögen, sollte der Regler **Musik** auf **Ein** 5 gesetzt sein. Um nun eine Musikauswahl zu treffen, fahren Sie mit dem Mauszeiger langsam über die kleinen Vorschausymbole. Sobald sich der Zeiger über einer Vorschau befindet 6, wird der Titel abgespielt. Per Mausklick wählen Sie den gewünschten Stil aus.

6. Mit einem erneuten Klick auf das Notensymbol blenden Sie den Dialog **Diashow-Optionen** wieder aus.
7. Falls Sie die Diashow anhalten möchten, klicken Sie in der Symbolleiste auf das Pausensymbol 7 oder drücken die Leertaste. Ein erneutes Drücken der Leertaste führt die Präsentation fort. Zusätzlich können Sie mit den Pfeiltasten → und ← vor- und zurückblättern.
8. Positionieren Sie den Mauszeiger auf dem Lautsprechersymbol 8, haben Sie die Möglichkeit, über den nun sichtbaren Schieberegler die Lautstärke anzupassen. Ein Klick auf das Lautsprechersymbol schaltet den Lautsprecher stumm. Mit einem erneuten Klick heben Sie die Stummschaltung wieder auf.
9. Zum Beenden der Diashow drücken Sie zweimal die Taste Esc auf der Tastatur. Alternativ blenden Sie mit einer kurzen Bewegung der Maus die Symbolleiste ein und klicken oben links auf **Diashow beenden** 9.

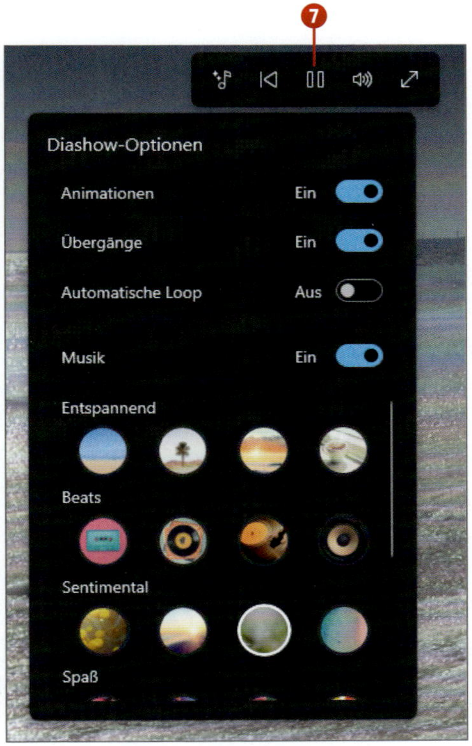

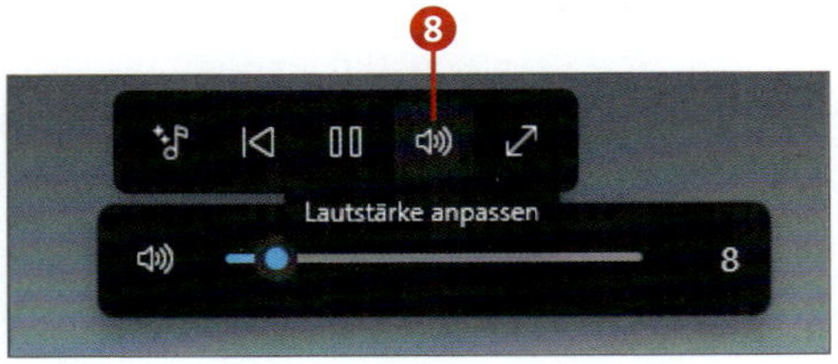

Videos innerhalb der Diashow

Da ein Ordner auch Videos enthalten kann, werden Videos bei einer Diashow in voller Länge abgespielt. Die Kombination aus Bildern und Videos verleiht Ihrer Präsentation eine besondere Finesse. Auch Videos können Sie mithilfe der Leertaste anhalten und fortführen.

Kreative Videos mit Microsoft Clipchamp erstellen

Sie möchten gerne aus den Fotos und Videos, die Sie im Urlaub aufgenommen haben, einen eignen Film erzeugen? Windows 11 bietet Ihnen hierfür den Microsoft Clipchamp an. Um die App nutzen zu können, müssen Sie sich entweder bei Windows 11 oder in der App selbst mit einem Microsoft-Konto anmelden. Sie können mit Clipchamp von Grund auf ein Video neu erstellen oder sich von der in der App integrierten künstlichen Intelligenz helfen lassen. Wie Letzteres funktioniert, zeigen wir Ihnen nun:

1. Starten Sie die App **Microsoft Clipchamp** über die App-Liste des Startmenüs. Falls Sie noch nicht mit einem Microsoft-Konto in Windows 11 angemeldet sind, müssen Sie die Anmeldung in der App selbst vornehmen. Den Dialog **Welche Arten von Videos führen Sie zu Clipchamp?** können Sie mit einem Klick auf das Schließensymbol ❶ ausblenden.
2. Auf der Startseite der App finden Sie einige Vorlagen ❷, die Sie für Ihre eigenen Videos inspirieren sollen. Um die KI-Unterstützung zu nutzen, klicken Sie auf **Ein Video mit KI erstellen** ❸.
3. Der Dialog **Auto Compose** wird geöffnet. Geben Sie hier einen Titel für Ihr Video ein ❹. Klicken Sie in den Bereich unterhalb von **Eigene Medien hinzufügen** ❺.
4. Im Dialog **Öffnen** navigieren Sie zu dem Ordner, der das gewünschte Material für das Video enthält. Markieren Sie die Dateien und übernehmen Sie sie mit **Öffnen**. Die Dateien werden nun im **Auto-Compose**-Dialog angezeigt ❻. Fahren Sie mit einem Klick auf **Erste Schritte** ❼ fort.
5. Ihr Bildmaterial wird nun analysiert. Dieser Vorgang kann etwas dauern. In der Zwischenzeit können Sie aber bereits den Stil Ihres Videos bestimmen. Clipchamp blendet links im Dialog einen Vorschlag ein. Gefällt er Ihnen nicht, lehnen Sie ihn mit einem Klick auf den roten nach unten weisenden Daumen ab ❽, mit einen Klick auf den grünen nach oben weisenden Daumen wählen Sie ihn hingegen aus. **Weiter** geht es.

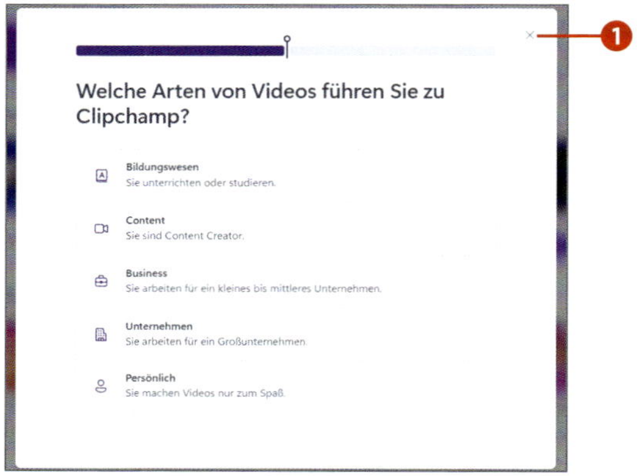

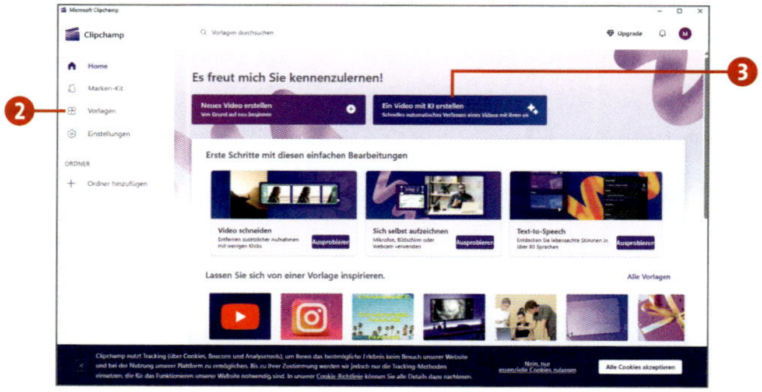

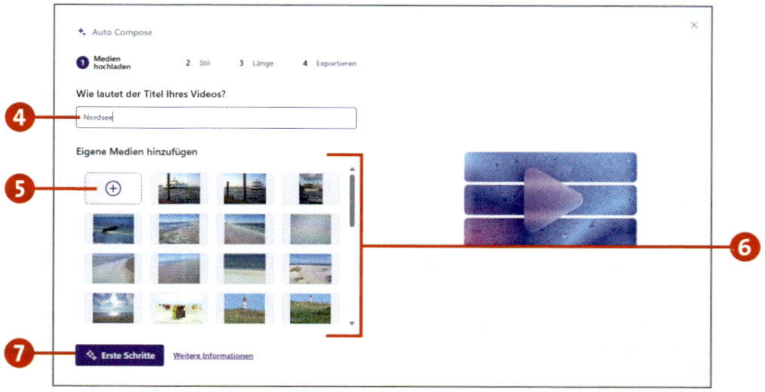

6. Bestimmen Sie das gewünschte Seitenverhältnis sowie die Dauer des Videos. Über das Wiedergabesymbol rechts können Sie sich eine Vorschau auf das Video ansehen. Mit **Weiter** fahren Sie fort.
7. Nun fehlt nur noch die Musikuntermalung. Nach einem Klick auf **Musik** ❾ können Sie einen passenden Titel auswählen. Sehen Sie sich rechts die Vorschau auf das fertige Video an. Trifft sie so gar nicht Ihren Geschmack, können Sie Clipchamp über **Erstellen einer neuen Version** ❿ eine weitere Chance geben.
8. Nach einem Klick auf **Exportieren** ⓫ erzeugt Clipchamp ein Video im MP4-Format. Sie müssen nur noch entscheiden, wo das Video gespeichert werden soll. Zur Auswahl steht **Auf Computer speichern** ⓬, **In OneDrive speichern**, **Auf Google Drive speichern**, **Auf YouTube hochladen**, **An TikTok senden**, **In Dropbox speichern** oder auch **Auf LinkedIn teilen**.

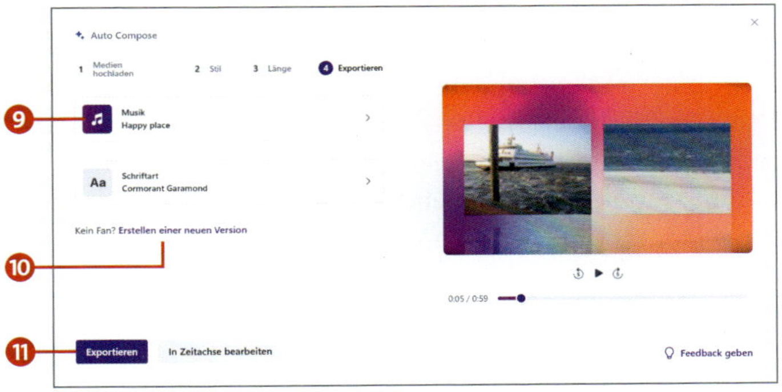

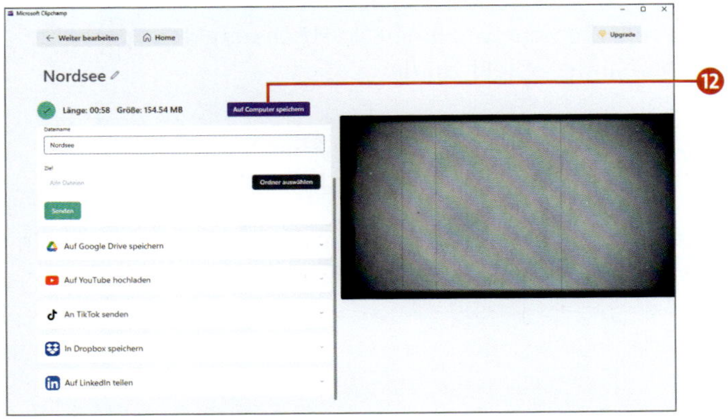

Videos in Clipchamp weiter bearbeiten

Die mithilfe der künstlichen Intelligenz erzeugte Videoversion ist gerade anfangs, wenn man sich noch nicht so gut mit Clipchamp auskennt, eine gute Möglichkeit, um sich mit der App vertraut zu machen. Selbstverständlich können Sie noch Anpassungen am Video vornehmen. Klicken Sie oben links auf die Schaltfläche **Weiter bearbeiten**, gelangen Sie zum Videoeditor. Hier können Sie nun ganz nach Ihren Wünschen weitere Medien hinzufügen, Vorlagen anpassen, Texte ergänzen, Übergänge verändern und vieles mehr.

Die Kamera-App

Ein Foto aufnehmen

Verwenden Sie einen Tablet-PC mit eingebauter Kamera? Mit der vorinstallierten *Kamera*-App von Windows 11 können Sie auf einfachste Weise Fotos machen:

1. Beim ersten Start der Kamera-App (über den Eintrag **Kamera** in der App-Liste des Startmenüs) werden Sie gefragt, ob die App auf die Webcam und das Mikrofon zugreifen darf. Bestätigen Sie diese Abfrage. Über die Einstellungen der App können Sie diese Berechtigung auch nachträglich erteilen oder wieder entziehen.
2. Bekannte Gestaltungsregeln beim Fotografieren sind der sogenannte *Goldene Schnitt* und die *Drittelregel*, gemäß der das Hauptmotiv möglichst nicht direkt in der Bildmitte, sondern entsprechend versetzt platziert werden sollte. Klicken Sie vor der ersten Aufnahme links oben auf **Einstellungen** ❶. Hier haben Sie nun die Möglichkeit, im Abschnitt **Kameraeinstellungen** ein Bildschirmraster einzublenden, das Ihnen bei der Gestaltung Ihrer Aufnahmen nützlich sein kann.
3. Um ein Foto aufzunehmen, setzen Sie das gewünschte Motiv in Szene und klicken oder tippen auf das Kamerasymbol ❷ am rechten Bildschirmrand. Durch das Geräusch einer auslösenden Spiegelreflexkamera wird Ihnen akustisch mitgeteilt, dass eine neue Aufnahme erstellt wurde.
4. Zum Betrachten des soeben erstellten Fotos klicken Sie rechts unten im Programmfenster auf das kleine, sehr unscheinbare Vorschaubild Ihrer Aufnahme ❸. Die *Windows-Fotoanzeige*-App wird gestartet und zeigt das neue Bild an ❹. Verwenden Sie die Pfeiltasten [→] und [←], um zwischen den Bildern zu blättern.

Eine zeitverzögerte Aufnahme erstellen

Klicken Sie auf das Stoppuhrsymbol ❺, um den Timer zu aktivieren. Mit jedem Klick schalten Sie zwischen den Zeiten 2, 5 und 10 Sekunden für den Selbstauslöser um. Wenn Sie nun den Auslöser (das Kamerasymbol) betätigen, wird ein grafischer Countdown in Form eines Kreises eingeblendet. Ist der Kreis vollständig, wird das Foto aufgenommen.

Ein Video aufzeichnen

Vor allem Tablet-PC- oder Notebook-Nutzer werden die Vorteile zu schätzen wissen, die eine im Gerät eingebaute Kamera (*Webcam*) bietet. Nehmen Sie unterwegs doch einfach mal ein kleines Video auf, z. B. ein faszinierendes Bergpanorama oder Ihre Freundinnen auf der Strandparty. Die *Kamera*-App macht's möglich.

1. Tippen Sie zunächst links oben in der Kamera-App auf das Zahnradsymbol ❶ und aktivieren Sie die Option **Pro-Modus** zur Aktivierung der Helligkeitsanzeige für Ihre Aufnahme.
2. Sie starten eine Aufnahme, indem Sie auf das Videosymbol ❷ am rechten Bildschirmrand tippen.
3. Über die Zeitangabe im Bild können Sie die Aufnahmedauer im Blick behalten. Ein weiterer Klick auf das Videosymbol beendet die Aufnahme schließlich wieder.
4. Über den Menüpunkt **Helligkeit**, den Sie über die kleine Schaltfläche ❸ links erreichen, können Sie die Helligkeit einstellen. Tippen Sie auf die Schaltfläche, wird am Bildrand ein Bedienelement ❹ eingeblendet, mit dessen Hilfe Sie die Belichtung vor und auch während der Aufnahme den Umgebungsbedingungen anpassen können.
5. Rufen Sie erneut die Einstellungen der App über das Zahnradsymbol ❶ links oben auf. Hier können Sie im Abschnitt **Videoeinstellungen** die Auflösung der Aufzeichnung festlegen ❺. Öffnen Sie dazu das Dropdown-Menü und wählen Sie die gewünschte Auflösung aus. Welche Auflösungen wählbar sind, hängt von der Leistung der im Gerät verbauten Kamera ab. Zusätzlich können Sie eine **Flimmerreduzierung** ❻ anpassen. Auch hier sind die einstellbaren Werte von Ihrer Kamera abhängig.

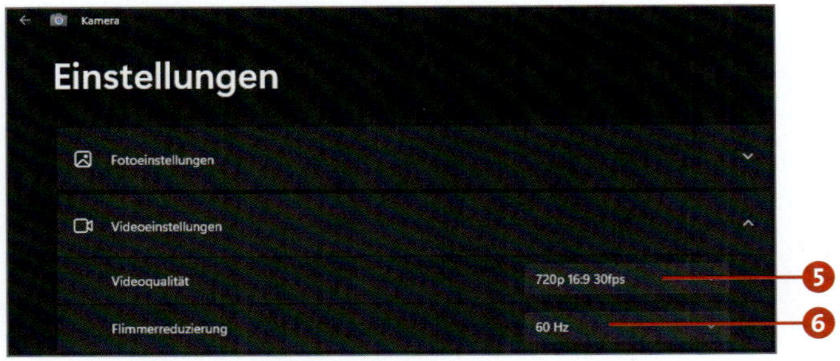

Wo werden die Aufnahmen abgespeichert?

Windows legt mit dem ersten Foto oder dem ersten Video, das Sie mit der **Kamera**-App aufnehmen, einen neuen Ordner mit der Bezeichnung **Eigene Aufnahmen** in der Bibliothek **Bilder** an. Dort werden alle Ihre Aufnahmen gespeichert. Fotos werden im JPEG-Format, Videos im MP4-Format abgelegt.

Ein Video bearbeiten

Ist das Video zu lang oder der Anfang der Aufnahme nicht gelungen? Kein Problem, Sie können ein mit der Kamera-App aufgezeichnetes Video bei Bedarf kürzen und so sowohl den Start- als auch den Endpunkt neu festlegen. Nutzen Sie zur Bearbeitung am besten immer Kopien Ihrer Aufnahmen, damit Sie bei Bedarf stets auf Ihre unbearbeiteten Originale zurückgreifen können.

1. Die Bearbeitung des Videos erfolgt nicht in der Kamera-App, sondern in der App Windows-Fotoanzeige. Öffnen Sie im ersten Schritt also die **Windows-Fotoanzeige** und wählen Sie dort das zu bearbeitende Video per Mausklick aus.
2. Klicken Sie in der Symbolleiste oben links auf die Schaltfläche **Trimmen** ❶.
3. In der Zeitleiste wird nun am Anfang und am Ende eine Markierung in Form eines blauen Rechtecks mit abgerundeten Ecken eingeblendet ❷. Mithilfe dieser Markierungen können Sie die Länge des Videos neu festlegen. Klicken Sie eine Markierung an und schieben Sie sie mit gedrückter Maustaste an die gewünschte Position.
4. Haben Sie das Video Ihren Vorstellungen entsprechend bearbeitet, klicken Sie auf die Schaltfläche **Als Kopie speichern** ❸. Das Werk wird daraufhin auf die neue Laufzeit gekürzt und gesichert. Dieser Vorgang dauert nur wenige Sekunden.

Videos bearbeiten und Diashows erstellen

Für die Nachbearbeitung Ihrer Filme finden Sie im Fachhandel viele gute Bild- und Videobearbeitungsprogramme. Es gibt aber auch zahlreiche sehr umfangreiche und dennoch kostenlose Programme, z. B. *Avidemux* oder *Lightworks*, die Sie über seriöse Seiten wie *zdnet.de* oder *netzwelt.de* herunterladen können. Zur Gestaltung ansprechender Diashows können Sie beispielsweise das kostenlose *Ashampoo Slideshow Studio 2019* nutzen, das auf der Seite *www.ashampoo.com/de/eur/fdl* zum Download angeboten wird.

Musik mit Windows 11

Eigene Musik mit der Medienwiedergabe-App abspielen

Mit der App *Medienwiedergabe* können Sie Ihre Musik abspielen und organisieren. Auch die Wiedergabe von Videos ist möglich. Die App ersetzt die App Groove-Musik-App sowie ihren Nachfolger, den Media Player, die noch in den Anfängen von Windows 11 als Standardprogramme für Musik galten.

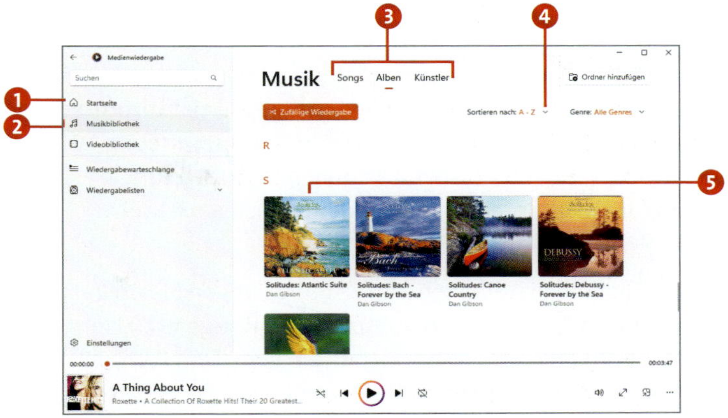

1. Die **Startseite** ❶ der App zeigt zunächst die zuletzt verwendeten Medien. Dabei kann es sich um Musik oder Videos handeln. Markieren Sie in der App links die **Musikbibliothek** ❷, werden rechts alle vorhandenen Musiktitel angezeigt, unterteilt in die Kategorien **Songs**, **Alben** und **Künstler** ❸.

2. Damit Sie auch bei größeren Musiksammlungen nicht den Überblick verlieren, klicken Sie auf die Überschrift **Sortieren nach** ❹ und wählen ein aussagekräftiges Sortierkriterium aus dem zugehörigen Menü aus.

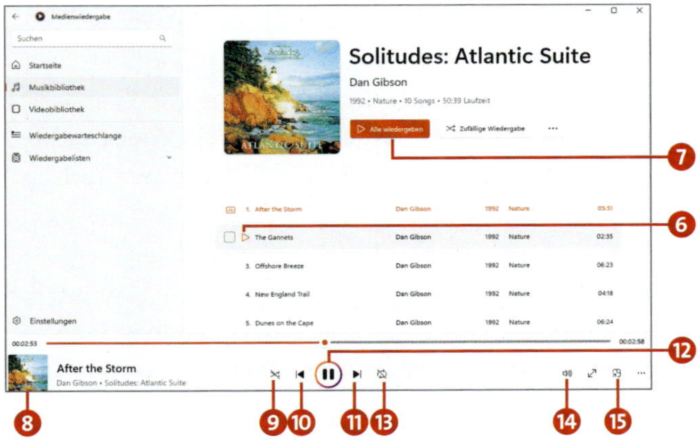

3. Möchten Sie einen Titel anhören, klicken Sie auf das Cover ❺. Markieren Sie dann ein Lied und klicken Sie auf die kleine **Wiedergabe**-Schaltfläche ❻. Sie können auch mehrere Titel auswählen. Möchten Sie das ganze Album anhören, klicken Sie auf die Schaltfläche **Alle wiedergeben** neben dem Cover ❼.

4. Der aktuell wiedergegebene Titel wird hier angezeigt ❽. Die erste Schaltfläche aktiviert und deaktiviert die Zufallswiedergabe aller Titel ❾. **Zurück** ❿ spult das Lied an den Anfang, während **Weiter** ⓫ zum nächsten Lied springt. Die **Pause**-Schaltfläche ⓬ startet und pausiert ein Lied und das Wiederholungssymbol ⓭ spielt den aktuellen Titel erneut ab. Nach einem Klick auf das Lautsprechersymbol ⓮ können Sie über einen Schieberegler die Lautstärke einstellen.

Fenster der Medienwiedergabe-App minimieren

Während man der Lieblingsmusik lauscht, muss das Programmfenster der Medienwiedergabe-App im Normalfall nicht in voller Schönheit zu sehen sein. Über das Symbol **Miniplayer** ⓯ oder durch Drücken der Tastenkombination `Strg` + `M` lässt es sich bequem so verkleinern, dass lediglich noch die Wiedergabesymbole zu sehen sind.

Wiedergabelisten erstellen

Die App Medienwiedergabe bietet Ihnen die Möglichkeit, unkompliziert Wiedergabelisten zu erstellen und Ihre Musiksammlung damit noch effektiver zu organisieren. Erstellen Sie Listen für die nächste Feier, für bestimmte Ereignisse oder einfach nach Stimmungslage:

1. Zur Verwaltung und Erstellung neuer Listen gelangen Sie über **Wiedergabelisten** ❶. Ist das Programmfenster übrigens zu klein, ist der Menüpunkt nicht zu lesen. Ziehen Sie in diesem Fall das Programmfenster breiter oder klicken Sie oben auf die Schaltfläche mit den drei horizontalen Linien ❷.
2. Klicken Sie nun in der rechten Fensterhälfte auf **Erstellen einer neuen Wiedergabeliste** ❸.
3. Vergeben Sie als Nächstes einen Namen für Ihre Wiedergabeliste und schließen Sie die Eingabe mit einem Klick auf **Wiedergabeliste erstellen** oder durch Drücken der [↵]-Taste ab.
4. Sie können nun ganze Alben hinzufügen, indem Sie neben dem Cover auf das Symbol mit den drei Punkten ❹ und dann auf **Hinzufügen zu** klicken. Wählen Sie anschließend die gewünschte Liste aus dem Menü aus. Zum Hinzufügen einzelner Lieder markieren Sie den Titel per Mausklick und versehen das Kontrollkästchen links davon mit einem Häkchen ❺. Nach einem Klick auf das nun sichtbare Symbol mit den drei Punkten ❻ wählen Sie ebenfalls **Hinzufügen zu** und dann die gewünschte Liste. In diesem Beispiel trägt sie die Bezeichnung *Entspannung* ❼.

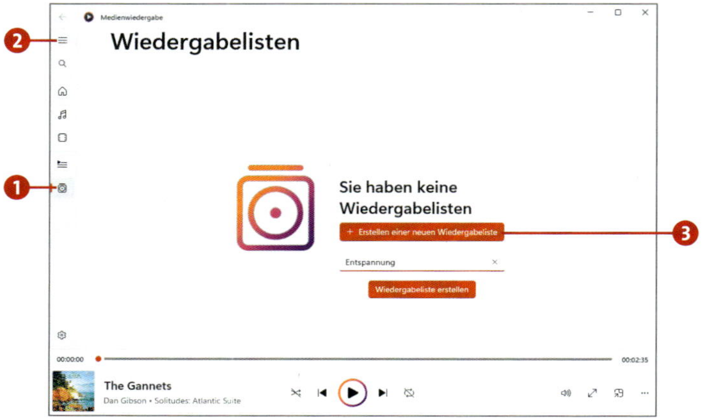

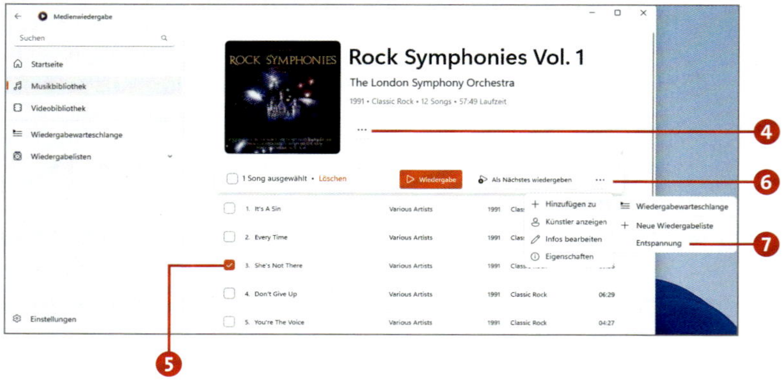

> **Titel aus der Wiedergabeliste löschen**
>
> Öffnen Sie Ihre Wiedergabeliste über den Menüpunkt **Wiedergabelisten** ❶. Alle der Liste zugeordneten Musikstücke werden nun aufgelistet und Sie müssen zum Entfernen nur den Song markieren und dann in der Symbolleiste oberhalb der Liste auf **Löschen** klicken. Der Titel wird nur aus der Liste, nicht aber nicht von Ihrer Festplatte gelöscht.

Musik streamen mit Spotify Free

Auch mit der kostenlosen Variante des Musikdienstes Spotify können Sie Millionen von Musiktiteln direkt abspielen und zahlreiche fertige Wiedergabelisten für verschiedene Genres durchstöbern. Die Musik wird gestreamt, d. h., es muss eine Internetverbindung bestehen, damit Sie sie anhören können.

1. Die Installation von Spotify erfolgt über den **Microsoft Store**, den Sie z. B. per Klick auf das Symbol in der Taskleiste aufrufen. Geben Sie in das Suchfeld am oberen Fensterrand des Stores »Spotify« ein und schließen Sie die Eingabe mit der Taste [↵] ab. Wählen Sie in der Ergebnisliste **Spotify – Musik und Podcasts** aus. Klicken Sie dann auf **Installieren** ❶. Zukünftig können Sie die App dann über die App-Liste des Startmenüs aufrufen.
2. Vor der ersten Nutzung ist eine Anmeldung erforderlich. Klicken Sie auf **registrieren**, tragen Sie in das nachfolgende Formular die erforderlichen Informationen ein und schließen Sie die Anmeldung über die Schaltfläche **Spotify nutzen** ab.
3. Sie können nun die Suchfunktion ❷ nutzen und sich die Titel Ihrer Lieblingsinterpreten anzeigen lassen oder Sie wählen den Menüpunkt **Suchen** ❸ und erkunden auf diese Weise das reichhaltige Musikangebot. Wenn Sie auf **Charts** ❹ klicken, erreichen Sie die Hitparaden aus aller Welt. Öffnen Sie z. B. die Top 50 der Welt mit einem Klick auf die dazugehörige Grafik.
4. Sie können nun alle Lieder dieser Top-50-Charts über das Wiedergabesymbol ❺ abspielen oder einzelne Titel, indem Sie vor dem gewünschten Stück auf das Wiedergabesymbol klicken.

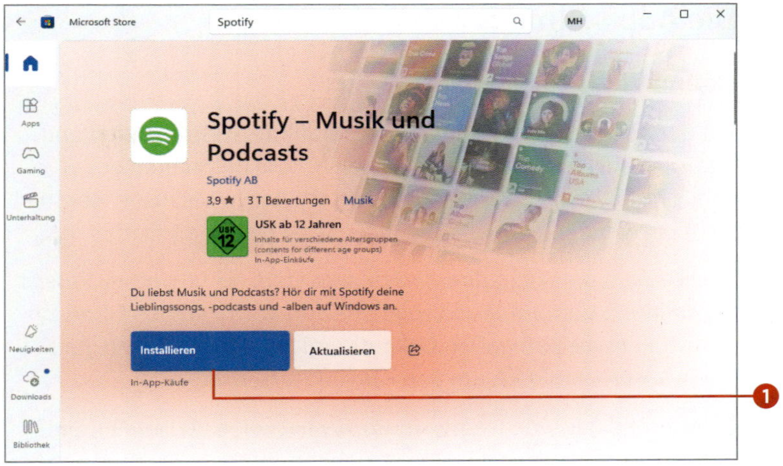

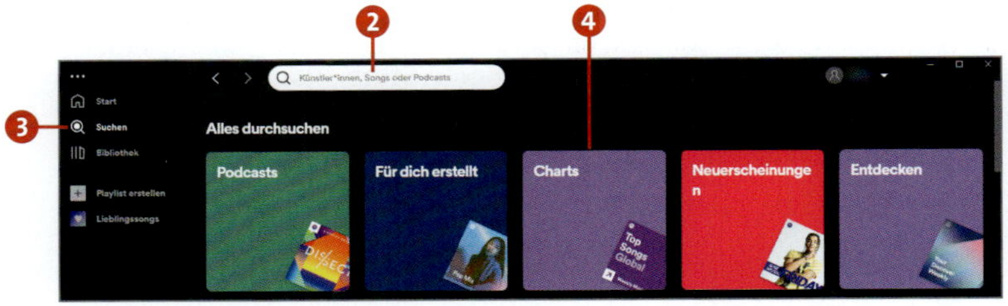

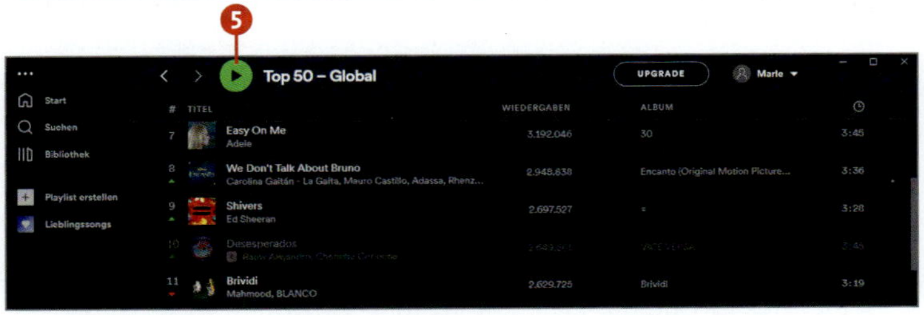

Kostenlos, aber mit kleinen Einschränkungen

Im Gegensatz zur kostenpflichtigen Premium-Version können Sie in Spotify Free keine Musik herunterladen und müssen Werbung akzeptieren. Die Soundqualität ist etwas reduziert.

Die App »Filme & TV«

Eigene Videos abspielen

Mit der App *Filme & TV* können Sie Kinofilme, Fernsehserien und natürlich auch eigene Videos abspielen. Zum Betrachten des eigenen Filmmaterials ist die Anmeldung mit Ihrem Microsoft-Konto nicht notwendig.

1. Die App durchsucht direkt nach dem Start die Bibliothek **Videos** auf Ihrem Computer und zeigt alle dort vorhandenen Filme, unterteilt in die Kategorien **Gekauft** und **Eigene** an. Klicken Sie auf ein Vorschaubild ①, um den Film zu starten.

2. Während das Video läuft, sind zunächst keine Bedienelemente sichtbar. Sobald Sie die Maus bewegen, werden verschiedene Optionen eingeblendet, z. B. eine Zeitleiste ②, die Möglichkeit zur Lautstärkeregulierung ③ oder eine **Start**-/**Pause**-Schaltfläche ④. Mit dem nach links zeigenden Pfeil ⑤ springen Sie 10 Sekunden im Film zurück und mit dem nach rechts zeigenden Pfeil ⑥ 30 Sekunden nach vorne.

3. Die Größe des Programmfensters kann beliebig variiert werden (siehe auch den Abschnitt »Fenster vergrößern und verkleinern« auf Seite 77). Über den diagonalen Doppelpfeil ⑦ schalten Sie das Bild in den Vollbildmodus bzw. beenden diesen. Möchten Sie sich das Video erneut ansehen, klicken Sie zunächst rechts auf die Schaltfläche mit den drei Punkten ⑧ und im zugehörigen Menü auf **Wiederholen**.

4. Zurück zur Übersicht gelangen Sie mithilfe der Pfeilschaltfläche oben links ⑨ und ein Klick auf **Weitere Optionen** ⑩ führt Sie über den Eintrag **Einstellungen** zu weiteren Einstellungen der App. Hier können Sie unter anderem über den Menüpunkt **Legen Sie fest, wo nach Videos gesucht werden soll** weitere Verzeichnisse angeben, in denen Sie Videos gespeichert haben und die ebenfalls von der App berücksichtigt werden sollen.

Einstellungen für die App »Filme & TV« optimieren

Sie können festlegen, wo und in welcher Qualität die App heruntergeladene Videos abspeichern und in welchen Verzeichnissen sie nach eigenen Videos suchen soll. Auch die Darstellung im Vollbild oder im Fenstermodus sowie weitere Einstellungen können Sie in der App Filme & TV Ihren Bedürfnissen anpassen. Ein Großteil der Einstellungen wird Ihnen nur angeboten, wenn Sie dabei mit Ihrem Microsoft-Konto angemeldet sind.

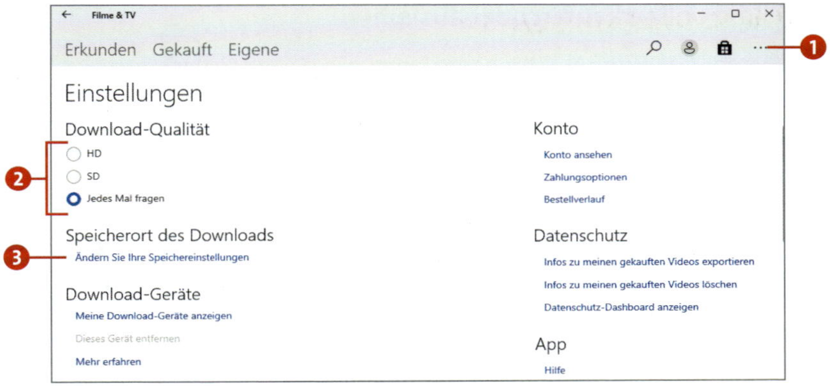

1. Starten Sie die App **Filme & TV**, klicken Sie rechts oben auf die Schaltfläche **Weitere Optionen** ❶ und wählen Sie im Menü den Punkt **Einstellungen**.
2. Legen Sie fest, in welcher Qualität die App gekaufte oder ausgeliehene Videos aus dem Store herunterladen soll ❷. Die Option **Jedes Mal fragen** wählen Sie, wenn Sie die Entscheidung von Mal zu Mal treffen möchten.
3. Über den Link **Ändern Sie Ihre Speichereinstellungen** ❸ geben Sie an, auf welche Partition bzw. Festplatte neue Videos gespeichert werden sollen. Diese Einstellung können Sie jederzeit wieder ändern.
4. In der Standardeinstellung sucht die App Ihre eigenen Filme im Ordner **Videos**. Über den Link **Legen Sie fest, wo nach Videos gesucht werden soll** ❹ können Sie weitere Quellordner hinzufügen oder auch wieder entfernen.
5. Möchten Sie Filme in voller Größe auf dem Bildschirm betrachten, aktivieren Sie die Option **Videos immer im Vollbildmodus starten**, indem Sie den Schieberegler ❺ auf **Ein** stellen.

Dunkles Design aktivieren

Wenn Sie die App lieber mit einem schwarzen Hintergrund und weißer Schrift nutzen möchten, aktivieren Sie im Abschnitt **Modus** die Einstellung **Dunkel** ❻.

Filme online kaufen oder ausleihen

Mit der App Filme & TV gehören langweilige Abende der Vergangenheit an, auch wenn mal wieder nichts im Fernsehen kommt. Leihen oder kaufen Sie aktuelle Kinofilme oder brandneue Fernsehserien. Die Filme stehen sofort zur Verfügung.

1. Filme und Serien erwerben Sie unter Windows 11 direkt im neu gestalteten Store. Öffnen Sie also zunächst das Startmenü, klicken Sie dort auf das Symbol für den **Microsoft Store**, um diesen zu starten. Stellen Sie sicher, dass Sie mit Ihrem Microsoft-Konto bei der App angemeldet sind ❶, und klicken Sie anschließend am linken Fensterrand auf **Unterhaltung** ❷.

2. Unterteilt in verschiedene Abschnitte, z. B. **Neue Filme** ❸, **Am häufigsten geliehene Filme** oder **Neue TV-Sendungen**, werden Ihnen nun zahlreiche Filme und Serien angeboten.

3. Klicken Sie auf eine Kategoriebezeichnung, können Sie in der folgenden Übersicht Filter für Ihre Suche setzen und sich z. B. Filme verschiedener Genres wie **Action/Abenteuer**, **Dokumentarfilme**, **Drama** oder auch **Familie** auflisten lassen.

4. Wählen Sie einen Film per Mausklick aus. Im nächsten Fenster werden einige Informationen zum Film angezeigt. Neben dem Titel sind dies unter anderem die FSK-Freigabe und die Laufzeit sowie darunter eine kurze Inhaltsangabe. Nach einem Klick auf den Preis haben Sie bei vielen Filmen nun die Auswahl zwischen der Standard- und der Hochauflösung ❹. Falls beide Auflösungen zur Verfügung stehen, treffen Sie Ihre Wahl. In der Standardqualität sind die Filme meist günstiger.

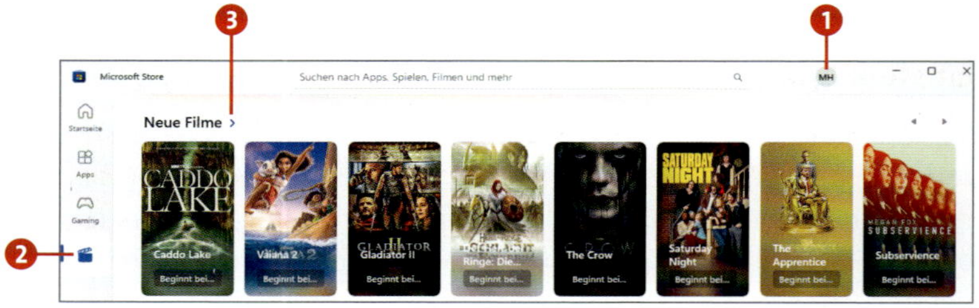

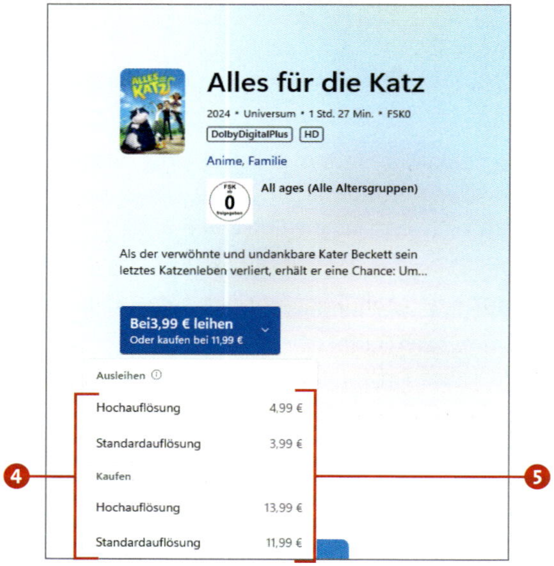

Ausleihdauer oder fehlende Auswahlmöglichkeit

Die Leihdauer für einen Film beträgt meist zwischen sieben und 14 Tagen oder 24 bis 48 Stunden nach dem erstmaligen Ansehen. Nach Ablauf der Frist kann der Film nicht mehr gestartet werden. Gerade bei älteren Filmen ist ein Ausleihen nicht möglich; diese Filme können oft nur gekauft werden.

5. Neben den Kauf- bzw. Leihoptionen (5 auf Seite 284) werden die entsprechenden Preise angezeigt. Klicken Sie auf eine der beiden Optionen, um den Vorgang fortzusetzen.

6. Nun haben Sie die Auswahlmöglichkeit, den Film online zu streamen oder komplett auf Ihren Computer herunterzuladen. Für einen Stream benötigen Sie eine schnelle Internetverbindung (siehe den Kasten »Streaming«). Wählen Sie die gewünschte Option 6 aus und klicken Sie auf **Weiter**.

7. Es folgt eine Sicherheitsabfrage. Authentifizieren Sie sich, indem Sie Ihre PIN oder das Kennwort zu Ihrem Microsoft-Konto eingeben.

8. Wenn Sie in Schritt 5 **Ausleihen** gewählt haben, werden zusätzlich die Ausleihfristen angezeigt 7. Kontrollieren Sie alle Angaben und den Preis. Wenn Sie in Ihrem Microsoft-Konto noch keine Zahlungsmethode hinterlegt haben, klicken Sie auf die Schaltfläche **Weiter**, um zu den Zahlungsoptionen zu gelangen.

9. Ist in Ihrem Konto bereits eine Zahlweise hinterlegt, wird diese zur Auswahl angeboten 8 (in diesem Beispiel **paysafecard**). Ihre aktuellen Zahlungsoptionen können Sie auch direkt in der Verwaltung Ihres Microsoft-Kontos einsehen und abändern. Wenn Sie die Seite *https://login.live.com* aufrufen und sich mit Ihrem Microsoft-Konto anmelden, können Sie über den Menüpunkt **Zahlung und Abrechnung > Zahlungsoptionen** alle Einstellungen vornehmen bzw. kontrollieren.

10. Wenn alles passt, klicken Sie auf die Schaltfläche **Ausleihen** 9 bzw. **Kaufen**, um die Ausleihe bzw. den Kauf abzuschließen. Die Meldung, mit der man Ihnen für den Kauf bzw. die Ausleihe dankt, können Sie über die Schaltfläche **Fertig** schließen.

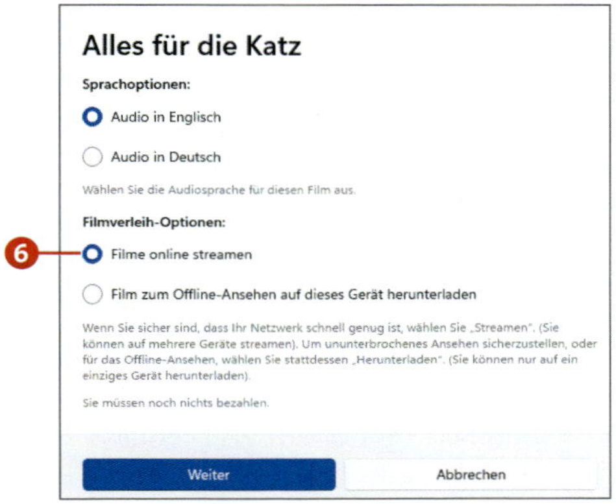

Streaming

Beim Streaming werden die Dateien geladen und gleich abgespielt. Wenn die Internetverbindung zu langsam ist, kann der Datenstrom allerdings abreißen. Es kommt dann zu lästigen »Rucklern« und Tonaussetzern. Eine DSL-Geschwindigkeit von mindestens 16.000 KBit/s ist fürs Streamen empfehlenswert. Ist Ihr Anschluss langsamer, sollten Sie in Schritt 6 die Option **Herunterladen** wählen, um den Film lokal zu speichern.

Der Windows Media Player

Eine Musik-CD abspielen

Die App *Medienwiedergabe* kann keine Audio-CDs abspielen, hierfür müssen Sie auf den bewährten *Windows Media Player* ausweichen. Damit steht dem Hörgenuss unter Windows 11 nichts im Wege: Einfach die CD einlegen und los geht's:

1. Legen Sie die Musik-CD in Ihr CD-Laufwerk ein und schließen Sie die Lade. Falls die Nachfrage erscheint, mit welcher App die CD wiedergegeben werden soll, wählen Sie den **Windows Media Player**. Das Programm startet nun, das erste Lied wird sofort abgespielt.
2. Sobald Sie mit der Maus auf das Programmfenster zeigen, werden Bedienelemente eingeblendet. Darüber können Sie unter anderem das Abspielen stoppen, wieder starten, vor- und zurückspulen oder die Lautstärke regeln ❶.
3. Standardmäßig spielt der Media Player die Titel in der vorgegebenen Reihenfolge ab. Mit den Tasten Strg + H aktivieren Sie die zufällige Wiedergabe und mit Strg + T wiederholen Sie die Wiedergabe des zuletzt abgespielten Titels. Beide Funktionen erreichen Sie auch über das Kontextmenü des Programms ❷.
4. Optisch gibt der Media Player zunächst nicht viel her. Führen Sie daher einen Rechtsklick auf das Fenster aus, um das Kontextmenü zu öffnen. Darin klicken Sie auf **Visualisierungen > Streifen und Wellen > Meeresdunst** ❸, um die Musik mit optischen Effekten zu untermalen.
5. Ändern Sie nun die Ansicht des Media Players. Blenden Sie dafür die Bedienelemente ein, indem Sie mit der Maus auf das Programmfenster zeigen, und klicken Sie rechts oben auf **Zur Bibliothek wechseln** ❹.

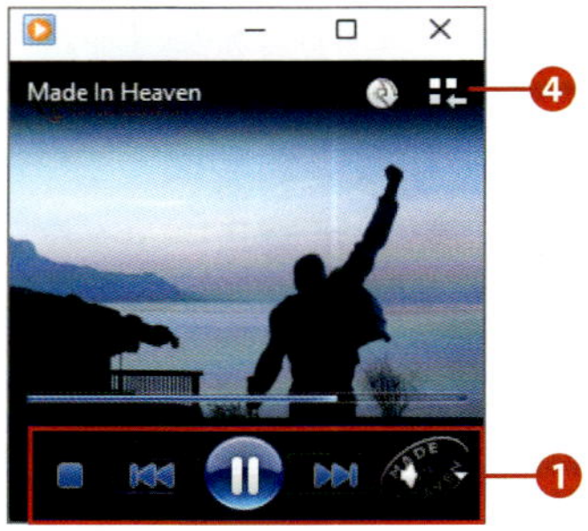

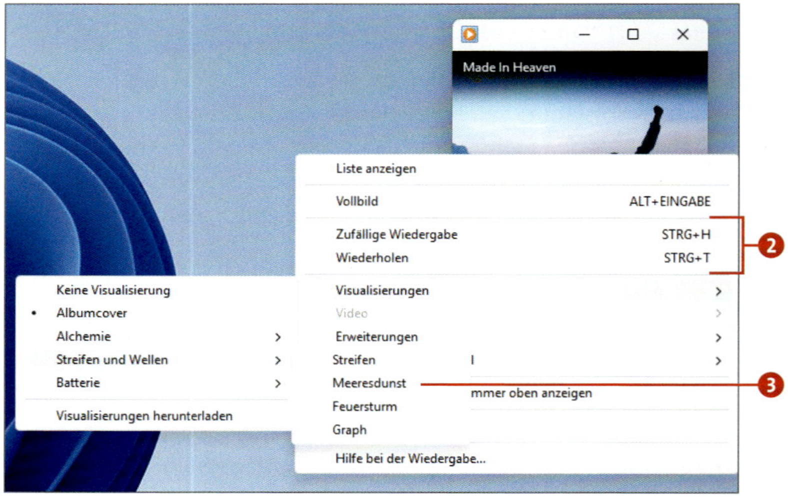

Standardprogramm ändern

Das Standardprogramm zum Abspielen von Musiktiteln ist unter Windows 11 die Medienwiedergabe-App. Wie Sie ein Standardprogramm ändern, erfahren Sie im Abschnitt »Einen Standardbrowser festlegen« ab Seite 154 am Beispiel des Browsers Edge.

6. In der Bibliotheksansicht zeigt der Media Player den Namen der CD sowie alle darauf verfügbaren Titel an. Sie starten die Wiedergabe eines Titels durch einen Doppelklick auf den entsprechenden Eintrag ❺.

7. Über die Schaltfläche **Organisieren** ❻ können Sie die Auflistung der Titel nach verschiedenen Kriterien sortieren. Klicken Sie auf **Organisieren > Sortieren nach** und wählen Sie ein Kriterium aus, z. B. **Titel** oder **Album**. Die Sortierung wird sofort entsprechend geändert.

8. Wenn ihm die passenden Informationen fehlen, kann der Media Player die Namen der einzelnen Titel nicht anzeigen. Sie können die Bezeichnungen aber ohnehin jederzeit ändern. Klicken Sie einen Eintrag mit der rechten Maustaste an und wählen Sie den Befehl **Bearbeiten** ❼ aus dem Kontextmenü. Tippen Sie dann eine neue Bezeichnung für den ausgewählten Eintrag ein und schließen Sie die Eingabe mit der [↵]-Taste ab.

Fehlende Titel- und Albuminformationen

Gerade bei selbst gebrannten CDs fehlen oft die Informationen für die Anzeige der Titel- oder Albuminformationen. Sie können aber nicht nur die Bezeichnungen einzelner Titel ändern, sondern auch den Namen des Albums, den Interpreten, ein Genre und das Jahr der Veröffentlichung ergänzen. Klicken Sie dazu in der Bibliotheksansicht des Media Players mit der rechten Maustaste auf einen der Einträge direkt neben dem CD-Cover und fügen Sie die neuen Informationen hinzu.

Den Windows Media Player über das Startmenü öffnen

Der Windows Media Player wird in der App-Liste des Startmenüs nicht direkt aufgeführt, sondern erscheint erst nach Auswahl der **Windows-Tools** als **Windows Media Player Legacy**. In der Bibliotheksansicht erscheint in der Titelleiste als Programmbezeichnung **Legacy-Windows Medienwiedergabe**.

Musik von einer CD kopieren

Der Media Player eignet sich hervorragend zum Kopieren von Musik-CDs. Sie können die Musik dann lokal auf Ihrer Festplatte speichern oder sie auf tragbare Geräte wie Ihr Smartphone oder einen MP3-Player überspielen.

1. Legen Sie die zu kopierende Audio-CD in Ihr CD-Laufwerk ein und warten Sie einen kurzen Moment, bis der Media Player startet. Wechseln Sie dann mit einem Klick auf **Zur Bibliothek wechseln** in die Bibliotheksansicht (siehe Schritt 5 auf Seite 286).
2. Entfernen Sie nun alle Häkchen vor den Musikstücken, die Sie nicht kopieren möchten ❶. Klicken Sie dazu einfach auf die Kästchen vor den jeweiligen Einträgen.
3. Wenn Sie Ihre Auswahl getroffen haben, öffnen Sie die Kopiereinstellungen, indem Sie in der Menüleiste auf den kleinen nach rechts zeigenden Doppelpfeil ❷ klicken. Zeigen Sie im Menü auf **Kopiereinstellungen > Format** und wählen Sie anschließend das gewünschte Format aus der Liste aus, z. B. **MP3** ❸.
4. Starten Sie nun den Kopiervorgang. Klicken Sie dazu erneut auf den kleinen Doppelpfeil und wählen Sie den Befehl **CD kopieren** ❹. Die Titel werden nun auf Ihre Festplatte kopiert und in der Bibliothek **Musik** abgespeichert.

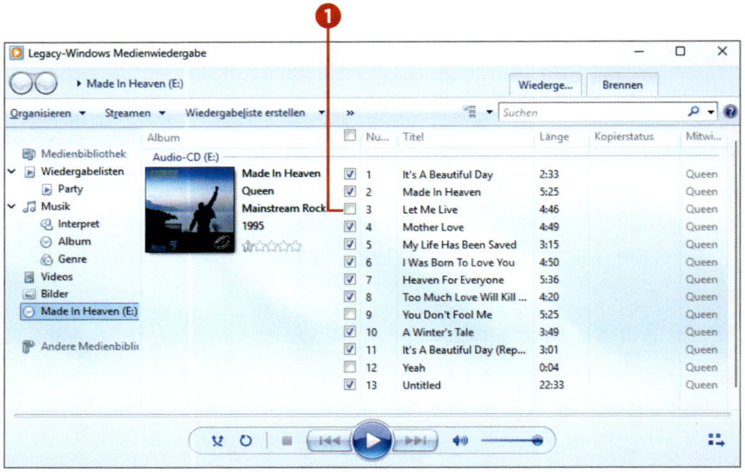

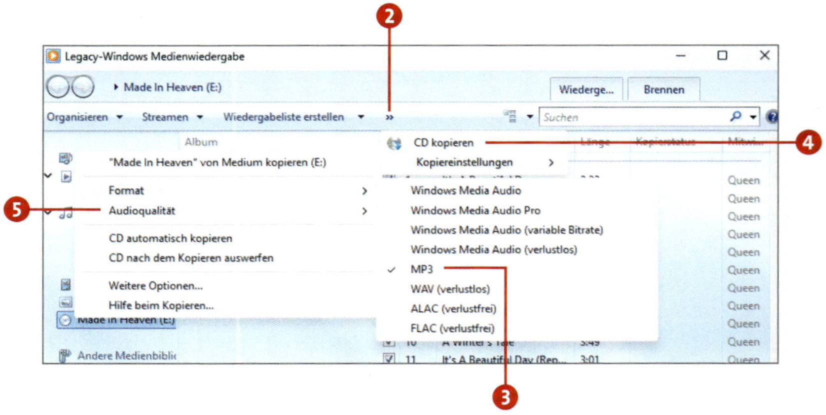

Kompatibilität und Qualität

Prüfen Sie am besten vor dem Kopieren der CD, welches Dateiformat Ihr tragbares Gerät abspielen kann, und wählen Sie es dann entsprechend aus. Über den Menüpunkt **Kopiereinstellungen** können Sie auch die Audioqualität festlegen ❺. Je höher die Qualität ist, desto größer wird allerdings auch das Dateivolumen.

10

Netzwerke und Umgebungsfreigaben

In diesem Kapitel

- Einen Netzwerkspeicher mit der Fritz!Box nutzen
- Dateien mit Computern in Ihrer Nähe teilen
- Fernsteuerung und Fernwartung

Bereits mit dem *April 2018 Update* hat Microsoft die beliebte Heimnetzgruppe aus Windows 10 entfernt und auch in Windows 11 nicht wieder aufgenommen. Stattdessen können Sie Dateien und Ordner über OneDrive teilen oder für Dateien die neue Umgebungsfreigabe nutzen. Das Senden und Empfangen von Daten über diese neue Funktion sowie die Einrichtung der Umgebungsfreigabe wird in diesem Kapitel beschrieben. Wie Sie OneDrive für diese Aufgabe nutzen können, erfahren Sie im Abschnitt »Ordner freigeben und mit Dritten teilen« auf Seite 206.

Auf den nächsten Seiten lesen Sie auch, wie Sie einen Netzwerkspeicher mit Ihrer Fritz!Box einrichten können. Hierfür verbinden Sie einen USB-Speicher mit der Fritz!Box und legen über Freigaben fest, welche Personen Zugriff auf diese Daten erhalten dürfen.

Mit der Remotehilfe von Windows 11 können Sie per Fernwartung auf den Rechner einer hilfesuchenden Person zugreifen oder selbst eine vertrauenswürdige Person um Unterstützung bei der Beseitigung lästiger Computerprobleme bitten. Die App ist auf jedem Windows 11-System bereits vorinstalliert. Dabei haben Sie natürlich jederzeit die volle Kontrolle und können die Verbindung auch abbrechen. Wie Sie eine Unterstützung anfordern oder gewähren können, ist in diesem Kapitel ab Seite 300 beschrieben.

Dieses Fernsteuerungsprinzip lässt sich auch für die Arbeit nutzen: Wenn Sie von zu Hause aus arbeiten und eine sichere Verbindung von Ihrem heimischen PC in das Netzwerk Ihres Arbeitgebers benötigen, richten Sie einfach eine VPN-Verbindung ein.

Einen Netzwerkspeicher mit der Fritz!Box nutzen

Einen USB-Speicher als Netzwerkspeicher einrichten

Verbinden Sie einen USB-Stick oder eine USB-Festplatte mit Ihrer Fritz!Box und nutzen Sie diese als zentralen Speicherort innerhalb Ihres privaten Heimnetzes. Sie können dabei für jedes Familienmitglied individuell festlegen, auf welche Verzeichnisse es zugreifen darf. Beschrieben ist die Einrichtung am Beispiel einer *Fritz!Box 7590*. Die Einrichtung der NAS-Funktion ist für alle Modelle mit dem aktuellen *Fritz!OS* gleich.

1. Öffnen Sie über Ihren Internetbrowser die Benutzeroberfläche der Fritz!Box, indem Sie die Adresse *http://fritz.box* oder die IP-Adresse der Box eingeben. (In der Werkseinstellung lautet diese *http://192.168.178.1*.)
2. Klicken Sie links in der Menüleiste auf **Heimnetz** ❶ und dann auf **USB-Geräte** ❷. Sollte dieser Menüpunkt nicht sichtbar sein, erweitern Sie die Ansicht, indem Sie rechts oben auf Ihren Benutzernamen ❸ klicken und dann im Menü den Schieberegler der Funktion **Erweiterte Ansicht** auf **Ein** stellen.
3. Wechseln Sie auf die Registerkarte **USB-Fernanschluss** ❹ und stellen Sie sicher, dass das Häkchen der Funktion **USB-Fernanschluss aktiv** ❺ **nicht** gesetzt ist. Entfernen Sie das Häkchen also gegebenenfalls, um den Fernanschluss zu deaktivieren. Nur dann können mehrere Geräte gleichzeitig auf den USB-Speicher zugreifen. Klicken Sie auf **Übernehmen** ❻, um die Einstellung zu speichern.
4. Verbinden Sie nun Ihren USB-Speicher mit der Fritz!Box.
5. Weiter geht es mit der Einrichtung eines Benutzers. Klicken Sie hierfür auf **System** ❼, anschließend auf **Fritz!Box-Benutzer** ❽ und schließlich auf **Benutzer hinzufügen** ❾.

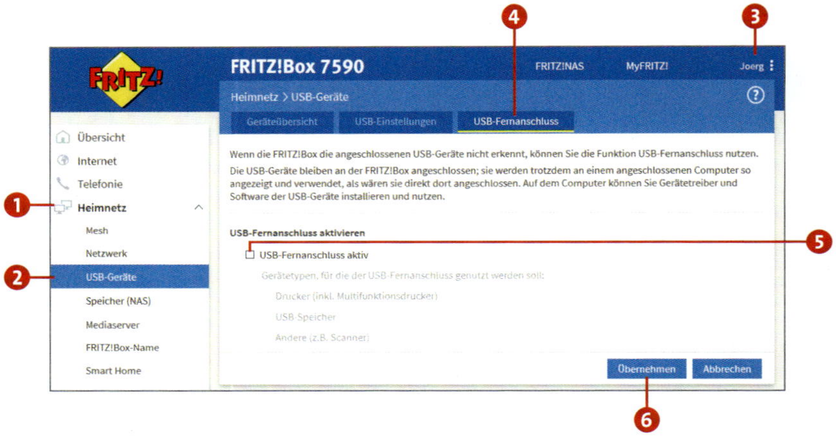

Network Attached Storage (NAS)

NAS ist der Speicherplatz, der innerhalb eines Netzwerkes für alle zugehörigen Rechner bereitgestellt wird. So können z. B. alle Computer Ihres privaten Heimnetzes auf diesen Speicher zugreifen und Daten abrufen oder selbst dort abspeichern.

6. Vergeben Sie einen Benutzernamen und legen Sie ein Kennwort fest. Die Eingabe einer E-Mail-Adresse ist nicht zwingend erforderlich. Wenn Sie möchten, dass der Benutzer auch aus dem Internet auf den USB-Speicher zugreifen kann, lassen Sie die Option **Zugang auch aus dem Internet erlaubt** aktiviert.

7. Legen Sie die Berechtigungen für den Benutzer fest. Damit er auf den USB-Speicher zugreifen kann, müssen Sie auf jeden Fall das Häkchen vor **Zugang zu NAS-Inhalten** ⑩ setzen. Klicken Sie anschließend auf **Verzeichnis hinzufügen** ⑪.

8. Sie können nun wählen, ob der Benutzer auf den kompletten USB-Speicher Zugriff erhalten soll oder ob Sie nur ein einzelnes Verzeichnis freigeben möchten. Klicken Sie auf **OK**, um die Auswahl zu übernehmen, und anschließend unten auf der Seite nochmals auf **OK**, um den Vorgang abzuschließen.

9. Öffnen Sie die Registerkarte **Anmeldung im Heimnetz** ⑫. Damit jeder Benutzer individuell identifiziert werden kann, aktivieren Sie dort die Einstellung **Anmeldung mit FRITZ!Box-Benutzernamen und Kennwort** ⑬. Speichern Sie die Änderung mit **Übernehmen** ⑭.

10. Klicken Sie abschließend links auf **Heimnetz** ⑮ und dann auf **Speicher (NAS)** ⑯. Aktivieren Sie dann das Häkchen vor **Speicher (NAS) aktiv** ⑰ und schließen Sie die Einrichtung mit **Übernehmen** ⑱ ab.

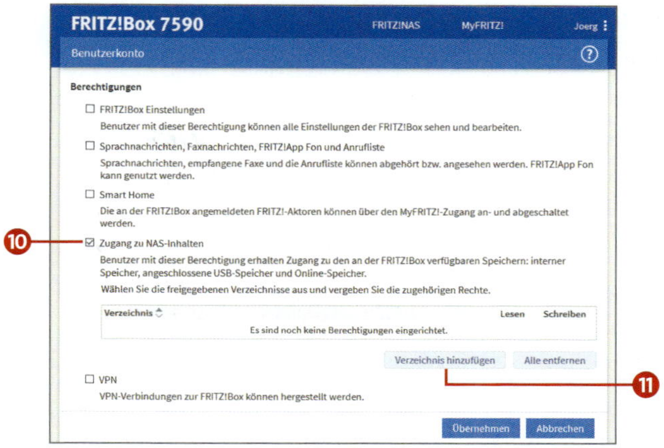

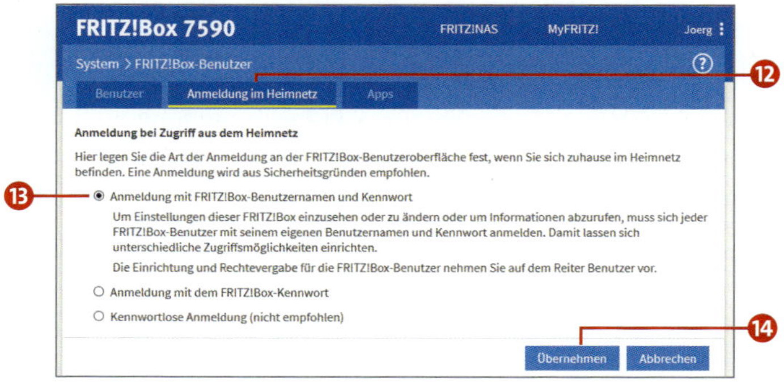

Auf den USB-Speicher zugreifen

Der eingerichtete Benutzer kann jetzt die Adresse *http://fritz.nas* in seinen Browser eingeben und sich mit dem Benutzernamen und dem von Ihnen festlegten Kennwort anmelden. Er hat fortan Zugriff auf die freigegebenen Verzeichnisse.

Dateien und Ordner über einen Freigabelink teilen

Teilen Sie Bilder und Videos aus Ihrem letzten Urlaub oder von einer rauschenden Feier mit Ihren Freundinnen oder dem Kollegenkreis. Legen Sie die Dateien einfach auf dem an die Fritz!Box angeschlossenen USB-Speicher ab und versenden Sie per E-Mail einen Freigabelink. Personen, die einen solchen Link erhalten haben, können die Dateien nur öffnen, nicht aber verändern oder löschen.

1. Geben Sie die Adresse *http://fritz.box* ❶ in die Adressleiste Ihres Browsers ein und melden Sie sich mit Ihrem Benutzernamen und dem dazugehörigen Kennwort an ❷, um die Benutzeroberfläche der Fritz!Box zu öffnen.
2. Klicken Sie in der Menüleiste links auf **Internet > Zugangsdaten** ❸ und anschließend in der rechten Fensterhälfte auf **Verbindungseinstellungen ändern** ❹.
3. Aktivieren Sie die Option **Dauerhaft halten (empfohlen für Flatrate-Tarife)** ❺. Wenn dieser Menüpunkt bei Ihnen fehlt, hält die Fritz!Box bereits eine dauerhafte Verbindung. Klicken Sie auf **Übernehmen** ❻, um die Einstellung zu speichern.
4. Starten Sie nun die Benutzeroberfläche des NAS-Speichers, indem Sie entweder die Adresse *http://fritz.nas/* in Ihren Browser eingeben oder oben auf der Seite auf **FRITZ!NAS** ❼ klicken.

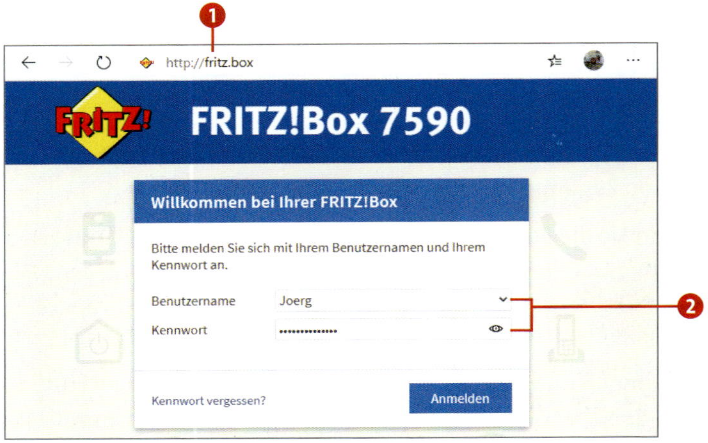

Wissenswertes zu den Freigabelinks

Die Freigabelinks enthalten die IP-Adresse Ihrer Fritz!Box. Sollte sich die Adresse ändern, z. B. durch eine Neueinwahl ins Internet, werden die Links ungültig. Dies können Sie verhindern, indem Sie sich im Menü **Internet > MyFritz!-Konto** ❽ ein Benutzerkonto anlegen. Künftig meldet die Fritz!Box jede Adressänderung an das MyFritz!-Konto und dieser Dienst weist der Fritz!Box eine dauerhaft gültige Adresse zu. So bleiben die Links auch nach einem Wechsel der IP-Adresse gültig.

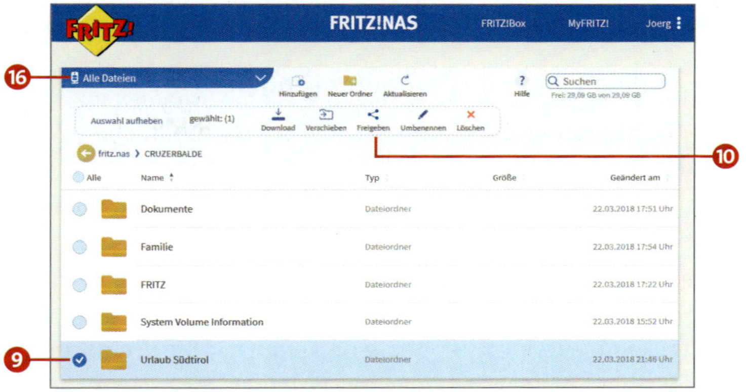

5. Wählen Sie die Datei oder das Verzeichnis aus, das Sie freigeben wollen, indem Sie das Kontrollkästchen vor dem Datei- bzw. Verzeichnisnamen ❾ aktivieren. In diesem Beispiel wird der Ordner **Urlaub Südtirol** freigegeben.

6. Sobald Sie auf **Freigeben** ❿ klicken, wird ein Freigabelink erstellt ⓫, den Sie nun an die Personen weitergeben können, die Zugriff auf die Dateien erhalten sollen. Ein Klick auf die Schaltfläche **per E-Mail versenden** ⓬ öffnet Ihr Standard-E-Mail-Programm und setzt den Link bereits in das Textfeld. Oder Sie wählen die Option **in Zwischenablage kopieren** ⓭, woraufhin der Link in der Windows-Zwischenablage abgelegt wird. Sie können ihn dann mit [Win] + [V] in andere Anwendungen einfügen.

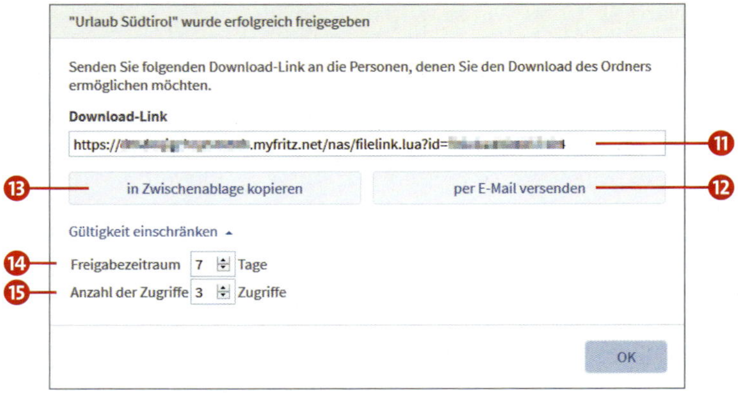

7. Zusätzlich haben Sie die Möglichkeit, die Gültigkeit der Freigabe einzuschränken. Sie können den **Freigabezeitraum** ⓮ auf eine bestimmte Anzahl an Tagen festlegen und/oder die **Anzahl der Zugriffe** ⓯ begrenzen. Mit **OK** schließen Sie das Fenster wieder. Jede Person, die den Link kennt, kann ab sofort auf die freigegebenen Daten zugreifen.

8. Über die Schaltfläche **Alle Dateien** ⓰ erreichen Sie den Menüpunkt **Freigaben**. Hier können Sie den Freigabelink jederzeit erneut aufrufen, die Beschränkungen neu festlegen oder die Freigabe beenden.

Fehlermeldung beim Aufruf des Freigabelinks

Die Fritz!Box nutzt ein Sicherheitszertifikat, das den Browsern nicht bekannt ist. Beim Aufruf des Links erscheint die Meldung, dass die aufgerufene Seite nicht sicher sei. Um dennoch auf die Freigabe zugreifen zu können, klicken Sie bei Google Chrome und Microsoft Edge auf **Erweitert > Weiter zu [Adresse] (unsicher)**. Bei Firefox klicken Sie auf **Erweitert > Ausnahme hinzufügen > Sicherheits-Ausnahmeregel bestätigen**. Ein Sicherheitsrisiko besteht dabei nicht!

Dateien mit Computern in Ihrer Nähe teilen

Dateien an einen anderen Computer senden

Mit der Umgebungsfreigabe können Sie ohne Aufwand Dateien von einem PC an einen anderen Rechner in unmittelbarer Nähe übertragen. Beide Rechner müssen mindestens über Windows 10, Version 1803, verfügen und mit Bluetooth ausgestattet sein.

1. Um Daten übertragen zu können, muss die Funktion auf beiden Rechnern aktiviert sein. Rufen Sie die **Einstellungen**-App über die Tastenkombination [Windows] + [I] auf und wechseln Sie in die Kategorie **System > In der Nähe freigeben** (Windows 10: **System > Gemeinsame Nutzung**). Aktivieren Sie die Option **Alle Personen in der Nähe** ❶. Unter Windows 10 müssen Sie zuvor den Regler **Inhalte über Bluetooth ... freigeben** einschalten.
2. Markieren Sie im Datei-Explorer die Datei(en), die Sie auf den anderen Computer übertragen möchten. Öffnen Sie mit einem Rechtsklick das Kontextmenü und wählen Sie **Freigabe** ❷.
3. Im folgenden Dialogfenster werden Ihnen einige Kontakte und darunter die Namen der in der Nähe gefundenen Computer angezeigt. Wählen Sie den gewünschten Empfänger ❸ aus. In diesem Beispiel trägt der Empfänger-PC die Bezeichnung *TestNotebook-02*.
4. Nun wird eine Anfrage an den Empfänger-PC geschickt und auf eine Antwort gewartet. Sobald der Datenversand vom Empfänger akzeptiert wurde, beginnt die Übermittlung der Dateien. Wie lange dieser Vorgang dauert, hängt vom zu übertragenen Datenvolumen ab. Wurde der Transfer abgeschlossen, gibt Windows eine weitere Meldung aus und bestätigt die erfolgreiche Datenübertragung.

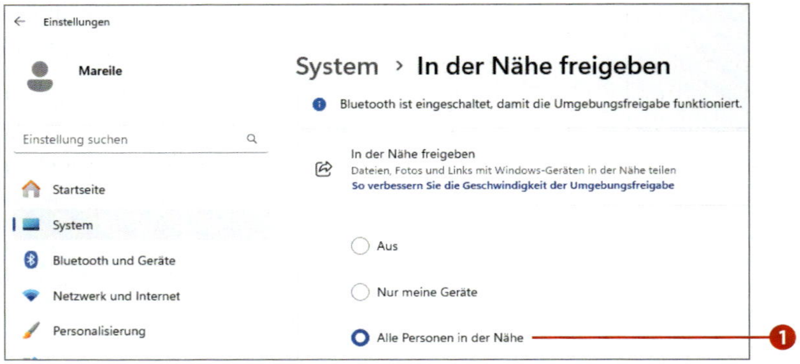

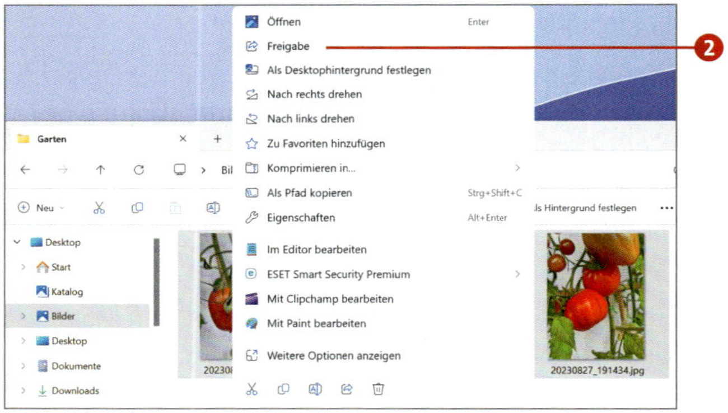

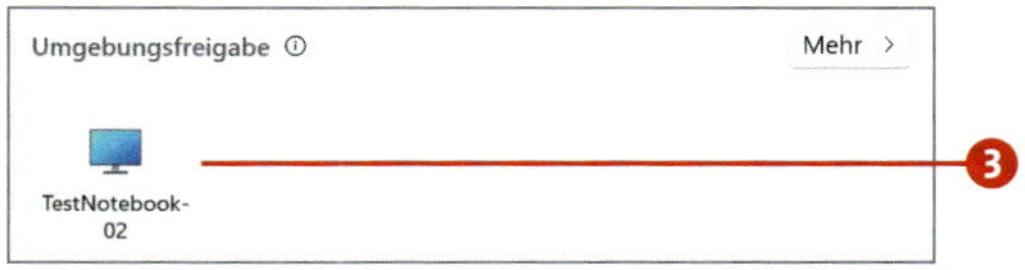

Verbindungsprobleme beheben

Mitunter werden keine Computer in der Nähe gefunden oder die Übermittlung der Daten bricht ab. Häufig reicht es in diesen Fällen aus, die Bluetooth-Funktion an Ihrem PC für einen Moment zu deaktivieren und dann wieder zu aktivieren.

Dateien empfangen

Auch der Empfang von Dateien ist mithilfe der Umgebungsfreigabe möglich. Ohne Ihre Einwilligung werden jedoch keine Dateien angenommen. Sie können bei jedem Vorgang entscheiden, ob Sie die Anfrage zur Datenübertragung annehmen oder ablehnen möchten.

1. Kontrollieren Sie zunächst, ob die Umgebungsfreigabe aktiviert ist. Wie Sie hierzu vorgehen, lesen Sie in Schritt 1 des Abschnitts »Dateien an einen anderen Computer senden« auf Seite 294.
2. Ihr PC ist jetzt bereit, Daten zu empfangen. Versendet nun eine Person in der Nähe eine Datei an Ihren Rechner, erscheint oberhalb des Infobereichs der Taskleiste eine Meldung. Möchten Sie die Datei nicht annehmen, klicken Sie auf **Ablehnen** ❶. Die Option **Speichern** ❷ speichert die Dateien auf Ihrem PC und öffnet sie anschließend.
3. Ist die Übertragung abgeschlossen, erscheint oberhalb des Infobereichs der Taskleiste ein Hinweis. Sie können nun über **Ordner öffnen** ❸ den Speicherort aufrufen. Die Meldung ist nur kurz zu sehen – wenn Sie sie verpasst haben, öffnen Sie das Benachrichtigungscenter per Klick auf die Uhrzeit ❹. Dort wird die Meldung vorgehalten.

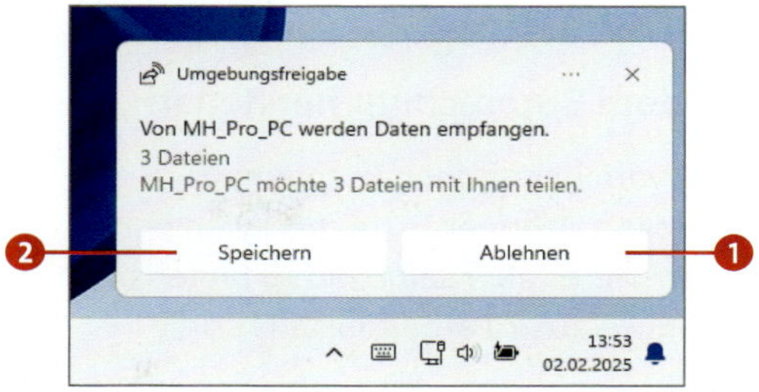

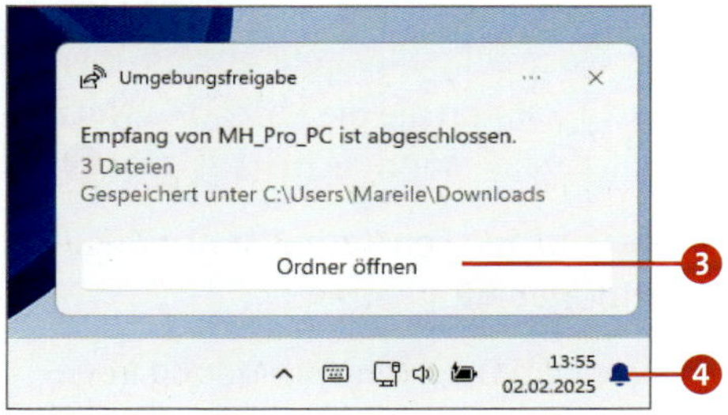

Umgebungsfreigabe über die Schnelleinstellungen aktivieren

Falls Sie die Umgebungsfreigabe häufiger nutzen möchten, bietet sich zur Aktivierung der Funktion der Weg über die Schnelleinstellungen an, die Sie über die Tastenkombination [⊞] + [A] einblenden. Ist die Umgebungsfreigabe hier nicht zu sehen, klicken Sie auf das Stiftsymbol und dann auf **Hinzufügen**. Markieren Sie die **Umgebungsfreigabe** und bestätigen Sie mit **Fertig**.

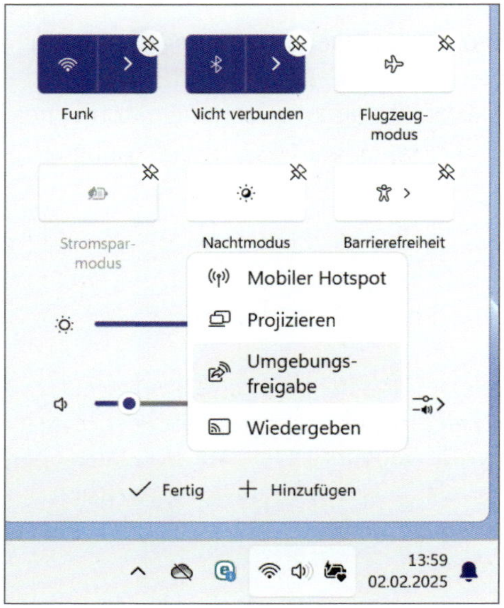

Die Umgebungsfreigabe kann über die Schnelleinstellungen aufgerufen werden.

Fernsteuerung und Fernwartung

Eine VPN-Verbindung mit dem Bürorechner herstellen

Zugegeben, der Gedanke, auch vom heimischen Rechner aus auf das Firmennetzwerk zugreifen zu können, ist sicherlich nicht immer verlockend. Manchmal muss es aber sein, und so bietet sich auch die Möglichkeit, von zu Hause aus zu arbeiten, falls es die Situation erforderlich macht.

1. Um eine VPN-Verbindung zu erstellen, öffnen Sie über das Startmenü die **Einstellungen**-App. Noch schneller gelingt dies über die Tastenkombination ⊞ + I. Rufen Sie die Kategorie **Netzwerk und Internet** auf und klicken Sie dann rechts auf **VPN** ❶.
2. Als Nächstes klicken Sie in der rechten Fensterhälfte auf die blaue Schaltfläche **VPN hinzufügen** ❷.
3. Nun werden einige technische Daten für die Verbindung abgefragt. Wählen Sie über das Dropdown-Menü des ersten Datenfeldes den VPN-Anbieter aus, z. B. **Windows (integriert)** ❸.
4. Tragen Sie den Namen für die Netzwerkverbindung ❹ sowie im Feld darunter die Internet- bzw. IP-Adresse ❺ der Firma ein. Diese Daten erhalten Sie von der Netzwerkadministratorin Ihres Betriebs.

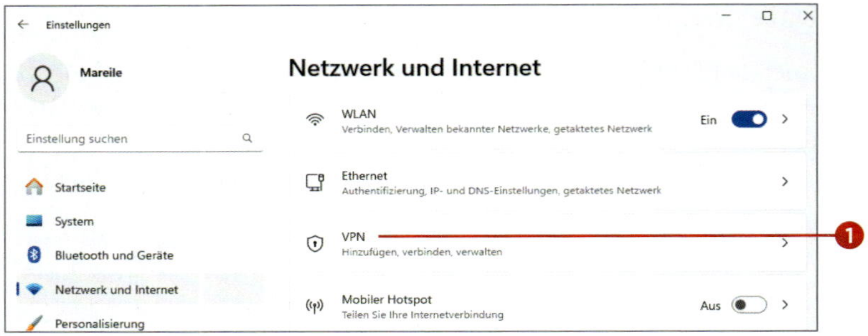

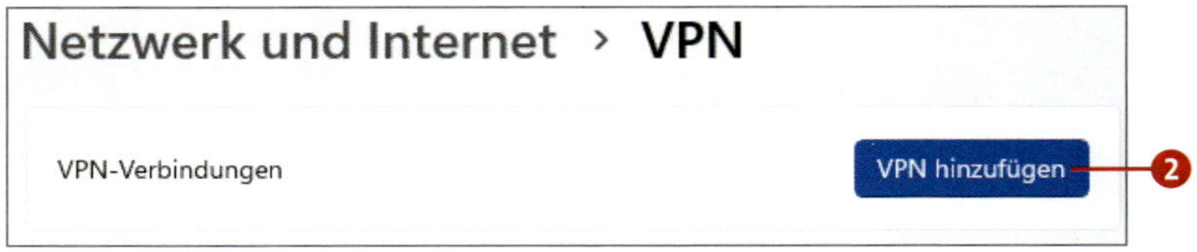

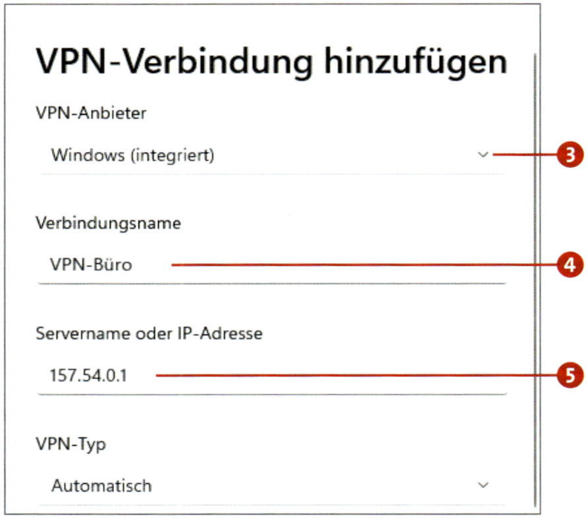

VPN

VPN steht für *Virtual Private Network*. Es handelt sich dabei um eine für gewöhnlich verschlüsselte Verbindung zwischen dem VPN-Client, das ist der Benutzer zu Hause, und dem VPN-Server, also dem Firmenserver.

5. Über das Dropdown-Menü des Feldes **VPN-Typ** (6) definieren Sie das benötigte Verbindungsprotokoll. Meist genügt es hier, die Option **Automatisch** zu wählen. Im Zweifelsfall erhalten Sie aber auch diese Information von Ihrem Netzwerkadministrator.

6. Nutzen Sie die Bildlaufleiste am rechten Fensterrand, um zu den weiteren Einstellungsmöglichkeiten zu gelangen, und legen Sie den gewünschten **Anmeldeinformationstyp** (7) fest. Klicken Sie in das Datenfeld und wählen Sie einen Eintrag aus. Tragen Sie optional in die nachfolgenden Felder Ihren Benutzernamen und das dazugehörige Kennwort für die VPN-Verbindung ein und setzen Sie das Häkchen vor **Anmeldeinformationen speichern** (8), falls Sie diese sichern möchten. Sind alle Angaben gemacht, klicken Sie auf **Speichern** (9), um die Einstellungen zu übernehmen.

7. Die neue Verbindung wird sogleich aufgelistet. Um eine Verbindung herzustellen, klicken Sie auf den Eintrag und anschließend auf **Verbinden** (10).

8. Nun folgt die Netzwerkauthentifizierung. Falls Sie in Schritt 6 keinen Benutzernamen und kein Kennwort hinterlegt haben, werden Sie nun aufgefordert, diese einzugeben. Mit einem abschließenden Klick auf **OK** wird die Verbindung zum Remotenetzwerk aufgebaut.

9. Mit einem Klick auf **Trennen** beenden Sie die Verbindung, wenn Sie sie nicht mehr benötigen. Statt die Verbindung zukünftig über die **Einstellungen**-App herzustellen, können Sie auch den Weg über die Schnelleinstellungen wählen. Drücken Sie die Tastenkombination [⊞] + [A], klicken Sie auf das Symbol **VPN** (11) und dann auf die gewünschte VPN-Verbindung.

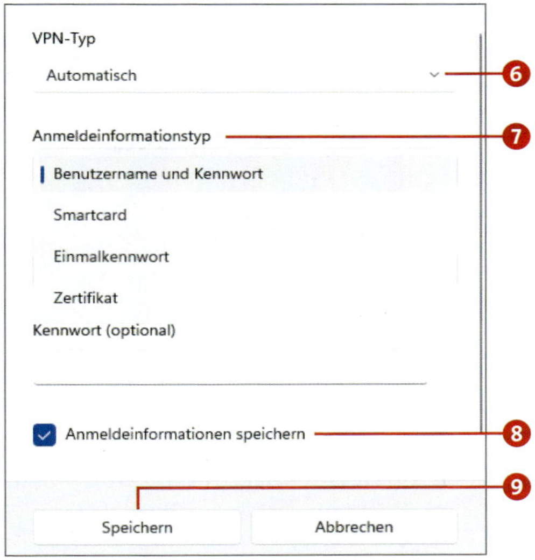

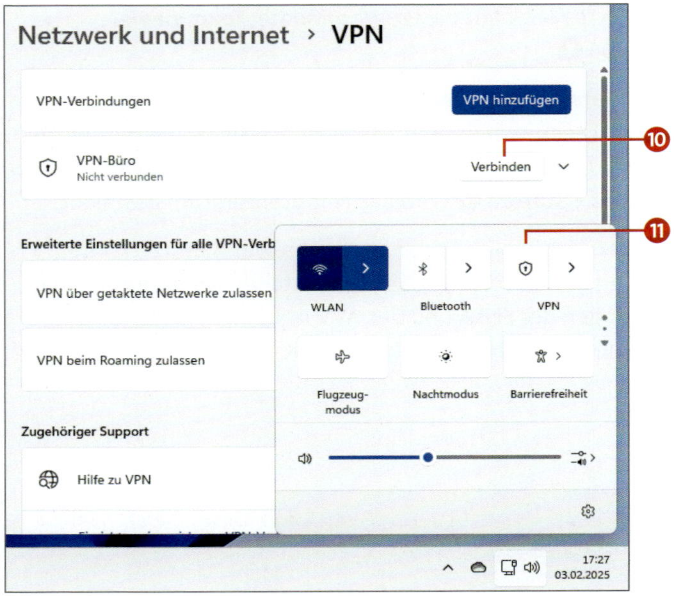

TeamViewer: Unterstützung via Fernzugriff anfordern

Irgendetwas klemmt mal wieder und Windows macht nicht, was es soll? Wenn Sie im Freundes- oder Familienkreis eine versierte Person kennen, die Ihnen bei Ihrem Computerproblem helfen könnte, bitten Sie sie einfach, aus der Ferne auf Ihren Computer zuzugreifen. So lassen sich viele Probleme lösen, ohne dass extra jemand vorbeikommen muss. Für diese Aufgabe eignet sich hervorragend das kostenlose Programm *TeamViewer*, das Sie und Ihr hilfsbereites Gegenüber jeweils starten müssen:

1. Öffnen Sie den Browser und rufen Sie *www.teamviewer.de* auf. Klicken Sie auf der Webseite auf **Kostenloser download**. Wählen Sie die kostenlose Version mit einem Klick auf **Jetzt Downloaden** aus und anschließend den **TeamViewer full client** mit **Download (64-bit)**.
2. Öffnen Sie mit den Tasten ⊞ + E den **Explorer**, navigieren Sie zum Ordner **Downloads** und starten Sie das Programm mit einem Doppelklick auf die Programmdatei **TeamViewer_Setup_x64** ❶.
3. Das Programm startet mit der Frage, wie Sie TeamViewer nutzen möchten. Die Anwendung muss nicht installiert werden, es genügt daher, wenn Sie die Option **Nur starten** ❷ auswählen. Über **Stimme zu – starten** ❸ wird das Hauptprogramm gestartet.
4. Bestätigen Sie die nun folgende Abfrage der Benutzerkontensteuerung mit **Ja**, versehen Sie das Kästchen **Ich akzeptiere die Bedingungen der EULA und des AVV** mit einem Häkchen und klicken Sie auf **Weiter** und dann auf **OK**.

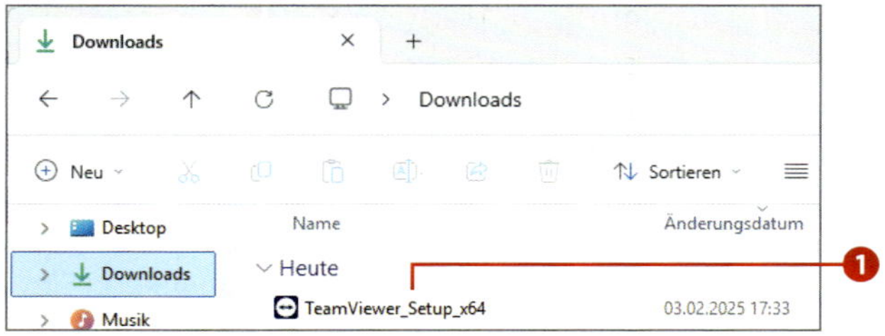

Für die private Nutzung kostenlos

Das Fernwartungsprogramm TeamViewer ist für die private Nutzung kostenlos. Wird das Programm kommerziell eingesetzt, fallen Lizenzgebühren an. Die helfende Person benötigt ein Konto bei TeamViewer, mit dem sie sich bei der Anwendung anmeldet.

5. Teilen Sie Ihrem Helfer **Ihre ID** und das dazugehörige **Passwort** mit ❹. Die helfende Person startet das Programm ebenfalls auf ihrem Computer und trägt die von Ihnen erhaltene ID in das Feld **Teilnehmer-ID** ❺ ein. Nachdem sie auf **Verbinden** ❻ geklickt hat, wird zur Authentifizierung noch das Kennwort abgefragt, das Sie ihr ja bereits übermittelt haben. Waren alle Eingaben korrekt, wird die Fernwartung gestartet.

6. Das Hintergrundbild Ihres Arbeitsplatzes wird durch einen einfarbigen Hintergrund ersetzt. Dies ist zugleich ein sichtbares Zeichen dafür, dass die Verbindung aufgebaut wurde. Rechts unten auf dem Bildschirm erscheint ein kleines Fenster ❼.

7. Ihr Gegenüber sieht nun auf seinem Computer Ihren Arbeitsplatz und kann Ihren PC aus der Ferne bedienen, kann Programme starten und beenden, Dateien öffnen und schließen und Einstellungen an Ihrem System vornehmen – so, als säße diese Person direkt vor Ihrem Rechner. Auf Ihrem Bildschirm können Sie dabei jeden Schritt verfolgen. Sie sehen also zu jeder Zeit, was gerade geschieht. Auf diese Weise kann Ihnen Ihr Gegenüber Vorgänge an Ihrem PC zeigen oder fehlerhafte Einstellungen korrigieren und Fehler beheben. Dabei haben Sie stets die volle Kontrolle und können die Verbindung jederzeit abbrechen, indem Sie einfach auf das kleine Kreuz ❽ im Verbindungsfenster klicken.

8. Wurde die Hilfestellung beendet, trennt eine*r von Ihnen die Verbindung und Sie können anschließend das Programm beenden.

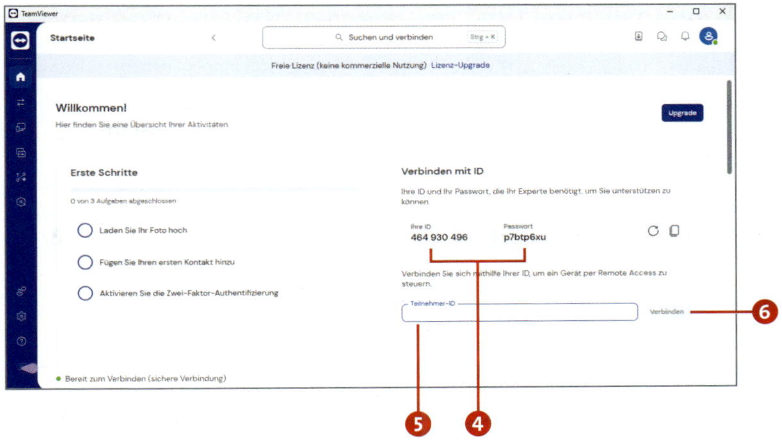

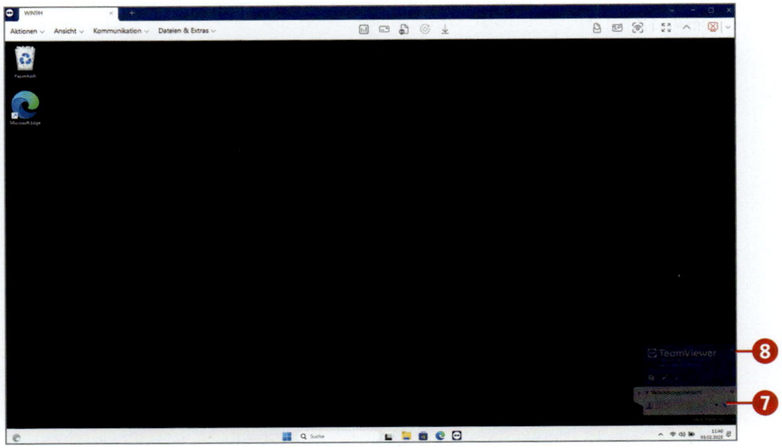

TeamViewer für mobile Endgeräte

Das Fernwartungsprogramm gibt es auch für Android und iOS. Damit können Sie sogar über ein Android-Tablet oder ein Smartphone eine Verbindung zu einem wartungsbereiten Computer aufbauen.

Remotehilfe mit Windows-eigenen Mitteln anfordern

Ist der Einsatz des auf den vorherigen Seiten beschriebenen Programms *TeamViewer* nicht möglich oder unerwünscht, können Sie auch auf Windows-Bordmittel zurückgreifen:

1. Starten Sie die App **Remotehilfe**, indem Sie das Wort »Remotehilfe« in das Suchfeld des Startmenüs eingeben und dann den gleichnamigen Treffer auswählen. Auf manchen PCs trägt die App die Bezeichnung »Schnellhilfe«.
2. Um eine andere Person über eine Remoteverbindung zu unterstützen, klicken Sie auf **Jemandem helfen** ❶ und melden sich mit Ihrem Microsoft-Konto an.
3. Das Programm zeigt Ihnen nun einen sechsstelligen Code an ❷. Teilen Sie diesen Code der Person mit, der Sie helfen möchten.
4. Diese startet das Programm auf die gleiche Weise, gibt dann in das Feld **Sicherheitscode von Assistent** ❸ den von Ihnen mitgeteilten Code ein und klickt auf **Übermitteln** ❹.
5. Sie können nun auswählen, ob Sie einen Vollzugriff auf den anderen Rechner brauchen oder nur dessen Bildschirm ansehen möchten. Ihr Gegenüber bestätigt den Verbindungsaufbau mit einem Klick auf den Menüpunkt **Zulassen**.

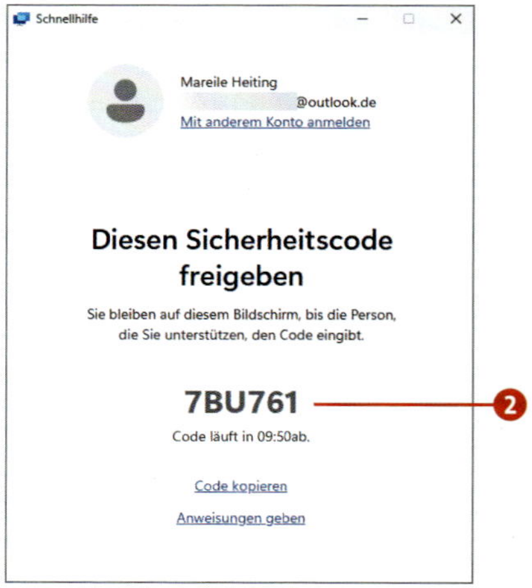

Wie geht es weiter?

Als Helfer sehen Sie nun auf Ihrem Bildschirm den Desktop Ihres Gegenübers und können mit der Unterstützung beginnen. Sobald eine Partei das Fenster der Remoteunterstützung schließt, wird auch die Verbindung getrennt.

11 Warten, pflegen, absichern

Befreien Sie Ihr System von unnötigem Datenmüll und führen Sie immer mal wieder eine Datenträgerbereinigung durch, quasi einen Frühjahrsputz für den PC. Temporäre Internet- oder Programmdateien, Protokolldateien, Fehlerberichterstattungsdateien oder schlicht der Inhalt des Papierkorbes – schaffen Sie wieder Platz auf Ihrer Festplatte und löschen Sie diese Dateien. Apropos Festplatte: Auch die Festplatte braucht Pflege! Überprüfen Sie sie auf mögliche Dateisystemfehler und optimieren Sie das Laufwerk, indem Sie es regelmäßig von Windows defragmentieren lassen. Verbessern Sie die Darstellung und Leistung von Windows und nutzen Sie den Systemintegritätsbericht, um lästige Fehler aufzuspüren und zu beseitigen.

Obwohl Windows 11 mit dem *Microsoft Defender* bereits ein Schutzprogramm mitliefert, können Sie natürlich auch ein Antivirenprogramm eines Drittanbieters installieren. Das Gleiche gilt für die Firewall.

Schützen Sie Ihre Daten mit der Verschlüsselungstechnologie *BitLocker*. Gerade Daten auf tragbaren Computern wie Laptops oder Tablet-PCs können Sie so vor dem unbefugten Zugriff Dritter schützen und die Festplatte sicher verschlüsseln. Ohne das Kennwort oder den USB-Stick zur Autorisierung kann niemand Ihre Daten lesen.

Natürlich darf auch das Thema Datensicherung nicht fehlen. Legen Sie eine Komplettsicherung Ihres Systems an. Sollte es zu einem schweren Systemfehler kommen und Windows den Start verweigern, können Sie mit dieser Sicherung Ihre Windows-Installation reparieren.

In diesem Kapitel

- Windows 11 regelmäßig aktualisieren
- Die Festplatte optimieren
- Die Datenträgerbereinigung
- Die Windows-Speicheroptimierung
- Windows zusätzlich schützen
- Daten mithilfe eines Systemabbilds sichern
- BitLocker – Laufwerke und Daten verschlüsseln
- Das Windows-Gedächtnis – der Dateiversionsverlauf
- App-Einstellungen für Datenschutz und Privatsphäre

Windows 11 regelmäßig aktualisieren

So, wie ein Auto regelmäßig zur Inspektion in die Werkstatt gebracht wird, damit wichtige Teile überprüft und gegebenenfalls ausgetauscht werden können, bevor es zu einer lästigen Panne kommt, sollten Sie auch Ihr System regelmäßig warten, pflegen und vor allem absichern. Viele Aufgaben erledigt Windows 11 selbstständig, in anderen Bereichen sollten Sie aber selbst immer mal wieder nach dem Rechten sehen und wichtige Wartungsaufgaben durchführen. Denken Sie auch an Ihre Daten und legen Sie Sicherungskopien an.

Updates für das Betriebssystem werden automatisch installiert. Mit ihnen stopft Microsoft bekannt gewordene Sicherheitslücken, korrigiert kleinere Fehler oder erweitert das Betriebssystem um neue Funktionen. Aktivieren Sie am besten die erweiterte Option **Updates für andere Microsoft-Produkte erhalten**, um auch Updates für Microsoft-Anwendungen wie *Microsoft Office* automatisch zu beziehen. Es gibt keine Unterteilung mehr zwischen optionalen und sicherheitsrelevanten Updates und ebenso wenig eine Abwahlmöglichkeit durch den Anwender bzw. die Anwenderin. Immerhin ist es aber möglich, Updates für ein paar Tage auszusetzen.

Gerätetreiber sind für die reibungslose Zusammenarbeit zwischen dem Betriebssystem und dem angeschlossenen Gerät zuständig. Ein falscher oder veralteter Treiber kann der Grund für ein Fehlverhalten der Hardware sein. Sollten Sie also funktionale Probleme mit einer angeschlossenen Hardwarekomponente haben, kontrollieren Sie den installierten Treiber und aktualisieren Sie ihn gegebenenfalls. Häufig hilft hier auch ein Blick auf die Website des Geräteherstellers, die meist die neuesten Treiber und Empfehlungen bereithält.

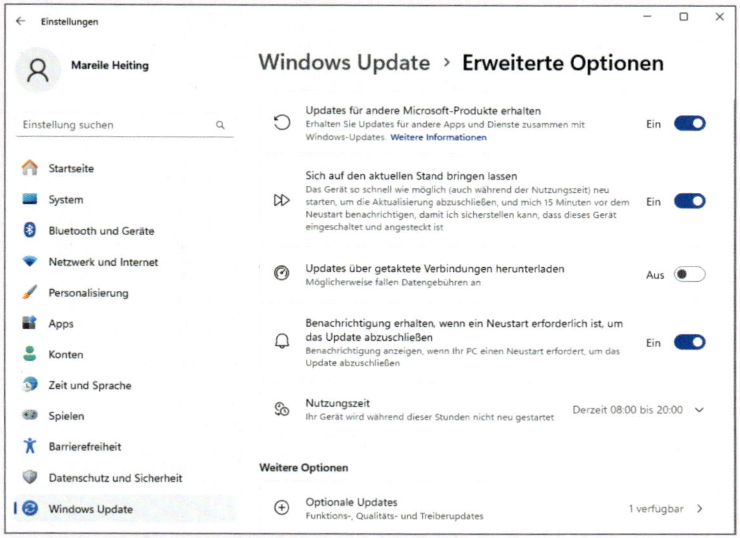

Sinnvoll: Updates auch für Microsoft-Produkte einbeziehen

Auch Viren, Würmer und Trojaner sind leider ständig ein sehr wichtiges Thema. Verwenden Sie auf jeden Fall ein Antivirenprogramm: Nutzen Sie entweder den *Microsoft Defender* oder installieren Sie eine Schutzsoftware eines Drittanbieters (siehe dazu den Abschnitt »Ein Antivirenprogramm eines Drittanbieters installieren« ab Seite 310). Bleiben Sie auch hier immer auf dem neuesten Stand! Nur ein aktuelles Antivirenprogramm kann Schädlinge zuverlässig erkennen und blockieren.

Zumindest die Windows-eigene Firewall sollte immer eingeschaltet sein. Auch in puncto Firewall können Sie auf die Softwarelösung eines Drittanbieters zurückgreifen, wenn Sie möchten (beachten Sie aber auch den Kasten »Andere Firewalls« auf Seite 174). Informationen zum Microsoft Defender und zur *Windows-Firewall* finden Sie im Abschnitt »Sicherheit im Internet« ab Seite 166.

Wenn die Festplatte einen Fehler aufweist, führt dies fast immer zu Datenverlust. Kommt es ganz schlimm, lässt sich Windows nicht mehr starten und die Festplatte kann nicht einmal mehr über andere Betriebssysteme angesprochen werden. Zur Wartung gehört daher auch die Optimierung Ihrer Festplatten: Prüfen Sie den Fragmentierungsgrad und defragmentieren Sie die Festplatten bei Bedarf. Diese Aufgabe kann Windows auch selbstständig nach Ihren Zeitvorgaben durchführen.

Das Thema Datensicherung wird von vielen Anwendern eher stiefmütterlich behandelt. Zugegeben, auch ich gehöre eher zu den »Sicherungsmuffeln« und lasse oft zu große Abstände zwischen den einzelnen Sicherungsintervallen. Dabei bietet Windows 11 die Möglichkeit, auf einfache Weise das komplette System als *Image* (Abbild) zu sichern.

Bereits unter Windows 8.1 ist der *Dateiversionsverlauf* hinzugekommen, der auch unter Windows 11 zur Verfügung steht. Mit dieser Funktion können Sie Ihre Dateien automatisch sichern lassen. Sollte die Originaldatei einmal verloren gehen, können Sie sie mit wenigen Mausklicks aus einer gesicherten Version wiederherstellen. Alles zum Thema Datensicherung finden Sie im Abschnitt »Das gesamte System sichern (System-Image)« ab Seite 312. Informationen zum Dateiversionsverlauf gibt es im Abschnitt »Das Windows-Gedächtnis – der Dateiversionsverlauf« ab Seite 318.

Der Dateiversionsverlauf speichert automatisch Kopien Ihrer Daten.

Die Festplatte optimieren

Verbessern Sie die Leistung Ihres Computers durch eine regelmäßige Optimierung Ihrer Festplatten. Weisen Sie Windows an, diese Aufgabe automatisch durchzuführen, oder starten Sie die Defragmentierung bei Bedarf manuell. Während der Optimierung können Sie den Computer weiternutzen.

1. Öffnen Sie mit ⊞ + E den **Explorer**. Wählen Sie das Systemlaufwerk **C:** aus ❶. Klicken Sie dann in der Symbolleiste auf das Symbol **Weitere Infos** ❷ und im aufklappenden Menü auf **Optimieren** ❸.
2. Im Fenster **Laufwerke optimieren** werden alle Festplatten und Partitionen aufgelistet, die in Ihrem Computer verwendet werden ❹. Sie sehen in der ersten Spalte die Laufwerksbezeichnung samt Laufwerksbuchstaben, in der zweiten Spalte den Medientyp und der dritten Spalte können Sie das Datum und die Uhrzeit der letzten Optimierung entnehmen.
3. In der vierten Spalte wird der aktuelle Status der Laufwerke angezeigt. Auch wenn der Status mit **OK** angegeben ist – markieren Sie eine Festplatte und klicken Sie anschließend auf die Schaltfläche **Analysieren** ❺, um eine Überprüfung zu starten.
4. Die Analyse wird gestartet und nach wenigen Sekunden wird der Status aktualisiert. Wenn der angegebene Fragmentierungsgrad 10 % oder mehr beträgt, ist eine Optimierung erforderlich. Klicken Sie in diesem Fall auf die Schaltfläche **Optimieren** ❻.

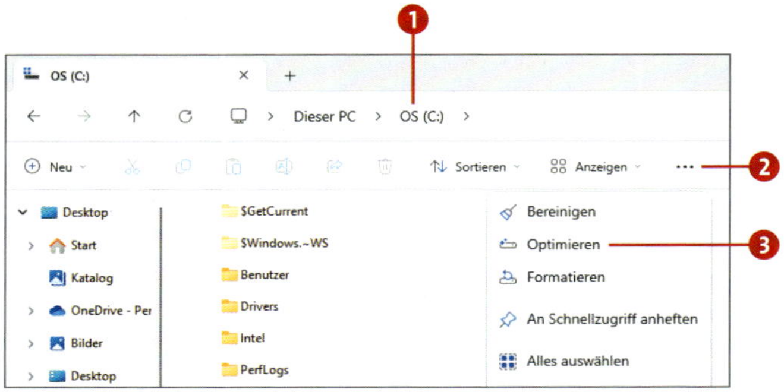

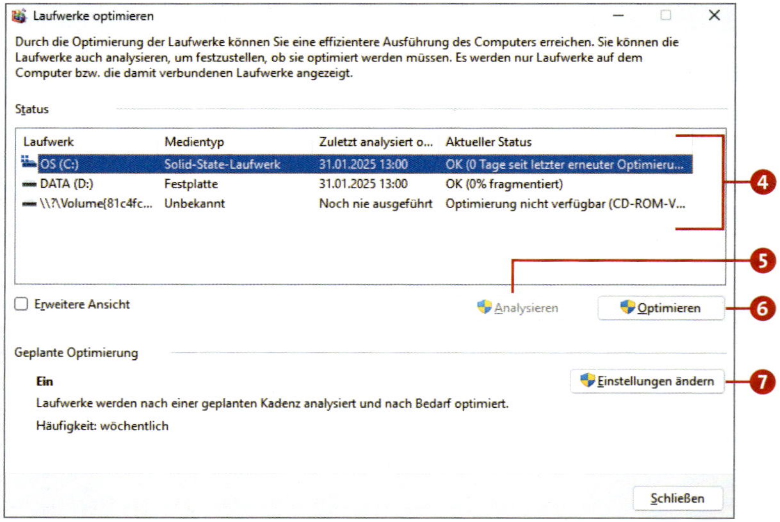

SSD-Festplatten werden nicht defragmentiert

Windows 11 erkennt SSDs automatisch und nimmt diese von der Defragmentierung aus. Die Speicherlaufwerke können dennoch optimiert werden; hierfür verwendet Windows den sogenannten TRIM-Befehl.

5. Neben der manuellen Optimierung können Sie Windows auch anweisen, diese Aufgabe automatisch durchzuführen. Klicken Sie dazu im Abschnitt **Geplante Optimierung** auf **Einstellungen ändern** (7 auf Seite 304).
6. Legen Sie die Häufigkeit der Optimierung über das Dropdown-Menü fest 8. Meist ist die Einstellung **Monatlich** absolut ausreichend. Zusätzlich können Sie auswählen, welche Laufwerke berücksichtigt werden sollen. Klicken Sie dazu auf **Auswählen** 9.
7. Wählen Sie jene Festplatten aus, die regelmäßig optimiert werden sollen, indem Sie davor ein Häkchen setzen 10. Markieren Sie auch die Option **Neue Laufwerke automatisch optimieren** 11, falls dies bei neu hinzugefügten Festplatten geschehen soll. Bestätigen Sie Ihre Einstellungen schließlich mit **OK**.

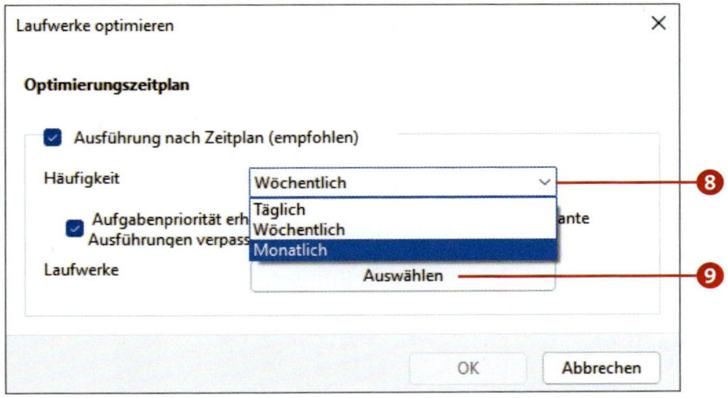

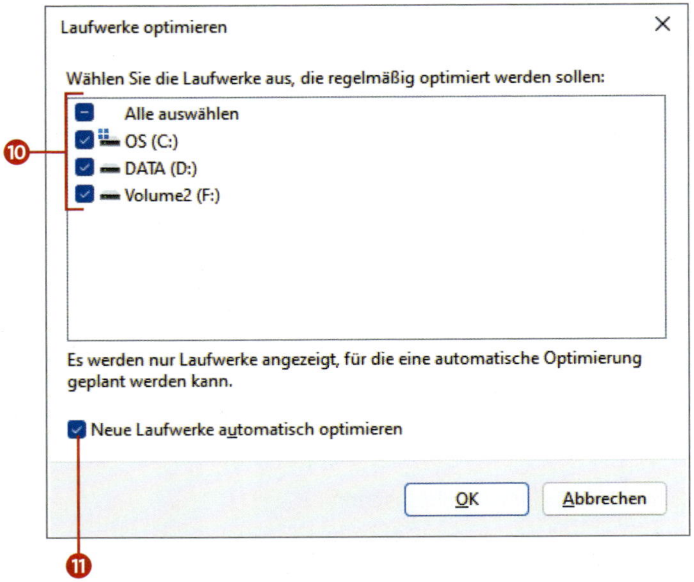

Voraussetzungen und Dauer

Die Festplatte muss mit dem Dateisystem NTFS, FAT32 oder FAT formatiert sein. Netzwerklaufwerke können nicht optimiert werden.

Abhängig von der Größe der Festplatte und dem Fragmentierungsgrad kann der Vorgang zwischen wenigen Minuten und einigen Stunden dauern. Sie können den Computer währenddessen aber weiterverwenden und die Optimierung im Hintergrund ablaufen lassen.

Programme sauber deinstallieren

Um Datenmüll zu vermeiden, sollten Sie nicht mehr benötigte Programme immer korrekt deinstallieren (siehe dazu den Abschnitt »Programme vollständig deinstallieren« ab Seite 84).

Die Datenträgerbereinigung

Im Laufe der Zeit sammeln sich auf jedem Windows-System eine ganze Menge Daten an, die eigentlich gar nicht mehr gebraucht werden. Das sind z. B. temporäre Dateien, die von Anwendungen angelegt, aber nicht wieder gelöscht werden. Geben Sie wertvollen Speicherplatz frei, indem Sie diese Daten gelegentlich löschen:

1. Öffnen Sie mit ⊞ + I die **Einstellungen**-App und wählen Sie hier die Kategorie **System** ❶ und schließlich die Unterkategorie **Speicher**.
2. Windows berechnet nun, wie der Speicherplatz auf Ihrem Systemlaufwerk verwendet wird, und zeigt dies in der rechten Fensterhälfte an. Um Speicherplatz freizugeben, klicken Sie auf den Menüpunkt **Temporäre Dateien** ❷.
3. Die Datenträgerbereinigung analysiert nun Ihr System und sucht nach nicht mehr benötigten Dateien. Sie können den aufgeführten Informationen entnehmen, wie viel Speicherplatz freigegeben werden kann ❸, wenn Sie alle vorgeschlagenen Dateien löschen lassen.
4. Zu jedem Dateityp wird eine kurze Beschreibung ❹ angezeigt, die Ihnen bei der Entscheidung behilflich ist, ob die Dateien gelöscht werden sollen. Haben Sie Ihre Wahl getroffen, klicken Sie auf die Schaltfläche **Dateien entfernen** ❺.

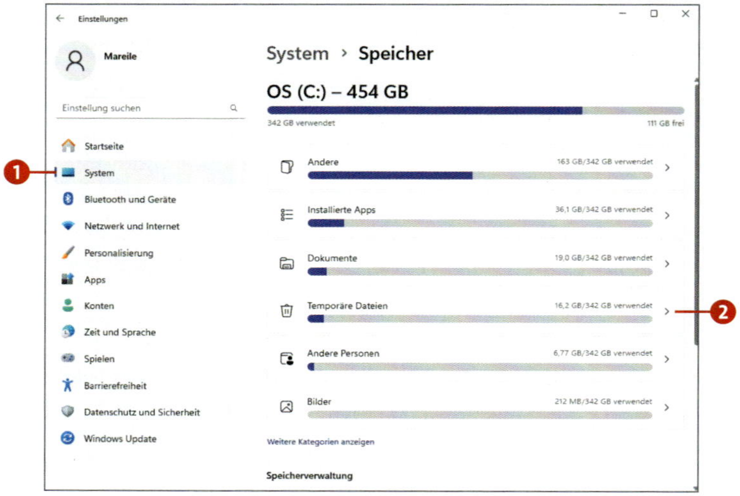

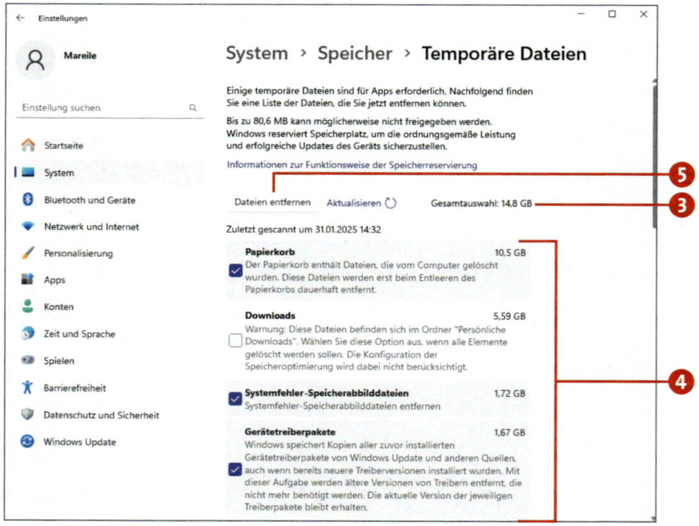

Fehlerberichte möglichst nicht löschen

Die Dateien der **Windows-Fehlerberichte und Feedback Diagnose** sollten Sie möglichst nicht löschen. Im Falle eines Systemfehlers können die in diesen Dateien enthaltenen Informationen für den Microsoft-Support bei der Problembehandlung von Nutzen sein. Meist handelt es sich hierbei um reine Textdateien, die nicht viel Platz beanspruchen.

Die Windows-Speicheroptimierung

Anstatt eine Bereinigung des Systems manuell durchzuführen, können Sie Windows anweisen, den Speicherplatz im Blick zu behalten und nicht mehr benötigte Dateien automatisch zu löschen, wenn er einmal knapp werden sollte:

1. Öffnen Sie die **Einstellungen**-App über das Zahnradsymbol im Startmenü oder mit ⊞ + I. Wählen Sie dann die Kategorie **System > Speicher** ❶.
2. Aktivieren Sie im Abschnitt **Speicherverwaltung** die Speicheroptimierung, indem Sie den Schieberegler auf **Ein** ❷ setzen. Klicken Sie dann direkt auf **Speicheroptimierung** ❸, um zu den Optionen der Speicheroptimierung zu gelangen.
3. Über das Dropdown-Menü **Speicheroptimierung ausführen** können Sie festlegen, in welchem Intervall die Optimierung durchgeführt werden soll oder ob Sie Windows die Entscheidung überlassen wollen. Die Einstellung **Bei wenig freiem Speicherplatz** ❹ ist hier zu empfehlen.

   Legen Sie anschließend in den entsprechenden Feldern fest, nach wie vielen Tagen Sie ungenutzte Dateien aus dem Papierkorb ❺ und aus dem Ordner **Downloads** ❻ löschen möchten.
4. Mit einem Klick auf **Speicheroptimierung jetzt ausführen** ❼ starten Sie bei Bedarf eine manuelle Bereinigung unter Berücksichtigung der hier von Ihnen festgelegten Einstellungen.

Lokal verfügbare Cloud-Inhalte

Nutzen Sie OneDrive, können Sie im Abschnitt **Lokal verfügbare Cloud-Inhalte** ❽ festlegen, ob bzw. nach welchem Zeitraum nicht genutzte Kopien Ihrer Dateien von der Festplatte gelöscht werden, weiterhin aber auf OneDrive zur Verfügung stehen sollen. So können Sie zusätzlich Speicherplatz freigeben.

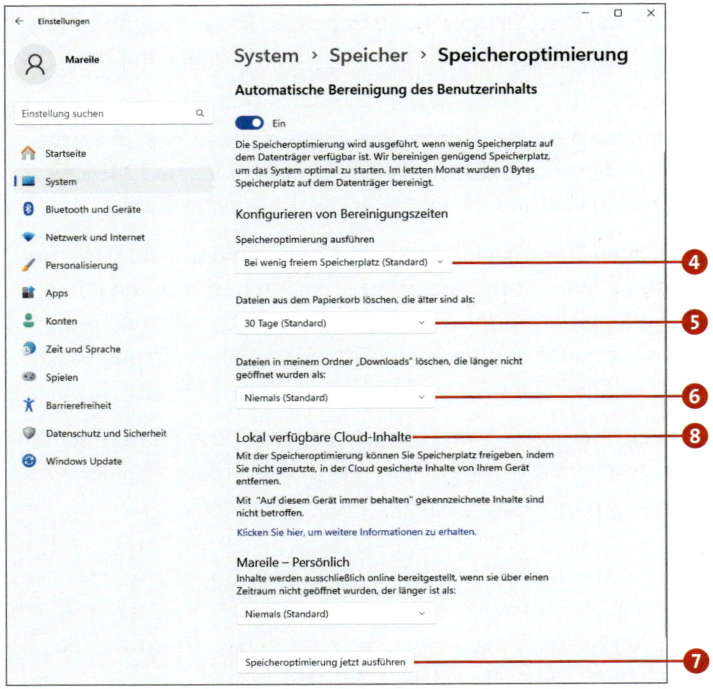

Windows zusätzlich schützen

Welche Windows-Version habe ich?

Windows 11 wird kontinuierlich weiterentwickelt und in unregelmäßigen Abständen über das Windows Update aktualisiert. Das dient vor allem auch dem Schließen von Sicherheitslücken. Neue Versionen werden nach dem Datum der Veröffentlichung benannt und so bezeichnet die *Version 24H2* z. B. die Aktualisierung im 2. Halbjahr des Jahres 2024. Hierbei stehen die ersten beiden Ziffern für das Jahr und die zweiten für das Halbjahr, wobei es mitunter einige Wochen dauern kann, bis das Update auf Ihrem PC angeboten wird. Welche Version Sie einsetzen, können Sie wie folgt in Erfahrung bringen:

1. Öffnen Sie das Startmenü und tippen Sie in das Suchfeld oben den Befehl »winver« ein. Schließen Sie die Eingabe mit der [↵]-Taste ab.
2. In dem Informationsfenster, das sich nun öffnet, sehen Sie die aktuelle Version. In diesem Beispiel ist es die **Version 24H2** ❶. Mit einem Klick auf **OK** schließen Sie das Fenster wieder.
3. Benötigen Sie detaillierte Informationen rund um die Hard- und Software Ihres Computers, werfen Sie am besten einen Blick in die *Systeminformationen*. Geben Sie hierzu den Begriff »Systeminformationen« in das Suchfeld des Startmenüs ein und schließen Sie die Eingabe durch Drücken der Taste [↵] ab.
4. Im gleichnamigen Dialog können Sie nun z. B. in Erfahrung bringen, welcher Prozessortyp in Ihrem Gerät verbaut ist, über wie viel Arbeitsspeicher es verfügt und vieles mehr.

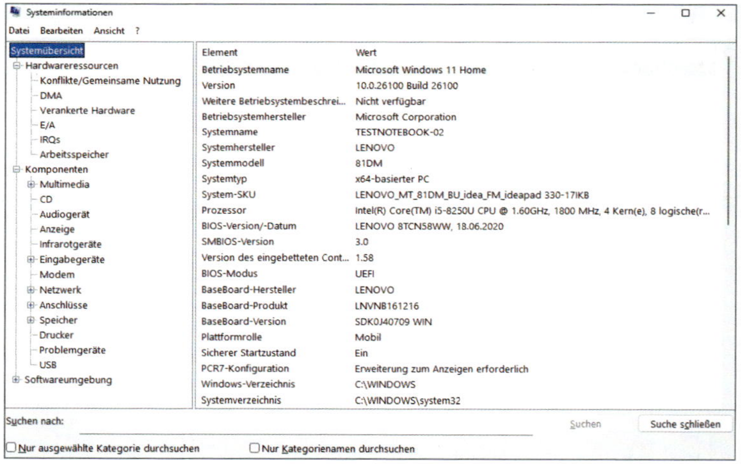

Große Updates werden sukzessive ausgerollt

Steht ein größeres Update bereit, wird es sukzessive ausgerollt. Es ist also möglich, dass die PCs von Bekannten oder Familienmitgliedern das Update einige Tage eher erhalten als Sie. Machen Sie sich darüber keine Gedanken, auch Ihr System wird zeitnah automatisch aktualisiert.

Die Festplatte auf Dateisystemfehler hin überprüfen und reparieren

Fehler im Dateisystem können zu Programmabstürzen, schwerwiegenden Systemfehlern und damit zu Datenverlust führen. Windows bietet eine einfache und zugleich effektive Möglichkeit, Ihre Festplatte auf Fehler zu überprüfen und gefundene Probleme automatisch zu beheben:

1. Öffnen Sie den **Explorer**, z. B. mit [Win] + [E]. Führen Sie nun einen Rechtsklick auf die Festplatte aus, die Sie prüfen wollen, und wählen Sie im Kontextmenü den Eintrag **Eigenschaften** ❶.
2. Wechseln Sie im Dialog **Eigenschaften** auf die Registerkarte **Tools** ❷ und klicken Sie auf die Schaltfläche **Prüfen** ❸.
3. Starten Sie die Überprüfung mit einem Klick auf **Laufwerk scannen** ❹. Der Vorgang kann einige Zeit in Anspruch nehmen. Sie können Ihren Computer währenddessen aber weiterhin verwenden.
4. Nach Abschluss des Scans wird Ihnen das Ergebnis der Überprüfung angezeigt. Wurden Fehler gefunden, weisen Sie Windows an, diese automatisch zu beheben.

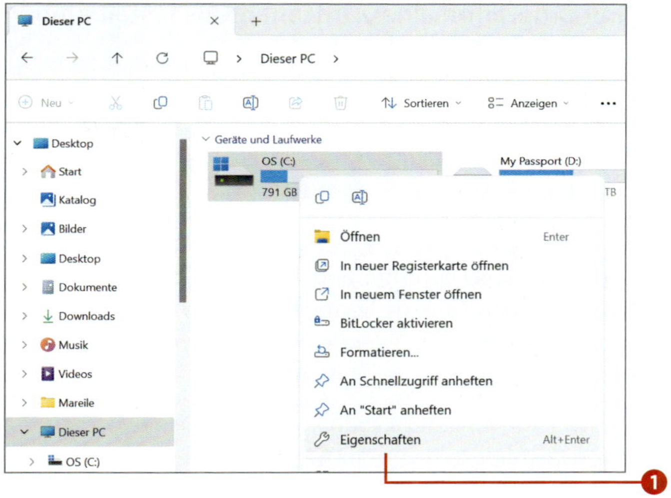

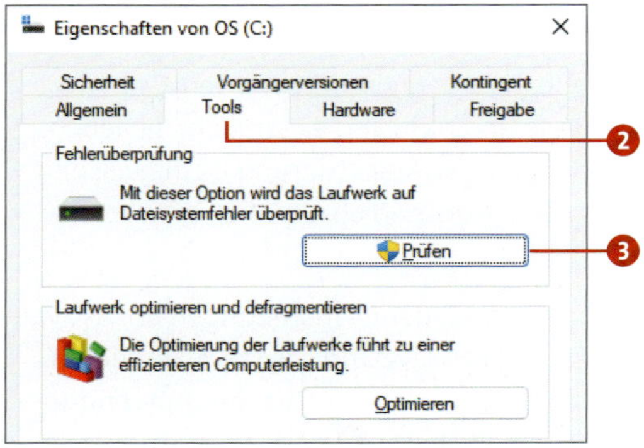

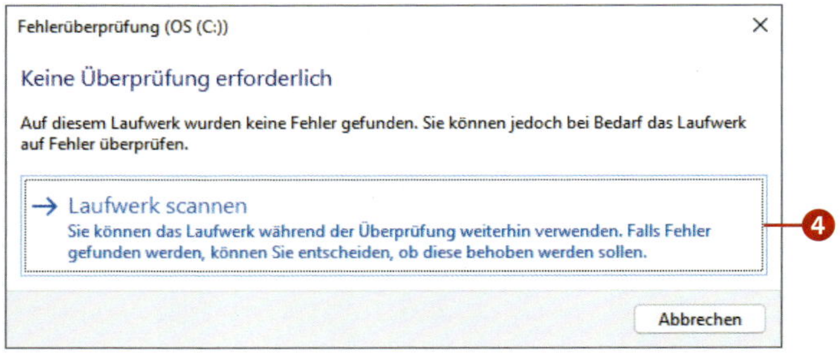

Festplattendiagnose der Hersteller nutzen

Nahezu jeder Hersteller bietet auf seiner Internetseite kostenlos ein spezielles Diagnoseprogramm zur Überprüfung von Festplatten an. Sie finden diese Programme meist in den Bereichen **Downloads** oder **Support** oder Sie fragen einfach direkt beim Kundendienst an. Auf diese Weise können Sie mögliche Ausfälle frühzeitig erkennen und die Festplatte bei Bedarf austauschen.

Ein Antivirenprogramm eines Drittanbieters installieren

Falls Sie nicht auf den Microsoft Defender setzen möchten, können Sie auch ein Schutzprogramm eines anderen Anbieters installieren. Stellvertretend für die große Auswahl beschreibe ich hier die Installation und Einrichtung der Schutzsoftware *ESET Internet Security*, die Sie 30 Tage lang uneingeschränkt testen können:

1. Laden Sie das Programm von der Seite *www.eset.com/de/home/kostenlose-testversion/* herunter und starten Sie die Installation mit einem Doppelklick auf die heruntergeladene Datei. Bestätigen Sie zunächst die Abfrage der Benutzerkontensteuerung mit **Ja** und akzeptieren Sie die Lizenzbedingungen.
2. Um die Testversion nutzen zu können, wählen Sie die Aktivierungsoption **Kostenlose Testlizenz** ❶. Falls Sie bereits eine Lizenz besitzen, klicken Sie auf **Gekauften Aktivierungsschlüssel verwenden** ❷.
3. Nachfolgend muss Ihre Testlizenz registriert werden. Geben Sie hierfür Ihre E-Mail-Adresse und das Land ein, in dem Sie leben, und klicken Sie auf **Aktivieren**. Die Registrierung ist inzwischen bei praktisch allen Anbietern erforderlich, um die Software testen zu können.
4. Nun fragt das Programm verschiedene Einstellungen ab. Aktivieren Sie die beiden Optionen **ESET LiveGrid®-System aktivieren (empfohlen)** ❸ und **Auf „Potenziell unerwünschte Anwendungen“ prüfen** ❹. Klicken Sie auf **Weiter** ❺ und legen Sie abschließend fest, ob Sie am Programm für ein besseres Kundenerlebnis teilnehmen möchten. Über **Weiter** wird der Vorgang fortgesetzt.

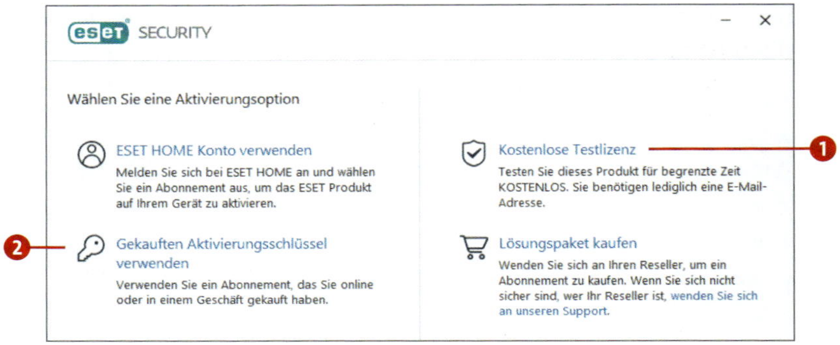

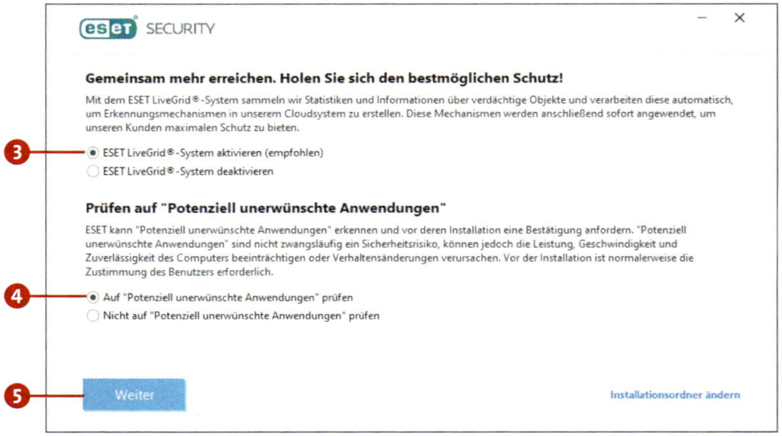

Microsoft Defender

Informationen zum Microsoft Defender und zur *Windows-Firewall* finden Sie im Abschnitt »Sicherheit im Internet« ab Seite 166.

Nach 30 Tagen kaufen oder deinstallieren

Nach Ablauf der Testphase können Sie das Programm nicht weiter nutzen. Sie müssen sich dann entscheiden, ob Sie es kaufen oder es wieder deinstallieren möchten. Eine Verlängerung des Testzeitraumes ist nicht möglich.

5. Direkt nach der Installation sollten Sie Ihren Computer auf mögliche Schadsoftware überprüfen. Für die erste Prüfung öffnen Sie das Menü **Computer-Scan** 6 und klicken dann in der rechten Fensterhälfte auf **Scannen Sie Ihren Computer** 7. Der Vorgang dauert einige Minuten, währenddessen Sie weiter an Ihrem Rechner arbeiten können.

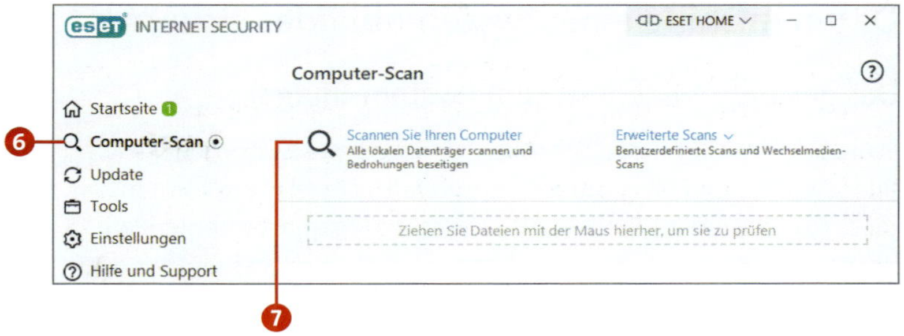

6. Ist die Überprüfung Ihres Computers abgeschlossen, geht es mit den allgemeinen Schutzeinstellungen weiter. Kontrollieren Sie im Menü **Einstellungen** 8, ob dort alle Schutzfunktionen aktiviert sind: der **Computer-Schutz**, der **Internet-Schutz**, der **Netzwerkschutz** und die **Sicherheits-Tools** 9. Solange diese in grüner Schrift dargestellt sind, ist alles in Ordnung. Sollte eine dieser Funktionen abgeschaltet sein, erscheint der Eintrag in roter Schrift. Klicken Sie auf den entsprechenden Eintrag und aktivieren Sie die Funktion. Andernfalls würden Sie Ihr System einem erhöhten Infektionsrisiko aussetzen.

7. Zu jeder Kategorie gibt es weitere Schutzoptionen, die Sie hinzu- oder abschalten können. Schalten Sie eine Option ab, können Sie festlegen, wie lange der Schutz deaktiviert bleiben soll. Mit **Übernehmen** wird die Einstellung gespeichert.

8. Ob Ihr System geschützt ist, erkennen Sie auch an dem kleinen ESET-Programmsymbol rechts unten in der Taskleiste. Ein orangefarbener Punkt zeigt eine Warnung an, während ein rotes Symbol 10 darüber informiert, dass etwas nicht stimmt. In diesem Fall sollten Sie das Programm öffnen und nachsehen, wo es klemmt.

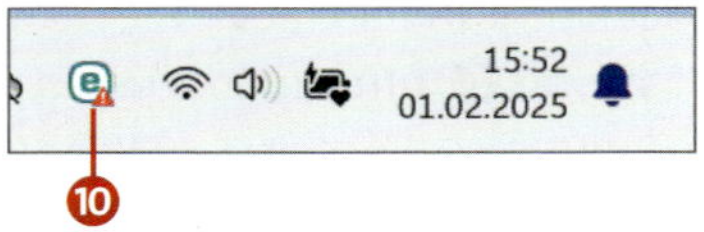

Muss der Microsoft Defender deaktiviert werden?

Das Programm *ESET Internet Security* kann problemlos zusammen mit dem Windows-eigenen Schutzprogramm verwendet werden. Sie müssen den Microsoft Defender also nicht zwingend abschalten.

Daten mithilfe eines Systemabbildes sichern

Das gesamte System sichern (System-Image)

Windows 11 bietet die Möglichkeit, das gesamte System inklusive aller Dateien und Programme als Image zu sichern. Sie können mit dieser Sicherung Ihr System im Falle eines Festplattenfehlers wiederherstellen, allerdings ist es nicht möglich, einzelne Ordner oder Dateien zur Wiederherstellung aus dem Image auszuwählen.

1. Die Funktion ist ein wenig versteckt. Rufen Sie über das Suchfeld des Startmenüs die App **Systemsteuerung** ❶ auf und klicken Sie dann auf **Sichern und Wiederherstellen (Windows 7)**.
2. In dem Fenster, das sich nun öffnet, klicken Sie links oben in der Aufgabenleiste auf **Systemabbild erstellen** ❷.
3. Windows sucht nun nach verfügbaren Sicherungslaufwerken. Zu empfehlen ist die Sicherung des Systemabbildes auf einer externen Festplatte. Wählen Sie ein geeignetes Laufwerk aus ❸ und klicken Sie auf die Schaltfläche **Weiter** ❹.
4. Sind in Ihrem System mehrere Festplatten vorhanden, können Sie nun per Klick auswählen, welche gesichert werden sollen ❺. Alle Laufwerke, die für die Ausführung von Windows erforderlich sind, werden automatisch einbezogen und können auch nicht abgewählt werden. Klicken Sie auf **Weiter** ❻, um zum nächsten Schritt zu gelangen.

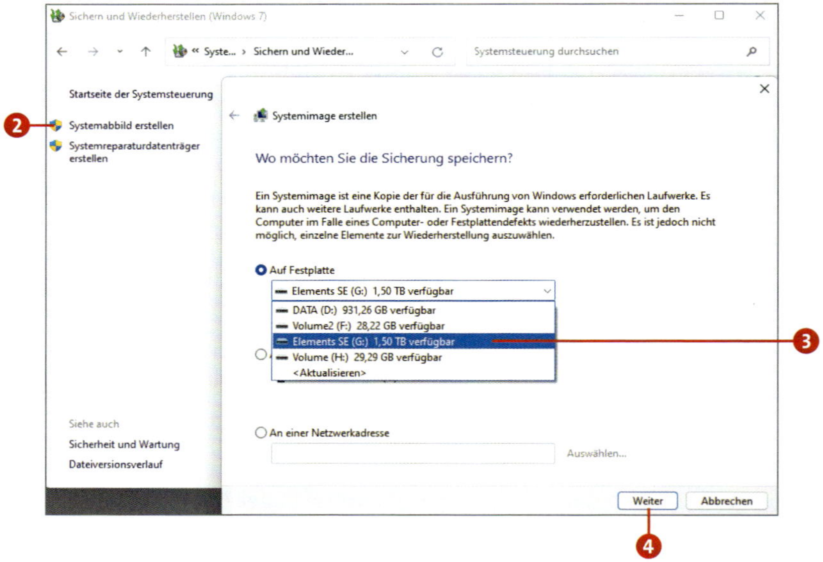

Sicherungsumfang beachten

Je mehr Festplatten Sie einbinden, desto größer ist natürlich auch der erforderliche Speicherplatz auf dem Sicherungslaufwerk. Kontrollieren Sie daher den auf Ihrem Sicherungslaufwerk verfügbaren Speicherplatz.

5. Nun können Sie die Einstellungen nochmals kontrollieren. Mit dem Pfeil links oben 7 gelangen Sie wieder zur Auswahl der Festplatten, um Korrekturen vorzunehmen. Wenn alles passt, klicken Sie auf **Sicherung starten** 8. Die Sicherung wird erstellt. Bringen Sie genügend Zeit mit: Der Vorgang kann je nach der zu sichernden Datenmenge mehrere Stunden dauern. Es bietet sich daher an, die Sicherung über Nacht laufen zu lassen.

6. Ist die Sicherung beendet, informiert Windows Sie mit einem kurzen Hinweis. Klicken Sie auf **Schließen**, um den Vorgang abzuschließen. Damit Sie im Bedarfsfall das Systemabbild wieder auf Ihren Computer zurückspielen können, erstellen Sie unbedingt auch einen Wiederherstellungsdatenträger (siehe dazu auch den Abschnitt »Einen Notfall-USB-Stick erstellen« auf Seite 333).

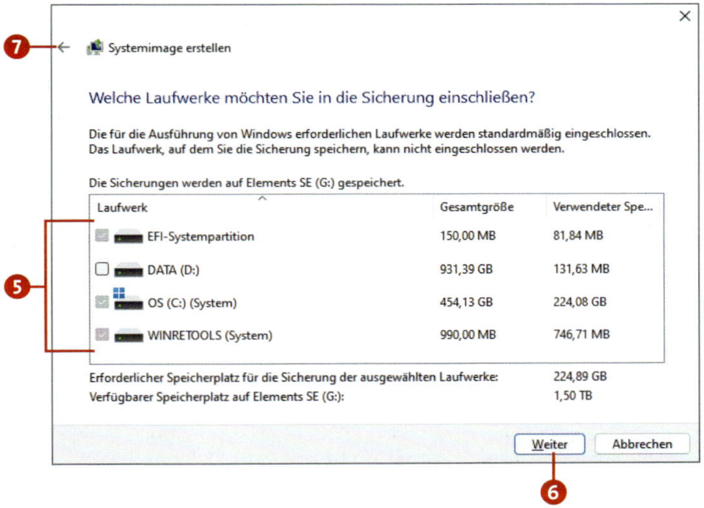

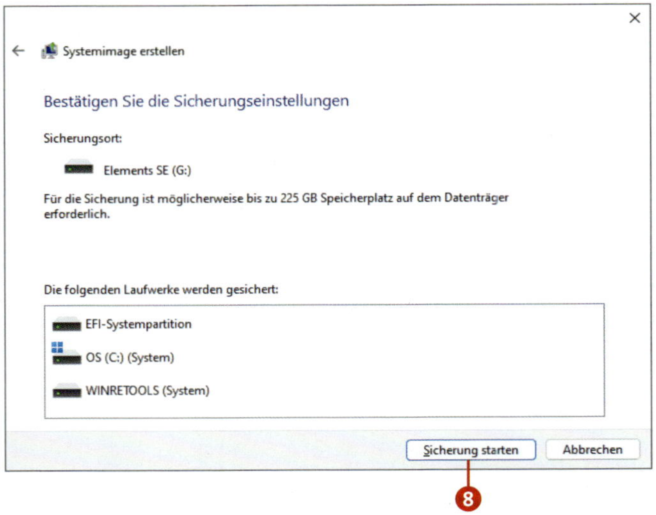

Was ist ein Systemabbild?

Ein Systemabbild oder System-Image ist eine 1:1-Kopie eines Laufwerkes. Das Abbild enthält immer automatisch die Kopien aller Laufwerke, die zum Betrieb von Windows 11 erforderlich sind, und neben diesen Systemlaufwerken können Sie weitere Festplatten in die Sicherung einbeziehen. Es enthält außerdem Systemeinstellungen sowie Dateien und Programme. Nach einem Windows- oder Festplattenfehler können Sie dieses Abbild verwenden, um Ihr System wiederherzustellen. Sie können das Systemabbild aber immer nur komplett zurückspielen; eine Wiederherstellung einzelner Elemente ist nicht möglich. Informationen zur Sicherung ausgewählter Dateien und Ordner finden Sie im Abschnitt »Das Windows-Gedächtnis – der Dateiversionsverlauf« ab Seite 318.

Das System wiederherstellen (System-Image-Wiederherstellung)

Wenn sich Windows nicht mehr starten lässt oder ein anderer schwerwiegender Fehler auftritt, können Sie Ihr System mithilfe des zu einem früheren Zeitpunkt erstellten Systemabbildes auf den Stand der Sicherung zurücksetzen:

1. Legen Sie dazu den Windows-Installationsdatenträger ein oder verbinden Sie den Notfall-USB-Stick mit Ihrem Computer und starten Sie ihn neu. Das Windows-Setup wird automatisch von der CD/DVD oder dem USB-Stick gestartet. Lassen Sie im ersten Dialog die voreingestellten Werte für Sprache, Uhrzeit und Tastatur ❶ stehen und klicken Sie auf **Weiter** ❷.

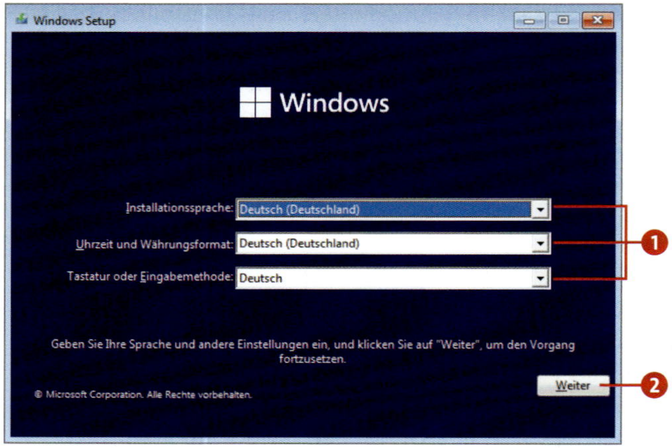

2. Eine komplette Neuinstallation ist nicht das Ziel. Daher klicken Sie im nächsten Fenster unten links auf den etwas unscheinbaren Link **Computerreparaturoptionen** ❸.

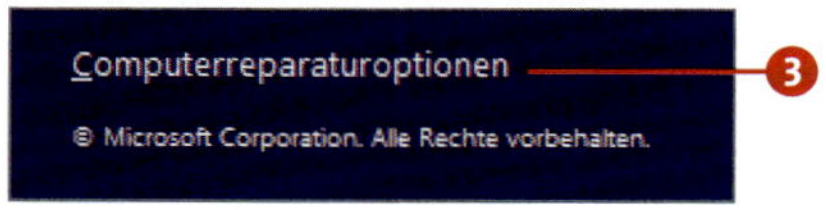

3. Nach einem kurzen Moment werden Ihnen drei Möglichkeiten zur Auswahl angeboten. Entscheiden Sie sich für die Option **Problembehandlung**.
4. Um Windows mit einem System-Image wiederherzustellen, klicken Sie nun auf den Menüpunkt **Systemimage-Wiederherstellung** ❹ und wählen im Anschluss das wiederherzustellende Betriebssystem aus der Liste aus. Diese Auswahl müssen Sie treffen, selbst wenn nur ein Betriebssystem vorhanden ist.

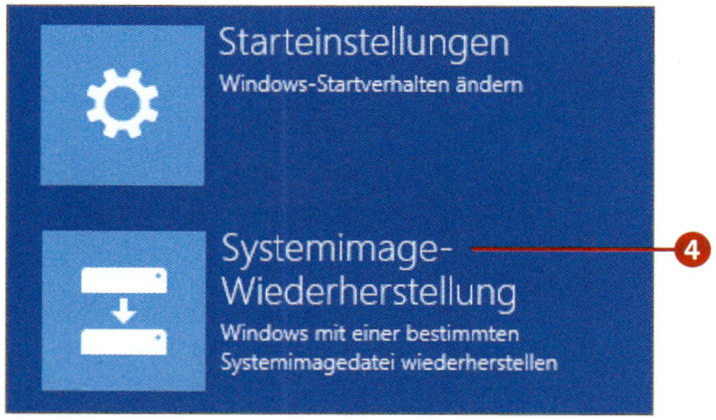

Windows startet nicht mehr?

Bevor Sie ein Systemabbild aufspielen und damit die auf der Festplatte vorhandenen Daten überschreiben, versuchen Sie, eine Systemstartreparatur durchzuführen. Lesen Sie dazu den Abschnitt »Windows startet nicht mehr« auf Seite 324.

5. Windows sucht nun nach vorhandenen Systemabbildsicherungen und zeigt kurz danach das jüngste verfügbare Abbild an 5. Über die Option **Systemabbild auswählen** 6 können Sie aber, soweit vorhanden, auch ein älteres Abbild auswählen. Zu empfehlen ist jedoch die Verwendung der jüngsten Sicherung. Klicken Sie auf **Weiter** 7, um zum nächsten Schritt zu gelangen.
6. Soll die Festplatte formatiert und neu aufgeteilt werden? Falls ja, aktivieren Sie den Menüpunkt **Datenträger formatieren und neu partitionieren** 8. Diese Option sollten Sie wählen, falls Sie eine neue, noch unformatierte Festplatte verwenden möchten oder sich die Partitionierung der Festplatte seit der letzten Systemabbildsicherung verändert hat. Ist dies nicht der Fall, können Sie diesen Schritt mit einem Klick auf **Weiter** 9 überspringen.
7. Noch einmal wird das ausgewählte Systemabbild angezeigt. Klicken Sie auf **Zurück**, falls Sie doch eine andere Sicherung auswählen möchten. Ansonsten starten Sie die Wiederherstellung über die Schaltfläche **Fertig stellen**. Eine letzte Meldung weist Sie darauf hin, dass alle Daten auf den wiederherzustellenden Laufwerken durch die Daten der Sicherung überspielt werden. Bestätigen Sie dies mit **Ja**. Nun beginnt die Wiederherstellung.

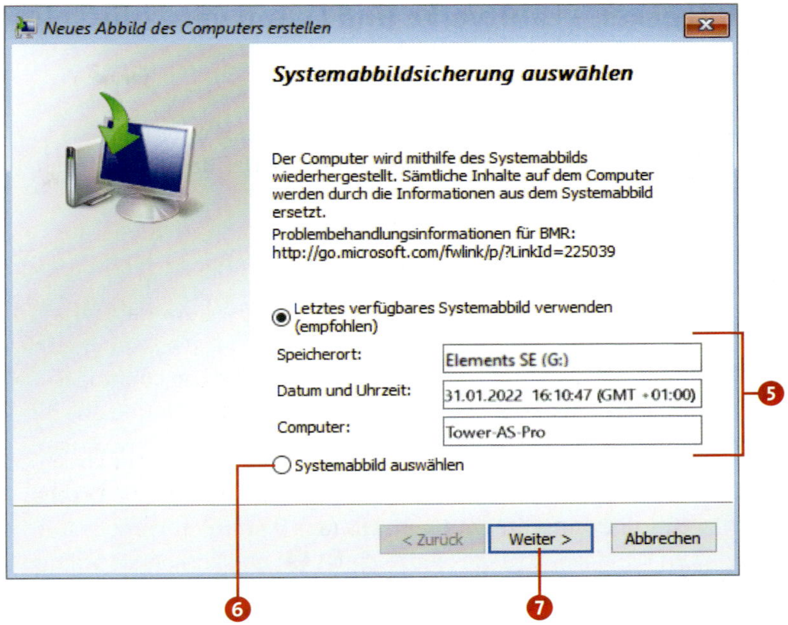

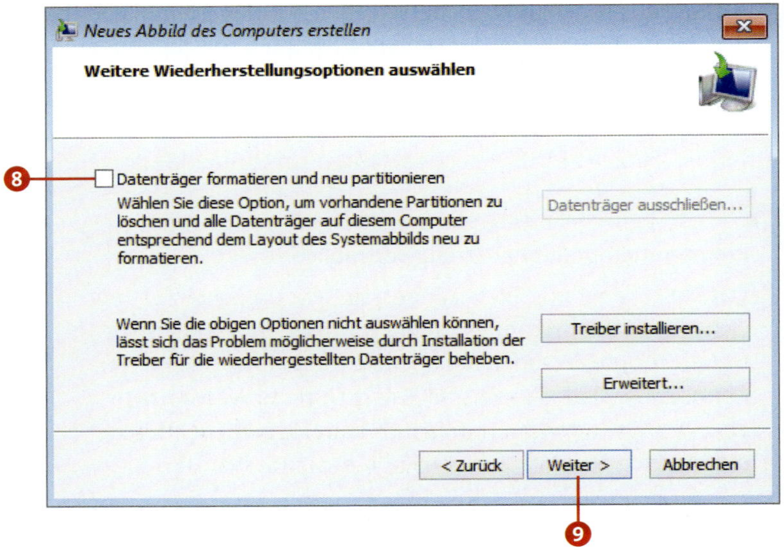

Auch die Systemwiederherstellung kann hilfreich sein

Haben Sie schon versucht, Ihr System mithilfe der Systemwiederherstellung oder der Funktion **Windows auffrischen** zu reparieren? Bei beiden Varianten bleiben persönliche Daten und Einstellungen erhalten. Lesen Sie dazu den Abschnitt »Wiederherstellen, auffrischen, zurücksetzen« ab Seite 330.

BitLocker – Laufwerke und Daten verschlüsseln

Laufwerke und Daten verschlüsseln

Vor allem Nutzer mobiler Computer wie Laptops oder Tablet-PCs sollten ihre Daten vor unberechtigtem Zugriff schützen. Sollte Ihr Computer verloren gehen, können Sie durch die vorherige Verschlüsselung Ihrer Festplatte Dritten den Zugang zu Ihren Daten verwehren. Nutzen Sie Windows 11 Pro oder Windows 11 Enterprise, steht Ihnen für diesen Zweck die *BitLocker-Laufwerkverschlüsselung* zur Verfügung:

1. Öffnen Sie die BitLocker-Laufwerkverschlüsselung, indem Sie »Bitlocker« in das Suchfeld der Taskleiste eintippen und aus der Liste der Übereinstimmungen **BitLocker verwalten** auswählen.
2. Im nächsten Fenster listet Windows alle Laufwerke auf. Wählen Sie das gewünschte Laufwerk aus (das Systemlaufwerk ist mit dem Windows-Logo gekennzeichnet ❶) und klicken Sie auf den Link **BitLocker aktivieren** ❷ rechts daneben.
3. Das System beginnt nun mit den Vorbereitungen. Haben Sie sich für ein Festplattenlaufwerk entschieden, werden Sie nun gefragt, wie das Laufwerk beim Start entsperrt werden soll. Sie können entweder ein Kennwort eingeben ❸ oder eine Smartcard verwenden ❹. Im Falle des Systemlaufwerkes entfällt dieser Schritt.

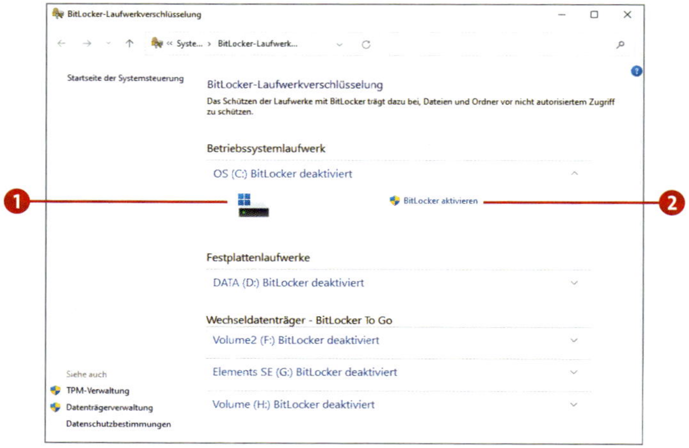

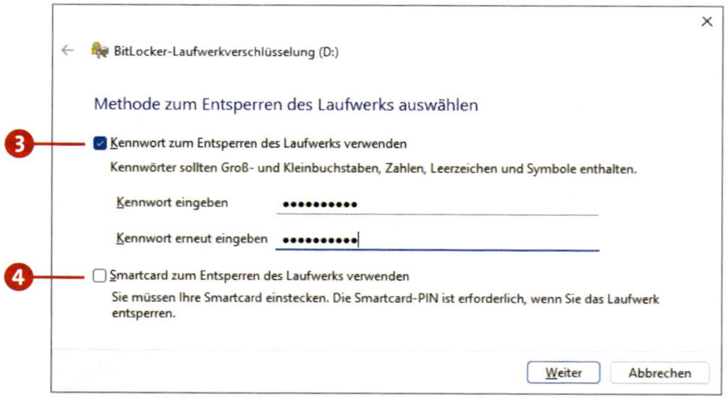

Programmempfehlung: Streng vertraulich

Dateien, Ordner und Texte können Sie sehr unkompliziert und sicher mit der Anwendung *Streng vertraulich* verschlüsseln. Unberechtigte Personen haben ohne Ihr Kennwort keine Chance, Ihre Daten zu entschlüsseln. Unter *www.svo-nrw.de/shareware/streng-vertraulich/* finden Sie weitere Infos zu diesem Programm.

»BitLocker To Go« für USB-Sticks

Übrigens, anstelle einer Festplatte können Sie mit *BitLocker To Go* auch einen USB-Stick verschlüsseln und die darauf befindlichen Daten so vor dem Zugriff Unbefugter schützen. Die Vorgehensweise ist dabei identisch mit der Verschlüsselung einer Festplatte. Anstelle einer Festplatte wählen Sie dann einfach den am Rechner eingesteckten USB-Stick aus.

4. Im nächsten Dialog werden Sie gefragt, wie der *Wiederherstellungsschlüssel* gespeichert werden soll. Sollten Sie Ihr Kennwort vergessen oder die Smartcard verloren haben, können Sie die Festplatte mithilfe des Wiederherstellungsschlüssels entsperren. Es empfiehlt sich, gleich mehrere Varianten zur Speicherung auszuwählen 5.

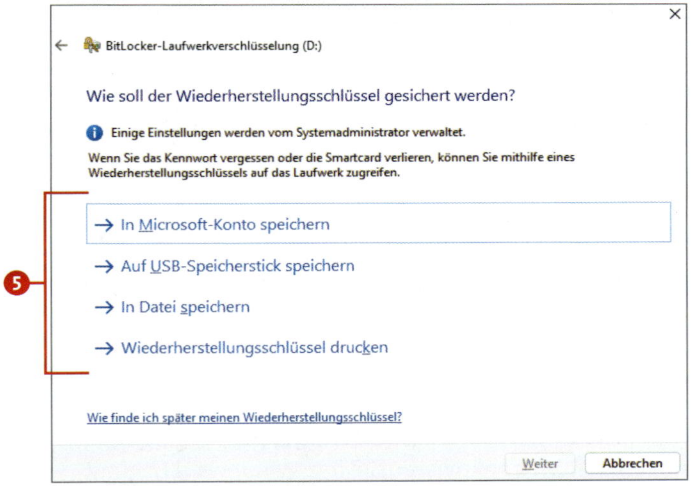

5. Wie viel Speicherplatz soll verschlüsselt werden? Wenn der Computer bereits in Verwendung ist und sich schon einige Daten auf der Festplatte befinden, wählen Sie die Option **Gesamtes Laufwerk verschlüsseln** und klicken anschließend auf **Weiter**.

6. Legen Sie nun den Verschlüsselungsmodus fest. Wenn die zu verschlüsselnde Festplatte nur auf PCs mit Windows 10 Version 1511 oder höher ausgeführt wird, wählen Sie **Neuer Verschlüsselungsmodus** 6. Soll das Laufwerk auch mit älteren Windows-Versionen verwendet werden, wählen Sie die Option **Kompatibler Modus** 7 (siehe dazu auch den Abschnitt »Welche Windows-Version habe ich?« auf Seite 308).

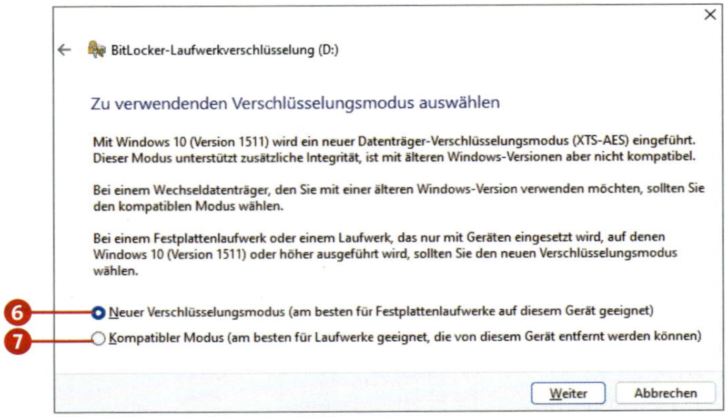

7. Es folgt die abschließende Frage, ob das Laufwerk jetzt verschlüsselt werden soll. Wenn Sie Ihre Meinung nicht geändert haben, klicken Sie auf **Weiter**.

Verlieren Sie den Wiederherstellungsschlüssel nicht!

Wenn Sie das Kennwort vergessen haben oder die Smartcard nicht mehr auffindbar ist, benötigen Sie den Wiederherstellungsschlüssel, um das Laufwerk zu entsperren. Falls Sie aber auch den Wiederherstellungsschlüssel verlegt haben, gibt es keine Möglichkeit mehr, an Ihre Daten zu kommen, wirklich keine! Laut Microsoft kann die Verschlüsselung nicht umgangen werden. Sichern Sie Ihren Wiederherstellungsschlüssel daher unbedingt mehrfach!

Das Windows-Gedächtnis – der Dateiversionsverlauf

Den Dateiversionsverlauf einschalten

Speichern Sie automatisch Kopien Ihrer Dateien und stellen Sie diese mit wenigen Mausklicks wieder her, falls die Originale beschädigt oder versehentlich gelöscht wurden:

1. Schließen Sie ein externes Laufwerk am Computer an, auf dem die Datensicherung vorgenommen werden soll. Geben Sie in das Suchfeld des Startmenüs »Dateiversionsverlauf« ein und klicken Sie den Treffer **Dateiversionsverlauf Systemsteuerung** 1 an.
2. Der Dateiversionsverlauf ist zunächst ausgeschaltet. Mit einem Klick auf **Einschalten** 2 aktivieren Sie ihn. Windows 11 beginnt sofort mit der ersten Datensicherung.
3. Per Standardeinstellung werden Ihre Daten zukünftig einmal pro Stunde gesichert. Falls Sie das Sicherungsintervall ändern möchten, klicken Sie in der linken Spalte des Dialogs **Dateiversionsverlauf** auf **Erweiterte Einstellungen** 3.
4. Wählen Sie im Feld **Speichern von Dateikopien** aus, wie häufig die Sicherung durchgeführt werden soll 4. Im Feld **Aufbewahrung gespeicherter Versionen** legen Sie fest, wie lange die Sicherungen gespeichert bleiben sollen. Wählen Sie hier **Bis Platz benötigt wird** 5, löscht Windows automatisch die ältesten Versionen einer Datei, sobald der Platz auf der externen Festplatte für eine Datensicherung nicht mehr ausreicht.
5. Mit einem Klick auf **Änderungen speichern** 6 übernehmen Sie die Einstellungen.

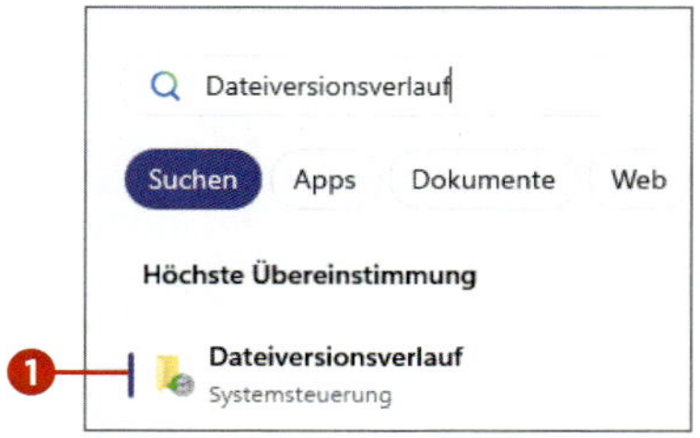

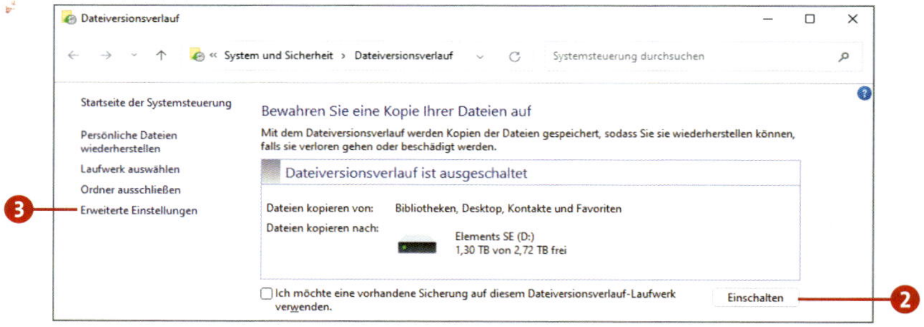

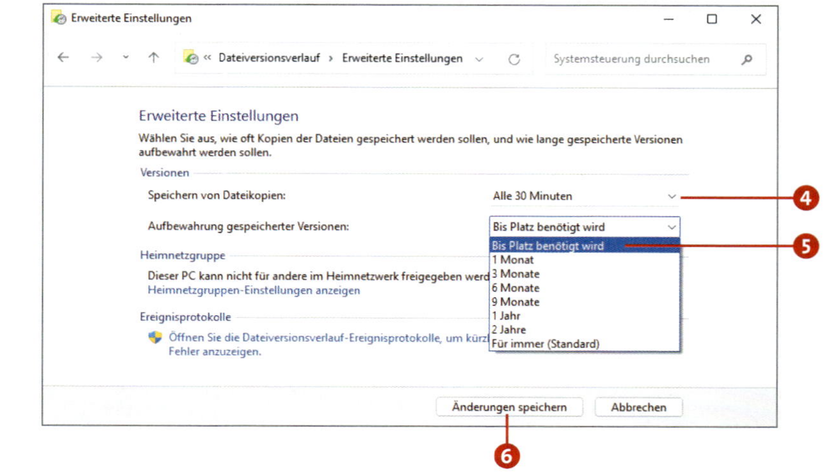

Dateien wiederherstellen

Nun ist es passiert – ein wichtiges Dokument wurde irrtümlich durch eine ältere Version überschrieben oder versehentlich gelöscht. Wenn die Datei durch den Dateiversionsverlauf gesichert wurde, können Sie problemlos auf eine frühere Version zurückgreifen und diese wiederherstellen:

1. Starten Sie den **Explorer** durch einen Klick auf das Ordnersymbol in der Taskleiste oder mit der Tastenkombination [Windows] + [E].
2. Öffnen Sie den Ordner, in dem sich die Datei befindet, die Sie wiederherstellen möchten, und markieren Sie diese Datei mit einem Mausklick ❶. Wenn Sie eine gelöschte Datei wiederherstellen wollen, markieren Sie den kompletten Ordner links im Navigationsbereich des Explorers.
3. Führen Sie auf dem markierten Element einen rechten Mausklick aus, wählen Sie im Kontextmenü **Weitere Optionen anzeigen** und im folgenden Kontextmenü **Vorgängerversionen wiederherstellen** ❷.
4. Es wird der Dialog **Eigenschaften von ...** mit der Registerkarte **Vorgängerversionen** geöffnet. Klicken Sie auf den Pfeil ❸ rechts von **Öffnen** und wählen Sie **Im Dateiversionsverlauf öffnen** ❹. Das ausgewählte Dokument wird nun in einer Vorschau angezeigt. Links oben steht das Datum der letzten Sicherung und daneben die Anzahl der vorhandenen Dateiversionen ❺. Über die Bedienelemente am Fuß des Fensters ❻ können Sie zwischen den verfügbaren Versionen blättern. Mit einem Klick auf die grüne Schaltfläche wird das angezeigte Dokument am ursprünglichen Speicherort wiederhergestellt.

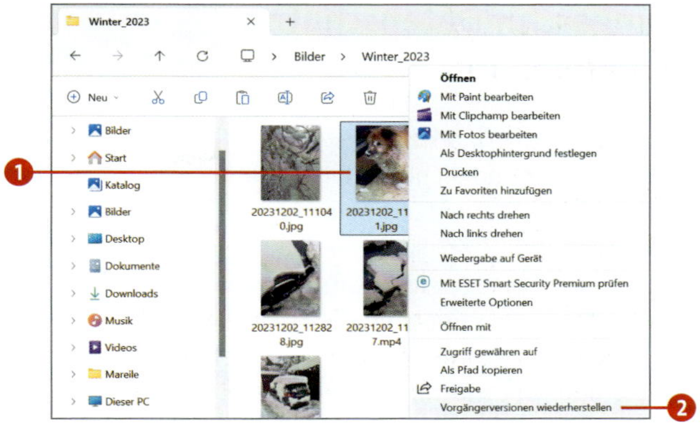

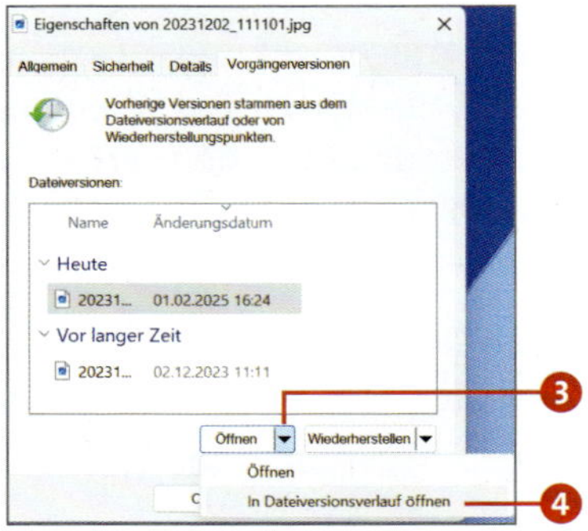

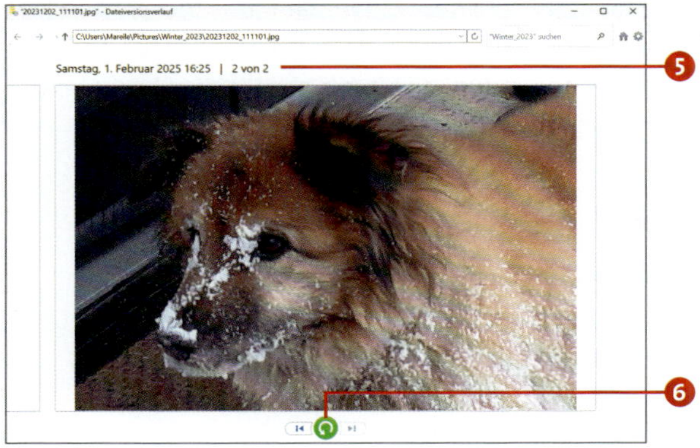

App-Einstellungen für Datenschutz und Privatsphäre

Schützen Sie Ihre Privatsphäre und kontrollieren Sie die Einstellungen im Bereich **Datenschutz und Sicherheit**. Nachdem Sie eine App installiert haben, fordert diese eventuell beim System Ihren Namen, Ihr Profilbild und Ihren Standort an. Sie können festlegen, ob Windows diese Informationen bei jeder App-Anfrage weitergeben soll oder ob Sie von Fall zu Fall selbst entscheiden möchten:

1. Rufen Sie mit den Tasten [Windows] + [I] die **Einstellungen** auf und wählen Sie die Kategorie **Datenschutz und Sicherheit** ❶.
2. Wenn Sie nicht möchten, dass Apps auf Ihren Standort zugreifen, wechseln Sie in die gleichnamige Kategorie ❷ und setzen den Regler **Ortungsdienste** auf **Aus** ❸. Alternativ legen Sie etwas weiter unten für jede App einzeln die Befugnis fest ❹. Hierfür muss zuvor der Regler **Apps den Zugriff auf Ihren Standort erlauben** eingeschaltet werden ❺.
3. Mit einem Klick auf **Datenschutz und Sicherheit** ❻ kehren Sie wieder zur Übersicht über die Unterkategorien zurück.
4. Für **Kamera** ❼ und **Mikrofon** ❽ können Sie die Verwendung dieser Hardwarekomponenten komplett deaktivieren oder auch hier Ihren Apps entsprechende Berechtigungen einzeln zuteilen.
5. In den beiden Kategorien **Kontakte** ❾ und **Kalender** ❿ können Sie überdies festlegen, welche Apps auf die Daten Ihres Kalenders und Ihrer Kontakte zugreifen dürfen.

Im Zweifel einfach ausschalten!

Generell sollten Sie lieber selbst entscheiden, welche Informationen Sie einer App überlassen möchten. Ist eine Option deaktiviert, die von einer App benötigt wird, bittet diese um eine entsprechende Freigabe.

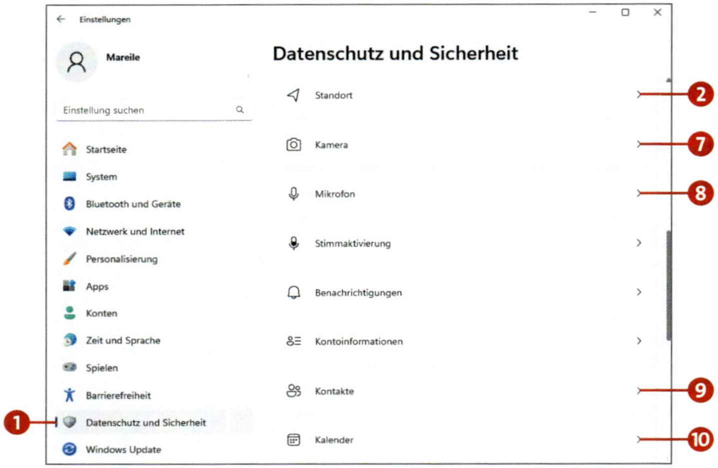

6. Sollen Apps Ihre Werbe-ID verwenden, um Ihnen personalisierte Werbung anzuzeigen? Falls Sie das nicht möchten, rufen Sie in der Kategorie **Datenschutz und Sicherheit** die Unterkategorie **Allgemein** auf. Setzen Sie hier den Regler **Apps die Anzeige personalisierter Werbung mithilfe meiner Werbe-ID gestatten** auf **Aus** ⑪.
7. Wenn Sie nicht möchten, dass Apps auf persönliche Informationen zugreifen, schalten Sie in der Unterkategorie **Kontoinformationen** den Regler **Apps den Zugriff auf Ihre Kontoinformationen erlauben** ⑫ aus.
8. Legen Sie in der Unterkategorie **Funktechnik** fest, ob Sie Apps das Senden und Empfangen von Daten über WLAN und Bluetooth gestatten möchten.
9. Nehmen Sie sich ein bisschen Zeit und klicken Sie sich durch alle Kategorien und Datenschutzoptionen. Legen Sie in aller Ruhe individuell fest, welche Befugnisse Ihre Apps erhalten sollen. Sie können alle Einstellungen jederzeit wieder ändern.

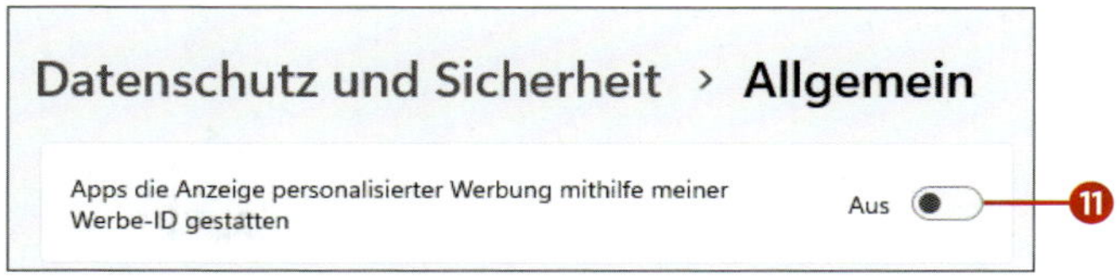

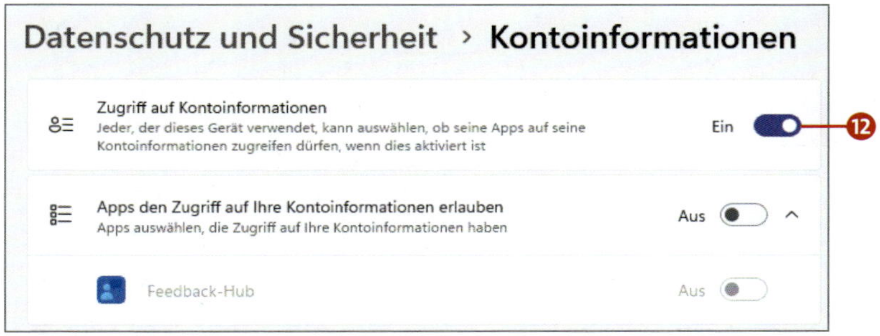

Informationen zum Datenschutz

Microsoft hat seine Datenschutzerklärung überarbeitet und deutlich verbessert. Diese Datenschutzerklärung erläutert, welche persönlichen Daten von Ihnen erhoben und wie sie von Microsoft verwendet werden. Sie finden diese Informationen im Internet unter *https://privacy.microsoft.com/de-de/privacy-Statement*.

Sicherheit im Internet

Auch im Internet sollten Sie Ihre Daten und Ihre Privatsphäre schützen. Genaue Informationen dazu finden Sie im Abschnitt »Sicherheit im Internet« ab Seite 166.

12 Probleme lösen

In diesem Kapitel

- Schwierigkeiten beim Start oder mit der Leistung?
- Wiederherstellen, auffrischen, zurücksetzen

Nach dem Einschalten des Computers bleibt das System plötzlich hängen, der Bildschirm bleibt schwarz, Windows startet nicht mehr. Und jetzt? Wie geht es weiter? Mithilfe Ihrer Windows-DVD oder eines eigens erstellten Systemreparaturdatenträgers können Sie einen Reparaturversuch starten. Wenn Windows 11 auf Ihrem Computer bereits vorinstalliert wurde und im Lieferumfang keine Windows-DVD vorhanden war, wird das allerdings schwierig. Die sogenannten OEM-DVDs (*Original Equipment Manufacturer DVDs*) enthalten häufig nicht die benötigten Reparaturoptionen. Mit einem »Notfall-USB-Stick«, den Sie selbst erstellen, gehen Sie diesen Problemen aus dem Weg. Dies ist auch die optimale Lösung, falls Ihr Computer über kein DVD-Laufwerk verfügt.

Läuft das System nicht mehr rund und kommt es immer wieder zu Fehlern oder zu langen Wartezeiten bei der Ausführung von Programmen, können Sie Ihr System zurücksetzen. Dabei wird das System erneuert und Sie haben die Möglichkeit, Ihre persönlichen Daten zu behalten. Sollte gar nichts mehr gehen, setzen Sie Ihr System einfach auf den Werkszustand zurück. Dabei wird Windows komplett erneuert, wobei persönliche Daten und installierte Programme gelöscht werden.

Für Programmabstürze kann aber auch ein defekter Arbeitsspeicher verantwortlich sein. Prüfen Sie den Speicher auf mögliche Fehler und tauschen Sie fehlerhafte Speicherriegel aus. All diese Möglichkeiten zur Problemlösung stellen wir Ihnen in diesem Kapitel vor.

Schwierigkeiten beim Start oder mit der Leistung?

Windows startet nicht mehr

Sie schalten Ihren Computer ein, doch irgendetwas scheint nicht zu stimmen. Nach kurzer Zeit wird der Boot-Vorgang (das Hochfahren) abgebrochen, oft ohne Fehlermeldung. Das System »friert« einfach ein. Windows 11 startet nicht mehr. In diesem Fall kann eine Reparatur weiterhelfen:

1. Legen Sie Ihren Windows-Installationsdatenträger in Ihr DVD-Laufwerk ein oder verbinden Sie Ihren Notfall-USB-Stick mit Ihrem Computer und starten Sie diesen neu. Bei Verwendung eines Notfall-USB-Sticks (siehe den Abschnitt »Einen Notfall-USB-Stick erstellen« auf Seite 333) entfallen die Schritte 2 und 3. Sollten Sie über keinen Notfall-USB-Stick und keinen Installationsdatenträger verfügen, lesen Sie bitte die Anleitung »Mit dem Media Creation Tool einen Installationsdatenträger erstellen« ab Seite 336.
2. Der Rechner startet nun von der DVD und zeigt nach wenigen Augenblicken den Windows-Set-up-Dialog an. Lassen Sie die Einstellungen so, wie sie vorgegeben sind, und klicken Sie auf **Weiter**.
3. Windows soll nicht neu installiert werden, daher klicken Sie im nächsten Dialog nicht auf **Jetzt installieren**, sondern auf den unscheinbaren Link **Computerreparaturoptionen** 1.
4. Verschiedene Optionen stehen nun zur Auswahl. Klicken Sie auf **Problembehandlung** und im nächsten Dialog auf **Starthilfe** 2.
5. Die Auswahl **Starthilfe** verspricht die Beseitigung von Problemen, die das Laden von Windows verhindern. Das System wird nun einer Diagnose unterzogen und Fehler werden automatisch repariert. Starten Sie Windows anschließend neu.

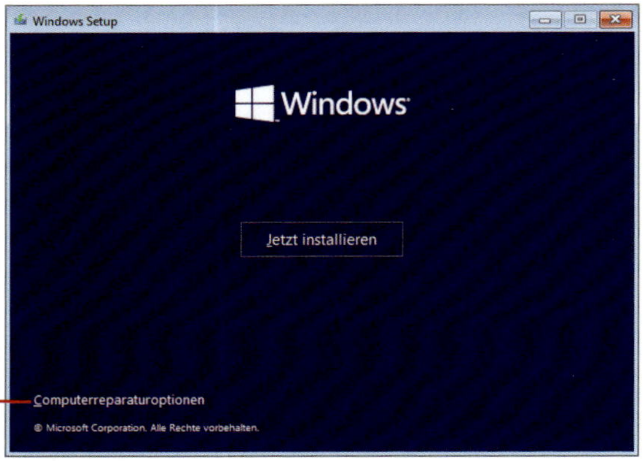

Startreihenfolge im BIOS/UEFI abändern

Damit der Start von DVD oder direkt vom USB-Stick klappt, muss im BIOS/UEFI eventuell noch die Startreihenfolge geändert werden. Das heißt, Sie müssen das DVD-Laufwerk oder die USB-Schnittstelle an die erste Stelle setzen. Ins BIOS/UEFI gelangen Sie meist mit F2 oder Esc (die Tasten müssen Sie direkt beim Systemstart drücken). Entnehmen Sie diese Informationen bitte dem Handbuch zu Ihrem Computer.

Wenn der Rechner langsamer wird: Autostart-Programme

Einige Programme startet Windows direkt beim Systemstart, damit sie sofort zur Verfügung stehen und von Ihnen genutzt werden können. Dieses Verhalten ist allerdings nicht immer erwünscht, weil diese Praxis den Systemstart deutlich verlangsamen kann. Dazu kommt, dass viele Programmierer ihre Programme offenbar für so wichtig halten, dass diese in den Autostart aufgenommen werden, obwohl es gar nicht notwendig ist. Unnötigerweise startet dann z. B. ein Programm zur Verwaltung von Textbausteinen, ein weiteres Programm zur Erstellung von Bildschirmfotos und dazu noch ein Fotomanager, der den Anschluss Ihrer Digitalkamera überwacht und gleich das herstellereigene Bildbearbeitungsprogramm startet, sobald die Kamera erkannt wird. All diese Programme könnte man auch von Hand starten, sobald man sie verwenden möchte. Die ständige Ausführung der Programme im Hintergrund verbraucht wertvolle Ressourcen und es dauert nicht lange, bis die ersten Auswirkungen spürbar werden. Windows braucht länger, bis es gestartet ist, und auch der laufende Betrieb wird durch die vielen unnötig geöffneten Programme beeinträchtigt. Das System wird immer langsamer, reagiert zunehmend träge und nicht selten sind Systemfehler und Programmabstürze die Folge. Von Zeit zu Zeit ist daher ein gründlicher Frühjahrsputz angesagt! Kontrollieren Sie, welche Programme im Autostart zu finden sind, und deaktivieren Sie unnötige Einträge.

Auch Antivirenprogramme und Firewalls von Drittanbietern können die Leistung Ihres Computers negativ beeinflussen. Je nach Einstellung der Schutzsoftware werden die Dateien bei jedem Zugriff geprüft, was einiges an Rechenleistung verlangt. Die routinemäßigen Überprüfungen des Systems durch die Antivirensoftware beeinträchtigen Windows ebenfalls häufig spürbar. Sollte die Deaktivierung unnötiger Autostart-Programme keinen Erfolg bringen, schalten Sie zum Test auch einmal Ihr Antivirenprogramm bzw. die Firewall aus. Zur Sicherheit sollten Sie für diesen Test aber zuvor die Verbindung zum Internet trennen und alle laufenden Anwendungen beenden. Falls Windows ohne das aktivierte Schutzprogramm wieder flotter läuft, lesen Sie im Handbuch des Schutzprogramms nach, wie Sie die Performance des Rechners durch die Abschaltung einzelner Sicherheitsoptionen erhöhen können, ohne dabei auf grundlegende Sicherheitsfunktionen verzichten zu müssen.

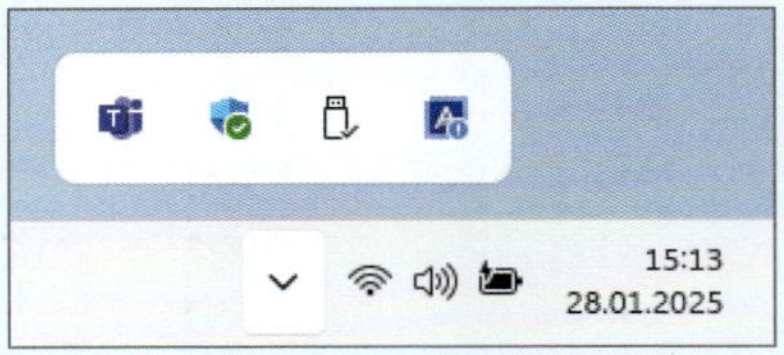

Im Infobereich der Taskleiste sind einige Autostart-Programme zu sehen – Zeit für einen Frühjahrsputz!

Autostart-Programme deaktivieren

In früheren Windows-Versionen erreichte man die Autostart-Programme über die Systemkonfiguration, seit Windows 8 und somit auch unter Windows 11 führt der Weg über den *Task-Manager*. Sie können das Programm mithilfe der Tastenkombination [Strg] + [⇧] + [Esc] öffnen oder Sie führen auf dem Desktop einen Rechtsklick auf die Taskleiste aus und wählen den Befehl **Task-Manager** aus dem Kontextmenü.

Klicken Sie in der Navigationsleiste links auf das Symbol **Autostart von Apps** ❶. Rechts sind nun alle Programme aufgelistet, die beim Systemstart geladen werden. In der ersten Spalte wird der Programmname genannt, daneben der Hersteller. Die Spalte **Status** verrät, ob der Programmstart tatsächlich aktiviert ist. Der Information aus der letzten Spalte können Sie entnehmen, welche Auswirkungen das Programm auf den Start hat. Programme, deren Auswirkung mit **Hoch** oder **Mittel** angegeben ist, sollten Sie dahingehend prüfen, ob sie gleich mitgestartet werden müssen, und sie gegebenenfalls deaktivieren.

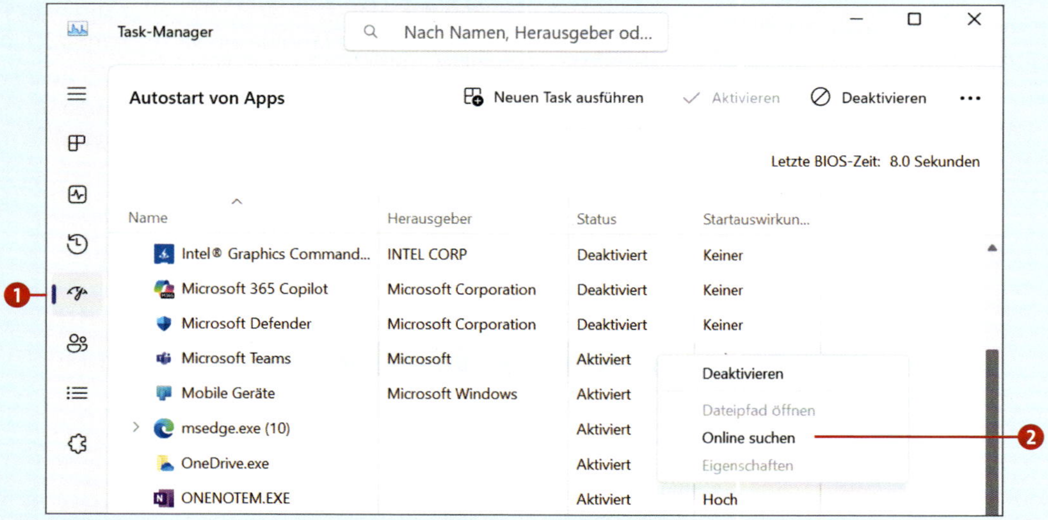

Diese Programme werden bei jedem Systemstart mitgestartet.

Nicht immer sind die Programmbezeichnungen eindeutig, was die Entscheidung, ob das Programm aus dem Autostart genommen werden soll, nicht einfach macht. Falls Sie bei einem Eintrag nicht sicher sind, welches Programm dahintersteckt und ob Sie es problemlos deaktivieren können, führen Sie einen Rechtsklick auf den entsprechenden Eintrag aus und wählen aus dem Kontextmenü den Befehl **Online suchen** 2. Daraufhin öffnet sich Ihr Browser mit der Suchmaschine *Bing*. Der Programmname ist bereits als Suchbegriff eingetragen. Auf diese Weise können Sie Informationen zu dem Programm sammeln oder Sie stellen eine passende Anfrage in einem Computerforum.

Eine weitere Möglichkeit zum Identifizieren eines Eintrags stellt die Option **Dateipfad öffnen** dar, die Sie ebenfalls über das Kontextmenü erreichen. Wählen Sie diesen Befehl, startet der Explorer und zeigt die Anwendung in ihrem Programmverzeichnis an. Schauen Sie nach, ob im Verzeichnis z. B. Text- oder Hilfedateien zu finden sind, die Auskunft über das Programm geben.

Wenn Sie sich entschlossen haben, den Autostart einer Anwendung abzuschalten, markieren Sie den Programmeintrag und klicken anschließend auf die Schaltfläche **Deaktivieren** unten im Fenster. Eine weitere Nachfrage erfolgt nicht, teilweise ist aber ein Neustart des Rechners notwendig. Deaktivieren Sie nicht zu viele Programme auf einmal. Am besten deaktivieren Sie immer nur einen Eintrag, starten gegebenenfalls den Computer neu und beobachten das Systemverhalten für einige Zeit. Die Einträge werden nicht gelöscht und natürlich auch nicht die Programme selbst. Das bedeutet, Sie können einen Autostart-Eintrag jederzeit auch wieder aktivieren.

Alternativ zum Task-Manager können Sie unter Windows 11 auch die Einstellungen-App verwenden, um schnell die Autostart-Programme ausfindig zu machen und gegebenenfalls zu deaktivieren. Rufen Sie hierzu die **Einstellungen**-App über die Tastenkombination ⊞ + I auf. Wechseln Sie dann in die Kategorie **Apps > Autostart**. Über die Regler können Sie den automatischen Start der Apps beim Systemstart jeweils ein- bzw. ausschalten.

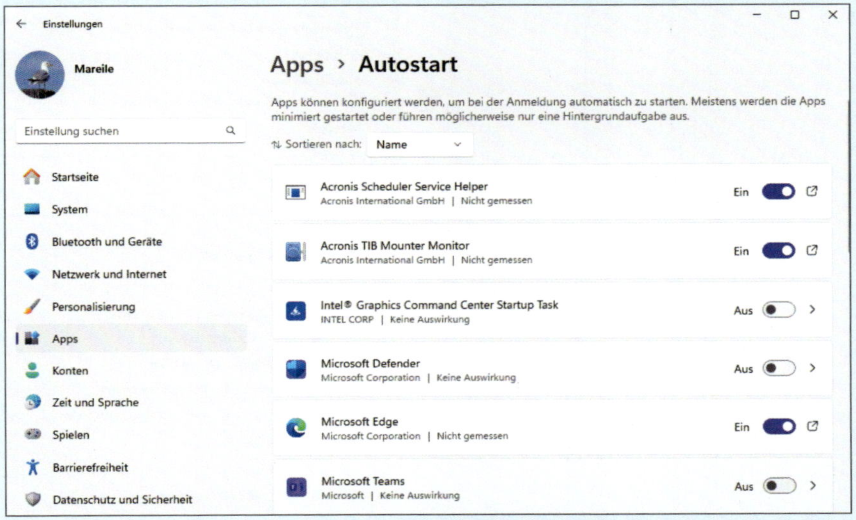

Übersicht über die Autostart-Programme in der Einstellungen-App

Ältere Programme unter Windows 11 nutzen

Um Programme, die für frühere Versionen von Windows geschrieben wurden, unter Windows 11 nutzen zu können, müssen Sie eventuell den Kompatibilitätsmodus zu Hilfe nehmen:

1. Führen Sie einen Rechtsklick auf die Programmdatei aus, die Probleme bei der Ausführung verursacht oder sich nicht starten lässt, wählen Sie aus dem Kontextmenü **Eigenschaften** ❶ aus.
2. Im Dialog **Eigenschaften von…** wechseln Sie auf die Registerkarte **Kompatibilität** ❷. Versehen Sie **Programm in Kompatibilitätsmodus ausführen für** mit einem Häkchen ❸. Anschließend können Sie im Feld darunter die Windows-Version auswählen, in der das Programm problemlos funktionierte ❹.
3. Benötigt das Programm zur Ausführung Administratorrechte, versehen Sie im Bereich **Einstellungen** ❺ das entsprechende Kontrollkästchen mit einem Häkchen.
4. Schließen Sie den **Eigenschaften**-Dialog mit einem Klick auf **Übernehmen** und dann auf **OK**.

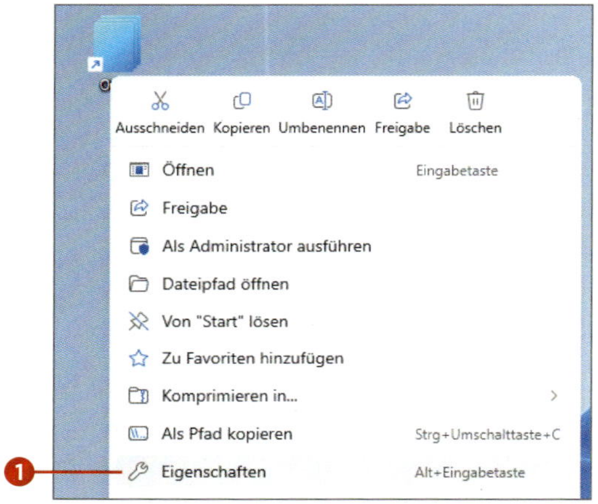

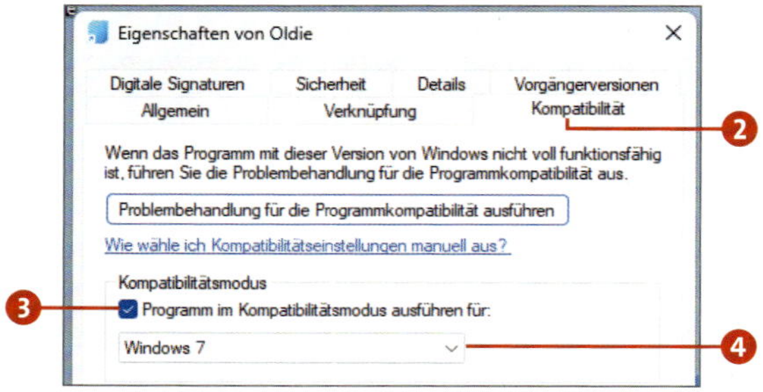

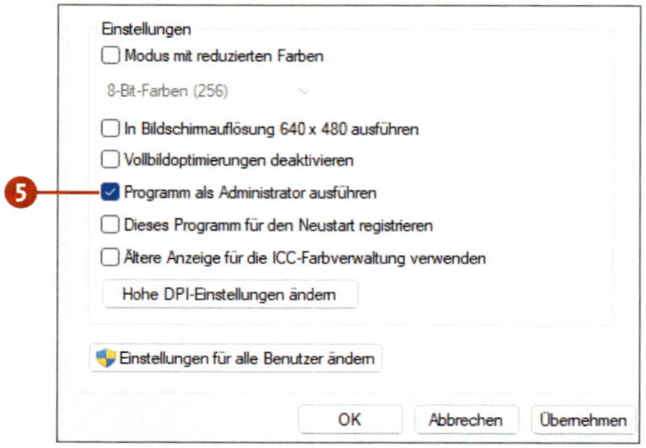

Softwareupdates

Sollten Sie Probleme mit der Ausführung einer älteren Anwendung unter Windows 11 haben, lohnt auch immer ein Blick auf die Internetseite des Herstellers. Vielfach werden dort kostenlose Updates angeboten, die das eingesetzte Programm fit für Windows 11 machen. In manchen Fällen hilft allerdings nur der Erwerb einer neueren Programmversion.

Den Arbeitsspeicher auf Fehler überprüfen

Wenn Windows immer mal wieder »einfriert«, also auf keine Eingabe mehr reagiert, könnte die Ursache ein fehlerhafter Arbeitsspeicher sein. Windows 11 bietet die Möglichkeit, den Arbeitsspeicher zu prüfen und Fehler zu diagnostizieren:

1. Die Funktion *Arbeitsspeicherdiagnosetool* erreichen Sie, indem Sie in der Liste aller Apps des Startmenüs die **Windows-Tools** aufrufen.
2. Blättern Sie in der folgenden Übersicht nach unten bis zum Eintrag **Windows-Speicherdiagnose** ❶ und starten Sie das Programm mit einem Doppelklick.
3. Möchten Sie den Speicher sofort einer Prüfung unterziehen, schließen Sie alle geöffneten Programme und klicken auf **Jetzt neu starten und nach Problemen suchen** ❷. Ist der Neustart gerade unpassend, wählen Sie die Option **Nach Problemen beim nächsten Start des Computers suchen** ❸.
4. Es erfolgt ein Neustart mit der anschließenden Diagnose des Arbeitsspeichers. Der Vorgang kann einige Minuten dauern. Nach Abschluss der Prüfung wird der Rechner wieder neu gestartet. Wurden Fehler erkannt, werden diese im Anschluss durch eine Meldung in der Taskleiste angezeigt.

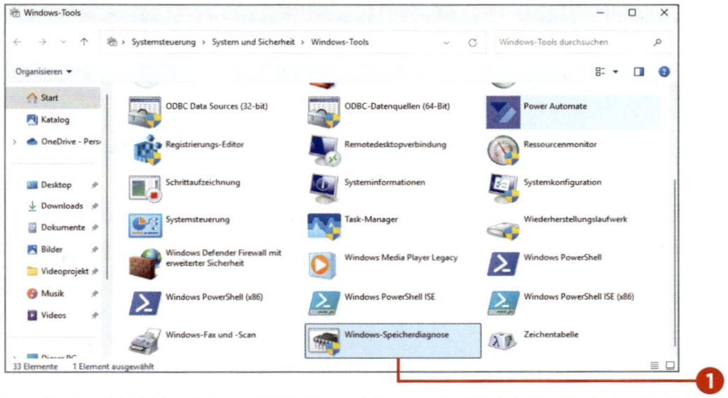

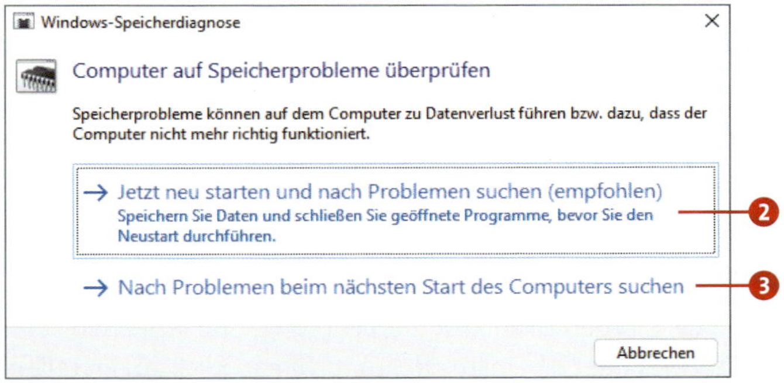

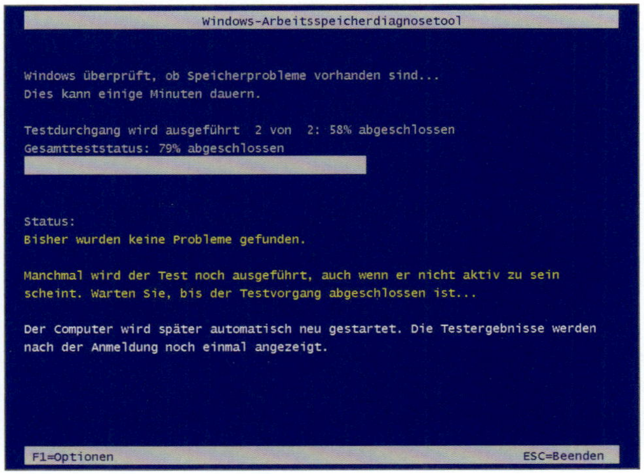

Was tun bei Speicherfehlern?

Defekte Speichermodule müssen ausgetauscht werden, eine Reparatur ist nicht möglich. Welcher Speichertyp in Ihrem Computer verbaut ist, entnehmen Sie bitte dem Handbuch oder fragen Sie beim Hersteller oder Ihrem Computerhändler nach.

Wiederherstellen, auffrischen, zurücksetzen

Einen Wiederherstellungspunkt erstellen

Mithilfe der Systemwiederherstellung können Sie Windows auf einen fehlerfreien Stand zurücksetzen. Einmal pro Woche sowie bei größeren Änderungen am System erstellt Windows automatisch einen Wiederherstellungspunkt. Sie können aber auch selbst einen festlegen, z. B., um die Windows-Registrierung vor einem geplanten Eingriff zu sichern:

1. Öffnen Sie das Startmenü über die Taste ⊞ und geben Sie in das Suchfeld »Erweiterte« ein. Sobald der Treffer **Erweiterte Systemeinstellungen anzeigen** aufgeführt wird, klicken Sie ihn an ❶.
2. Wechseln Sie im Dialog **Systemeigenschaften** auf die Registerkarte **Computerschutz** ❷. Klicken Sie auf die Schaltfläche **Erstellen** ❸, um den Wiederherstellungspunkt festzulegen.
3. Geben Sie eine Bezeichnung für den neuen Wiederherstellungspunkt ein ❹, z. B. den Grund für die Sicherung, und schließen Sie die Eingabe mit der ⏎-Taste oder durch einen Klick auf **Erstellen** ❺ ab. Der Wiederherstellungspunkt wird nun angelegt.

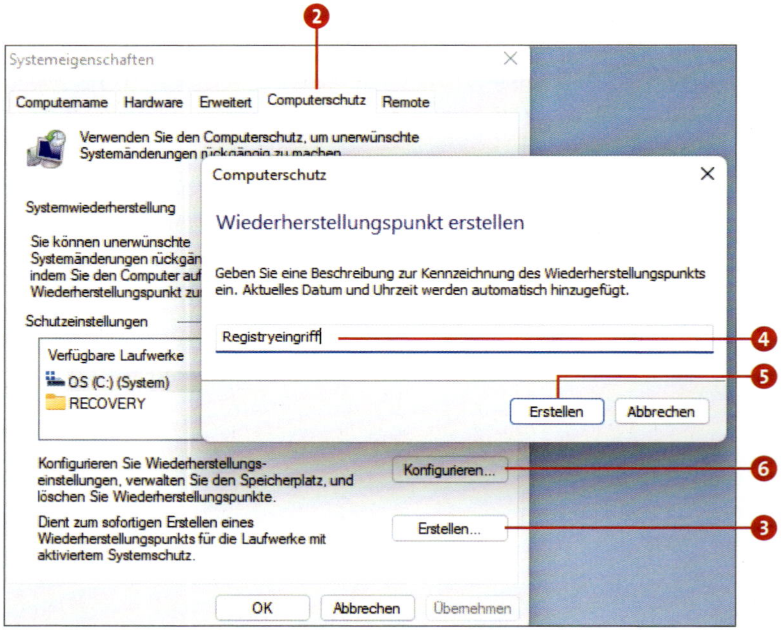

Wie lange bleiben Wiederherstellungspunkte gespeichert?

In den Einstellungen der Systemwiederherstellung können Sie angeben, wie viel Speicherplatz für die Wiederherstellungspunkte reserviert werden soll. Klicken Sie dazu im Fenster **Systemeigenschaften** auf **Konfigurieren** ❻. Wird der Speicherplatz knapp, löscht Windows automatisch den ältesten Wiederherstellungspunkt.

Das System wiederherstellen

Macht der Computer oft Probleme, kommt es immer wiederzu Systemfehlern oder stürzen Programme ständig ab? Mit der Systemwiederherstellung können Sie viele Windows-Probleme beheben. Setzen Sie Windows einfach auf einen früheren fehlerfreien Systemstatus zurück:

1. Um die Systemwiederherstellung zu starten, tippen Sie in das Suchfeld des Startmenüs »Wiederherstellung« ein. Wählen Sie dann aus der Liste den gleichnamigen Eintrag **Wiederherstellung** aus.
2. Die erweiterten Wiederherstellungstools werden angezeigt. Starten Sie den Vorgang mit einem Klick auf den Link **Systemwiederherstellung öffnen**. Aktivieren Sie im gleichnamigen Dialog die Option **Anderen Wiederherstellungspunkt auswählen** und bestätigen Sie mit **Weiter**.
3. Eine Liste mit verschiedenen Wiederherstellungspunkten wird angezeigt. Wählen Sie einen geeigneten Eintrag aus ❶ und klicken Sie auf **Weiter** ❷. Es folgt der Hinweis, dass die Systemwiederherstellung keine persönlichen Daten wie Dokumente oder Bilder löscht. Kürzlich installierte Programme oder Gerätetreiber müssen Sie aber möglicherweise im Anschluss an die Systemwiederherstellung neu installieren.
4. Schließen Sie alle Programme und speichern Sie geöffnete Dokumente ab. Das System wird während der Wiederherstellung neu gestartet. Mit **Fertig stellen** ❸ beginnen Sie den Vorgang.

Ältere Wiederherstellungspunkte anzeigen

Setzen Sie das Häkchen vor dem Eintrag **Weitere Wiederherstellungspunkte anzeigen** ❹, um sich weiter zurückliegende Punkte anzeigen zu lassen, die Sie zur Auswahl heranziehen können.

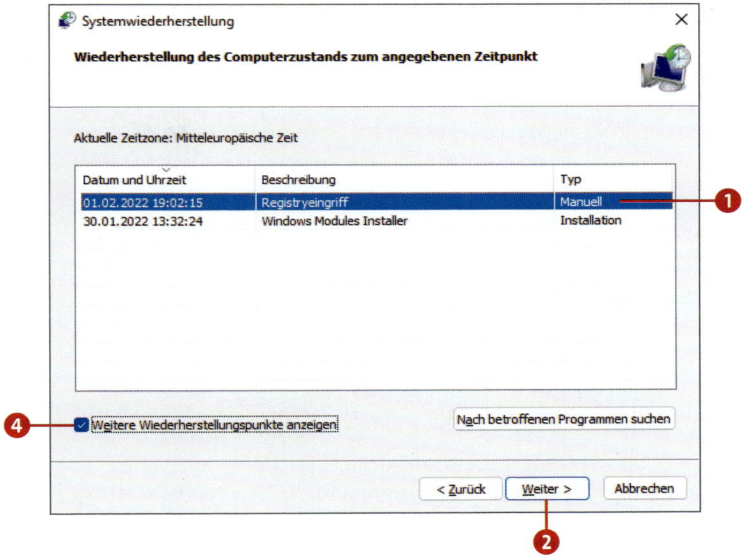

Viren beseitigen und Systemfehler korrigieren

Viele Systemfehler sind die Folge von Schadprogrammen wie Viren und Trojanern. Bevor Sie Ihr Windows-System komplett neu aufsetzen und dabei möglicherweise wichtige Dateien verlieren, können Sie versuchen, das System mithilfe von speziellen Malware-Notfall-CDs zu bereinigen. Fast alle Hersteller von Antivirensoftware, z. B. *Kaspersky*, *Avira*, *Bitdefender*, *AVG* oder *Emsisoft*, bieten solche Schutzpakete zum kostenlosen Herunterladen auf ihren Internetseiten an, häufig unter den Bezeichnungen *Notfall-CD*, *Rescue-CD* oder auch *Emergency Kit*. Solche Hilfsprogramme werden meist als Image-Dateien (**.iso**) bereitgestellt, die Sie auf eine CD/DVD brennen, sodass Sie mit wenigen Mausklicks selbst eine Notfall-CD erstellen können. Anleitungen und Hilfestellungen zum Einsatz dieser Datenträger finden Sie ebenfalls auf den Webseiten der Anbieter.

Nehmen wir an, am Abend zuvor haben Sie Ihren Rechner ordnungsgemäß heruntergefahren, doch am nächsten Tag verweigert Windows plötzlich seinen Dienst: Das System lässt sich nicht mehr starten. Das Fehlerbild ist vielschichtig: Mal bleibt das System einfach hängen, zeigt einen schwarzen Bildschirm und lädt nicht weiter, mal steigt Windows mit einer kryptischen Fehlermeldung aus. Auf der Festplatte liegen wichtige Daten und einige Arbeiten müssen heute unbedingt noch abgeschlossen werden. Wie geht es nun weiter? Wenn Sie Ihren Windows-Installationsdatenträger greifbar haben, legen Sie ihn ins Laufwerk ein, starten den Rechner neu und führen die Computerreparaturoptionen aus (siehe den Abschnitt »Windows startet nicht mehr« auf Seite 324).

Viele Rechner mit vorinstalliertem Windows 11 werden aber ohne separaten Windows-Datenträger ausgeliefert. Für diesen Fall und auch wenn die Windows-DVD gerade nicht verfügbar ist, hilft ein Notfall-USB-Stick weiter. Beugen Sie also dem Ernstfall vor und erstellen Sie einen Wiederherstellungsdatenträger (siehe dazu den Abschnitt »Einen Notfall-USB-Stick erstellen« auf Seite 333). Damit der Rechner im Bedarfsfall über diesen Notfall-USB-Stick gestartet werden kann, müssen Sie im BIOS die Startreihenfolge anpassen und die USB-Schnittstelle an die erste Stelle setzen. Sie gelangen meist ins BIOS, wenn Sie direkt beim Systemstart F2 oder Esc drücken, und können dann die Einstellungen vornehmen. Da fast jeder BIOS-Hersteller eine andere Taste bevorzugt, entnehmen Sie diese Information am besten dem Handbuch zu Ihrem Computer. Wie Sie den Notfall-USB-Stick einsetzen, wenn das System nicht mehr startet, erfahren Sie ebenfalls im Abschnitt »Windows startet nicht mehr« auf Seite 324.

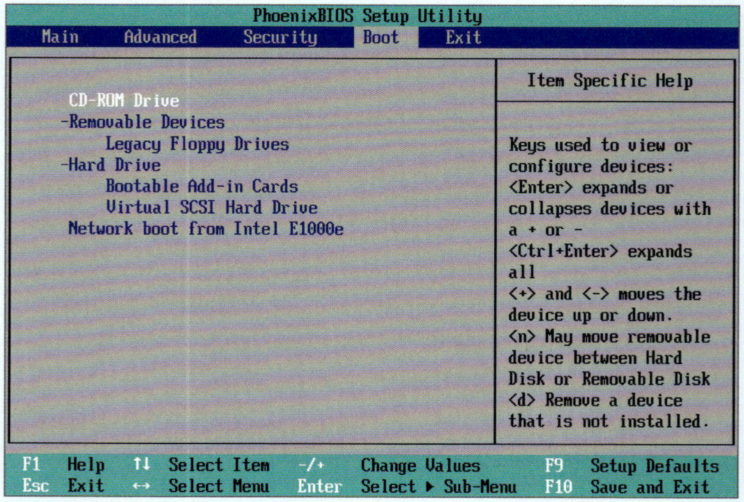

Über das BIOS/UEFI können Sie die Startreihenfolge ändern. Die Oberfläche unterscheidet sich von Hersteller zu Hersteller.

Einen Notfall-USB-Stick erstellen

Beugen Sie dem Ernstfall vor und erstellen Sie einen Notfall-USB-Stick als Wiederherstellungsdatenträger, den Sie für den Fall der Fälle immer in der Nähe Ihres Computers aufbewahren sollten:

1. Öffnen Sie die **Einstellungen**-App mithilfe der Tasten [Win] + [I].
2. Geben Sie in das Suchfeld den Suchbegriff »Wiederherstellungslaufwerk« ein und wählen Sie aus den Ergebnissen dann **Wiederherstellungslaufwerk erstellen** ❶ aus.
3. Bestätigen Sie die Abfrage der Benutzerkontensteuerung mit **Ja**, um den Vorgang fortzusetzen.
4. Wenn Sie die Option **Sichert die Systemdateien auf dem Wiederherstellungslaufwerk** ❷ aktivieren, können Sie den USB-Stick auch für eine Neuinstallation von Windows 11 verwenden. Die Option zu aktivieren ist empfehlenswert, jedoch wird dann auch ein USB-Stick mit einer größeren Speicherkapazität benötigt.
5. Mit **Weiter** ❸ setzen Sie den Vorgang fort.
6. Verbinden Sie den USB-Stick mit Ihrem PC. Welche Speicherkapazität der Datenträger haben muss, wird Ihnen nun angezeigt. Klicken Sie schließlich auf **Weiter** und im folgenden Dialog auf **Erstellen**. Das Kopieren der Systemdateien benötigt seine Zeit, sodass die Erstellung des Reparaturdatenträgers schnell 1 Stunde und länger dauern kann. Bereits auf dem Stick vorhandene Daten werden bei diesem Vorgang gelöscht!

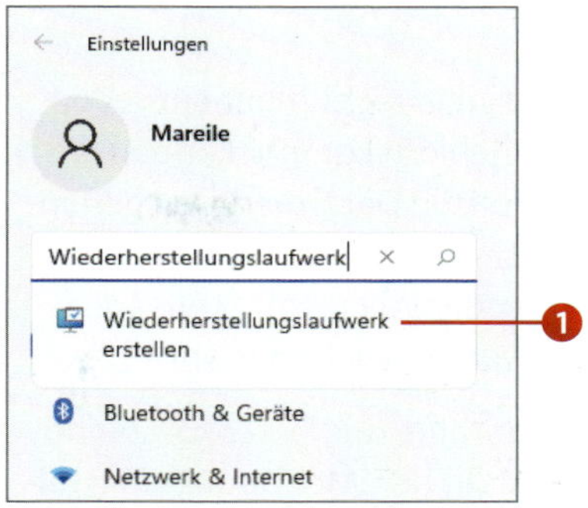

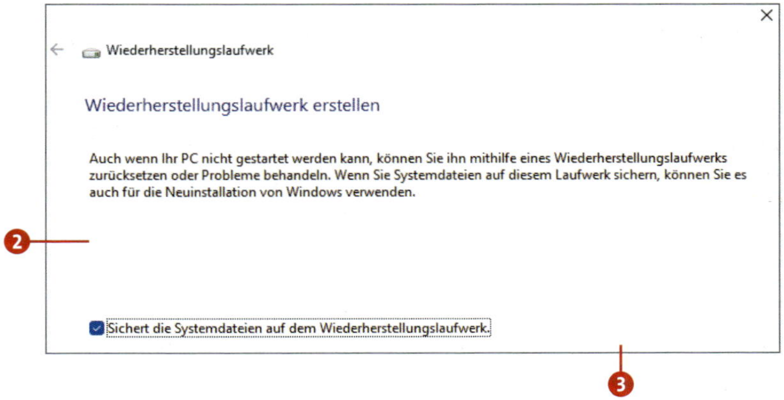

Der letzte Strohhalm im Fehlerfall

Sollten Sie Windows nicht mehr starten können, bevor Sie Gelegenheit hatten, einen USB-Notfall-Stick zu erstellen, und sollten Sie zugleich über keinen Windows 11-Datenträger zur Reparatur des Systems verfügen, lesen Sie bitte die Anleitung »Mit dem Media Creation Tool einen Installationsdatenträger erstellen« ab Seite 336.

Windows auffrischen

Wenn Sie mit der Leistung Ihres Computers nicht mehr zufrieden sind oder es zu gelegentlichen Systemfehlern kommt, können Sie Ihren PC auffrischen, ohne dass persönliche Daten verloren gehen. Apps und Programme, die nicht zum Lieferumfang des Computers gehören, die Sie also nachträglich über den Microsoft Store oder von einer CD/DVD installiert haben, werden allerdings entfernt.

1. Öffnen Sie die **Einstellungen**-App mithilfe der Tastenkombination ⊞ + I oder durch einen Klick auf den Menüpunkt **Einstellungen** im Startmenü.
2. Wählen Sie in der Kategorie **System** in der rechten Fensterhälfte die **Wiederherstellung** ❶ aus. Klicken Sie im Abschnitt **Wiederherstellungsoptionen** auf **PC zurücksetzen** ❷.
3. Um Ihre persönlichen Dateien behalten zu können, wählen Sie die Option **Eigene Dateien beibehalten** ❸. Programme werden entfernt, die Einstellungen zurückgesetzt.
4. Wählen Sie nun, ob Windows zur Installation aus dem Internet geladen werden soll oder ob Sie hierfür die lokal verfügbaren Installationsdateien nutzen möchten.
5. Nachdem Sie die weiteren Informationen mit **Weiter** bestätigt haben, zeigt Windows Ihnen die zu erwartenden Auswirkungen an. Mit einem Klick auf **Zurücksetzen** ❹ starten Sie die Auffrischung. Der Vorgang dauert einige Minuten und der Rechner wird dabei neu gestartet.

Entfernte Apps erneut installieren

Nach der Auffrischung legt Windows auf dem Desktop eine Datei mit dem Namen **Entfernte Apps** ab. Öffnen Sie diese Datei mit einem Doppelklick, um zu erfahren, welche Apps und Programme aus dem System entfernt wurden. Installieren Sie jene neu, die Sie weiterhin nutzen möchten.

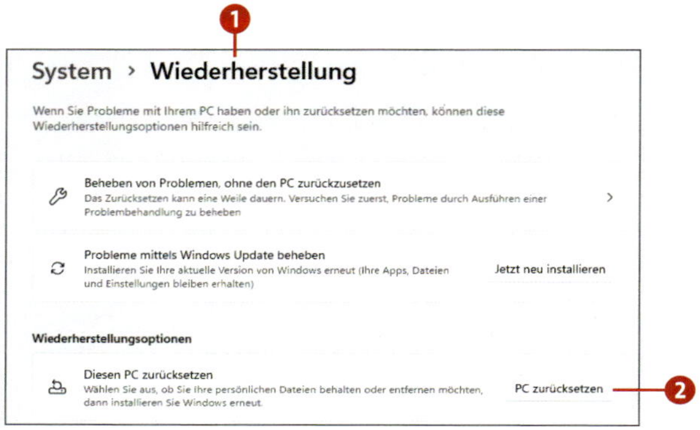

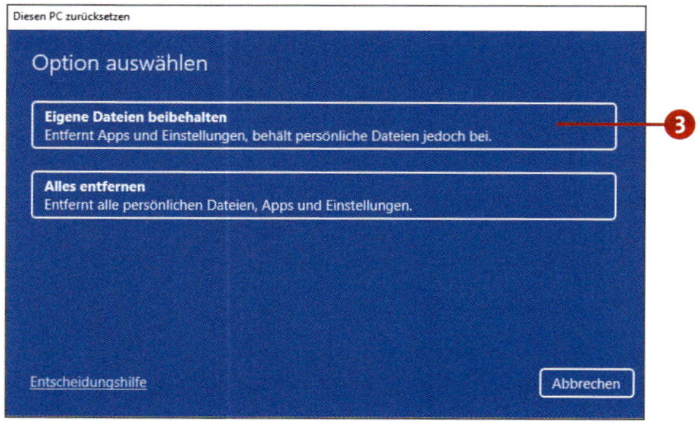

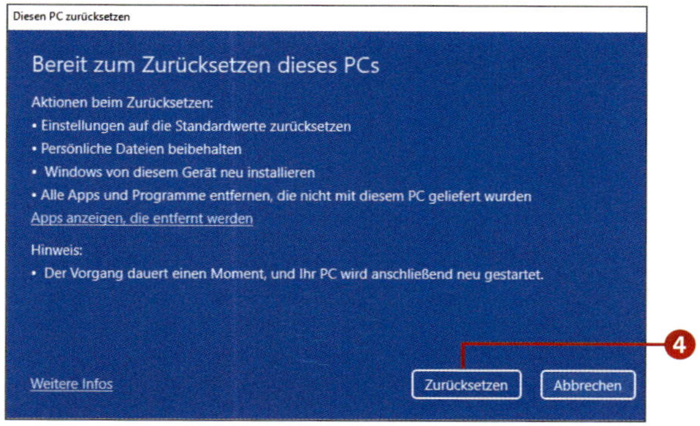

Windows auf Werkseinstellung zurücksetzen

Bei schwerwiegenden Fehlern, die weder durch eine Systemwiederherstellung noch durch eine Windows-Auffrischung behoben werden konnten, ist das Zurücksetzen des Systems die letzte Option. Dabei werden alle persönlichen Dateien, Einstellungen und installierten Programme gelöscht. Sichern Sie also zuvor Ihre Daten!

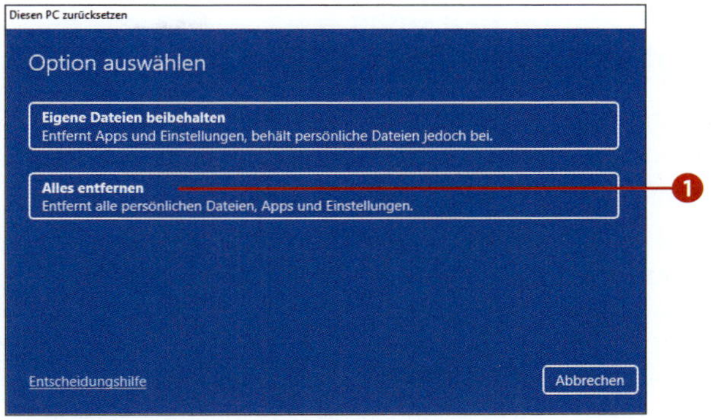

1. Rufen Sie in der **Einstellungen**-App die Kategorie **System** auf und klicken Sie rechts auf **Wiederherstellung**. Im Abschnitt **Wiederherstellungsoptionen** klicken Sie auf **Diesen PC zurücksetzen**.
2. Um das System vollständig zurückzusetzen, wählen Sie nun **Alles entfernen** ❶. Dabei werden alle persönlichen Dateien, Programme und Einstellungen gelöscht.

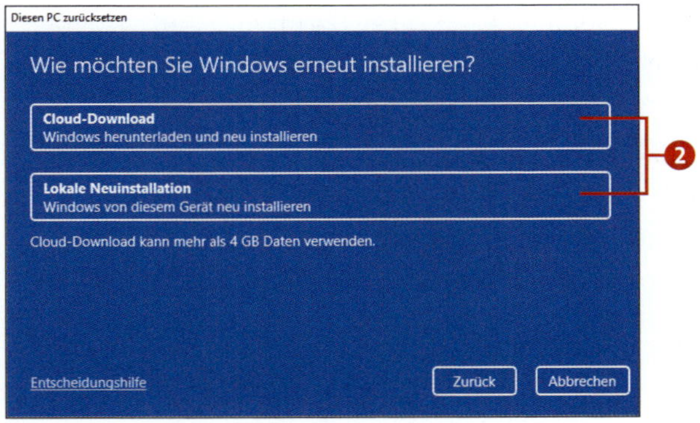

3. Legen Sie nun fest, ob Sie Windows komplett neu aus dem Internet laden oder die lokal verfügbaren Installationsdateien nutzen möchten ❷. Klicken Sie schließlich im nächsten Dialog auf **Einstellungen ändern**.
4. Über den Menüpunkt **Dateien von allen Laufwerken löschen** ❸ können Sie angeben, ob die Daten aller Laufwerke entfernt werden sollen oder nur die des Laufwerkes, auf dem Windows installiert ist. Möchten Sie den Computer verkaufen, aktivieren Sie die Option **Daten löschen** ❹. Zur Übernahme Ihrer Auswahl klicken Sie auf **Bestätigen** ❺ und in den folgenden Dialogen auf **Weiter**. Mit **Zurücksetzen** starten Sie schließlich den Vorgang.

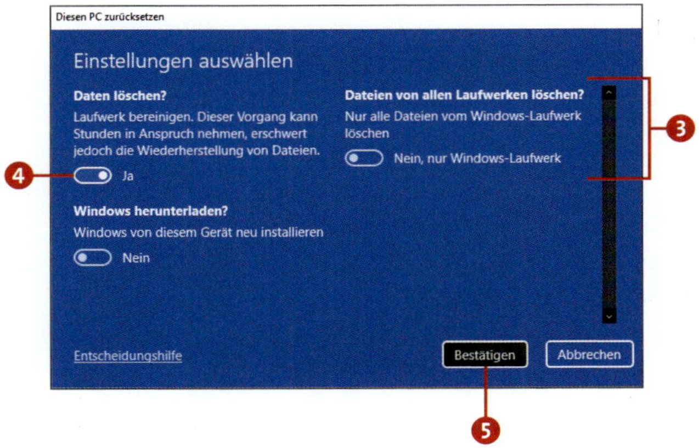

Zeitintensive Bereinigung

Für die vollständige Bereinigung der Laufwerke sollten Sie genug Zeit einplanen, denn der Vorgang kann mehrere Stunden dauern. Tablet-PCs oder Laptops sollten nicht im Akkubetrieb laufen, sondern am Netz angeschlossen sein, damit eine ausreichende Stromversorgung gewährleistet ist.

Mit dem Media Creation Tool einen Installationsdatenträger erstellen

Wenn Windows nicht mehr startet und Sie keinen Notfall-USB-Stick haben (siehe die Anleitung »Einen Notfall-USB-Stick erstellen« auf Seite 333), hält Microsoft mit dem *Media Creation Tool* ein letztes rettendes Werkzeug bereit. Nutzen Sie in diesem Fall einen Computer von Familienangehörigen oder Bekannten, um sich einen Installationsdatenträger zu erstellen:

1. Öffnen Sie die Internetseite *www.microsoft.com/de-de/software-download/windows11* und klicken Sie dort im Abschnitt **Windows 11-Installationsmedien erstellen** auf **Jetzt herunterladen** ❶.
2. Starten Sie das Programm nach dem Download mit einem Doppelklick und bestätigen Sie nachfolgend die Sicherheitsabfrage der Benutzerkontensteuerung mit **Ja**, um mit der Installation zu beginnen.
3. Nachdem Sie die Lizenzbedingungen akzeptiert haben, wählen Sie im nächsten Schritt die **Sprache** und die **Edition** aus, die auf Ihrem PC installiert werden soll. Entfernen Sie zunächst das Häkchen vor der Option **Empfohlene Optionen für diesen PC verwenden** ❷ und nehmen Sie dann über die Dropdown-Menüs ❸ die benötigten Einstellungen vor. Sind alle Angaben gemacht, klicken Sie auf **Weiter**.

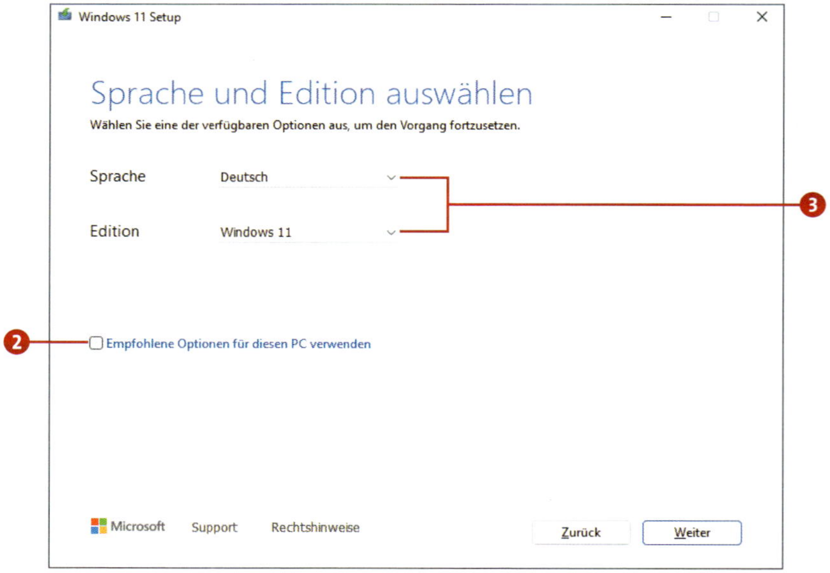

Installationsdatenträger zur Reparatur einsetzen

Wie Sie Windows mithilfe des Installationsdatenträgers reparieren können, lesen Sie im Abschnitt »Windows startet nicht mehr« auf Seite 324.

4. Sie können nun eine ISO-Datei herunterladen und diese später auf eine DVD brennen oder das System auf einen bootfähigen USB-Stick speichern ❹. Für viele Computer empfiehlt sich mittlerweile die Auswahl des USB-Sticks, da neue Geräte häufig kein DVD-Laufwerk mehr besitzen. Achten Sie in diesem Fall auf die erforderliche Speicherkapazität von mindestens 8 GB für den USB-Stick. Markieren Sie die gewünschte Option und klicken Sie dann auf **Weiter**.

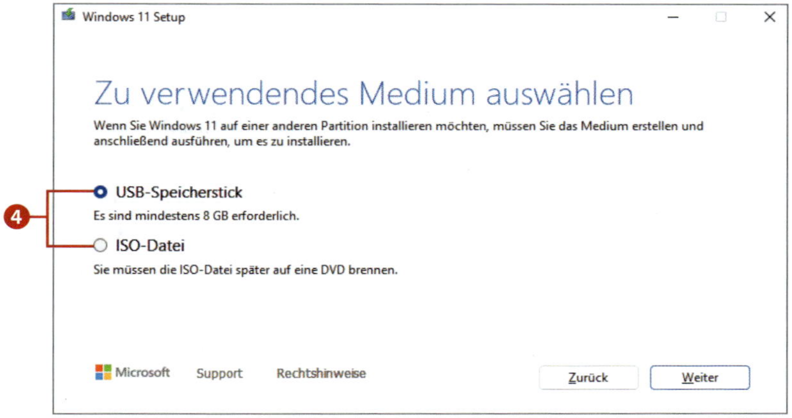

5. Haben Sie sich für die ISO-Datei entschieden, beginnt nun der Download der Datei. Bei der Variante mit dem USB-Stick müssen Sie diesen auswählen ❺ und mit **Weiter** bestätigen. Eventuell auf dem Speicherstick vorhandene Dateien werden gelöscht! Das Herunterladen des Betriebssystems und das Erstellen des Mediums können über 1 Stunde Zeit in Anspruch nehmen.

6. Schließlich meldet Windows die erfolgreiche Erstellung des Datenträgers und Sie können den Vorgang mit einem Klick auf **Fertig stellen** abschließen. Der USB-Stick ist sofort einsatzbereit; eine ISO-Datei muss noch gebrannt werden (siehe Kasten).

ISO-Datei richtig brennen

Es reicht nicht aus, die ISO-Datei einfach auf eine DVD zu brennen – die Datei muss als *Datenträgerabbild* gebrannt werden. Klicken Sie hierzu im **Explorer** mit der rechten Maustaste auf die ISO-Datei, wählen Sie im ersten Kontextmenü **Weitere Optionen anzeigen** und im Folgenden den Befehl **Datenträgerabbild brennen**.

Hilfreiche Tastenkombinationen

Allgemeine Tastenkombinationen

[Win]	Startmenü öffnen und schließen
[Win] + [A]	die Schnelleinstellungen öffnen
[Win] + [B]	die Option **Ausgeblendete Symbole** in der Taskleiste wählen
[Win] + [D]	zum Desktop wechseln
[Win] + [E]	den Explorer öffnen
[Win] + [F]	Feedback-Hub öffnen und Bildschirmkopie erstellen
[Win] + [G]	Spieleleiste innerhalb eines Spiels öffnen
[Win] + [I]	die Einstellungen-App öffnen
[Win] + [J]	den Fokus auf einen angezeigten Windows-Tipp legen
[Win] + [K]	die Anzeige drahtloser Geräte in der Menüleiste öffnen
[Win] + [L]	das System sperren
[Win] + [M]	alle geöffneten **Fenster** auf dem Desktop minimieren
[Win] + [N]	Benachrichtigungen ein- bzw. ausblenden
[Win] + [O]	Geräteausrichtung sperren
[Win] + [P]	zwischen Bildschirmen umschalten
[Win] + [Q] oder [Win] + [S]	das Suchfeld einblenden
[Win] + [R]	das Dialogfenster **Ausführen** öffnen
[Win] + [T]	zwischen Apps auf der Taskleiste umschalten
[Win] + [U]	die Kategorie **Barrierefreiheit** der Einstellungen-App aufrufen
[Win] + [V]	den Zwischenablageverlauf öffnen
[Win] + [W]	Widgets ein- bzw. ausblenden

Win + X	das Schnellstartmenü öffnen
Win + Y	zwischen Windows Mixed Reality und Desktop wechseln
Win + Z	Snap-Layouts ein- bzw. ausblenden
Win + →	aktives Fenster an den rechten Bildschirmrand andocken
Win + ←	aktives Fenster an den linken Bildschirmrand andocken
Win + ↑	aktives Fenster maximieren
Win + ↓	aktives Fenster minimieren
Win + ,	den Desktop-Inhalt kurzzeitig ausblenden
Win + .	den Emoji-Bereich öffnen
Win + Pause	Systemeigenschaften anzeigen
Win + Pos1	alle Fenster außer dem aktiven minimieren
Win + Ziffer	das Programm starten, das sich an der durch die Ziffer angegebenen Position in der Taskleiste befindet
Win + Leertaste	die Spracheinstellung der Tastatur ändern
Win + ⇥	zwischen geöffneten Anwendungen umschalten und den Aktivitätsverlauf öffnen
Win + Strg + ↵	die Sprachausgabe aktivieren
Win + Strg + D	einen virtuellen Desktop hinzufügen
Win + Strg + Q	Remotehilfe öffnen (Fernwartung)
Win + Strg + F4	den aktiven virtuellen Desktop schließen
Win + +	Ansicht mit der Bildschirmlupe vergrößern
Win + -	Ansicht mit der Bildschirmlupe verkleinern
Win + Esc	Bildschirmlupe schließen
Win + F1	die Windows-Hilfe öffnen
Win + ⇧ + S	Aufnahme eines Bildschirmausschnitts erstellen

Strg + A	alles markieren
Strg + C	kopieren
Strg + V	einfügen
Strg + X	ausschneiden
Strg + Z	rückgängig machen

Tastenkombinationen für den Explorer

Strg + E oder Strg + F	das Suchfeld aktivieren
Strg + N	ein neues Fenster öffnen
Strg + W	das aktuelle Fenster schließen
Strg + Mausrad	Größe der Symbole ändern
Alt + P	das Vorschaufenster ein- bzw. ausblenden
Alt + ↵	die Eigenschaften des ausgewählten Elements öffnen
Alt + ↑	zum übergeordneten Ordner springen
Alt + →	zum nächsten Ordner springen
Alt + ←	zum zuvor geöffneten Ordner springen
F2	das ausgewählte Element umbenennen
F3	zur Suche nach Dateien und Ordnern wechseln
F4	Adressleiste anzeigen
F5	das Explorer-Fenster aktualisieren
F11	das Explorer-Fenster maximieren oder minimieren
⇧ + F10	weitere Optionen anzeigen

Tastenkombinationen in Dialogfenstern

Strg + ⭾	zwischen Registerkarten umschalten (vor)
Strg + ⇧ + ⭾	zwischen Registerkarten umschalten (zurück)
⇥	zum nächsten Steuerelement wechseln
⇥ + ⇧	zum vorherigen Steuerelement wechseln
Alt	Buchstaben als Kürzel für Menüs einblenden
Alt + unterstrichener Buchstabe (Menübuchstaben blenden Sie mit Alt ein.)	das zum Buchstaben gehörende Menü öffnen oder den entsprechenden Befehl aufrufen
Leertaste	Kontrollkästchen aktivieren oder deaktivieren
↵	das ausgewählte Element ausführen/öffnen

Tastenkombinationen für die Outlook-App

Strg + R	antworten
Strg + ⇧ + R	allen antworten
Strg + F	weiterleiten
Strg + M	Posteingang aktualisieren
Strg + U	eine E-Mail als ungelesen markieren
Strg + Q	eine E-Mail als gelesen markieren
Strg + N	eine neue Nachricht erstellen
Strg + ↵	die E-Mail senden

Tastenkombinationen für Microsoft Edge

Bild ↓	eine Seite nach unten blättern
Bild ↑	eine Seite nach oben blättern

Ende	an das Ende der Seite springen
F3 oder Strg + F	auf der Seite suchen
F4	die Adressleiste aktivieren
F5	Seite aktualisieren
F7	die Tastaturnavigation ein-/ausschalten
Pos1	an den Anfang der Seite springen
Strg + -	Darstellung verkleinern
Strg + +	Darstellung vergrößern
Strg + 0	Darstellung wieder auf 100 % setzen
Strg + 1 – 8	den Tab öffnen, dessen Nummer gedrückt wurde
Strg + 9	zur vorherigen Registerkarte wechseln
Strg + H	den Verlauf öffnen
Strg + J	Seite »Downloads« öffnen
Strg + Link anklicken	die Seite in einem neuen Register öffnen
Strg + M	Registerkarte stumm schalten
Strg + N	ein neues Fenster öffnen
Strg + P	die aktuelle Seite ausdrucken
Strg + T	eine neue Registerkarte öffnen
Strg + ⭾	zwischen Registern wechseln
Strg + ⇧ + N	den privaten Modus aktivieren (InPrivate)
Strg + ⇧ + O	Favoritenverwaltung öffnen
Strg + ⇧ + T	die zuletzt geschlossene Registerkarte wieder öffnen
Strg + ⇧ + W	das aktuelle Fenster schließen

Glossar

Administrator
Anwender oder Anwenderin mit den meisten Rechten unter Windows; verwaltet das Windows-Netzwerk und kann anderen Benutzer*innen Rechte zuteilen oder entziehen.

App
Kurzform des englischen Begriffs *Application Software*, auf Deutsch *Anwendungsprogramm*. Wie bereits in Windows 10 sind Apps auch in Windows 11 für die Bedienung über einen Touchscreen optimiert. Apps lassen sich bequem an das Startmenü anpinnen und von dort schnell starten.

Arbeitsplatz
Als Arbeitsplatz oder Desktop wird bei Windows der Bereich bezeichnet, auf dem herkömmliche Anwendungen ausgeführt werden. Im unteren Teil ist die Taskleiste zu sehen, auf dem Arbeitsplatz selbst befinden sich zu Anfang lediglich die Programmsymbole des Papierkorbs sowie des Browsers *Microsoft Edge*.

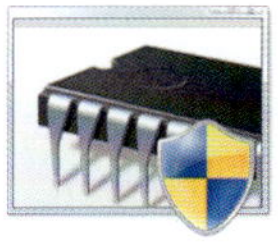

Arbeitsspeicher
Flüchtiger Speicher, in dem Programme und Daten abgelegt werden. Wird der Rechner ausgeschaltet, geht der Inhalt des Speichers verloren. Für Windows 11 sollte Ihr Computer über mindestens 4 GB Arbeitsspeicher verfügen. Moderne Rechner werden heute bereits mit 8 GB angeboten. Die englische Kurzform lautet *RAM* (*Random Access Memory*).

Backup
Sicherheitskopie einer Anwendung oder allgemein das Anlegen einer Datensicherung. Windows 11 enthält Funktionen zum Anlegen von Datensicherungen, z. B. die Möglichkeit, ein Systemabbild zu erstellen, oder den Dateiversionsverlauf.

Bibliothek
In Bibliotheken werden Daten zu verschiedenen Themen zusammengefasst, z. B. Urlaubsbilder. Alle Dateien werden gebündelt in der Bibliothek angezeigt, allerdings nur als Verknüpfungen, d. h., sie können an unterschiedlichen Orten auf der Festplatte gespeichert sein.

Bildschirmlupe
Mit diesem Hilfsprogramm können Sie Bereiche des Bildschirms vergrößert darstellen. Die Bildschirmlupe starten Sie über die Kategorie **Barrierefreiheit** der Einstellungen-App, in die Sie schnell mit den Tasten ⊞ + U gelangen.

BIOS
Abkürzung für *Basic Input Output System*. Eine in einem Chip auf der Hauptplatine des Rechners gespeicherte Software, die nach dem Einschalten des PCs diesen für den Start vorbereitet, indem sie u. a. die installierte Hardware testet und anschließend das Betriebssystem startet. Im BIOS wird auch festgelegt, in welcher Reihenfolge (Boot-Reihenfolge) angeschlossene Geräte (z. B. Festplatte,

USB-Stick, DVD-Laufwerk) nach einem zu startenden System geprüft werden sollen. Der technische Nachfolger des BIOS ist das System UEFI. Siehe auch *UEFI*.

Bluetooth
Technologie zur Funkübertragung von Daten zwischen zwei oder mehr Computern oder zwischen einer Hardware, z. B. einem Drucker oder einer Maus, und einem Computer.

Booten
Englischer Begriff für das Hochfahren (Starten) des Betriebssystems eines Computers nach dem Einschalten.

Browser
Programm, mit dessen Hilfe Sie sich im Internet bewegen (»surfen«) können. Die bekanntesten Browser sind neben dem Standardbrowser *Microsoft Edge* die Browser *Mozilla Firefox*, *Google Chrome* und *Opera*.

Chatbot
Computerprogramm, das mit Menschen über Text oder Sprache kommunizieren kann. Dieser virtuelle Gesprächspartner kann Ihnen Fragen beantworten, Informationen bereitstellen oder auch bei speziellen Aufgaben helfen.

ChatGPT
ChatGPT ist ein von der Firma OpenAI entwickelter, auf künstlicher Intelligenz basierender Chatbot. Über die Website *https://chatopenai.de* können Sie die kostenlose, deutschsprachige Version ohne Registrierung nutzen. Siehe auch *KI, Künstliche Intelligenz*.

Cloud Computing
Die Bereitstellung von Anwendungen und Speicherplatz für Daten in entfernten Rechenzentren. Bei Microsoft ist z. B. der E-Mail-Dienst *Outlook.com* eine bereitgestellte Anwendung, während Speicherdienste wie *OneDrive*, *Dropbox* oder *Google Drive* Speicherplatz zur Sicherung Ihrer Daten zur Verfügung stellen. Cloud steht für das deutsche Wort »Wolke«.

Computer zurücksetzen
Mithilfe dieser Funktion können Sie Ihr Windows-System reparieren. Dabei haben Sie die Wahl, Windows 11 entweder komplett neu zu installieren und damit auf die originalen Werkseinstellungen zurückzusetzen, wobei allerdings alle persönlichen Daten und alle Programme unwiderruflich gelöscht werden. Oder Sie entscheiden sich dafür, Ihre persönlichen Dateien zu behalten. In diesem Fall wird eine Reparaturinstallation durchgeführt, Windows also quasi »aufgefrischt«. Legen Sie vor der Anwendung dieser Funktion unbedingt zuerst eine Datensicherung an.

Copilot
Copilot ist eine Anwendung, die künstliche Intelligenz (KI) nutzt, um bei bestimmten Aufgaben zu helfen. Sie ist in verschiedenen Microsoft-Anwendungen integriert, wie etwa in Word, Excel und PowerPoint. Copilot hilft Benutzern, indem es

z. B. Texte generiert, Daten analysiert und kreative Ideen liefert. Siehe auch *KI, Künstliche Intelligenz*.

Darknet
Ein Netzwerk, das nur über spezielle Zugangssoftware (sogenannte *Tor-Browser*) zu erreichen ist, die die Daten meist verschlüsselt überträgt, und in dem die IP-Adressen der Teilnehmenden verschleiert werden. So ist eine vollständig anonyme Nutzung des Computernetzwerks möglich. Die Inhalte des Darknets sind an sich keinesfalls alle als illegal einzustufen, wie es oft in Zeitungen oder dem Fernsehen dargestellt wird. Journalist*innen und Menschenrechtsorganisationen nutzen das Netzwerk ebenfalls zur sicheren Kommunikation.

Defender
Eine in Windows 11 integrierte Software zum Schutz vor Viren, Würmern, Trojanern und anderen Schadprogrammen.

Defragmentierung
Windows speichert Daten nicht an einem Stück auf die Festplatte, sondern zerlegt sie in kleine Datenpakete und legt sie in sogenannten *Clustern* an den Stellen auf der Festplatte ab, wo gerade Platz ist. Bei der Defragmentierung werden die Daten neu geordnet und zusammenhängend abgespeichert, wodurch Speicherplatz effizienter genutzt und so der Zugriff auf die Festplatte beschleunigt werden kann.

Deinstallation
Das Entfernen einer Anwendung vom Computer. Siehe auch *Installation*.

Desktop
Siehe *Arbeitsplatz*.

Drag and Drop
Sie klicken mit der linken Maustaste ein Objekt an und verschieben es mit gedrückter Maustaste an eine andere Position. Sobald Sie die Maustaste wieder loslassen, wird das Objekt an dieser Stelle abgelegt bzw. eingefügt. Diesen Vorgang nennt man Drag & Drop.

Festplatte
Die Festplatte (engl. *Hard Disk Drive*, abgekürzt *HDD*) ist ein Speichermedium, auf dem Ihre Daten, z. B. Bilder, Videos und Dokumente, gespeichert werden können. Klassische Festplatten verwenden ein magnetisches Speichersystem, wie man es auch von Tonbändern kennt, während moderne SSD-Festplatten (*Solid State Disk*) die Daten elektronisch speichern.

Firewall
Programm, das einen Computer, der mit dem Internet verbunden ist, vor Angriffen aus dem Netz schützen soll. Ein- und ausgehende Verbindungen werden überwacht und gegebenenfalls blockiert. Unter Windows 11 ist die Firewall fester Bestandteil des Betriebssystems.

Heimnetz
Zusammenschluss von zwei oder mehreren Computern in einem Netzwerk. Je nach Konfiguration des Netzwerks können alle verbundenen Com-

puter auf Verzeichnisse und Daten der anderen Rechner zugreifen und gemeinsame Ressourcen, z. B. einen Drucker, nutzen.

Hotspot
Öffentliche WLAN-Verbindung in Hotels oder an Flughäfen. Der Zugang ist häufig kostenlos möglich, die Zugangsdaten erhält man an der Rezeption oder am Informationsstand. Während Sie sich in einem öffentlichen Netzwerk befinden, sollten Sie aus Sicherheitsgründen keine Bankgeschäfte, Bestellungen oder Buchungen durchführen.

Installation
Vorgang, bei dem eine Anwendung auf den Computer aufgespielt wird. Siehe auch *Deinstallation*.

IP-Adresse
Eine Kennzeichnung innerhalb eines auf dem IP-Protokoll basierenden Netzwerks, wie dem Internet, über die jedes Gerät eindeutig adressierbar und identifizierbar ist. Die IP-Adresse ist für gewöhnlich nur für eine Internetsitzung gültig und wird bei jeder Einwahl ins Internet neu zugeteilt.

KI
Abkürzung für künstliche Intelligenz. Die englische Abkürzung hierfür lautet AI für Artificial Intelligence. Siehe auch *Künstliche Intelligenz*.

Künstliche Intelligenz
Ein Teilgebiet der Informatik, das sich mit der Entwicklung von Computersystemen befasst, die über bestimmte menschliche Fähigkeiten verfügen. Dazu zählen z. B. das Sprachverständnis, Lernen, Erklären, Lösen von Problemen sowie die flexiblen Reaktionen eines Menschen. Die Systeme verwenden hierfür umfangreiche Daten aus früheren Beispielen für ähnliches Verhalten.

Link
Verweis auf eine andere Seite oder auf eine andere Stelle im Programm. Am häufigsten treten (Hyper-)Links in Textform auf, aber auch Schaltflächen und Grafiken können mit einem Link unterlegt sein.

Malware
Oberbegriff für Schadprogramme wie Würmer, Viren, Trojaner, Spionage- (*Spyware*) und Werbeprogramme (*Adware*). Zum Schutz vor diesen Programmen sollten Sie immer ein aktuelles Antivirenprogramm einsetzen.

Media Player
Programm zum Abspielen von Musik-CDs und Audiodateien. Unter Windows 11 gibt es zwei Programme dieses Namens: Die neue App *Media Player* und den aus früheren Windows-Versionen bekannten *Windows Media Player*. Der Windows Media Player kann keine DVDs mehr wiedergeben. Verwenden Sie dazu einen anderen DVD-Player, z. B. den VLC Media Player.

Microsoft Teams
Die in Windows 11 integrierte App ermöglicht Chats, Audio- sowie Videotelefonate mit den in Microsoft Teams oder der Kontakte-App gespeicherten Kontakten. Der Aufruf der App erfolgt z. B. über

das entsprechende Chat-Symbol in der Taskleiste. Zur Nutzung ist ein Microsoft-Konto erforderlich.

Netzwerkschlüssel

Mit einem Netzwerkschlüssel oder Netzwerkkennwort ist ein Funknetz (*WLAN*) abgesichert. Möchten Sie auf die WLAN-Verbindung zugreifen, müssen Sie zur Authentifizierung diesen Schlüssel angeben.

Netzwerkspeicher

Speicherplatz, der innerhalb eines Netzwerks für alle zugehörigen Rechner bereitgestellt wird. So können z. B. alle Computer Ihres privaten Heimnetzes auf diesen Speicher zugreifen und Daten abrufen oder selbst dort abspeichern. Häufig findet man für den Netzwerkspeicher auch die Abkürzung *NAS*. Diese steht für die englische Bezeichnung *Network Attached Storage*.

OneDrive

Kostenloser Onlinespeicher, der von Microsoft bereitgestellt wird. Der Dienst ermöglicht es Ihnen, beispielsweise Fotos und Dokumente auf einen Speicherplatz im Internet hochzuladen und die Daten so anderen Personen zugänglich zu machen. Unter Windows 11 ist der Dienst direkt in den Explorer eingebunden. Sie können OneDrive aber auch über die Webadresse *www.onedrive.com* verwenden.

Outlook-App

Die Outlook-App zählt zu den Standard-Apps, die auf jedem Windows 11-Rechner vorinstalliert sind. Die mit dem Zusatz »(new)« gekennzeichnete App löst die Mail-App ab, die bereits unter Windows 10 verfügbar war. Bei der App handelt sich um ein einfaches E-Mail-Programm. Die Einbindung mehrerer E-Mail-Konten ist möglich. Die App unterstützt verschiedene Protokolle wie Exchange, IMAP oder POP3.

Outlook.com

Kostenloser E-Mail-Dienst der Firma Microsoft und Nachfolger von Hotmail. Das Mail-Konto ist von jedem internetfähigen Computer über den Browser erreichbar, kann aber auch lokal mit einem E-Mail-Client verwaltet werden.

Packen/Entpacken

Das Komprimieren und Dekomprimieren von Daten bezeichnet man umgangssprachlich auch als »Packen und Entpacken« oder, aufgrund der Dateiendung *.zip*, als »Zippen und Entzippen«.

Patchday

An jedem zweiten Dienstag im Monat liefert Microsoft automatisch Software-Aktualisierungen (engl. *Patches*) für seine Produkte aus. Aktualisierungen, die gefährliche Sicherheitslücken beheben, werden aber auch außerhalb der Patchdays bereitgestellt.

Partitionierung

Einteilung des Speicherplatzes einer Festplatte in mehrere Teile (*Partitionen*, *Laufwerke*).

PDF

Abkürzung für *Portable Document Format*. Dabei handelt es sich um ein Dateiformat, das für den Austausch von Informationen verwendet wird.

PDF-Dateien lassen sich mithilfe eines Zusatzprogramms oder direkt aus Microsoft Office heraus erstellen. Standardmäßig werden PDF-Dateien unter Windows 11 mit dem Browser Microsoft Edge geöffnet.

Podcast
Eine Radio- oder Fernsehfolge, die über das Internet ausgestrahlt wird und (auch nachträglich) über den Computer oder unterwegs über das Smartphone angehört bzw. angesehen werden kann.

Product Key
Auch *Produktschlüssel* oder *Lizenzschlüssel*. Ein meist alphanumerischer Code, mit dem Sie eine Anwendung als Vollversion freischalten können bzw. der Sie zur uneingeschränkten Nutzung einer Anwendung berechtigt.

Programmsymbol
Nahezu jedes Programm verfügt über ein eigenes Programmsymbol. Anwendungen ohne eigenes Symbol wird von Windows ein Standardsymbol zugeordnet. Häufig wird statt *Programmsymbol* auch der Begriff *Icon* verwendet.

Prompt
Ein Prompt ist eine kurze Anweisung oder Fragestellung, die etwa an einen Chatbot wie Copilot oder auch an ChatGPT gerichtet wird.

Registry
Englische Bezeichnung für die Registrierungsdatenbank von Windows.

Remotehilfe
Ermöglicht die Steuerung eines entfernten Computers über ein Netzwerk oder das Internet. Damit können Sie anderen bei der Lösung von Computerproblemen helfen oder selbst eine entsprechende Unterstützung anfordern. Die Remotehilfe können Sie mit der Tastenkombination [Win] + [Strg] + [Q] aufrufen.

Schaltfläche
Menüpunkt in einer besonderen optischen Form (meist rechteckig). Schaltflächen müssen angeklickt werden, damit eine Aktion ausgeführt wird. Manchmal wird für Schaltflächen auch der Begriff *Button* verwendet.

Sperrbildschirm
Vorgeschalteter Bildschirm, der angezeigt wird, wenn das System von Ihnen gesperrt wird oder wenn Windows in den Energiesparmodus wechselt. Auf dem Sperrbildschirm lassen sich Informationen anzeigen, z. B. das aktuelle Wetter oder die Anzahl neu eingetroffener E-Mails.

Startmenü
Das Startmenü wurde in Windows 8 entfernt, ist aber in Windows 10 wieder zurückgekehrt. In Windows 11 erhielt es ein neues Aussehen. Es wird mit einem Klick auf die **Start**-Schaltfläche am unteren Bildrand oder mithilfe der [Win]-Taste geöffnet. Hierüber können Sie Anwendungen starten und Systemeinstellungen aufrufen.

Stiftmenü
Speziell für die Nutzung von Windows 11 auf Tablets konzipiert, unterstützt das Stiftmenü die Bedienung mit einem digitalen Stift sowie die Erfassung von handschriftlichen Notizen und Zeichnungen. Das Stiftmenü kann über die Taskleisteneinstellungen hinzugeschaltet oder deaktiviert werden, die über das Kontextmenü der Taskleiste eingeblendet werden.

Store (Microsoft Store)
Über den Microsoft Store können kostenlose und kostenpflichtige Programme heruntergeladen und installiert werden. Darüber hinaus bietet der Store die Möglichkeit, Musik zu kaufen sowie Filme und Fernsehsendungen zu erwerben oder auszuleihen.

Systemabbild
Wird auch als *Image*, *Systemimage*, *Festplatten-Image* bezeichnet. Eine exakte Kopie eines Laufwerks. In ein Systemabbild können neben der Systemfestplatte auch Kopien weiterer Festplatten integriert werden.

Touchscreen
Berührungsempfindlicher Bildschirm für die Steuerung mit einem Stift oder mit den Fingern. Moderne Notebooks und Tablet-PCs, aber auch Smartphones sind mit einem solchen Display ausgestattet.

UEFI
Abkürzung für *Unified Extensible Firmware Interface*. Das UEFI ist eine Schnittstelle zwischen der Hardware Ihres Computers und dem Betriebssystem und ersetzt auf modernen Computern das inzwischen in die Jahre gekommene *BIOS*. Es ist leistungsfähiger als das alte BIOS und aufgrund einer ansprechenden grafischen Benutzeroberfläche leichter bedienbar.

Universal App
Ein Programm, das auf allen Windows-Plattformen – also Desktop-PC, Notebook, Tablet, Smartphone und Xbox – verwendet werden kann. Die Universal App passt sich den unterschiedlichen Auflösungen und technischen Anforderungen der verschiedenen Geräte automatisch an.

Update
Programmverbesserung und Erweiterung, die vom Hersteller meist kostenlos zur Verfügung gestellt wird. Updates beheben oft Programmfehler oder schließen Sicherheitslücken.

URL
Abkürzung für *Uniform Resource Locator*. Damit bezeichnet man im Allgemeinen eine Internetadresse, z. B. *www.paules-pc-forum.de*.

USB
Abkürzung für *Universal Serial Bus*. USB ist mittlerweile die häufigste Schnittstelle für den Anschluss von Hardware wie Maus, Tastatur, Scanner, Drucker, Digitalkamera, Speicher-Stick und externe Festplatte. Der Standard ist noch USB 2.0, neuere Computer verfügen zusätzlich aber häufig schon über einen schnelleren USB-3.0-Anschluss.

Wechseldatenträger

Datenträger, der nicht fest in den Computer eingebaut ist, z. B. eine CD/DVD oder ein USB-Stick.

Widgets

Minianwendungen, die wichtige Informationen wie Nachrichten, Wettermeldungen oder auch Aktienkurse bereithalten. Unter Windows 11 lassen sich Widgets über das entsprechende Symbol in der Taskleiste ein- bzw. ausblenden.

WLAN

Drahtloses lokales Netzwerk (*Wireless Local Area Network*). Die Daten werden per Funk übertragen. WLAN ermöglicht die kabellose Nutzung des Internets z. B. mit einem Laptop.

WPA/WPA2

Verschlüsselungsmethode für Drahtlosnetzwerke (*WLAN*).

Zwischenablage

In die Zwischenablage können beispielsweise Textpassagen, aber auch ganze Dateien kopiert und zur weiteren Verwendung in andere Anwendungen eingefügt werden. Die neue Zwischenablage kann bis zu 25 Elemente aufnehmen. Mit der Tastenkombination [Strg] + [V] wird das jeweils zuletzt aufgenommene Element eingefügt. Mit den Tasten [⊞] + [V] öffnen Sie den Zwischenablageverlauf. Siehe auch »Die erweiterte Zwischenablage« ab Seite 90.

Stichwortverzeichnis

7z-Datei ... 129

A

Abgestürztes Programm beenden ... 44
Administrator ... 233, 343
Adressbuch ... 193
Akku ... 17
Aktivitätsverlauf öffnen ... 339
Alle Apps, Liste aufrufen ... 35
Ältere Programme nutzen ... 328
Anlage hinzufügen ... 191
Anmeldung ... 28, 40
mit Bildcode ... 218
mit PIN-Code ... 217
Antivirenprogramm ... 150, 170
installieren ... 310
Anwendung ... 59, 61
Desktop-Verknüpfung anlegen ... 36
App-Leiste ... 39
Apps ... 35, 59, 60, 61, 62, 343
aktualisieren ... 72
andocken ... 339
aufrufen ... 61
beenden ... 66
Benachrichtigungen ... 226
Datenschutz und Privatsphäre ... 320
deinstallieren ... 67
dunkler Modus ... 214
Einstellungen ... 39, 64, 320
Filme & TV ... 284
im Hintergrund ... 66
installieren ... 68
kaufen ... 70
mehrfach nutzen ... 71
Menüleiste ... 64
nach Updates suchen ... 72
nicht installierte ... 63
öffnen ... 61, 221
schließen ... 66
Speicherplatz ... 229
Standardspeicherort festlegen ... 230
starten ... 61, 221
Steuerung ... 169
suchen ... 338
Updates ... 72
verschieben ... 229
vom Startmenü lösen ... 221
zwischen geöffneten Apps wechseln ... 339
App-Symbole vom Startmenü lösen ... 221
App zur Integritätsprüfung ... 22
Arbeitsfläche, Fenster verschieben ... 97
Arbeitsplatz ... 343
Arbeitsspeicher ... 45, 343
auf Fehler überprüfen ... 329
Audioaufnahme ... 252
Audio-CD
abspielen ... 286
kopieren ... 288
Audiorekorder ... 252
Audiowiedergabe ... 252
Auffrischen ... 334
Aufnahme ... 252
Ausdrucken ... 142
Ausführbare Datei ... 121
Ausschalten ... 42
Ausschneiden ... 112
Automatische Wiedergabe konfigurieren ... 228
Autostart
Programme aktivieren ... 327
Programme deaktivieren ... 325, 326, 327

B

Backslash ... 120
Backup ... 343
System ... 312, 313
Badges ... 224
Barrierefreiheit ... 243
Batteriestatus ... 17
Bcc ... 186
Benachrichtigungen
für Apps ... 226
verwalten ... 47
Benachrichtigungscenter ... 17, 47
Benutzer ... 236
Profilbild ändern ... 216
Benutzeranmeldung
mit Bildcode ... 218
mit PIN-Code ... 217
Benutzerkontensteuerung ... 240
Benutzerkonto
Administrator ... 233
erstellen ... 234
Family Safety ... 235, 237
lokales ... 234, 235, 239
Microsoft-Konto ... 28, 234
Standard ... 233
Typ ändern ... 233
umwandeln ... 238
Verwaltung ... 236
Betriebssystem, Updates ... 172
Bibliotheken ... 20, 102, 145, 343
an Startbildschirm heften ... 146
ausblenden ... 147
Daten löschen ... 148
durchsuchen ... 145
erstellen ... 146
neue Datei anlegen ... 147
neuen Ordner anlegen ... 146, 147

Standardbibliotheken 145
Standardspeicherort 147
Symbol ändern 146
Übersicht 145
Bild
aufnehmen 276
mit Hyperlink 155
Selbstauslöser 276
Bildcode 218
Bildgröße ändern 264
Bildlauf 51
Bildschirm
Auflösung 219
Einstellungen 243
Größe der Elemente 220
Helligkeit 242
sperren 269
Bildschirmanzeige 220
Bildschirmlupe 242, 339, 343
Bildschirmtastatur 56, 57
einblenden 56, 57
Einstellungen 56, 57
Farbdesigns 57
Layout 57
Sprache 57
Stifteingabe 57
BIOS 332, 343
Batterie schwach 227
Startreihenfolge ändern 324
BitLocker 316, 317
Wiederherstellungsschlüssel 317
Blindkopie 187
Bluetooth 344
Dateien austauschen 294, 295
Geräte verbinden 257
Sicherheit 256
Booten 324, 344
Breitband (PPPoE) 150
Brennen 134, 135
Brennprogramme 135
Browser 344
Microsoft Edge 152
Standardbrowser festlegen 154
Browsersteuerung 169
Buchstabenkürzel für Menüs 341
Button 348

C

Caps-Lock-Taste 53
Cc 186
CD
abspielen 286
kopieren 288
Speicherplatz 134
CD-/DVD-Laufwerk 20
Chat 209
Chatbot 344
ChatGPT 344
Cloud 203
Zwischenablageverlauf 91
Cloud Computing 202, 344
Computer
aufwecken 41
ausschalten 42
Datumseinstellungen 227
einschalten 40
herunterfahren 42
neu starten 42
sperren 215
Uhrzeiteinstellungen 227
Zeitzone 227
zurücksetzen 344
Computerreparaturoptionen 314, 324
Computerschutz 311, 330
Computerverwaltung 33
Copilot 94, 164, 344
Bild erzeugen 94
Cortana 16
CPU, Auslastung 45

D

Darknet 345
Datei
als Pfad kopieren 113
als ZIP-Archiv komprimieren 112
Ansichten 109
Ansicht im Explorer 20
auf DVD brennen 134, 135
auf- und absteigend sortieren 118
auf USB-Stick kopieren 133
ausführbare 121
ausschneiden 112
automatisch sichern 319
Dateinamenerweiterung 121
Dateipfad 120
Dateityp 121
Detailansicht 110
drucken 142
Eigenschaften 112, 114
Eigenschaften entfernen 115
einzeln entpacken 132
endgültig löschen 127
entpacken 129, 131
externe Festplatte 133
extrahieren 132
freigeben 292, 293
gruppieren 118
Informationen ergänzen 114
in Gruppen sortieren 118
Inhaltsansicht 111
Kachelansicht 111
komprimieren 129
Kontextmenü 112
kopieren 50, 112, 123
Listenansicht 110
löschen 112, 127
markieren 49, 119
mehrere Dateien bearbeiten 119
nach Datum sortieren 116

nicht mehr benötigte automatisch löschen ... 307
packen ... 129
per E-Mail versenden ... 112
sortieren ... 108, 116, 117, 118
speichern ... 103
Speicherort ermitteln ... 35
suchen ... 86, 136, 137
Symbolansichten ... 109
temporäre ... 306, 307
umbenennen ... 112, 126
verpacken ... 129
verschieben ... 112, 123
verschlüsseln ... 316, 317
versehentlich gelöschte oder überschriebene ... 318, 319
versenden und empfangen ... 294, 295
vom Handy auf den PC übertragen ... 254
vom PC aufs Handy übertragen ... 254
wiederherstellen ... 128, 319
Dateianhang ... 130
Dateiendung ... 100, 101
aus-/einblenden ... 121
Datei-Explorer ... 104
Dateiname ... 100, 101
Dateinamenerweiterung ... 121
Dateipfad ... 120
dauerhaft einblenden ... 120
Dateisystem ... 305, 309
Dateiversionsverlauf ... 303, 318
Dateien wiederherstellen ... 319
Dateivorschau ... 122
Datendiebstahl ... 166
Datenschutz ... 176, 320
BitLocker ... 316, 317
Datenschutzerklärung ... 321
Datensicherung ... 253, 303
Dateien wiederherstellen ... 319
Dateiversionsverlauf ... 318
Datenträgerbereinigung ... 306
Systemdateien bereinigen ... 306, 307
Datenträgerverwaltung ... 33
Datumseinstellungen ... 227
Defender ... 345
Defragmentierung ... 304, 345
automatisieren ... 305
Dauer ... 305
Deinstallation ... 84, 85, 345
Dekomprimieren ... 131
Design
ändern ... 232
löschen ... 232
Desktop ... 17, 338, 345
auf Startbildschirm wechseln ... 34
ausblenden ... 339
einrichten ... 231
Explorer aufrufen ... 32
Hintergrundbild ändern ... 231
Symbole ... 32
Tastenkombination ... 34
Verknüpfung ... 32
Verknüpfung erstellen ... 36
Verknüpfung löschen ... 36, 86
Verknüpfung wiederherstellen ... 86
Desktop-Programme ... 60, 61
Desktop, virtueller
Hintergrund ändern ... 98
hinzufügen oder entfernen ... 96
schließen ... 98
umbenennen ... 98
Diagnose ... 309
Diagnosedaten ... 27
Dialogfenster
Buchstabenkürzel ... 341
minimieren ... 78
Tastenkombinationen ... 341
Dokument drucken ... 142
Doppelklick ... 49, 51, 55
Drag and Drop ... 50, 345
Drahtlosnetzwerk ... 151
Drucken ... 142
Tinte sparen ... 142
Drucker
Anschluss ... 246
Druckerwarteschlange ... 249
entfernen ... 249
häufige Papierstaus ... 248
hinzufügen ... 246
Netzwerkfreigabe ... 247
Standarddrucker ... 248
Treiber ... 247
Wi-Fi-Direct ... 246
DuckDuckGo ... 15
DVD
brennen ... 134, 135
Speicherplatz ... 134

E

Edge → Microsoft Edge ... 155
Edition ... 23
Einfügen ... 340
Einschalten ... 40
Einstellungen
an Taskleiste heften ... 46
aufrufen ... 33, 46
Programme deinstallieren ... 84
suchen ... 86
synchronisieren ... 201
Transparenz ein-/ausschalten ... 214
Zwischenablage ... 90
Elemente wiederherstellen ... 128
Elementkontrollkästchen ... 119
E-Mail
an Kontakt senden ... 196
Anlagen öffnen ... 191
App ... 183, 185
beantworten ... 183, 189
Blindkopie ... 187
Cc und Bcc ... 187
Dateianhang ... 184
Dateien versenden ... 191
Entwurf ... 188

Formatvorlagen 188
IMAP 182, 184
Kontakt auswählen 196
Kontoeinstellungen 185
Konto hinzufügen 185
lesen 189
löschen 189
mit Anhang 191
Nachrichten sortieren 183
Nachricht verwerfen 184
neu schreiben 183, 184, 187
Ordner 183
POP3 183, 185
Priorität 187
relevante und sonstige 190
senden 188
Sicherheit 178
Signatur 192
Textformatierung 184
Textgestaltung 188
Zeichenbereich 184
ZIP-Archiv versenden 130
E-Mail-Konto 28
E-Mail-Programm 130
Emoticon 56
Energieoptionen 33
Energie sparen 41
Energiesparmodus 41, 43
Entpacken/Packen 129, 131
Entzippen/Zippen 347
Erstkonfiguration 26
Erweiterungen
deaktivieren 163
Microsoft Edge 153
ESET Internet Security 310
Explorer 102, 103, 104
Adressleiste 105
Ansicht 20, 109
Ansichten wechseln 111
an Taskleiste heften 103
aufrufen 32
auf Smartphone zugreifen 255
Bibliothek ausblenden 147
Bibliotheken 20, 102
Bibliotheken anzeigen 106
Dateien suchen 137
Dateivorschau 122
Daten aus Bibliothek entfernen 148
Detailansicht 110
Elementkontrollkästchen 119
Favoriten 20
indizierte Orte 140
Inhaltsansicht 111
Inhaltsbereich 105
Kachelansicht 111
Laufwerke 20
Listenansicht 110
Menüband 20
Navigationsbereich 105, 106
Netzwerk 20
öffnen 103
OneDrive 204, 205
Papierkorb einblenden 106, 128
Registerkarten 105
Schnellzugriff 107, 141
Spaltenbreite anpassen 116
Standardbibliotheken anzeigen 145
Statusleiste 20, 105
Suche 137, 141
Suchfeld 105
Suchoptionen 140
Symbolansichten 109
Symbolleiste 20, 105
Systemsteuerung einblenden 106
Tabs 105
Tastenkombinationen 340
Übersicht 20, 104
Verzeichnisse 20
Vorschaufenster 122
Vorschauhandler 122
Externe Festplatte 20
anschließen 253
sicher entfernen 133, 253

F

Familienoptionen 169
Family Safety 235, 237
Favoriten 20
Favoritencenter 160
Fenster
ausblenden 82
Größe ändern 77
maximieren 78
minimieren 78, 82
nebeneinander anordnen 79
Tastenkombinationen 78
Vollbild 78
Fernsehen 282, 284
Fernsteuerung 296, 299
anfordern 298, 300
Fernwartung 296, 299
anfordern 298, 300
Fernzugriff 296, 299
anfordern 298, 300
Festplatte 20, 345
anschließen 253
Datenträgerbereinigung 306
defragmentieren 304
externe 20
optimieren 304
sicher entfernen 253
Speicherplatz 229
überprüfen 309
verschlüsseln 316, 317
Festplattendiagnose 309
Festplatten-Image 349
Feststelltaste 40, 53
Filme & TV 282, 284
Bedienelemente 282
dunkler Modus 283

Leihdauer ... 284
Speicherort ... 283
Videoqualität ... 283
Videos abspielen ... 282
Film schauen ... 282
Fingergesten ... 54
Apps bedienen ... 54
Doppelklick ... 55
Drag and Drop ... 50
drehen ... 55
Linksklick ... 55
Menüs öffnen ... 54
Rechtsklick ... 55
tippen und ziehen ... 55
verschieben ... 55
zoomen ... 55
Firewall ... 169, 178, 303, 310, 345
Status ... 174
Firmennetzwerk ... 296
Flimmerreduzierung ... 277
Flugzeugmodus ... 151
Formatierung
unterstrichen ... 341
Fotoapparat mit PC verbinden ... 250
Fotos
aufnehmen ... 276
beschriften ... 270
Bild teilen ... 271
drehen ... 268
drucken ... 264
Kopie speichern ... 268
markieren ... 270
per E-Mail versenden ... 191
Selbstauslöser ... 276
Zeichnungen ... 270
zuschneiden ... 268
Freigabe, Ablaufdatum ... 206
Freigabelink ... 292, 293
Freihand- und Eingabedaten ... 27
Fritz!Box ... 289, 290
Benutzer hinzufügen ... 290
Freigabelink ... 292, 293
Heimnetz ... 290
Netzwerkspeicher ... 290
USB-Fernanschluss ... 290
Funktastatur, Problembehandlung ... 53
Funktionsupdate ... 12

G

Geräte ... 338
deinstallieren ... 258
Eigenschaften ... 258
kurzfristig deaktivieren ... 258
Problemlösung ... 258
synchronisieren ... 201
Geräteleistung ... 169
Geräte-Manager ... 245
aufrufen ... 33
Übersicht ... 258
Gerätesicherheit ... 169
Gerätetreiber ... 259
aktualisieren ... 258, 259
deinstallieren ... 258
GIFs ... 56
Grafik mit Hyperlink ... 155

H

Hamburger-Menü ... 38
Handschrift ... 57
Handy
mit Computer verbinden ... 254
Synchronisierung ... 255
über Bluetooth mit dem PC verbinden ... 257
Hardware ... 245
sicher entfernen ... 253
suchen ... 258
Treiber aktualisieren ... 258, 259
HDD ... 345
Heimarbeit ... 296
Heimnetz ... 290, 345
Heimnetzgruppe ... 289
Herunterfahren ... 42
Daten sichern ... 41
Hilfe ... 58
Hintergrundbild für Desktop ändern ... 231
Hochfahren ... 324
Homeoffice ... 296
Hotspot ... 177, 346
HTTPS ... 178
Hyperlink ... 155

I

Icon ... 348
Image ... 313
erstellen ... 312, 313
wiederherstellen ... 314
IMAP ... 182, 184
Immersiver Reader ... 158
Infobereich ... 17, 33
Infobox ... 49
InPrivate-Modus ... 176
Installation ... 24, 88, 89, 346
Benutzerkontensteuerung ... 240
Gerät benennen ... 26
manuell starten ... 89
Product Key ... 89
Region ... 26
Übernahme von Dateien ... 25
von CD/DVD ... 88, 89
Installationsdatenträger erstellen ... 336
Internet
Datenschutz ... 176
Family Safety ... 235
Privatsphäre ... 176
Sicherheit ... 167
Zugriff beschränken ... 235
Internetverbindung ... 17
einrichten ... 151
IP-Adresse ... 346
ISO-Datei brennen ... 337

J

Jugendschutz 169, 235

K

Kalender 197
Ansicht ändern 200
blättern 200
Kalender hinzufügen 198
Outlook.com nutzen 197
Termin bearbeiten 199
Termin erstellen 197
Kamera mit PC verbinden 250
Kamera-App 276
Dateiformat 277
Flimmerreduzierung 277
navigieren 276
Profilbild erstellen 216
Speicherort 277
starten 276
Video aufzeichnen 277
Video bearbeiten 278
Videomodus 277
Kaomojis 56
Kennwort
ändern, Microsoft-Konto 29
fehlerhafte Eingabe 40
Sicherheit 167
KI → Künstliche Intelligenz 94
Kindersicherung 235
Klick 49, 55
Kompatibilitätscenter 328
Kompatibilitätsmodus 328
Komprimieren 129
Kontakte
in neuem Fenster öffnen 193
Kontakte sortieren 195
Kontakte-App
Kontakt löschen 195
Outlook.com nutzen 194
Profilbilder 193
Kontextmenü 112, 113
öffnen 49
Taste 52
Konto einrichten 26
Kontoeinstellungen
Anmeldeoptionen 217
Profilbild ändern 216
Kontoschutz 169
Kopfhörer anschließen 251
Kopieren 50, 112, 123
Kumulatives Update 12
Künstliche Intelligenz 94, 266, 346

L

Langsames Starten und Laden 325
Laufwerk 20
optimieren 304
verschlüsseln 316, 317
Laufwerk scannen 309
Lautsprecher anschließen 251
Lautstärke 251
Leistung 304
Leseansicht
Microsoft Edge 158
Seiten ausdrucken 158
Letzte Aktivitäten 29
Link 155, 346
Linksklick 49
Lizenzschlüssel 89
Lokales Benutzerkonto 234, 239
Löschen 112, 127

M

Mail-App
allen antworten 341
antworten 341
E-Mails senden 341
E-Mails verschieben 341
neue E-Mail schreiben 341
Tastenkombinationen 341
weiterleiten 341
Malware 167, 346
entfernen 170
Schutzprogramm 310
Markieren 49, 119
Elemente aus der Auswahl entfernen 119
mehrere Elemente 119
Text 50
Maus
Bedienung 49
Doppelklick 49, 51, 55
Drag and Drop 50
Einstellungen ändern 51
Infobox 49
markieren 49
QuickInfo 49
Rad 49
Rechtsklick 49
scrollen 49
Text markieren 50
zeigen 49
Mausklick 49, 55
Mauszeiger, Größe und Farbe ändern 244
Mauszeigergeschwindigkeit 51
Media Creation Tool 24, 336
Media Player 286, 346
Medien und Geräte
automatische Wiedergabe 228
Medienwiedergabe 15
Menü, Buchstabenkürzel 341
Menüleiste in Apps 64
Microsoft-Clipchamp-App, Videos erstellen 274
Microsoft Copilot 225
Microsoft Defender 311
einrichten 170
Systemprüfung 170
Microsoft Defender Smartscreen 175

Microsoft Edge
Adresse eingeben 156, 157
Erweiterungen 153, 163
Erweiterungen deaktivieren 163
Favoriten aufrufen 161
Favoritencenter 160
Favoriten importieren bzw. exportieren 161
Favoriten löschen 161
Favoriten verwalten 160
InPrivate-Modus 176
Leseansicht 158
mehrere Seiten öffnen 159
Phishing 175
Registerkarte anpinnen 159
Registerkarten schließen 159
Sammlungen 161
Seite als App speichern 162
Seiten ausdrucken 158
Startseite 157
Tab anpinnen 159
Tabs schließen 159
Tastenkombinationen 341
Übersicht 152
Webseite aktualisieren 157
Webseite aufrufen 155, 156, 157
zwischen Seiten wechseln 159
Microsoft-Kompatibilitätscenter 328
Microsoft-Konto 28, 68, 169, 234, 239, 349
erstellen 28
Kennwort ändern 29
Kontoschutz 169
letzte Aktivitäten 29
umwandeln 238, 239
Zahlungsmethode 29
Microsoft Store 59, 60, 68, 349
Apps kaufen 70
Copilot-App 94
Suchfunktion 69
Microsoft Teams 209, 346
Audiotelefonat 210
Videotelefonat 210
Microsoft-Update 302
Mikrofon 252
Miniaturvorschau 32
Mobile Geräte, Sicherheit 177
Musik
kostenlos hören 281
Spotify-App 281
Musik-App
Fenster minimieren 279
Musik abspielen 279
Wiedergabelisten erstellen 280

N

Nachrichtenliste 183
Nachtmodus 220
NAS 290
Navigationsbereich 105
Network Attached Storage → NAS 290
Netzwerk 20, 151, 289
Netzwerkkennwort 347
Netzwerkschlüssel 151, 347
Netzwerkspeicher 290, 347
Netzwerkstatus 17
Netzwerkschutz 311
Netzwerkverbindung 289
Neuinstallation 333
Neu starten 42
Notfall-CD 332
Notfall-USB-Stick 314, 324, 332, 333

O

OneDrive 101, 201, 203, 289, 347
Alternativen 203
Daten hochladen 204
im Explorer 205
Inhalte freigeben 206
Login 204
Ordner entfernen 208
Ordner erstellen 203
Ordner freigeben 207
Ordner integrieren 208
Ordner synchronisieren 202
Ordner umbenennen 203
Ordner verschieben 203
Synchronisation 206
Zugriff auf Ordner 207
OneNote für Windows 16
Onlinespeicherplatz 203
Optimierung 304
Ordner 101
als Pfad kopieren 113
anlegen 101, 103
Ansichten 109
an Startmenü heften 76
auf DVD brennen 134, 135
Detailansicht 110
entpacken 129, 131
Favoriten 20
freigeben 292, 293
in Bibliothek aufnehmen 147
Inhaltsansicht 111
Kachelansicht 111
komprimieren 129
Kontextmenü 113
kopieren 50, 113, 123
Listenansicht 110
löschen 113, 127
markieren 49, 119
mehrere Dateien bearbeiten 119
Navigation 340
packen 129
Pfad 120
senden an 113
suchen 137
Symbolansichten 109
umbenennen 113, 126
verpacken 129
verschieben 123
wiederherstellen 128
Outlook-App 60, 130, 347

Anlagen öffnen 191
Blindkopie 187
Cc und Bcc 187
Dateianhang 184
Dateien versenden 191
einrichten 185
Einstellungen 183
E-Mail an Kontakt senden 196
E-Mail mit Anhang 191
E-Mail beantworten 183, 189
E-Mail schreiben 183, 186
E-Mail senden 188
E-Mail lesen 189
E-Mail löschen 189
E-Mail sortieren 183
E-Mail verwerfen 184
Entwurf 188
Formatvorlagen 188
Kalendereinstellungen 65
Kontakt auswählen 196
Kontakt hinzufügen 193
Kontaktliste erstellen 195
Kontoeinstellungen 185
Konto hinzufügen 185
Lesebereich 183, 189
Nachrichtenliste 189
Optionen 184
Ordner 183
Posteingang 183
Priorität 187
Rechtschreibprüfung 188
Signatur anlegen 192
Textformatierung 184
Textgestaltung 188
Übersicht 183
ungelesene E-Mails 189
Werbeeinstellungen 186
Zeichenbereich 184
Outlook.com 347
E-Mail-Adresse 28
Kontakte 194
neuer Kalender 198
Termine 197
Outlook-Konto entfernen 186

P

Packen/Entpacken 129, 131, 347
Paint 3D 16
Papierkorb 17, 128
Dateien wiederherstellen 86, 128
Eigenschaften 127
Kapazität 127
öffnen 128
Partitionierung 347
Passwort, Sicherheit 167
Passwortmanager 163
Patchday 347
Patches 347
PayPal, Zahlungsoptionen 70
PDF-Datei 143, 347
durchsuchen 144
erstellen 143
Personalisierung, Desktop-Hintergrund 231
Pfad 120
Phishing 166
erkennen 175
PIN-Code 217
Plastischer Reader 158
Podcast 348
POP3 183, 185
Positionsverlauf 320
Posteingang 183
Privatsphäre 176, 237, 320
Einstellungen 26
Problemlösung 258
Product Key 89, 348
Produktschlüssel 89
Profilbild
ändern 216
erstellen 216
Video 216
Programm 59, 61
abgestürztes 44
an Startmenü heften 76
an Taskleiste heften 75
Arbeitsspeicher 45
ausblenden 82
Autostart 325, 326, 327
beenden 83
deinstallieren 84, 85
Desktop-Verknüpfung anlegen, löschen 36
installieren 88, 89
in Taskleiste sortieren 75
Kompatibilität 328
Lizenzschlüssel 89
minimieren 82
öffnen 73
Product Key 89
schließen 83
schneller Wechsel 74
Seriennummer 89
Speicherort ermitteln 35
starten 73, 221
suchen 73
Updates 172
Verbesserungen 172
Verknüpfung löschen/wiederherstellen 86
vom Startmenü lösen 221
von Taskleiste lösen 75
Programmfenster
ausblenden 82
Größe ändern 77
hin- und herspringen 74
maximieren 78
minimieren 78, 82
nebeneinander anordnen 79
Tastenkombinationen 78
Vollbild 78
Programmsymbol 348
anordnen 37

Größe ändern ... 37
Programmübersicht ... 35
Prompt ... 94, 348

Q

Qualitätsupdate ... 12
QuickInfo ... 49

R

Rechtsklick ... 49, 55
Registerkarten
Microsoft Edge ... 159
anpinnen ... 159
schneller Wechsel ... 74
Registry ... 348
Remotehilfe ... 348
anfordern ... 300
Remoteunterstützung ... 299
Remotezugriff ... 296, 299
anfordern ... 298
Reparaturoptionen ... 324
Rückgängig machen ... 123
Ruhezustand ... 41, 43

S

Schadsoftware ... 167
entfernen ... 170
Schaltfläche ... 348
Schnelleinstellungen ... 48
anpassen ... 295
Einstellungen öffnen ... 46
Flugzeugmodus aktivieren ... 151
Schnellstartmenü ... 339
Schnellzugriff ... 107, 108
Schnellzugriffsmenü ... 33, 52
Schutzprogramm ... 171
Windows-Firewall ... 174
Schutzverlauf ... 169
Scrollen ... 49
Selbstauslöser ... 276
Senden an ... 112, 113
Seriennummer ... 89
Shake-Funktion ... 82
Sicherheit ... 167
Änderungen am System ... 233
BitLocker ... 316, 317
Family Safety ... 235
HTTPS ... 178
InPrivate-Modus ... 176
Microsoft Defender ... 170
mobile Geräte ... 177
öffentliches Netzwerk ... 177
Phishing erkennen ... 175
SmartScreen-Filter ... 175
SSL ... 178
TLS ... 178
unterwegs ... 177
Virenschutz ... 178
Windows-Firewall ... 174
WLAN-Hotspot ... 177
Sicherung ... 330
Dateien wiederherstellen ... 319
Dateiversionsverlauf ... 318
System ... 312, 313
Sicherungsmedium ... 253
Signatur ... 192
Skype ... 16
Smartphone
mit Computer verbinden ... 254
Synchronisierung ... 255
über Bluetooth mit dem PC verbinden ... 256, 257
SmartScreen-Filter ... 175
Smiley ... 56
S-Modus ... 23
Snap-Layouts ... 15, 80, 105
deaktivieren ... 81
Sommerzeit ... 227
Sortierung, auf- und absteigende ... 118
Speichermedien ... 20
sicher entfernen ... 133
Speichern
in der Cloud ... 203, 204
online auf OneDrive ... 203, 204
Speicherort ermitteln ... 35
Standardspeicherort ... 101, 230
Speicheroptimierung ... 307
Speicherplatz ... 229, 307
CDs und DVDs ... 134
Sperrbildschirm ... 40, 269, 348
aufrufen ... 269
einrichten ... 215
Hintergrundbild festlegen ... 269
Statusinfos anzeigen ... 215
Sperren ... 215
Spotify Free
installieren ... 281
Wiedergabelisten ... 281
Sprachausgabe ... 243
Sprachbefehle ... 243
Spyware ... 170
SSD ... 345
SSL ... 178
Standardbibliotheken ... 145
Standardbrowser festlegen ... 154
Standardprogramm ... 286
Standardspeicherort ... 101
Stand-by-Modus ... 41, 43
Standort ... 26
Starten ... 344
Startmenü ... 18, 30, 348
alle Apps ... 62
Angeheftet ... 30, 60
App-Symbole lösen ... 221
App-Symbole positionieren ... 221
Ausrichtung ... 224
Empfohlen ... 30
Farbe und Design ändern ... 214
Ordner anheften ... 76
Ordner anpinnen ... 223
Ordner einblenden ... 223

Programme anheften ... 76
Tastenkombination ... 34
Transparenz ein-/ausschalten ... 214
zuletzt genutzte Elemente ... 222
Startseite im Browser festlegen ... 157
Stiftmenü ... 349
Store ... 59, 68, 349
Apps kaufen ... 70
Sicherheitseinstellung ... 72
Suchfunktion ... 69
Zahlungsmethoden ... 70
Streaming ... 285
Streng vertraulich ... 316
Suche
Apps ... 62
Apps im Store ... 69
auf Webseiten ... 156
Dateien ... 86, 136
Einstellungen ... 86
in Bibliotheken ... 145
in PDF ... 144
nach Änderungsdatum ... 138
nach Apps ... 338
nach Art ... 138
nach Dateien und Ordnern ... 340
nach Größe ... 138
nach Markierungen ... 139
neue Hardware ... 258
Platzhalter ... 140
Systemdateien ... 140
Symbolleiste ... 20
Synchronisieren ... 201
Synchronisierung, Zwischenablageverlauf 91
System
auffrischen ... 334
auf Malware prüfen ... 311
langsames ... 325
reagiert nicht mehr ... 329
sperren ... 338
Updates ... 172
Verbesserungen ... 172
Werkseinstellung ... 335, 336
wiederherstellen ... 330, 331, 335, 336
Systemabbild ... 313, 349
erstellen ... 312, 313
wiederherstellen ... 314
Systemeigenschaften ... 339
Systemfehler ... 332
System-Image → Systemabbild ... 313
Systeminformationen ... 308
Systemprüfung ... 170
Systemressourcen ... 66
Systemstart ... 40
funktioniert nicht ... 324
Reparatur ... 314
Systemsteuerung ... 19
aufrufen ... 46
Programme deinstallieren ... 84
Systemvoraussetzungen ... 22
Systray ... 33

T

Tablet-PC
Bildschirmtastatur ... 56, 57
Touchgesten ... 54, 55
Tabs
anpinnen ... 159
in Microsoft Edge ... 159
TAR-Datei ... 129
Taskansicht, Fenster verschieben ... 97
Taskleiste ... 17, 32
Ausrichtung ... 224
Chat ... 209
Elemente ein-/ausblenden ... 225
Explorer-Symbol ... 32
Infobereich ... 17, 33
Miniaturvorschau ... 32
Netzwerksymbol ... 151
Programme anheften/lösen ... 75
Programme sortieren ... 75
Programme starten ... 339
Suchfunktion ... 87
Systray ... 33
Taskleisteneinstellungen ... 224
Taskleistenelemente ... 14
Task-Manager
Arbeitsspeicher ... 45
aufrufen ... 33
CPU-Auslastung ... 45
öffnen ... 326
Prozesse ... 45
Task beenden ... 45
Übersicht ... 44
Tastatur ... 52, 53
Bildschirmtastatur ... 56, 57
Einstellungen ... 53
Funktionstasten ... 53
Handschrift ... 57
Kontextmenü-Taste ... 52
Problembehandlung ... 53
Spracheinstellung ... 339
vereinfachte Bedienung ... 243
Windows-Taste ... 52
Tastenkombination ... 338
Bildschirmlupe ... 242
Desktop hinzufügen ... 96
Dialogfenster ... 341
Explorer ... 340
Favoritenleiste einblenden ... 161
InPrivate-Modus ... 176
Mail-App ... 341
Programme beenden ... 83
Verlauf öffnen ... 157
Webseiten durchsuchen ... 156
TeamViewer ... 298
Telearbeit ... 296
Temporäre Dateien ... 306, 307
Termin
anlegen ... 197
bearbeiten ... 199
Textcursor vergrößern ... 244
Textlink ... 155

Text markieren ... 50
Tinte sparen ... 142
TLS ... 178
Touchgesten ... 54
Apps bedienen ... 54
Doppelklick ... 55
drehen ... 55
Linksklick ... 55
Menüs öffnen ... 54
Rechtsklick ... 55
tippen und ziehen ... 55
verschieben ... 55
zoomen ... 55
Touchscreen ... 349
Bedienung ... 54, 55
Bildschirmtastatur ... 57
Drag and Drop ... 50
Treiber ... 259, 302
aktualisieren ... 258, 259
deinstallieren ... 258
Trojanische Pferde ... 167

U

UAC (Benutzerkontensteuerung) ... 240
UEFI ... 349
Uhrzeiteinstellungen ... 227
Umbenennen ... 112, 126
Umgebungsfreigabe
Dateien empfangen ... 295
Dateien versenden ... 294
Schnelleinstellungen ... 295
Universal App ... 349
Unterordner ... 101
Unterstrichen ... 341
Untertitel für Hörgeschädigte ... 243
Unterverzeichnis ... 101
Update ... 172, 308, 349
für Apps ... 72
suchen ... 72
Upgrade ... 24
Upgrade, Übernahme von Dateien ... 25
URL ... 349
USB ... 349
Fernanschluss ... 290
USB-Festplatte ... 133
anschließen ... 253
sicher entfernen ... 133, 253
zum Speichern nutzen ... 103
USB-Speicher
an Fritz!Box anschließen ... 290
Freigabelink ... 292, 293
USB-Stick ... 20, 133
sicher entfernen ... 133, 253
zum Speichern nutzen ... 103
User Account Control ... 240

V

Verknüpfung
auf Desktop ... 32
erstellen ... 36
löschen ... 36, 86
wiederherstellen ... 86
Verpacken/Entpacken ... 129, 131
Verschieben ... 50, 123
rückgängig machen ... 123
Verschlüsseln ... 316, 317
Version von Windows ... 308
Verzeichnis ... 101
Video ... 273
abspielen ... 282
aufnehmen ... 277
bearbeiten ... 278
erstellen ... 274
Video-App → Filme & TV ... 282
Videodownloader ... 163
Viren ... 167
entfernen ... 170
Virenschutz ... 169, 178
Virtual Private Network ... 296
Virtueller Desktop, Fenster verschieben ... 97
Vollbildansicht ... 78
Vorschaufenster ... 122
Vorschauhandler ... 122

VPN-Verbindung
erstellen ... 296
Netzwerkauthentifizierung ... 297

W

Wartung
Fernwartung ... 299
Fernwartung anfordern ... 298, 300
Webcam ... 277
Webseite
aktualisieren ... 157
als App speichern ... 162
aufrufen ... 156
durchsuchen ... 156
Favoritencenter ... 160
Wechseldatenträger ... 350
Wechselmedien ... 133
Werbeblocker ... 163
Werkszustand ... 335
Wetter-App, Menü öffnen ... 38
Widgets ... 92, 350
personalisieren ... 93
Wiedergabe ... 252
Wiedergabeliste
Musik-App ... 280
Titel löschen ... 280
Wiederherstellen ... 128, 314, 330, 335, 336
Wiederherstellungsdatenträger ... 332, 333
Wiederherstellungspunkt ... 330, 331
WiFi ... 151
Windows
ältere Programme ... 328
am System anmelden ... 28
auffrischen ... 334
auf Malware prüfen ... 311

beenden ... 42
einrichten ... 26
herunterfahren ... 42
Hilfe ... 58
Identität ... 28, 238
Installationsdatenträger ... 314
neu starten ... 42
reagiert nicht mehr ... 329
startet nicht ... 324
Systemeigenschaften ... 339
Version ... 308
Werkseinstellung ... 335, 336
wiederherstellen ... 330, 331, 335, 336
Editionen ... 23
herunterladen ... 24
Installation ... 22
Systemvoraussetzungen ... 22
Upgrade ... 24
Windows-App ... 59, 60, 61
Windows-Einstellungen ... 46
Windows-Explorer → Explorer ... 102, 104
Windows-Firewall ... 174
Windows-Fotoanzeige, Diashow ... 272
Windows-Fotoanzeige-App ... 262, 268
automatische Bildbearbeitung ... 265
Bibliothek Bilder ... 263
Bildelement entfernen ... 266
Fotos anschauen ... 263
Fotos bearbeiten ... 265
Hintergrund entfernen ... 267
künstliche Intelligenz ... 266
löschen ... 266
Übersicht ... 262
Windows Hello ... 169
Windows Live ID ... 28
Windows Media Player ... 286
Ansicht ... 286, 287
Audio-CD abspielen ... 286
Audio-CD kopieren ... 288
Effekte ... 286
Sortierung ... 287
Speicherort ... 288
starten ... 287
Titel- und Albuminformationen ... 287
zufällige Wiedergabe ... 286
zuletzt gespielten Titel wiederholen ... 286
Windows Media Player Legacy ... 287
Windows-Notfall-CD ... 332
Windows-Notfall-USB-Stick ... 314, 332, 333
Windows-Sicherheit, Übersicht ... 168
Windows Update ... 172, 308
Upgrade auf Windows 11 ... 24
Windows-X-Menü ... 33
Winterzeit ... 227
Wischgesten ... 54
Apps bedienen ... 54
Doppelklick ... 55
drehen ... 55
Linksklick ... 55
Menüs öffnen ... 54
Rechtsklick ... 55
tippen und ziehen ... 55
verschieben ... 55
zoomen ... 55
WLAN ... 151, 350
automatisch verbinden ... 151
Hotspot ... 177
Netzwerkschlüssel ... 151
Verbindung herstellen ... 151
Word, Dokument drucken ... 142
WordPad ... 16
WPA/WPA2 ... 350
Würmer ... 167

Z

Zahlungsmethode, im Store ... 70
Zahlungsmethode, Microsoft-Konto ... 29
Zeigen ... 49
Zeitzone ... 227
Ziehen ... 50
ZIP-Archiv ... 112, 129
Dateien entfernen ... 132
Dateien extrahieren ... 132
entpacken ... 131
Kennwortschutz ... 131
öffnen ... 131, 132
versenden ... 130
Zippen/Entzippen ... 347
Zoomen ... 55
Zurücksetzen ... 331, 335, 336
Zwischenablage ... 350
Zwischenablageverlauf
aktivieren ... 90
Einträge löschen ... 90
Einträge speichern ... 90
löschen ... 91
synchronisieren ... 91

Die Meilensteine der IT entdecken

- Nostalgie und Entdeckerlust in einem Buch
- Zuse Z3, Atari, Commodore 64, Amiga u. v. m.
- Neu: die Geschichte der KI

455 Seiten, broschiert, 24,90 Euro
ISBN 978-3-367-10891-6
www.rheinwerk-verlag.de/6126

Die witzigsten Cartoons aus der IT-Welt

- Die besten Schlagseiten aus 25 Jahren c't-Magazin
- Cartoons über Technik, Nerds und IT-Wahnsinn
- Exklusiv unveröffentlichtes Material, Skizzen und mehr

212 Seiten, gebunden, in Farbe, 24,90 Euro
ISBN 978-3-367-10379-9
www.rheinwerk-verlag.de/5969